KB018394

규제 *vs* 시장

규제 vs 시장
시장을 알아야 규제가 보인다

2023년 1월 15일 초판 1쇄 펴냄
2023년 9월 15일 초판 2쇄 펴냄

지은이   최병선
펴낸이   이상
펴낸곳   가갸날
주소   경기도 고양시 일산동구 강선로 49, 402호
전화   070.8806.4062
팩스   0303.3443.4062
이메일   gagyapub@naver.com
블로그   blog.naver.com/gagyapub
페이지   www.facebook.com/gagyapub
디자인   강소이

ISBN   979-11-87949-89-3 (93350)

규제 *vs* 시장

가갸날

서문

반평생을 행정학자—정확히는 정책학자—로 살았다. 1975년 행정고시를 염두에 두고 서울대 행정대학원에 입학해 행정학을 배우기 시작했지만 별로 마음에 차지 않았다. 학부 때 배운 경영학과 별 차이가 없다고 느꼈다. 이론답지 않은데 이론으로 불리는 것들이 왜 그렇게도 많은지 이해가 안 되었다. 지금 생각하면 행정학 이론의 진수인, 허버트 사이먼(오늘날 세상을 바꾸고 있는 AI 개념의 선구자)의 '제한적 합리성(bounded rationality)'에 대해서는 제대로 접근조차 하지 못했다.

그해에 고시에 합격해 공무원 생활을 6년 가까이 하다가 유학을 떠났다. 꿈도 꾸어보지 않은 하버드에서 정책학을 공부하게 되었는데, 그때까지 알던 행정학하고는 딴판이었다. 들입다 경제학과 통계학을 가르쳐 대는데, 정작 정책학이란 게 무언지 종잡기 힘들었다. 무엇이든 근원을 캐지 않으면 못 견디는 성격이어서 몸에 밴 방식대로 학교 공부를 좇아가려니 이중으로 힘이 들고 의문은 쌓여만 갔다.

그런대로 학위를 마친 후, 서울대 행정대학원에 자리를 잡았다. 기존과목 강의 의무가 내게 주어지지 않은 건 더 큰 행운이어서, 규제정책과 통상정책을 국내에서 처음 개설할 수 있었다. 교과서가 없는지라 부랴부랴 《정부규제론》과 《무역정치경제론》을 출간하였다.

이 두 책을 쓰며 공부하는 동안, 키워드는 정부 vs 시장이었다. 세상일을 끌어가고 풀어가는 이 두 조직원리의 차이와 장단점, 상호관계의 이해는 내 필생의 연구주제가 되었고, 행정학자보다 하이에크, 코우즈, 프리드먼 등 노벨경제학상 수상자들을 더 많이 거론하는 이단아의 길로 나를 이끌었다. 정부와 정책에 대해 강의할 때면 그것들을 시장, 시장원리와 대비해 설명하는 방식을 주로 썼다. 시장(그리고 사회)에 관한 거인들의 사상은 어찌나 심오한지 얼른 이해되지 않는 난제(難題)가 많았다. 그것들을 씹고 또 씹으며 수수께끼를 풀어가는 동안 "알아야 보인다."는 말이 실감되고, 시장의 진실을 알아갈수록 정부와 정책에 대한 통찰력도 깊어져 가는 걸 느끼곤 했다. 어느 사이, "시장을 알아야 규제가 보인다."는 말이 입에 붙었고, 이 말을 부제(副題) 삼은 책을 내기에 이르렀다.

이 책을 쓰기 시작한 것은 2018년 봄 정년퇴임 이후이니 어느덧 4년이 지났다. 한껏 게으름 피우기도 했지만, 이 책 쓰는 일을 우렁이처럼 머리에 이고 지고 살았다.《정부규제론》을 펴낸 1992년 이후 줄곧 써 온 150여 개 논문들 가운데서 고른 것들을 이 책의 취지에 맞게 개필하였다. 말이 개필이지 새로 쓴 것과 다름없는 것들이 꽤 많다.

정부 대 시장, 사회과학에서 이보다 더 큰 연구주제는 없다. 관련 글들을 모은다면 산을 이루고도 남을 것이다. 이 큰 주제에 정면 도전하기는 어려운 일이라서 높은 산에 오를 때처럼 나는 샛길을 하나 찾았다. 그것이 규제 vs 시장이다.

오늘날 시장은 악의적 프레임에 갇혀 있고, 정부는 허구적 신화에 싸여 있다. 이 책은 시장에 대한 악의적 프레임을 반격한다. 정부에 대한 허구적 신화를 깨부순다. 정부는, 인류 역사상 시장보다 늦게 출현하였다. '혹시나 했는데 역시나'라는 말에 걸맞게 실망을 거듭했으면서 사람들은 정부에 대한 막연한 신뢰가 있다. 정부 의존 성향의 뿌리가 그만큼 깊은 까닭이다. 정부 의존이란 수렁에 깊이 빠져들고 있기 때문이다. 이 수렁에서 헤어나오지 못하면, 하이에크의 말대로, 인류는 '노예의 길'을 걷고야 말 것이다.

정부에 비하면 시장은 오래되었지만, 낡기는커녕 진화를 거듭해 오늘날 우리가 보는 글로벌 시장(global market)으로 변모를 계속하고 있다. 낡고 낡은 건 시장과 시장원리에 대한 사람들의 이해이다. 부익부 빈익빈, 착취로 대표되는 마르크스류의 비과학, 비상식이 상식으로 자리 잡아 머릿속에 가득하다. 시장 덕에 잘 살면서도 시장을 탓하고 욕한다. 도대체 시장이 무엇이고 시장이 왜 어떻게 온갖 편익을 가져다주는지는 모르면서—아니 알려고도 하지 않으면서 심지어 다 아는 체하면서—시장을 경멸한다.

이 책 제목이《규제 vs 시장》이므로 혹 저자가 정부를 전면 부정하고 시장만 찬양하면서 양자택일을 주장하는 건 아닌지 의심하는 독자가 계실지도 모르겠다. 하지만 저자는 국가를 전면적으로 부정하지도, 무조건 시장을 외치지도 않는다. 정부(규제)와 시장은 상호배타적인 면도 있고 상호보완적인 면도 있어서 조화가 쉽지 않다. 하지만 큰 방향은 분명하다. 시장의 몫은 커지고 정부의 몫은 대폭 줄어들어야 한다. 이것이 이 책의 핵심 요지이다.

이 책은 〈나, 연필〉이란 이색적인 글로 시작한다. 주인공 연필이 자기 가계보를 세세하게 술회하는 이 글은, 하찮은 물건이지만 연필 생산에 지구 구석구석에 사는 수십만 명의 지식과 노하우가 어떻게 연결되고 이용되는지를 눈으로 보듯 환하게 펼쳐 보인다. 아담 스미스의 '보이지 않는 손'의 원리와 놀라운 기능을 이보다 잘 설명해 낼 수 없다. 이 글을 뒤늦게 발견한 나는 이 글을 번역하여 '규제정책론' 강의 첫 시간에 학생들이 읽도록 했다. 예상대로 시장에 대한 자신의 무지를 깨닫고 충격을 받는 학생이 많았다. 제2장과 제3장은 하이에크와 코우즈의 눈을 빌려 시장을 다시 들여다보는 장들이다. 시장에 관해 이렇게 깊은 사상과 이론이 있으리라고는 생각조차 해보지 못한 독자가 대다수일 것이다. 쉽지 않은 내용이지만 찬찬히 읽다 보면 이들이 왜 노벨경제학상 수상자들인지 알고 고개를 끄덕이실 것이다. 더불어 이들이야말로 정부(규제)의 속성을 제대로 꿰뚫어 보고 있는 학자들이라는 내 주장에 금방 동조하실 것이다.

이어서 제4장은 시장실패론을 공격하는 장이다. 시장실패론의 근거인 완전경쟁시장이란 것은 아예 존재하지도, 존재할 수도 없다는 주장으로 시작해, 시장은 많은 문제를 만들어내기도 하지만—그런 문제들을 만들어내는 것은 사실은 시장이 아니라, 시장 속의 '문제적' 사람과 기업들일 뿐이지만—시장 스스로 문제를 해결해 나가고, 그래서 점점 더 발전하는 진화적 존재임을 강조한다.

제5장부터 제9장까지는 규제에 관한 이론 파트인데, 규제전공자로서 학생들을 가르치면서 또 규제개혁 실무에 오래 관여하면서 이해가 깊어지고 생각이 바뀐 것들을 가감 없이 진술해 보려고 애썼다. 먼저 5-6장에서는 규제의 개념과 본질, 규제의 원인과 효과, 특히 규제의 양면, 즉 공익성과 사익성을 두고 다투는 이론들을 재정리하였다. 7장은 규제수단과 방식의 유형화 필요성을 역설했던 저자가 기존 분류체계의 개편을 시도한 장이다. 이어서 8-9장에서는 규제가 실패할 수밖에 없도록 만드는 필연적인 이유 두 가지, 즉 과도한 규제목표의 설정과 규제자원 부족의 상관관계, 그리고 규제의 본질적 속성인 획일성과 경직성에 대해 자세히 설명한다.

다음으로 제10장과 제11장은 시장과 규제를 비교하는 장들이다. 먼저 10장에서는 위험에 대처하는 전략에는 예방전략과 복원전략이 있는데, 위험을 예방하겠다는 생각은 규제의 양산을 불러올 뿐, 실제로 위험을 줄이는 데 별로 효과적이지 않다는 사실을 지적한다. 예방보다는 위험을 잘 다룰 수 있는 능력, 즉 복원 능력을 키우는 게 더 중요하고 이런 면에서 시장의 기능을 새롭게 이해하는 것이 중요하다고 주장한다. 이어서 11장에서는 소비자 보호와 관계가 없는 규제가 없지만, 이런 규제가 소비자 이익에 이바지하는지에 대해 의문을 제기하며, 진정한 의미에서 소비자의 이익은 시장이 더 잘 돌본다고 주장한다.

제12장은 시장, 자유, '법의 지배'의 관계를 설명하고 있다. 결론에 해당하는 이 장에서 저자는 시장원리와 '법의 지배' 원리는 상통한다는 사실을 강조한다. 사람들이 시장에 대해서 갖는 불만이나, 법치에 대해서 갖는 불만의 공통점은 시장이나 법치가 그들이 생각하는 정의(正義)와 다르다고 생각한다는 점인데, 왜 이 생각이 매우 위험한 생각인지, 얼마나 근시안적

인 안목에서의 판단인지를 설명한다. 어쩌면 가장 어려울 수 있는 장이기도 하지만, 왜 사회가 발전할수록 법과 규칙은 단순해져야 하고, '법의 지배' 원리의 확립이 중요한지, 왜 '법의 지배' 원리가 준수되어야 시장이 시장다울 수 있는지를 이해할 수 있게 될 것이다.

그리 간단치만은 않은 이 책의 내용과 저자의 주장을 조금이라도 더 전달해 보려는 뜻에서 최대한 쉽게 풀어쓰려 했고, 진솔하게 혹은 재미나게(?) 표현하거나 설명한 주석도 많이 달았다. 참고문헌은 본문 표시를 원칙으로 삼았기에, 주석의 대부분은 예시나 비교를 통한 보충 설명의 성격을 지니고 있다. 주석을 최대한 참고해 주시길 바란다.

끝으로 이 책이 나오기까지 도움을 주신 분들을 기억하며 감사하지 않을 수 없다. 첫째는 저자의 규제정책론을 수강한 서울대학교 행정대학원 제자들이다. 많은 우수한 제자들이 도전적인 질문을 해주었으며, 뛰어난 텀페이퍼를 써서 저자가 어떤 부분에 중점을 두고 어떤 이치를 부각해야 할지를 잘 깨닫게 해 주었다. 둘째로 고려대 김영평 명예교수, 제자인 사공영호, 이민창, 이혁우, 이혜영, 임재진, 최연태 교수와 임보영 박사는 원고를 읽고 좋은 코멘트를 보내주었다. 셋째는 정년퇴임했으니 여행 좀 다니자는 청을 들어주지 못하고, 무슨 유익이 있을지 알 수 없는 책이나 쓰고 앉아 있는 남편을 잘 참아준 아내에게 감사의 말을 전하고 싶다. 출판사 '가갸날' 이상 대표께도 고마움을 표한다.

제1장 〈나, 연필〉을 통해 본 시장

나, 연필(I, Pencil)

레너드 리드[1]에게 들려준 나의 가계보(家系譜)

난 납 연필(lead pencil)이야. 나무로 된 보통 연필. 읽고 쓸 줄 아는 모든 어린이와 어른에게 친숙한 물건이지. 쓰는 일이 내 직업이자 취미야. 그게 내가 하는 모든 일이고.

내가 왜 내 출생 연원을 밝히려고 하는지 의아해할 사람도 있을지 몰라. 글쎄. 우선 내 얘기는 재미있어. 그리고 말이지, 나는 미스터리야—석양이나 심지어 번갯불보다도 더 큰 미스터리지. 그런데 슬프게도, 사용자들은 나를 별거 아니라고 생각해. 그저 있으면 있고 없어도 그만이고, 내가 어떻게 만들어지게 되었는지는 알 필요도 없다는 듯이 말이야. 이런 깔보는 태도가 나를 흔한 물건의 수준으로 격하시키고 말았어. 이런 통탄할 오해와 곡해에 갇혀 있는 한, 인류는 머지않아 위기에 빠지게 되고 말 거야. 왜냐

---

1. 〈나, 연필〉은 레너드 리드(Leonard E. Read; 1898-1983)가 1958년에 쓴 소품이다. 그는 1946년에 미국에서 가장 오래된 자유시장 선전 조직체인 경제교육재단(The Foundation for Economic Education: FEE)을 창립하고, 37년간 이 재단의 회장을 역임하면서 자유를 연구하고 진흥하였다. 〈나, 연필〉의 영문 원문은 google.com에서 "I, Pencil"을 입력하면 바로 검색된다.

고? 현자인 체스터톤(G. K. Chesterton)이 관찰했듯이, "우리 인간들은 지금 상상조차 하기 힘든 멋진 것들(wonders)이 모자라서가 아니라, 경탄을 잃어버려서 멸망의 길로 가고 있거든."

나, 연필은 아주 단순해 보이지만, 너의 경탄과 경외의 대상이 되고도 남아. 이것이 내가 지금부터 증명해 보이려고 하는 거야. 사실 네가 나를 이해하게 되면—아니, 나를 [완전히] 이해하는 일은 너무 어려워서 누구에게도 이해해 달라고 말할 수 없지만—만일 나, 연필의 기적을 네가 깨달을 수만 있다면, 넌, 슬프게도, 지금 인류가 상실해 가고 있는 자유를 구원해 내는 일에 힘을 보탤 수 있을 거야. 난 네게 가르쳐 줄 심오한 교훈(profound lesson)이 있어. 그리고 나는 이 교훈을 자동차, 비행기, 식기 세척기 등 그 어떤 물건보다 잘 가르쳐 줄 수가 있지. 왜냐고? 글쎄, 나는 [이런 것들보다 훨씬] 단순해 보이는 물건이니까.

단순하다고? [천만의 말씀] 지구상 누구도 나를 만드는 방법을 알지 못해. 터무니없다고? 미국에서만 연필이 연간 15억 개나 생산되고 있는 판에 연필 생산과정의 전모를 알고 있는 사람이 한 사람도 없다니… 그게 말이 되느냐고?

나를 집어 들고서 쭉 훑어봐. 뭐가 보이지? 목재, 래커 칠, 인쇄된 라벨(labelling), 흑연 납, 지우개와 철 금속 깍지, 그런 것들 말고서 특별히 눈에 띄는 게 없지?

무수히 많은 조상

네가 네 족보를 멀리 추적할 수 없듯이, 나도 나보다 앞서 존재했던 것들 모두에 이름을 붙이고 설명하기는 불가능해. 그러니 내 출신 배경이 얼마나 풍부하고 복잡한지를 네게 인상 지우기에 족할 정도로만 내 선조들에 관해 얘기해 볼까 해.

내 족보의 시작은 노쓰 캐롤라이나 주와 오레곤 주에서 자라는, 결이 곧은 삼목(cedar) 나무야. 이 삼목을 켜는 톱이며, 목재를 거두어서 기차역까지 운반하는 데 사용된 트럭, 밧줄, 헤아릴 수 없이 많은 기어를 생각해 봐. 또 톱, 도끼, 트럭, 모터, 기어들과 밧줄을 생산해 내기 위해 광물을 캐고 철을 만들고 제련하는 일, 밧줄의 원료인 삼을 재배하고 가공하는 모든 단계와 과정, 그리고 침대와 작업실이 딸린 벌목 캠프를 짓고, 캠프에서 사용할 음식 식기를 만들고, 각종 식물을 재배하는 일에 참여한 셀 수 없이 많은 사람과 그들이 지닌 재주(skills)를 생각해 봐. 벌목꾼들이 마시는 커피 한잔의 생산과 유통 단계에 참여했을 수천 명의 사람들은 또 어떻고…

이제 목재는 캘리포니아의 �싼레안드로로 운반되지. 목재를 싣는 무개차 차량, 철도, 기차를 만든 사람들을 상상인들 할 수 있겠어? 열차에 장착된 통신장비를 건설하고 설치한 사람들은 또 어떻고. 이 군단(legion)

의 사람들이 다 내 선조야.

쌘레안드로에서의 목공작업을 생각해 봐. 삼목 목재는 작은, 그리고 두께가 1/4인치가 좀 안 되는 연필 길이의 판목으로 잘라지지. 이것들은 가마에서 건조되고 칠해져. 여자들이 얼굴에 연지를 칠하듯이. 사람들은 내가 윤기 없는 하얀색이기보다는 예뻐 보이기를 원하니까. 판목은 왁스칠이 된 다음, 가마에서 다시 건조돼. 물감과 가마를 만드는 일에, 그리고 열과 전기, 벨트, 전기 모터, 그 밖에 목재소가 필요로 하는 모든 것들을 공급하는 일에, 도대체 얼마나 많은 사람의 재주가 동원되었겠어? 목재소 청소부들도 내 조상이냐고? 물론이지. 그뿐 아니야. 목재소에 전기를 대주는 태평양가스 전기회사의 수력발전소 댐을 건설할 때 콘크리트를 부어 넣은 사람들도 내 조상 가운데 있어.

60대 차량분의 판목을 싣고 대륙을 횡단해 수송하는 일에 한 몫 거들은 이곳저곳의 무수한 조상들도 빼먹으면 안 되지.

드디어 내가 연필공장에 도착했어. 4백만 달러나 되는 기계설비와 빌딩으로 이루어진 공장이지. 이 자본들은 검소한 내 부모[즉, 연필 생산과정에 참여하고 이바지한 많은 사람]의 저축이 축적된 결과지. 이 공장에서 판목 하나하나가 복잡한 기계를 거치면서 8개의 홈이 파진 판목으로 바뀌어. 다음에는 다른 기계가 판목을 하나씩 건너뛰며 판목 위에 납 연필심을 내려놓고, 접착제를 발라 다른 판목 위에 겹쳐 놓지. 말하자면 납 연필심 샌드위치라고나 할까. 이 나무로 밀착된 샌드위치에서 나와 일곱 형제가 조각되어 나와.

나는 납 연필이라고 불리고 있잖아? 그런데 이 납 연필심도 복잡한 과정을 거쳐 나오기는 마찬가지야. 사실 그 속에는 납이 없지만 말이야. 흑연은 실론(스리랑카)에서 채광돼. 이곳에서 일하는 광부, 이 광부들이 사용하는 각종 도구, 흑연을 담아 운반하는 종이 포대, 그리고 이 포대들을 묶는 줄을 만든 사람들, 포대를 배까지 운반해 선적하는 사람들, 선박을 건조한 사람들도 생각해 봐. 항로에 설치된 등대의 등대지기, 그리고 항구의 항해 관제사도 다 나의 출생을 도왔지.

흑연은 미시시피에서 퍼온 진흙과 혼합되었고, 이 과정에서는 수산화암모늄이 사용되었어. 설폰 산화된 동물성 수지 용제가 첨가되었고. 여러 기계를 거쳐 나온 이 혼합물은 최종적으로 쏘시지 분쇄기에서 나온 사출물 같은 형태였는데, 사이즈에 맞게 잘려서 건조된 다음, 화씨 1,850도에서 여러 시간을 구워냈지. 강도와 부드러움을 더하기 위해 납은 다시 뜨거운 혼합물로 처리되는데, 이 혼합물에는 멕시코에서 온 칸델릴라 왁스, 파라핀 왁스, 경화된 자연 지유가 섞이게 되지.

내 삼목에는 여섯 차례나 래커 칠을 했지. 래커의 성분을 알기나 해? 아주까리 열매 재배자나 아주까리 기름 정유자가 연필 생산에 연관된 줄을 누가 알기나 하겠어? 그런데 그게 사실이거든. 참 기가 막히지? 래

커가 아름다운 노란색 물질로 만들어지기까지의 과정에는 또 헤아릴 수 없이 수많은 사람이 관련돼 있는 걸.

라벨을 찍어내는 일을 좀 봐. 얇은 필름이 사용되는데 이것은 잉크 원료인 카본블랙에 수지를 섞어 만드는 거야. 수지를 어떻게 만드는지, 네가 알기나 해? 카본블랙은 또 뭔지 아느냐고?

내게 달린 작은 금속, 즉 쇠테는 놋쇠야. 아연과 구리를 채광한 사람, 이것을 빛이 나는 얇은 박판으로 만드는 재주를 지닌 사람들을 떠올려 봐. 내 쇠테에 들어 있는 검정 반지 같은 것은 검정 니켈이야. 검정 니켈은 뭐고 또 어떻게 입혀졌을까? 하지만 내 쇠테의 중앙에는 검정 니켈이 입혀지지 않았는데 그렇게 된 얘기를 다 설명하자면 몇 페이지도 모자라.

이제 나의 최상의 영광에 관해 얘기할 차례인데, 이 업계에서는 이것을 '마개'라는 우아하지 않은 이름으로 부르고 있어. 이 부분은 사람들이 나를 갖고 글씨를 쓰다가 실수하면 그걸 지울 때 사용하지. '휄티스'라고 불리는 성분이 지우는 일을 해. 그것은 고무 비슷한데, 인도네시아에서 온 평지의 씨 기름(rapeseed oil)에 염화황을 반응시켜 만든 거지. 우리가 알고 있는 것과는 달리, 고무는 조여서 묶는 목적으로만 사용돼. 그밖에도 고온에서 가황 처리를 하고 속성시키는 물질들이 있지. 경석(속돌)은 이탈리아에서 오고, '마개'에 색을 내주는 색소는 카드뮴 황화물이야.

아무도 아는 사람이 없지

앞에서 나는 지구상의 단 한 사람도 나를 만드는 방법을 알지 못한다고 주장하였는데, 이 주장에 도전할 사람이 있어?

실제로 수백만 명의 인간이 나의 제조과정에 한몫씩 했지. 하지만 이 수백만 명의 사람 중 누구도 그 가운데 몇 사람을 아는 게 고작이야. 내가 이렇게 말하면, 오지 브라질에서 커피 열매를 따는 사람, 그리고 다른 곳의 식물 재배자들을 내 창조에 연결시키는 것은 내가 나가도 너무 나간 거라고 말할지도 몰라. 과장이 너무 심하다고 말이야. [하지만] 나는 이 주장에서 한 발짝도 물러설 수 없어. 이 수백만 명의 사람 중 [나를 만드는 방법을 아는 사람은] 단연코 단 한 사람도 없어. 여기에는 연필회사의 사장도 포함되어 있지. 다른 사람들보다야 많다고 할 수 있지만, 그 사장님도 극소량의 노하우(know-how)를 보탰을 뿐이거든. 노하우 관점에서 볼 때 스리랑카 흑연광산의 광부와 오레곤 주의 벌목꾼 간에 차이가 있다면 그것은 단 하나, 노하우 유형(type)의 차이일 뿐이야. 연필공장의 화학 전문가나 유전(油田)의 노동자—파라핀은 석유의 부산물이니까—가 [연필 생산과정에] 불가결하듯이, 그 광부도, 벌목꾼도, 불가결한 존재들이라고.

놀랍기 짝이 없는 사실은 바로 이거야. 유전의 노동자도, 화학 전문가도, 흑연이나 진흙 채광 인부도, 배의 선원, 선박 건조자, 철도와 도로 운송자,

나의 작은 철 금속 표면을 우툴두툴하게 만드는 기계 운전자, 연필회사 사장이 각자 한 가지 일을 수행한 것은 나를 원해서가 아니라는 사실 말이야. 이 사람들은 아마도 초등학교 1학년 어린이가 나를 원한 것만큼도 나를 원하지 않았다고. 이 수백만 명의 사람 가운데는 평생에 연필을 본 적도 없고, 그것을 써본 적이 없는 사람들도 있을지 몰라. 그들의 동기는 내가 아니고 다른 것이었어. 아마 이런 것이었을 거야. 이 수백만의 사람들 한 사람 한 사람은 자기가 가진 노하우를 자기가 원하거나 필요로 하는 물건과 서비스로 교환할 수 있다는 것을 알고 있었던 거지. [자기가 그렇게 해서 번 돈으로 자기가 필요로 하는 물건과 서비스를 사려고 연필 생산과정에 참여한 것이라는 뜻임.] 나는 이들이 원하는 품목 중 하나였을 수도 있고 아닐 수도 있어.

어떤 총감독도 없이

이보다 더 놀라운 사실이 있는데, 그것은 이 모든 일이 총감독(Master Mind) 없이 진행되었다는 거야. 다시 말하면 누구도 내가 태어나게끔 만든 이 무수한 행위들을 전반적으로 지휘하거나 강제로 명령한 사람이 없었다고. 총감독의 흔적조차도 볼 수가 없지. 대신에 우리는 보이지 않는 손(Invisible Hand)의 작동을 보고 있는 거야. 이것이 내가 앞에서 언급한 그

미스터리지.

"오로지 하나님만이 나무를 만들 수 있다."라는 말이 있어. 우리는 왜 이 말에 동의하는 걸까? 우리는 나무를 만들 수 없다는 사실을 우리가 인식하기 때문 아니겠어? 사실 우리는 묘사조차 제대로 못 하잖아? 기껏해야 피상적인 용어로 표현할 수 있을 뿐. 예컨대 분자의 어떤 구성(molecular configuration)이 나무의 모습을 띠게 된다는 식으로 말이야. 하지만 사람들 가운데 어떤 뛰어난 지성(mind)이 있어서 나무가 일생에 걸쳐 이렇게 저렇게 모습을 달리해 가게끔 만드는 분자의 항상적인 변화들을 감히 기록—지휘하는 일은 차치하고서라도—해낼 수 있겠느냐고? 이런 거창한 일(feat)의 성취란 아예 생각조차 못 할 일 아닌가!

나, 연필은 말이야, 헤아릴 수 없이 많은 기적의 복합물이야. 나무, 아연, 구리, 흑연, 등등[이 내포하고 있는 각각의 기적들]. 이런 자연 속의 기적들에 더 어마어마한 기적이 보태져야만 해. 창조적인 인간 에너지의 엮임(configuration of creative human energies), 즉 수백만 개의 아주 작은 노하우가 인간의 필요와 욕구에 대응하여 또 어떤 인간에 의한 총지휘(human masterminding)가 없는 가운데 자연적으로, 자생적으로 엮이는 그 기적 말이야! 오로지 하나님만이 나무를 창조할 수 있으므로, 오로지 하나님 한 분만이 나를 만들 수 있다는 게 내 주장이야. 분자를 결합해서 나무를 창조해 낼 수 없듯이 어떤 인간도 이 수백만 개의 노하우를 지휘해서 내가 태어나도록 만들 능력이 없거든.

앞에서 내가 "만일 나, 연필의 기적을 네가 깨달을 수만 있다면, 넌, 슬프게도, 지금 인류가 상실해 가고 있는 자유를 구원해 내는 일에 힘을 보탤 수 있을 거야."라고 말했었지? 그 말의 의미가 무엇인지? 이제 좀 알 것 같아? 내 말은 이런 뜻이었어. 만일 어떤 사람이 이런 노하우들이 자연적으로, 그렇지, 자동적으로 저절로 얽히고설키어서 인간의 필요와 수요에 부응하는 창조적이고 생산적인 패턴들(creative and productive patterns)을 구성해 낸다는 사실을 안다면—다시 말해서 정부나 다른 어떤 강제적인 총감독이 부재한 속에서 말이지—그때 그 사람은 자유의 절대적이고 본질적인 요소, 즉 자유인에 대한 믿음(faith in free people)의 소유자가 될 거라는 거지. 이 믿음 없이 자유는 불가능해.

예를 들어서 만일 정부가 창조적 활동, 예컨대 우편배달에 대한 독점권을 갖게 되었다고 해봐. 그러면 대다수 사람은, 각자 뿔뿔이 흩어져서 제 할 일이나 하는 [조직화되지 않은] 사람들에 맡겨서는 우편물이 효율적으로 배달될 수 없을 것이라고 믿게 되지. 이유가 뭐냐고? 아무리 생각해 보아도 자기 스스로는 우편배달에 요구되는 모든 일을 감당해 낼 방법이 없음을 인정하지 않을 도리가 없으니까. 다른 어떤 누구도 이 일을 해내지 못할 거라는 것도 알고 있지. 이런 가정들은 다 맞아. 어떤 개인도 연필의 생산에 필요한 충분한 노하우를 갖고 있지 못하듯이, 어떤 사람도 한 국가의 우편배달 사무 수행에 필요한 충분한 노하우를 소유하고 있지 못하거든. 자유인에 대한 믿음이 없는 속에서—다시 말해 수백만 개의 작은 노하우들이 자연적으로 또 기적적으로 형성되고 협력하여 이 필요를 충족시키게 된다는 사실을 인식하지 못하는 속에서—사람들은 잘못된 결론에 도달할 수밖에 없지. 우편은 정부라는 '총감독'이 없이는 배달될 수 없다는 [틀린] 결론 말이야.

넘쳐나는 증언들(Testimony Galore)

만일 나, 연필이, 인간이 자유롭게 시도해서 이룩해 낼 수 있는 일들에 대하여 증언할 수 있는 유일한 아이템이라면, 자유인에 대한 믿음이 없는 사람들의 결론이 어느 정도 타당할지 몰라. 그런데 말이야. 나 말고도 그런 증언을 할 수 있는 아이템들이 넘쳐난단 말이야. 이 증언들은 하나같이 우리 그리고 우리 각자에 관한 증언이야. 예컨대 자동차, 계산기, 탈곡기, 공작기계, 기타 수만 가지 물건의 제작과 비교하면 우편배달은 간단하기 짝이 없는 그런 일이야. 배달이라? 배달에 관해 조금만 말해 볼까? 만일 각자가 시도하는 대로 내버려두면 사람들은 단 1초 미만에 전 세계로 사람의 목소리를 생생하게 전달하지. 이벤트가 벌어지는 바로 그 순간에 그것을 시각적으로 또 동영상으로 각 가정에 보낼 수 있어. 사람들은 150명의 승객을 시애틀에서 볼티모어까지 4시간 안에 실어 나르기도 하잖아. 텍사스로부터 뉴욕에 있는 가정의 레인지나 벽난로에 가스를 공급하는 데 믿기 힘들 정도로 싼 가격에, 아무런 보조금을 받지 않고 하고 있지 않아? 페르시아 만에서 지구를 반 바퀴 돌아 미국 동부해안까지 배달되는 무게 4파운드[1.8kg, 즉 페트병 1개 정도]의 석유 운반비가 말이지, 정부가 무게 1온스[28.3g]짜리 편지를 길 건넛집으로 배달하는 우편요금보다도 싸다, 이 말이야!

내가 가르쳐 주어야만 할 교훈은 이거야. 모든 창조적 에너지를 방해하지 말고 내버려 두라. 이 교훈에 어울리게만 사회를 조직하라. 사회의 법적 장치(legal apparatus)가 모든 장애물을 최대한 제거하게 하라. 창조적 노하우들이 자유롭게 흘러가도록 허용하라. 자유인들이 '보이지 않는 손'에 대응하리라는 믿음을 가지라, 이 말씀이야. 이 믿음은 기필코 확증되고야 말 거야. 나, 연필은, 보기에는 단순할지 모르지만, 마치 태양, 비, 백양목, 대지가 실제적인 것만큼이나 이 믿음이 실제적인 믿음임을 증언하기 위해 나의 창조의 기적을 말해 본 거야. (저자 번역)

노벨경제학상 수상자인 밀턴 프리드먼(Milton Friedman)은 〈나, 연필〉을 격찬한다. 〈나, 연필〉 1976년판에 덧붙인 그의 후기는 이와 같다.

레너드 리드의 흥미진진한 이야기, 〈나, 연필〉은 이제 고전이 되었다. 그 럴만한 자격이 충분하다. 나는 아직껏 이렇게 간명하게, 설득력 있게, 효과 적으로 아담 스미스(Adam Smith)의 '보이지 않는 손'(강제력의 개입 없이 협력이 이루어질 수 있다는 것)과 프리드리히 하이에크가 말하는 분산된 지식과 정보의 전달수단(이것이 개개인이 누가 무엇을 하라는 지시 없이 도 각자 바람직한 일을 하도록 만든다)인 가격 시스템의 역할과 의미를 잘 묘사해 준 문헌은 본 바가 없다.

우리는 레너드의 이야기를 TV 공개강좌 〈선택할 자유(Free to Choose)〉 의 첫 부분, 그리고 같은 이름의 책 제1장 '시장의 힘'을 묘사하고 기술하 는 데 사용하였다.[2] 우리는 이 이야기를 요약해 제시하고 이렇게 덧붙여 말 했다.

"연필을 만드는 과정에 관여된 수천 명의 사람 중 한 사람도 연필이 필 요했기 때문에 각자의 일을 수행한 것이 아니다. 이들 중 어떤 사람들은 평생 연필을 본 적도 없고 그것이 무슨 소용이 있는지 알지도 못한다. 각 자는 그저 자기의 일을 자기가 원하는 상품과 서비스를 얻는 방편으로 삼 았을 뿐이다. 우리가 문방구에 가서 연필을 살 때, 우리는, 말하자면, 우리 각자의 서비스를 [결과적으로] 연필 생산에 관여한 수천 명이나 되는 사 람들 각자의 서비스와 교환하는 셈이다.

더 놀라운 사실은 연필이 생산될 수 있었다는 사실 바로 그것이다. 아 무도 중앙통제실에 앉아서 이 수천 명의 사람에게 명령을 내리지 않았다. 군대나 경찰이 강제하지도 않았다. 이 사람들은 여러 나라에 살고 있고,

---

2. 《선택할 자유》라는 이름으로 번역된 책, *Free to Choose*(*FTC*)는 프리드먼 부부가 1970년 대말 미국 공중교육 방송매체인 WQLN의 의뢰를 받아 행한 15차례의 TV 공개강연 원고를 개필하고 마지막 장을 추가해 완성되었다. 《선택할 자유》(민병균·서재명·한홍순 역, 자유기업 원, 2003), p. 17.

다른 언어를 쓰며, 종교 행태가 다르고, 심지어 서로서로 증오하고 있는지도 모른다—그런데 이런 차이점의 어떤 것도 이들이 연필의 생산과정에서 서로 협력하지 못하도록 방해하지 않았다. 어떻게 이런 일이 일어난 것인가? 아담 스미스는 200년 전에 우리에게 답을 주었다."

〈나, 연필〉은 레너드 리드의 전형적인 창작물이다. 상상력으로 가득 차고, 단순하지만 미묘하며, 레너드의 저작이나 그가 했던 모든 것에 깃들여 있는 자유에 대한 사랑을 고취하고 있다.

세상에서 둘째 가라면 서러워할 자유주의자요 시장주의자이자, 말솜씨 좋기로 유명한 밀턴 프리드먼은 시장의 작동 메커니즘을 이보다 더 쉽고 재미있게 잘 묘파하기는 불가능하다며 이 글에 대하여 절찬하고 있다. 당신은 이 글을 읽으며 무엇을 깨닫고, 무슨 생각을 해보게 되었는가?

〈나, 연필〉에 대한 절찬은 이걸로 끝나지 않는다. 가장 최근의 예를 들자면, 〈나, 연필〉 출간 57주년이 되는 2015년, 〈나, 연필〉 단행본 편집자인 로렌스 리드(Lawrence W. Reed)는 서문에 이렇게 썼다.

이 글은 "하찮기 짝이 없는 물건으로 보이는 연필 하나, 그것이 어떻게 세상에 나오는지도 알지 못하는 당신들이 도대체 무엇을 안다고 설레발이야?" "제발 좀 빠져 줘!"라고 외치고 있다. 연필 하나 만드는 방법도 모르는 주제에 온 사회를 뜯어고쳐 보겠다고 덤비는 꼴이라니! 참으로 가관이지? 그런데 인간이 겸손을 밀쳐버리는 순간, 알 수 없는 일(unknowable)을 안다고 가정하는 순간, 평화로운 개인들을 향해 국가의 힘을 사용하려 드는 순간, 착오(error)는 시작된다. 자기가 원하는 대로 세상을 만들고 바꿀 수 있다고 생각하는 사람이라면 반드시 잠깐 멈춰 서서 과연 자기에게 연필 하나라도 만들 능력과 지식이 있는지 자문해 보고 겸손을 배울 일이다.

〈나, 연필〉은 중앙집권적 계획에 대한 근거 없는 기대를 깨부수는 한편, 개개인이 지닌 노하우의 중요성을 일깨워준다. 가격, 재산, 이윤, 유인 등을 의미하는 아담 스미스의 '보이지 않는 손'에 인도되어 자유인들은 사회주의 이론가들로서는 겨우 꿈이나 꿔볼 수 있을 뿐인 경제 기적을 이룩해 낸다. 단 한 명의 '총감독' 없이도 온 세계 무수한 개인들의 자기 이익 추구 활동이 수렴되어 연필을 생산해 내듯이, 그것들이 자유로운 시장에 모여서 수억의 사람들을 먹이고, 입히고, 집을 제공하고, 교육하고, 문화생활을 누릴 수 있게 만들어주는, 그것도 점점 더 나은 수준으로 이끌어주는, 이게 경제 기적이 아니면 무엇이랴!³

〈나, 연필〉을 읽고 나서 충격을 받지 않았다면, 아직도 세상을 보는 눈이 별반 달라질 거 같지 않다고 느낀다면, 또 시장에서 거의 무한대의 자발적 교환을 통한 협력(cooperation through voluntary exchange) 관계를 형성해 내고,⁴ 개인의 사익을 공중의 공익으로 전환해 내는 '보이지 않는 손'의 역할이 잘 이해되지 않는다면, 이 글을 제대로 읽어냈다고 말할 수 있을지 모르겠다. 또 경제를 이보다 더 잘 관리할 수 있는 능력이 있기라도 한 듯이, 또는 자기에게 정부권력이 주어지기만 한다면, 시장에서 파생되는 경제사회 문제를 단숨에 쉽고 간단하게 해결할 수 있는 능력이 자기에게 있다는 듯이 목청을 돋우는 정치인이나 정책담당자(혹은 기획가), 혹은 학자들의 말에 여전히 귀가 솔깃하다면, 혹시라도 당신의 생각이 바로 그러하다면, 당신은 이 글을 제대로 읽은 게 아니다.

시장이 만들어내는 현재의 어떤 상태보다 더 나은 상태를 만들어내도록 시장에 간섭하고 관리할 수 있는 (초)능력자가 있거나 있을 수 있다고 생각한다면, 당신은 이 글을 제대로 읽은 게 아닐뿐더러, 오로지 신만이 할

---

3. 덧붙여 말하자면 로렌스 리드는 레너드 리드가, 하이에크가 1948년에 쓴 논문, "The Use of Knowledge in a Society"를 읽고 영감을 받아 〈나, 연필〉을 쓰게 되었다고 밝히고 있다. 하이에크의 이 논문에 관해서는 제2장 참고.

4. "자발적인 교환을 통한 협력"이라는 표현은 아담 스미스에 근거를 둔 밀턴 프리드먼의 표현으로 시장기능에 대한 가장 간결하고 적절한 표현이 아닌가 생각한다.(Friedman, *FTC*, pp. 11-13; 민병균 등, pp. 34-36)

수 있는 일을 인간도 할 수 있다고 믿는 신인동형동성론자((神人同型同性論者, anthropomorphist)일 가능성이 크다. '보이는 손'(즉 사람이나 정부)의 솜씨는 '보이지 않는 손'의 솜씨를 당해 낼 수 없다.[5] '보이지 않는 손'의 작동을 통해 시장이 이룩해 내는 일은 어떤 인간도 도저히 따라 하거나 흉내낼 수 없는—즉 신의 경지에서나 가능한—기적과도 같은 일이다.

오늘날 무수한 사람이 경제학을 배우고 있지만, 어떤 경제학 교과서도 이 '보이지 않는 손'에 관해 설명하고 있지 않다. 실소를 금할 수 없다. 아담 스미스의 경제자유주의 사상의 요체라고 할 수 있는 '보이지 않는 손'이라는 말은 《국부론》에서 단 한 차례밖에 사용되지 않았다. 해당 부분은 다음과 같다.

그러므로 모든 개인은 자신의 자본을 국내산업에 유리하게 고용하고, 그럼으로써 어떤 산업이 그 산업의 생산물이 최대가치를 실현하도록 자원을 사용하기 위해 자기가 할 수 있는 모든 노력을 다 기울인다. 모든 개인은 필연적으로 사회의 연간생산물을 최대로 만들기 위해 모든 힘을 기울이게 되는 것이다. 실상 일반적으로 그는 공익을 증진하려고 의도하지도 않고, 자신이 공익을 얼마나 증진하고 있는지 알지도 못한다. 외국산업보다 국내산업 지원을 선호할 때 그가 의도하는 것은 자신의 안전(security)뿐이다. 그 산업에 자신의 자본을 정향(direct)함으로써 그 산업의 생산이 최대가치를 실현하도록 할 때 그가 의도하는 것은 자신의 이익뿐이다. 그런데 이 경우, 다른 경우와 마찬가지로, 그는 **보이지 않는 손(invisible hand)**에 이끌리어 자신의 의도와 상관없는 하나의 목적을 증진하게 된다. 사회적으로 볼 때 개인의 의도가 공익과 상관없다고 해서 그것이 더 항상 나

---

5. 로렌스 리드는 가격, 재산, 이윤, 유인을 '보이지 않는 손'의 구체적 형태로 표현했지만, 아담 스미스의 '보이지 않는 손'은 창조자, 조물주, 신을 의미하기도 한다고 생각한다. 그의 다른 저작, 《도덕감성론》에는 창조자, 조물주, 신이라는 표현이 많이 등장하고 있는데, 다만 종교적인 편견을 피하려고 '보이지 않는 손'이라는 표현을 쓰지 않았나 추측한다.

쁜 것만도 아니다. 자신의 이익을 추구함으로써 개인은, 그가 진정으로 공익을 증진하려고 의도한 경우보다, 흔히 사회의 이익을 좀더 효과적으로 증진한다. 나는 공익을 위한다고 열정적으로 무역에 뛰어든 사람(who affected to trade)이 사회에 별다른 유익을 준 예를 전혀 알지 못한다. 사실 이러한 열정은 상인들 가운데 흔한 것도 아니지만, 이들이 이렇게 하지 않도록 만류하는 데 많은 말이 필요한 것도 아니다.(Smith, 1776[1952]:194)

스미스를 경제학의 아버지라고 부르면서, 그가 발견하고 묘파한 시장의 작동원리, 시장 메커니즘을 〈나, 연필〉처럼 알아듣기 쉽고 설득력 넘치게 설명하고 있지 않은 이유가 도대체 무엇일까? 혹시 누구나 아버지의 말씀은 더 들을 필요도 없이 자명한 말씀이라서, 경제학의 아버지인 스미스의 말도 그처럼 무시하는 걸까?[6]

제3장에서 다루게 되겠지만, 로널드 코오즈는 "알프레드 마샬 이후 경제학 교과서에서 시장이 사라졌다."고 갈파한 바 있다. 시장의 작동원리, 시장 메커니즘이야말로 경제학에서 가장 중요하게 또 가장 먼저 다루어야 할 주제이지만, 오늘날 경제학 교과서에서는 시장 그 자체에 관한 자세한 설명은 찾아보기 어렵다. 시장에 대한 설명은 거의 하지 않은 채 시장실패론이란 것을 떡 하니 들이밀고 있다. 그 이유가 무엇이겠는가? 두말할 것도 없이 시장의 불완전성을 핑계 삼아 정부의 간섭과 개입을 정당화해 주고자 함이다. 참으로 개탄하지 않을 수 없다. 무엇보다도 시장의 우수성을 갈파하면서 시장경제를 주창하고, 정부 역할의 한계선을 설정해 주어야 할 경제학자들이 정부 역할과 기능의 확대를 부추기고 있다면 그런 경제학자

---

6. 아담스미스를 경제학자로만 보는 것은 옳지 않다. 그는 당시에 사회철학자(moral philosopher)로 불리었다. 그의 《도덕감성론》을 읽은 독자는 그가 심리학의 아버지가 되어야 마땅하지 않은가 생각할 것이다. 또 그의 *Jurisprudence*를 읽은 독자는 그가 법학자가 아닌가 생각할 것이다. 그의 《국부론》도 단순한 경제학 책이 아니다. 그 속에는 역사, 정치, 경제, 사회, 문화, 도덕, 윤리 등에 대한 그의 사상이 깊이 있게 담겨 있다.

들은 도대체 누구의 아들들이란 말인가?

여기서 이 책에서 저자가 쓰는 시장이란 말에 대하여 간략하게 설명할 필요를 느낀다. 일반적으로 시장에 대한 이해가 너무나도 부족해 보이기 때문이다. 시(市)와 장(場)이 다 장소를 뜻해선지, 시장이라고 하면 흔히 어떤 장소를 떠올리는 경향이 있다. 그러나 시장은 한정된 지리적 장소로 제한되지 않는다. 예컨대 금융시장, 증권시장, 외환시장이란 말에서 장소의 의미는 사라졌다. 그것은 은행이나 증권거래소, 외환거래 부쓰(booth)를 의미하지 않는다. 굳이 말한다면, 오늘날 그것들은 대부분 인터넷 공간에 존재한다. 보이지 않는 망으로 연결되어 있고 그 범위는 지구 전체에 이른다. 조그맣게는 동네시장, 지역시장으로부터, 크게는 전 지구적(global) 시장까지를 모두 포괄하지만 시장 개념에서 핵심요소는 장소라기보다는 관계이고, 그래서 시장은 장소적 개념으로서가 아니라 관계 개념으로 이해해야 옳다.

시장을 관계 개념으로 이해한다는 말은, 앞에서 언급한 것처럼, 자발적 교환을 통한 무한대에 가까운 자발적 협력 관계의 망이 곧 시장이라는 뜻이다. 여기서 가장 중요한 말은 '자발적'이라는 말이다. 각기 다른 필요를 가진 사람들이 자발적인 교환, 거래, 계약을 통해 각자가 더 큰 이득을 얻는 방식으로 협력이 이루어지는 게 시장이다. 시장에서는 누구의 강요에 의해서가 아니라 자기 이익을 위해 자발적 교환, 거래, 계약에 참여하고 이를 통해 서로가 이득을 보기 때문에 서로 협력 관계를 맺고 그 관계를 계속 확대해 간다. 〈나, 연필〉이 세밀하게 묘사하는 모든 상호연결 관계의 망이 바로 이 자발적 교환을 통한 협력 관계들이다.[7] 이 관계들을 끝없이 만들어내는 것이 '보이지 않는 손'이고, 이 과정에서 사익을 공익으로 전환하

---

7. 앞에서도 썼지만, 프리드먼이 그의 책에서 시장기능을 자발적 교환을 통한 협력을 가능하게 만들어주는 것이라고 설명하면서 사용하는 것이 바로 〈나, 연필〉이다.

는 것이 '보이지 않는 손'의 놀라운 조화(造化)다.[8]

모든 인간은 다른 인간과—서로 알든 모르든—얽히고설켜 서로 협력하며 살아간다. 누구든지 다른 사람이 갖고 있거나 생산한 것들과 자기가 생산하거나 가진 것들을 교환—이 교환은 물물교환의 형태로 이루어지지 않는다. 보통은 돈으로 매개된다—해 자기 삶을 영위한다. 각자가 가진 것을 서로 교환하고, 장차 각자가 취할 행동 또는 권리와 의무에 관하여 계약을 맺는다. 이것이 인간이 자기 삶을 꾸려가고, 자신의 꿈을 성취하며, 자신의 시공간을 넓혀가며 사는 유일한 방식이다. 이 교환, 거래, 계약관계 위에서 인간의 삶은 꾸려지고 생활이 유지, 발전된다. 그런데 시장에서는 이 협력 관계가 자발적 의사에 따라 형성된다. 이 협력이 서로에게 이익이 되기 때문이다. 서로에게 이익이 되지 않는다면 자발적인 협력 관계의 형성은 아예 처음부터 불가능하다. 간단히 말하면 각자의 필요를 다른 사람의 필요와 연결해 주고 서로가 이득을 보기에 계속해서 협력 관계를 맺어가도록 해주는 게 시장이다.

세상의 모든 것(즉 상품과 서비스, 지식, 기술, 정보 등등)은 대부분 이 자발적인 교환을 통한 협력 관계 속에서 창조되고, 생산되고, 공급되고, 유통되고, 소비된다. 다음 장에서 보게 될 것처럼, 시장에서는 누가 무엇을 필요로 하는지, 누가 그 필요에 응할 수 있는지, 그것을 아무도 다 알지 못하거니와 알아야만 할 필요도 없다. 모든 사람이 누군가 다른 사람들의 (현시적 또는 잠재적) 필요에 응하기 위해 자기가 잘할 수 있는 일에 종사하고, 그 대가로 받은 돈으로 자기의 필요를 채워간다. 이 모든 관계, 관계를 이루기 위한 교환, 거래, 계약의 과정은 무한히 이어지고 무한히 계속된다. 이

---

8. 덧붙여 말하면, 프리드먼은 정부가 하는 일에도 '보이지 않는 손'이 작용한다고 말해 흥미롭다. 다만 시장에서 '보이지 않는 손'은 개인의 사익 추구가 공공의 이익으로 전환되도록 만드는 데 반해, 정부가 하는 일에서는 반드시 특혜와 차별이 생겨나고, 그 결과 공익이 특정 집단의 사익으로 전환되도록 만드는 정반대의 방향으로 작용한다고 말한다.(민병균 등, 2003, pp. 366-70)

것이 우리가 사는 세상이다. 이 세상이 진보를 계속하는 것은 이런 시장을 통해 발휘되는 모든 인간의 창조성과 창조적인 능력 덕분이다.

시장이 돌아가고 세상이 발전하는 이치는 알고 보면 이처럼 단순하면서도 참으로 놀랍고 신비하고 경이롭다. 그런데 많은 사람이 시장은 온통 악덕으로 가득 차 있는 것처럼 생각한다. 잘못 배우고 있기 때문이다.[9] 지금까지 저자가 해 온 말을 도저히 이해할 수 없다는 사람이 있을까? 그렇지는 않을 것이다. 그러면 왜 이런 생각이 낯설게, 또는 새롭게 느껴질까? 잘못 배워 왔기 때문이다. 부익부 빈익빈, 약육강식, 무질서, 혼란과 혼잡, 부조리, 비윤리, 비인간, 냉혹, 비열 등등이 많은 사람이 시장을 생각할 때 떠오르는 표현들일 것이다. 이런 말들은 거의 다 마르크스(Karl Marx)와 그의 추종자인 사회주의자, 공산주의자들이 지어낸 말들이다.

시장은 시장일 뿐이다. 시장은 서로의 필요에 따라 무한히 다양한 협력 관계가 만들어지고 발전하도록 돕는 일, 그 이상도 이하도 하지 않는다. 시장은 인격적 존재도 아니다. 따라서 시장은 윤리적, 도덕적 비난의 대상도 아니다. 시장을 모르는 사람들이 무고한(innocent) 시장을 제 뜻대로, 제멋대로 고발하고 있다. 시장이 없으면 자기의 삶을 영위할 수 없다는 사실은 까마득히 잊고 있다. 왜 사회주의, 공산주의 국가 국민의 대부분이 극도의 가난에 시달리고 있는지? 공평한 사회를 만든다고 시장을 배격하는 이런 국가에서 인민들이 과연 공평하게 살고 있는지? 북한을 비롯한 공산주의 국가, 사회주의를 추종하는 국가에서야말로 부익부 빈익빈 현상이 가장 심

---

9. 저자가 경험한 일 중 놀라운 사실이 하나 있다. 경제학 공부와는 거리가 먼 일반인이나 학생들에게 이런 식으로 시장을 설명하면 금방 이해하고 납득하는 데 비해, 경제학 전공자 또 교육수준이 높다는 사람들일수록 억지를 부리면서 반시장적 사고를 고집하는 경향이 강했다. 왜 그럴까? 시장 속에서 몸을 부딪쳐 사는 사람들에게 시장 메커니즘은, 알고서 보면, 상식에 불과하다. 학문적으로 복잡하고 어렵게 말해서 그렇지, 자기가 아는 '세상이 돌아가는 이치'와 하등 다를 게 없다. 꼭 학교에서 배워야만 '세상이 돌아가는 이치'를 알 수 있는 게 아니지 않은가? 이렇게 보면 시장원리나 시장 메커니즘이란 것을 따로, 힘들여서 배워야 한다는 사실이 아이러니가 아닐 수 없다.

하다는 사실을 이들은 알고는 있을까? 이런 국가에서도, 비록 억눌려 있기는 하지만, 사람들을 먹여 살리는 건 북한의 장마당처럼 아주 빈약하긴 하지만 시장기능의 명맥이 여기저기 살아 있기 때문이라는 사실을 인정할까?

제2장　하이에크의 눈으로 다시 보는 시장

1. 자유주의 사상가 하이에크

　말할 수 없이 자유로운 사회에 살고 있으면서도, 자유 그 자체, 또 자유가 주는 혜택에 대해 곰곰이 생각해 보는 사람은 별로 없다. 전쟁이나 독재체제에서 자유롭게 행동하고 생각하며 살 자유를 박탈당해 본 경험, 특히 그 속에서 심각한 인권유린을 경험해 본 사람들조차 시간이 지나면 자유의 가치를 망각하는 경향을 어렵지 않게 볼 수 있다. 인간은 망각의 동물인가? "자유가 아니면 죽음을 달라."는 비장한 각오로 싸워 얻은 자유지만, 이 말은 극한상황 아래서만 간혹 들어볼 수 있는 말이 되어가고 있다. 자유를 얻기 위해 목숨을 걸고 싸운 사람들의 경우가 이러하니, 이런 경험이 없는 사람들이 자유의 소중함에 대하여 무감각하거나 억압에 대하여 극렬히 저항하려는 결의나 생각이 부족한 것은 크게 이상할 것도 없다.

　잠시라도 내가 부자유한 상태(예컨대 내가 어느 날 감옥에 갇히게 된 상태)를 상상해 보기만 해도 그것이 인간을 얼마나 비참하고 끔찍하게 만들지 상상하기 어렵지 않다. 하지만 그런 싫은 상상은 해 보려 하지 않는다. 이런 면에서 자유는 공기와 똑같다. 사람은 한순간도 숨을 쉬지 않고는 생존할 수 없다. 공기를 구성하는 화학물질의 구성이 조금만 달라져도 한순간에 전멸할 수 있고, 공기의 온도차가 조금만 생겨도 견디기 힘들어하는 인

34

간이지만, 공기에 대하여 염려하며 사는 사람은 보기 힘들다.

20세기의 대표적 자유주의 사상가인 하이에크(Friedrich A. Hayek; 1899-1992)는, 여러 방면에서 여러 가지 이유로 끊임없이 생겨나는 자유에 대한 위협에 맞서서 자유의 절대적 가치를 줄기차게 환기하고 고취하였다. 특이하게도 그가 강조점을 둔 자유는 일상적인 의미의 자유라기보다는 인류문명의 성쇠(盛衰)와 연결된 자유였다. 한마디로 말해, 개인의 자유(individual freedom)가 인류문명 발전의 원천이라고 보고, 자유 수호의 절대적 중요성을 부르짖은 사상가요 학자가 하이에크였다.

자유를 싫어하는 사람은 없다. 자기의 자유는 어떤 경우에도 침해되어서는 안 된다고 생각하면서, 다른 사람의 자유는 위험하고 따라서 통제되어야 한다고 이중적으로 사고하는 사람이 아주 많다. 개인의 자유라고 하면 곧바로 고삐 풀린 자유를 상상하고, 자유방임, 또 그로 인한 무질서와 혼란을 떠올린다.[1] "'좋은 나라,' '좋은 사회'를 만들려면 개인의 자유는 다소간 희생되더라도 어쩔 수 없는 것 아니야?"라고 제법 배운 척하는 사람도 무척 많다. 국가와 사회를 앞세우면서 이렇게 개인의 자유는 하찮게 여기는 지식인(?)들이 넘쳐난다. 이런 사람들이 과연 개인의 자유가 인류문명 발전의 원천이라는 하이에크의 시각에 동조할까? 그 반대로, 즉 개인의 자유를 적절히 제한했기 때문에 인류문명이 이룩될 수 있었다고 생각하는 사람이 절대다수이리라. 아래에서 차차 논의하겠지만, 이런 나이브한 생각이야말로 자유에 대한 무수한 위협요인 중 하이에크가 첫 손가락에 꼽

---

1. 사실 개인의 자유라고 하면 사람들은 보통 이기주의(egotism)를 연상한다. 하이에크는 이런 현상이 아담 스미스의 말, 즉 "정의의 법(the laws of justice)을 위반하지 않는 한, 모든 사람이 자기 방식으로 자기의 이익을 완벽하게 자유롭게 추구할 수 있도록 내버려 두어야 한다."는 말과 관련이 있다고 본다. 다시 말해 개인의 자유에 대한 스미스의 고전적 정의는 불필요하게, 하지만 불가피하게, 개인의 자유와 이기주의를 혼동하도록 만든다는 점에서 문제가 있다고 본다. 이런 이유로 자기는 개인의 자유를 "각자가 자기 목적을 위해 자기의 지식을 사용할 수 있는 상태"라고 정의하고 그런 뜻으로 이 말을 쓰기 좋아한다고 밝힌다.(Hayek, *LLL*, I:55-56) 이 정의의 구체적 의미는 아래에서 설명되고 있다.

은 위협요인이었다.

하이에크의 저작은 30여 권에 이를 정도로 방대하지만 그의 사상을 대표하는 면에서 4권의 책《노예의 길》(*The Road to Serfdom* (*RTS*), 1944),《자유헌정론》(*The Constitution of Liberty*(*COL*), 1960),《법, 입법, 그리고 자유》(*Law, Legislation, and Liberty*(*LLL*), 1982)[2],《치명적 자만》(*The Fatal Conceit*(*FC*): *The Errors of Socialism*, 1988)을 빼놓을 수 없다. 본 장은 이 4권의 책을 주로 참고해 그의 사상의 대강과 체계를 소개한다. 참고로 그가 강조해 마지않는 '법의 지배' 원리를 시장과 연결지은 논의는, 이 책의 결론에 해당하는, 제12장에서 계속할 것이다.

시장(과 사회)이 움직이는 원리와 메커니즘, 개인과 사회의 관계, 시장과 정부의 관계 등등에 대해 하이에크만큼 참신하고 탁월한 분석시각과 통찰력을 보인 학자는 일찍이 없었고 앞으로도 없을 것이다. 말 그대로 눈이 있으나 보지 못했고, 그 속에서 살아왔으나 알지 못했고, 상상조차 해 본 적 없는, 무궁무진한 깊이와 넓이의 시장의 진실과 마주하게 되면서, '내가 과연 세상이 무엇인지 알고나 살았던가, 아니 그것도 모르면서 어찌 세상을 안다고 생각했지?'라고 자문하지 않을 수 없을 것이다. 제1장에서 〈나, 연필〉을 읽었을 때 그랬듯이.

하이에크의 시장에 대한 관점과 이론들은 기상천외한 내용이 많다. 처음 들으면 생소하기 짝이 없고 때로 엉뚱하게 들린다. 하지만 그의 논리를 따라가며 곰곰 생각하다 보면, 절로 고개가 끄덕여진다. 실제로 사람들이 세상을 살아가는 방식을 설명하되 이론화가 가능한 깊이와 형태로 설명하고 있기 때문이다. 왜 우리는, 하이에크가 분석해 내는 그런 삶을 살고 있

---

2. 하이에크의 *Law, Legislation, and Liberty*는 3부작으로서, 1973년에 제1권이, 1976년에 제2권이, 1979년에 제3권이, 그리고 1982년에 합본이 출간되었다. 덧붙여 말한다면, 인용문 표시에서 *LLL* 다음의 로마체(I, II, III)는 각기 제1권, 2권, 3권을 지칭한다. 그리고, 아라비아 숫자는 페이지를 표시한다.

으면서 정작 그 사실은 잘 인지하지 못하고 있을까? 배워도 너무 잘못 배워 왔고, (사회주의자들한테) 속아도 너무 속으며 살아왔기 때문이리라.

또 하나 미리 강조해 둘 사항이 있다. 하이에크의 모든 주장과 논의는 규범적인 주장이나 논의가 아니다. 하이에크의 자유주의 사상과 철학은 철저하게 분석적이고 과학적이다. 세상이 어떠 어떠해야 한다는 규범을 말하지 않고, 단지 '세상은 어떻게 굴러가는지?,' '시장은 사람들이 왜 그렇게 행동하게 만드는지?,' '왜 (자유) 시장이 만들어내는 결과는 우리가 누릴 수 있는 최선인지?,' '정부가 시장에 개입하면 문제해결은커녕 더 많은 문제를 파생시키고 마는지?' 등등의 질문에 대하여 철저하게 과학적으로 분석하고 논리적으로 추론할 뿐, 시장은 어떠해야 한다거나, 정부가 어떤 일을 해야 한다고 말하지 않는다.[3] 그러므로 독자들은 평소의 습관인 규범적 사고를 멈추기 바란다. 처음엔 다소 눈과 귀에 거슬릴지라도 하이에크의 차분하지만 끈질긴 분석을 끝까지 따라가 주기 바란다. 비판은 우선 그의 말을 잘 이해한 뒤 '정당하게' 하시기 바란다.

아마도 독자 가운데는 하이에크에 대해 일종의 선입견과 편견을 가진 분들이 계실 것이다. 신자유주의 경제학자 정도로 이해하고 있다면, 오해가 크다.[4] 냉혹한 시장주의자라고 알고 있다면 무식하다. 저자는 하이에크

---

3. 다시 말하면 하이에크는, 옳고 그름을 따질 수 있는 말을 하는 것이지, 무엇이 바람직하고 바람직하지 않은지를 말하고 있지 않다. 따라서 독자는 그의 주장이 사실과 현실에 부합하는지 아닌지를 따져야지, 그의 말대로라면 세상이, 사회가 어쩌어찌 될 것인지 염려부터 하거나, 그가 말하는 세상이나 사회가 과연 바람직한지 아닌지 하는 식의 매우 크고 추상적인 의문을 던지지 않기를 바란다. 하이에크는 혁명가가 아니다. 그는 철두철미 과학자이다. 그를 사회과학자라고 부르지 않고 있음에 유의하시라. 그의 식견은 거의 무한하다. 자연과학에 대해서도, 역사에 대해서도 그의 지식의 끝을 찾기 어렵다.

4. 하이에크는 20대 초반 오스트리아의 비엔나 대학(Universität Wien)에서 법학박사에 이어 정치학박사 학위를 취득하였다. 경제학박사 학위는 저자가 아는 한, 명예박사 학위뿐이다. 당시의 법학과 정치학은 경제학과 매우 밀접한 관계에 있었다. 그는 1974년 노벨경제학상을 수상하였다. 참고로 노벨상 수상과 관련한 일화를 소개하면 이렇다. 이 상의 수상자로 지명되자 하이에크는 노벨경제학상에 대해, 노벨상의 위력과 과도한 영향력으로 경제사상에 편견이 조

만큼 자유의 가치를 옳게 이해하고 그것이 모든 인간이 누려야 할 최고의 가치임을 일관된 논리로 주장한 사상가, 인간의 존엄성을 믿고 뜨거운 인간애로 어리석은 인간들의 무모한 모험과 그로 인한 인류문명의 퇴보를 온몸으로 막아보려고 애쓴 철학자는 이제껏 만나보지 못했다.

2. 《노예의 길》: 요지와 의의

《노예의 길》은 하이에크를 20세기 최고의 사상가 대열에 서게 만든 걸작이다. 당시까지만 해도 경제학자로만 알려진 하이에크는 이 책으로 정치철학자의 면모를 만천하에 과시하였다. 제2차세계대전 중인 1944년에 출판된 이 책은 25주년, 50주년, 60주년 기념판이 계속 나올 정도로 세월이 갈수록 더 높이 평가되는 책이고, 사회주의가 득세하는가 싶으면 무섭게 되살아나 웅변을 토하는, 생생하게 살아 있는 책이다. 20개 이상의 언어로 번역되어 전 세계적으로 가장 많이 읽히고 지금도 가장 많이 찾는 고전 중의 고전이다.

《노예의 길》은 2차대전의 종전이 가시권에 들어오던 시기인 1940년대 초반 영국의 지식인들에게 경종을 울리려는 목적에서 쓴 책이다. 이들은 당시의 강대국들인 독일, 이탈리아, 러시아, 일본의 위세에 영향을 받아서인지 좌파적 사고에 물들어가고 이를 추종하려는 듯한 태도를 보였다. 제1차세계대전과 대공황을 겪으며 널리 채택되기에 이른 경제계획(economic

---

장될 수 있다는 이유로, 비판적 견해를 밝혔다. 아마도, 경제사상 면에서 자신과 대척점에 서 있는 군나르 뮈르달(Gunnar Myrdal)이 공동 수상자로 발표되자 마음이 좀 언짢았지 않았을까? 뮈르달은 "빈곤은 빈곤을 부른다."는 말로 축약할 수 있는 누적적 인과이론(cumulative causation theory)을 개발한 스웨덴의 경제사회학자로서 불평등 극복을 위한 정부의 적극적 역할을 강조한 학자이다. 뮈르달도 수상을 거부해 화제를 뿌렸다. 속이 상하기는 그도 마찬가지였던가 보다.

(and social) planning)을 전후에 어떠한 경계심이나 두려움도 없이 이어가려는 이들의 안일한 사고방식과 태도는, 모교 비엔나 대학에서 강의하다가 나치의 지배를 피해 귀화한, 하이에크에게 큰 충격이 아닐 수 없었다.[5]

하이에크는 언뜻 특별히 두렵게 볼 필요가 없어 보이는 경제계획이야말로 이 국가들이 전체주의로 치달아가게끔 만든 주범이라는 사실을 깨닫도록 해주고 싶었다. 파시즘과 공산주의의 등장은 그 전시대에 풍미했던 사회주의 추세(socialist trends)에 대한 반작용이 아니라, 그것의 필연적인 결과, 즉 모든 경제활동을 중앙에서 계획하고 통제하는 경제 시스템이 초래하고야 말 필연적인 정치적 결과임을 보여주고 싶었다. 20세기 초반에 등장한 파시즘, 나치즘, 공산주의는 그 전시대, 즉 19세기 후반에 풍미했던 사회주의 추세에 대한 반작용이 아니라, 사회주의가 이름을 바꿔 나타난 것에 불과하며, 전체주의의 밑바탕은 사회주의라는 사실을 깨닫게 해주고 싶었다.

하이에크는 특히 경제계획은 사회주의, 즉 모든 경제활동을 중앙에서 계획하고 통제하는 경제 시스템이 절대적으로 의존하지 않을 수 없는 핵심적이고 필수적인 수단이지만, 경제계획의 시행은 필연적으로 전체주의로 나아가도록 만든다고 보았다. 그것은 경제계획의 본질적 속성 때문이다. 국가의 계획이 예정하는 효과를 거두기 위해서는 결국 모든 국민이 계획이 요구하는 모든 것에 동의하고 합의해 주지 않으면 안 된다. 그렇지 않으면 계획은 일관되게 추진될 수 없고 목표는 성취될 수 없다. 하지만 서로 생각

---

5. 하이에크는 《노예의 길》 제2판(1960) 서문에서 그가 책 제목을 《노예의 길》이라고 단 것은 토크빌(Alexis de Tocqueville)의 영향 때문이었다고 밝히고 있어 흥미롭다. 토크빌은 그의 유명한 책, 《미국의 민주주의》(Part II, Book IV, Chap. vi)에서 근대 복지국가가 국민에게 미치는 심리적 효과에 대하여 매우 통찰력 있게 분석하면서 '신 노예상태(new servitude)'라는 용어를 빈번히 쓰고 있는데, 하이에크는 이 표현에서 영감을 얻었다고 한다. 참고로 이 서문에서는 왜 그가 그렇게도 유명해진 책의 개정을 하지 않기로 마음먹었는지에 대해 토로하고 있어 역시 흥미롭다. 간단히 말한다면 그가 하고 싶은 말을 이 책에서처럼 그리 간결하게 쓰기는 불가능하다는 판단 때문이었다고 한다. 대신 그는 수많은 저작을 통해 그의 논지를 확장하였다.

이 다른 국민 개개인이 자발적으로 경제계획의 모든 사항에 동의하고 합의할 수는 없는 일이다. 바로 여기에 경제계획에는 필연적으로 국가의 강제력 행사가 뒤따르지 않을 수 없는 이유가 있다. 반대자의 목소리를 잠재우지 않으면 일관되고 일사분란한 경제계획의 추진은 불가능하기 때문이다.

더 나아가 강력한 경제계획의 추진은 필연적으로 가장 악독한 인간—즉 히틀러, 레닌, 스탈린, 김정은 같은 사람들—이 최고지도자의 자리를 차지하도록 만든다. 무리한 경제계획이 추진되면서 경제 사정이 나빠지면 국민은 실의와 회의에 빠지기 쉽고, 이런 국민을 다시 단합시키기 위해서는 강력한 지도자가 필요하게 되는데, 아무런 양심의 가책 없이 국민을 기만하고, 반대자를 무자비하게 탄압하며, 포악한 일들을 거침없이 또 능수능란하게 해낼 수 있는 인간이 아니면 이 자리에 오를 수 없다는 게 하이에크의 재미있지만 섬뜩해지는 설명이다.

《노예의 길》이 오늘날까지 사회주의에 대한 정통 비판서로서, 혹은 자유주의 사상을 고취하는 고전으로서 높이 평가 받는 이유는 그것이 시대를 뛰어넘는 이 수수께끼와도 같은 진실들을 잘 파헤쳐 보여주고 있기 때문이다.[6] 우리가 빠지기 쉬운 환상과 오해를 예리하게 파고들며 우리를 각성시켜 주기 때문이다. 왜 우리가 높은 이상(high ideals)의 미래를 만들어 보려고 의식적으로 노력하면 할수록 정반대의 결과에 귀착할 수밖에 없는가? 경제계획은 왜 거의 언제나 원하지 않은 엉뚱한 결과들을 초래하고야 마는가? 이런 비극적인 결말은 왜 필연적인가? 이런 질문들에 대한 답은 이 장과 이 책의 전반에 걸쳐서 반복적으로 제시될 것이지만, 이런 질문들이야말로 시대를 뛰어넘는 질문들이고, 《노예의 길》이 오늘날까지 사회주의에 대한 정통 비판서로서, 혹은 자유주의 사상의 고전으로서 높이 평가

---

6. 《노예의 길》출간 50주년 기념판에 서문을 헌정한 밀턴 프리드먼은 "여러 해에 걸쳐 나는 오늘날 주류 사상인 집단주의에서 돌아선 개인주의 신봉자들에게 그 배경을 묻곤 했는데, 가장 많은 답이 '《노예의 길》을 읽고 나서'라는 답이었다."고 밝히고 있다.(*RTS*, 1994:ix)

받도록 만든 질문들이 아닐 수 없다.

한 마디로《노예의 길》은 자유를 경시하는 인간들이 어떤 이유로 또 어떤 과정을 거쳐 사회주의 체제의 속박을 자초하고 인류문명의 무섭고 엄청난 퇴보를 불러오게 될지를 명쾌하게 논증하고 갈파한 책이다. 하이에크 특유의 통찰력과 논리적 사고력이 유감없이 발휘된 이 책에서 독자들은 사회주의가 어떻게 시장에 기초한 경제의 주춧돌들을 파괴하고, 자유 문명(free civilization)의 창조력을 질식시키고야 마는지를 잘 이해할 수 있을 것이다.

3. 하이에크의 자유주의 사상과 시장에 대한 관점

위대한 사상가의 학문과 사상체계를 일목요연하게 파악하기가 결코 쉬운 일이 아니지만, 하이에크의 사상체계를 잘 들여다보면 몇 가지 열쇠가 꾸러미에 가지런히 꽂혀 있음을 알 수 있다. ① '지식은 무엇인가?,' ② '왜 그것이 사회의 유지와 발전에 핵심적 요소인가?,' ③ '개개인이 가진 지식이란 얼마나 유한한가?,' ④ '인류는 그러면 어떻게 이런 인간 지식의 한계를 극복해 왔는가?,' ⑤ '특히 시장은 어떻게 개개인의 지식이 최대로 활용될 수 있도록 해주고, 개개인이 최선의 행동노선을 취할 수 있게 해주는가?,' ⑥ '왜 시장에 대한 정부개입과 간섭은 이 지식의 무한한 생산과 활용을 필연적으로 방해하는가?' 같은 질문들이 그것이다.

3.1 문명, 지식, 자유의 관계

하이에크의 대표적 저서 중 하나인《자유헌정론》제2장, '자유 문명의 창조적 힘'은 문명에 관한 혹은 인류사회의 진보와 퇴보의 원인에 관한 독특하고 깊이 있는 통찰로 번득인다. 요지부터 말한다면 문명의 기초는 지식이고, 지식은 자유 없이는 증가하지 않는다는 것이다. 뒤집어서 말한다면, 자유 없이는 새로운 지식이 창출되지 않고, 지식이 없이는 문명이 유지되지 못한다는 것이다. 이러한 자유-지식-문명의 상호관계 해명은 하이에크 필생의 연구주제였다. 서로 잘 어울리지 않는 듯이 보이기 쉬운 개념들이 상호 긴밀하게 연결되고 있는 점에 주목하시기 바란다. 특히 그의 이 해명에서 지식이 핵심적인 연결고리라는 사실에 유의하시기 바란다. 그가 설명하는 문명과 지식의 관계, 자유와 지식의 관계, 자유와 문명의 관계는 우리가 상상하는 수준을 훌쩍 뛰어넘는다.

3.1.1 인간의 무지와 문명의 혜택

하이에크의 사상에서, 또 그의 예지와 통찰에서 두드러지는 키워드는 지식이다. 자유 사회의 중요성을 강조할 때든, 시장경제의 기능을 설명할 때든, 그는 인간행동의 지식 콘텐츠(knowledge content)에 주목한다. 그의 지식 개념은 매우 폭이 넓다. 우리가 일반적으로 지식이라고 부르는, 책에 있는 사실들은 물론이고, 개개인이 스스로 배워서 터득한 노하우, 솜씨(skills) 등을 지식으로 보며, 어떤 의미에서는 더 중요하고 의미 있는 지식이라고 말한다.

예컨대 쫀쫀하고 찐득해서 씹는 맛이 좋은 빵집 주인이 여러 실험과정을 거쳐 터득한 자신만의 밀가루 반죽 노하우에는 모종의 지식—밀가루에 어떤 화학작용이 일어날 때 점성이 강화된다는 지식—이 내포되어 있다. 그런데 그는 이 지식을 갖고 있으나 언어로 표현하거나 책에 기록하지 못한다. 우리가 사용하는 각종 도구에도 이런 종류의 지식이 포함되어 있다. 테니스 라켓이 왜 그런 모양이나 형태인지를 사람들은 잘 알지 못한다. 그러면서도 사람들은 라켓을 곧잘 사용한다. 더 좋은 라켓에 대한 지식은 여러 세대에 걸쳐 사람들이 라켓 비슷한 것들을 이렇게 저렇게 만들어 사용해 오면서 계속 개선이 이루어졌을 것이다. 우리는 이런 논리를 제1장의 〈나, 연필〉에서 무수히 보았다.

하이에크가 말하는 지식, 그가 매우 중시하는 지식과 노하우는 솜씨나 도구에 그치지 않는다. 사람들의 갖가지 습관, 정서적 태도, 심지어 제스처 등에도 모종의 지식이 들어 있다. 예를 들면 가벼운 실수를 할 때 사람들은 겸연쩍어한다. 안타까운 표정을 짓는다. 그의 그런 태도나 표정은 그가 부모나 형제를 통해 자연스럽게 스스로 배워서 알게 되었을 것이다. 어떤 때 그런 표정을 짓는 것이 적절한지, 다른 사람이 자신의 태도에 대하여 어떤 반응을 보일지 등도 지식이다. 그러나 이것들에 대하여 그는 완전한 지식을 갖고 있지 못하다. 그런 태도가 최소한 겸손의 표현으로 받아들여질 것이라는 정도는 알지만, 그 이상으로는 생각해 보려고도 하지 않는다. 그것은 관습에 속한다. 하이에크는 이런 성격의 지식이 관습만이 아니라, 사회제도, 전통 등에도 들어 있다고 말한다. 요컨대 인간의 모든 행동에는 모종의 지식 콘텐츠가 담겨 있다.

하이에크는 이런 의미에서 인간의 무지(ignorance)라는 말을 자주 사용한다. 인간은 어떤 행동이 어떤 결과를 초래하게 될지 혹은 그 인과관계에 대하여서는 심히 무지하다고 말할 수밖에 없을 정도로 모른다는 뜻이다. 그런데 여기서 극적인 반전이 있다. 개개인은 이렇게 무지함에도 불구하고 살아가는 데 별 불편을 느끼지 않는다는 사실이다. 왜 그럴까? 자신의 지식은 매우 적지만, 〈나, 연필〉에서 보았듯이, 각자가 다른 사람의 지식을 활용하며 살아가고 있기 때문이다. 이처럼 다른 사람의 지식을 활용해 자기 삶을 더 다양하고 풍부하게 살도록 해주는 것이, 하이에크가 보는 문명의 놀라운 기능이다. 문명이 발달할수록 사람들은 다른 사람의 지식에 더 많이 의존해 산다. 삶, 행동, 선택에 필요한 모든 지식을 각자가 혼자서 다 갖추어야 한다면 문명은 한 걸음도 앞으로 나가지 못할 것이다. 아마도 원시인들의 삶이 이렇지 않았을까? 다른 사람의 지식에 더 많이 의존하고 다른 사람의 지식을 더 많이 활용하며 살아갈수록 더 발전된 문명이다. 하이에크의 말을 직접 들어보자.

인간의 무지에 대한 깨달음이 지혜의 시작이라는 소크라테스의 금언은 우리가 사회를 이해하려고 할 때 의미심장하다. 사회를 올바로 이해하려면 개개인이 무엇이 각자의 목표를 달성할 수 있게끔 도와주는지에 대하여 필연적으로 무지하다는 사실을 아는 것이 첫 번째 요건이다.[7] 인간이 사회생활에서 얻는 유익의 대부분, 특히 우리가 '문명'이라고 부르는 고도로 꽃핀 사회생활에서 얻는 유익은, 개개인이 지닌 지식보다 많은 양의 지식—즉 다른 사람이 가진 지식—의 활용에서 생겨난다. 인류문명의 시작은, 개인이 자기의 목표를 추구하는 과정에서 자신이 획득한 지식보다 많은 양의 지식을 [직간접적으로] 활용할 수 있게 되면서, 또 그 결과, 자신이 갖고 있지 않은 [즉 다른 사람의] 지식을 활용함으로써 무지의 경계를 초월할 수 있게 되면서부터라고 말할 수 있다. 인류문명이 인간의 이런 불가피한 무지에 기인하고 있다는 이 사실은 아주 중요하고 근본적인 사실이지만 별로 주목 받지 못해 왔다. 심지어 철학자와 사회 연구자들조차 이 사실을 간과하고, 인간의 무지는 무시해 버려도 그만인 작은 결함 정도로 취급하였다. 그러나 사회 문제의 논의에서 인간이 완전한 지식을 가진 것처럼 가정하고 말하는 것은 논리 속 예행연습(preliminary exercise in logic)으로서는 의미가 있을지 모르나, 실제 세상에서 이러저러하게 일어나는 일들을 설명하려고 할 때는 거의 쓸모가 없다. … 많은 유토피아적 구상들(Utopian constructions)은 아무 가치도 없다. 왜냐면 그것들은 우리가 완전한 지식(perfect knowledge)을 갖고 있다고 가정하고 있기 때문이다.(Hayek, *COL*:22)

이 인용문에서 알 수 있듯이 하이에크가 주목하는 건 개개인의 지식이 사회적으로 활용되는 방식이고, 개개인이 다른 사람의 지식을 활용하는

---

7. 하이에크는 인간의 무지를 말할 때면 무지라는 단어 앞에 '필연적인(necessary)'이라는 말을 붙이곤 한다. 여기엔 이중의 의미가 있다고 생각한다. 보통은 '필연적인'이라고 번역하게 되지만, 이런 인간의 무지는 본문에서 강조하고 있듯이, 알고 보면, 결과적으로 더 좋은 것이거나 다행일 수 있기 때문이다.

방법이다. 예컨대 정규교육을 받지 못한 사람이라고 세상을 살아나갈 수 없는 게 아니다. 교육을 많이 받은 사람이라고 해서 더 현명하게 사는 것도 아니다. 이 사람도 저 사람도 자신의 지식만으로 세상을 살아나가지 못하고, 따라서 다른 사람의 지식을 활용하며 살아나갈 수밖에 없다는 점에서는 아무런 차이가 없다. 이것이 우리가 문명이라고 부르는 것의 실체이다. 문명은 온갖 종류의 지식의 집합체로서, 모든 지식은 여러 세대를 지나오면서 누군지도 모를 많은 사람이 축적하고 발전시켜 온 경험의 결과이다. 이것보다는 저것이, 이렇게 하는 것보다는 저렇게 하는 것이 어딘가 낫다는 판단에 따라 선택되어 온 것들이다. 이런 면에서 문명은 진화적으로 형성된 것이다. 우리는 이렇게 진화적으로 형성되어온 문명의 혜택을 받으며 내 삶의 목표들을 추구하고 다른 사람들과 협력해 더 큰 목표를 성취하며 산다.

3.1.2 형성적 합리주의 대 진화적 합리주의

하이에크는 인류문명의 발전과정에 대하여 해박하다. 그는 늘 문명의 혜택을 강조하고, 인류문명이 발전하는 원인과 과정에 주목한다. 그리고 인류문명이 계속 발전하기 위해서는 우리가 어떤 안목과 태도를 지녀야 할지에 대해 말한다. 그가 수도 없이 강조하는 말은, 인간이 만들어낸 것이 문명이라고 해서 문명을 인간이 설계한 산물(product of human design)이라고 생각하면 큰일 난다는 말이다. 인간이 합리적인 행동과 판단을 할 수 있는 것은 긴 역사를 두고 진화적으로 형성되고 집적된 문명의 덕인데, 이 문명이란 것이 누군가의 설계의 산물인 것처럼 생각하고 그렇게 대한다면 말이 되느냐고 묻는다. 복잡다단하기 그지없는 문명을 설계하기로 한다면 누군가 무한정의 완전한 지식을 갖고 있어야 할 터인데 그런 완전한 지식 같은 건 세상에 있지도 않을뿐더러, 비록 있다고 할지라도 그것을 소유한 인간이 있을 수나 있느냐고 반박한다.

하이에크는 이 명백하고 엄연한 사실에도 불구하고 문명은 인류가 만들었다는 단순 무지한 생각, 다시 말하면 문명은 인간의 의도적인 설계의 산물이라는 착각에서 한 걸음 더 나아가, 인간의 능력으로 문명의 어떤 부분들을 개혁할 수도 있다는 또 다른 착각에 빠져드는 것은 시간문제라고 말한다. 이런 사고방식을 하이에크는 형성적 합리주의(constructivistic rationalism/constructivism)라고 부른다.[8] 하이에크가 진정한 의미에서 합리주의라고 보는 진화적 합리주의(evolutionary rationalism)는 의식적인 이성(conscious reason)의 힘만이 아니라, 그보다 더 중요하게, 이성의 한계에 대한 통찰, 또 이성 그 자체가 사회진화의 산물이라는 사실을 인식한다.(II:30) 쉽게 말하면 우리가 아는 것들이 아니라, 잘 알지 못하는 것들의 존재를 인정하고 우리가 어떻게 이런 것들에 대하여 알게 되었는지 그 과정—즉 진화적 과정—을 이해할 때만 인간은 비로소 이성을 합리적으로 사용할 수 있게 된다고 보는 것이 진화적 합리주의이다.(I:29)[9]

하이에크는 이런 관점을 갖고 볼 때, 형성적 합리주의에서는 인간 이성의 이런 한계에 대한 통찰을 찾아볼 수 없다고 말한다. 앞장에서도 보았듯

---

8. 합리주의에 대한 하이에크의 생각을 잘 표현해 주는 구절은 다음과 같다. "인간의 이성(reason)이 최대한 효과를 내도록 만들려는 욕구가 합리주의라면 나는 합리주의자이다. 반면에 의식적 이성이 모든 특수행동을 통제해야 한다는 의미라면 나는 합리주의자가 아니다. 그런 의미의 합리주의는 내게 매우 불합리해 보인다. 두말할 것 없이 이성이 해야 할 과업들 가운데 하나는 이성의 통제 범위를 어디까지 확장할지를 결정하는 또는 이성이 완전히 통제할 수 없는 다른 힘들에 의존해야만 할 범위를 결정하는 일이다. 그러므로 합리주의는 합리주의와 반합리주의(anti-rationalism)로 구분할 게 아니라, 형성적 합리주의와 진화적 합리주의로, 칼 포퍼(Karl Popper)의 표현을 빌린다면, '순진한 합리주의(naive rationalism)' '비판적 합리주의(critical rationalism)'로 구분하는 게 훨씬 낫다."(I:29) 참고로 포퍼의 합리주의 논의는 Popper(1973:II:224-58) 참고.

9. 하이에크는 이어서 말한다. "자유는 상당부분 우리 운명을 우리가 통제하지 못하는 힘들(forces)에 맡기는 것을 의미한다. 형성적 합리주의자는 이런 사고방식을 도저히 참아낼 수 없을 것이다. 이들은 마치 인간이 문명과 이성을 만들었다고 믿듯이, 인간은 그의 운명을 마스터(master)할 수 있다고 믿기 때문이다."(Hayek, *LLL*, II:30) 또 다른 곳에서는, "(진화)경제학과 (진화)생물학이 밝혀 주었듯이, 어떤 인간도 설계한 바 없는 질서가 인간이 머리를 쥐어짜 만든 계획들을 훨씬 능가한다는 놀라운 사실을 직시할 줄 아는 게 이성이다."(Hayek, 1988:8) 어려운 말들이지만, 곰곰이 씹어볼 가치가 충분한 말이다.

이, 그가 형성적 합리주의의 기원을 신인동형동성론에서 찾는 것은 바로 이런 이유에서다.(Hayek, *LLL*, I:27)[10] 신인동형동성론은 인간과 신을 동급으로 취급하는 얼토당토아니한 가정이다. 문명이 마치 누군가의 설계의 산물이라고 생각하는 것은 인간을 신과 동격으로 보는 신인동형동성론적 오류가 아니고 무엇인가? 오직 신만이 할 수 있는 일을 인간이 할 수 있다고 생각하는 이 오류가, 하이에크가 말하는, 인간의 '치명적 자만(fatal conceit)'이다.

그의 생애의 마지막 책,《치명적 자만》에서 하이에크는 형성적 합리주의의 사고방식이 누구에 의해 어떻게 유포되고 있는지에 대한 견해를 밝히고 있다.

> 형성적 합리주의와 사회주의의 유포자는 소위 지식인이라고 불리는 사람들, 즉 교사, 언론인, 방송매체 종사자 등 직업적인 '사상의 중고상'들(professional 'second-hand dealers in ideas')이다. 이들은 스스로 근대사상의 대변자로 자처하고 전통적 가치를 존중하는 사람들보다 지식과 도덕면에서 우월하며 대중에게 새로운 사상을 제공하는 것이 자기들의 임무인 양 생각한다. 이들에게는 진실이 아니라, 새롭고 참신한 것이 가치를 지닌다. 아마도 이들은 세상을 위해 어떤 일을 해야 하는지를 더 잘 알고 있음에도 불구하고 자기들보다 못난 사람들이 세상을 이끌고, 더 좋은 대접을 받는 현실에 분개하고 있는지도 모른다. 그래서인지 이들은 사회주의 이상을 유포하는 데 매우 열심이다.(Hayek, 1988:55)[11]

---

10. 하이에크는 신인동형동성론적 오류에 빠지기 쉬운 대표적인 예들로서 질서, 사회, 기능 등을 들고 있다.(I:26-29)

11. 그의 이런 생각은 일찍이 〈지식인들과 사회주의〉라는 논문에 잘 나타나 있다.(Hayek, 1949) 그는 여기서 지식인들 가운데 사회주의자가 압도적으로 많은 이유를 이렇게 설명한다. "지식인들은 근대사회가 지식과 아이디어를 전파하기 위해 발전시킨 기관(organ)으로서, 모든 새로운 관념은 이들의 체(sieve), 즉 이들의 신념과 의견의 체를 통과하지 않고서는 대중에 다다르지 못한다.(p. 421) … [즉 지식인들은, 한마디로 말한다면, 아이디어들을 걸러내고 걸러

세상에는 형성적 합리주의자들이 아주 많다. 어찌나 넘쳐나는지 주위에서 그런 사람을 찾기는 전혀 어렵지 않다. 소위 지식인이라는 사람들 가운데 더 흔하지만, 대표주자는 역시 사회주의자들이다. 이들은 유토피아를 꿈꾼다. 사회주의자들이 유토피아적인 사회의 건설을 주창하는 근본적인 이유는 그것이 가능하다고 믿기 때문이고, 그렇게 믿는 이유는 인간과 신의 차이를 부정하기 때문이다. 인간의 무지를 자각하지 못하기 때문이다. 어떤 면에서 사회주의자들은 인간의 무지를 의식적으로 부정하는 사람들이라고 말하는 게 더 사실에 가까운지도 모른다. 누군가 특정 사실과 상황을 모두 다 완벽하게 파악할 수 있는 능력이 있다고 가정한다면 사회가 추구해야 할 바람직한 가치와 목적, 그것의 성취에 도움이 될 방향으로 사회질서를 합리적으로 설계할 수 있고, 또 그렇게 해야만 한다고 생각하고 자신만만하게 주장할 텐데 그런다고 해서 그다지 이상할 게 없다. 이것이 사회주의자들로 대표되는 형성적 합리주의자들의 전형적인 사고방식이다.

여러 사회 문제들을 보면서 '왜 저런 문제 하나 옳게 해결하지 못하지?'라고 답답해한다면 당신은 형성적 합리주의자이다. 자기는 정답을 모르지만, 누군가 전문가가 있을 것이고, 그에게 저 정도 문제는 '식은 죽 먹기'라고 생각한다면 말이다. 그러나 이런 생각은 터무니없다. 사회의 복잡한 문제를 해결하는 데 필요한 지식은 한 사람이 소유할 수 있을 정도로 단순하지 않다. 그러므로 완전한 지식을 가진 사람이 있을 것이라는 생각은 그 뿌

낸 아이디어를 대중에게 전파하는 아이디어 중간상이다.] … 이 계급의 사람들을 매개수단으로 삼지 않으면 일반인들은 세상에서 벌어지는 일들의 의미를 제대로 이해하고 좇아가지 못한다.(p. 419) … 지식들은 자기들의 세계관, 신념에 잘 들어맞는 아이디어만 받아들인다.(p. 423) … 사실적이고 현실적인 것보다 도덕적으로 옳게 보이는 것들을 옹호한다. … 실천적인 해결책보다 모호한 정책들, 추상적인 아이디어들을 선호한다. 아이디어가 덜 구체적이고 덜 정확해 일반인들이 이해하기 어려울수록 지식인들의 영향력은 커진다.(p. 424) … 사회주의자들이 성공을 거둔 것은 용감하게도 그들의 모호한 비전과 유토피아적 미래상을 선전함으로써 지식인들의, 또 이들의 영향을 받는 일반인들의 지지를 받았기 때문이다.(pp. 432-33)"

리에 인간이 원하는 세계를 인간의 힘으로 만들 수 있다고 믿는 신인동형
동성론적 사고가 깔려 있다.

간단히 말해 이 형성적 합리주의 사고방식의 뿌리는 신인동형동성론적
사고와 인간의 무지에 대한 몰지각이다. 자기를 제외한 다른 사람들의 행
동을 결정하는 요인, 즉 특정 사실들에 대한 인간의 무지를 인정할 줄 모
르면 세상은 너무나 단순해지고, 누군가의 머리로 얼마든지 좋게 고칠 수
있다는 생각에 쉽게 빠져든다. 그것도 순식간에. 하이에크는 인간의 무지
야말로 우리가 항상 기억하고 있어야 할 불편한 진실(inconvenient fact)이라
면서 이렇게 말한다.

> 인간사회에서 각 개인은 다른 사람들의 행동을 결정하는 특정 사실들
> (particular facts)의 대부분에 대하여 필연적이며, 고쳐질 수 없는 무지 상
> 태에 놓여 있다. 인간은 필연적으로 무지하다는 이 사실은 언급할 필요조
> 차 없을 만큼 빤하고 논쟁의 여지가 없어 증명할 필요는 더더욱 없어 보인
> 다. 그러나 이 사실은 너무나 쉽게 잊히고 만다. 인간의 무지는 불편한 진
> 실이다. 인간의 무지를 인정하는 한, 사회의 제반과정(processes of society)
> 을 설명하거나 이것에 영향을 미치려 시도하는 일은 훨씬 더 어려워진다.
> 또 우리가 할 수 있는 말과 행동에 엄격한 제한이 생긴다. 그러므로 사람
> 들[사회주의자들]은 사회의 제반과정을 완전하게 이해하고 통제하는 데
> 필요한 모든 것을 알고 있다는 가정[즉 완전한 지식의 가정]을 갖고 논의
> 를 시작하려는 유혹에 빠지기 일쑤다.(Hayek, *LLL*, I:12)

진화적 합리주의는 이런 면에서 형성적 합리주의와 상극이다. 문명이나
사회질서가 현재의 모습과 형태를 지니게 된 것은 어떤 인간이 설계하거나
관여했기 때문이 아니라, 인류 역사의 긴긴 과정에서 인간이 무한히 복잡
하고 불확실한 사실들에 적응해 가는 과정에서 진화적으로 형성되었다고
본다. 쉽게 말하면 진화적 합리주의자는, 형성적 합리주의자들처럼 인간

의 무지를 부정하거나, 문명과 사회질서가 인간이 설계한 산물이라고 보지 않는다. 앞 문장에서 진화적으로 형성되었다는 말은, "처음에는 다른 이유로, 혹은 우연히 채택되었던 관행들이, 그런 관행을 채택한 집단이 그렇지 않은 다른 집단들보다 성공적인 걸 보고서 다른 집단들도 그런 관행들을 따라서 채택함으로써 그런 관행들이 대세를 이루게끔 선택이 이어져 왔다." 는 뜻이다.(Hayek, *LLL*, I:9) 예컨대 오늘날 우리가 사용하는 언어나 우리가 지키고 있는 도덕률, 관습, 전통 등은 모두 누군가가 의도적으로 만들어 낸 것들이 아니라, 이것들을 지키는 것이 좋다는 반복적 경험과 진화적 학습의 과정을 통해서 나왔다고 보아야 한다는 것이 하이에크의 주장이다. 그의 말을 직접 들어보자.

인간이 문명을 창조했다고 주장하는 사람들이 있다. 또 그러기에 인간은 자기가 원하는 대로 문명을 변화시킬 수도 있다고 말한다. 이 말이 정당화되기 위해서는 인간이 자기가 무엇을 하고 있는지를 완벽하게 이해한 상태에서 문명을 의도적으로 창조[설계]했거나, 문명이 어떻게 유지될 수 있었는지를 최소한 분명히 알고 있어야 한다. 어떤 의미에서 문명을 사람들이 만들었다는 말은 맞다. 문명은 사람의 행동들, 아니 더 정확하게는, 다른 수백 세대에 걸친 수많은 사람의 행동이 만들어낸 결과물이기 때문이다. 그러나 이 사실에도 불구하고, 문명이 인간의 설계물이라거나, 문명의 작동이나 존속이 무엇에 의존하고 있는지를 안다는 뜻으로 해석하면 안 된다. 문명이 무엇인지를 아는 지적인 인간이 문명을 창조하려고 나섰고, 그래서 문명이 만들어졌다는 생각은 근본적으로 틀렸다. 인간은 그의 정신(mind)이 창조한 어떤 패턴을 그대로 세상에 부여하지 않았다. 인간의 정신 역시 환경에 자기를 적응시키기 위한 노력의 결과로 계속 변화하는 시스템이다. 고도의 문명을 이룩하기 위해서는 지금 우리를 인도하는 사상들을 실천하면 된다고 믿는다면 이는 착오다. 우리가 전진하려면, 우리의 지금 생각들과 이상들이 계속 수정될 수 있는 여지를 남겨두어야만 한다. 앞으로의 경험이 그것들의 수정을 필요로 할 것이다. 우리의 중세 선조들이 또는 우리의 할아버지들이 오늘 우리가 어떻게 살지를 거의 알 수 없었듯이, 우리도 5백 년 후 혹은 지금으로부터 50년 후 우리가 어떤 문명을 누리게 될지 거의 알 수 없다.(Hayek, *COL*:23)

3.1.3 널리 분산된 지식의 활용

요컨대 인류문명은 누군가의 의도와 설계에 따라 만들어진 것이 아니라 인간이 환경에 끊임없이 적응해 오는 과정에서 생겨난 진화의 산물이라면, 달리 표현해 자기가 무엇을 하고 있는지를 완벽하게 이해한 상태에서 문명을 의도적으로 창조했거나, 문명이 어떻게 유지될 수 있었는지를 최소한 분명히 알고 있었던 인간은 한 사람도 없었다는 의미에서 무지한 인간들이 위대한 문명을 이룩해 왔다면, 도대체 인간은 어떻게 이 위대한 일을 해낼 수 있었을까? 답은, 인간이 가진, 널리 분산된 지식의 활용(utilization of widely dispersed knowledge)이 그 일을 해냈다는 것이다. 하이에크의 이 말을 잘 이해하기 위해 널리 분산된 지식의 활용을 가장 극명하게 보여주는 시장으로 잠시 눈을 돌려 보자.

사람들은 흔히 물건과 서비스가 매매되고 거래되는 것이 시장에서 일어나는 일의 전부인 것처럼 생각한다. 이런 생각은 틀리지는 않지만, 충분하지 않다. 겉모습으로만 보면 물건과 서비스의 거래밖에는 보이지 않지만, 이 거래의 개시단계부터 거래가 성립되어 이행되는 단계까지의 전 과정에서 거래당사자의 지식과 정보가 사용되고, 새로운 정보와 지식이 만들어져 유포된다. 이것이 시장에서 이루어지는 일들이다.

시장(또 사회)에서는 개개인이 소유한 지식, 혹은 개개인에게 널리 분산된 지식이 무한대로 활용된다.[12] 가격, 거래조건, 여타의 계약사항 등의 적

---

12. 하이에크는 시장과 사회를 거의 같은 개념으로 사용한다. 사회는 그 자체가 '더 포괄적인 자생적 질서(a more comprehensive spontaneous order)'이다.(*LLL*, I:46~47) 저자도 시장과 사회, 혹은 세상이라는 말을 거의 같은 뜻으로 쓰는 편이다.

정성 여부에 대한 각자의 판단, 향후 가격의 변동 방향과 폭에 대한 각자의 예상 등이 여기서 말하는 지식과 정보에 속한다. 거래와 관련하여 사람들이 가진 갖가지 생각과 판단이 시장에 쏟아져 나오고, 이렇게 쏟아져 나오는 정보들은 순식간에 거래당사자들은 물론이고, 그 물건과 서비스와 관계있는 모든 생산자, 판매자, 소비자에게 전달되면서 더 값진 정보와 지식으로 매순간 종합되고 다시 정리되어 다음 행동과 선택을 위한 정보가 되고 판단자료가 된다. 지식과 정보가 사통오달하는 게 시장이라는 생각만큼 혁신적인 생각은 없을 듯하다.

'지식'이라는 말이 시장과 사회를 이해하기 위한 하나의 키워드라면, '널리 분산된 지식'이라는 표현, 또 '지식의 활용'이라는 표현도 시장과 사회를 새롭게 이해할 수 있게 해 주는 또 다른 키워드이다. 하이에크가 사용하는 이런 표현들을 쉽고 정확히 이해하기 위해서는 역시 예를 들어보는게 좋다.

예컨대 우리는 어떻게 맛있는 탕수육을 먹을 수 있게 되는가? 탕수육 만드는 방법(지식)을 나는 전혀 모른다. 나는 그냥 이름난 중국집을 찾아가 사 먹으면 된다. 어느 중국집에 최고의 탕수육 요리사가 있는지 알아보려고 전국의 중국집을 다 방문할 필요도 없다. 이런 정보는 시장에서 만들어지고 사람들의 입에 오르내린다. 네이버나 구글을 검색하면 정보가 넘쳐난다. 마찬가지로 내 자식을 가르치기 위해 내가 교과서와 참고서를 읽어가며 공부해야 할 필요는 없다. 최고의 강사를 찾아다닐 필요도 없다. 좋은 학교나 학원을 골라 입학시키면 된다. 이에 관한 정보도 네이버와 구글 등을 검색하면 바로 나온다. 이같이 지식은 이 사람, 저 사람, 이 사이트, 저 사이트에 널리 분산되어 있다.

이런 예들에서 우리가 보아야 할 놀랍고 경이로운 사실은 나의 지극히 작고 부분적인 지식(정보, 경험 등)이 모든 다른 사람들에게 유익을 주고, 다른 모든 사람의 작고 부분적인 지식이 나와 또 다른 사람들에게 유익을 준다는 사실이다. 시장과 사회의 중요한 기능이 바로 이것이다. 시장과 사회는 각 개인이 자기가 가진 지식과는 비교도 되지 않게 많은 다른 사람의 지식을 활용할 수 있게 해 주고, 그래서 결국 모두가 더 큰 편익을 얻을 수 있게 해 준다.(I:13-14) 여기서 주목할 사실은, 내가 다른 사람들의 지식을 활용한다고 할 때 그것이 내가 다른 사람들의 지식을 다 잘 이해하고 알아야만 하는 게 아니라는 점이다. 〈나, 연필〉에서 보았듯이, 다른 사람이 만든 물건이나 서비스를 내가 이용할 때 나는 그 사람의 지식을 활용하고 있는 셈이라는 뜻이다. 이것이 '널리 분산된 지식의 활용'이라는 말의 뜻이다.

'분산된 지식의 활용'은 아담 스미스가 말한 분업과 전문화의 원리와 흡사하다. 하이에크는 이 분업의 원리를 노동의 분업(division of labor)을 넘어서 지식의 분업(division of knowledge)으로 연장하고 있다고 볼 수 있다. 그러면 양자는 어떤 관계에 있을까? 노동의 분업이 진전되면 될수록 지식의 분업도 따라서 진전된다. 반대로 지식의 분업이 이루어지면서 노동의 분업이 가속화되기도 한다. 이 과정이 무한히 계속되는 곳이 시장이고 인간 세상이다. 현대와 같이 고도로 분업화된 사회는 지식이 무한대로 분산된 사회이고 이렇게 분산된 지식이 광범위하게 활용되는 사회이다.[13] 우리는 제1장의 〈나, 연필〉 이야기에서 각종의 노하우를 가진 수십만 명의 사람들이 연필 생산에 직간접적으로 관여되어 있음을 보았다. 이제 여러분은 시장이나 사회의 작동과 관련한 하이에크의 설명 틀에서는 인간의 무지, 널리 분산된 지식, 그 지식의 활용이라는 말들이 왜 키워드로 사용되는지, 또 왜 그리고 어떤 면에서 시장과 사회에 대한 하이에크의 설명이 독특한지를 이해하실 수 있게 되었으리라고 믿는다.

---

13. 따라서 현대사회에서 인간의 무지는 더 커질 수밖에 없다. 누구도 지식의 전모를 완전하게 파악하거나 소유할 수 없다. 그러나 개개인이 무한히 증가하고 확대된 지식을 자기 목적을 위해 더 유효적절하게 활용할 수 있게 된 게 현대사회이다. 이것이 하이에크가 말하는 우리가 사는 세상의 진면목이다. 인류문명의 거대한 성과의 이중적 의미를 이토록 단순명쾌하게 설명한 사람이 하이에크다. 그런데 우리는 이 사실을 잘 인지하지 못한다. 아직도 이해가 부족하다면 지식의 관점에서 〈나, 연필〉을 다시 읽으시기를 권한다.

3.2 자생적 질서

사회가 사회로서 기능하기 위해서는 개인과 조직의 협력, 그리고 이들의 행동의 효율적 조정이 필요하다. 효율적 조정을 위해서는 질서가 있어야 한다. 질서에는 인위적 질서(조직의 질서)와 자생적(자연발생적) 질서가 있다.

3.2.1 인위적 질서: 성격과 한계

인위적 질서(made order; taxis)는 의도적으로 설계된 질서(deliberately designed order) 또는 계획된 질서(planned order)를 지칭한다. 이 질서는 말 그대로 누군가 구성원에게 구체적 행동을 지시하고 명령함으로써 그가 바라는 상태를 실현하려는 구체적 목적을 가진다. 지시 또는 명령자와 그 지시와 명령을 따라야 할 구성원은 거의 언제나 위계적 관계에 선다는 의미에서 위계적 질서의 형태를 취하는 것이 보통이다.(I:36) 또 인위적 질서는 그것의 효과성이 강제력에 의해 확보되게끔 되어 있기에 인위적 질서의 설계자, 시행자는 정부인 경우가 일반적이다.

인위적 질서는 조직의 질서로서 적합하다. 군대나 회사와 같은 조직들이 대표적이다. 이런 조직들은 구체적인 목적을 추구하는 존재이므로 목적의 달성을 위해서는 구성원들의 행동을 일정한 방향으로 조정할 필요성이 절대적이다. 국가나 사회도 넓은 의미에서 조직으로 볼 수 있겠지만, 조직이라고 부르기엔 너무나 방대하다. 이런 방대한 조직의 질서로서 인위적 질서가 성공적으로 기능하는 데는 명백한 한계가 있다.[14]

첫째, 인위적 질서의 설계와 운영에는 엄청난 지식과 정보가 필요하다.

---

14. 인위적 질서의 성공요건으로는 보통 다음과 같은 것들을 든다.(Kasper and Streit, 1998:145) 첫째, 인위적 질서의 고안자(설계자)는 구성원의 상호작용과 행동을 조정하는 데 필요한 충분하고 적절한 정보와 지식을 충분히 갖추어야 한다. 둘째, 구성원들에게 강력한 동기를 부여할 수 있어야 하고 성과의 측정 및 감시능력이 있어야 한다.

단순한 조직의 경우도 만만치 않겠지만, 국가와 사회와 같은 방대한 조직, 수천만의 사람들이 있고, 그 각각의 성격과 습관, 태도, 이성과 감성이 모두 다른데 누가 이에 관한 지식과 정보를 충분히 가질 수 있다는 말인가. 아무리 많은 양의 지식과 정보를 갖고 있고 그 모두를 동원할지라도 인위적 질서 아래서는 의도하지 않은 또는 예기치 못한 부작용이 나타나기 마련이다. 복잡하고 개방된 사회일수록 이런 부작용은 증폭된다. 더 나아가 이런 부작용을 치유한답시고 손을 대면 댈수록 또 다른 의도하지 않고 예기치 않은 부작용이 파생되며, 개입의 악순환이 불가피해진다. 예를 들면 해고를 제한하려는 목적의 입법은 실업의 감소에 다소간 도움을 줄 수 있겠지만, 새로운 일자리는 그만큼 덜 만들어질 수밖에 없다. 임대료 규제는 임대주택 공급의 감소를 초래한다. 이런 부작용이나 역효과의 예는 얼마든지 들 수 있다. 그렇다고 부작용을 줄여보겠다고 나서면 새로운 문제들이 야기되면서 악순환이 계속된다.

둘째, 인위적 질서가 제대로 작동하려면 구성원들이 국가가 부여하는 질서―대체로 규제법률의 형태로 표현된다―에 순응하려는 동기가 강력하고 충분해야 한다. 다시 말하면 위반자를 강력하게 처벌하지 않는 한 효과성이 낮아진다. 인위적 질서에 필연적으로 강제력 사용이 수반되는 이유가 여기에 있지만, 강제력의 사용은 불가피하게 개인행동의 자유를 억압하고 제약하며, 자유를 억압 받는 개인은 질서를 위반하되 처벌을 피하려는 욕구나 동기가 강해져 편법이나 비리가 성행할 위험성이 높다.

또 인위적 질서는 성격상 중앙집권적으로 운용되는 것이 보통이고, 따라서 매우 경직적이어서 실험이나 혁신 등 새롭고 다양한 문제해결책의 발견을 고무하지 못한다. 급변하는 상황에 대한 적응력이나 대응능력 면에서도 한계가 분명하다.

3.2.2 자생적 질서

사회는 인위적 질서에 의해서만 이끌려지는 게 아니다. 그보다 더 근원적인 질서인 자생적 질서가 있다.[15] 자생적 질서는 누가 어떤 의도를 갖고서 제정한 질서가 아니라 자연발생적인 질서(spontaneous order), 즉 사회 안에서 저절로 생성되고 자라난 질서(grown order, cosmos)이다.

질서는 사람들의 기대와 의도(계획)가 '서로 맞아떨어지도록' 해 주는 기능을 한다. 무수히 많은 다른 사람과 무수히 다양한 방식과 형태의 협력을 통해 각자의 필요를 충족시키지 않고서는 삶을 살아갈 수 없고, 또 자신의 목적을 이룰 수도 없는 존재가 인간이다. 따라서 인간은 누구나 다른 사람들의 행동에 대한 자기의 기대와 의도(계획), 그리고 자기의 행동에 대한 다른 사람들의 의도(계획)와 계획이 서로 맞아떨어지지 않으면 목적을 달성할 수 없다. 서로의 기대와 의도가 맞아떨어지지 않으면 자신이 세운 모든 계획(및 의도)의 전제는 무너지고, 그러면 자신의 기대와 계획도 빗나가고 만다.

예컨대 시장에서 물건을 사려는 사람은 누구나 싸게 사려고 하고, 파는 사람은 비싸게 팔려고 한다. 이런 규칙성이 없다면 시장은 기능하지 못한다. 사람들은 도대체 어디서부터 흥정을 시작해야 할지조차 모른다. 사는 사람은 앞 가게에서보다 더 싸게 사려는 값을 부르고, 팔려는 사람은 앞의 손님보다 더 비싸게 팔려는 값을 부르며 흥정을 하다 보면 접점이 생겨 매매가 이루어진다. 이것이 자생적 질서로 움직이는 시장이다. 시장이야말로 자생적 질서의 전형이다.

자생적 질서라는 말을 이해하기는 쉽지 않다. 그러므로 자생적 질서의

---

15. 각주 2에서 언급했듯이, 하이에크의 《법, 입법, 그리고 자유》는 1973-1979년간에 3부작으로 발표되었다가, 1982년에 합본으로 출간되었다. 이같이 꽤 긴 시간에 걸쳐 책이 집필된지라, 완전히 일치하지 않는 용어들이 있다. '자생적 질서'가 대표적이다. 이런 이유로 하이에크는 합본 출간 서문에서 '자생적 질서'라는 용어 대신에 '자기생성적 질서(self-generating order)' 또는 '자기조직적 구조(self-organizing structure)'라는 용어가, 또 '질서'라는 용어 대신에 '체계(system)'라는 용어가 현대인에게 더 친숙할 뿐만 아니라, 더 적절할 경우도 많다고 밝히고 있다.

또 다른 전형인 자연 속의 질서를 갖고 설명해 보기로 하자. 예를 들면 어떤 물질이든 현미경으로 들여다보면 부분과 부분들이 복잡하게 얽힌 듯 보이지만 그 속에 일정한 패턴이 무한 반복되고 있음을 발견하게 된다. 이 패턴이 이 물질의 구성을 지휘하는 질서의 표현이다. 모든 생물체가 마찬가지다. 숲에서는 온갖 나무와 풀과 생물이 기기묘묘한 조화를 이루고 있어 감탄을 자아낸다. 인간이 이 천연의 숲에 깃들여 있는 질서를 만들어낸 게 아님은 분명하다. 그러면 누가 이런 질서를 만들어냈는가? 숲의 모든 생물이 각자 적자생존의 '살벌한' 경쟁을 벌이고 있다는 것, 기후대와 고도에 따라, 땅의 비옥도와 배수 상태 등에 따라 경쟁의 양상이 다르다는 사실 정도는 잘 알려져 있다. 이런 조건들이 숲의 조성에 영향을 미쳤겠지만, 이 숲 저 숲의 독특한 경치를 만들어낼 재간이, 그것을 상상이라도 할 수 있는 능력이 인간에게는 없다.

그러면 자연의 질서는 무엇이고 어떻게 생겨났는가? 자연은 언뜻 보면 그리 질서 있어 보이지 않는다. 숲을 가만히 들여다보시라. 이 나무 저 나무가 뒤엉키고, 가지들은 온갖 방향으로 흐트러져 있다. 가지런하지 않다. 산만하다. 그런데 이 숲을 보면서 무질서하다고 말하는 사람은 없다. 오히려 찬탄을 금하지 못한다. 그러나 적당한 표현을 찾지 못한다. 그저 아름답다고 말하거나 놀랍다거나 신비롭다고 말하는 정도에 불과하다. 그 자리에 숲이 조성된 게 기이하고, 사시사철 피는 꽃과 나무가 달라 기이하고, 그 숲에 갖가지 식물과 곤충이 어울려 사는 게 놀랍고 기이해서다. 그래서일까? 참 이상하게도 사람들은 다 자연에 질서가 있다고 생각하고 그렇게 말한다. 도대체 자연의 어떤 부분, 어떤 요소를 보고서 아름답다고, 질서 있다고 생각하고 그렇게 말하는 것일까?

사람들이 숲이 아름답다고 말할 때, 자연이 질서 있다고 말할 때 숲이나 자연은 그 사람의 눈에 적나라하게 드러난 모습 그대로의 모습이 아니다. 사람들이 자연에 질서가 있다고 생각하고 말하는 것은 그들의 눈에 보이지 않는 무엇인가를 감지하거나 인지한다는 뜻일 것이다. 아름다운 경치를 바라다보면서 "경치가 그림처럼 아름답다."라고 말하는 사람들이 많다. 말 같지 않은 말인데, 그런데도 이런 말을 쓰는 이유는 무엇일까? 예술 작품을 감상할 때 느껴지는 작가의 어떤 의도나 구상, 설계 같은 것을 지금 바라다보는 경치에서 슬며시 보기 때문이 아닐까? 단도직입적으로 말한다면 창조주(조물주)를 떠올리고 그분의 놀라운 솜씨를 상기해서가 아닐까?[16]

　이런 자연의 질서와 비슷한 질서가 인간사회에도 존재한다는 것이 하이에크의 관점이다. 그런데 사람들은 인간사회의 자생적 질서에 대해서는 까막눈이다. 예컨대 겉모습을 보면 마찬가지로 무질서하기 짝이 없는 숲을 보면서는 질서가 있다고 말하면서, 지하철 구내의 사람들의 움직임을 보면서는 무질서하다고 말한다. 뒤죽박죽이라고 한숨을 내쉰다. 사실 지하철 구내, 특히 출퇴근 시간대의 지하철 구내는 혼잡하기가 이루 말할 수 없다. 그런데 생각해 보자. 지하철 구내에서 사람들의 움직임은 그저 뒤죽박죽이고 정말 무질서의 극치를 보여주고 있을까? 한 번이라도 멈춰서서 사람들의 행동을 가만히 관찰해 보신 적이 있는가? 그 속에도 모종의 질서가 있다는 생각을 해 보신 적이 있는가?

　지하철 구내에서 사람들의 움직임을 유심히 관찰해 보면, 사람들은 뒤죽박죽으로 움직이지 않는다. 우왕좌왕하는 사람은 거의 없다. 앞장서서 길을 내며 걸어가려고 하는 사람은 보기 어렵다. 거의 다 줄을 서서 따라간다. 이 줄은 왜, 어떻게 생겼는가? 이 사람, 저 사람 다 다른 사람 뒤를 쫓아가다 보니 생긴 줄이다. 긴 줄보다 짧아 보이는 줄을 택해서 줄을 선다. 끼어들기를 하는 사람은 거의 없다. 하물며 줄을 가로질러 가는 사람은 찾

16.　이렇게 말하는 이유가 무엇인가? 인간의 손으로 조성한 공원을 보고서 자연의 숲보다 아름답다고 말하는 사람은 거의 없다. 이것은 사람은 자연 그대로의 모습을 재현할 능력과 재간이 없다는 뜻이고, 우리가 다 품을 수도 없고, 그려낼 수는 더욱 없는, 변화무쌍하고 천변만화하는 자연은 창조주의 작품이라고 은연중 생각하는 것일 거라는 말이다.

기 어렵다. 누가 지시해서 사람들이 이렇게 행동하는가? 아니다. 그렇게 행동해야 남과 부딪히지 않고, 편하고 빠르게 앞으로 이동할 수 있다고 순식간에 판단해서 그렇게 행동하는 것이다.

이런 예들은 무수히 많다. 슈퍼의 계산대 앞에서 혹은 출입국 부쓰 앞에서 사람들이 줄을 서 기다릴 때도 마찬가지다. 사람들은 가장 빠르게 통과할 수 있는 줄이 어느 줄일지 잽싸게 판단하면서 줄을 가려서 선다. 교차로를 건너갈 때 사람들은 직각으로 그려놓은 보도를 곧이곧대로 따라서 직각으로 돌며 진행하지 않는다. 자기가 가고자 하는 방향으로 사선으로 걷는다. 그래서인지 요즘에는 사선으로 보도라인을 그려놓은 교차로가 많아지고 있다. 학교에서도 마찬가지다. 한 학생이 어른을 보고 인사를 하면 다른 학생도 따라서 인사를 한다. 혹시 교수님인지도 모르고 어쨌거나 그렇게 하는 편이 신간이 편하기 때문이다. 이 사소한 행동들, 무심코 하는 행동들 속에 이들이 이처럼 행동하게 만드는 무언가가 있는 것 아닌가? 특히 누가 시켜서 그런 것이 아니고, 반드시 그렇게 해야만 하는 것도 아니지만, 다른 사람이 하는 것을 보며 따라 하는 것이 편하고 이롭다는 판단을 너도 하고, 나도 하다 보니 이런 모습이, 이런 일정한 패턴이 생겨나는 것이니 이런 모습, 이런 패턴을 만들어내는 무엇이 있지 않겠는가?

하이에크는 이것이 누가 시켜서가 아니라 저절로 생겨나는 질서라는 뜻에서 자생적 질서라고 부른다. 지금까지 잘 따라오셨다면 하이에크의 말이 맞다는 독자가 많아졌을 테지만, 처음부터 이 질서를 알아보거나 이런 질서의 존재를 인식하는 사람은 거의 없다. 저자도 하이에크로 배우기 전에는 이렇게 생각하지 못했다. 왜 사람들은 자생적 질서를 인식하지 못할까?

첫째, 질서라고 하면 인위적 질서밖에는 생각할 줄 모르기 때문이다. 둘째, 이보다 더 중요하게, 인간의 일반적인 인지 및 사고방식이 목적론적(teleological)이기 때문이다. 목적을 먼저 생각하고 다음에 질서를 생각한다는 것이다. 다시 말하면 질서의 필요성을 목적과 연결 짓는 버릇이 있다는 말이다. 그러면 사람들의 머릿속에 있는 질서는 그저 인위적 질서뿐인 이유는 무엇일까? 교육이 잘못되고 있어서일 것이다. 생각해 보시라. 자생적 질서라는 말을 배우거나 들어보셨는가? 아마도 아닐 것이다.

다시 지하철 구내 사례로 돌아가 보자. 지하철 구내가 몹시 혼잡하고 무질서하다고 생각하는 사람은 '공공장소에선 공중질서가 지켜져야 한다.'라는 인위적 질서 관념을 굳게 믿고 사는 사람이다. 이런 관념, 이런 생각과 눈으로 사람들의 행동을 보니 무질서하게만 보이는 것이다. 이런 사람은 아마도 지하철 직원들이 나와서 사람들을 줄 세우면 좋겠다고 생각할지 모른다. 그런데 한번 생각해 보시라. 그러면 지하철에서 더 빠르게 목적지를 향해 걸어갈 수 있을 것 같은가? 전혀 아니다. 금방 더 큰 혼란에 빠지고야 말 것이다. 각기 갈 방향이 다른 이 사람 저 사람을 어느 줄에 서게 해야 좋을지를 누가 알 수 있다는 말인가? 지하철역 직원이 무슨 수로 사람들을 이리저리 나누어 줄 세울 수 있을 것인가? 또 지하철 직원이 사람들에게 가려는 방향과 목적지를 물으면 고분고분 말하고 줄을 세우면 시키는 대로 따를 사람이 과연 몇이나 될까? 지금 무슨 짓을 하고 있느냐고, 이 나라가 공산주의 나라냐고 항의하며 화통을 터뜨리는 사람이 더 많을 것이다.

참으로 이상한 일은, 지하철 구내에 보행질서를 세워야 한다고 생각하는 사람들이 그렇게도 많건만, 세상 어디에도 이런 엉터리 짓을 하는 나라는 없다. 공산주의 국가에서도 이런 짓은 하지 않는다. 왜? 인위적으로 질서를 잡으려 해도 잡힐 리가 없다는 정도는 다 알기 때문이다. '그냥 내버려 두기'보다 나은 방법은 없다는 사실을 알기 때문이다. 그냥 내버려 두기보다 나은 방법이 없다니? 그게 말이 되느냐고 생각하신다면 한번 실험해 보시길 권하고 싶다. '그냥 내버려 두기'는 말 그대로 그냥 내버려 두는 게 아니다. 그냥 내버려 둔다고 하지만 사람들은 각기 생각하고 계산하고 판단한다. 여기서 지금 어떻게 행동하는 게 내게 유익하고 편리한지 말이다. 그런 순간적인 계산과 판단에서 순간적으로 나오는 각자의 행동들이지만 그 행동들 속에는 유익과 편리라는 공통분모가 있다. 각자의 계산과 판단은 다르겠지만 이 공통분모가 있기에 질서가 생겨난다. 이것이 자생적 질서이다.

자생적 질서는 이같이 누가 만들지 않아도, 누가 명령하지 않아도, 사람들이 있는 곳이라면 어디에서나 있고 저절로 생겨난다. 윗사람을 보면 인사하고, 아기를 데리고 있는 사람에게 자리를 양보하고, 서로가 남의 말에 잘 간섭하지 않으려 하고, 남의 비위를 상할 말을 삼가고, 지나친 아첨을 피하지 않는가? 이게 어디 누가 시켜서 하는 일들인가? 각자가 이렇게 하는 게 좋다는 경험을 공통으로 갖고 있어서다. 이런 자생적 질서가 존재하기에 사람들은 다른 사람의 행동을 상당한 수준으로 신빙성 있게 예상할 수가 있다. 이 자생적 질서가 없다면 사회는 정말 혼란하고, 예측 가능성이라고는 없는 무질서한 사회가 되고 말 것이다.

> 자생적 질서는 인간이 어떤 일반적인 규칙에 따라 행동하고 특정 상황에 적응하는 결과로 인해 생겨나는 질서(resulting order)이다. 오로지 사람들의 행동을 보고, 그 행동과 행동 사이에 존재하는 추상적 관계(abstract relations)를 추적하면서 머릿속에 재구성할 때 비로소 발견할 수 있는 질서가 자생적 질서이고, 이런 의미에서 자생적 질서는 추상적 질서(abstract order)이다.(*LLL*, I:38)

이제 여러분은 하이에크의 이 말을 잘 이해하실 수 있을 것으로 믿는다. 여기서 자생적 질서가 추상적 질서라는 말은 이 질서의 구체적 표현 양태(manifestations)는 누구도 알 수 없고, 그것을 통제할 수는 더더욱 없다는 뜻이다.(I:40-42)

인위적 질서의 경우는 특정 행동이 강제되고, 위반할 경우 처벌이 따르므로 상당한 수준의 획일성이 나타난다. 학교 앞 안전운전 속도를 규제하는 인위적 질서 아래서 사람들은 규정 속도 이하로 운전하려고 애를 쓴다. 반면에 자생적 질서 아래서 사람들의 구체적 행동은 각기 다르다. 예컨대 화재 경보 사이렌 소리를 들으면 사람들이 건물에서 뛰쳐나올 것이다. 누구도 위험에 처하기를 원치 않기 때문이다. 그러나 위험을 피하려고 사람들이 취하는 행동과 모습은 차이가 있다. 어떤 사람은 맨몸으로라도 뛰쳐나오고 보겠지만, 어떤 사람은 옷을 찾아 걸치느라, 혹은 귀중품을 챙기느라 빠져나오지 못할 수도 있다. 이런 행동들로부터 우리가 유추할 수 있는 건 위험에 처할 때 인간은 본능적으로 반응한다는 것이다. 목숨을 건지려는 본능에서, 혹은 목숨을 부지해 줄 재산을 몸에 지녀야 한다는 본능적 사고 아래 순간적으로 판단하고 행동한다. 이 본능적 반응 속에서 매우 긴박한 순간에도 작동하는 자생적 질서를 볼 수 있다. 그러나 사람의 본능에도 다소간 차이가 없지 않지만, 그것이 표현되는 양상은 각기 다르다.

이상의 설명에서 어느 정도 시사되었지만, 인위적 질서와 자생적 질서 간의 가장 크고 중요한 차이는 목적과의 관련성에 있다. 인위적 질서는 목적 종속적(ends-dependent)이다. 어떤 구체적인 목적(설계자가 바람직하게 여기는 어떤 구체적인 사회 모습, 구조 또는 상태 등)을 이루어내려는 의도에서 고안되고 설계된 질서이므로 목적이 분명하게 드러난다. 이에 비해, 자생적 질서는 어떤 구체적 목적도 지니지 않는다. 목적과는 아무 상관이 없다. 자생적 질서는 어떤 목적을 위해 누군가 고안하거나 설계한 질서가 아니다. 이 무목적성(無目的性)이야말로 자생적 질서의 가장 큰 특징이고 강점이다.

자생적 질서의 존재나 성격을 잘 이해하지 못하는 사람이라면 자생적 질서의 무목적성이 가장 큰 강점이라는 말을 이해하기는 더더구나 힘들 것이다. 왜 자생적 질서의 무목적성은 그리도 중요한가? 인위적 질서, 즉 어떤 목적이 있어서 그 목적의 달성에 필요하다고 생각하는 질서를 사전적으로 구상하고 사람들이 그 질서에 따르도록 강제하는 방식의 인위적 질서 아래서 사람들은 행동의 제약을 받는다. 이는 불가피하다. 개인의 자유를 희생하더라도 공공목적을 달성하려는 목적을 가진 것이 보통의 인위적 질서이기 때문이다. 그러나 누가 만든 게 아니라, 저절로 생겨나고 저절로 작동하는 자생적 질서 아래서는 행동의 자유가 제약되지 않는다. 인위적 질서에 순응하지 않는 사람들은 처벌을 면할 수 없지만, 자생적 질서는 법에 규정되어 있는 것도 아니므로 순응하지 않는다고 해서 처벌 받는 일은 없다. 다만 상당한 불편이나 비용을 감수해야 할 경우가 있을 뿐이다. 자생적 질서 아래서 선택은 어디까지나 자의(自意)에 맡겨져 있다.[17] 이렇게 아무런 목적도 없는 자생적 질서가 개인이 자유를 누리고 각자의 잠재능력을 최대한 발휘할 수 있게 하며, 자유롭고 빠르게 발전하는 사회를 만들어낸다니! 참으로 놀랍지 않은가?

사회에서 어떻게 이런 놀라운 힘을 발휘하는 질서가 저절로 생겨나는 것일까? 인위적 질서에는 설계자가 있지만, 자생적 질서에는 고안자, 설계자가 없다. 하이에크의 표현을 빌리면, "인간이 고안(설계)한 결과가 아니라 수많은 사람(과 조직)의 행동이 만들어낸 결과"가 자생적 질서이다.(*LLL*, I:37) 그러면 왜 인간행동은 일정한 규칙성을 보이는가? 하이에크는 자생적 사회질서의 원천을 개인행동 규칙(rules of individual conduct)에서 찾는다. 이 규칙은 크게 세 종류이다.(I:45)

첫째, 유사상황에서 반복된 경험을 통해 배운 규칙(learnt rules)이다. 예를 들면 인간은 경제생활을 하는 가운데 더 많은 수익이 나는 일을 선호하고 이를 위해 자신의 능력을 계발하기 위해 노력한다. 둘째, 도덕과 관습 등 규범적 규칙들이나 문화적 전통이다.[18] 셋째, 인위적으로 제정된 법률 속

---

17. 예컨대 지하철에서 노약자에게 자리를 양보하는 게 자생적 질서로 자리 잡은 사회에서 한 장년의 신사가 빈자리를 앞에 두고 서서 가는데 (자기보다 젊고 건강해 보이는) 아주머니가 덜컥 그 자리를 차지하고 앉아 버렸다고 하자. 이 신사는 자신의 선한 의도가 헛되어 기분이 좋지 않겠지만, 이를 지켜본 승객들은 아주머니의 상식 없는 행동에 쌀쌀한 눈길을 보내고, 신사에게는 동정심을 가질 것이다. 이것이 자생적 질서에 의해 돌아가는 사회의 한 모습이다.

18. 인위적 질서만을 질서로 여기는 우리의 그릇되고 편향된 질서 관념은 사회관습, 도덕, 전통은 물론이고 심지어 언어까지도 어떤 현자가 고안해 낸 것인 양 잘못 생각하게 만드는 경향을 갖고 있다. 하이에크는 《치명적 자만》 제1장, '본능과 이성 사이(Between Instinct and Reason)'에서 인간의 본성과 이성의 영역 중간에 자리 잡고 있는 게 관습, 도덕, 전통이며, 인간의 이성은 이것들에 기초해 사고하고 행동할 때 올바로 발휘되는 것이라고 말하고 있다.(Hayek, 1988:11–28)

에 규정된 규칙(rules of law)이다. '법률적 규칙'은 모든 법률 사항을 지칭하는 게 아니고, 인간행동에 일정한 규칙성을 부여하는 성격의 규칙으로서 특정 목적을 지향하지 않는 것들만이 이에 해당한다. 법률적 규칙은 역사적 진화과정에서 인간이 점진적으로 이전의 규칙들을 개선할 줄 알게 되면서 의도적으로 만든 규칙으로서, 이것에 따르는 게 이롭다고 판단해 자발적으로 따르는 규칙들이다.

앞의 두 종류의 규칙은 법률적 규칙과 다르다. 누군가 의도적으로 설계해서 생겨난 것이 아니다. 인류사회의 진화과정에서 인간이 무한히 복잡하고 불확실한 사실들에 적응해 오는 과정에서 그것을 지키는 것이 좋다는 반복적 경험을 통해 선택되고 진화해 온, 그런 규칙들이다. 만일 이런 개인행동 규칙들이 특정 목적의 성취를 염두에 두고 누군가에 의해 만들어진 것이라면 그것은 결국 어떤 개인의 자유 영역을 침해하게 될 것이며, 더는 보편성과 추상성을 지닐 수 없게 된다. 개인행동 규칙들의 보편성과 추상성은 이런 면에서 대단히 중요하다.

이런 속성을 갖춘 규칙이 정의로운 개인행동 규칙(rules of just conduct)이다. 하이에크는, 이런 규칙들은 특정 사실에 대한 인간의 무지 속에서만 보장 가능하다고 지적한다. 왜냐하면 특정 사실과 상황의 결과를 알지 못할 때만 인간은 보편적이고 추상적인 개인행동 규칙들에 비로소 합의할 수 있을 것이기 때문이다.[19]

이에 비해 '법의 규칙'은 인위적 규칙이기 때문에 여기서 자생적 질서가 생겨난다는 사실이 다소 모순적이라고 생각할 수도 있다. 그러나 '법의 규칙' 역시 그것의 고안자도 미처 그 규칙이 특정 상황에서 어떤 구체적 결과

---

19. 이런 주장은 존 롤즈(John Rawls)가 그의 《정의론》에서 설정한 원초적 상황(original position) 개념과 흡사하다. 사실 하이에크는 롤즈가 '사회정의'라는 용어를 사용하는 것은 불만이지만, 그의 정의의 개념규정은 기본적으로는 자신의 것과 크게 다르지 않다고 평가하고 있다.(II:100)

를 초래할지 알지 못했고, 알 수도 없었다는 의미에서 추상적 규칙이다. 예컨대 자동차 운전 규정 속도는 법에 정해져 있다. 그러나 모든 사람이 언제나 규정 속도를 지키지는 않는다. 그러므로 이 규제는 사람들이 순응하는 정도와 수준에 따라 더 강화되기도 하고 완화되기도 하는 걸 볼 수 있다. 이 예는 인위적 질서가 경직적이고 획일적인 데 비해, 자생적 질서는 유연하게 움직인다는 사실을 보여준다. 뒤집어 말한다면, 자생적 질서는 사람들의 실제 행태를 반영해 준다.

자생적 질서의 근원이 되는 이 세 종류의 규칙들 역시 자생적 질서와 마찬가지로, '목적 독립적'(ends-independent)이며, 불특정 다수와 불특정 상황에 똑같이 적용되고 또 그래야만 하는 규칙들이다.[20] 개인행동 규칙들이 목적 독립적이라는 말은 사람들이 이 규칙에 따라 행동할 때 개인적으로나 사회적으로나 어떤 구체적 결과에 도달할지는 아무도 알지 못하고 예견할 수도 없다는 의미이다. 실제로 강제력의 개입 여부와 관계없이,[21] 개인은 그저 각자의 목적에 비추어 또 각자의 지식과 경험에 근거해 자생적 질서에 따르기도 하고 따르지 않기도 하지만, 놀랍게도 자생적 질서를 따르는 게 일반적이다.(LLL, I:50) 아무런 목적도 없는 자생적 질서가 이토록 개인의 자유 영역을 확대해 준다는 사실은 경이롭다.

더 나아가 이런 규칙들은 목적 독립적일 뿐만 아니라, 사회가 추구하는

---

20. 이에 비해 조직의 질서(인위적 질서)는 ① 세부적인 명령(specific commands)과 ② 조직원이 과업을 수행하며 지켜야 할 구체적 행동을 규율하기 위한 명령 보조적인 규칙에 의존한다. 이런 규칙들은 조직의 책임자가 생각하는 구체적 목적이 있다는 점에서 일반적인 개인행동 규칙과 큰 차이가 있다.

21. 경험에서 배운 규칙, 규범적 규칙, 문화전통 등의 규칙은 따라야 할 의무가 없다. 따르고 아니고는 각자의 판단에 맡겨져 있다. 반면 '법의 규칙'은 좋든 싫든 따라야 할 의무가 있다. 강제력이 수반되기 때문이다. 그러면 모든 사람이 이 의무를 준수할까? 그렇지 않다. 아무리 명분이 좋고 목적이 좋은 규칙일지라도 100% 준수되는 규칙은 세상에 없다. 실제로는 많은 사람이 이를 위반한다. 하지만 모두가 반드시 처벌을 받는 것도 아니다. 행정력이 미치지 못하기 때문이다. 자생적 질서에 따르는 비율과 인위적 질서에 따르는 비율, 어느 쪽이 높을지는 매우 흥미로운 연구주제이다.

공통목적(common purpose)과도 아무 상관이 없다. 즉 사람들은 사회의 공통목적이 무엇인지 알 필요도 없고, 그것에 구속되지도 않는다. 예컨대 각자의 자유의사에 따른 행동이 공공질서—사회의 공통목적 중 하나이다—의 관념에 부합한다면 좋은 일이나, 공공질서를 의식하지 않은 채 행동할지라도 그들의 행동의 결과는 대체로 공공질서에 부합되는 방향으로 귀결된다. 실제로 일관되게 공공질서에 반하는 행동을 하는 사람은 아주 적다는 사실이 좋은 증거이다. 인위적 질서가 100% 효과를 발휘하려면 거의 무한대의 경찰력과 행정력이 동원되어야 한다. 실제로 이렇게 경찰력과 행정력을 퍼붓는 국가나 사회는 없다. 그런데도 어느 정도 질서가 유지된다면 그것은 인위적 질서의 기능이고 효과라기보다는 그런 인위적 규칙이 만들어낸 자생적 질서만이 만들어낼 수 있는 놀라운 기능이고 효과라고 아니 말할 수 없다.

이상에서 고찰한 바와 같이 어떤 구체적 목적도 지니지 않고, 사회의 공통목적과는 더더구나 무관한 목적 독립적인 규칙에서 자생적 질서가 생성되고 작동하며, 그 결과로 개인이 자유를 누리고 잠재능력을 최대한 발휘할 수 있으며, 사회가 안정적으로 유지되고 발전한다는 자생적 질서의 이치는 참으로 놀랍다. 이제 자생적 질서를 어느 정도 이해할 수 있게 되었으므로 자생적 질서의 전형인 시장질서를 고찰할 준비가 되었다.

3.3 시장질서: 기능과 작동 메커니즘

3.3.1 시장질서의 성격과 편익들

시장질서(market order; catallaxy)는, 말 그대로, 시장에서 자생적으로 생겨나 기능하는 질서, 시장이 스스로 생성해 내는 질서(self-generating order of the market)이다. 시장질서라는 말 또는 개념이 이해되지 않는다면 이는 필경 시장이란 것이 머릿속에 장소적 개념으로 입력되어 있기 때문일 것이다. 앞장에서 설명하였듯이, 시장은 장소적 개념이기보다 관계적 개념이다.

그 안에서 무수한 사람이 참여해 거래하고, 교환하고, 계약을 맺는 등으로 상호작용하며 무한히 다양한 내용과 형태의 협력 관계가 이루어지는 게 시장이다.

그런데 하이에크는 여기서 한 걸음 더 나아간다. 시장은 개인, 가계, 기업, 정부 등 다양한 지식과 경험을 가진 시장참여자들이 상호작용하는 가운데 각자의 기대가 상호 조정되고(Hayek, 1988: 59), 그 결과로서 거래, 교환, 계약이 일어나는 장이라고 말한다. 시장에서는—그것이 어떤 시장이고 또 무엇에 관계된 시장이든—시장참여자 개개인이 알지도 못하고 알 필요도 없는 다른 사람들의 필요와 욕구를 충족시키는 그런 생산적 교환(거래, 계약)에 참여하도록 유도되고(*LLL*, II:110), 각자의 기대가 서로 맞아떨어지면 교환, 거래, 계약이 이루어지며, 이를 통해 개개인은 다른 방법을 통해서는 달성할 수 없는 호혜(互惠)적 이득을 얻게 된다는 말이다.

어떤 형태와 방식으로 이루어지든, 시장거래는 호혜적이라는 사실을 정확히 이해하는 것이 매우 중요하다. 거래, 교환, 계약의 쌍방이 만족하지 않는다면 거래, 교환, 계약 자체가 성사되지 않는다.[22] 그러므로 처음부터 서로의 기대가 맞아떨어져 거래, 교환, 계약이 즉각적으로 실현되는 일은 거의 없다. 그러나 거래가 성사되면 호혜적으로 이득을 볼 수 있을 때까지 또는 호혜적 이득을 얻게 될 상대방을 만날 때까지 상담과 협상은 계속된다. 이것이 시장이다.

시장에서 상담, 흥정, 협상은 서로의 기대가 맞아떨어지도록 하기 위한 상호조정(mutual coordination) 과정이다. 시장은 시장참여자들의 기대가 서

---

22. 물론 시장이 모든 사람의 필요와 욕구를 완전하게 충족시켜 주는 것은 아니다. 시장거래를 통해 자기 목적을 달성하지 못하거나, 완전하게 달성하지 못하는 사람도 있기 마련이다. 예컨대 회사는 사람을 고용하려고 하는데, 사람들이 그 일자리가 3D(더럽고, 힘들고, 명예롭지 못한)에 속하니 그 회사에는 들어가지 않겠다고 거부한다면 고용계약은 이루어지지 않는다. 혹시라도 이런 경우 시장이 불완전해서 그렇다고 판단하는 독자가 있을지 모르겠으나 이는 옳지 않다. 시장은 어느 경우에나 작동하며, 언젠가는 그 회사에 취직하는 사람이 나타날 것이다.

로 맞아떨어져 거래, 교환, 계약이 성사되게끔 해준다. 팔려고 하는 사람이나 사려고 하는 사람 서로가 계속 더 나은 조건을 제시할 상대방을 찾도록 만들고, 서로의 기대들이 상응하도록 유도한다. 쉽게 말해 생산적인 교환, 거래, 계약이 이루어지게 만들고 이를 통해 서로가 이득을 얻도록 해주는 게 시장이다. 이런 의미에서 서로의 기대의 상호조정, 이것이 시장의 핵심적 기능이다. 달리 표현한다면 시장은 사람들의 자발적인 협력을 촉진한다.

시장에서의 협력은 일반적으로 우리가 알고 있는 협력의 개념과 다른 면이 있다. 사람들은 보통 서로 뜻이 같고 목적이 같아야 협력이 이루어지고 잘 된다고 믿는다. 사람들이 협력하기 위해서는 공통의 목적에 합의해야 하고, 그 목적을 달성할 방법과 수단에 합의해야만 한다고 생각한다. 그러므로 '시장은 사람들의 협력을 촉진한다.'고 말하면 서로의 뜻과 목적이 같아야만 교환, 거래, 계약이 이루어진다는 의미로 생각하기 쉽다. 이 생각은 틀렸다. 시장에서의 협력은 서로의 뜻과 목적이 같아서가 아니라, 다르기 때문에 이루어지는 협력이다. 교환, 거래, 계약 쌍방 누구도 공통의 목적에 합의할 필요가 없다. 공통의 목적 같은 것은 필요하지 않다. 서로가 누군지, 무슨 생각을 하고 있는지 알 필요도 없다. 서로에 대한 깊은 이해나 신뢰 같은 것도 필요치 않다. 심지어 원수지간이라도 조건만 맞으면 거래는 일어난다. 시장에서 쌍방이 협력하기 위해 알 필요가 있고 합의할 필요가 있는 거라고는 가격—기타 거래조건들은 결국 가격에 귀착된다—뿐이다. 얼마의 가격에 교환, 거래, 계약할 것인지 그것만이 유일한 관심사이다.

요컨대 시장에서 거래, 교환, 계약이 성사되는 건 거래 쌍방의 목적이 같아서가 아니라 서로 다르기 때문이다. 이 사실에 대한 깊은 이해는 매우 중요하다. 시장에서 얻는 이득은 서로의 목적이 같아서 생기는 게 아니라, 다르기에 발생하고, 서로의 목적이 다를수록 시장거래를 통해 얻는 서로의 이익은 더 커진다. 서로의 목적이 같다면 교환, 거래, 계약의 필요성 자체가 생기지도 않는다. 사전에 정해진 공통목적의 부재, 이것이야말로 시장거래의 가장 놀랍고 위대한 특성이다.[23] 이런 의미에서 하이에크는 시장은 목적으로 연결되어(ends-connected) 있는 게 아니라, 수단으로 연결되어(means-connected) 있다고 말한다.(Hayek, *LLL*, II:270) 사람들이 시장거래에 참여하는 이유는 서로의 목적이 같거나 어떤 공통목적의 성취를 위해서가 아니라, 각자가 다른 목적을 달성하기 위해서이고, 시장은 각자가 이 목적을 가장 효율적으로 달성할 수 있도록 해준다.

이 점은 아무리 강조해도 지나치지 않다. 왜냐면 마치 시장은 어떤 사회적 목적의 달성을 위해 존재하는 것처럼, 또는 그래야만 하는 것처럼 오해하고 착각하는 사람이 너무나 많기 때문이다. 예컨대 시장은 공평해야 한다거나 정의로워야 한다는 주장이 대표적이다. 이런 주장은 터무니없다. 알고 보면 시장은 가장 공평하게 작동하고, 그런 의미에서 정의로운 존재이다. 이 말에 찬동하지 않는 사람이 많을 것이다. 여기서 저자가 말하는 시장은 독자가 생각하는 현실 시장이 아니다. 독자가 현실에서 보는 시장은 정부의 온갖 간섭과 침해로 누더기가 되어버린 시장이다. 시장 본연의 시장이 아니다. 지금까지 설명해 온 시장은 온갖 종류와 형태의 정부 간섭과 규제로 얼룩진 그런 시장이 아니고, 정부의 그런 간섭과 규제가 없는, 오직 개개인의 자발적 교환, 거래, 계약이 이루어지는 순수한 시장이다.

이 말은 우리가 시장이라는 말을 사용할 때 어떤 의미의 시장을 말하는지를 명확히 할 필요성이 매우 크다는 사실을 보여준다. 정부의 간섭과 규제가 난무하는 시장에서 일어나는 일이나 결과를 두고 막연하게 시장은 불공평하다거나 정의롭지 않다고 말하는 것은 옳지 않다. 시장이 불공평해 보이고 결과가 정의롭지 않아 보인다면 그것이 시장 본래의 모습인지,

---

23. 하이에크가 가장 이상적으로 생각하는 위대한 사회(Great Society) 역시 사전적으로 규정된 공통목적이 부재한 사회이다. 우리는 흔히 단결, 단합, 연대성(solidarity)을 강조하는 경향이 있지만, 이런 것들은 민족주의나 사회주의에서 강조하는 것들이다. 특정 목적에 대한 의견 불일치의 가능성 또는 최소한 특정 목적에 합의하도록 강제하지 않는 거야말로 자유 문명의 불가결의 기초이다.(Hayek, 1988:111)

아니면 정부의 간섭과 규제로 인해 시장이 어쩔 수 없이 그런 모습을 보이고 그런 결과를 낳을 수밖에 없는지를 명확히 구분할 줄 알아야 한다. 이런 구분 없이 시장은 공평해야 한다거나 정의로워야 한다고 주장한다면 시장으로서는—만일 시장이 입이 있다면—억울하다고 하소연하지 않을 수 없는 일이다.

또, 이와는 다른 차원에서도, 시장은 공평해야 한다거나 정의로워야 한다는 주장은 터무니없다. 시장은 인격적 존재가 아니다. 그러므로 시장에 대하여 윤리적이거나 도덕적이어야 한다고 말해야 아무 소용이 없다. 오히려 시장은 공평해야 하고 결과가 정의로워야 한다는 생각이야말로 시장이 불공평한 운동장이 되도록 만들고 정의롭지 못한 결과를 낳게 만드는, 시장을 정치 도구화(道具化)하는 주범이라는 사실을 확실히 깨달을 필요가 있다. 이에 관해서는 뒤에서 거듭거듭 논의할 것이지만, 시장에 대한 이런 비난과 관련해 아래 인용문보다 적절한 지적은 없을 것이다.

> 시장은 생산성을 높인다. 그래서 거래 쌍방이 더 큰 이득을 얻도록 만든다. 그러나 시장이 생산성을 높여주는 건 시장이 자원 사용 대안(alternative use of resources)의 선택과정에서 오로지 최선(또는 최소한 더 나은)의 대안을 선택할 때뿐이다. 시장이 낡은 것, 더 나쁜 것을 버리고 새것, 더 나은 것을 선택할 수 있는 것은 오로지 시장의 '비인격적이고' '영혼이 없는' 성격('impersonal' and 'soulless' character), 노골적으로 말하면, 당신과 나를 인간으로서 보아서가 아니라 당신과 나의 경제적 기여만을 보고서 가치 판단하기 때문이다. 만일 시장이 [인격적이어서] 사회적 의식이 있고, 경제적 기여보다 필요를, 결과보다 자격(merit)을 높이 평가한다면, 경제잉여는 축적되기도 전에 분배되어 버리고 말 것이고, [시장참여자 각각의] 필요와 자격을 규정하고 인정해 주는 행정기관의 개입은 불가피해질 것이다. 이들의 동정심이 부족하든 아니면 넘치든, [행정기관이 개입해 자격을 따지고 필요를 따질 때] 사람들은 기분이 상하지 않을 수 없게 된다. 다른 어떤 정책수단과 마찬가지로, 시장 역시 모든 것에 좋지도 않고, 무엇에나

다 나쁘지도 않다(neither good for everything nor good for nothing).
(Wildavsky, 1978:222)[24]

시장을 비난하는 사람들은 시장이 부도덕하고 비인간적이라고 공격하기도 한다.[25] 물론 시장참여자 중에는 부도덕하고 비인간적인 사람들이 있기 마련이므로 이들의 도덕성을 문제 삼는다면 그것에 이의를 제기할 수 없다. 그러나 시장 자체의 도덕성을 문제 삼는다면 이는 문제의 성격이 다르다. 위 인용문에서 월다브스키가 말하고 싶은 요점은 만일 시장이 인간적이면, 또 영혼을 갖고 있으면, 그건 시장이 아니고, 시장으로서 제 기능을 수행하지 못한다는 것이다.

예컨대 경제사회의 약자들에게 시장임금보다 높은 임금을 준다면 인간적이기는 하다. 실제로 그러려고 애쓰는 고용주도 없지 않다. 그러나 이런 인간적 대우는 지속할 수 없다. 경제적 기여분보다 높은 임금을 주면서 무한정 버텨낼 수 없기 때문이다. 최저임금 사례가 이를 증명한다. 시장임금보다 높은 수준으로 최저임금이 책정되면 비숙련노동자의 일자리는 불가피하게 감소한다. 실업이 증가한다. 최저임금을 높여야 한다고 주장하는 사람들은 고용주가 임금을 착취한다고 생각하는 경향이 있고, 최저임금을 높이자 고용하고 있던 근로자를 해고한다면 이는 고용주들이 비인간적이어서 그런 거라고 몰아붙이는 경향이 있지만, 그렇지가 않다. 만일 당신이 고용주라면 당신은 손해를 감수하면서까지 근로자를 해고하지 않을 것인

---

24. 마지막 문장을 쉽게 풀면, 시장은, 다른 모든 정책수단이 다 그렇듯이, 만병통치약도 아니고, 그렇다고 백해무익한 것도 아니라는 말이다.

25. 로렌스 리드는, 이 견해는 다음 4가지 중요한 사실을 무시하고 있다고 지적한다. ① 사람이 동정심을 발휘할 수 있는 부는 시장에서 창출된다. ② 역사적으로 볼 때 가장 자유로운 사회가 진정한 의미에서 동정심을 가장 크게 발휘한 사회였다. ③ 국민의 돈을 쓰는 공무원이 된다고 해서 다른 사람보다 더 동정적으로 되지 않는다. ④ 정부의 '동정심'은 보통 투표를 의식하는 쪽으로, 또 정부가 해결해야 할 문제들을 영속화하는 사업 프로그램들 쪽으로 전환된다.(Reed, 2015:90-91)

가? 잠시는 그럴 수 있을지 모른다. 그러나 그 이상은 아니다. 아무리 착한 고용주라도 손해를 보며 근로자를 무한정 고용하고 있을 수는 없다. 최저임금이 급격히 상승한 최근 몇 년 동안에 주문 키오스크가 등장하고 로봇이 음식을 나르는 이유가 무엇이라고 생각하시는가?

또 다른 예로서 어떤 물건을 가난한 사람에게는 싸게 팔고, 부자에게는 비싸게 판다고 하자. 이것도 인간적으로 보인다. 그러면 어떻게 될까? 언뜻 좋은 일같이 보이지만, 이제 물건을 싸게 사려고 가난한 척하는 사람들이 늘어날 것이고, 판매자는 그 사람의 재산과 소득을 파악하지 않으면—누가 그렇게 하겠으며 할 수나 있겠는가—결국 도와줘야 할 이유가 없는 사람을 도와주는 부질없는 짓을 하는 꼴이 되고 만다. 반면에 부자는 이 물건의 소비를 줄일 것이다. 그러면 전체적으로 판매자의 수입은 줄어들 것이고, 생산도 감소할 것이다. 이것이 시장의 반응이다. 어쩌면 이같이 가난한 사람과 부자를 가려 가격을 달리해 파는 판매자는 미담의 주인공이 될지 모르나 돌팔매질을 당할지도 모른다. 부당한 차별을 받았다고 느낄 사람들이 생겨날 것이기 때문이다. 시장은 모든 사람—노동자든 소비자든 생산자든—을 인간으로서가 아니라, 각자의 경제적 기여의 가치에 따라 대우하는 것이 맞다.

생산의 경우도 마찬가지다. 큰 어선이 잡은 고기나 가난한 어부가 잡은 생선이나 같은 값으로 팔거나 사거나 하는 것이지 이것을 달리 취급하는 경매장은 없다. 대기업 제품은 불매운동을 벌이고, 중소기업 제품은 많이 사 주어야 한다고 하지만, 이 말을 따르는 사람들은 많지 않다. 재래시장을 살려주어야 한다는 이유로 대형마트와 기업형 슈퍼마켓(SSM)의 영업시간을 규제하고 의무휴일제를 시행해 보지만 그렇다고 사람들이 재래시장에 더 가는가? 동네서점을 살려야 한다고 온라인 서점을 규제해 보지만 동네서점이 얼마나 큰 덕을 보던가?

제4장 '시장실패는 실재하는가?'에서 자세히 논의할 것이므로 여기서는 간략히 언급하려고 하지만, 자유로운 시장, 즉 정부 간섭이 없는 시장보

다 자원을 효율적으로 배분하는 메커니즘은 없다. 사회주의자들은 사회가 달성할 가치에는 엄연히 우선순위와 위계가 있다고 보는 사람들이므로 도저히 인정하고 받아들일 수 없겠지만, 하이에크는 서로 다른 목적의 상대적 중요성에 대한 합의가 없이도 상호주의 원리(principle of reciprocity)에 의거 가장 바람직한 상태로 자원이 배분될 수 있게 해 주는 유일한 수단과 방법이 시장이라고 말한다.(II:113)

끝으로 자생적 질서와 관련해 널리 퍼져 있는 오해에 대해 언급할 필요가 있다. 현대사회는 자생적 질서에 맡겨둘 수 없을 만큼 매우 복잡해졌기 때문에 정부의 개입과 의도적 계획은 필수적이고 불가피하다는 주장이 그것이다. 이에 대해 하이에크는 이런 주장은 복잡한 상황을 다루는 방법에 대한 완전한 오해라고 일축한다.(I: 51) 오히려 현대사회의 극도로 복잡한 질서를 유지하기 위해서는 사회구성원을 지시 통제하는 방법이 아니라, 자생적 질서의 형성에 이로운 규칙을 강제하고 개선해 나가는 간접적 방법에 의존하지 않으면 안 된다고 말한다.[26] 왜냐면 자생적 질서에 간섭하는 방식, 즉 직접적 지시 명령 방식으로 자생적 질서에 간섭하면 자생적 질서에 교란이 생기고, 자생적 질서 속에서 형성된 조화가 파괴되기 때문이다.(I:51)

3.3.2 가격의 기능

앞에서 길게 설명하였듯이, 시장은 널리 분산된 지식의 활용을 가능하게 해준다. 구체적으로 시장의 무엇이 이런 기능을 수행하는가? 가격이다. 시장에서 인간의 모든 노력과 행동은 가격을 매개로 상호조정된다. 밀턴 프리드먼은 가격의 상호조정 기능에 대해 이렇게 말한다.

26.　이 점을 강조하는 책이 시카고대학의 법학 교수인 엡스타인의 *Simple Rules for A Complex World*이다. 세상이 복잡해질수록 규칙은 간단해야 한다는 말인데, 이 책의 마지막 장인 제12장에서 자세히 다룰 것이다.

구매자들과 판매자들 간의 자발적 거래들을 통해 생겨나는 가격들이, 간단히 말해 시장에서 생겨나는 가격들이 각자 자기 이익을 추구하는 수백만 명의 행동들을 (상호) 조정해서 모두가 전보다 나은 상태에 이르도록 만들 수 있다는 사실의 인식은 아담 스미스의 번뜩이는 천재성을 보여준다. 각자 자기 이익을 추구하는 무수한 개인들의 행위에 따른 의도하지 않은 결과로서 경제질서가 생겨난다는 것은 그때나 지금이나 놀라운 사실이 아닐 수 없다.(Friedman, 1980:13-14)

시장의 모든 상황은 가격에 축약되어 나타난다. 이런 의미에서 하이에크는, 가격은 고도로 축약된 정보(the sum of information)라고 말한다.(II:117) 시장에서는 모든 것—생산, 소비, 판매 등등—이 가격을 매개로 통용된다. 시장에서 가격은 물건 하나하나의 가격이라기보다는 가격들의 망(network of prices)이다. 어떤 것의 가격엔 다른 모든 것들의 가격이 연결되어 있고, 이 모든 가격이 시시각각 변화한다. '일물일가의 법칙' 같은 것은 없다. 가격은 살아 있고, 끊임없이 움직인다. 오늘날과 같이 정보통신혁명으로 또 시장개방으로 세계가 하나로 움직이는 시장에서 가격은 말 그대로 찰나적으로 움직인다. 전 세계 70억 인구가 컴퓨터 자판을 누르거나 스마트폰 화면을 터치할 때마다, 혹은 증권사와 은행 등을 통해 투자 결정이 반영될 때마다 가격은 등락을 계속한다. 가격은 이들이 내린 순간순간의 선택과 결정이 집약된 결과이고, 이 결과는 시시각각 변한다.

가격은 고도로 축약된 정보인 동시에, 시장의 매우 효율적인 정보통신 수단(telecommunications system of the market)이다.(Butler, 1983:45) 시장참여자들은 가격을 보고 시장 상황을 판단한다. 가격이 오른 건 해당 물건과 서비스 수요는 증가하는데 공급이 부족하다는 뜻이고, 가격이 내린 건 해당 물건과 서비스 공급은 느는데 수요는 줄어든다는 뜻이다. 왜 그런 가격 변화가 일어나는지 구체적인 이유와 배경을 모른다고 해서—정확하게 알면 알수록 더 좋을 수 있겠으나—문제가 되지도 않는다. 수요가 넘치면 소매업자는 도매업자에게, 도매업자는 생산자에게 즉각 물건을 더 보내 달라고 요청한다. 소비자들은 가격이 오르기 전에 물건을 사려고 안달한다. 순식간에 벌어지는 일들이다. 그러다가 또 사정이 변해 수요가 줄어들면 이번엔 반대의 시장 행동들로 반응한다. 가격은 이런 시장의 변화 상황을 신속하고 정확하게 반영한다.[27] 이런 면에서 가격보다 간단명료하게 시시각각의 시장 상황과 변동 상황 정보들을 잘 전달해 주는 수단은 없다.

또, 앞에서 언급하였듯이, 시장에서 가격은 사람들의 행동을 상호조정하는 도구(coordinating device)이다. 사람들은 가격을 보고 자신의 행동을 선택한다. 나만 그렇게 하는 게 아니고 누구나가 그렇게 한다. 그러므로 가격을 통해서 사람들의 행동은 상호조정된다. 이런 의미에서 가격은 복잡한 세상에서 오로지 '제한된 합리성(bounded rationality)'을 갖고 살아가는 인간이 꽤 합리적인 선택을 할 수 있도록 의사결정 상황을 단순화해 주는 수단이기도 하다.[28] 다시 말해 가격은, 허버트 사이먼(Herbert A. Simon)의 말로 표현한다면, 인간의 선택을 쉽게 만들어주는 단순화 도구(simplifying device)이다.(Simon, et al.:26-27)

---

27. 여기서 독자들은 경제학 교과서의 가격에 관한 설명이 얼마나 현실과 동떨어진 소리를 하고 있는지 깨달아야 한다. 수요곡선과 공급곡선이 교차하는 점에서 가격이 결정된다고 하나, 세상에 수요곡선이니 공급곡선이니 하는 것들은 존재하지 않는다. 교육 편의상 그런 곡선을 그려 사용하는 것이지 실제로 그런 곡선을 그려낼 수도 없거니와 설령 그런 곡선이 존재한다고 해도 아는 사람이 없다. 우리가 인지할 수 있는 것은 특정 시간, 특정 장소에서 통용되었던 무수한 가격들의 궤적뿐이다. 증권 시세 변동 그래프 같은 것을 연상해 보면 쉽게 이해가 갈 것이다.

28. '제한된 합리성'이란 용어는 허버트 사이먼의 인식과학(Cognitive Science)에서 사용되는 핵심적 개념으로서 현실의 문제들은 매우 복잡하나 인간의 인식능력이나 지식은 그것에 비하면 매우 불완전하고 비록 유용한 정보가 있다고 할지라도 그 정보를 옳게 계산하고 처리하는 능력(computational capacity)은 극히 제한됨을 뜻한다. 인간은 자신의 선택과 결정을 단순화시켜 주는 여러 가지 보조수단(aides)을 이용해 불확실성을 줄이려 한다. 대표적인 예가 관습이나 각자의 습관과 경험, 또는 직관에 따라 행동하는 것이다. 혹은 평소 꽤 합리적이라고 인정한 사람이 하는 대로 따라 하거나, '하루에 2리터 이상 물을 마시라,' '라면은 물이 펄펄 끓을 때 집어넣어야 한다.' 등등 대개 경험에서 우러난 세상살이의 요령(heuristics, rules of thumb)을 따르는 것 등이 좋은 예이다.

하이에크가 가격은 신호(signal)이자 유인(incentive)이라고 말하는 것도 맥락이 같다.(II:116-17) 가격은 사람들이 시장에서 어떤 선택, 어떤 결정을 해야 좋을지를 가르쳐주는 신호라는 것이다. 여기서 신호를 교통신호와 같은 의미로 이해하면 곤란하다. 교통신호는 누구에게나 같은 정보를 전달한다. 초록색 신호는 가면 안전하다는 뜻이고, 빨간색 신호는 서라는 뜻이다. 이에 반해 가격은 각 사람에게 각기 다른 정보와 의미를 전달한다. 사람마다 받아들이는 내용이 다르다. 예컨대 어떤 기업의 주식 1주의 가격이 35,000원인 시점에서 어떤 사람은 주식을 팔려고 하고, 어떤 사람은 사려고 한다. 왜 이렇게 다른 판단을 하는 것일까? 정보, 지식, 경험이 다 다르기 때문이다. 팔려고 하는 사람은 가격이 오를 대로 올라서 이제 내려갈 것이라고 예상하기 때문이고, 사려고 하는 사람은 가격이 저점을 찍었으므로 오를 것이라 예상하기 때문이다. 이처럼 같은 가격이지만 개개인이나 기업이 받아들이는 신호는 각기 다르다. 이들의 선택과 결정에 따라 가격이 변동하면 새로운 가격은 또 다른 신호를 전달한다. 이 과정은 무한히 계속된다.

가격은 이렇게 매순간 서로 다른 지식, 경험, 정보를 가진 무수한 사람들이 매순간 동원하는 정보의 총합이기도 하다. 다시 말하면 가격은 시시각각 달라지지만, 모든 사람의 지식, 경험, 정보가 총동원되어 시시각각 만들어내는 결과이다. 이런 의미에서 저자는 학생들에게 '가격은 신성하다.'라고 강조해 가르쳤다. 가격을 인위적으로 조절하고 싶은 욕구를 가진 사람들이 너무나 많지만 그래서는 안 된다고, 어떤 경우에도 시장에서 형성되는 가격은 존중되어야 한다고, 또 시장을 이겨보려고 하지만 시장을 이길 사람은 없다는 사실을 강조하려는 의도에서였다. 독자들도 이 말을 기억해 주시면 좋겠다.

왜 가격은 신성한가? 특정인이나 기업이 자의적으로 결정한 게 아니고, 70억 인구가 각자의 목적을 가장 효율적으로 달성하기 위해 총동원한 지식과 경험과 정보의 총합이 가격이므로 누구도 이것에 대해서 왈가왈부할 자격이 없다.[29] 그 가격이 잘못 결정되었다고 말할 수 있으려면 70억 명의 사람 모두의 두뇌를 합한 것보다 더 큰 사고능력과 계산능력의 소유자여야 한다. 세상에 그런 사람이 있는가? 그런 능력이 있다고 자임하고 나서는 사람이 있지도 않겠지만, 단언컨대 그런 사람은 이런 식의 생각을 해본 적도 없을 것이다.

그런데 놀랍게도 가격이 너무 높다느니 낮다느니 하면서 왈가왈부하는 사람이 너무나도 많다. 이런 말들은 개인 차원에서는 당연히 할 수 있는 말이지만, 사회적으로 아무 의미도 없다.[30] 위에서 주가의 변동 사례를 들어 설명하면서 말했듯이, 시장가격은 어떤 사람에게는 비싸게, 어떤 사람에게는 싸게 느껴지기 마련이다. 소득이나 재산의 정도에 따라, 혹은 가격과 비교해 본 효용의 크기에 따라 가격은 높게도 느껴지고 낮게도 느껴질 수 있다. 또 사람마다 일정하지도 않다. 어제는 싸게 느껴졌던 것이 오늘은 비싸게 느껴질 수도 있다. 그때그때 효용이 달라지기 때문이다.

따라서 시장(사회)에 적정가격이라는 것은 있을 수 없다. 어떤 물건의 가격이 왜 그렇게 형성되었는지 그 배경과 이유를 다 알지 못하는데 누가 무슨 수로 적정가격을 알아낸다는 말인가? 예컨대 강남의 아파트 가격이 평당 수천만 원에 달하는 것을 보며 가격이 너무 높다고 말하는 사람이 많다. 시장가격이 너무 높게 형성되었다면 사려는 사람이 없어야 맞다. 그런데 가격이 주는 신호는 그것을 받아들이는 사람마다 달라서, 강남 아파트의 평당가격이 최고점을 찍었다는 뉴스를 보고서 아파트를 사겠다고 덤벼

---

29. 시장에 직접적으로 참여하지 않는다고 해서 시장과 가격에 영향을 미치지 않는 게 아니다. 누군가는 그런 사람들도 계산에 넣고 있다. 예컨대 식중독을 염려해 한여름에는 조개류를 사 먹지 않는 사람들이 많다. 어부는 이 사실을 잘 알고 있다. 이때는 조개류 값이 헐값이다. 그러므로 어부들은 조개류 채취를 크게 줄일 것이다.

30. 이미 앞에서 시장에 관해서도 한 말이지만, 사회 역시 느끼고 생각하고 판단하는 인격체가 아니다. 그저 개인의 집합체일 뿐이다. 개인의 집합체에 불과한 것을 편의상 사회라고 부를 때 사람들은 부지불식간에 개인의 연장선 위에서 사회에 대하여 생각하기 때문에 이런 착오에 쉽게 빠진다.

드는 사람이 있다. 이 사람은 바보인가? 미친 사람인가? 아니다. 그의 판단이 그릇될 수도 있지만 앞으로 가격이 더 오를 것으로 예상하기 때문에 그러는 것이다. 다시 강조하거니와 가격은 거래에 참여하는 모든 사람의 가치판단 결과를 집약해 보여줄 뿐이다. 어떤 것에도 고유가치라는 것은 존재하지 않는다. 갖고자 하는 사람이 많으면 가격은 올라가고, 적으면 내려간다. 가격은 그렇게 움직인다.

가격에 대한 오해가 상당히 많지만, 가장 근본적이고 중요한 이유는 아마도 가격을 원가와 비교해서 보거나, 노력에 대한 보상(reward)으로 보기 때문일 것이다. 가격은 원가도 아니고, 노력에 대한 보상도 아니다. 가격은 원가보다 크게 높아서도 안 되고 노력에 대한 보상보다 낮아서도 안 된다고 규범적으로 생각하는 사람이 많지만, 시장에서 가격은 수요와 공급이 결정하는 것이지 원가나 보상이 결정하는 게 아니다. 이런 오해가 널리 퍼져 있을수록 정부는 가격을 조절하라는 강력한 요구나 압력에 직면하기 마련이다. 예컨대 아파트 가격의 상승을 막기 위해 원가계산에 기초해 분양가 상한을 규제한다든지, 최저임금이나 쌀값을 시장가격보다 높은 수준으로 규제하는 것이 전형적인 예들이다. 이런 규제가 각기 초과수요와 초과공급이라는 부작용을 유발할 것은 정한 이치이다.

시장에서 조정기능을 담당하는 핵심 기제가 가격인데 이 가격이 시장에서 결정되지 않고 정부의 규제로 정해지게 되면 자원의 배분은 왜곡될 수밖에 없다. 가격만큼 신속하게, 정확하게, 또 간단명료하게 어떤 자원이 어떤 용도에 우선 사용되어야 할지를 지시해 주는 것은 없다. 가격이 전달하는 신호가 왜곡되면 그 해악은 경제의 구석구석까지 미치지 않는 곳이 없게 된다. 가격규제만큼 해악이 크고 파급효과가 널리 미치는 규제는 없다.

3.3.3 시장게임과 경쟁

시장에서는 언제나 경쟁이 일어난다. 시장은 그래서 경쟁과 동의어라고 해도 과언이 아니다. 이런 뜻에서 하이에크는 시장게임(market game)이라는 말을 쓰기도 한다. 이 게임은 교환'게임'(a 'game' of exchange)이고, 부의 창조 게임(game of wealth-creation)이다. 이 게임에서 각자가 어떤 이득을 얻을지는 사전에 알 수 없다. 이런 면에서 시장게임은 스포츠와 유사점이 많다. 마치 스포츠에서 승패를 미리 알 수 없다는 사실이 흥분과 재미를 불러일으키고 선수들이 최선의 노력을 다하도록 만들 듯이, 시장게임도 사람들이 모험을 선택하고 그래서 직접 참여하지 않은 다른 모든 사람에게도 이득이 되는 쪽으로 행동하도록 자극한다.

스포츠에서 상대 팀이 어떤 행동을 취하고 어떤 작전을 구사하는지에 따라 내 팀의 다음 행동과 작전이 달라지고, 이런 경쟁 과정을 통해 각 팀의 모든 지식, 정보, 경험이 서로서로에 의해 최대한으로 활용되듯이, 시장게임 과정에서도 참여자 모두의 지식, 경험, 정보가 최대한 활용된다. 각자가 자기에게 최선의 결과를 얻기 위해 자기의 지식, 경험, 정보 등을 총동원한다. 이 과정에서 나의 지식, 경험, 정보가 다른 사람에게 알려져 이용되고, 다른 사람의 지식, 경험, 정보가 내게 알려지면서 게임이 계속된다. 경쟁은 이렇게 사람들이 소유한 각자의 지식과 재주를 훨씬 뛰어넘는 수준으로 다른 사람들의 더 많고 다양한 지식과 재주를 활용할 수 있도록 해주는 유일한 방법이다.

개인과 기업이 이윤이 생길 만한 일에 자기가 가지고 있는 모든 지식과 재능을 최대한 활용하게끔 만드는 것도 경쟁이다. 시장에서 필연적으로 경쟁이 일어나는 것은 이윤을 얻을 수 있다는 기대 때문이다. 그가 얻게 되는 이윤이 비록 일시적 이윤에 불과할지라도 이 이윤을 제거한다면 그의 추가적인 노력은 기대할 수 없다.(III:70-71) 이윤이라는 유인에 따라 경쟁이 작동하는 곳이면 어디에서나 소비자가 사고 싶어할 가격에 이윤을 남기고 팔 수 있는 모든 물건이 생산되고, 생산되는 모든 물건은 가장 저렴하게 생산할 수 있는 생산자에 의해 생산되며, 모든 물건은 가장 싼 가격으로 판매된다.

여기까지는 우리가 경쟁에 대해 알고 있는 내용과 크게 다르지 않다. 우리가 알고 있는 내용을 깊이 해석하고 있을 뿐이다. 그런데 여기서 더 나아가 하이에크는 경쟁은 발견절차로서 기능한다는 엉뚱한 말을 한다.(III: 67-68) 도대체 이게 무슨 뜻인가?

> 경쟁은, 경쟁에 의존하지 않는 한, 누구에게도 이제껏 알려진 바 없고, 더더구나 활용된 바 없는 그러한 사실들(즉 지식)의 발견절차라는 것이다.(Hayek, 1977:179) [31]

이 말은 어렵다. 하지만 이 말을 품고서 곰곰 생각하다 보면 무릎을 치지 않을 사람이 별로 없을 것이다. 이 말은 이런 뜻이다. 예컨대 누가 100m를 가장 빨리 달릴지는 달리기 경쟁을 해보지 않고서는 알 수 없다. 시장에서 어떤 기업이 가장 성능이 뛰어나고 편리하며 전기를 덜 사용하는 TV를 생산해 소비자의 마음을 사로잡을지는 오로지 경쟁을 통해서만 알 수 있다. '경쟁은 발견절차'라는 말은, 오로지 경쟁을 통해서만 새로운 사실이 알려지게 되고, 그것이 새로운 지식으로 세상에 등장한다는 말이다.

'경쟁은 발견절차'라는 말을 잘 이해하기 위해서는 세상에 경쟁이 없었으면 일어나지 않았을 사실들과 지식을 찾아보는 게 좋다. 예컨대 피겨스케이팅에서 속된 말로 피 터지는 경쟁이 없었으면 김연아의 트리플 액셀 기법은 나오지 않았을 것이다. 타이거 우즈의 현란한 타격기법도 마찬가지이다. 박세리, 박찬호, 류현진, 손흥민 같은 세계적 선수들이나, 싸이와 BTS 같은 가수도 치열한 경쟁이 아니었으면 세상에 나오지 않았을 것이다. 그러고 보면 세상의 최첨단 지식은 경쟁의 산물이 아닌 것이 없다. 경쟁이 없거나 약한 곳에서는 새로운 지식이 생겨나지 않는다. 하이에크가, 인간은

---

31. 이 문장이 하이에크의 경쟁에 대한 가장 간결한 개념 정의이다. 매우 중요하므로 영어 표현을 그대로 옮기면 다음과 같다. "Competition is a procedure for the discovery of such facts as, without resort to it, would not be known to anybody, or, at least, would not be utilized at all."

아직껏 경쟁이 성취한 것보다 좋은 결과를 낳는 다른 방법을 찾아내지 못했다고 단언하는 것은 바로 이런 의미에서다.

하이에크의 독특성은 이런 데서 빛난다. 시장경쟁이 이런 놀라운 결과를 만들어낸다는 사실은, 표현이 다르기는 하지만, 주류경제학도 인정하는 바이다. 시장에서 경쟁이 이루어지면 초과이윤은 사라진다고 보는 것이 대표적이다. 하지만 주류경제학이 말하는 경쟁과 하이에크가 말하는 경쟁의 개념에는 커다란 차이가 있다. 이 차이를 극명하게 보여주는 것이 완전경쟁시장에 대한 논란이다. 제4장에서 깊이 논의하겠지만, 주류경제학은 하이에크처럼 경쟁의 기능과 의미를 깊이 탐구하지 않는다. 그저 시장이 효율적인 자원 배분 기구로 기능할 수 있으려면 완전경쟁시장의 조건들을 갖추어야 한다고 말하고서는, 그런데 이런 조건들은 현실적으로 충족되기 불가능하므로 시장이 효율적인 자원 배분의 기구가 되기는 쉽지 않다는 결론으로 내달린다.

하이에크는 이 주장과 결론을 신랄하게 비판한다.(III:74-75) 완전경쟁시장 같은 건 원래 존재하지도 않거니와 그런 조건들을 갖추어야만 시장이 제 기능을 하는 것도 아니라고 지적한다. 그는 시장에 대한 정부의 간섭으로 경쟁이 제약되거나, 개인이나 조직의 경쟁 제한 행위를 정부가 허용하지 않는 한, 경쟁은 거의 언제 어디서나 작동하며, 경쟁 원리가 작동하는 한 위에서 본 바와 같은 일들이 일어나기 마련이라고 주장한다. 이어서 덧붙이는 말이 걸작이다. 불행하게도 인류는 아직껏 이런 자유로운 시장을 경험해 보지 못하였는데, 이는 정부가 경쟁을 제약하거나 개인과 집단의 경쟁 제한 행위를 허용하고, 그것에 더하여 중앙집권적 계획방식을 사용해 왔기 때문이라고 일갈한다.(III:74) 하이에크의 시장 우선주의를 잘 보여주는 구절이 아닐 수 없다.

하이에크는 이어서 경제주체의 합리적 행동이 경쟁의 전제조건인 것처럼 말하는 경제이론도 잘못되었다고 비판한다. 사람들이 합리적이어야 경쟁이 이루어지는 것이 아니라, 경쟁이 합리적으로 행동하도록 만든다고 말한다. 경쟁하지 않으면 자기 위치를 지킬 수 없고, 앞서가는 자를 뒤쫓아 가지 않고서는 경쟁의 대열에서 낙오하고 말 것이므로 누구나 자기 최선을 다해 합리적으로 행동하지 않을 수 없게 만든다는 것이다.(III:75) 이런 의미에서 하이에크는 경쟁 그리고 경쟁을 허용하는 전통이 합리적 행동을 유발한다고 단정한다.(III:76) 이런 경쟁 풍토에서 기업가정신이 나온다고 본다.(III:75)

3.3.4 시장경쟁과 공평성 시비

그러면 치열한 경쟁에서 나온 결과는 항상 공평한가? 다시 스포츠로 돌아가 생각해 보자. 앞에서 거명한 인물들의 소득은 엄청나다. 명예는 더 말할 게 없다. 그런데 이것에 대해 시비를 거는 사람은 찾아보기 어렵다. 그런데 대기업 회장, 사장, 이사들의 소득에 대해서는 그렇게 선뜻 동의하지 않는 사람들이 많다. 무엇이 이런 차이를 만들어내는지 잘 알 수 없는 일이로되, 여하튼 시장경쟁 결과의 공평성에 대해서는 생각들이 다르다. 그래서 왈가왈부하는 일이 흔하다.

하이에크는 시장경쟁을 통해 나타난 결과의 공평성에 대하여 왈가왈부하는 것은 대단히 비과학적이고 비논리적이라고 지적한다. 시장게임은 제로섬 게임이 아니라 부의 창출 게임으로서, 그 속에서는 누구도 차별적으로 취급되지 않는 게 원칙이고, 이런 시장게임에서 나온 결과는 오로지 개개인의 재주와 우연(skill and chance)의 결합에 따라 결정될 뿐이기 때문이라는 게 그가 제시하는 설명이고 이유이다.(II:115) 다시 말하면 시장게임은 모든 사람에게 동등한 기회가 보장된 속에서 이루어지며, 각자의 재주와 우연에 따라 결과가 좌우되므로, 게임 결과의 도덕성을 논하는 것 자체가 우스꽝스럽다는 말이다. 어떤 사람은 재주도 있는데 행운이 겹쳐서 큰돈을 벌고, 어떤 사람은 재주는 있는데 행운이 따르지 않아 손해를 보기도 한다. 이것이 시장게임이라는 게임의 결과이다.

더 나아가 하이에크는, 예기치 않은 상황변화에 따라 어떤 개인이나 집단의 보수(報酬, remunerations)가 감소한다면 그것도 불가피한 일로 보아야 한다고 말한다. 물론 자신의 기대와 달리 손해를 보는 사람들은 실망할 것이다. 하지만 하에에크는, 이것은 그들의 계획이 그릇되었음을 보여주는 신호로서, 이것이야말로 시장경쟁이 수행하는 중요한 기능 가운데 하나라고 말한다.(II:117) 각 개인이 자신의 지식과 재능을 어디에 사용해야 할지를 말해 주는 게 시장가격 또는 보수(소득)인데, 보수가 낮아진 것을 두고 불평하거나 정부에 매달려 원상회복을 요구하기보다 이제 그 일은 그만두고 다른 일을 하라는 신호로 받아들이고 새로운 계획을 세워 새롭게 시작하는 게 현명한 처사라는 것이다. 이와 관련해 하이에크는 시장질서는 현재 존재하고 있는 것으로 알려진 조건(또는 미래를 지배하게 될 조건)만을 고려하므로, "한번 지나간 것은 영원히 지나간 것(Bygones are forever bygones.)"으로 간주하는 것이 옳은 태도라고 말한다.(II:121)

여기서 하이에크는 외부상황의 변화에도 불구하고 과거 정치적 힘을 이용해 누려왔던 물질적 지위를 상실할 위험에 처한 집단들을 상대로 정부가 어떤 특별한 고려를 하거나 특혜를 베풀게 되면 시장게임의 왜곡은 불가피해진다는 점을 강조한다.(II:122) 요컨대 시장질서에 대한 정치적 간섭(정부개입)은, 어떠한 이유를 내세워 이루어진 것이든, 도덕적으로 정당화될 수 없다는 것이 하이에크의 지론이다. 왜냐면 시장질서에 대한 간섭은 특정 결과의 성취를 목적으로 삼는데, 특정 결과를 성취할 목적에서 이루어지는 정부의 행위는 별개의 강제행위(isolated act of coercion)로서 항상 전체적 질서(overall order)에 교란을 초래하고, 자생적 질서가 의존하고 있는 부분들의 상호조정을 방해한다는 것이다.(제12장 참고) 더 나아가 간섭을 통하여 얻어지는 특정한 결과는 시장질서와 배치됨은 물론, 그로 인해 한편으로는 차별적으로 강제를 받아야만 할 사람을 만들어내지만, 다른 한편으로는 이들의 희생 위에 다른 사람에게는 특혜를 주는 꼴이므로 부당하다고 하이에크는 강조한다.(II:129) 도덕적 측면에서 경쟁을 비난하는 것은 온당하지 않다는 것이다.[32]

다시 강조하건대 경제영역 안에서든 밖에서든 경쟁은 누가 최선인지를 가려내는 발견절차이다. 시장게임에서든 시험이나 스포츠 게임에서든 경쟁은 가장 뛰어난 사람을 골라낼 뿐, 각자의 능력이 한껏 발휘되었는지 아닌지, 그럴 수 있는 여건이었는지 아닌지는 고려 대상이 아니다. 이런 면에서 하이에크는 경쟁은 과학실험과 같다고 말한다. 과학실험에서 실험결과를 미리 알 수 없듯이, 경쟁을 통해 어떤 결과가 나올지는 아무도 미리 알고 있지 않다는 것이다. 그러면서 경쟁은, 만일 우리가 결과를 예측할 수 있다면 필요로 하지 않을, 그런 발견절차이기 때문에 가치가 있는 게 아니냐고 되묻는다.(II:69)

또 하이에크는 실제 실험결과가 기대했던 결과와 일치되는지 아닌지를 가지고 판단하는 게 난센스듯이, 경쟁이 어떤 구체적 결과를 만들어내야만 한다고 생각한다면 이만한 난센스는 없다고 말한다. 실험의 결과가 아니라 실험이 이루어진 조건을 보고 실험의 가치를 평가하듯이, 경쟁의 가치도 경쟁의 결과가 아니라 경쟁이 이루어진 조건을 보고 평가해야 한다는 것이다. 쉽게 말하면 경쟁이 공정하게 이루어졌으면, 즉 결과에 영향을 미치려는 정부의 의도적인 개입이 없었으면, 경쟁의 결과는 모두에게 만족스럽지는 않겠지만, 최선의 결과로 받아들여야 한다는 것이다.

끝으로 시장은 힘 있는 사람에게는 좋겠지만, 힘이 없고 돈 없는 사람에

---

32. 경쟁에 대한 대부분의 비난은 시장을 배척하는 좌파들이 만든 프레임이다. 스포츠는 물론이고 경제영역에서도 다른 사람들이 경쟁하는 결과로 더 값이 싸지고 질과 성능이 더 좋아지는 것을 내심 좋아하고 즐기면서, 자신이 경쟁의 당사자가 되는 걸 좋아하는 사람은 별로 없어 보인다. 사회주의자들은 경쟁에 대한 사람들의 이중적 사고를 이용해 경쟁에 대한 혐오감을 조장한다. 내가 불행하게 된 것은 약육강식의 무자비한 경쟁에서 졌기 때문이라고, 부익부빈익빈을 조장하는 자본주의 시장체제에서 경쟁은 수많은 패자를 만들어낸다고, 당신이 그 피해자가 아니냐고 물으며 이런 비인간적이고 비도덕적인 체제는 배척해야만 한다고 선동한다. 안타깝게도 이들의 선동은 매우 효과적이다.

게는 나쁘다고 생각하는 사람이 많다. 이것은 편견이고 오해이다. 사실은 그 반대이다. 힘 있는 사람은 시장을 별로 좋아하지 않는다. 자기 힘대로 뜻대로 되지 않는 게 시장이기 때문이다. 반대로 시장은 약자들에게 살길을 열어준다. 약자들이 생계를 이어갈 수 있도록 해주는 게 시장이다. 자신의 힘으로 할 수 있는 일을 할 수 있게 허용하는 게 시장이기 때문에 약자들도 시장에서는 무언가 자기가 할 수 있는 일을 찾아 삶을 살아갈 수 있는 것이다. 생각해 보시라. 시장이 없다면 약자들이 어떻게 살아나가겠는가? 정부를 믿고 살아갈 수 있다면 좋을지 모르겠으나, 제대로 된 사람이라면 정부에 기대어 사는 걸 자랑스럽게 여길 사람은 없다. 아무리 힘들고 천하게 여겨지는 일이라도 자기 힘으로 하고 자기 힘으로 살아나가기를 원하는 게 인간이다. 실제로 시장 바닥(?)에서 열심히 일하며 사는 사람들은 시장을 욕하는 법이 없다. 물론 그런 사람이 전혀 없지는 않을 것이다. 그러나 이들은 시장을 탓하고 미워하는 게 아니라 경기가 나쁜 것을 미워한다. 장사가 잘 안되는 것이 유감이지, 시장에 기대어 사는 게 유감이 아니다. 자립과 의존 가운데 선택하라면 당신은 무엇을 선택하시겠는가?

4. 정의의 개념과 '사회정의' 관념에 대한 비판

4.1 정의의 올바른 개념

시장 결과의 공평성 이슈와 직결된 게 사회정의 문제이다. 먼저 하이에크의 정의(justice) 관념부터 살펴보기로 한다.

엄격히 말하면, 오로지 인간행동에 대해서만 정의롭다거나 정의롭지 않다고 표현할 수 있다. [반면] 우리가 어떤 상태에 대하여 정의롭다거나 정의롭지 않다는 표현을 사용하려고 한다면 그 상태를 일으키거나 일으키도록 방치한 사람에게 책임을 물을 수 있는 경우만 의미가 있다. 어떤 사실 혹은 누구도 변화시킬 수 없는 상태에 대하여는 좋거나 나쁘다(good or bad)고 표현할 수 있을지언정, 정의롭다거나 정의롭지 않다(just or unjust)고 표현할 수는 없다. 인간행동이나 인간행동을 지배하는 규칙 이외의 것들에 대하여 정의라는 용어를 적용하는 건 카테고리 착오(category mistake)이다.(II:31)[33]

인간행동과 관련해서만 올바르게 쓸 수 있는 용어인 정의라는 말을 카테고리 자체가 다른, 즉 인간행동과는 관계가 없는 어떤 상태에 대해 사용하는 건 말이 안 된다는 뜻이다. 이것이 하이에크의 간단하고도 명쾌한 정의 관념이다.

예컨대 축구 연고전에서 매번 고려대(연세대)가 연세대(고려대)를 이긴다고 해서 그 경기가 정의롭지 않다고 말하는 사람은 없다. 하지만 심판의 판정이 편파적이었다고 한다면 그 경기는 정의롭지 않았다고 말할 수 있다. 혹은 난데없이 새 규칙이 도입되어 적용된 결과로 한편이 이길 시합에서 졌다면 정의롭지 않은 경기였다고 평가할 만하다. 이런 예에서 알 수 있듯이, 정의라는 말은 개인의 행동이나 규칙에 대하여 사용하는 말이지, 결과를 두고 쓸 수 있는 말이 아니다. 우리가 정의를 말할 때는 어떤 행동을 개인이 해야 하거나 하면 안 된다는 개인행동 규칙들에 대한 인식을 전제로 한다. 예컨대 다른 사람에게 피해를 주는 행동을 하면 안 된다는 규칙이 전형적이다. 이런 규칙은 누구도 반대할 사람이 없다는 의미에서 정의로운 규칙이고, 이 규칙에 부합되는 행동은 정의롭지만 그렇지 않은 행동은 정의롭지 못한 행동이 된다.[34]

---

33. '카테고리 착오'는 하이에크가 즐겨 쓰는 표현 가운데 하나다. 적용해야 할 범주가 서로 다른데도 불구하고 범주를 구분하지 못하고 해당 범주를 넘어서서 확대 적용하면 안 된다는 뜻이다.

34. 물론 이런 기준은 정의의 충분조건은 아니다. 하지만 정의의 필요조건이 됨은 분명하다.

정의는 개인만이 아니고 개인의 단체적 행동 또는 조직의 행동에 대해서도 사용될 수 있다. 대표적인 예가 정부이다. 우리는 정부의 행위에 대하여 당연히 정의를 요구할 수 있다. 하지만 이때에도 정부의 개입이 정의로운지 아닌지는 정의로운 행동 규칙에 따라서, 즉 그 규칙이 누구나 동의할 수 있는 일반적이고 추상적 규칙인지, 또 그 규칙이 공평하게 적용되는지 아닌지에 따라서 판단되어야지, 정부개입의 결과를 두고 판단하려 한다면 논점이 달라지고 만다. 정부 행위의 결과를 두고 판단하기로 한다면, 이득을 보는 사람은 정의롭다고 말하겠지만, 손해를 보는 사람은 정의롭다고 말하지 않을 것이다. 예컨대 노년층 일자리를 늘리기 위해 정년연장 정책 프로그램을 시행한다면 노인들은 좋아하겠지만 청년들이 환영할 리가 없다.

정의로운 행동규칙이 달성하려고 하는 것, 또 달성할 수 있는 것은 '정의로운' 결과가 아니라, 정의로운 행동 방식이다. 결과에 대해서는 정의의 기준을 세울 수 없지만, 규칙과 관련해서는 그 기준을 세울 수 있다. 규칙은 누구에게나 공평하게 적용되어야 하는 것이 기본이다. 그러므로 정의로운 규칙은 누구나 동의하는 기준이 아니면 안 된다. 정의로운 행동규칙들은 대체로 정의롭지 않은 행동을 금지하는 규정들이다.(II:35)[35] 이 규칙들은 개인과 집단이 타인의 간섭을 받지 않고 자유롭게 자신의 자유와 권리를 행사할 수 있는 고유영역이 무엇인지, 즉 ① 각자가 의지할 수 있는 것

칼 포퍼(Karl Popper)는, "우리는 항상 거짓된 것과 정의롭지 못한 것을 계속 제거해 나감으로써 진리 또는 정의에 접근하려고 노력할 수 있을 뿐이지, 결코 궁극적 진리 또는 정의를 실현했는지를 확신할 수는 없다."라고 말했다.

35. 정의로운 행동규칙들이 어떤 성격의 행동을 금지하는 내용의 규칙이라는 사실은 우연이 아니다. 하이에크는 인류사회의 지고의 가치인 평화, 자유, 정의는 모두 그것을 적극적으로 실현하려 하기보다는, 그것을 훼방하는 요인의 제거를 통해서만 달성될 수 있다는 의미에서 위대한 부정적(소극적) 가치(great 'negatives')들이라고 분석 지적한다. 추상적 규칙을 대표하는 영국의 보통법(Common Law)에는 "위험에 처한 사람은 구조해야 한다."라는 규정만이 적극적으로 어떤 행동을 요구하는 유일한 규정이고, 나머지는 모두 어떤 행동을 금지하는 소극적 규정들이다. 이런 부정적, 소극적 규칙의 공통점은 이런 규칙들에 반대할 사람은 없다는 사실이다.

이 무엇인지, ② 어떤 물건이나 서비스를 자기 목적을 위해 사용할 수 있는지, ③ 각자가 취할 수 있는 행동의 범위가 무엇인지를 규정해 준다.(II:37)

그러므로 대다수 사람이 이 규칙들을 준수한다면 예측 가능성이 제고됨에 따라 개인이 직면하는 불확실성은 감소한다. 개인 간의 갈등이 예방되고 협력이 조장된다. 정의로운 개인행동 규칙들의 존재 이유가 여기 있다. 다만 여기서 주의할 점은 정의로운 개인행동 규칙들은 모든 사람, 혹은 특정 계층 사람들의 이익을 보호하기 위한 규칙들이라기보다는, 규칙들이 정의해 주는 '정당한' 기대('legitimate' expectations)만을 보호해 줄 수 있다는 점이다.(II:37) 다시 말하면 이런 규칙들이 적용된다고 해서 모든 사람이 그것들에 따라서 행동하는 것은 아니겠지만 대다수가 그럴 거라는 합리적인 기대 아래 자신의 행동을 결정할 수 있는 여건을 제공해 준다는 말이다.

이상과 같은 정의 관념은 인간사회에 처음부터 존재한 관념이 아니다. 하이에크는 이러한 정의 관념―즉 특정 목적이나 결과를 성취하는 것이 정의가 아니라, 모든 사람에게 동일하게 적용되고 보편적으로 적용되는 규칙이 정의라고 하는 관념―은 인류사회가 목적으로 연결된(ends-connected) 사회로부터 규칙으로 연결된(rules-connected) 사회로 진화하면서 등장하고 발전해 왔다고 본다. 다시 말하면 이런 정의 관념은 특정 목적의 달성과 관련해서가 아니라, 그것과는 무관하게 모든 사람이 필요로 하고 모든 사람에게 보편적으로 적용되며 모든 사람에게 유익을 주는 인간행동에 관한 기본 규칙들의 필요성이 널리 인정되면서 자연스럽게 진화해 왔다고 보는 것이다.

어떻게 보든 행동과 규칙에 대하여가 아니라 결과를 두고 정의를 논하는 것은 정의 관념의 올바른 적용이 아니다. 개개인이 추구하는 특정 목적에 위계를 부여할 수 있는 지식을 누구도 갖고 있지 못하다. 특정 사실에 대한 지식도 매우 불완전하다. 이 점들을 인정한다면 추상적이고 목적 독립적인 정의로운 행동규칙을 준수하는 게 정의라고 하는 관념이 그리 엉뚱하거나 낯설게만 느껴지지는 않을 것이다. 정의는 구체적 사실에 대한 인간의 필연적 무지에 대한 적응이다. 다시 말하면 모든 구체적 사실을 다 알지 못하는 무지한 인간이 인간으로 살아가기 위하여 공통으로 필요로 하는 것이 정의이다.(II:39)

사람들은 소망스럽다고 생각하는 어떤 특정 결과를 달성하는 걸 정의라고 생각하는 경향이 매우 강하다. 그러나 하이에크는 이런 주관적 혹은 직관적 정의 관념은 그릇될 수 있다는 사실을 환기해 준다. 사람들의 소망이란 각자의 세계관이나 가치관에 따라서 각기 다를 수밖에 없다는 사실로부터 주관적 혹은 직관적 정의 관념이 올바른 정의 관념일 수 없다는 점은 분명해진다.[36] 결과에 대해서는 물론이고 심지어 규칙에 대해서도 사람들의 정의 관념은 일관성이 없다. 어떤 규칙을 정의롭다고 생각하는 주관적 감정이 정당화되기 위해서는 그것을 보편적으로 적용할 준비가 되어 있어야 한다. 그런데 사람들은 구체적 상황 속에서 생각을 바꾸어 이제는 그 규칙이 적용되지 않기를 바랄 수도 있고, 이와는 반대로 아주 정의롭다고 생각했던 규칙이 사실은 그렇지 않다는 걸 뒤늦게 발견할 수도 있다. 예를 들면 축구 시합에서 우리 편이 지고 있을 때는 경기 시간이 더 길었으면 하고 바라지만, 이기고 있을 때는 경기 시간이 짧았으면 좋겠다고 생각하는 것과 같다. 이처럼 상황에 따라서 생각이 달라지는 규칙이라면 그런 규칙은 정의로운 규칙의 범주에 들어갈 수 없다.[37]

---

36. 정의, 공평 관념은 주관적, 직관적 관념이기 쉽다. 그래서겠지만 정의, 공평은 따지면 따질수록 어렵고 복잡해져 끝내는 배가 산으로 가는 격이 된다. 예를 들어보자. A가 친구 B에게 근사하게 밥을 사면서 "너한테 맨날 얻어먹기만 해서 미안했어."라고 말한다면 B는 기분이 나쁘지 않을 것이다. 그런데 A가 "내가 생각해 보니 너한테 얻어먹은 밥값이 다해서 10만 원도 넘더라. 그래서 오늘 내가 밥을 사는 거야."라고 말하면 B는 "이 친구 상당히 계산적이네…"라고 생각할 것이다. 더 나아가 A가 "너한테 얻어먹은 걸 생각해 보니… 신림동 갈비집에서 7만 원, 봉천동 김밥집에서 8천원… 그래서 오늘 내가 10만 원짜리 이 밥 사는 거야."라고 말한다면 B는 "정말 상종 못 할 사람이네." 하는 생각이 들 것이다.

37. 실제로 FIFA가 정한 경기 시간 규정이 있다. 그러나 경기 시간은 정하기 나름이다. 경기시간이 얼마여야 정의롭다는 말은 성립하지 않는다. 하지만 정해진 경기 시간을 초과해서 경기가 진행되어서는 안 된다는 규정은 정의로운 규칙에 속한다.

이런 의미에서 하이에크는 인류문명이 진보하도록 만들기 위해 우리가 최종적으로 의지할 것은 인간의 직관적 인식이 아니라 인간의 지성(intellect) 이어야 한다고 주장한다. 누구든 자기가 정의롭기를 바라는 어떤 것이 정말 정의롭다고 스스로 확신할 수는 있을지라도, 그것이 정말 정의로운지 그렇지 못한지는 인간의 의지가 아니라 인간의 이성에 따라 판단되어야 할 문제라는 뜻이다. 내가 정의롭다고 믿는 어떤 행동이 있다면 내가 그렇게 믿는 근거가 무엇인지, 그 근거는 어느 경우나 일관성을 지닐 수 있는지를 반드시 시험해 보아야만 한다는 말이다.

4.2 '사회정의' 관념에 대한 비판

하이에크는 시장질서와 관련해 사회정의라는 개념을 사용하는 것 자체를 거부한다. 이런 뜻에서 사회정의라는 말을 쓸 때는 꼭 이 말을 따옴표 속에 넣어 '사회정의'라고 쓴다. 그는 사회정의라는 말 자체가 모순덩어리라고 말한다. 위에서 설명한 바처럼, 정의라는 말은 오직 인간행동과 규칙에 대하여만 쓸 수 있는 표현인데, 인격적 존재가 아닌 사회라는 것에 대하여 정의를 요구하는 건 사회를 의인화하는 것으로서 카테고리 착오라고 지적한다. 오늘날 너무나도 흔히 사용되게 된 '사회정의'는 사회의 진화과 정에서 생겨난 '사회규범'이라는 의미에서 '사회적'인 것도 아니고 사회의 산물 또는 사회과정의 산물도 아니라고 지적하면서, 이 말은 사회에 부과된 어떤 관념(conception), 즉 '사회는 이러이러해야 한다.'라는 관념을 표상하는 말이 되었다고 본다.(II:78)

'사회정의'라는 말에서 '사회적'이라는 형용사의 역사적 기원을 검토한 하이에크는, '사회적'이라는 표현이 19세기 말엽 독일에서 일반적으로 사용되기 시작하였는데, 당시의 지배계층이 그들의 지배 아래 있는 사람들의 복지에 관심을 기울이도록 양심을 촉구하는 차원에서 '사회정책(social policy)'이란 것들이 등장하면서 '사회적'이라는 표현이 '윤리적인' 또는 단순히 '좋은'이라는 용어를 대체하게 되었다고 본다. 더 나아가 이런 의무가 점차 일반 대중에게까지 확대되면서 이 관념은 '사회'가 사회구성원 모두의 복지를 책임지고 각자가 '합당한(due)' 몫을 받도록 보장해 주어야 할 책임이 있다는 식으로 인격체가 아닌 '사회'에 대하여 책임을 지우기에 이르렀다고 분석한다.(II:79) 이런 관념의 변화는 특정 결과를 성취할 수 있는 방향으로 누군가 의도적으로 사회적 과정을 이끌어가야 한다는 뜻을 함축하고 있고, 그 결과 '사회'가 의인화면서 도덕원리(moral principles)에 따라 이끌어질 수 있는 의식 있는 주체로 둔갑했음을 의미한다. 그 결과 '사회적'이라는 말은 이제 고도의 미덕(high virtue)을 대변하는 용어가 되고, 집단행동(communal action)을 지도하는 이상으로 변질해 버렸다는 게 하이에크의 분석이다.(II:79)

앞에서 자생적 질서를 설명하면서도 언급하였지만, 자생적 질서 형성의 기초인 개인행동 규칙들은 질서의 추상적 속성만을 결정할 뿐 그것의 특징적이고 구체적인 내용을 결정하지 않는다.(II:33) 누구도 알 수 없는 미래 상황에서 불특정 다수가 각자의 목적을 잘 달성하도록 만들기 위해서는 불특정 다수에게 공통으로 적용되는 규칙이 필요하다. 시장이 필요로 하는 규칙은 바로 이 규칙, 즉 정의로운 개인행동 규칙이다. 이 규칙 아래서만 모든 개인이 자유롭게 자기 직업을 선택하고, 자신의 목적을 위하여 자기의 모든 지식을 마음대로 활용할 수 있다. 그러므로 이런 성격을 갖는 시장이라는 시스템에서, 시장이 어떤 특정 결과를 만들어내야 한다고 요구하는 '사회정의'는 생뚱맞을뿐더러 터무니없다.

하이에크는 현실적으로 시장의 작동이, 혹은 시장에서 편익과 비용이 분담되는 방식이 정의롭지 못하다고 여겨질 수 있는 경우가 많다는 사실을 부정하지 않는다. 다만 시장에서 나오는 결과가 특정인의 의도적 행위의 결과도 아니고, 미리 의도되거나 예견될 수 있는 결과도 아닌 이상, 그것이 좋다거나 나쁘다고 평가할 수는 있을지 몰라도, 그것이 정의롭기를 바라거나 요구하는 건 어불성설이라고 말할 뿐이다.

그는 오히려 특정인에게 어떤 몫을 보장하려 하는 거야말로 정의롭지 못한 일이라고 지적한다.(II:64-65) 일반적으로 사람들이 시장체제 안에서 '사회정의'를 요구할 때 그것은 물질적 보상 면에서의 평등이다. 만일 시장에서 누군가가 물질적 보상을 분배해야 한다고 한다면 이 경우엔 일반적으로 적용될 수 있는 어떤 인식 가능한 규칙에 따라 보상을 결정하는 것이 정의라고 말할 수 있을 것이다. 그런데 시장체제에서 소득은—사람들이 그것을 보상으로 간주하는 경향이 매우 강하지만—결코 보상이 아니다.

이미 앞에서 가격과 관련해 설명하였지만, 가격은 원가나 보상과는 무관한 개념이다. 가격은, 소비자의 평가, 그리고 수요와 공급조건에 의해 결정되는 것이지 원가나 보상과 관련되어 결정되는 것이 아니다. 시장에서 내 물건과 서비스의 수요가 늘어 가격이 오르면 내 소득이 늘고, 수요가 줄거나 공급이 늘어나 가격이 내리면 내 소득은 줄어든다. 내가 노력을 많이 한다고 가격이 오르지 않고, 내가 노력을 덜 한다고 가격이 내려가지 않는다. 원가가 높아졌다고 반드시 가격이 상승하지 않고, 반대로 원가가 내렸다고 해서 가격이 반드시 내려가야 하는 것도 아니다.

시장 결과에 대해 언제나 만족하는 사람은 거의 없다. 자신의 노력에 '상응하는' 만큼의 보상, 또는 자기 일의 '가치'에 '상응하는' '적절한' 보상을 받지 못한다고 생각하는 사람들이 훨씬 더 많다. 저자도 그렇다고 느끼는 경우가 없지 않다. 하지만 만일 시장이 이런 사람들의 생각대로 움직이고 기능한다면 이 시장은 자율적으로 기능하는 시장이라고 부를 수 없다. 하이에크가 시장에서 결과된 소득 및 부의 분배상태는 그것이 누구의 의도에 따라서가 아니라, 모든 사람에게 동등한 기회가 보장된 속에서 이루어진 것이며, 각 개인의 재주와 우연에 좌우된 것인 이상, 그것의 도덕성 여부를 따지는 것은 정당하지 않다고 말하는 까닭이 바로 여기에 있다.

유감된 일이긴 하지만, 시장이 시장다울 수 있는 건 부정적 되먹임(negative feedback)의 원리가 작동하기 때문이다. 소비자의 욕구를 충족시켜 주지 못하는 생산자와 공급자는 도태될 수밖에 없는 게 시장게임의 기본원리이다.

경쟁이 미약한 시장일수록 시장답지 않게 된다.[38] 불가피하고 예측 불가능한 상황의 변화에 신속하게 적응하는 자만이 살아남을 수 있는 게 시장이다. 끊임없이 경쟁 압력이 불어닥치는 시장을 좋아하는 사람은 그래서 많지 않다. 경쟁이 치열할수록 이익인 사람은 소비자뿐이다. 생산자, 공급자, 판매자는 경쟁을 미워한다. 그래서 경쟁을 회피하고 약하게 만들어보려고 갖은 노력을 기울이는 게 보통이다. 이들 중 일부가 이익을 보게 만들면 그와 경쟁 관계에 있는 쪽은 손해를 보아야만 한다. 소비자가 더 큰 손해를 보는 건 물론이다. 그러므로 이런 시장개입은 정의롭지 않다. 개개인이 할 일을 스스로 결정하고 스스로 책임지도록 되어 있어야 제대로 굴러가는 시장이다. 이것이 시장 본연의 기능이고 모습이다.(II:71)

시장게임의 결과는 일차적으로 개개인의 지식과 노력에 달려 있지만, 부분적으로 운에 좌우된다. 그러므로 시장게임이 아무 속임수도 통하지 않게끔 공정하게 이루어져야 한다고 주장하는 것은 옳지만, 결과가 모든 사람에게 공평하기를 요구하는 건 그야말로 난센스 중 난센스다. 스포츠에서 어느 팀이든 공정한 규칙을 준수하면서 최선의 노력을 기울여 경기해야 한다는 말은 맞다. 하지만 이번엔 이 팀이 이기고 다음번에는 저 팀이 이겨야 공평하고 공정하다고 말한다면 그런 난센스가 다시 없다. 그것은 경기가 아니다. 시장게임도 마찬가지다. 이 장의 앞부분에서 인용했던 윌다브스키의 말과 같이, 시장경쟁에서 좋은 보상을 받았다면 그것은 그의 의도나 동기가 좋아서도 아니고, 그에게 그런 보상이 필요해서도 아니다. 그의 재주와 노력이 시장에서 높게 평가되었기 때문이다. 에베레스트산 등반에 성공하기를 누가 가장 오래 염원하였는지, 혹은 누가 가장 노력을 많이 기울였는지, 누가 먼저 도전했는지 등 그 어떤 것도 에베레스트 최초 등반의 영예를 가져갈 수 없다. 에베레스트 등반에 최초로 성공한 사람, 그

---

38. 제4장에서 완전경쟁시장의 조건에 관해 다룰 때 언급하겠지만, 경쟁은 언제 어디서나, 어느 경우에나 작동한다. 정부가 시장에 간섭하는 경우 경쟁은 왜곡될지언정 사라지는 건 아니다.

사람에게 영예가 돌아가게 되어 있다.

요약하자면 시장질서 안에서 정의는 시장경쟁의 결과가 아니라, 경쟁이 이루어지는 방식에 대해서만 평가될 수 있을 뿐이다. 이것이 존 록크(John Locke) 등이 내세운 가장 고전적이고 자유주의적인 정의의 관점이기도 하다. 하이에크는, 시장질서는 우리가 일반적으로 생각하는 보상의 정의에 대한 신념에서 비롯된 것도 아니고, 애초부터 그것 때문에 정당화된 것도 아니라고 강조한다. 흔히 다음의 두 가지 경우에 '사회정의'적 견지에서 특별한 보상이 필요하다는 인식이 일반화되어 있지만, 하이에크는 이런 경우에 대해서조차 비판적이다.(II:91-96)

첫째, 하층(?)직업에 종사하는 사람들에게는 시장 외적 보상이 필요하다는 주장이다. 일견 동의할 만한 주장이지만, 하이에크는 이런 사람들이 받는 대가는 각자의 노력과 희생의 크기가 아니라 그가 제공하는 서비스의 한계 가치(marginal value)에 따라 결정되어야 맞다고 본다. 그 직업이 누구의 강요에 의해서가 아니라 그가 자유로이 그리고 자기 책임 아래 선택한 직업이라는 점도 고려해야 한다고 말한다. 둘째는 더 일반적 경우로서, 사람들이 기왕에 달성한 물질적 지위의 상실이나 전락을 방지하기 위한 목적에서 정부개입을 옹호하는 매우 흔한 경우이다. 이런 반응은 이해할 만하기는 하지만, 갑작스럽게 닥친 불운은 시장기능으로부터 분리해 낼 수 없는 일부분이라는 점을 하이에크는 강조한다. 사람들이 기왕에 누리던 소득과 지위의 상실을 난데없이 닥친 피해로 인식하는 것은 지금까지 그들이 도덕적으로 정당하게 그러한 소득과 지위를 누려왔다는 믿음 때문이지만, 이 생각은 환상에 불과하다고 하이에크 지적한다. 왜냐면 그 사람이 기존에 누리고 있던 소득과 지위는 시장질서 속에서 어찌어찌하다 보니 그렇게 된 것이지 도덕적으로 그가 당연히 받을 만한 자격이 있어서 받은 것이 아니기 때문이라는 것이다.

다시금 지적하거니와 시장에서 가격은 각자가 무엇을 할지를 지시해 주는 신호이다. 가격은 신호라는 관점에서 볼 때 지금까지 해오던 일에서 벌어들이는 수입이 줄어든다면 그 경제활동은 이제 (환경변화에 따라) 축소되어야 한다는 정보를 전달해 주는 신호로 보는 게 맞다. 그렇지 않고 예기치 않은 상황의 발생이나 변화로 어떤 개인이나 집단의 보수(소득)가 감소할 때 정부가 개입하는 경향을 흔히 볼 수 있는데, 이런 경우 정부개입은 정당화될 수 없다. 시장에서 이런 결과의 발생은 불가피하다. 예컨대 이런 집단을 돕기 위한 가격보조 정책을 편다면 그것은 시장의 신호 기능을 왜곡시키고 경제적 비효율성을 증가시킬 뿐이다. 더 나아가 이런 경우의 정부개입은 이런 집단의 판단이 빗나갔다는 사실을 호도해 줌으로써 비효율적인 활동을 지속시키는 결과를 초래한다.(II:117) 예컨대 농산물 가격보조가 오히려 (가격하락의 원인이었던) 과잉생산을 부추기는 것과 같다. 이런 시장변화의 예측 불가능성을 좋아할 사람은 없지만, 누구도 완전히 예측할 수 없는 이런 변화들만이 사람들이 부단히 새로운 사실들에 적응하려는 노력을 기울이게끔 유도하고, 이를 통해 분산된 지식의 활용이 극대화되며 다시 이를 통해 사회가 발전하는 것임을 하이에크는 거듭 강조한다.

요컨대 기존의 물질적 지위를 상실하게 되었다고 해서 특별한 보호를 요청하는 건 부당하다는 게 하이에크의 일관된 입장이다.(II:95) '사회정의'란 미명으로 정부가 기존의 소득을 보호해 달라는 특정 집단의 요구들을 들어준다면 이야말로 명백하게 정의롭지 못한 일일 뿐만 아니라, 국민의 일반적 이익을 저해한다는 의미에서 반사회적이라고 강력히 비판한다. 시장질서 속에서 각자가 얻는 편익은 순전히 사회구성원 개개인이 각자의 이익을 추구하는 과정에서 시장질서를 지킨 결과로 얻어지는 것이므로 누구나 시장 결과―그것이 자기에게 불리한 것일지라도―를 무조건 수용해야 할 의무가 있다고까지 주장한다.

더 나아가 하이에크는 근본적으로 정치적인 성격을 지니는 '사회정의'에 대한 요구가 궁극적으로 국가권력의 비대화를 초래하고 급기야 개인의 자유를 제약하는 최대의 위험요인으로 작용하고 있다고 역설한다. 제12장에서 깊이 고찰하겠지만, '사회정의' 요구는 정부가 지금까지 해오지 않던 추가적인 업무를 담당하고 새로운 책임(법과 질서의 유지 및 공공재의 공급에 필요하지 않은 과업)을 떠맡을 걸 요구하는 것으로서, 이는 일정한 보편적 규칙을 준수하며 수행하는 정상적인 정부 기능 수준을 훨씬 넘어서는 요구라는 것이다.(II:82) 그러므로 이 정치적 요구와 압력에 밀려서 정부의 시장 개입이 확대되면 될수록 개인과 집단의 지위는 정부에 더 많이 의존하게 되고, 그러면 그럴수록 정부는 수많은 개인과 집단의 지위를 위협하고 좌우할 수 있는 지위에 서게 된다. 이것을 하이에크는 '사회정의' 요구가 만들어내는 독특한 자기 가속적 경향성(self-accelerating tendency)이라고 표현한다.

더 나아가 '사회정의'에 대한 잘못된 신념이 정치 행동을 지배하게 되면 그 사회는 점차 전면적인 사회주의 혹은 전체주의 체제로 접근해 갈 수밖에 없다고 진단한다.(II:68) 왜냐면 속성과 처지가 각기 다르기 마련인 국민을 국가가 차별적으로 취급해야 하고, 국민이 해야 할 일들 하나하나를 국가가 구체적으로 지정해 주지 않으면 안 되는 상태로 계속 빠져가게 되기 때문이다. 그 결과 시장질서는 이제 정부의 명령 지시로 대치되고, 그러면 시장에서의 보상은 (개인이 어디에 자신의 노력을 투입해야 할 것인지를 지시해 주는) 본래의 신호 기능을 상실하게 된다.

요컨대 '사회정의'의 요구는 필연적으로 전체주의 정부를 불러오고, 국민은 국가 엘리트의 명령에 굴종해야 하는 처지로 전락하게 된다. 물론 하루아침에 이런 일이 벌어지지는 않을 것이다. 그러나 '사회정의'가 정치 행동을 지배하는 정도가 심해지면 정부(중앙기획기구)는 정의나 평등의 원리가 아니라, 자기들이 옳다고 믿는 분배적 정의에 대한 구체적 계획(scheme)을 만들고 집행하려고 들 것이며, 이 과정에서 원리와 원칙이 아니라 효율과 편의에 따라 움직인다.[39] 이것은 정의롭다고 말할 수 있는 분배 패턴이

---

39. 윌다브스키(1977:107-14)는 정의나 공평성 문제에 관하여 "어떤 한 차원에서의 공평성을 증진해 보려는 모든 시도는 다른 차원에서의 공평성을 낮추고 만다. … 같은 카테고리 안에서 즉각적으로 불평등이 생겨나기 때문이다. … 이것은 매사에 있어서 불변의 법칙이다. 정부가

란 게 원래부터 있을 수 없다는 사실로부터 자명하다. 이상과 같은 이유로 하이에크는 언뜻 보면 지극히 도덕적인 것처럼 보이기 쉬운 '사회정의'라는 말이야말로 자유 사회에 전체주의가 들어서도록 만든 트로이의 목마(Trojan horse)였다고 말한다.(II:136)

'사회정의'의 해악은 이것으로 그치지 않는다.(II:97~99) 무엇보다도 '사회정의'의 요구는 집단과 집단의 분열과 갈등의 원인이 된다. 서로가 경쟁적으로 '사회정의'를 요구할 때 서로의 입장이 대립하기 때문이다. 이런 면에서 '사회정의'는 지극히 반사회적이다. 끊임없이 정치적 혼란을 일으키는 원천이다. 인간의 진실한 도덕 감정의 말살을 초래하며, 악의적이고 해로운 편견을 조장한다. 더 나아가 '사회정의'는 정의를 앞세운 권력투쟁의 수단으로 전락한다. 그것도 잘 조직된 집단의 권력투쟁 수단이 된다.(II:137) 경제사회적 약자이지만 잘 조직될 수 없는 집단은 이 투쟁에 끼어들지도 못한다. 이보다 더한 아이러니가 있을까? 하이에크가 입만 벌리면 '사회정의'라는 말을 쓰는 현대 지식인들의 무책임성에 대해 그토록 맹공을 퍼붓는 이유다.(II:97)

5. 이익집단, 정부 권력, 자의적인 정부의 관계

이상에서 시장질서와 시장기능에 대한 하이에크의 주장을 다각적으로

할 수 있는 일은 어떤 종류의 불공평성과 더불어 살기를 선택하는 것뿐이다."라는 내용의 '불평등의 공리(axiom of inequality)'라는 공리(公理)를 지어냈다. 예컨대 소득수준이 같은 사람은 같은 수준의 의료혜택을 받도록 하는 제도가 있다면, 시간 여유가 많은 사람, 혹은 의료시설이 잘 갖추어져 있는 지역에 사는 사람이 그렇지 못한 사람보다 유리한 위치에 서게 된다. 다른 예로 서울이나 대도시 고교생이 대학입시에서 유리하다고 해서 지방 고교 출신 학생을 우대하는 제도를 만들면 지방 고교생이지만 부유한 가정의 자녀는 매우 유리해지고, 서울에 살지만 가난한 가정의 고교생은 상대적으로 더 불리한 위치에 서고 만다. 이런 모순은 어디서나 얼마든지 찾아낼 수 있다. 이런 예들은 정의와 공평의 확보가 얼마나 말처럼 쉽지 않은지를 잘 말해 준다.

검토하였는데, 그의 주장들의 정치경제학적 함의에 대해서도 간단히 살펴볼 필요가 있다. 하이에크의 정치경제학 이론의 뼈대는 '사회정의' 관념에 대한 비판과 별반 다르지 않다. 그는 '사회정의'의 요구는 준종교적 미신이거나 '도깨비불'처럼 허망하기 짝이 없음에도불구하고, '열려라, 참깨!(Open sesame!)' 식으로 강력한 효력을 발휘하고 있다고 말한다.(II:66) 오늘날 '사회정의'라는 이름 아래 생겨나는 무수한 정책과 제도들은 '열려라, 참깨!'의 비법을 터득한 특수 이익집단들의 작폐라고 하이에크는 지적한다. 그는 법 아래 평등이라는 원리의 파괴는 자의성의 수문(水門)을 여는 것과 같다고 말한다. 이것을 위장하기 위하여 들먹거려지는 '사회정의'라는 말은 일반 국민의 희생 위에 특수집단에 특혜를 부여하는 요술 방망이에 지나지 않는다고 맹렬히 비난한다. 이런 의미에서 하이에크는 오늘날의 국가사회는 '사회정의'를 앞세운 경쟁적인 사익 추구의 장으로 전락하였고, 이런 면에서 '사회정의'를 내세우며 집단적 이익을 추구하는 이익집단들(organized interests)이야말로 현대사회의 진정한 착취자라고 말한다.

여기서 한 걸음 더 나아가 하이에크는 근대 민주주의 제도들에 대해 비판을 이어간다. 우선 그는 정부가 무제한 권력을 갖게 된 근대 민주주의는 진정한 의미의 입헌주의(constitutionalism)와는 거리가 멀다고 지적한다.(III:3) 입헌주의는 정부 권력으로부터 개인 자유의 보호를 근본 목적으로 삼는데, '사회정의'를 실현한다는 명분으로 정부에 권력을 넘겨줘 정부의 권력이 무제한으로 커지면 정부의 부당한 강제력 행사가 도를 넘기 시작하여 필연적으로 개인의 자유를 파괴하는 단계에 이르고야 만다고 말한다.(II:67)

하이에크는 오늘날 정부가 무제한으로 권력을 행사할 수 있게 된 배경에 대해서도 천착한다. 그가 주목하는 것은 민주적 절차만 따른다면 정부권력에 대한 어떠한 제한도 불필요하다는 우리의 비극적 환상과 이 환상에서 비롯된 그릇된 신념—즉 민주적으로 선출된 의회가 행정부를 통제하는 한 독재는 막을 수 있다는 그릇된 신념—이다. 이 그릇된 신념이 삼권분립으로 대표되는 권력분립의 원리를 파괴하면서부터 정부가 무제한 권력을 행사하는 문제가 생겨났다고 본다.(III:24) 더 나아가 권력분립의 원리가 파괴된 중요한 원인으로서 의회가 본래 의미의 입법권—즉 국민의 자유, 인권, 재산권 등에 관련된 입법권—에 더하여 행정부의 정책을 구체적으로 지시하는 권한, 즉 행정 권한을 부여받게 된 현실을 지적한다. 즉 전혀 다른 목적의 두 가지 권한을 의회가 부여받게 되면서부터 민주주의의 파행이 시작되었다는 것이다.

하이에크는 입법 권한과 행정 권한을 동시에 의회의 손에 몰아주는 것은 권력분립의 원리와 조화될 수 없는 것일 뿐만 아니라, '법의 지배(rule of law),' 법 아래의 정부라는 이상과도 양립할 수 없다고 주장한다.(III:25) 의회가 보편적으로 적용될 정의로운 행동규칙 또는 개인의 자유를 보호하기 위한 진정한 의미의 법률 제정에 힘을 쓰지 않고, 행정부가 담당할 구체적인 일들의 지시와 감독을 주된 임무로 삼게 되면, 의회가 제정하는 법률이 더는 보편성과 일반성을 갖지 못하고 특수성과 편파성을 띠게 된다는 것이다. 제12장에서 보겠지만, 이러한 성격의 법률들이 많아지면서 시장의 자생적 질서의 필요보다는 정부 조직들의 필요에 봉사하는 법률이 더 빠르게 증가해 행정기구에 자의적 권력을 몰아주는 결과를 초래한다. 그 결과 법률이 특수하고 편파적인 이익을 보호하고 신장하는, 또는 그 반대로 일반적이고 보편적인 이익은 제약하고 침해하는 수단으로 전락하고 있다고 말한다.(III:26)

실제로 현대의 정부들은 노동조합, 기업단체, 언론 등 수많은 이익집단의 특수한 요구들을 만족시켜 주지 않으면 안 되는 처지에 무방비로 노출되어 있다. 이런 현상의 원인은 정부가 무제한 권력을 가진 전능한 존재가 되었기 때문이라는 게 하이에크의 통찰이다. 이는 참으로 역설적인 현상이 아닐 수 없다. 왜냐면 정부가 특수 목적을 위해 다양한 정책수단을 쓸 수 있는 전능한 권력을 갖고 있지 않다면 다른 집단의 희생을 초래하면서 자기들의 이익을 추구하는 수많은 이익집단의 요구를 들어주는 그런 일 자

체가 생겨날 수 없기 때문이다.[40]

이런 의미에서 하이에크는 근대의 민주주의를 협상 민주주의(bargaining democracy)라 부른다.(III:99) 이것도 민주주의의 한 형태라고 말할지 모르나 이것은 민주주의의 탈을 쓴 사이비 민주주의라고 본다. 또 국민이 주권자가 되고 국가가 추구하는 이익이 국민 일반의 이익이어야 하는데, 특수 이익집단들이 주권자가 되고 그들의 정치적 영향력에 좌우되는 정책과 제도를 만들어 다른 국민(과 기업)의 희생을 강요하고 전가한다면 그런 국가가 제대로 돌아가는 민주국가일 수 없다고 말한다.

하이에크에 의하면, 현대의 민주주의는 일반적 규칙들에 대하여 국민 대다수의 합의를 얻어내는 본래의 민주주의가 아니다.[41] 특수 이익집단들의 이익에 봉사하는 데 불과한 잡다한 정책들에 대한 국민 대다수의 지지를 얻어내는 걸 두고 민주주의라고 호도하는데, 이것이야말로 웃음거리(farce) 아니냐고 비아냥거린다. 정부 권력이 특수집단과의 협상을 통해 다수의 지지를 매수하는 것은 본래의 민주주의 이상과 아무 관계가 없을뿐더러, 모든 강제력의 행사는 국민 대다수 의사에 따라 인도되고 제한되어야 한다는 더 근본적인 도덕 관념에 반한다는 것이다.(III:134) 우리가 어쩔 수 없다고 받아들이게 되어 버린 것, 또 선거에 의존하는 대의민주주의 체제에서 불가피하기도 한 것, 즉 특수 이익집단들이 원하는 것—정책이나

---

40.   하이에크는 이와 관련해 자기 절제력(self-restraint)이란 표현을 사용한다. 힘이 있는데도 불구하고 힘을 사용하지 않으려면 매우 강한 절제력이 필요한데 실제로 그러기는 매우 힘들다고 보는 것이다. 이것이 제12장에서 고찰할 '강한 정부의 역설'이다.

41.   하이에크가 생각하는 민주주의는 공동행동에 대한 합의를 구하는 절차, 또는 정부의 의사를 결정하는 절차이다. 또 민주주의는 개인의 자유를 보호하는 안전장치(safeguard), 국민을 권력 남용으로부터 보호하는 위생적 주의 장치(sanitary precaution)이다. 오늘날 민주주의에 대한 가장 큰 위협요인은 이 공동행동이 추구하는 목적이 특수집단에 특수이익을 가져다주는 등으로 특정적(particularistic)이어야 한다는 생각이다. 이것은 더 나아가 오늘날 자유, 정의, 민주주의, 법 등의 의미가 모두 변질되면서 사회주의적 사고(socialist ideas)가 일반인들의 사고에 깊숙이 침투하고 있어서라고 본다.(III:137)

제도 등—을 해결해 주고 표를 사는 과정(vote-buying process)은 도덕적으로 방어할 수 없을 뿐만 아니라, 국외자의 눈으로 보면 더럽고 추악하기만 한 정치 현상들을 만들어낸다. 하이에크는 이것은 국민 대다수의 의사가 지배해야 한다는 민주주의의 이상을 추구하는 데 따른 필연적인 결과가 아니라, 그 이상을 배반하는 것이라고 주장한다.

더 나아가 정부가 특정 집단의 요구를 들어줄 수 있는 권력을 갖게 되면 그 정부는 필연적으로 부패하기 마련이라고 하이에크는 말한다. 이런 면에서 그는 다시 한 번 부패하지 않은 정부, 질서와 정의를 유지하는 강력한 정부를 만들기 위해서는 정치인들이 휘두르는 무제한의 권력—하이에크는 이것을 정치인의 장식 뿔(cornucopia)이라고 부른다—을 제거해야만 한다고 주장한다.(III:11) 요컨대 정부 권력을 제한하지 않고서 이익집단의 권력을 제한할 수 있는 길은 없다는 것이다.(III:16)

이런 맥락에서 그는 의회의 다수가 특수집단이나 개인에게 차별적 이익을 부여하는 등의 차별행위를 할 수 있는 권력 자체를 아예 박탈해야 한다고 주장한다.(III:128) 민주적 헌법 질서를 구현하기 위해 그가 제안하는 개편방안의 핵심은 현대의 대의정부(representative government)를 3층의 체제(three-tier system)로 바꾸는 것이다.(III:38)[42] 제1층의 정부는 입법의회(legislative assembly)이다. 입법의회는 자유 사회의 유지를 위하여 개인의 고유영역을 보호하고 정부 권력을 제한하기 위한 헌법의 반영구적 틀(semi-permanent framework)에 관련해 변화가 요구될 때에만 행동하도록 한다. 정당과 특수 이익집단으로부터 완전하게 독립적인 위치에 있는 성숙한 지성인들로만 입법의회를 구성하여 오로지 개인에 대한 정부의 강제력 행사가 정당화될 수 있는 정의로운 일반 행동규칙의 제정을 책임지도록 한다. 제

---

42. 여기서 하이에크가 말하는 민주주의는 다수의 힘에 의한 지배를 상징하는 민주주의(democracy)가 아니라, 법의 지배에 강조점을 둔 민주체(demarchy)이다. demarchy는 demos(국민)와 archein(법의 지배)의 합성어이다.(III:39-40)

2층의 정부는 입법의회가 제정한 일반적인 정의로운 행동규칙의 점진적 개선을 담당하는 행정의회(governmental assembly)이다. 입법의회가 정한 범위 안에서 정부의 일을 지시하고 통제하는 역할을 담당한다. 끝으로 제3층의 정부는 상위의 대의기관이 위임한 자원을 관리하는 등 통상적인 정부의 업무를 담당하도록 한다.

이상의 하이에크 제안은 매우 파격적이어서 현실성이 없어 보이기도 한다. 그러나 이 개편안에 담긴 의도는 분명하다. 하이에크는 현대 민주주의의 문제는 민주주의의 이상과 원리가 잘못되어서가 아니라, 우리가 민주주의를 오용하고 있어서라고 본다.(III:98)[43] 그 배경에는 지금까지 길게 설명해 온 바와 같이, 형성적 합리주의, 개인의 이해관계와 독립적이어야 하는 정의에 대한 신념의 상실, 특수 이익집단들의 이익에 봉사하는 '사회정의'를 빙자한 입법의 만연, 의회에 정의로운 행동규칙을 정하는 일과 정부를 지휘하는 일을 동시에 부여해 온 관행 등이 자리하고 있다.

---

43. 하이에크는 민주주의가 다수의 무제한적 의지에 의한 정부를 의미하는 것이라면 자신은 민주주의자가 될 수 없다고 단언한다. 그러한 정부는 사악하며, 장기적으로 작동할 수 없다는 점을 강조한다.(III:39) 다수의 의지가 권위를 지니고 나머지 모든 사람에게 구속력을 가질 수 있으려면, 그 다수가 스스로 일반적 규칙에 복종하고 정의롭게 행동할 의도가 있음을 입증할 수 있어야만 한다고 생각한다. 민주주의 제도와 한계에 대한 기본적 이해는 김영평·최병선 (2019) 참고.

제3장 코우즈의 눈으로 다시 보는 시장

1. 로널드 코우즈: 법경제학의 선구자

앞장에서 시장(과 사회)에 대한 하이에크의 독보적인 시각과 관점을 고찰해 보았다. 이제 코우즈(Ronald H. Coase; 1910-2013) 차례다. 무엇보다도 지식의 관점에서, 문명의 관점에서 시장을 들여다본 학자가 하이에크라면, 자본주의의 내적 동학(inner dynamics)을 파헤친 학자가 코우즈이다. 하이에크가 시장을 망원경으로 들여다보았다면, 코우즈는 현미경을 들이대어 보았다. 이 두 학자의 시각과 관점을 처음 접했을 때는 어리둥절한 부분이 적지 않았지만, 어느 정도 깨닫기 시작하면서부터는 이들이 캐내고 밝혀낸 시장의 진실과 세상의 이치를 까마득히 모른 채 살아왔다는 사실이 기이하게 생각되었다. 단 한 번도 그렇게 배운 적이 없었다는 사실은 더 큰 충격이었다.

20세기를 대표하는 시장주의자, 자유주의자라면 하이에크, 프리드먼, 코우즈 이 세 학자를 꼽지 않을 수 없다.[1] 코우즈는 시장경제 시스템, 특히

---

1. 하이에크와 마찬가지로 코우즈도, 정확히 말한다면, 시카고학파에 속하지 않는다. 코우즈는 1964년 시카고 법과대학에 초빙되었다. 그 대학에서 발행하는 《법경제학 저널(*Journal of Law and Economics*)》의 공동편집장 자리를 제의 받았기 때문이다. 그의 연구 중 학계에 지대

시장에서 핵심적인 기능을 수행하는 기업, 그리고 시장경제 체제를 떠받치고 있는 법과 제도에 주목한 학자였다는 점에서 독특하다. 이런 면에서 코우즈는 아담 스미스의 맥을 정통으로 이어가는 경제학자이고, 스미스가 명시적으로 언급하거나 충분히 설명하지 않은 또 다른 시장의 숨은 진실과 원리들을 들추어내고 밝혀내는 일에 헌신한 학자로 평가할 수 있다.《국부론》출간 200주년을 기념하는 그의 연설문을 보자.

> 우리가 오늘(1977. 3. 9) 이 자리에 모인 것은《국부론》이 경제학 발전에 기념비적인 중요성을 지녀서가 아니라, 그 책이 지금도 살아 있고 그 책으로부터 우리가 계속 배우고 있기 때문이다. …《국부론》은 걸작이다. 그러나 이 책의 더할 수 없는 풍부함은 우리 각자가 이 책을 제각기 다른 방식으로 보게 될 것을 의미한다.《국부론》에는 우리가 선택할 수 있는 많은 아이디어가 있고 우리가 심사숙고해야 할 많은 문제가 다루어져 있다. 우리가《국부론》에서 더 배울 것이 없는 때가, 더 정확히 말한다면, 우리가 배운 것이 이런 문제들의 해결에 별로 관계가 없을 때가 올지도 모르나, 그 때는 아직 오지 않았고, 내 생각으로는, 앞으로도 오랫동안 오지 않을 것이다.(Coase, 1977:309)

코우즈가 캐낸 시장의 비밀은, 하이에크의 그것과 더불어, 시장에 대한 우리의 무지의 심연을 드러낸다. 코우즈는 참으로 독창적인 아이디어와 사고체계로 경제학의 신천지를 개척한 학자다. 아니 신천지를 개척하였다기보다는 주류경제학의 지배적 패러다임에 정면으로 도전했다고 말하는 게 더 정확할 것이다. 그래서겠지만 그는 대다수 주류경제학자로부터 아직도

한 영향을 미친 연구는, 뒤에서 설명할 두 논문, 즉 〈사회비용의 문제〉와 〈기업의 본질〉인데 이는 그가 시카고대학에 가기 전에 쓴 것들이다. 또 코우즈 스스로 시카고대학에서 광고, 반독점, 규제정책 등에 관한 자기 생각이 다소 수정된 부분이 있음을 인정하고 있지만, 그는 시카고학파 내에서도 여전히 이단이었다.

외면을 받는 편이다. 우리나라의 사정은 더욱 한심해서, 오해는 고사하고 거의 무시당하고 있다고 해도 과언이 아니다.

코우즈는 거래비용 패러다임(transaction costs paradigm)의 창시자, 재산권 이론(the theory of property rights) 및 법경제학(law and economics)의 선구자이다. 놀랍게도 그는 한 번도 정식 경제학 교육을 받은 바가 없다. 그런 그가 20세기 최고의 경제학자 대열에 우뚝 설 수 있었던 건 아이로니컬하게도 그가 주류경제학과는 먼 거리에서 개척적인 연구를 했기 때문이다. 기존 패러다임과 사고의 틀을 거부했기 때문이다. 1994년 '노벨상 수상자의 생애' 연속강연회에서 코우즈는 자신이 걸어온 길, 그의 학문이 형성되고 영글어 간 과정은 그야말로 우연의 연속이었다면서 다음과 같이 술회하였다.

> 사실 나의 경우 극히 최근까지도 뚜렷한 목표를 설정했던 적이 한 번도 없었다. 어떤 한 지점에 닿고 나서야 내가 어떤 길을 걸어왔는지 알았다. 각 단계에서 출현하는 아이디어들은 어떤 거대한 계획의 한 부분이 아니었다. 결국에는 벽돌들을 모아놓고 있는 나를 발견했지만, 어떤 기적이 작용했는지 그 벽돌들은 서로 잘 맞았고, 완벽한 이론은 아닐지라도 그와 비슷한 이론의 초석이 되어 주었다.(김민주(역), 2004:298)

참으로 경탄과 신비를 자아내는 말이 아닐 수 없다. 아닌 게 아니라 그의 인생경로를 모르고는 그 사상의 진화과정을 이해하기 힘들 정도로 학자로서 그가 걸어온 길은 특이한 면이 많았다.[2] 근대경제학의 눈으로 보면 코우즈는 이단아임이 분명하다. 그가 이단의 고된 길을 걸어가게끔 만든 건 무엇이었을까? 시장경제 시스템에 대한 지극히 현실적인 문제의식이었다. 시장에서 기업은 무엇인지, 시장은 또 무엇인지, 이 시장을 조직하고 움

---

2. 코우즈가 걸었던 특이한 학문의 길에 대한 소개와 해설은 최병선(2006) 참고.

직여가는 법과 제도는 무엇인지, 이들은 서로 어떤 관계에 있는지, 이런 질문들이 그의 평생을 따라 다녔다. 아래에서는 대체로 이 질문의 순서로 그의 사상체계가 무르익어간 과정을 뒤따라가 보려고 한다.

2. 사회의 기본제도에 대한 이해

2.1 경제 시스템에 대한 시각

기존의 경제학과는 매우 다른 시각에서 경제 시스템에 접근하고 이해한 사람이 코우즈다. 그는 경제학이 '인간선택의 과학(the science of human choice)'입네 하면서도, 그런 학문이라면 당연히 다뤄야 했으나 다루지 못하고 있는 문제로 다음 두 가지를 꼽는다. 그가 지적하는 기존 경제학의 두 가지 가정은 코우즈 이론의 출발점이자 도약대라고 할 수 있다.

첫째, 기존 경제학에서 소비자는 효용 극대화를 추구하는 합리적 인간으로, 그리고 생산자는 이윤 극대화를 추구하는 존재로 이해하고 있는데, 후자는 별다른 문제가 없지만, 전자는 심각한 문제가 있다고 지적한다. 효용 극대화 추구의 가정만으로는 인간의 (경제)행동을 충분히 이해할 수 없다고 주장한다. 인간은 최대의 만족(또는 최소의 고통)만을 추구하는 단순한 존재가 아니며, 이런 면에서는 동물도 인간과 하등 다를 바 없다는 것이다. 코우즈는 인간행동(선택)에 대해서 기존의 경제이론은, 인간은 매우 합리적이어서 어떤 행동이 수반하는 가격이 높아지면 그 행동을 덜 (수요)하게 된다는 것, 즉 물건의 가격이 오르면 그 물건을 덜 사고, 어떤 행동의 위험성이 커지면 그 행동을 덜 한다는 것 외에는 특별한 내용이 없다고 비판한다. '인간선택의 과학'이라고 하면서 기껏해야 인간의 선호(preferences) 패턴은 보여줄지언정 특정 선호를 갖게 만드는 게 무엇인지 혹은 인간 본성이 무엇인지에 대해서는 아무것도 말해 주지 못하고 있다는 것이다. 예컨대 왜 어떤 사람이 빵 한 조각 때문에 죽음을 무릅쓰려 하는지에 대해 기존 경제학은 그가 붙잡힐 위험이 상당하면 훔치기를 단념할 거라는 점은 알게 해줄지언정, 그밖에는 어떤 추론도 가능하게 해주지 않는다고 말한다.[3]

둘째, 기존 경제학의 인간 본성에 대한 가정에는 내용물이 빠져 있는데다, 경제학의 핵심(중심)인 제도를 매우 허술하게 다루고 있다고 지적한다. 여기서 코우즈가 말하는 제도는 시장과 기업과 법률이다. 이 세 가지가 경제 시스템의 제도적 구조(institutional structure)를 구성하고 있다고 본다. 그런데 주류경제학은 이렇게 중요한 기업과 시장에 대하여 그것들이 그저 (어찌어찌해서) 존재하는 그 무엇인 양 가정하고 있을 뿐 도대체 그 자체를 검토대상으로 삼지 않는다고 강력하게 비판한다. 기업의 활동 그리고 시장에서 수행되는 다양한 참여자의 활동들을 좌우하는 법률의 중요한 역할도 거의 무시하고 있다고 비판한다. 여기서 우리는 코우즈의 관심이 경제 시스템의 작동과정에서 기업, 시장, 법률이 수행하는 역할의 규명에 집중되고 있었음을 쉽게 알 수 있다.[4] 이를 차례로 살펴보기로 한다.

2.2 기업이란 무엇인가?

코우즈는, 가격 메커니즘에 의해 조정되고 자율적으로 작동하는 실제 경제 시스템(real economic system)이 구체적으로 왜 그렇게 움직이고 작동하는지 그 이유를 밝히는 데 그의 전 생애를 바쳤다고 해도 과언이 아니다.

---

3. 물론 코우즈는 이 문제에 대하여 경제학자들이 해답을 내야 한다고는 생각하지 않는다. 다만 사회생물학이나 인류학 등 경제학 외 분야에서 더 많은 연구가 축적될 때까지는 경제학자들이 별 진전을 이룰 수 없을 것이라고 본다.(Coase, 1988:5)

4. 이 문제들에 대해 기존 경제학이 답을 주지 못한다고 해서 그가 기존의 경제이론을 모두 부정하고 완전히 새 이론을 정립하려 했다고 말하는 건 과장이다. 분명히 자기 이론이 있지만, 코우즈는 기존 경제이론을 빌려 기업, 시장, 법률의 역할과 기능을 분석하고 있다.

경제학이 아니라 상학(commerce)을 공부한 탓이기도 하지만 그의 첫 번째 관심거리는 기업이었다. "마치 우유 통 속에 버터 덩어리가 엉겨 있듯이 [시장에서 이루어지는] 무의식적 협력의 대양(大洋) 가운데 [기업이라는] 의식적 권력의 섬들(islands of conscious power)"이 무수히 존재하고 있음을 모두가 아는데, 경제학자들이 기업에 대해 제대로 된 개념 정의조차 갖고 있지 않음을 발견하고 놀랐다는 그는 무엇보다도 먼저 기업의 존재 이유에 대하여 천착하였다.

그가 던진 질문은 매우 도전적이다. "[모든 경제활동의] 조정이 시장 메커니즘을 통해 이루어진다고 한다면 왜 기업이 필요한가? 왜 시장에 그렇게도 많은 기업이 존재하는가?" 그의 대답은 "기업의 가장 현저한 특징은 가격기구의 배제"(Coase, 1937:389)에 있고, 가격기구의 배제 정도는 산업마다 그리고 기업마다 다르다는 것이다. 이런 기발한 착상은, "왜 어떤 경우에는 가격 메커니즘에 의해 조정이 이루어지고, 왜 다른 경우에는 기업가에 의해 조정이 이루어지는가?" 하는 질문에서 비롯되었다. 이 질문이야말로 오늘날 코우즈가 위대한 경제학자로 우뚝 설 수 있도록 만든 질문이 아닐 수 없다.

기업 안에서는 가격 메커니즘이 작동하지 않는다는 사실에 코우즈가 눈을 뜬 계기는 놀랍게도, 20대의 나이에 떠났던 미국여행을 통해서였다. 그는 〈기업의 본질〉 논문에서 이렇게 쓰고 있다. "경제이론에 따르면 가격 메커니즘에 의해 여러 용처로 생산요소의 배분이 이루어진다고 되어 있다. 생산요소 A의 가격이 Y에서보다 X에서 높으면 X와 Y에서의 가격 차이가 사라질 때까지 A는 Y로부터 X로 이동한다. 그러나 실제 세계에서는 이 이론이 적용되지 않는 영역이 무수하다. 어떤 회사원이 한 부서에서 다른 부서로 이동할 때 그의 이동은 상대가격의 변화 때문이 아니다. 그렇게 명령을 받았기 때문이다."(*ibid*, p. 387) 요컨대 기업은 지시와 명령으로 움직이

는 조직이라는, 알고서 보면 지극히 명확한 사실을 발견(?)한 것이다.[5]

'도대체 왜 기업은 존재하는가?' 혹은 '기업을 만들어서 얻는 이득은 무엇인가?'라는 지극히 평범한 질문에 대한 코우즈의 답은 의외 그 자체라고 말할 수밖에 없다. '보면 안다.'가 아니라 '알아야 보인다.'는 말은 이를 두고 하는 말인가. 간단히 말하면, 가격 메커니즘을 이용하는 데도 비용이 든다는 것이다. 코우즈가 발견한 건 바로 이 비용의 존재이다. 훗날 거래비용(transaction costs: TC)이라 이름 붙여진 이 비용은 이전의 모든 경제학자가 간과해 온 시장비용의 일종이다. 기존 경제학자들은 '시장의 모든 가격은 모든 개인에게 알려져 있다.'고 가정하였다. 코우즈는 이 가정은 터무니없는 가정이라고 보았다. 가격은 시장에서, 협상 과정을 거치면서 각 개인에 의해 발견되어야 하는 경우가 대부분이고, 이것을 발견하는 데는 여러 가지 비용이 수반된다고 보았다. 그의 말로 표현하면 이렇다.

[시장거래보다] 기업의 설립이 유리한 측면을 갖고 있다면 그것은 어떤 연유에선가? 주된 이유는 가격 메커니즘을 이용하는 데도 비용이 존재하기 때문인 것 같다. 가격 메커니즘을 통한 생산의 '조직화'에 드는 가장 분명한 비용은 [조직화에 필요한 갖가지 것들의] 가격(relevant prices)이 얼마인지를 정확히 발견하는 비용이다. 이 비용은 이 정보를 팔 전문가의 등장으로 줄어들 수는 있겠지만 완전히 제거되지는 않는다. 또 시장에서 일어나는 개개 거래에서는 거래마다 별개의 계약이 필요하고 따라서 계약의

---

5. 어찌 그리 많은 경제학자가 이 평범한 질문을 던지지 않았더란 말인가! 사실 이런 질문이 아예 없었던 것은 아니다. 참고로 기업에 대한 정의로는 돕(Maurice Dobb)의 정의, 나이트(Frank Knight)의 정의가 있다. 먼저 돕은 기업은 분업이 혼란에 빠지지 않도록 하는 통합력(integrating force)으로 등장한 것이라고 보았다. 한편 나이트는 불확실성이 지배하는 현실에서 확신에 차고 모험적인 사람이 의심에 차 있거나 나서지 않으려는 사람에게 일정한 결과에 대하여 일정한 보수를 제공하고 대신 일정한 지휘권을 확보하는 시스템이 등장하게 되었는데 그것이 기업이라고 정의하였다. 이와 대조적으로 코우즈는 둘 다 조직이라는 관점에서 시장과 기업을 비교하면서 이 질문을 던졌다. 그는 이런 면에서 독보적이고 독창적인 학자였다.

협상과 체결에도 비용이 든다. 시장에서 이 계약비용의 최소화 방법이 고안될 수도 있지만 그렇다고 그 비용이 완전히 제거되지는 않는다.(*ibid.* pp. 390-91)

이 거래비용 개념을 이해하고 나면 기업의 출현과 존재 이유를 찾아내는 일은 어렵지 않다. 개인이 가격 메커니즘에 의존하는 경우와 비교해 볼 때, 기업이라는 조직을 만들면 생산에 필요한 각종 요소를 조달하는 데 필요한 계약의 숫자를 대폭 줄일 수 있고 따라서 거래비용도 크게 줄일 수 있게 된다. 예컨대 노동력이 필요할 때 시장에서 계약을 통해 그때그때 마땅한 노동자를 구해 쓰려고 하면 매번 충분한 자격과 조건을 갖춘 노동자를 찾아내 개별적으로 임금 협상을 해야 하고 계약서를 작성해야 하는 등의 비용을 들이지 않을 수 없다. 이 비용이 거래비용이다. 그런데 기업은 자격과 능력을 갖춘 노동자를 장기고용하는 방법을 사용한다. 왜? 그렇게 하는 게 반복적인 노동자 고용에 따르는 시장비용, 즉 거래비용을 크게 절감할 수 있기 때문이다. 기업이 생겨나는 이유가 바로 이것이라는 게 코우즈의 설명이다.

그는 "기업은 관계의 체계로 구성되며, 이 관계는 자원의 사용에 관한 지시(direction)가 [시장거래가 아니라] 기업가에 의존하게 될 때 등장한다."(*ibid.* p. 393)고 말한다. 여기서 관계는 장기계약으로 인해 수립되는 관계를 말한다. 예컨대 기업가와 노동자는 업무와 관련해 일정한 권한 관계(authority relations)에 들어가게 된다. 요컨대 기업 밖에서는 가격의 움직임과 교환 및 거래를 통해 생산이 지시(direction)되고 조정되지만, 기업 안에서는 기업가가 시장을 대신하며, 기업가가 생산을 지시한다는 점에서 [시장에서의] 기업은 [시장에서의] 개인과는 다른 매우 특이한 존재라고 본 것이다.

이처럼 시장과 기업을 대안으로 파악한 것이 1937년에 발표된 〈기업의 본질(The Nature of the Firm)〉 논문의 핵심이다. 이 주장은 1970년대 초까지는 학계의 관심을 끌지 못하였다. 하지만 이후 윌리암슨(Oliver Williamson),

알키언(Armen Alchian), 뎀셋츠(Harold Demsetz) 등 많은 학자에 영향을 미치고 후속연구의 훌륭한 도약대로 자리매김하였다.(Medema, 1994:9-10)

이같이 기업의 존재 이유를 밝힌 코우즈는, 한 걸음 더 나아가, 기업이 가격 메커니즘 대신 내부조직(internal organization)을 이용하는 정도의 결정요인을 규명하였다. 첫째, 기업이 커질수록 기업가의 기능에 수확체감(decreasing returns) 법칙이 작용한다고 보았다. 다시 말하면 기업 내부적으로 거래를 조직화하는 수준이 어떤 수준을 넘어서면 오히려 거래비용이 증가한다는 것이다. 둘째, 조직화된 거래가 증가할수록 기업이 생산요소를 가장 효율적으로 사용할 수 있는 능력은 저하된다고 보았다. 셋째, 대기업보다 소기업이 누리는 이점이 커서 생산요소의 공급가격이 올라갈 수 있다고 보았다. 요컨대 가격 메커니즘을 이용하는 데도 비용이 들듯이, 내부조직을 이용하는 데도 비용이 따르기 때문에, "추가적 거래를 기업 안에서 조직화하는 비용이 시장교환을 통해 수행하는 데 드는 거래비용(또는 다른 기업에서 그 거래를 조직화하는 비용)과 같은 수준에 이를 때까지 기업은 확장하는 경향이 있다."(Coase, 1937:395)는 것이다. 이것이 코우즈의 기업규모(size of firm) 이론이다.[6]

2.3 거래비용이란?

이상에서 보았듯이 기업의 존재 이유 및 기업의 규모 이론에서 키워드는 거래비용이다. 이 개념을 고안해서 처음으로 쓰기 시작한 〈기업의 본질〉 논문에서 그는 이 비용을 "[시장에서] 가격 메커니즘을 이용하는 비용(the costs of using the price mechanism)," 혹은 "열린 시장에서 교환을 매개

---

6. 이 명제가 동어반복(tautology)에 불과하다는 훗날의 비판에 대하여 코우즈는 "이런 비판이야말로 명백하게 옳은 명제에 대하여 사람들이 흔히 가하는 비판"(Medema, 1994:19)이라고 가볍게 응수할 정도로 이 명제에 대한 확신이 분명하였다.

로 한 거래들을 수행하는 비용(the costs of carrying out transactions by means of an exchange in the open market)"이라는 뜻에서 단순히 '시장비용(marketing costs)'이라고 불렀다. 그러다가 1960년에 발표된 〈사회비용의 문제〉에서는 '시장거래비용(the costs of market transactions)'이라고 불렀고, 이것이 후에 경제학 문헌에서 거래비용으로 약칭되게 되었다.

코우즈에 의하면, 시장에서 거래를 수행하는 데 드는 비용, 즉 거래비용은 ① 거래를 원하는 상대방을 발견하기까지의 비용, ② 거래대상 상품이나 서비스의 내용 파악을 위한 비용, ③ 거래조건의 통보와 검토 비용, ④ 거래의 타결을 위한 협상비용, ⑤ 계약서 작성 비용, ⑥ 계약조건의 준수 여부에 대한 검사 비용 등을 총괄한다. 이런 비용들은 다양하게 유형화할 수 있겠는데, 달만(Dahlman, 1979)은 이를 ① 탐색 및 정보 비용, ② 협상 및 결정 비용, ③ 확인 및 집행 비용(policing and enforcement costs)으로 분류했고, 노벨경제학상 수상자인 노쓰(North, 1990:27-35)는 이를 더 간략하게 ① 측정비용(measurement costs)과 ② 집행비용(enforcement costs)으로 유형화하였다.

시장거래에 이같은 비용들이 수반되는 이유는 명확하다. 시장거래는 어떤 경우든, 또 어떤 형태로든 결국은 거래/교환/계약의 형태로 이루어지는데, 거래/교환/계약에는 불확실성이 따르고 이 불확실성을 조금이라도 줄이기 위해서는 특별한 수고와 비용을 들여야 한다. 예컨대 주택을 사고파는 것은 매매 행위이지만, 이는 흥정의 결과 정해진 가격의 돈을 받고(주고) 다른 일방에게 주택을 넘겨주는(받는) 것을 내용으로 하는 계약에 해당한다. 이때 제한적인 인식능력밖에는 갖고 있지 않은 쌍방은 여전히 상당한 불확실성에 직면하지 않을 수 없다. 과연 그 주택에 내가 모르는 흠결이나 하자가 있지는 않을지, 매매가격은 적정한지, 주택을 양도하기로 약속한 날짜에 이리저리 핑계를 대면서 미적거리지 않을지 등등, 계약의 적정성과 계약의 이행을 둘러싼 각종의 위험을 일일이 따져보지 않을 수 없다. 이런 일 하나하나에 수고와 노력이 필요하고 여기에는 비용이 따른다. 이 비용이 거래비용이다.

이 예에서 알 수 있듯이, 거래비용은 그 대부분이 불확실성을 최소화하고 올바른 선택과 결정을 내리는 데 도움이 될 정보를 얻고 이용하는 데 드는 비용, 즉 정보비용(information cost)이라고 말할 수 있다. 그런데도 보험, 운송료 등을 거래비용이라고 이해하고 있는 사람들이 아주 많다. 심지어 경제학자 중에도 그런 사람들이 있다. 하지만 거래비용은 이처럼 거래 단계에서 발생하는 물적 비용(physical costs)을 지칭하지 않는다. 거래비용은, 속된 말로, 거래/교환/계약을 하려고 할 때 "자기 머리를 굴리는 데 들어가는 수고, 또는 다른 사람의 수고에 대한 대가"라고 이해하면 좋다.

시장을 깊이 이해하고자 할 때 거래비용의 존재에 대한 인식은 필수적이다. 이것의 중요성은 아무리 강조해도 지나치지 않다. 위 주택 거래의 예로 돌아가서 본다면, 이런 계약을 체결할 때 위에서 나열한 종류의 걱정과 염려를 하지 않을 사람은 없다. 계약자 쌍방이 부동산 중개인을 필요로 하는 것은, 한마디로 말해, 이런 걱정과 염려를 덜기 위해서이다. 전문성이 없는 내가 골머리를 앓는 것보다는 중개인에게 정보의 제공과 협상의 진전을 의뢰하고 그 대가로 고액의 중개수수료를 지출하는 편이 백번 낫다. 중개인의 개입 없이 내가 거래상대방을 찾아내고, 가격을 흥정하고, 직접 계약서를 써야 한다면 얼마나 많은 수고와 비용이 들 것인가 상상해 보시라.

시장의 놀라운 점은 바로 여기에 있다. 시장에는 부동산 중개인이라는 직종이 있다. 누가 시킨 것도 아닌데—정부는 더더욱 아니다—이런 궂은일을 전문으로 하는 사람들이 있는 게 시장이다. 세상의 별의별 직종과 업종의 상당 부분이 이런 종류의 거래비용을 절감하는 중개업들이다. 은행, 보험회사, 증권투자회사, 도소매상, 학교, 병원, 백화점 등등이 다 이런 업종에 속하고, 변호사, 회계사, 의사, 약사, 교사, 강사 등이 이런 직종에 속한다. 월리스와 노쓰(Wallis and North, 1986:28)에 따르면 미국의 경우 이런 업종과 직종에 종사하는 사람들의 소득이 국민소득에서 차지하는 비중이 45%에 이르며, 이 수치는 1세기 전보다 20%가 증가하였다고 한다.

이렇게 우리의 일상에 깊이 관여되어 있는 거래비용의 존재를 코우즈 이전에 어느 경제학자도 인식하지 못했다는 사실이 참으로 놀랍다. 더 놀랍고도 안타까운 사실은 코우즈가 거래비용 개념을 쓰기 시작한 뒤에도 대다수 경제학자가 거래비용의 존재를 무시하고 있다는 것이다.(Coase, 1988:7) 코우즈는 이런 (무식한) 경제학자들의 무관심이, 경제 시스템의 기본을 이루는 제도들에 대한 이해를 가로막는 커다란 장애물이라고 본다. 그들이 내놓는 정책 건의가 매번 빗나가게 만드는 근본요인도 이와 관련이 있다고 진단한다. 이제 거래비용이라는 개념을 우리에게 선사해 준 코우즈의 눈을 통해 본 시장은 과연 어떤 존재인지, 시장에서 일어나는 이런저런 일들은 왜 이러저러하게 일어나는 것인지 살펴보기로 하자.

3. 시장은 무엇인가?

제1장에서도 잠시 언급하였듯이, 코우즈는 근대경제학의 아버지 마샬(Alfred Marshall)의 《경제학원론》만 해도 '시장에 관하여'라는 별도의 장을 두고 있고, 후기의 저서 《산업과 무역》에서는 시장을 더 깊이 다루고 있는데, 이후의 경제학 교과서들에서는 시장 그 자체에 대한 논의가 완전히 사라지고 말았다고 개탄한다.(Coase, 1988:7) 시장은 교환이 쉽게 이루어질 수 있도록 만들기 위해, 즉 교환과 거래의 수행 비용(즉 거래비용)을 줄이기 위해 존재하는데, 이 거래비용의 존재 자체를 부정하는 근대경제학이 시장에 관해 무지한 것은 전혀 이상한 일이 아니라고 말한다.[7]

---

7. 코우즈는, 물론 근대경제학의 한 분야로 산업조직론이 있어 시장구조에 관해 다루고 있지만, 이들이 말하는 시장구조는 교환을 쉽게 만드는 사회제도로서의 시장 관념과는 아무런 관계가 없고, 그저 한 산업을 이루고 있는 기업의 숫자, 이들 간의 경쟁구조와 제품차별화 등을 지칭하는 말에 불과할 뿐이라고 비난한다.

거래비용과 관련해 코우즈가 가장 중시하는 사항은, 사유재산권이 인정되는 한, 시장행위자들은 자기가 부담할 거래비용을 줄이려고 부단히 노력한다는 사실이다. 그의 시각으로 보면 시장은 그 안에서 거래가 이루어지고 가격이 결정되는 그런 단순한 존재가 아니다. 단지 그렇게만 보이고 대수롭지 않게 보일 수 있지만, 물밑에서는 각자가 부담할 거래비용을 줄이기 위한 온갖 노력이, 그것도 경쟁적으로 기울여지는 곳, 그곳이 바로 시장이다. 시장에서는 자연적으로 경쟁이 야기되며 이 과정에서 새 지식이 무수히 창출되고 확산된다는 하이에크의 통찰과 일맥상통하는 부분이 아닐 수 없다.

시장을 통할 때 거래가 가장 효율적이고 생산적으로 이루어지게 되는 이유가 무엇일까? 시장행위자들이 자기의 거래비용을 줄이려는 경쟁을 쉴 틈 없이 계속할 수밖에 없게 되어 있는 곳, 그곳이 바로 시장이기 때문이다. 많은 사람이 생각하듯이, 시장에는 여러 가지 문제가 있고 문제가 끝없이 생겨난다. 그러나 동시에 시장은 스스로 문제해결책을 찾아낸다. 이것을 우리는 시장의 자율기능이라고 부른다. 시장은 자생적 조정(spontaneous coordination) 능력이 있다. 이것이 살아 움직이는 시장의 진면목이다. 이 점에 대한 인식이 매우 중요하다.

우리가 보는 현실의 시장, 바로 그 속에서 시장의 진실을 찾으려 하는 코우즈가 시장의 역사를 깊이 고찰한 건 당연하다. 그에 따르면 중세 영국에서 박람회와 시장을 조직한 것은 (국왕으로부터 특허권을 부여받은) 개인들이었다고 한다. 이들은 각종 물리적 시설의 설치만이 아니라 치안을 책임지고 거래 과정에서 생겨나기 마련인 무수한 분쟁 해결을 위해 재판소를 설치하고 관리하였다. 민간 도소매업자가 운영하는 가게들이 급증하면서, 중앙정부가 치안을 책임지고 상거래 관련 법률을 제정하기 시작한 건 근대에 들어와서였다. 현대에 이르러 이런 전통 시장은 점차 중요성을 잃어가고 선물거래소나 증권거래소 등 새로운 형태의 시장이 등장하게 되었는데, 이 시장에서 거래자들이 준수해야 할 규칙, 거래시간, 거래대상 물건, 거래

당사자의 권리와 의무, 분쟁해결 절차 등을 상세히 규정하는 역할을 회원사들이 맡고 있다는 것이다.

여기서 코우즈는 시장이 시장으로서 기능하기 위한 요건으로서 공적/사적 규제의 필요성에 주목한다. 이 점은 일반적으로 경제학자들이 완전경쟁시장의 전형으로 취급하는 선물거래소나 증권거래소의 경우를 보아도 분명하다고 말한다. 이런 시장에서의 거래도 정부규제와 별도로 매우 강한 사적인 규제—즉 자율규제—를 받고 있는데, 이야말로 완전경쟁에 가까운 어떤 것이 존재하기 위해서는 매우 치밀한 규칙 및 규제 시스템이 필요하다는 사실을 보여주는 것이라고 강조한다. 그는 이런 규제나 규제 시스템조차 시장에서 독점력을 행사하고 경쟁을 제약하려는 시도로 간주하는 경향이 있지만 그런 주장은 옳지 않다고 비판한다. 이런 규칙 및 규제는 거래비용을 줄이고 거래량이 증가하도록 만드는 제도적 요소로 보는 게 맞다고 말한다.

시장을 보는 관점과 시각 면에서 코우즈의 관점은 기존의 주류경제학(신고전경제학)의 그것과 근본적으로 다르다. 주류경제학이 보는 시장은 어느 경우에나 다 불완전하다. 그것이 그들이 말하는 시장실패 요인들(market failures)이다. 시장실패가 존재하는 경우—주류경제학자의 눈에는 언제나 시장실패가 존재한다—에는 규제나 지원 등을 통한 정부의 개입이 필요하다는 것이 그들의 주장이다. 코우즈를 태두로 하는 신제도경제학은 이 부분에서 대척점에 서 있다.

주류경제학은 시장실패의 존재에서 규제의 근거를 찾지만, 신제도경제학은 시장실패 자체에 대하여 심각한 의문을 제기한다. 다음 장(제4장)에서 깊이 고찰하겠지만, 신제도경제학은 단기적으로 보면 시장실패로 보일 수 있는 현상들이 있는 게 사실이지만, 중장기적으로 보면 시장은 시장의 불완전성을 스스로 극복해 가는 존재라는 점을 강조한다. 시장의 자율조정 기능을 부각한다. 오히려 규제 등을 통한 정부개입은 시장의 자율적인 문제해결 기능을 방해하며, 장기적으로는 경제성장에 지장을 주고 정의의 실현에도 반하는 결과를 초래한다고 주장한다. 규제가 불가피한 경우라 할지라도 그 수단이나 집행방식을 선택할 때는 시장 메커니즘의 활용 가능성을 끝까지 검토해야 할 필요성이 있다고 강조한다.

요컨대 시장에서 사람들은 거래비용의 존재에 적응하며 그 과정에서 거래비용을 감소하기 위해 끊임없이 새로운 방법을 찾아 나서고, 바로 이 과정에서 거래상대방, 계약의 유형, 공급되는 상품이나 서비스의 종류가 영향을 받게 된다는 게 코우즈의 주장이다.(Kasper and Streit, 1998: 230-45) 그는 현실 세계에서 사용되는 여러 가지 관행이나 방법(practices)은 거래비용이 존재하는 시장에서 사람들이 거래비용을 감소시키려는 의도에서 창안한 것들로 봐야 옳다고 말한다.

대표적인 예를 든다면 시장에서 소비자가 품질이나 진실성을 판단하는 데 상당한 정보비용(즉 거래비용)을 들여야 하는 상품이나 서비스—이것을 경험재(experience goods)라고 부른다—의 경우, 공급자는 소비자의 정보비용을 낮추어 주기 위해 브랜드 광고를 하기도 하고, 대리점 등 자체 유통 체인을 운영하기도 한다. 소비자들도 마찬가지다. 같은 물건이라도 물건값이 더 비싼 줄 알면서 백화점을 이용하는 것은 백화점 상품의 질이 나쁘다면 평판이 나빠질 것이므로 백화점이 질 나쁜 상품을 팔 리가 없다고 판단하기 때문이다. 소비자들은 자신이 들여야 할 거래비용을 백화점이 대신 들이므로 가격이 다소 높아도 백화점을 이용하는 게 득이라고 보기 때문이다.

이런 관점에 서서 보면 어리석어 보이는 행동들도 다 그럴만한 이유가 있기에 그렇게 행동하는 것임을 알게 된다. 예컨대 연애결혼을 하면 되지 뭣 하러 결혼정보회사를 찾아간단 말인가? 지인한테서 소개를 받아 사귈 수도 있지만, 지인이 제공해 주지 못하거나 껄끄러워 제공해 주기 어려운 정보를 결혼정보회사는 제공해 주기 때문이다. 이 회사를 이용하려면 상당한 금액을 내야 하는데 그 많은 돈을 내고 회원이 되는 사람은 바보인가? 아니다. 나중에 후회하고 이혼까지 하는 불행한 사태를 피하려면 그 이상의 거래비용이 들어간다는 사실을 잘 아는 사람이다. 이런 예들을 통해서 실제로 사람들이 왜 그렇게 행동하고 시장이 왜 그렇게 작동하는지를 어느 정도 이해하셨으리라 생각되지만, 독자 스스로 일상생활에서 혹은 주변에서 얼마든지 찾아낼 수 있는 이런 예들을 꼭 찾아내고 생각해 보시기 바란다. 이것이 코우즈 이론을 정확히 또 깊이 이해할 수 있는 아주 좋은 방법이다.

4. 재산권 이론

기존 경제이론에서는 거의 무시당하고 있지만, 코우즈는 "거래비용 개념이 없이는 경제 시스템의 작동을 이해하고 이 시스템에서 발생하는 문제들을 의미 있게 분석하며, 올바른 정책을 선택하고 결정하기는 불가능하다."고 주장하였다.(Coase, 1988:6) 이제 거래비용 개념과 표리의 관계에 있는 코우즈의 재산권 이론에 대하여 고찰해 보자.

〈사회비용의 문제〉(1960) 논문에서 처음 소개된 재산권 이론의 기본 아이디어는 한 해 전에 발표된 논문, 〈미연방통신위원회(FCC)〉(1959)에서 싹텄다. 여기서 코우즈는 라디오 주파수 배정 방법으로서, 기존에 사용해 온 공익기준에 의한 방법, 즉 누가 공익을 가장 잘 달성할 것인가에 따라 사업자를 선정하는 행정적 결정 방식이 아니라 경쟁입찰(competitive bidding) 방식을 사용해야 한다고 주장하였다. 주파수 대역의 배정은 단순히 특정 주파수대로 방송을 내보낼 수 있게 하는 게 아니라, 그것을 통해 어떤 목적을 달성하기 위함인데, 이 목표의 달성 여부는 무엇보다도 그 주파수 대역을 사용하고 있거나 사용하려고 하는 사업자가 이 권리를 어떻게 사용할지에 달려 있고, 그것의 가치는 사업자가 이 권리를 획득하기 위해 기꺼이 내려고 하는 대가의 크기로 판단하는 게 가장 합리적이라고 본 것이다.

코우즈는 왜 이 방법이 합리적인지 그 이치를 이렇게 쉽게 설명하였다.

예컨대 동굴이 발견되었다고 하자. 이 동굴은 누구의 소유여야 하는가? 발견자인가? 동굴 입구 땅의 소유자인가? 아니면 동굴 위 땅의 소유자인가? 이 문제는 의심의 여지 없이 재산법상의 문제다. 그러나 재산법은 단지 이 동굴을 사용하려면 누구와 계약을 맺어야 할지에 관여할 뿐이다. 이 동굴을 은행의 거래기록보관소로 사용할지, 천연가스 저장소로 사용할지, 버섯 재배지로 사용할지는, 재산법이 아니라, 은행, 가스회사, 버섯 재배자 중 누가 이 동굴의 사용권을 획득하려고 가장 높은 대가를 내려고 하는 지에 달려 있다.(Coase, 1959:25)

위의 사례에서 알 수 있는 바와 같이 코우즈는 생산요소—여기서는 땅이 생산요소이다—는, 단순히 물리적 존재(예: 땅, 기계, 비료 등)로서가 아니라, 그것에 대하여 일정한 범위의 행동을 취할 수 있는 권리의 꾸러미(a bundle of rights)로 이해되어야 한다고 주장하였다.[8] 코우즈의 이런 관점과 사고방식은, 한마디로 말해, 법률가(변호사)의 관점이자 사고방식이다. 경제학자와 달리 법률가들은 전통적으로 물건의 매매를 그 물건에 딸린 권리 꾸러미 이전으로 보아 왔다. 코우즈는 바로 이런 법률가의 시각과 관점에서 재산권을 이해하였고, 이 재산권 개념을 갖고서 시장을 보아야 시장이 왜 그렇게 움직이고 작동하는지를 잘 이해할 수 있다고 본 것이다. 여기서 재산에 딸린 권리 꾸러미에는 재산을 이용하고, 개발하고, 쪼개거나 합치며, 양도하거나 임대하는 등 재산 가치의 증식에 따른 이익을 수취할 수 있는 등의 모든 권리가 포함된다.

이런 재산권 개념을 갖고서 코우즈가 제기한 중요한 질문은, 재산권이

---

8. 여기서 일정한 권리의 범위란 재산권자의 권리가 무한하지 않다는 뜻으로서, 예를 들면 재산권자라 하더라도 자기 땅을 다른 곳으로 가져갈 방법이 없다. 다른 사람이 자기 땅을 사용하지 못하도록 하는 것이 가능할지라도 어떤 사람은 그의 땅을 가로질러 갈 수도 있고, 정부규제나 관습법에 따라 그 땅에 특정 건물을 세우거나 특정 식물을 재배할 수 없게 될 수도 있다.(Coase, 1960:43-44)

누구에게 귀속되어야 사회적으로 바람직한가였다. 이 질문을 잘못 이해하면 곤란하다. 다시 말해 재산권을 소유권이라고 이해하면 이 질문은 우스꽝스럽게 되고 만다. 재산권은 재산의 소유자가 아니라 재산을 이용할 수 있는 사람이 갖는 권리이기 때문에 이 질문은 의미가 있다. 이 질문에 대한 코우즈의 대답인즉, 해당 재산을 사용하여 가장 큰 사회적 가치를 생산할 사람에게 재산권이 귀속되도록 하는 게 사회적으로 바람직하다고, 또 그 사람은 누구여야 할지를 알아내려면 경쟁입찰에 부치면 된다는 것이었다. 이것이 그의 재산권 이론의 요체이다.

5. 사회비용(혹은 외부효과)의 문제

코우즈의 재산권 이론은 법과 경제학이 긴밀히 연결되는 법경제학의 길을 열었다는 점에서 그 자체로 획기적일 뿐만 아니라, 자본주의-시장경제 체제의 본질과 속성을 깊이 이해하고 이 체제를 자본주의-시장경제 체제답게 발전시켜 나가는 데 많은 함의를 제공해 주고 있다는 점에서도 높이 평가되어야 마땅하다. 우선 〈사회비용의 문제〉 논문에서 코우즈가 집중적으로 제기하고 있는 외부효과 문제를 살펴보자.

사람들은 흔히 어떤 물건에 대한 권리는 그것을 먼저 차지한 사람의 것이고, 그 권리를 침해당하면 당연히 보상을 요구할 수 있다고 생각한다. 그런데 코우즈는 이 사고방식을 정면으로 공격하였다. 그의 논지를 이해하기 위해 예를 들어 설명하면 이렇다. 예컨대 치과병원 인근에 제과공장이 들어서서 소음과 진동을 일으키고 그 결과 병원의 진료행위에 심각한 지장을 주고 있다고 하자.[9]

---

9. 이 사례는 실제로 미국의 법원이 다룬 소송사건(Sturges v Bridgman)이기도 하다.

이 예에서 치과병원이 자신의 권리침해를 주장한다면 정부는 제과업자에게 보상책임을 부과해야 할까? 당연히 그래야 한다고 생각하는 사람이 대다수일 것이다. 이것이 우리의 법률 상식이기도 하다. 그런데 코우즈는 여기서 전혀 엉뚱한 논리를 편다. 거래비용이 없다면, 즉 TC=0이라면, 이 문제는 정부가 개입할 성격의 문제가 아니라, 시장에서 이해당사자가 협상을 통해 해결할 문제이며, 이 방법으로 문제를 해결하는 게 사회의 부의 극대화 측면에서 바람직하다고 주장한다. 도대체 어떤 논리에서 이런 주장을 펴는 것일까?

코우즈는 무엇보다도 먼저 사회비용(social costs)에 대한 우리의 일방적 관점과 시각을 문제 삼는다. 위의 예에서 우리는 제과업자가 치과의사에게 피해를 준다고 생각하지만, 반대로 제과업자가 치과의사에게 피해를 주지 않도록 만들면 이번엔 제과업자가 피해자가 된다는 사실은 까마득히 잊고 있다는 것이다. 그가 논문 제목을 〈사회비용의 문제〉라고 붙인 까닭도 사회비용을 이렇게 일방적으로만 파악하는 게 더 큰 문제임을 지적하려는 뜻이 있었던 것으로 보인다. 코우즈는 사회비용은 쌍방적 성격의 문제임을 강조한다.(Coase, 1960:2) 즉 외부효과 등 사회비용 문제와 관련해 어느 한편의 권리는 당연히 인정해 주고 다른 편은 이를 감수해야 하는 듯이 생각하는 것, 이것이 문제라고 본 것이다.

사회비용 문제를 이렇게 일방적으로 보게끔 만든 장본인은 피구(A. C. Pigou)와 그로 대표되는 후생경제학(welfare economics)이다. 후생경제학에서는 이런 문제를 외부효과 문제라고 정의하고, 이런 문제가 발생하면 정부가 나서서 ① 손해를 입히는 쪽에 배상책임을 지우든가, ② 피해액에 상당하는 세금을 부과하든가, ③ 피해를 최소화할 수 있는 조치(예: 공해방지시설의 설치, 공장의 이전명령 등)를 취하도록 규제해야 마땅하다고 본다.

코우즈는 후생경제학의 이런 문제 인식과 처방에 반기를 든 것이다.[10] 사

---

10. 코우즈는 '외부효과'라는 단어를 사용하는 대신 '해로운 효과(harmful effect)'라는 중립적인 용어로 표현하고 있다. '외부효과'라는 용어 자체가 후생경제학적 문제 인식, 그리고 이

회비용 문제의 쌍방적 성격을 고려한다면, 선택지는 누가 누구에게 해를 입히도록 허용할 것인가? 다시 말해 제과업자가 치과의사에게 입히는 해를 허용할 것인가, 아니면 치과의사의 영업에 지장을 주지 않도록 제과업자의 영업을 제한(규제)하는 데 따른 피해를 허용할 것인가 중 하나여야 한다고 주장한다. 즉 누구의 피해를 용인하는 편이 사회적으로 생산가치 극대화를 위해 나은 선택인지? 달리 표현한다면, 치과의사에게 재산권을 인정해 주는 것과 제과업자에게 재산권을 인정해 주는 것 중 어느 쪽이 사회적으로 더 바람직한지가 올바른 선택지라는 말이다.

위의 예로 돌아가 설명한다면, ① 공해를 일으키는 제과공장의 영업에 제한을 가함으로써 치과의사가 생산해 낼 의료 서비스의 가치가 그로 인해 생산이 줄어들 과자류의 가치보다 큰지 작은지, 또는 ② 공해를 일으키는 제과업자가 영업을 계속함으로써 생산해 낼 과자류의 가치가 그로 인해 생산이 줄어들 의료 서비스의 가치보다 큰지 작은지를 반드시 계산하고 비교해서 결정해야 옳다는 그런 말이다.[11]

이제 수치를 가정하여 코우즈의 주장을 따라가 보자. 다만 논의가 복잡해지는 걸 막기 위해 일단은 거래비용이 없다고, 즉 TC=0이라고 가정한다.[12] 우선 제과업자의 공해로 인한 피해액이 30이고, 치과의사와 제과업

***

런 문제에 대한 처방으로서 정부개입을 당연시하도록 만드는 경향이 있다고 보아서다.

11. 이상과 같은 코우즈의 문제 인식은 얼핏 엉뚱해 보이지만 사실은 경제학의 기본이라고 할 수 있는 기회비용(opportunity costs) 개념의 응용에 불과하다. 실제로 코우즈는 여러 글에서 이 점을 독자들에게 부단히 환기하고 있다.

12. 이것은 구체적으로 피해가 있는지 없는지, 그리고 그 피해의 크기를 알아내는 데 드는 정보비용, 양자가 원만한 문제해결을 위해 들여야 하는 협상비용과 계약비용, 원만한 문제해결이 안 될 경우의 소송비용을 모두 0이라고 본다는 뜻이다. 물론 TC=0 가정은 어디까지나 논의상 편의를 위한 것으로서 지극히 비현실적인 가정이다. 뒤에서 설명하겠지만 코우즈는 현실 세계에서 거래비용은 0이 아니며, 따라서 법과 제도가 시장에 매우 큰 영향을 미친다는 점, 다시 말해 법과 제도는 시장이 얼마나 효율적으로 움직일지를 좌우하는 엄청나게 중요한 요인이라는 점을 강조한다.

자가 각기 현 위치에서 영업을 계속할 때 생산하게 될 가치(또는 얻게 될 이윤)가 각기 100이라고 하자.[13] 이 상황에서 ① 제과업자에게 보상책임이 지워지는 경우, 제과업자가 취할 수 있는 문제해결 방법은 두 가지다. 하나는 치과의사에게 30의 보상금을 주고 문제를 해결하는 것이고, 다른 하나는 스스로 최선의 공해방지 노력(예: 공장시설의 개체, 공해 차단막의 설치 등)을 기울이되 이 비용을 30 이하로 낮출 수 있다면 그 방법을 사용해 문제를 해결하는 것이다. 어떤 방법을 따르든 여기서 치과의사와 제과업자는 쌍방이 만족할 만한 협상 결과에 도달할 수 있다. 제과업자에게는 여전히 최소한 70의 이득이 남게 되므로 자신의 영업을 계속할 것이고, 치과의사의 피해는 사라질 것이므로, 사회적으로 최소한 170의 가치가 생산된다.

이제 다른 경우, 즉 ② 제과업자에게 공해에 대한 법적 배상책임이 주어져 있지 않은 경우를 고찰해 보자.[14] 이 경우는 제과업자에게 보상책임이

---

13. 여기서는 외부효과로 인한 비용이 양자가 현장에서 영업을 계속하는 데 따른 이득보다 작은 가장 단순한 경우를 상정하고 있다. 그러나 코우즈는 우리가 생각해 볼 수 있는 모든 경우, 즉 ① 외부효과로 인한 비용이 제과업자가 현 장소에서 영업을 계속하는 데 따른 이득보다 작으나 치과의사의 이득보다는 큰 경우, ② 그 반대의 경우, ③ 이 비용이 양자의 이득보다 모두 큰 경우 등 상정해 볼 수 있는 모든 경우를 다 검토한 다음, 어떤 경우에도 그의 결론, 즉 거래비용이 0이라면 양자는 협상을 통해 문제를 해결하고 사회적으로도 바람직한 결과를 만들어낼 수 있다는 같은 결론에 도달한다는 점을 분명히 밝히고 있다.(Coase, 1988:163-70)

14. 만일 우리가 제과업자에게 배상책임을 지우는 게 당연하다는 선입견을 갖고 있다면 이것은 이상한 표현일 수 있다. 그러나 생각해 보자. 제과업자가 문제의 땅에 공장을 지었는데 그것이 소음과 진동을 일으키고 있다면, 제과업자는 이런 행동(공해 유발을 포함해)을 취할 수 있는 권리를 갖고자 하는 것으로 볼 수 있다. 다른 장소에 공장을 지을 수 있었음에도 하필 문제의 장소(즉 이미 치과병원이 들어서 있는 주변의 땅)를 택해 공장을 짓고 공해를 일으키고 있다면 이는 제과업자가 다른 장소가 아닌 바로 이곳에 공장을 지어 영업할 때 가장 큰 소득을 얻을 수 있다고 판단했기 때문임이 분명하다. 물론 그의 이런 권리행사가 치과의사처럼 다른 사람에게는 공해를 안겨주는 또 다른 측면이 있는 것은 사실이지만 말이다. 여기서 우리가 분명하게 인식해야 할 사항이 있다. 비록 공해를 방출할지언정 제과업자는 그 장소의 가치를 매우 높게 평가한 것이 틀림없다는 말이다. 예컨대 고속도로에 쉽게 접근할 수 있다든가, 원료 공급업체나 도소매상과 거래하기가 쉽다는 등의 이점들이 있었을 것이며, 그는 이런 이점들을 중시하였을 것이라는 말이다.

없으므로 피해자격인 치과의사가 제과업자와 협상을 통해 문제를 해결하려고 할 것이다. 그의 해결 방법은 제과업자에게 최고 30에 이르는 비용을 부담해 주고 제과업자가 공해방지 노력을 기울여 문제를 해결하도록 하는 것이다. 이 경우 치과의사에게는 여전히 최소한 70의 이득이 남게 되므로 계속 영업할 것이고, 제과업자 역시 생산을 계속할 것이므로, 사회적으로 최소한 170의 가치가 생산된다.

6. 코우즈 정리(定理)

이상의 분석은, ① 제과업자에게 공해에 대한 법적 책임이 지워져 있는 경우든, ② 그렇지 않은 경우든 상관없이 쌍방은 협상을 통해 원만하게 문제를 해결할 수 있으며, 더 중요하게는 ①과 ② 중 어떤 방법을 따르든 사회적 결과는 달라지지 않는다는 사실을 잘 보여주고 있다.[15] 이제 우리는 시장과 법의 관계에 관한 매우 중요한 명제를 도출할 수 있게 되었다. 소위 '코우즈 정리(Coase theorem)'가 그것이다. 시카고대학 동료이자 역시 노벨 경제학상 수상자인 스티글러(George J. Stigler)가 명명한 '코우즈 정리'를 코우즈의 말로 표현하면 다음과 같다.

피해를 일으킨 기업이 그 피해에 대하여 법적 보상책임을 지게 되어 있느냐 아니냐는 알 필요가 있다. 애초의 권리 획정(initial delimitation of rights)[16]이 없이는 그 권리들을 이전하거나 재결합할 어떠한 시장거래도 이

---

15. 물론 양자 간에 아무런 차이가 없는 것은 아니다. ①의 경우는 제과업자의 부담으로, (②의 경우는 치과의사의 부담으로 공해로 인한 피해가 최소화되기 때문이다.

16. 이 용어의 번역은 어렵다. 이것은 시장에서 개개 협상을 통해 이해당사자가 문제해결을 시도하기 이전의 상태에 이미 존재하고 있는, 또 개개의 분쟁 사안과 관련하여 이해당사자의 권리의무 관계를 일반적으로 규율하는 법률 및 관습법을 말한다.

루어질 수 없기 때문이다. (이런 의미에서 권리의 획정은 시장거래의 필요불가결한 전주곡이다.) 그러나 만일 가격 시스템이 아무런 비용 없이 작동하는 것으로 [즉 거래비용이 0이라고] 가정한다면, 궁극적 결과(이것은 사회적으로 생산의 가치를 극대화한다)는 해를 입히는 사람에게 법적으로 보상책임(liability)을 물을지 아닌지에 관한 법의 입장(legal position)과 독립적이다.(Coase, 1960:8)

코우즈 정리는, 간단히 말하면, TC=0인 세계에서는 법과 제도가 어떻든지 결과에 차이가 없다는 것이다. 이것은 TC=0인 세계에서는 법과 제도가 중요하지 않다는 말과 같다. 그런데 현실 세계에서 법과 제도는 매우 중요하다. 사회는 물론이고 개인의 경제성과에 큰 차이를 만들어낸다. 왜 그런가? 현실 세계는 TC=0인 세계가 아니기 때문이다. 다시 말해 현실 세계에서 거래비용은 0이 아니고, 따라서 법과 제도가 매우 중요하고 경제성과에 지대한 영향을 미친다. 이것이 코우즈의 재산권이론의 핵심이다.

그런데 대다수 경제학자가 이를 완전히 거꾸로 이해하고 있을 뿐만 아니라 심지어 오용하고 있으니 아이러니도 이런 아이러니가 없다. 코우즈는 〈사회비용의 문제〉 논문에서 단순히 분석의 편의를 위해, 또 더 중요하게는, 경제 시스템을 구성하는 제도의 형성(fashioning of institutions)에 거래비용이 얼마나 큰 영향을 미치는지를 잘 보여주려고 일부러 TC=0인 세계를 가정하여 논의를 전개하였던 것인데 경제학자들은 그가 마치 현실 세계에서 거래비용은 0이라고 보기라도 했다는 듯이, TC=0인 세상을 '코우즈의 세계(Coasian world)'라고 명명하며 조롱하기까지 하니 참으로 난센스 중의 난센스가 아닐 수 없다. "인간은 보고자 하는 것만 보고 듣고자 하는 것만 듣는다."는 율리우스 카이사르(Julius Caesar)의 명언을 떠올리게 만드는 대목이 아닐 수 없다.

이런 난센스는, 일반적으로 법과 제도가 시장에 미치는 영향을 무시하거나 경시하는 태도를 보이는 주류경제학자들에게서 흔히 볼 수 있다. 현실에 대한 코우즈의 점잖으나 날카로운 비판의 말을 직접 들어보자.

　　세상을 있는 그대로 연구할 수 있도록 경제분석에 명시적으로 거래비용
[개념]을 도입할 필요성을 제시한 게 내 논문이다. 그런데 내 논문이 의도
한 효과는 아직 거두지 못하고 있다. 관련 저널에서 깊이 있는 토론은 거
의 전적으로 '코우즈 정리'에 집중되고 있다. 그런데 이 정리는 거래비용이
0인 세계에 관한 명제다. 그러므로 이런 반응이 실망스러운 것은 사실이
나 이해하지 못할 바는 아니다. '코우즈 정리'가 적용되는 거래비용이 0인
세상이야말로 근대 경제분석의 세상이니 말이다. 많은 토론이 내 주장에
비판적이라는 사실 역시 이해할 만한데, 오늘날의 경제분석은 내가 답해
보려고 한 많은 문제를 다룰 수 없기 때문이다. 그토록 낙담이 되는 결론
이 환영 받을 리 없다. 내 분석이 봉착한 저항은 그러므로 꽤 자연스럽다.
내가 보기에 '코우즈 정리'에 대하여 제기된 반대는 근거가 없고 중요하지
않으며 적절하지도 않다. 나는 〈사회비용의 문제 노트〉(Coase, 1988b)에서
이 점을 분명하게 밝혔다고 생각한다. 비록 '코우즈 정리'에 대한 논의는
거래비용이 명시적이든 묵시적이든 0으로 가정된 상황에 관한 것이지만,
그것은 상당한 거래비용이 존재하는 실제 세상이 제기하는 문제와 씨름
할 수 있는 분석 시스템의 발전을 위한 전초에 불과하다. 대다수 경제학자
가 현재의 [시각과] 접근방법을 폐기하지 않는 한, 이 일을 해낼 수 없을
것이라는 게 내 판단이다.(Coase, 1988:15-16)

　　어쨌든 코우즈 정리의 함의는 TC=0이라면 재산권은 시장에서 자발적
협상을 통해 사회적 가치를 극대화하는 방향으로 배분될 수 있고 또 가장
효율적인 결과를 만들어낼 수 있다는 것이다. 다시 말하면 정부개입 등 다
른 어떤 방법보다 시장행위자들의 자율에 맡겨, 즉 그들 간의 거래와 협상
을 통해, 문제가 해결되도록 맡겨두는 것이 상책이라는 말이다. 코우즈는
말한다.

시장에서 어떤 행동을 취할 권리[즉 재산권]가 매매될 수 있다면, 그 권리[재산권]는 그것의 가치를 가장 높게 평가하는 사람에게 돌아갈 것이다. 이 과정에서 권리의 획득, 분할, 결합이 이루어지고 이로써 가장 높은 시장가치를 만들어 낼 행동이 수행될 수 있게 될 것이다. 물론 이로 인해 다른 사람이 다른 목적이나 용도로 그 권리를 사용할 기회는 배제되지만, 그런 사람들에게 그 권리의 가격은 너무 높았을 것이다.(Coase, 1988:12)[17]

바로 여기서 두 개의 중요한 질문이 나온다. ① 자원(또는 권리)의 배분을 시장에 맡기고 그럼으로써 개인의 가치평가가 존중되도록 하는 것은 좋지만 그것이 사회적으로도 최선의 결과를 가져다줄 것인가? ② 시장에서는 언제나 이처럼 재산권의 가치를 가장 높게 평가하는 사람에게 재산권이 귀속되게 되어 있는가? 서로 긴밀히 연결된 이 두 질문에 대한 답은 시장(또는 가격) 시스템이 어떤 법적 구조 아래서 작용하게끔 되어 있는가, 거래비용의 존재를 가정하는가 아닌가에 따라 달라진다.

우선 코우즈 정리는 TC=0이라고 가정했을 때 생겨날 수 있는 결과를 정리한 것이다. 따라서 거래비용이 0이 아닌 현실 세계에서, 코우즈 정리는 문자 그대로 적용되지 않는다. 다시 말하면 현실 세계에서는 외부효과 문제가 시장에서 당사자 간 협상을 통해, 권리의 재조정(rearrangement of rights)을 통해 해결되도록 하는 게 최선이라고 주장할 근거가 사라지게 된다.

이 경우, 즉 거래비용이 권리의 재조정에 따른 이익보다 커서 자율적인 협상을 통한 문제해결을 기대할 수 없는 경우, 그래서 소송을 통해 권리를

---

17. 다시 위의 예를 이용해 설명한다면 치과병원 주변의 땅이 제과업자의 손에 들어간 것은 그가 그 땅의 잠재적 가치를 알아보았고 그 결과 (적어도 그 시점에서) 그것의 가치를 가장 높게 평가하였기 때문이라고 볼 수 있다. 물론 이로 인해 다른 사람이 그 땅을 다른 목적이나 용도로 사용할 기회는 사라지게 되었지만, 그런 사람들에게는 그 땅(또는 그 땅에서 어떤 행동을 할 권리)의 가격은 너무 높다고 판단되었을 것이고, 그래서 경쟁에서 물러선 거라고 볼 수 있다.

가릴 수밖에는 없는 경우 과연 누구의 행위를 피해 행위로 간주할지—또는 같은 의미로, 누구의 권리를 인정해 줄지—는 애초에 권리가 어떻게 획정되어 있었는지에 달렸다. 여기서 코우즈는 "거래비용이 0이 아닌 조건 아래서는 애초의 권리 획정이 경제 시스템의 움직임과 효율성에 영향을 준다."는 명제를 제시한다.(Coase, 1960:15-16)

이 명제는, 만일 법과 제도들이 거래비용을 최대한 감소시켜 주는 방향으로 설계되어 있어서, 거래당사자가 상대방과 쉽게 협상을 하고, 거래와 계약을 성사시킬 수 있다면 사회경제적으로 효율적인 결과가 나올 수 있지만, 불필요하게 또는 불합리하게 거래비용을 높이게끔 설계되어 있다면, 자원과 재산권의 배분 기제로서 시장의 효율성은 떨어질 것임을 시사한다.

코우즈는 이 명제가 미국 법원들의 보통법 해석 관행에 관한 경험적 분석 결과로부터 도출한 결론임을 밝힌다.

(법 시스템에 의해 수립된) 권리의 재배정에 비용[거래비용]이 수반되는 현실 세계에서, 경제문제들에 대한 사실상의 결정은 법원의 몫이다. 자원이 어떻게 고용되어야 할지를 법원이 결정한다. 여러 판례를 살펴본 결과, 법원 스스로가 이 점을 잘 의식하고 있으며, 늘 명시적으로 그런 것은 아니지만, [사회비용] 문제의 쌍방적 성격을 이해하고 있다는 증거들을 많이 발견할 수 있었으며, '해로운 효과'를 일으키는 행동을 예방함으로써 얻게 될 이익과 손해를 비교하고 있음을 볼 수 있었다.(*ibid*. pp. 31-32)[18]

이 결론은 꽤 충격적이다. 왜냐면 법원 즉 법률가들이 법(제도)이나 법(제도)의 해석이 사회(경제)에 미치는 영향을 경제학자보다 폭넓고 깊게 인식

---

18. 우리나라의 법원도 예외가 아니다. 한강변 아파트와 주택의 조망권을 둘러싼 분쟁에 대한 법원의 판결은 대표적이다. 이 판결에서 법원은 기존 주택의 조망권을 인정해 아파트 신축을 가로막을지 아니면 아파트의 신축을 허용하기 위해 기존 주택의 조망권을 제한할지에 대해 후자를 우선하는 판결을 내렸다.

하고 그 관점에서 판결해 왔다고 말하고 있기 때문이다. 그렇다면 경제학자들은 어떻게 다르게 접근하고 있는가? 이제 코우즈가 그토록 비판하는 후생경제학자들의 사회비용에 관한 이론과 처방을 살펴보자.

7. 후생경제학에 대한 비판

후생경제학, 특히 후생경제학의 원조라 할 수 있는 피구(Arthur Cecil Pigou)에 대한 코우즈의 비판은 맹렬하다. 피구의《후생경제학(*The Economics of Welfare*)》(1920)은 경제 시스템의 작동과 관련해 정부의 역할, 특히 시장에 대한 정부의 간섭과 규제를 무비판적으로 옹호한다고 비판한다.[19] 코우즈는 후생경제학은 정부 간섭이 바람직한지, 바람직하다면 그것이 어떤 성격의 간섭이어야 할지, 또 그것에 영향을 미치는 제도적 요인들이 무엇인지에 대하여 검토하지 않고 있으며, 시장의 자율적인 문제해결 등 다른 선택 대안의 존재를 깡그리 무시하고 있다고 맹비난한다. 그러면서, 예컨대 피구는 독립규제위원회(특히 미국의 주제상업위원회(ICC))를 극찬하고 있는데, 이거야말로 피구가 제도의 작동에 대해 무관심했음을 보여주는 뚜렷한 증거라고 비아냥댄다.[20]

후생경제학은 외부효과를 개인의 비용과 사회비용 간의 괴리(divergence)로 정의하는데, 코우즈는 이런 정의부터가 문제라고 지적한다. 이 속에 이미 개인의 비용과 사회비용이 괴리되어서는 안 되므로 이를 일치시키기 위

---

19. 제4장에서 본격적으로 다루겠지만, "후생경제학은 시장실패이론이 되어버렸다."고 평가하는 공공선택이론의 개척자인 뷰캐넌(Buchanan, 1975:171)도, "후생경제학은 단순히 정치적 수단이나 정부의 개입을 시장실패를 교정하는 이상적 대안으로 제시하고 있을 뿐, 실제로 정부개입이 어떻게 시장실패를 교정할 수 있는지에 관한 제도적 체계나 구체적인 작동방식에 대한 분석을 전적으로 결여하고 있다."고 비판하였다.(윤홍근, 2011; Buchanan, 1989:24-25)
20. ICC의 규제실패는 악명이 높다. 이는《선택할 자유》(민병균 등, 2003:251-61)참고.

한 정부개입은 필요하고 정당하다는 함의가 들어 있다는 것이다. 앞에서 언급하였듯이, 코우즈가 외부효과라는 말 대신 '해로운 효과'라는 말을 쓴 것도 이 때문이었다.(본장 각주 10 참고) 코우즈는 경제학자(및 정책담당자)들이 판단해야 할 것은 개인의 비용과 사회비용이 괴리되어 있느냐 아니냐가 아니라, 사회비용의 쌍방적 성격을 고려해 누구에게 책임을 지우는 편이 사회총산출(total social product) 차원에서 바람직한지를 판단해야 한다고 주장한다.(Coase, 1960:42-43)

위의 예를 계속한다면, 사회경제적 관점에서 제과업자가 영업을 계속하도록 하는 게 좋으냐 아니면 치과의사가 공해피해 없이 진료를 계속할 수 있도록 하는 게 좋으냐를 판단해야 한다는 것이다. 그런데도 제과업자가 일으키는 소음을 일방적으로 공해라고 규정하고, 제과업자에게 배상책임을 지게 하는 것은 성급하고 경솔한 조치라고 말한다. 예컨대 법적으로 제과업자에게 보상책임이 지워져 있고, 그가 공해방지 시설을 설치하는 비용이 30이고 치과의사가 피해감소 시설을 설치하는 비용이 20이라고 한다면, 제과업자에게 법적 보상책임을 지우는 게 사회적으로 손해(10=30-20)가 되고 마는데, 이런 경우에 제과업자에게 보상책임을 지우라는 후생경제학의 처방은 합리적이지도 않거니와 불필요하다고 비판한다. "피해를 일으키는 행동이면 무엇이든 반대하는 것보다 더 '반사회적'인 것은 없다."(*ibid*. p. 35)고 질타한다.

코우즈는 후생경제학의 전제와 가정 그 자체에 대해서도 강한 의문을 제기한다. 첫째, 후생경제학은 '유능하고 선한 정부(competent and benevolent government)'를 가정하는데, 이런 '완전한' 정부가 세상에 과연 존재하는지 묻는다. 그렇지는 않다고 생각한다면, 정부의 개입이 필요하다고 생각할 때 그 정부가 과연 '선하고 유능한 정부'인지에 대한 생각도 동시에 해야 맞는데 그러는 법이 없다고 꼬집는다. 둘째, 만일 그렇게 '유능하고 선한' 완전한 정부가 존재한다면, 그 정부는 사회비용(외부효과) 문제에 대한 개입으로 인한 기대이익이 비용보다 작다고 판단되면, 어떤 조치도 취하지 않을 것이라고 본다.

　단순히 '외부효과'의 존재 그 자체가 정부개입을 정당화해 주지 않는다. 실제로 거래비용이 존재하며 그것이 매우 큰 규모라는 사실은 많은 '외부효과' 문제들이 시장거래를 통해서는 해결되지 않을 것이라는 점을 시사한다. 그 결과는 바로 우리가 즐비하게 보는 '외부효과'의 문제들이다. 정부개입도 그 자체의 거래비용(과 행정비용)을 수반한다는 사실은 '외부효과' 문제가 대부분 방치될 가능성을 높여 준다.[21] 더구나 정부가, 피구의 가정과 달리, 그리 유능하지 않고, 정치적 압력에 쉽게 굴복하며, 부패가 상당하다면 이 결론은 더욱 강화된다. 우리가 다루고 있는 것은 사실문제(factual question)이다. '외부효과'가 즐비한 현실이 나에게 시사해 주는 바는 "거기에 정부개입에 대한 강력한 반대 논거가 있어 보인다."이다.(*ibid*. p. 26)[22]

　이 인용문에서 우리가 주목해야 할 부분은, '외부효과가 즐비한 게 현실'인데 '그 문제가 대부분 방치되기도 한다.'는 부분이다. 무슨 뜻인가? 가장 흔한 예가 불법 주차이다. 후생경제학의 주문대로라면, 구청이나 경찰은 불법 주차 차량을 모조리 단속해야 맞다. 그런데 단속은 극히 제한적으로 이루어질 뿐이다. 주로 주민의 민원이 제기되는 지역에서, 그리고 차량이 몹시 붐비는 시간대에만 겨우 단속에 나서는 것을 볼 수 있다. 그런데

21.　여기서 '정부개입의 자체의 거래비용'이라는 말은 행정기관이 시장에 개입하기 위해서는 사회비용 문제 쌍방이 문제해결을 위해 들일 용의가 있는 비용 등의 크기, 자체적으로 문제를 해결하려고 하는 뜻과 의지가 얼마나 강한지 등을 확인하거나 추정해야 하는 데 따른 비용을 말한다.

22.　이 말은 밀턴 프리드먼의 다음 말을 연상케 한다. "사적 당사자들의 경우에도 누가 누구에게 비용을 안기거나 이익을 주는지를 파악하기가 어려운데 이는 정부도 마찬가지다. 그 결과 문제를 해결해 보려는 정부 시도는 사태를 개선하기는커녕 악화시키고 무고한 제3자에게 손해를 끼치거나 엉뚱한 사람들이 땡을 잡게 해주기도 한다. 무슨 목적으로든 정부 권력이 늘어나면 정부는 일반 대중의 이익을 위해 봉사하는 대신에 어떤 집단이 다른 집단을 이용하는 수단이 되고 만다."(Friedman, 1980:31-32)

구청이나 경찰이 단속에 나서면, 이젠 주차장을 갖고 있지 않은 식당들의 주인이 나서서 불평하고 원망한다. 이것이 우리가 보는 일상의 현실이다. 이것은 무엇을 시사하는가? 도로에 불법 주차 차량이 부지기수로 많지만, 그 많은 불법 주차 차량을 모조리 다 처벌해야 하는 것은 아니라는 사실에 관계기관이나 사람들이, 묵시적이기는 하지만, 사실상 합의하고 있음을 뜻한다. 그 결과가 우리가 보는 바대로이다. 민원이 제기되고, 차량이 몹시 붐비는 시간대에만 단속인력이 출동한다.[23] 코우즈는 말한다.

> 실제로 내 〈사회비용의 문제〉 논문의 목적 중 하나는 이 '해로운 효과'가 다른 생산요소와 마찬가지로 취급될 수 있으며(사람들이 노동 서비스의 공급 여부, 자본재의 공급 여부를 결정하듯 오염을 낼지 아니면 오염을 방지할지를 결정한다는 의미에서), 어떤 때는 이것을 제거하는 편이 낫지만 다른 때는 제거하지 않는 편이 더 낫다는 점을 보이는 것이었다. 그러나 나의 이런 의도는 실패한 듯이 보인다. 사람들이 근대경제학을 지배하고 있는 접근방법과 나의 주장을 구분하지 못하기 때문이다. 나의 견해에 동정적인 사람들조차 나의 〈사회비용의 문제〉 논문이 마치 '외부효과'에 대한 연구인 것처럼 보고 있다.(Coase, 1988:27)

이 인용문에서 "어떤 때는 이 '해로운 효과'를 제거하지 않는 편이 낫다."는 말의 뜻이 바로 이와 같다. 불법 주차는 해로운 효과를 일으키는 행위가 분명하지만, 불법 주차 단속에서 얻는 이익이 주차 단속으로 인해 잃게 될 손해(= 행정비용 + 행정기관의 거래비용 + 인근 식당 등 가게의 영업손실)

---

23. 이런 현실에 대하여, 강력하게 단속하지 않는다고 불평하는 분들이 분명히 계시겠지만, 곰곰 생각해 보시기 바란다. 단속인력이 출동하려면 행정비용이 든다. 단속이 끝나 돌아가면 불법 주차는 부리나케 계속된다. 단속인력을 상주시켜야 하겠는가? 도대체 몇 명이면 될까? 그 돈은 누가 내야 하는가? 불법 주차해도 좋다는 말이 아니라, 자기 차량이 손상될까 싶어서 이리저리 살펴 차량을 주차하니 그나마 다행이라고 생각해야 속 편하지 않을까?

보다 작다면, 그것이 해로운 효과임에도 불구하고, 그냥 내버려두는 편이 낫다는 뜻이다.

8. 경제정책과 '칠판경제학'

코우즈는 경제정책 문제는 사회적으로 생산의 가치를 극대화할 수 있는 법과 규칙, 절차, 행정구조 선택의 문제이고, 이런 선택을 잘 해내는 것이 정부의 과제라고 본다. 그의 말을 빌리면, "경제정책은 대안적인 사회제도 (alternative social institutions) 가운데서의 선택을 내포하며, 이런 제도들은 법을 통해 만들어지거나 법에 의존한다."(*ibid.* p. 28) 그런데 경제학자들은 경제정책 문제를 이런 눈으로 보지 않고, 대신에 이상적이라고 생각하는 경제 시스템의 그림을 그리고서는, 이것을 자신이 관찰하는(또는 관찰하고 있다고 생각하는) 현실과 비교한 다음, 이상적 상태에 도달하는 데 필요한 것을 정책으로 처방한다고, 하지만 정작 그 처방이 어떻게 실행될 수 있는지는 생각해 보는 법이 거의 없다고 꼬집는다. 이런 비현실적인 분석에서 이들이 보여주는 재간은 교묘하긴 하지만 그것들은 그저 허공을 떠돌 뿐이라면서, 이들의 경제학을 '칠판경제학(blackboard economics)'이라고 명명한다.

'칠판경제학'은 학교 교실에서나 통할 경제학이라는 말이다. 코우즈는, 오늘날 경제학자들은 그저 강의실 칠판 위에서 함수와 그래프를 이용해 논리를 펴는 데는 익숙하지만, 경제 시스템의 실제 작동 모습을 면밀하게 들여다보려는 노력은 기울이지 않는다고, 복잡한 현실 문제들은 피해 가거나 단순한 가정을 세워 지나쳐버리는 잘못된 버릇에 물들어 있다고, 그러면서도 마치 자기들이 정책의 모든 과정을 책임지고 있으며 또 책임질 수 있는 사람인 것처럼 논의를 진행하면서 착각에 빠져드는 것 같다고 비아냥거린다.

나는 어쩌다 보니 우리 경제학자들이 경제 시스템의 작동의 여러 측면에 대하여 무서울 만큼 무지하다는 생각에 이르게 되었다. 내가 관심을 두는 기업 및 산업의 경제학에 관해 생각해 보면 이들은 산업조직을 결정하는 힘이 무엇인지, 기업들이 서로 거래를 하면서 어떤 방법을 이용하는지에 대해 아는 것이 별로 없는 것 같다. 요즘 한때 큰소리치던 거시경제학자들은 다소곳해진 듯하다. … 그렇다고 경제학자들이 정책에 관한 논의에 보탤 만한 가치 있는 어떤 것도 갖고 있지 않다고 말하고 싶지는 않다. 문제는 경제학자들이 그것에 관해 아는 게 별로 없는, 그리고 그것에 관해 자신의 판단이 그릇되었을 가능성이 큰 문제를 놓고 감히 조언하려고 한다는 것이다. 우리가 말해야 할 중요한 진실은, 경제학 지식이 거의 필요하지 않을 정도로 단순한 진실(simple truths)이어서인지, 실망스럽게도, 경제정책 논의에서 무시되기 일쑤이다.(Coase, 1994:48-49)

그의 이 말은 그가 존경했던 프랭크 나이트(Frank Knight) 교수의 말을 환기시킨다.

심각한 사실은 경제학이 가르쳐야 할 정말로 중요한 것들은, 사람들이 보려고 하기만 한다면 스스로 볼 수 있는 그런 것들이다. 예컨대 자유시장 가격 아래로 어떤 물건의 가격을 규제하면 그 물건의 공급이 달리고, 그 아래로 가격을 유지하면 공급이 넘친다는 사실을 설명해 주어야 할 필요가 있을까? 그런데도 사람들은 이런 현상이 나타나면 문제가 났다고 야단을 떤다. 이런 이유로 나의 관심은 점점 경제이론으로부터 멀어져 왜 사람들이, 특히 지식인일수록 더, 상식보다 비상식을 좇게 되는지로 옮겨가는 듯싶다.(Knight, 1951:2-4)

"지식인들일수록 비상식을 믿고 좇는다."는 나이트의 판단에 동의하면서, 코우즈는 다음과 같은 예를 든다. 예컨대 가격규제, 임금규제 등 주요 규제사례들을 역사적으로 공부해 보면 규제의 시행과정에서 결국 시장의 힘과 영향을 반영하지 않은 경우가 드문데, 그런 규제가 처음에 잘못 시작되었을지라도 그것의 부작용을 보게 되면 규제의 적용 범위, 강도, 적용 기간 등을 수정해야 마땅한데 그렇게 하지 않는다는 것이다. 코우즈는 경제학자가 정책의 선택에 결정적 영향을 미치지는 못할지라도, 이 같은 상황에 처해 정책을 수정하고 변경하는 과정에서 경제학자들이 의미 있는 역할을 해야 하지 않겠느냐고 반문하면서(Coase, 1994:55),[24] 다른 경제학자들에 대하여 이같이 평가한다.

대다수 경제학자는 시장 시스템의 비효율성을 무시하지 않는다. 아니 사실은 그것을 과장하는 편이다. 반면에 정부조직에 내재되어 있는 비효율성은 간과하는 경향을 보인다. 그러므로 경제학자들이 지난 100여 년간 제반 경제사(economic affairs)에 대한 정부의 역할이 계속 팽창하는 것을 지지(내지는 묵인)하고 정부조직의 작동을 심각하게 조사해 볼 필요를 느끼지 못한 것은 전혀 놀라운 일이 아니다. 우리의 정책권고가 굳건한 바탕을 지니도록 하려면, 우리가 정책을 권고할 때마다 시장이 실제로 어떻게 작동하는지, 그리고 정부조직은 실제로 정부에 맡겨진 일들을 어떤 식으로 수행하는지를 반드시 고려해 보아야 한다.(*ibid*, pp. 60-61)

9. 정부의 역할과 규제에 대한 관점

이상의 논의에 비추어볼 때 정부 역할에 대한 코우즈의 관점은 부정적이라는 생각이 들 법하다. 그러나 그는 정부 기관을 특수 이익집단에 포획된 존재로 보거나, 으레 사태를 개선하기보다는 악화시키는 정책(규제)을

---

24. 여기서 코우즈는 "비상식의 수요도 수요의 보편적 법칙, 즉 가격이 올라가면 수요가 줄어든다는 법칙의 적용을 받는다."고 말한다. 경제학자다운 재미있는 표현이 아닐 수 없다.

추진하는 존재, 혹은 시장의 힘과 미덕에 무지를 드러내는 존재로 보고 있지 않다. 요컨대 그리 반정부적이지 않다.(Medema, 1994:10, 95-127)[25] 사실 그의 관점은 꽤 실용주의적이다. 정책은 사회적으로 생산가치를 극대화하는 일에 봉사하는 것이어야 한다는 그의 일관된 주장이 이를 말해 준다.

그의 비판의 화살은 직접 정부를 겨냥하기보다는, 주류경제학과 경제학자들을 향하고 있다고 보는 게 맞다. 이미 위에서 그의 후생경제학에 대한 비판, 그리고 경제정책에 대한 '칠판경제학적' 접근에 대한 비판에서 보았듯이, 코우즈는 경제학자들이 정부를 문제의 해결사로 보는 것, 경제사회 문제를 주의 깊게 검토하지 않은 채 성급하게 조세, 보조금, 규제 등을 통한 정부개입을 주문하는 것을 문제 삼는다.

정부규제에 대한 그의 시각과 관점 역시 부정적인 것과는 거리가 있다. 시장이 무엇인지에 관한 그의 독특한 견해를 소개하면서 언급하였듯이, 코우즈는 "완전경쟁에 가까운 어떤 것이 존재하기 위해서는 치밀한 규칙 시스템과 규제가 필요하다."고 본다.(Coase, 1988:9) 외려 경제학자들(특히 시카고대학의 스티글러를 비롯한 경제규제 이론가들을 지칭)이 이런 규칙이나 규제를 두고서 독점력을 행사하기 위한 시도라거나 시장경쟁을 제약하려는 의도가 숨어 있다고 보는 것에 대하여 비판적이다. 이런 규제, 특히 재산권의 획정과 관련한 규제, 그리고 계약의 이행을 담보하기 위한 목적과 내용의 규제들은, 거래비용을 줄임으로써 시장에서 거래가 더 많이 또 활발하게 이루어질 수 있도록 만들려는 목적을 가진, 타당하고 합리적인 규제들로 보아야 한다고 주장하면서, 코우즈는 아래 아담 스미스의 말을 인용한다. 그가 스미스의 맥을 정통으로 계승하는 학자임을 보여주는 또 한 대목이 아닐 수 없다.

---

25. 그의 논문 중 정부를 노골적으로 비판하고 있는 것은 〈미연방통신위원회(FCC)〉 정도가 고작이다.

어떤 산업(무역 및 제조업) 부문에서든 거래자(dealers)의 이익은 몇 가지 면에서는 항상 일반 대중의 그것과 다르거나 심지어 반대되기도 한다. 이들이 원하는 것은 항상 시장의 확대와 경쟁의 제약이다. 그런데 경쟁의 제약은 항상 일반 대중의 이익에 반하지만, 시장의 확대는 일반 대중의 이익에 부합하는 경우가 대부분이다.(Smith, *op. cit.* p. 110)

요컨대 코우즈는 거래비용을 줄이기 위한 목적의 규제는 시장이 더 잘 기능하게 하고, 시장확대를 촉진한다고 보는 것이다. 코우즈의 이런 시각과 주장, 즉 시장이 잘 작동하도록 만들기 위해서는 치밀한 규칙들이 필요하다는 주장은 시카고 경제학자들에게 골칫거리였다. 왜냐면 그들은 거래비용이 0인 완전경쟁의 세계를 상정하고 이론을 구축해 왔기 때문이다. 그들은 거래비용의 존재를 인정하지 않을 수는 없었으나 거래비용을 자기들의 분석모형이나 이론에 적절히 반영시킬 방법을 찾을 수 없었다.[26] 아마도 여기에 시카고 경제학자들이 '코우즈 정리'를 자기들의 입맛에 맞게 각색한 이유가 있을 것이다.(126페이지 인용문 참고)

시장의 확대, 즉 시장이 더 잘 기능하도록 하기 위해서는 거래비용의 감소가 필요하고, 이를 위해서는 한정된 범위의 규제, 특히 재산권의 획정과 관련한 규제, 그리고 계약의 이행을 담보하기 위한 목적과 내용의 규제들이 필요하다고 보는 점에서 코우즈는 대다수 경제학자와 완연히 다른 입

---

26. 여기서 재미난 일화를 소개하고자 한다. 조지 스티글러의 회고다. "1960년 코우즈는 피구를 맹렬하게 비판하는 〈사회비용의 문제〉 논문을 발표하였다. 시카고대학의 경제학 교수들은 어떻게 코우즈처럼 그리도 유능한 학자가 그런 엉터리 논문을 발표하는지 이해할 수 없었다. 그러든 말든 코우즈는 자기의 주장을 전혀 굽히지 않았다. 우리는 당시 버지니아대학에 있던 그를 어느 날 저녁 디렉터(Aaron Director, 당시 경제학과장)의 집으로 초대하여 세미나를 열었다. 그의 강연을 들으면서 그의 이단(heresy)에 강력히 반대하였다. 언제나 그랬듯이 프리드먼 교수가 적극적으로 토론에 임했다. 그 자리에 참석한 20명의 교수가 모두 처음에는 코우즈의 주장에 반대하였으나, 두 시간의 토론이 이어진 후에는 모두 코우즈의 주장에 승복하였다."(Stigler, 1988:75-76)

장이다. 스티글러가 정의한 '코우즈 정리'는 애초의 권리 획정 외에는 시장에 대한 어떠한 정부 간섭과 개입도 필요하지 않다는 뜻을 함축하고 있다. 그러나 코우즈는 애초의 권리 획정을 위해서도 정부의 개입은 불가피하다고 주장하였다. 말하자면 시카고학파와 대다수 경제학자는 이 엄연한 사실을 은근슬쩍 비껴간 것이라고 볼 수 있다.(Medema, 1994:93-94)

하지만 코우즈가 시장확대를 위한 목적의 일정한 범위의 규제를 긍정적으로 본다고 해서 그를 규제 옹호자로 보면 곤란하다. 시장의 확대를 위해 필요한 선을 넘어선, 혹은 이런 목적에서 벗어난 규제에 대해서 코우즈는 단호하게 비판적이다. 시카고학파들 못지않다. 규제는 일반적으로 비효과적이며, 다소간 효과가 있는 경우에도, 전체적으로 본다면 사태를 개선하기는커녕 악화시키고, 그 결과 가격을 오르게 만듦으로써 생산자의 이익을 키워주거나 품질을 떨어뜨려, 소비자 후생을 감소시키는 경우가 더 많다고 본다.

여기서 코우즈가 제기하는 더 흥미로운 질문은, ① '규제는 왜 일반적으로 그것이 내세운 목적을 성공적으로 달성하는 경우보다 실패하는 경우가 더 많은가?' ② '그런데도 왜 정부는 날로 더 많이 규제하고 비대해져 가는가?'이다. 이 질문들에 대한 코우즈의 답은 간단명료하다. "정부가 너무나 많은 일을 하려고 하기 때문"(Coase, 1994:62)이라는 것이다. 경제학적으로 표현한다면, 정부의 일의 규모가 거대해져 정부 일의 한계생산물(marginal product)이 마이너스 상태에 도달했다는 것이다. 기업조직에 한계가 있듯이, 정부 역시 그런 한계가 있고 그런 면에서 정부 활동을 줄이는 게 마땅하다는 것이다.[27]

끝으로 무수한 규제실패에도 불구하고 정부가 비대해져만 가게 만드는

---

27. 아니나 다를까 코우즈는 "정부는, 물론 매우 특수한 형태이긴 하지만, 어떤 의미에서 초대형 기업(super-firm)으로 볼 수 있다."(Coase, 1960:17-19)고 말한다. 정부 역시 행정 결정(administrative decision)을 통해서이긴 하지만 민간의 생산요소 사용에 영향을 미칠 수 있는 존재라고 보는 것이다.

이유에 대해서 코우즈는 사람들이 자주 빠지는 함정과 모순을 날카롭게 지적한다.

> 어떤 글을 보든, 연설을 듣든, 우리는 흔히 앞부분에서는 정부 프로그램의 시행과정에서 나타나는 비효율성과 부정부패를 비난하다가, 뒤에 가서는 사회 문제의 긴박성을 언급하면서 정부가 새 조직을 만들고 긴박한 문제들을 다루기 위한 프로그램을 마련하고, 기존 기관을 확장하여 잘 대응해야 한다고 결론짓는 것을 본다.(*ibid.* 63)

요컨대 앞뒤가 안 맞는 이중적인 태도를 보인다는 말이다. 참으로 우리가 곱씹어 보아야만 할 지적이 아닐 수 없다. 사실 정부가 새 일을 시작하도록 할 것인지 말 것인지를 결정하면서 정부가 현재 일을 잘하고 있는지 아닌지에 관한 판단을 무시한다면 말이 되지 않는다. 현재의 일이라는 게 다 언젠가는 새 일이 아니었던가? 현재의 일을 처리하는 데 신통치 못한 정부가 새 일을 잘해 낼 수 있을 거라는 기대는 도대체 무엇에 근거하는가? 그런데도 이런 앞뒤가 안 맞는 모순된 사고방식은 그칠 줄 모른다. 이런 '근거 없는 기대'야말로 정부 역할의 지속적 확장과 정부 팽창을 부르는 주범이라는 게 코우즈의 신랄한 지적이다. 밀턴 프리드먼도 전적으로 동의한다.

> 정부기관이 선언한 목표들과 실제 결과들의 차이는 너무 흔하고 현저해서 '큰 정부' 옹호자들조차 정부의 실패를 인정하지 않을 수 없으나, 이들의 해법은 거의 언제나 더 큰 정부로 귀결되었다.(Friedman, 1980:283-84)

제4장 시장실패는 실재하는가?

[19세기의 자유주의 사상은 1920-30년대를 지나며 자본주의는 결함이 많다는 생각으로 뒤집혔다.] 부정의와 결함들로 점철된 현실과 한낱 가상에 불과한 이상적인 상태의 맞비교가 지식인들의 이런 인식의 전환을 불러 왔다. … 이런 경향성은 지금도 여전하다. 정부의 개입은 바람직하다고 보고, 모든 악은 시장에 돌리며, 정부의 새로운 [민간] 통제 제안들은 이상적인 형태 그대로 평가하는 경향, 즉 이것들이 능력 있고, 사심 없으며, 특수이익집단의 압력으로부터 자유로운 사람들에 의해 추진되기만 하면 목적을 잘 달성할 것이라고 이상적으로 가정하고 좋게 평가하는 경향 말이다. 반면에 제한된 정부, 그리고 기업[과 시장]의 자유를 옹호하는 사람들은 여전히 수세에 몰려 있다.(Friedman, 2002[1962]:197)

제1장의 〈나, 연필〉을 통해 보았듯이, 우리가 알지 못하는 사이 시장에서는 무수한 인간이 우리가 상상할 수 없는 지극히 복잡하고 다양한 방식으로 상호작용하고 협력해 인간이 필요로 하는 모든 것을 생산해 내며 아주 역동적으로 움직인다는 사실을 실감 나게 관찰하였다. 제2-3장에서는 하이에크와 코우즈의 눈을 통해 시장을 다시 보고, 시장이 왜 이런저런 모습을 보이고 이렇게 저렇게 작동하는지를 더 깊이 이해할 수 있게 되었다.

시장이라고 하면 그저 부익부 빈익빈, 약육강식, 착취, 협잡, 무질서, 혼잡, 혼란, 냉혹, 비열, 비윤리, 부도덕, 비인간, 부조리 등등 부정적 이미지만 머릿속에 가득했던 독자들이라면 상당히 큰 충격을 받았을 것이다. 동시에 시장, 시장경제, 자본주의 체제에 대한 평가나 이해가 어떻게 이리 완전히 상반될 수 있는 것인지 의아스러웠을 것이다.

시장에 대한, 더 넓게는 시장경제 체제 혹은 자본주의에 대한, 부정적 이미지, 개념, 생각들은 사실 터무니없다. 이것들은 시장, 시장경제, 자본주의가 무엇이고, 그것들이 왜 이렇게 저렇게 기능하는지는 도무지 이해하지 못할뿐더러 알려고도 하지 않는 무식한 반자본주의자, 사회주의자들이 지어낸 억지 조어(造語)들이다. 생각해 보시라. 이들이 규정하듯이 시장이 온통 그런 부정적인 이미지들의 집합체라면, 또 문제투성이라면 시장은 진즉에 인류 역사에서 사라졌어야 맞다. 그런데 어떤가? 오늘날 시장은 사라지기는커녕 커지고 넓어져서 세계가 하나인 시장(global market)으로, 또 더는 틈새를 찾기 어려울 정도로 세밀해지고 고도화된 시장으로, 진화를 계속하고 있다. 시장을 거부하고 어떻게 해서든지 시장이 작동하지 못하도록 만드는 사회주의자, 공산주의자들이 지배하는 사회(국가)가 자본주의 사회(국가)보다 더 살기 좋고 평등한 사회가 되었어야 맞다. 어디 그런가?

궁극적 판단은 독자에게 맡겨야 하지만, 한 가지 분명한 것은 시장에 대한 우리의 이해는 한편으로 매우 부족하고 다른 한편으로 매우 왜곡되어 왔다는 사실이다. 시장에 대한 긍정적 이해는 매우 미흡한 데 비해, 시장에 대한 부정적 이해와 편견은 넘쳐난다. 일반인들이야 시장에 대해서 제대로 배우지 못했고 올바로 배울 기회가 없었기 때문이라고 하면 충분한 변명이 되겠지만, 아이러니하게도 배웠다는 사람일수록 시장에 대한 반감이 크고 오해가 더 심한 이유는 무엇일까? 심지어 시장을 가장 잘 이해하고 있어야 할 경제학자 중에 반시장주의자, 개입주의자가 오히려 더 많다는 사실을 우리는 어떻게 받아들여야 할까?

주류경제학자들이 입에 달고 사는 게 시장실패(market failure)이다.[1] 경제학을 배운 사람치고 시장실패에 대해 배우지 않은 사람은 없다. 시장을 가장 잘 이해하고 인간의 행복과 복지를 위해 시장을 가장 잘 활용하는 방법을 가르치는 학문이어야 할 경제학이 가장 먼저 가르치는 게 시장실패이니 이보다 큰 아이러니는 없다. 이 장의 제목, '시장실패는 실재하는가?'는 매우 도전적인 질문이다. 저자는 경제학자도 아니지 않은가. 그런데도 분명히 말할 수 있는 게 있다. 시장실패론도 이론이니,[2] 이론적으로, 또 경험적으로 맞는지, 어디까지 맞고 어디서부터 의심스러운지에 대해서 계속 문제의식을 갖고서 보아야 할 대상이다.[3]

---

1. 시장실패는 시장에 대한 불신(distrust of market)과는 차원이 다른 개념이다. 시장실패는, 아래에서 설명하게 될 것처럼, 정통경제학에서 소위 시장실패론으로 정립되어 있다. 간단히 말하면 시장실패 요인들—즉, 독점, 외부효과, 공공재, 정보의 불완전성 등—이 존재할 때 시장은 더는 훌륭한 자원 배분 기제(mechanism of resource allocation)로 기능하지 못하며, 따라서 반드시 정부개입이 필요하다고 주장하는 이론이다. 이에 비해, 시장불신은 경제학 개념이 아니다. 그것은 일종의 신념이다. 간단히 말하면 인간의 삶의 조건들을 시장의 결정에 내맡겨두는 것, 즉 시장이 인간의 삶을 좌지우지하도록 내버려 두는 것은 바람직하지 않을뿐더러 옳지 않다고 보는 것이다. 이런 시장불신의 이면에는 시장에 대한 부정적 이미지, 즉 부익부 빈익빈을 만들어내고, 부정과 협잡 등 온갖 부조리의 온상이고 온갖 부조리로 가득 차 있다는 부정적 이미지들이 똬리를 틀고 있음이 분명하다. 이들은 이렇게 시장을 부정적으로 보면서, 정부를 보는 시각은 어린아이와 같이 순진하고 천진난만하기만 하다. 정부는 자애롭고 유능한 존재라고 가정한다. 세상물정 모르는 참으로 순진하기 짝이 없는 생각이라고밖에는 덧붙일 말이 없다.

2. 시장실패론은 사뮤엘슨(Paul Samuelson), 베이터(Francis Bator), 미드(James Meade) 등에 의해 1950년대에 이론화되었으나, 1970-80년대에 정보의 비대칭성 등 정보의 문제에 중점을 둔 신시장실패론(new market failures theory)의 등장으로 흔들리기 시작하였다.(Cowen and Crampton, 2002:4) 코웬과 크램프턴의 책 *Market Failure or Success*는 시장실패론을 이론적, 경험적으로 비판하는 논문들을 묶어서 편집한 책이다.

3. 포퍼는, 진정한 과학적 태도는 어떤 이론이 맞다고 철석같이 믿고 그것을 입증해 줄 사례를 축적해 증명(verification)하려고 하는 도그마적 태도(dogmatic attitude)가 아니라, 그 이론이 틀렸음을 결정적으로 보여줄 사례들(crucial tests)을 찾는 비판적 태도(critical attitude)라고 말한다. 그래서 그는 가설은 물론이고 이미 널리 받아들여지고 있는 이론도 여전히 진실이라고 확증할 수 없다고, 아직 반증(falsification)되지 않고 있을 뿐이라고 보아야 맞다고 주장한다.(Popper, 1992:39; 김영평, 1984; 최병선, 2006, 2006b, 2007a)

구체적으로 말하면, 시장실패론은 시장실패가 있으면 정부가 개입―주로 규제이다―해서 시장실패 문제들을 해결해야 한다는 게 핵심 요지이다. 그렇다면 다음 두 질문에 대하여 시장실패론은 명확하게 답할 수 있어야 한다. 더 세밀하게 논리를 가다듬을 부분이 없는지 깊이 살펴보아야 한다. 물론 이런 큰 질문에 대해 결정적인 답을 내기는 불가능하다. 그러나 이런 질문이 정당한 질문이고, 옳은 질문(right questions)이라는 사실은 누구도 부인하기 힘들 것이다.(Schuck, pp. 27-28)[4]

(1) 특정 '시장실패'가 정부의 개입을 당연히 필요로 할 만큼 충분히 큰가?

(2) 정부개입의 결과는 시장에 문제해결을 맡겨둘 때의 결과보다 나은가?

주류경제학자들의 시장실패론은 그리 간단하지 않다. 상당히 정교한 체계를 가진 이론이다. 그러나 시장실패론은 하이에크와 코우즈가 보는 바와 같이 시장을 보고 있지 않다. 이들이 보는 시장실패는 실제적이지 않고, 과장되어 있으며, 상상에 치우친 경향이 있다. 하이에크와 코우즈가 현실 속의 시장, 실제로 살아 움직이는 시장 그대로의 모습을 깊이 관찰해 각자의 이론을 펼치고 있다면, 시장실패론은 시장은 어떠어떠해야 한다는 가상의 시장, 현실에서는 존재하지 않는, 이상적인(?) 시장의 상(像)을 상정한 다음, 현실 속의 시장이 가상의 시장과 다르므로 문제라고 보는 아주 이상한 접근방식을 따르고 있다.

물론 시장실패론이 현실시장을 전체적으로 부정적으로만 본다고는 말할 수 없다. 시장은 실패 덩어리라고 말하지도 않는다. 그런데 시장실패론

---

4. 예일대 법대 명예교수인 피터 석(Peter Schuck)의 책, *Why Government Fails So Often*은 규제만이 아니라 다른 모든 종류의 정책을 다루고 있지만, 이 책과 저술 의도가 흡사하다.《왜 정부는 하는 일마다 실패하는가》(조정진·김태훈 역)라는 제목으로 번역된 이 책의 질문이 이와 같다.

은 마치 시장은 온통 문제라는 뜻을 내포하고 전달하는 모순이 있다. 일반인이 시장실패라는 말을 듣고 또 듣게 된다면 무슨 생각이 들겠는가? 이런 면에서 시장실패론은 과장된 명칭임이 분명하다. 더 중요하게 시장실패론은, 한마디로 말해, 정부개입의 논거를 제공하기 위한 규범적 이론(normative theory)이다. 현실시장은 거의 언제나 시장실패론이 가상하는 이상적인 조건, 완전경쟁시장 조건과 유리되어 있으므로 불완전하고, 따라서 정부가 나서서 바로잡아야 한다는 주장이 시장실패론의 요체이기 때문이다. 더 이상하게도, 이렇게 틈만 나면 정부개입의 필요성을 주창하지만, 정작 정부개입을 통해 현실이 얼마나 개선되었는지 아니면 더 나빠졌는지에 대해서는 입을 다문다.

저자가 따르고 있는 신제도경제학(new institutional economics: NIE)은 실증적 이론(positive theory)으로 바로 이 문제를 천착한다.[5] 시장에서 이루어지는 이런저런 일과 이 과정에서 생겨나는 문제들에 대하여 규범적으로 판단을 내리기보다는 왜 그런저런 일이나 문제들이 생겨나는지, 또 그 문제들이 시장에서 어떻게 자율적으로 극복되어 가는지에 관한 동태적 과정과 결과(dynamic processes and outcomes)를 파악하고 이해하는 데 중점을 둔다.[6]

---

5. 신제도경제학이라고 불리는 새로운 학풍은 사회주의와 공산주의가 몰락한 1980년대 후반 이후 자본주의 제도 및 시장경제 체제에 대한 이해가 그간에 너무도 박약했음을 반성하고, 자본주의 제도와 시장경제 체제의 우수성과 우월성의 근원이 과연 무엇인지를 천착해 이론화하려는 노력의 표현이라 할 수 있다. 최근 노벨경제학상 수상자 상당수가 이 학풍의 대표주자들임도 주목할 만하다.

6. 신고전경제학과 신제도경제학 모두 그 중심에 합리적 선택 모델(rational choice model)이 있다. 분석개념 면에서도 후자는 전자의 것들을 대부분 활용한다. 양 모델의 가장 큰 차이점은 신고전경제학이 인간의 경제사회 활동의 기초로서 인간의 인식을 지배하는 제도를 주어진 것(given)으로 간주하고 분석을 진행한다면, 신제도경제학은 제도 그 자체가 주된 분석대상이라는 데 있다. 이런 차이로 인해 신고전경제학은 인간의 인식(cognition)이 사상된 추상적 가치평가(abstract valuation)에 분석을 의존하고, 한계조건(marginal conditions)이 변화할 때 어떻게 새로운 균형이 달성되는지를 연구하며, (효용, 이윤, 부의) 극대화 패러다임(maximization paradigm) 하에서 최적의 의사결정(optimal decision)-정책과 전략을 포함-을 발견해 내려고 한다. 이에 비해 신제도경제학은 인간의 인식적 측면에 주안점을 두고 인간의 상호작용을

신제도경제학자들은 인간의 상호작용 구조를 제공하는 시장을 정태적으로 보면 안 된다고 주장한다. 고정되어 있지 않고, 말 그대로 살아 움직이고, 자율조정기능(self-regulating)을 발휘하는 존재로 보아야 한다고 주장한다.

시장실패론이 꼽는 대표적인 두 가지 시장실패 요인, 즉 외부효과와 정보의 불완전성에 대해서는 제2-3장에서 하이에크와 코우즈의 이론을 소개하면서 비판적으로 검토하였으므로, 이 장에서는 보완적으로만 논의하는 데 그치고 대신 시장실패론의 출발점인 완전경쟁시장 이론에 대한 비판, 그리고 제3, 제4의 시장실패 요소인 독점과 공공재에 대한 비판적 검토에 집중하려고 한다.[7]

1. 자원 배분과 효율성 개념

시장의 기능과 관련해 우리가 반드시 잘 이해하고 있어야 할 개념이 자원의 배분(allocation of resources)과 효율성 개념이다. 먼저 자원 배분은 세상 모든 문제의 핵심이다. 달리 말하면 세상의 문제치고 자원 배분과 관계없는 문제는 없다. 개인도 그렇고 사회도 그렇다. 자원 배분이 세상 모든 문제의 핵심이 될 수밖에 없는 이유가 있다. 자원의 희소성(scarcity) 때문이다. 세상의 자원은 희소하지 않은 게 없다. 오랫동안 공기와 물은 희소하지

지배하는 게임규칙(제도)이 인간의 행동유인에 미치는 효과, 즉 유인 효과(incentive effects)를 파악하고, 그것이 다시 학습 과정을 거쳐 제도에 피드백(feedback)되는 (정치경제적) 과정, 제도와 제도변화가 경제(사회) 성과에 미치는 영향을 분석하고 이해하는 데 관심을 기울인다.(Pejovich, 1998:6)

7. 경제학자 중에는 시장에서 만들어지는 결과 즉 시장 결과의 공평성을 문제 삼으면서 이것을 시장실패의 한 요소로 보기도 한다. 그러나 이는 시장실패 요소라고 볼 수 없다. 이에 관해서는 이미 제2장에서 하이에크의 정의 및 사회정의 관념에 대한 비판과 더불어 깊이 고찰하였으므로 이 역시 생략한다.

않다고 생각해 왔지만, 지금은 아니다. 맑은 공기나 물은 이제 희소한 차원을 넘어 인간의 생존을 위협하는 중요한 자원이 되었다. 그러니 다른 것들은 더 말해 무엇하랴.

간단한 예 몇 가지만 들어보자. 사람은 누구나 하루 24시간을 산다. 이 24시간이 자원이다. 24시간을 어떤 활동에 어떻게 나누어 쓰느냐가 모든 인간이 날마다 풀어야 할 문제요, 이것이 배분의 문제이다. 돈도 마찬가지다. 내 매달 수입이 300만 원이라면 이 돈을 어떻게 나누어 써야 할까? 이것이 배분 문제이다. 국가도 마찬가지다. 5,000만 명의 인구 중 취업을 원하는 사람이 3,000만 명이라면 이들이 각각 어떤 직업에 종사하도록 해야 할까? 이것이 배분 문제이다. 정부의 한 해 예산이 500조 원이라면 국방, 치안, 복지 등등에 어떻게 쪼개 써야 할까? 이것이 또한 배분 문제이다.

이렇게 생각해 나가다 보면 세상의 문제치고 자원 배분의 문제가 아닌 것이 없다. 지하철 한 칸에 좌석이 100개가 있다면 누가 앉아 가고 누가 서서 가야 할까? 동네 슈퍼에 오늘 수박이 30개 들어왔다면 누가 먼저 사 가게 할 것인가? 서울대학교에 해마다 3,000명이 입학할 수 있다면, 누가 입학해야 옳은가? 열 손가락 깨물어 아프지 않은 손가락이 없다고 말하는데, 부모의 자식 사랑은 열이면 열 다 똑같을까? 오늘 오후 5시 잠실야구장에는 누가 입장해야 하는가? 오늘 3시 메가박스 영화관 좌석은 누가 차지해야 하는가? 이쯤 하면 독자들도 아, 이것도 자원 배분의 문제, 저것도 자원 배분의 문제인 사례들을 얼마든지 쉽게 찾아낼 수 있을 것이다.

우리가 시장에 관해 생각할 때에는 무엇보다도 먼저 세상의 모든 (개인 그리고 사회와 국가의) 문제들치고 자원 배분과 관계없는 문제는 없다는 사실을 확실히 이해하는 것이 매우 중요하다. 시장의 문제를 배분(allocation)의 문제라고 생각하기에 앞서 분배(distribution) 문제라고 생각하는 사람들이 많다. 아마도 누가, 무엇을 차지하느냐에 우선적인 관심을 갖는 게 인간이기 때문일 것이다. 생존경쟁에서 살아남아야 하는 게 인간에게 지워진 숙명이기 때문인지도 모른다. 물론 세상의 문제들은 배분 문제만 있는 게 아니라, 공평과 정의에 관련될 수밖에 없는 문제들이 많다. 또 양면을 동시에 가진 문제들도 많다.

하지만 저자는 여기서 독자들이 세상의 모든 문제를 우선적으로 자원 배분 문제로 보기를 권한다. 자원 배분이 시장의 최우선적이고 본원적인 기능이라는 사실을 부각하고 강조하기 위해서다. 물론 시장에서는 자원이 단순히 배분되기만 하는 게 아니다. 배분의 결과는 당연히 분배에 영향을 준다. 그러나 제2장에서 하이에크의 정의 및 사회정의 개념과 관련해 충분히 논의했듯이, 시장에서 혹은 시장을 통해 이루어지는 소득분배는 시장의 본원적 기능이라고는 말하기 어렵다. 사람들이 소득을 얻기 위해 시장에서 거래, 교환, 계약하는 것은 틀림이 없는 사실이지만, 시장이 각자의 소득을 정해 주는 것은 아니다. 각자의 선택과 결정에 따라 시장에서 각자의 소득이 달리 정해질 뿐이다.

이 소득분배를 두고 논란이 많다. 하지만 그에 대한 평가는 간단하지 않다. 하이에크와 같은 학자들은 시장에서 이룩된 결과는 그것이 만약 누군가의 간섭 없이 시장 자율로 이뤄진 것이라면 가장 정의롭다고 주장하지만—저자는 이에 동의한다—시장을 불신하는 사람들은 강력히 반대한다. 시장은 힘 있는 사람들에 의해 조작된다고 보기 때문이다. 어느 편 말이 맞든지 간에 더 중요한 점은, 누구나 동의할 수 있는 정의에 대한 기준은 없다는 사실이다. 더 정확히 말한다면 정의의 기준은 사람마다 다 다르다는 사실이다.[8] 따라서 분배의 문제는 단순히 경제학적 차원에서 혹은 합리성 차원에서 판단될 수 있는 문제가 아니다. 저자가 시장에 대해 고찰해 나

---

8. 어느 쪽의 사람이 많을까? 답은 뻔하다. 후자가 더 많다. 우리나라에는 시장을 신뢰하는 사람보다 불신하는 사람들이 훨씬 많다. 시장에 대하여 부정적으로 말해야 뭔가 배운 사람 같아 보인다고 생각하는 사람들이 매우 많고 또 실제로 그런 교육을 받은 사람들이 대다수다. 우리나라 경제학 교육의 심각한 문제가 바로 여기에 있다. 시장이라고 하면 시장실패부터 떠올리게 만드는 것이 우리나라 경제학 교육이다. 좋은 예로 미시경제학 교과서들은 시장실패로 끝을 맺고 있으니 더 할말이 없다.

가면서 시장의 자원 배분 측면에 우선적으로 우리의 관심을 집중하자고 말하는 이유가 바로 여기에 있다.[9]

시장의 첫 번째, 그리고 가장 중요한 기능은 자원의 배분 기능이다. 분배는 시장에서 부차적으로, 결과적으로 이루어질 뿐이다. 사회적으로 자원의 배분이 시장에서 이루어진다면 시장의 자원 배분은 어떤 원리에 따라 이뤄지는가? 그 원리는 지극히 간단명료하고 불변이다. 가장 높은 가격을 제시하는 사람에게 자원이 돌아가게 한다는 원리이다. 이것이 시장이 수행하는 핵심 기능이다. 여기서 "가장 높은 가격을 제시하는 사람"이라는 부분에 금방 반감이 생기는 독자가 있을 것이다. 그러나 잠시라도 구체적인 예를 갖고서 생각해 보시기 바란다.[10]

예컨대 한여름 시장에서 수박 한 덩이의 가격이 15,000원이라고 하자. 이 수박을 누가 사 먹으면 좋을까? 15,000원보다 높은 가격에라도 이 수박을 사 먹고 싶은 사람 중에 가장 먼저 온 사람이 사가면 잘된 일이라고 본다면 당신은 시장을 아는 사람이다. 그게 아니라, 올해 수박을 맛도 못 본 사람, 혹은 수박을 먹어본 지 가장 오래된 순서로 우선권을 갖게 해야 정의라고 생각한다면 당신은 시장불신자, 혹은 사회주의자에 가깝다. 시장

---

9. 제2장에서 "시장은 무고하다."는 말로 시장을 변호하였지만, 시장과 시장을 구성하는 요소로서 인간은 구별해야 한다. 이 구분은 매우 중요하다. 시장에는 온갖 사람이 다 있다. 각자 사익을 추구한다. 그러다 보니 시장에는 지나치게 이기적이고 악의적인 사람들도 당연히 있기 마련이다. 이런 사람들이 시장에 대한 불신을 조장하는 주범들이다. 그러나 인격체가 아닌 시장에 대하여 윤리적으로 평가하는 것은 어불성설이다. 시장에는 정의롭지 못한 사람들은 있을지언정 그 자체로 정의롭지 못한 시장은 있을 수 없다.

10. 구체적인 예를 갖고 생각하는 버릇을 가져야 한다. 추상적으로 생각하는 버릇이 있는 사람은 사실상 쓸모가 없는 생각의 구덩이에서 빠져 나오기 어렵다. 저자가 수학한 하버드대학은 사례연구를 주로 한다. 처음에는 적응하는 게 힘들었다. 무척 애를 먹었다. 의문도 많았다. 사례를 공부하노라면 공부하는 느낌이 안 들었다. 이전에 우리나라에서 공부할 때는 원리, 원칙, 법칙 등을 공부하는 것만이 공부다운 공부였기 때문이다. 그런데 시간이 지나면서 사례연구 방식을 통한 공부의 위력을 깨달을 수 있었다. 구체적인 예를 들어서 생각할 때 이해도가 깊어지고 응용력이 강해진다는 사실 말이다. 독자들께서도 구체적으로 생각하는 습관, 특히 구체적인 예를 들어서 생각하는 습관을 기르시기 바란다.

은 가장 비싼 가격을 제시하는 사람에게 자원이 돌아가도록 하는 기제(mechanism)일 뿐이고, 이 일을 가장 잘하는 게 시장이다.

시장에서 이런 식으로 사람을 가려서 파는 상인을 본 적이 있는가? 시장에서 상인은 언제나, 무조건 가장 높은 가격을 제시하는 구매 희망자에게 판다. 만일 상인이 구매자를 차별한다면 처벌 대상이다. 모든 나라가 다 그렇지만, 우리나라 공정거래법도 이런 규정을 두고 있다. 시장에서는 돈이 "말을 한다." 시장을 불신하는 사람들은 그래서 시장은 천박하다고 생각하고 그래서 더욱 시장을 혐오한다. 그러나 다시 생각해 보시라. 지금 배가 고파 음식을 사 먹으려 하는데, 또 음식이 눈앞에 놓여 있는데, 주인이 "아! 손님, 음식이 다 떨어졌습니다. 이것은 저 길 건너 사장님께 먼저 갖다 드려야 하거든요."라고 말하면 수긍하시겠는가? "무슨 말씀이세요? 제가 먼저 왔잖아요? 언제 제가 음식값을 깎아 달라고 했습니까?" 하지 않겠는가? 당신은 조금 전까지도 시장이 사람을 구별(차별)하지 않는다고 불만이었지만, 이런 차별을 당하게 되면 이제 시장이 사람을 차별한다고 비난할 것이다. 시장불신자, 혹은 사회주의자의 이중기준이 이와 같다. 그때그때 사정에 따라 이랬다저랬다 한다.

제2장에서 윌다브스키 인용문을 통해 살펴보았듯이, 부자나 빈자나, 권력자나 일반인이나, 신분이나 출신이나, 그 무엇에 근거해서도 사람과 사람을 차별하지 않는 시장, 또 각 사람이 처한 사정이나 형편을 전혀 고려하지 않는 시장, 그야말로 비인격적이고(impersonal) 영혼이 없는(soulless) 시장, 또 무조건 가장 높은 가격을 제시하는 사람에게 물건과 서비스를 파는 시장, 또 가장 낮은 가격을 제시하는 사람으로부터 물건과 서비스를 사는 시장, 이 시장이야말로 가장 잘 기능하는 시장이고 사회적으로 자원 배분 기능을 가장 잘 그리고 바람직하게 수행하는 시장이다.[11] 시장이 이렇게 기

---

11. 그러면 가난한 사람, 형편이 어려운 사람은 늘 배제되는 게 옳다는 말이냐고 반문하는 독자가 있을 것이다. 답은 그래서 정부가 존재한다는 것이다. 정부는 조세와 재정을 통해 어려운

능할 때 자원은 최적으로 배분된다.

다시 수박의 예로 돌아가 보자. 언뜻 보면 작년부터 수박을 먹어 보지 못한 사람이 가장 수박을 먹고 싶어할 것처럼 생각할 수 있지만, 그래서 그 사람 몫으로 수박이 먼저 돌아가면 좋겠다고 생각할 수 있겠지만, 이는 한 가지 요인만 고려한 결과에 지나지 않는다. 그 사람은 정말 수박을 좋아하는 사람일까? 그렇다고 하더라도 과연 누가 그 사실을 알 수 있을까? 그렇게 하기로 한다면 재작년, 재재작년 이래 수박 맛을 못 본 사람은 없는지 왜 더 찾아 나서지 않는단 말인가? 이런 질문들이 말해 주는 것처럼, 시장이 사람을 가리고 사정을 가린다면 그 시장은 올스톱하고야 말 것이다. 누가 나서서 이런 사정들을 고려하고 또 고려할 수 있다는 말인가? 참으로 우스꽝스러운 일이 아닐 수 없다. 하지만 사실상 이런 주장을 하는 거나 마찬가지인 사람들이 많다. 이런 생각으로 사회를 움직이려는 사상이 곧 사회주의, 공산주의다. 권력자의 마음에 들면 사치품을 선물로 받지만, 군이나 당에 관련되지 않고, 아무 힘이 없는 인민은 아사지경으로 몰리는 것이 현재 북한의 실정이 아닌가? 이런 북한에서 인민이 그나마 살아남는 것은 미약하지만 시장(장마당)이 있기 때문이다.

물론 시장경제에서도 이런 식으로 자원을 배분하는 경우들이 있다. 정부가 공기업을 매각할 때 매수자를 선정하는 방식이 대표적이다. 이때에는 매각조건들을 설정하고 이 조건을 가장 잘 충족시키는 매수자에게 매각을 결정하는 것이 일반적이다. 그러나 공기업 등의 매각 이면에서 실제로는 어떤 일들이 벌어지고, 막후에서 어떤 딜(deal)이 오가며, 얼마나 부조리한 일들이 많이 생겼는지, 우리는 적지 않은 사례를 통해 익히 알고 있다. 왜 공기업 매각을 시장에 맡겨서는 안 되는가? 다시 말하면 경쟁입찰 방식으로

사람을 돕는 역할을 떠맡고 있다. 이런 면에서 정부는 차별하라고 있는 존재라고 말할 수 있다. 부자에게서는 세금을 많이 걷고 빈자에게는 지원을 많이 한다. 그런데 우습게도 시장은 물론이고 누구에 대해서든 차별하지 말라고 규제하는 존재가 무엇인가? 정부이다.

추진하면 안 된다는 말인가? 두말할 것도 없이, 그렇게 하면 '돈 많은 재벌'이 공기업을 헐값에 매수할 것이 뻔하다고 생각하기 때문이다. 그러나 돈 많은 재벌끼리 벌이는 시장경쟁에서 헐값 매각이 가능할까? 경쟁입찰 과정이 공평무사하게 관리만 된다면 그런 일은 있을 수 없다. 이런 예들에서 알 수 있듯이, 시장은 자율적으로 작동하기만 하면, 즉 아무런 간섭을 받지 않으면 언제나 자원을 최적으로 배분한다.

자원 배분의 최적성 혹은 우월성을 가리는 척도가 바로 (경제적) 효율성 개념이다.[12] 자원 배분의 효율성(efficiency of (resource) allocation) 혹은 간단히 경제적 효율성(economic efficiency)은, 경제학 교과서에 따르면, 우리가 관심을 가지는 자원의 어떤 것, 즉 가치, 효용, 생산성 등등의 한계치(marginal value)가 모든 배분 대상(자)에 걸쳐 같게 만드는 것이다. 즉 $M(something)_1 = M(something)_2 = M(something)_3 = \cdots$인 조건이 성립하면 경제적 효율성이 갖추어지는 것으로 본다. 여기서 아래 첨자는 재화, 서비스, 투자, 활동, 혹은 사람 등등에 붙여진 번호이다. 예를 들면 국가 예산에는 방위비, 복지비, 공무원 인건비, 과학기술투자 예산 등 여러 항목의 예산이 있는데 이 모든 항목의 마지막 한 단위 예산(예를 들면 천만 원)의 사

---

12. 참고로《경제학, 이것 하나로 단번에》(*Economics in one Lesson*)란 명저를 낸 미국의 저널리스트 헨리 헤즐릿(Hazlitt, 1894-1993)은 "효율성 개념 하나 정확히 알면 경제학 공부는 끝"이란 뜻에서 이 책의 제목을 그렇게 붙였다. 이 책 제1장 서두를 인용하면 다음과 같다. "경제학만큼 오류가 많은 학문이 없다. … 가장 큰 요인은 물리학, 수학, 의학 등에서는 거론조차 되지 않는 인간의 이기적 이익(selfish interests)이 경제학이라는 학문에 끼어들기 때문이다. 세상의 어떤 집단이든 경제적 사익을 갖고 있지 않은 집단이 없지만 모든 집단은 다른 모든 집단과 적대적인 경제적 이익을 갖고 있어서 어떤 정책으로 이득을 보는 집단은 유수한 정책학자들을 채용해 그 정책을 옹호하는 논리를 개발하게 만들어 사람들의 생각을 오도하거나 혼란에 빠뜨린다. … 두 번째 요인은 인간이 가진 끈질긴 경향성(persistent tendency)으로서, ① 정책의 즉각적인 효과만을 보거나, ② 특정 집단에 대한 효과만을 보거나, ③ 그 집단만이 아니라 모든 집단에 대하여 그 정책이 몰고 올 장기적인 효과에 대한 검토를 무시한다."(p. 15) 이런 효과를 옳게 분석할 수 있도록 돕는 학문이 바로 경제학이라고 헤즐릿은 말한다. 이 책에는 '깨진 유리창' 등 효율성 개념에 대한 오해의 예들이 가득하다. 경제학 교과서로 최상이다.

회적 가치가 다 같아지도록 국가 예산을 배분한다면 효율적으로 배분한 것이다. 내 하루 시간 중 수면, 식사, 대화, 공부, 영화관람 등등에 사용한 마지막 한 단위의 시간(예를 들면 30분이라고 하자)의 효용이 다 같도록 시간을 나눠 썼다면 아주 효율적으로 시간을 배분한 것이다.

이를 달리 표현한 것이 파레토 효율성(Pareto efficiency)이다. 이탈리아의 엔지니어이자 경제학자 빌프레도 파레토(1848-1923)의 이름을 딴 파레토 효율성 혹은 파레토 최적(Pareto optimality)은, 기존의 어떤 자원 배분 상태에서, 자원의 재배분을 통해, 다른 사람의 후생을 감소시키지 않고서는 어떤 사람의 후생이 나아지도록 만들 수 없는 상태를 가리킨다. 한편 자원의 재배분을 통해, 어떤 사람의 후생을 감소시키지 않고서 다른 사람의 후생의 증가를 꾀할 수 있는 다른 자원 배분 상태로 변화시키는 경우의 자원 재배분을 파레토 개선(Pareto improvement)이라고 일컫는다. 따라서 파레토 효율성은 이제 더는 파레토 개선이 불가능한 상태이고, 이때 우리는 파레토 최적의 상태에 도달한 것으로 본다.

예컨대 영화관에 관객들이 자리를 잡고 앉아 있는데, 빈 좌석이 있을 때 더 좋은 자리로 바꿔 앉기를 허용한다면, 상당수의 사람이 자리를 옮겨 갈 것이다. 이것이 파레토 개선이다. 설사 빈자리가 없어도, 서로가 자유의사에 따라 합의하여 자리를 바꾼다면 이것도 파레토 개선이다. 그러나 이 과정이 계속되다 보면 자발적인 좌석의 교환이 더는 일어나지 않는 상태에 도달하게 될 것이다. 이것이 파레토 효율적인 혹은 파레토 최적인 자원 배분 상태이다. 이후에는 이제 누구도 다른 사람의 효용을 감소시키지 않고서는 자신의 효용을 증가시킬 수 없다. 이런 면에서 파레토 최적은 제로섬(zero sum) 상태와 흡사하다.

이번에는 자원 배분에 관한 의사결정자 또는 이 과정의 참여자 개개인의 효용 증감이 아니라, 개별자원의 배분 사례에서 선택된 선호기준의 예를 들어 파레토 기준을 적용해 본다면 다음과 같다. 예컨대 국가 예산의 배분에서 복지비 예산을 더 할당하면 복지비 예산의 마지막 한 단위 1천만 원의 사회적 가치, 즉 한계치(marginal value)는 감소하고, 그로 인해 줄어든 방위비 예산의 마지막 한 단위 1천만 원의 사회적 가치, 즉 한계치는 증가하게 될 것인데, 이 과정을 계속해 결국 모든 항목의 예산에서 마지막 1천만 원의 사회적 한계가치가 같아질 때까지 조정을 계속한다면 이때 도달하는 국가 예산의 배분 상태가 파레토 효율적이고 파레토 최적이다. 하지만 일단 이 상태에 도달한 이후에는 어떤 항목 간의 예산 조정도 파레토 비효율적(Pareto inefficient)이고 파레토 최적이 아니게(Pareto non-optimal) 된다. 여기서 만일 복지비 예산의 낭비 요소를 일부 제거함으로써 복지비 예산을 일정 부분 줄여도 마지막 1천만 원의 사회적 한계가치가 불변인 경우, 혹은 동일 액수의 예산 사용에도 불구하고 복지 서비스의 향상으로 국민의 복지 수혜에 따른 사회적 한계효용이 올라간다면 파레토 개선이 가능한 상태로 볼 수 있다.

효율성 개념의 공식적인 설명은 이렇지만, 얼른 이해하기는 쉽지 않다. 그래서 학생들에게 저자는 아주 이해하기 쉽고 적용하기 쉽도록, '적재적소(適材適所)'또는 '과부족(過不足)이 없는 상태'가 바로 자원이 효율적으로 배분된 상태라고 설명해 왔다. 앞의 예들로 돌아가 보자. 하루 24시간을 여러 용도와 목적에 잘 나눠 사용한 사람은 만족감을 느낀다. 잠을 너무 많이 자 오늘 해야 할 일을 하지 못했다면 시간 배분에 과부족이 있는 것이고, 한정된 시간을 (적재)적소에 쓰지 못한 것이다. 내 월급 300만 원도 마찬가지다. 어떤 물건은 너무 많이 사고, 어떤 서비스는 이용하고 싶으나 돈이 모자라 못했다면 돈을 잘 나눠 쓰지 못한 것이다. 국가 예산이 복지에 과도하게 쓰여 국방과 안보가 허술해지고 있다면 예산을 효율적으로 배분하지 못한 것이다. 어느 부처의 공무원은 매일 야근을 하는데 다른 부처의 공무원은 신문만 보고 있다면 공무원 배치가 비효율적으로 이루어지고 있다는 뜻이다. 각자의 소질과 능력에 맞지 않는 일자리에서 일하는 사람들이 많다면 한 나라의 인적 자원이 효율적으로 배분되지 못한 것이다. 능력 없는 친인척이 회사의 윗자리를 차지하고, 능력 있는 직원이 낮은 직위에서 승진하지 못한다면 회사의 인적 자원이 효율적으로 사용되지 못한 것이다.

자원 배분의 효율성, 달리 표현해 효율적 자원 배분에 관한 한 시장만큼 유능한 것이 세상에 없다. 예컨대 교실의 자리 배치를 어떻게 하면 좋을까? 초중등학교에서는 담임선생님이 자리를 배정한다. 그런데 불만이 많다. 치맛바람의 원인이 되기도 한다. 담임선생님의 배정방식에 어떤 문제가 있는가? 초중등학교에서 흔히 사용되는 좌석 배치방법은 키순이다. 키 작은 학생이 앞에, 키가 큰 학생이 뒤에 앉도록 한다. 키가 크면 시력도 좋고 청력도 좋은가? 그렇지 않다. 키만 고려하다 보니 개개인의 특성이나 상호 관계는 고려하지 않았다. 그러므로 맘에 들지 않는 짝꿍 때문에 불만이 많다. 그러면 이런 한계점이나 문제점을 극복할 수 있는 좋은 방법이 있을까? 있다. 각자의 선택에 맡기면 된다. 대학교에서는 학생들이 자리를 찾아 앉는다. (멍청한 교수, 출석만 중시하는 교수는 여전히 자리를 배정하기 좋아한다.) 학생들에게 물어보라. 지금 자기가 앉은 자리에 불만이 있는 학생이 있는지? 아마 없을 것이다. 혹 오늘 앉은 자리가 불만이었다면 다음 수업시간에는 다른 자리로 갈 것이다. 이렇게 각자의 선택에 맡기는 방식이 시장에 의한 자원 배분 방식이다. 세상에 이보다 더 무식한(?) 방식이 없다고 생각할지 모르나, 시장보다 더 효율적인 자원 배분 메커니즘은 없다.

왜 시장은 최고의 자원 배분 메커니즘인가? 이상의 예들에서도 분명히 드러났지만, 시장에서의 의사결정자는 개인이다. 시장에서는 각 개인이 자기의 문제를 푼다. 다시 말하면 시장에서는 분권적 의사결정(decentralized decision-making)이 이루어지고, 시장은 그렇게 분권적으로 결정된 각 개인의 의사 혹은 선택이 집합되는 장이다. 분권적 의사결정에 반대되는 개념이 집권적 의사결정(centralized decision-making)인데 조직의 의사결정이 이에 속한다. 물론 가장 대표적인 집권적 의사결정의 예는 정부에 의한 집권적 정책 결정이다. 정부가 결정한 정책은 국민 모두에게 일반적으로 적용된다. 비록 다소간 개인의 자율성이 인정되는 게 일반적이기는 하지만 정부가 허용하는 선과 범위 안으로 엄격하게 제한된다.

이제 똑같은 문제 상황에서 문제해결책으로 제시되는 시장에 의한 분권적 의사결정 방법과 정부에 의한 집권적 의사결정을 비교해 보자. 예컨대 고등학교 이하 학생들의 점심 식사는 무상급식으로 해결한다. 학교마다 급식업체를 선정하거나 직원을 채용하여 같은 음식, 같은 반찬을 마련해 학생들에게 제공한다. 학생들 개개인의 식성이나 기호가 반영될 여지는 거의 없다. 이것이 집권적 의사결정 방식이다. 한편 대학생 이상 학생들의 점심 식사는 각자의 자유에 맡겨져 있다. 각자가 자기 식성과 입맛에 따라 각자 돈을 내고 식사를 해결한다. 이것이 분권적 의사결정 방식이다. 어떤 방식이 더 낫다고 생각하시는가? 무상급식은 빈부격차로 인한 사회적 위화감을 최소화한다는 취지에서 도입된 제도라고 한다면, 이 문제가 대학생 이상의 학생에게는 제기조차 되지 않는 이유는 무엇인가? 형평성 문제를 차치하고 자원 배분의 효율성이라는 측면에서만 본다면 집권적 의사결정 방식인 무상급식 방식이 열등한 방식임은 많은 설명이 필요 없을 것이다.

여기서 우리가 주목해서 보아야 할 중요한 점은 사회문제의 해결은 반드시 정부의 개입을 통해서만 이루어져야 하는 게 아니라는 사실이다. 다시 말해 사회문제라고 하면 집단적 의사결정으로 대처해야만 한다고 생각하기 쉽지만, 개개인의 (현명한) 선택과 결정을 통해 해결할 수도 있다는 말이다. 이것이 분권적 의사결정 방식인데, 시장은 이런 분권적 의사결정 방식을 대표하는 메커니즘이다. 다시 위의 예로 돌아가 설명한다면, 학생 개개인의 선택과 결정에 맡기는 방식이 분권적 의사결정 방식이다. 이것이 예일대학의 린드블롬 교수가 제시한 시장에 대한 독특한 시각, 즉 "시장에서는 사적인 문제해결의 부산물(by-product or epiphenomenon)로서 사회문제가 결과적으로 해결된다."는 말의 뜻이다.(Lindblom, 1977:257-58)

그런데 일반적으로 사람들은 시장이 사회문제 해결 메커니즘이라는 사실을 잘 이해하지 못한다. 그저 시장은 문제라고만 생각한다. 생각해 보시라. 크고 중요한 사회문제들은 대부분 시장에 의해 해결되어 나간다. 수천만 명의 국민이 각자 원하는 직장을 얻는 일, 수백만의 젊은이가 각자 좋아하는 배우자를 만나는 일 등이 대표적인 예들이다. 국가는 죽었다 깨어나도 이런 문제들을 해결하지 못한다. 누가 국민 각자가 원하는 직장, 각자의 능력과 재능에 딱 맞는 직장, 각자가 사는 곳에서 가까우며 일하고 싶은 시간대에 일할 수 있는 직장, 기타 여러 가지 조건에 맞는 직장을 국민 각자에게 배정할 능력을 갖고 있는가? 그런 정보가 있고 모을 수나 있는가? 결혼도 마찬가지다. 직장 찾는 일보다 더 많은 조건이 충족되어야 하고 조건이라는 것도 미묘하기 짝이 없는 것들이 많은데 누가 과연 각자가 흡족해하는 배우자를 찾아 짝 지워줄 수 있다는 말인가? 이 일은 오로지 시장만 할 수 있는 일이다.

시장은 이런 일을 너무 쉽게 해결한다. 어떻게? 각자가 자기 문제를 해결하도록 내버려 두는 방법으로. 그러면 사람들은 자기의 이익을 위해 자신의 지식, 경험, 정보를 최대한 활용해 최선을 선택하려고 무진 애를 쓴다. 그뿐이다. 그것이 시장이다. 현재의 직장에, 혹은 현재의 배우자에게 불만인 사람도 물론 있다. 적지 않다. 그래서 이직도 하고, 이혼도 한다. 혹은 미취업자나 미혼자로 남아 있기도 한다. 그래서 국가가 개입한다고 해보자. 무엇 하나 좋아질 게 있을까? 달라질 게 있을까? 기껏해야 고용정보센터 등을 만들어 운영하는 정도지만 별로 이용되지 않는다. 그러나 시장에서는 고용정보사이트(job site), 결혼정보회사들이 성업 중이다. 시장은 이렇게 움직인다. 우리가 늘 보고 그 속에서 사는 게 시장이라서 별것 아닌 것처럼 보이기 쉽지만, 시장은 어수룩하지 않다. 빈틈, 빈 구석을 찾기가 힘들다. 시장은 이렇게, 시장만이 할 수 있는 유일한 방법, 방법이라고 말할 수도 없는 방법, 즉 각자의 선택에 일임하는 방법으로 사회의 문제들을 잘 해결해 나간다.

제대로 공부한 경제학자라면 누구도 최고의 자원 배분 메커니즘이 시장이라는 사실을 부정할 수 없다. 그런데 대다수 경제학자가 이 사실에 중대한 토를 단다. 완전한 시장(perfect market)의 경우에는 맞는 말이지만, 거의 모든 시장은 시장실패 요인들을 가지고 있어 불완전하다고, 또 시장이 형성되지 않은 경우들이 많아서 시장이 자원의 효율적 배분을 보장하는 경우는 극히 예외적이라고, 따라서 시장을 자원 배분을 위한 최적 메커니즘으로 볼 수 없다고 주장한다. 예외가 있다면 신제도주의 계열의 학자들이 있을 정도다. 과연 이들의 판단이 옳은가? 결론부터 말한다면 전혀 아니다. 이제 시장실패론이 내세우는 소위 완전경쟁시장 이론이라는 것과 시장실패 요인들을 비판적으로 검토해 보기로 한다.

2. 시장실패론에 대한 비판적 검토

2.1 완전경쟁시장이란 허구

시장실패론은 완전경쟁시장의 존재를 전제한다. 그런데 과연 완전경쟁시장이란 것이 있는가? 아니, 존재할 수 있기나 한가? 만일 완전경쟁시장이라는 게 존재하지도 않고 존재할 수도 없다면, 시장실패론은 허망한 이론 정도가 아니라 매우 위험한 이론이다. 존재하지도 않는 시장, 존재할 수도 없는 시장을 이상으로 삼아 현실의 시장을 부정하는 기준으로 삼는다면 이는 억지이다. 난센스 중 난센스다. 한마디로 말해, 경제학자들이 상정하는 완전경쟁시장이라고 하는 것은 없다. 그들이 말하는 완전경쟁시장의 조건들을 갖춘 시장은 동서고금에 어디에서도 있어 본 적이 없고, 앞으로도 영원히 없을 것이다. 그러므로 단순히 완전경쟁시장의 조건들이 충족되지 않는다고 해서 시장이 불완전하다고 단정하고, 그렇다고 말하기 무섭게 정부개입이 필요하다는 주장으로 달려간다면 참으로 어처구니없는 논리이고 가당찮은 결론이다.

시장이 시장 본연의 역할과 기능을 잘 수행하느냐 못하느냐, 또는 얼마나 잘 수행하느냐는 사실 경제학자들이 말하는 '완전경쟁'시장의 조건과는 거의 무관하다. 시장실패론을 금과옥조로 여겨온 대부분의 독자로서는 여간 놀랍고 충격적인 말이 아닐 수 없을 것이나, 주류경제학이 떠받드는 '완전경쟁'시장의 조건들은 현실시장에서 일어나는 경쟁—이것이 하이에 크가 말하는 경쟁이다—과는 아무 상관이 없다. 원래 완전경쟁시장이라는 용어는 시장의 '이상형(ideal type)'으로서 제시되었다. 여기서 '이상형'은 완전경쟁이 이루어지는 시장이 시장의 이상이라는 뜻이 아니다. '완전경쟁'시장은 세상의 각양각색의 시장을 비교하고 연구하기 위해 만들어낸 하나의 분석적 구성물(analytical construct), 혹은 분석 도구 및 개념에 지나지 않는다. 즉 개별 시장들의 다양한 특성—예컨대 어떤 속성은 강하거나 약하고, 존재하거나 존재하지 않는 등—을 종합해 내되 연구자가 일방적으로 선택한 관점들에 강조점을 둔 분석 도구이자 개념일 뿐이라는 말이다.[13] 그러므로 '완전경쟁'시장이란 것을 현실시장들의 완전성과 불완전성을 판별하는 기준이나 잣대로 사용하는 것은 '이상형'이라는 용어에 대한 완전한 오해에 기인한 명백한 오류이다.[14]

일반 경제학 교과서는 완전경쟁시장은 "가격이 완전경쟁에 의해 형성되는 시장"이라고 설명하고, 이어서 완전경쟁의 조건들을 제시한다. 그것은 "① 시장참가자의 수가 많고, ② 시장참여[진입과 이탈]가 자유로우며, ③ 각자가 완전한 시장정보와 상품 지식을 가지고, ④ 개개의 시장참가자가 시장 전체에 미치는 영향력이 미미하며, ⑤ 매매되는 재화나 서비스가 동질인" 시장이다. 더 나아가 "완전경쟁시장에서는 수급이 균형을 이루고 있으

---

13. 참고로 '이상형'이라는 말을 처음 만들어낸 독일의 사회학자, 막스 베버(Max Weber)는 그것을 이렇게 설명하였다. "이상형은 하나 또는 여러 관점의 일방적인 강조에 의해서 그리고 무수하게 많고 다양한 혹은 있기도 하고 없기도 하는 구체적인 개별현상들의 종합에 의해서 만들어진다. 이것들은 일방적으로 강조된 관점들로 배열되어 통일된 분석적 구성물이 된다." (Weber, 1997:90)

14. 시장실패론을 신봉하는 경제학자들 가운데는 완전경쟁시장은 이론적으로 가정된 시장일 뿐 현실적으로 존재하기는 불가능한 시장임을 인정하는 학자들도 있다.(이준구, 2008:209-301)

며 정상이윤이 존재할 수 있는 일반균형의 상태가 성립된다."고 가정하고, 이런 조건 아래서만 최저 평균비용과 가격은 일치하게 되며, 자원이 가장 효율적으로 이용되는 바람직한 상태가 실현된다고 본다.

여기서 짐작할 수 있듯이 완전경쟁시장 이론에서 가장 큰 관심 사항은 일반균형의 성립 여부이다. 다시 말하면 "(모든 상품과 서비스의) 수급이 균형을 이루고 정상이윤 이상의 이윤이 발생하지 않아 시장 전체적으로 균형이 이루어져 잘 파괴되지 않는 안정적인 상태"를 시장이 만들어내느냐 여부가 이 이론의 주된 관심 사항이다. 완전경쟁시장의 조건이라는 것들도 시장이 일반균형 상태에 도달해 있는지를 판별하는 조건으로서 의미를 지니고 있다고 보는 게 옳다. 요컨대 이 이론은 실제로 시장에서 야기되는 경쟁과는 아무런 관련이 없다. 사실 완전경쟁시장 이론이란 것에는, 제2장 하이에크의 경쟁이론에서 본 것과 달리, 실제로 시장에서 경쟁이 어떤 형태로 이루어지고 그 경쟁의 과정(process of competition)에서 구체적으로 어떤 일들이 벌어지고, 그래서 어떤 일들이 가능해지게끔 해주는지 등에 대해서는 묵묵부답이다.

완전경쟁시장 관념에 대하여 하이에크는 이렇게 평가한다.

> 주류경제학자들은 완전경쟁시장 이론을 들먹이면서 마치 자기들이 경쟁의 본질과 의미에 관하여 뭔가를 말하고 있는 듯이 말하는 것을 흔히 보게 되는데 이는 자신을 속이는 짓이다. [이들은 사실은] 경쟁을 그저 존재하는 것으로 가정하고 있을 뿐이다. 모든 경제활동의 동력(moving force of economic life)인 경쟁은 이 이론에서 거의 완전히 빠져 있다. … 만일 이 이론이 (그저 존재하는 것으로) 가정하는 완전경쟁시장이 현실로 존재하고 있다면, 이 이론은 '경쟁하다'라는 동사가 서술하는 모든 경쟁적인 활동(competitive activities)의 여지를 빼앗는 것에 그치지 않고, 경쟁적인 활동 자체를 불가능하게 만드는 셈이다. … [이런 이유로] 이 이론의 결론, 즉 시장은 불완전하므로 정부의 개입이 필요하다는 결론은 정책지침(policy

guides)으로서도 올바르지 않다.(Hayek, 1948[1980]:92-93)

더 나아가 하이에크는 이 이론에서는 예컨대 장기적인 시장균형이 성립되려면 공급자나 생산자가 상품들의 최저생산비를 안다는 조건이 충족되어야 한다고 말하면서도, 도대체 그들이 어떻게 그것을 알 수 있다는 말인지에 관해서 아무런 설명도 하지 않는다고 지적한다. 마찬가지로 생산자(나 공급자)가 소비자들이 원하는 상품과 서비스의 유형, (서로가 서로에 대하여 받고 싶고 또 내고 싶은) 가격 등을 피차 완벽하게 알고 있어야 한다는 조건이 성립해야 한다고 말하고 있지만, 정작 그들이 어떻게 그런 것들에 대해 알 수 있다는 말인지에 관해 아무런 설명도 해주지 않는다고 비판한다. 하이에크는 이런 정보들은 오로지 생산자들은 생산자들대로, 소비자들은 소비자들대로 경쟁하는 과정에서 비로소 생산되고 제공되고 유통되는 것인데(*ibid.* p. 96), 이 이론은 경쟁의 이런 기능—지금까지 해 오던 방식보다 어떤 일이든 더 낫게 할 수 있는 방식과 방법을 발견하는 과정, 즉 미지세계로의 탐험(voyage of exploration into the unknown) 과정—에 대해서는 아는 게 하나도 없다고 비웃는다.

하이에크의 비판 중 핵심은, 대다수 경제학자가 가장 이상적인 경쟁 상태라고 보는 소위 '완전'경쟁시장에서는 경쟁(활동)이 아예 생겨날 수조차 없다고 설파하는 부분이다. 사실 모든 사람이 정말로 완전한 지식과 예지(perfect knowledge and foresight)를 지니고 있다면 경쟁은 있을 수 없다. 서로가 서로에 대해 속속들이 알고 있는데, 무슨 경쟁을 할 수 있으며, 무슨 의미가 있겠는가? 이는 상대방이 빤히 알고 있을 때, 거짓말로 상대방을 속일 수 없는 것과 같은 이치다. 서로가 상대방을 속속들이 안다면 광고, 할인판매, 상품과 서비스 품질의 향상 노력, 가격 인하 노력, 그 어떤 활동도 의미가 없어지고 만다. 소비자들이 그런 활동의 속셈이나 실정을 빤히 알고 있는데 광고가 무슨 소용이며, 할인판매 꼼수에 속아 넘어갈 리가 없기 때문이다.

개개 상품이 각기 동질적이어야 한다는 조건, 즉 이 회사의 상품이나 저 회사의 상품이 완전히 똑같아야 한다는 조건도 어불성설이다. 모든 상품이 동질적이라면 경쟁이 무슨 소용인가? 누가 이 시장에 들어와 기존 상품(및 서비스)과 다른 상품(및 서비스)을 생산하려 할 것이며, 또 정상이윤이 보장되는 이 시장에서 누가 빠져나가려 하겠는가? 누구나가 모든 것을 알고 있다고 가정하는 '완전'경쟁시장에서는 경쟁은커녕 경쟁적인 활동 비슷한 그 어떤 것도 생겨날 수 없고, 경쟁적인 활동 같은 것이라고는 전혀 없는 그런 시장이 아닌가. 하이에크가 말하는 완전한 지식과 예지의 '마비효과(paradox of paralyzing effect)'밖에는 나타날 게 없는 시장이 어찌 이상적인 시장이란 말인지 참으로 이해하기 어렵다.

이런 관점에서 하이에크는 완전경쟁시장 이론은 경쟁에 관한 이론이기보다는 기본적으로 경쟁시장의 균형이론(a theory of competitive equilibrium)이라고 단정한다. 경쟁에 관해서는 묵묵부답인 채 이러저러한 조건들이 갖추어지면 일반균형이 달성되고,[15] 이때 후생은 극대화된다고 주장하는 이 이론은 그야말로 있으나 마나 한 무가치한 이론이라고 질타한다. 기본적으로 정태적 분석(static analysis)인 완전경쟁시장 이론에서 본질적으로 동태적인 과정(dynamic process)인 경쟁이 사상(捨象)되어 사라져버리고 마는 것은 당연한 결과라고 본다.(*ibid*, p. 94) "아무리 미약할지언정 경쟁이 일어나고 있는 시장이라면 그 상황은 경쟁이 없는 시장의 상황과 비교할 바가 아닌데도, 오늘날 주류경제학자들은 시장의 불완전성에 대한 인내심은 눈곱만큼도 없는 반면에 정부개입은 숨 가쁘게 촉구한다."고 지적하며 통탄을 금치 못한다.

---

15. 시장균형은 말 그대로 일단 이루어진 균형상태에서 벗어나지 않으려는 관성을 갖고 있으므로 이 시장에서는 어떤 변화도 기대할 수 없다. 경쟁이 일어날 여지가 전혀 없기 때문이다. 사실 이런 균형이 장기적으로라도 달성될 수 있을지도 의문이다. 왜냐면 모든 것이 계속 변화하는 세상에서 장기균형이란 존재하지 않기 때문이다.(Hayek, 1948:101)

이상에서 완전경쟁시장 이론에 기초해 경쟁의 완전성과 불완전성을 판단하려는 시도는 매우 그릇된 시도임을 주로 하이에크의 말을 인용하며 살펴보았다. 이제 소위 완전경쟁시장 이론에 근거를 둔 시장실패론이 꼽는 시장실패 요인들, 즉 독점, 외부효과, 공공재, 정보의 불완전성의 내용이 무엇인지 알아보고 비판적으로 검토해 보려고 한다.

2.2 시장실패에 근거한 정부개입 주장의 근거와 타당성

시장실패 요인들에 대한 비판적 논의는 불가피하게 다층적으로 진행된다. 따라서 독자들의 이해를 돕기 위해 저자의 문제의식, 분석시각, 결론의 방향을 미리 밝혀 둘 필요가 있을 듯하다. 우선 시장실패 요인은 고작 4-5종류에 불과하다. 그러므로 4-5종류에 불과한 시장실패 요인들을 들고서 시장이 불완전하다고 결론을 내린다면 의아하게 생각해야 자연스러운 일일 듯하다. 그런데 학생들은 이와 반대다. 시장은 매우 불완전하다는 생각으로, 그러므로 정부가 시장에 개입하지 않으면 안 된다는 생각으로 꽉 차있는데, 정작 시장실패 사례들을 예시해 보라고 하면 금방 꿀 먹은 벙어리 꼴이다. 이런 이율배반적이고 비논리적인 사고는 도대체 어디서 비롯되는 것일까? 잘못된 교육 때문이고, 스스로 생각할 줄 모르기 때문일 것이다. 스스로 시시비비를 따져보지 않기 때문일 것이다. 이런 학생들에게 저자는 학자들의 말이라고 무비판적으로 수용해서는 안 된다고, 그런 습관을 하루빨리 버리고 스스로 생각하고 따져서 자기 견해를 세우라고 말한다.

그런 다음 저자는 실제로 시장은 불완전하지만, 이 불완전한 시장이 만들어내는 결과는 정부가 개입해서 나오는 결과보다 나은 경우가 더 많다고 주장한다. 간단히 표현한다면, 학생들은, 아니 더 근본적으로, 대다수 경제학자는 시장은 불완전하므로(because of market imperfections) 정부가 시장에 개입하는 것이 당연하다고 보지만, 저자는 시장의 불완전성에도 불구하고(in spite of market imperfections) 정부가 개입하는 경우보다 나은 결과를 만들어낸다고 가르친다.

이어서 실재하지도 않는 시장이 이상적인 시장, '완전경쟁'시장으로 둔갑하고, 이 가상의 시장과 비교해 현실시장을 매도하면서, 정부개입의 필요성과 정당성을 옹호하는 건 이치에 맞지 않을뿐더러 매우 위험하지만, 왜 시장은 부정적으로 보면서, 정부는 '유능하고 선하다'는 가정에 대해서는 하등의 문제의식이 없느냐고 묻는다. 시장이 불완전하다면 그 대안인 정부는 어떤지 당연히 따져보고 의문을 가져보아야 마땅한데, 정부에 무조건적인 신뢰를 보내는 이유가 있는지 묻는다.

'자애롭고 유능한 정부'의 가정(presumption of benevolent and competent government)은 아무런 근거가 없는 엉터리 가정이다. 신문만 읽어도 이 가정이 터무니없다는 사실을 금방 알 수 있다. 공직자의 부정부패, 독직 사건, 정부의 무능과 독선, 무수한 정책의 실패들을 보면서 어떻게 정부는 자애롭고 유능한 존재라고 태연하게 믿을 수 있다는 말인가? 이런 근거 없는 가정을 갖고서 보면, 시장 대 정부의 선택문제에서 답은 아주 간단해지고 만다. 세상의 모든 일은 시장을 배제하고, 정부가 도맡도록 하는 게 상책이다. 반면에 시장의 불완전성과 한계를 인정하듯이, 정부의 불완전성과 한계를 인정한다면 이제 비교 대상은 ① 불완전한 시장에 의한 문제해결과 ② 완전한 정부에 의한 문제해결이 아니라, ① 불완전한 시장에 의한 문제해결과 ③ 역시 불완전하기는 마찬가지인 정부에 의한 문제해결이 된다. 이제 대안 ①과 ③ 중 어느 것이 그래도 나은 결과를 얻는 방법인지를 물어야 정당한 질문이다. 물론 이 문제에 답하기는 간단하지 않다. 시장의 장점과 한계, 정부의 장점과 한계, 그리고 해결해야 하는 정책문제의 성격을 모두 깊이 이해하고 있어야 옳게 답할 수 있기 때문이다. 하지만 이런 올바른 질문하기, 그 자체가 무엇보다도 중요하다. 그래야만 성급한 오판을 막을 수 있다.

아래에서는 4-5종류로 대별된 시장실패 요인 중 독점과 공공재에 대한 논의에 집중한다. 정보의 불완전성(및 소득분배의 공평성 등 시장과 정의의 관계 등)에 대해서는 이미 하이에크의 시장이론을 다룬 제2장에서, 외부효과에 대해서는 코우즈의 시장이론을 다룬 제3장에서 깊이 검토하였으므로 여기서는 보완적인 사항만 다루려고 한다. 따라서 독자는 시장실패와 관련해 꼭 앞의 두 장에서 해당 부분을 찾아 더불어 읽으시기 바란다.

2.3 독점

독점이라고 하면 보통 생산자와 공급자 측면의 독점을 말한다. 주류경제학에서 독점을 중요한 시장실패 요인으로 꼽는 이유는 무엇인가? 독점사업자는 시장의 지배력을 이용해 독점이윤을 최대한 확보할 목적으로 생산(공급)은 줄이고 가격은 높게 책정하므로 자원 배분의 효율성이 깨진다고 보기 때문이다. 간단히 말하면 높은 가격 때문에 독점된 상품과 서비스를 소비하고 싶어도 소비할 수 없는 사람들이 생겨나고, 독점생산자는 쉽게 획득한 초과이윤으로 다른 시장에 진출하여 쉽게 경쟁력 우위를 확보할 수 있게 되는 등, 사회 전체적으로 보면 자원의 비효율적 배분을 초래한다는 것이다.

여기서 첫 번째 질문은, 현실적으로 시장에 어떤 독점 사례들이 있느냐 하는 것이다. 놀랍게도 시장에서 자연적으로 생겨난 독점 사례를 찾기는 힘들다. 비록 국내시장에서는 독점일지 몰라도, 우리나라 시장에 수출하는 외국기업들을 생각하면 독점이 아니다. 기업설립과 활동의 자유가 보장된 국가, 그것도 개방시대에 시장에서 독점이 자연스럽게 생겨나고 유지되기는 거의 불가능하다. 왜 시장경제 체제에서 독점기업은 찾기가 어려운 것인가?

시장경제에서 예컨대 상품 A에 대한 수요가 상대적으로 증가하면 A의 가격이 오르고 해당 산업의 이윤율이 올라간다. 그러면 지금껏 다른 상품들의 생산에 사용되던 자원이 높은 이윤율을 좇아 A산업으로 이동한다. A산업이 사용하는 자원의 소유자는 다른 산업보다 A산업에 우선해서 자원을 제공하려고 하고, 그러면 A산업의 생산은 계속 증가한다. 이런 시장 적응의 과정을 거쳐 수요가 충족되게 되면, 이제 반대 방향의 시장적응 과정이 시작된다. 상품 A의 가격이 상대적으로 하락하고, 생산비는 상대적으로 올라가 이 산업의 이윤율이 하락하면 이제 자원이 상대적으로 수요가 증가하고 이윤율이 상승한 다른 산업으로 전환된다. 이렇게 사회의 필요와 요구에 맞게 자원은 끊임없이 배분되고 재배분된다.

이것이 우리가 시장에서 독점기업을 쉽게 찾아볼 수 없는 중요한 이유다. 독점기업의 존재가 문제라고 생각하는 독자가 있다면 그 예를 찾아보시라. 막연히 그럴 거라고만 생각해 오다 막상 이 질문을 받으면 당황스러울 것이다. 시장에서 독점은커녕 놀랍게도 과점적 지위를 누리는 기업도 그리 많지 않다. 흔히 대기업이 시장경쟁에 이겨서 다른 모든 기업을 도태시키고 시장을 독점하면 영구히 독점기업으로 존속할 수 있는 것처럼 쉽게 생각하는 경향이 있으나, 이는 착각이다. 진입이 자유롭고 그래서 경쟁이 활발한 시장—이런 시장을 경합 시장(contestable market)이라고 한다—에서 이런 일은 일어날 수 없다.

생각해 보시라. 다른 기업가나 잠재적 참가자들이 바보가 아닌 이상 높은 이윤을 올리는 독점기업을 바라보며 팔짱 끼고 부러워하고만 있을까? 그럴 리 없다. 기업가들의 흔한 불평 가운데 하나가 독점적인 위치에 가기가 무섭게, 이윤이 생겨 좀 재미를 보는가 싶기가 무섭게, 경쟁자가 출현하고야 만다는 것이다. 주류경제학자들이 말하는 완전경쟁이 아니라 약간의 경쟁만 일어나도, 심지어 곧 경쟁자가 등장할 듯한 기미만 느껴져도 기업가들은 경쟁에서 밀리지 않기 위해 최선을 다하지 않을 수 없다. 이게 시장이다. 경쟁에서 지지 않으려면 끊임없이 혁신하지 않으면 안 된다. 자유시장 경제체제에서는, 언제 어디서나, 슘페터가 말한 창조적 파괴 과정(the process of creative destruction)이 부단히 계속된다. 이 시장에서 영원한 승자는 없다.

그러면 자유시장 경제체제에 독점(기업)은 정말 없다는 말인가? 아니다.

있다. 아주 많다. 그런데 놀랍게도, 이것들은 시장에서 자생적으로 생겨난 것이 아니라 거의 예외 없이 정부가 만든 것들이다. 전기, 수도, 철도, 가스 등등 소위 공익서비스 사업들은 공기업이 맡고 있다. 공기업을 만든 장본인은 정부다. 초기 투자가 막대하다는 이유로, 공공성이 강하다는 이유로, 정부가 특별법을 제정하고 정부 독점을 선언하였기에 독점적 지위를 갖게 된 것이다. 다음으로 시장에서 독과점 상태에 있는 사업들은 거의 예외 없이 정부의 인허가 사업들이다. 예컨대 우리나라 통신 3사는 정부가 KT, SKT, LGU+ 등 3개사만 사업을 허가해 주었기 때문에 3사 체제로 유지되고 있다. 정부가 인허가 등등으로 규제하지 않는 산업에 독점의 지위를 누리고 있는 기업은 사실상 하나도 없다.

이와 같은 법적, 제도적 독점 산업의 경우 정부는 신규사업자의 시장진입을 막아 주는 것을 물론이고 다른 어떤 형태의 경쟁으로부터도 독점사업자를 보호해 준다. 그래야 소위 공공목적을 달성할 수 있다고 보기 때문이다. 시장에서 독점사업자의 이윤은 소비자 기호와 선호의 변화에 따라 혹은 경쟁사업자의 등장에 따라 시간이 지나면서 자연적으로 사라지게 되지만, 법적 독점, 제도적 독점에서는 이런 일이 일어나지 않는다. 제도적 독점사업자(공기업)가 흔히 의사결정과 행태 면에서, 민간기업으로서는 상상도 못 할 이상한 일을 하기도 하는 것은 정부의 눈치를 살피기 때문이고, 그래도 망하지 않는 이유는 독점적 지위가 법적으로 보장되어 있고, 적자가 생기면 국가재정으로 메꾸어주기 때문이다. 제도적 독점사업자가 이런 특권을 누리기 위해 귀중한 자원을 로비활동 등 정치적 목적으로 사용할 것은 빤한 이치이고, 이것은 자원의 비효율적인 배분을 영속화한다.

독점이 존재할 때 생겨나는 문제는 자원 배분의 비효율성만이 아니다. 예컨대 공기업은 경영이 방만하고 낭비가 많다는 지적을 피하지 못한다. 횡포와 불친절도 독점의 폐해이다. 독점은 간단히 말하면, 다른 대안의 부재를 의미한다. 예컨대 한전에서 전기를 사지 않으면 전기를 얻을 수 없는 것과 같다. 그러므로 독점기업은 우월한 지위에서 횡포를 부리기 쉽다. 속이 터지지만 그렇다고 전기를 안 쓰고 살 수도 없는지라 소비자는 울며 겨자 먹기 신세를 피할 수 없다.

앞에서 시장에서 자생하는 순수한 독점을 찾기 어렵다고 말했지만, 그렇다고 해서 우리 생활 주변에 독점의 문제들이 없는 건 아니다. 우리가 일상생활 중 만나는 독점의 문제는 한둘이 아니다. 예컨대 대학교 구내에 식당이 10여 개가 있은들 무슨 소용인가? 시간에 쪼들린 학생들이 즐겨 찾는 식당은 가까운 식당 한둘이 고작이다. 10여 분 버스를 타고 밖에 나가면 더 맛있고 값싼 식당이 있지만 그렇게 하는 학생은 거의 없다. 모든 학생이 처지가 비슷하다. 그러니 학생이 점심시간에 이용할 수 있는 식당은 교실에 가장 근접한 식당이기 쉽다. 말하자면 10개의 식당 각각이 특정 학생들에 대해서, 또 특정 시간대에 독점적 지위를 누리고 행사하는 셈이다. 마찬가지로 집 주변에 약국이 많아도 밤 8시 이후가 되면 한두 군데로 급격히 줄어든다. 이 약국들은 그 시간에 독점적 지위를 얻게 된다. 이런 예들은 무수하다. 서울대학교에서 규제정책을 강의하는 교수는 저자뿐이었다. 저자가 바로 독점공급자였다. 다른 교수를 추가로 채용하지 않아 정년 때까지 독점적 지위를 누렸다. 횡포라고까지는 못해도 규제정책을 수강하는 학생은 저자에게 고분고분하지 않기가 어려웠을 것이다.

독점의 문제는 어떻게 해소해야 하는가? 주류경제학자들이 주장하듯이 정부가 개입해야만 하는가? 아니다. 시장을 다시 보면 된다. 경쟁사업자가 생겨나도록 길을 열어주면 된다. 시장진입을 가로막는 각종 규제를 풀어서 뜻이 있고 경쟁력 있는 사업자들이 자유롭게 시장에 진입할 수 있도록 하면 독점기업은 이제 더는 제 맘대로 행동하지 못한다. 이게 경쟁의 힘이고 시장의 힘이다. 그런데 이 사업은 이래서 독점을 허용해 주어야 하고, 저 사업은 저래서 독점을 깨뜨릴 수 없다고 하면, 독점이 만들어내는 자원배분의 비효율성, 방만한 경영과 비능률, 자원의 낭비, 횡포, 불친절한 서비스 등 각종 문제는 해결 방도가 없다. 독점적 지위가 흔들리지 않는 한 독점사업자 마음대로 하는 행태를 고치기는 거의 불가능하다. 거듭되는 공기업 개혁에도 불구하고 역대 정권 어느 하나도 개혁이 완성되었다고 보는 정권은 없었다. 그만큼 어렵다는 뜻이다. 정부개입은 독점을 강화할 뿐만 아니라 독점의 문제를 해결하지 못한다.

이어서 주류경제학에서 독점을 문제 삼는 다른 이유는 독점이윤의 문제다. 독점적 시장에서는 독점기업이 독점이윤의 확보를 위해 독점가격을 책정함에 따라 소비자 후생이 감소할 뿐만 아니라 소비자로부터 독점자에게로 소득의 이전이 발생한다. 이것은, 한마디로 말하면, 독점이윤의 존재, 그 자체를 부정적으로 보는 관점이라고 할 수 있다. 시장경쟁의 동태적 측면을 중시하는 신제도경제학의 입장은 다르다. 신제도경제학자들은 이윤(즉 자원의 기회비용을 초과하는 수입)을 단순히 소득의 이전으로 간주하는 사고방식에 반기를 든다.

사람들은 독점이윤이라는 말을 들으면 누구나 반감을 갖는다. 독점이윤이라고 하면 독점기업가를 생각하고 욕심으로 똘똘 뭉친 쓰레기 같은 인간을 연상한다. 하지만 독점이윤은 독점기업만이 추구하는 이상이 아니다. 세상의 모든 사람과 기업은 독점적 위치를 차지하고 싶어한다. 운동선수, 가수, 영화배우, 교사 등등 거의 모든 직업의 사람들이 그런 위치를 차지하려고 안간힘을 쓴다. 남이 차지하고 있으니까 싫은 것이지, 내가 그 위치를 차지할 수만 있다면 그보다 좋은 일이 있을 수 없다. 이처럼 누구나 독점적 지위를 선망한다. 그러나 더 나은 위치로 갈수록 시장경쟁이 치열하기 마련이므로 독점적 위치에 서기 어렵고 설사 그 위치에 설지라도 오래 지탱해 내지 못할 뿐이다. 그런 사람들의 마음에 은연중 시기심과 질투심이 없을 리 없고, 그러므로 독점에 대해 좋게 말하거나 생각할 리 없다.[16]

끝으로 독점이윤을 규제하는 것이 반드시 사회적으로 유익한지는 깊이 따져볼 문제이다. 독점업체의 높은 이윤을 핑계로 예컨대 정부가 가격을 인

---

16. 참고로 미제스는 사람들이 자본주의에 반감을 갖는 가장 주된 이유로 인간의 질투심을 들고 있다.(Mises, 1978)

하하려고 할 때 대상기업들은 그렇게 하면 경쟁력 향상이나 기술개발 여력을 갖기 어렵다고 불평한다. 물론 독점이윤을 빼앗기지 않으려는 엄살일 수 있다. 그러나 그렇게만 볼 일은 아니다. 지속적인 투자 없이 경쟁력을 유지할 수는 없는 일이기 때문이다. 설령 독점이윤이 과도한 수준이라고 생각되어도 정상이윤(?) 수준을 얼마나 초과하고 있는지 정확히 알 방법도 없다.[17] 물론 원가를 산정해 볼 수는 있겠지만, 계속 변화하는 시장의 특성을 무시한 주먹구구를 넘어서기 어렵다. 문제가 이와 같다고 한다면 규제 일변도로 독점 문제에 접근하는 것은 불합리하다. 경쟁을 도입하고 시장에 맡기는 편이 낫다. 공기업규제와 같이 신규업체의 시장진입을 가로막는 규제를 철폐하여 진입을 촉진하는 시장 친화적(market-friendly) 접근이 바람직하다. 만일 규제가 불가피한 경우라면 상품시장의 독점이 아니라 그 전 단계인 생산요소시장에 불완전한 요소들이 없는지 살펴보는 게 우선이다. 다시 강조하거니와 독점적 지위를 그대로 두고 행태의 개선을 유도할 방법은 없다. 독점의 소지를 없애는 것이 독점 문제해결의 지름길이다.

독점이윤의 성격도 논란거리다. 이윤은 자원(재산)이 사회적으로 좀 더 높은 가치의 용도로 사용되고 옮겨가도록 만드는 중요한 원천이다. 사회주의 체제에서는 정부의 명령으로 이런 일이 가능해질 수 있겠지만, 자본주의-시장경제 체제에서는 (높은) 이윤 아니고서는 어느 것도 이 배분과 재배분 기능을 수행하지 못한다.(Pejovich, 1998:47)[18] 이윤은 사업자가 새로운 상품, 새로운 생산방법, 새로운 시장, 새로운 공급원을 찾도록 유도한다. 끊임없이 혁신하도록 만든다. 혁신을 통해 새로운 교환기회가 제공되도록 만

---

17. 지금까지 보았듯이 완전경쟁시장 이론에서는 정상이윤이 있는 것처럼 말하지만 정상이윤 같은 것은 없다. 설령 있다고 해도 누가 그것을 무슨 이치로 정할 수 있겠는가? 시장경쟁이 치열하면 이윤율은 0 가까이 떨어질 수 있고, 독점 상태이면 얼마든지 클 수 있다.

18. 이윤이라는 말은 보통 자본, 토지, 기계설비 등 자본재, 돈 등 '비인간' 자산(nonhuman assets)으로부터의 수입에 대해서만 사용하고 있지만, 인간의 노동도 이윤의 원천이다.(Pejovich, 1990:48)

든다. 슘페터가 말하는 '창조적 파괴'는 이윤 동기가 없다면 일어나지 않는다. 성공적인 혁신자는 독점적 지위를 차지하고 기회비용을 초과하는 독점이윤을 얻게 되며, 앞에서 설명한 시장경쟁 및 적응과정이 다시 시작되고 계속되도록 만든다.

이윤(율)에 관해서도 오해가 많다. 매우 흔한 잘못된 통념 중 하나는 대기업은 중기업보다, 중기업은 소기업보다 많은 돈을 번다는 것이다. 과연 그런가? 큰돈을 버는 것은 사실이겠지만, (투자자본) 수익률을 본다면 보통은 그렇지 않다. 기업이 큰돈을 버는 것에 반감을 갖는 사람들도 있다. 이 또한 생각이 부족해서다. 이윤 말고서 사회가 바라는 상태로 자원이 효율적으로, 즉 과부족 없이 적재적소에 배분되도록 만들 방법이 없다. 이윤은 '보이지 않는 손' 가운데 비교적 쉽게 인지할 수 있는 손이다. 이윤은 어떤 것의 생산이 늘어야 하고 어디로 자원이 이동해야 하는지를 시시각각으로 알려주는 신속하고, 정확하고, 값이 매우 싼 정보다. 이윤을 억누르면 시장이 자원의 배분을 유도하는 기능은 떨어진다.(Pejovich, 1990:48-49)

독점과 직접 관계가 있는 건 아니지만, 여기서 고찰해 볼 사항이 있다. 폭리 기업의 존재를 시장의 결함으로 치부하는 일이다. 결론부터 말하면, 어느 정도 시장경쟁이 이루어지고 있는 시장에서 폭리는 거의 없다고 보아도 무방하다. 왜 그런가? 소비자의 입장에서가 아니라 기업의 입장에 서서 생각해 보는 게 쉽다. 예컨대 제품이나 서비스 가격이 급등하면 소비는 당연히 줄어든다. 그러면 기업들은 가격을 낮게 유지하려 한다. 어떤 기업이 좀 이익을 얻겠다고 임의로 가격을 높이면 경쟁기업들도 따라서 가격을 올리려 할까? 아니다. 담합(collusion)이 허용되지 않는 한 다른 경쟁기업들은 가격을 그대로 유지할 것이다. 그래야 시장점유율을 높일 수 있다고 판단해서다. 애초에 가격을 올렸던 기업이라고 이 사실을 모를 리 없다.

비슷한 이치로 시장구조가 독점적이지 않은 시장에서 폭리를 노리는 기업 때문에 공급량이 크게 줄어드는 일도 발생하지 않는다. 왜? 담합이 허용되지 않는 한 경쟁기업들은 가격을 올리지 않고도 판매수입과 시장점유율을 높일 수 있을뿐더러 생산량 증가로 인해 단위당 생산원가가 낮아져 이윤율이 상승하는 데 비해, 자기의 판매수입과 시장점유율은 반대로 줄어들 줄을 아주 잘 알기 때문이다. 핵심 열쇠는 시장경쟁이 얼마나 치열하냐이다. 시장경쟁이 치열하고 담합이 불가능하면 가격을 올려서 또는 공급을 줄여서 폭리를 취하는 일은 발생하지 않는다. 이것이 시장이 안정적으로 유지되는 이유이다. 물론 식품이나 원자재같이 기후의 영향이 크거나, 전쟁 등 예기치 못한 상황 등으로 공급과 수요가 급격히 불안정해지는 상품과 서비스가 있고 이들의 경우엔 가격의 변동성이 클 수 있다. 그러나 이것도 단기적으로 그럴 뿐이다. 높은 가격이 장기적으로 유지되면 생산이 증가하고 신기술의 개발이 촉진되어 대체재가 출현한다. 낮은 가격이 장기간 이어지면 생산이 감소한다. 요컨대 폭리는 사람들이 생각하는 만큼 쉽게 일어날 수 있는 일이 아니다. 사실 시장에서는 가격 경쟁보다 비가격 경쟁, 즉 품질 경쟁이 더 흔히 일어나고 일반적이다.(Butler, 2008:76-77) 남대문이나 동대문 시장에 가보시라. 가격 경쟁은 별로 일어나지 않는다. 가게들은 소비자가 찾을 만한 더 나은 품질의 상품으로, 더 나은 서비스로 경쟁한다.

내친김에 폭리와 관련해 덧붙이자면 투기꾼에 대한 공격과 비난이다. 사람들은 흔히 투기꾼들이 물리적으로 아무것도 생산해 내지 않으면서 소비자나 생산자를 착취한다고 공격한다. 투기꾼들이 다른 사람들과 다른 점이 있다면 이들은 남보다 시장정보를 더 빨리 파악하는 능력이 있다는 점이다. 이들은 사람들이 어떤 물건의 공급이 부족해지고 따라서 가격이 상승할 것이라는 사실을 아직 깨닫지 못하고 있을 때 먼저 깨닫고 그 물건을 사 모아 두었다가 팔아서 재미를 본다. 또는 어떤 물건의 생산이 넘쳐서 곧 가격이 하락할 것이라는 사실을 먼저 알고 그간에 사 모았던 물건을 내다 팔거나, 장차 그 물건 가격이 하락하리라고 예상되는 시점에 그 물건을 공급해 주겠다고 약속하고 현재 가격에 매매계약을 맺어 떼돈을 벌기도 한다. 지역에 따라 가격 차이가 클 때는 이곳에서 사서 저곳에다 팔아 돈을 번다. 어느 경우든 예측이 틀리면 돈을 잃게 될 것은 두말할 필요가 없다.

투기꾼들 때문에 투기가 성행한다는 말을 흔히 듣지만, 이것도 오해이다. 투기할 만한 이유가 있는 곳에 투기꾼이 몰리는 것이지, 투기꾼이 몰린다고 해서 투기가 일어나지는 않는다. 그렇게 보이기 쉽지만, 원인과 결과를 오해하는 데 따른 착시일 뿐이다.

투기꾼들의 이런 행동은 반사회적이고 비생산적이라고 비난 받아야만 할까? 꼭 그렇지만은 않다. 왜? 그들의 행동은 가격이 더 빠르게 반응하도록 강제하고 그래서 자원이 더 큰 가치와 효용을 발휘할 수 있는 곳으로 더 신속하게 이동하도록 만든다. 이들은 남과 다른 정보를 갖고 있고, 더 많고 정확한 정보를 얻기 위해 부단히 노력하며 그것으로 승부를 거는 시장의 선수들이다. 시장이 더 빠르게 더 잘 작동하도록 만드는, 시장의 슈퍼 컨덕터들(superconductors of the market)이다.(Butler, p. 80) 이들의 행동에 박수를 보내기는 좀 그렇다. 하지만 이들이 사회에 유익을 끼치고 있다는 사실조차 부정하려 해서는 곤란하다.[19] 어느 나라 정부나 투기꾼을 잡겠다고 야단이지만, 이런 노력은 정치적으로는 타당한 면이 있을지 모르나 경제학적으로 보면 어리석은 짓이다.

2.4 공공재

주류경제학은 공공재(public good)는 그것의 고유한 특성으로 인해 시장을 통해서는 공급이 이루어지지 않거나 과소공급이 불가피하므로 정부가 직접 공급하거나 그 책임을 져야 한다고 주장한다.[20] 신제도경제학의 관점

---

19. 물론 개인적으로는 손해와 피해를 보는 사람들이 있기 마련이다. 투기꾼들에게 속은 게 분하고, 내가 얻을 수 있었던 이익을 탈취당한 듯이 생각되어 속이 상하고, 속된 말로 배가 아프기도 할 것이다. 하지만 사회 전체적으로 보면 유익이다. 이 유익의 크기는 계산하기 어려울 만큼 크다.

20. 영어로 public good(s)을 공공재라고 번역한 것은 잘못이라고 본다. 이것은 차라리 공공선(公共善)이라고 번역해야 맞다. 실제로 거의 모든 '공공재'는 재화(goods)가 아니라 서비스

은 이와 크게 다르다. 무엇보다도 어떤 재산(자원)이 공공재인지 사적 재화인지는 사전적으로 고정되어 있지 않고 변화한다고 본다.(Kasper and Streit, 1999:183-85) 역사적 연구, 비교연구에 주력하는 경향이 있는 신제도경제학자들이 공공재에 관하여 이렇게 다른 입장에 서는 것은 당연하다. 실제로 어떤 서비스를 공공재로 다루고 있는지, 제공방식은 어떤지 등의 면에서 국가마다 차이가 클뿐더러, 역사적으로 보면 오늘날 일반적으로 공공재로 간주하는 서비스들 가운데도 처음에는 그렇지 않았던 것들이 많다고 보기 때문이다.

대표적인 예가 등대이다. 존 스튜어트 밀(J. S. Mill)로부터 사뮤엘슨(Paul Samuelson)에 이르기까지 저명한 경제학자들이 공공재를 대표하는 사례로서 등대를 내세워 왔고, 이에 대하여 누구도 의심하지 않고 있으나, 코우즈는 허무맹랑하다고 비판한다. 16세기에 시작된 영국의 등대 시스템의 역사적 진화과정을 분석해 본 결과, "등대 서비스는 항구에서 선주로부터 이용료를 갹출해 기금을 적립하는 방식으로 제공되기 시작했고… 이처럼 이용료를 부과했던 시기의 등대 서비스가 정부가 일반조세로 등대를 운영하는 지금보다 항해자의 필요에 더 잘 부응"했더란다.(Coase, 1974) 코우즈는 또 그토록 유명한 '꿀벌과 과수원'의 사례도 시장이 잘 다룰 수 없는 공공재의 전형적인 사례로 알려져 있으나, 오늘날 적어도 미국에서는 양봉업자와 과수원 간의 계약이 성행하고 있다고 지적한다.(Coase, 1988:29) 캘리포니아가 대표적이다. 스티븐 정(Cheung, 1973)은 이 지역에서 사용되고 있는 과수원 주인과 양봉업자의 계약 내용을 분석하고, 이제 '꿀벌과 과수원'은 공공재 사례로서는 부적절해졌다고 보고하였다.

(services)라고 해야 더 어울린다. 예컨대 국방을 공공재라고 하는데 탱크가 공공재인가, 군화가 공공재인가? 국민이 안도감을 가질 수 있게 해주는 정부 서비스가 국방이란 '공공재'의 실속이 아닌가? 도로도 마찬가지다. 물리적인 구조물이 아니라 도로가 제공하는 서비스, 즉 편하고 빨리 이동할 수 있게 해주는 서비스가 도로라는 '공공재'의 실속이다.

우리나라에서도 이런 예는 쉽게 찾을 수 있다. 예컨대 사교육을 죄악시하나 공교육이 제도화된 것은, 부끄럽게도, 일제강점기에 들어서서다. 그 전에는 서당을 비롯해 사적 시장에 전적으로 맡겨져 있었다. 그런가 하면 공적인 성격이 강한 의료 서비스는 다른 선진국에서 예를 찾기 어려울 정도로 사적 시장에 맡겨져 있는 반면에 공공부문의 역할은 미미한 편이다.

이런 사실들은 공공재와 사적 재화의 개념 구분이 일의적이지 않고, 국가에 따라 혹은 시대에 따라 각양각색일 수 있음을 말해 준다. 이런 면에서 신제도경제학자들은 정부가 공공재의 공급을 독점하려는 의도를 유의해 보라고 권한다. 예를 들면 어떤 재화나 서비스를 공공재로 규정하고, 주로 공기업 형태로 그것을 공급하도록 하는 등 정부가 독점적 지배력을 행사하려고 하는 이면에는, 공공재에 대한 집권층의 직접적 통제 의도, 재정 수입원의 확보, 혹은 (정치적으로 사용하기 편리하고 쉬운) 소득재분배 장치로의 활용 등의 유인이 있다고 본다.(Kasper and Streit, 1999:298-99) 이런 여러 측면에서 나라마다 차이가 있을 것이므로, 공공재를 구분해 내는 실제적 기준이나 공공재의 생산 및 관리방식이 나라마다 다른 것은 당연하다는 것이 이들의 시각이다.

더 나아가 신제도경제학자들은 교육이나 보건 서비스와 같이 공공재적 특성이 강한 서비스라 하더라도 정부가 반드시 직접적 생산자 또는 공급책임자가 되어야 하는지에 대하여 강력한 의문을 제기한다. 이런 종류의 서비스에 대한 수요와 니즈(needs)는 개인차가 크고, 이런 다양한 서비스 수요에 대한 대응은 민간부문이 앞서기 쉬우므로, 정부는 재정지원을 통해 이런 서비스에 대한 국민의 접근성(access)을 보장하고 서비스의 질적 수준을 감시, 통제하는 역할에 그치는 것이 좀 더 합리적이고 바람직하다고 주장한다. 반면에 공공재적 속성이 약하고 기술발전에 따라 시장공급이 가능해졌을뿐더러 그것이 기술적인 면에서 더 효율적인 공공재의 경우는 시장에 맡기되 경쟁을 촉진하는 것이 올바른 접근방법이라고 주장한다. 이런 경우에 속하는 공기업, 공단 등은 민간화 또는 민영화(privatization)가 필요하다고 본다.

주류경제학에서 공공재의 생산과 공급을 사적 시장에 맡겨둘 수 없다고 본 것은 공공재의 다음 두 가지 속성을 중시했기 때문이다. 첫째, 공공재는 누구도 그것의 소비로부터 배제될 수 없다는 것이다. 이를 가리켜 공공재의 비배타성(non-excludability)이라고 부른다. 예를 들면 어떤 국민도 국방 혜택에서 배제할 수 없다. 국민이라면 누구나 국방의 보호를 받을 수 있는 동등한 법적 권리를 갖고 있다는 의미가 아니다. 국방이라는 공공재가 공급되고 있는 한 세금을 내고 있는지 아닌지를 가리지 않고 국민이라면 누구나 국방 혜택을 누리게 됨을 뜻한다. 다시 말하면 누구도 배제할 방법이 없다는 것이다. 이것은 기업이 생산하는 사적 재화나 서비스와 크게 대조되는 부분이다. 대가의 지급 없이는 이것들에 대한 권리가 당연히 인정되지도 않거니와 구매와 이용이 불가능한 것이 사적 재화이기 때문이다.

공공재의 비배타성에서 유래하는 문제가 바로 무임승차 문제(free-ride problem)이다. 아무런 대가의 지급 없이도 공공재의 이용과 소비가 전혀 지장을 받지 않는데 자청하여 대가를 내겠다고 나설 바보는 거의 없다. 이것은 모든 사람의 합리적 계산에서 나오는 자연스러운 결과이다. 이처럼 누군가의 비용, 시간, 노력으로 공급이 가능해진 공공재의 소비에 편승하려는 행태를 무임승차 문제라고 하는데, 이런 문제가 심각하면 공공재의 공급은 불가능해진다. 공공재의 생산/공급이 정부가 강제력으로 징수한 세금 또는 부담금 등으로 충당되어야만 한다고 주장하는 이유가 이것이다. 성인 남성에게 국방의 의무를 부과하는 근거도 이것이다. 한편 국방과 같은 순수공공재와 달리 단지 기술적인 이유로 인한 무임승차 문제들은 오늘날 급속도로 사라지고 있다. 대가를 내는 소비자에게만 서비스를 제공하는 차별화 기술이 발전하고 있기 때문이다. 케이블방송, 유튜브 등 각종 앱의 유료이용자와 무료이용자의 차별이 대표적인데, 무수한 공공적 성격의 서비스들이 오늘날 사적 서비스로 속속 전환되는 중이다.

둘째, 공공재는 또 비경합성(non-rivalry)이라는 특성도 갖고 있다. 비경합성이란 다른 사람의 소비로 인해 나의 소비가 지장을 받거나 효용이 줄어들지 않는 현상을 말한다. 예컨대 옆집에서 TV를 보고 있다고 해서 우리 집 TV가 흐려지는 일은 없다. 이 점은 사적 재화나 서비스의 경우와 비교할 때 크게 다른 점이다. 영화관에서 내가 차지하고 앉은 자리에 다른 사람이 추가로 앉을 수는 없는 일이다. 다시 말하면 사적 재화와 서비스의 경우는 경합이 일어난다. 남이 차지한 것을 내가 차지할 수 없다. 공공재의 비경합성은 기왕에 공급되고 있는 공공재의 소비에 마지막 한 사람이 추가된다고 해서 공공재의 공급비용이 달라지지 않는다는 의미도 된다. 즉 공공재의 한계비용(marginal cost)은 0이거나 0에 가깝다. 그러므로 공공재는 가능한 한 많은 사람이 소비하도록 하는 것이 경제적으로 효율적이다. 이것이 또한 공공재는 정부가 공급하고 관리하는 것이 좋다는 주장의 근거가 된다.

이상에서 공공재의 두 가지 특성을 살펴보았는데, 공공재의 비배타성과 비경합성은 절대적이라기보다 상대적이다. 신제도경제학자들은 이 점, 특히 매우 빠른 기술발전으로 인해 이상에서 설명한 공공재의 특성은 오늘날 크게 줄어들거나 퇴색되고 있음을 강조한다. 예컨대 국방이나 지상파방송 또는 초중등교육이 비배타성과 비경합성이 모두 강한 사례로서 순수 공공재에 가깝다면, 도로나 케이블방송 또는 고등교육은 그 정도가 약한 사례들로서 사적 재화에 더 가깝다.[21] 한편 공공재 중에는 다른 사람이 이용하고 있다고 해서 내가 이용할 수 없는 것은 아니지만, 내가 얻는 효용은 눈에 띄게 감소하는 경우들이 있다. 예를 들면 도로를 달리는 자동차 대수가 늘어나면 늘어날수록 내가 도로 이용에서 얻는 효용은 감소한다.[22] 이

---

21. 《정부규제론》(최병선, 1992:79)에 이를 잘 보여주는 표가 있다. 관심 있는 분은 참고하시기 바란다.

22. 이러한 성격을 갖는 공공재는 수영장, 골프 코스, 테니스 코트 등이 있다. 이처럼 경합성이 비교적 큰 공공재를 클럽 재화(club goods)라고 부르기도 한다.

것이 바로 혼잡(congestion) 현상이다. 도로만이 아니라, 교량, 공원, 공항, 심지어 비행기 항로, 전파 등이 다 이런 현상을 보인다.

이처럼 비배타성과 비경합성이라는 공공재의 속성을 약하게 지니는 재화와 서비스, 혹은 급속한 기술발전으로 공공재적 속성이 퇴색되고 있는 재화와 서비스라면 그것의 생산과 공급을 정부가 직접 담당해야 한다는 주장의 논거는 약해질 수밖에 없다. 공공재와 사적 재화의 구분이 국가마다 다르고 시대에 따라 변천하지만, 오늘날 전통적으로 정부가 직접 공급하던 공공 서비스 중 민간에 위탁(contracting out)하고 정부가 재정적으로 책임만 지거나, 시장기능에 맡기는 사례가 매우 빠르게 증가하고 있다. 이웃 행정구역에 소방 서비스를 의뢰하는 경우부터 시작하여 죄수의 감호에 이르기까지 그 폭과 심도는 나날이 커가고 있다.

2.5 외부효과

외부효과(externalities)란 어떤 사람(기업)의 행동이 의도하지 않게, 또 대가의 교환 없이 다른 사람에게 이득을 주거나 손해를 입히는 현상을 일컫는다. 이득이나 손해가 의도하지 않은 결과로 나타나고, 그것에 대하여 대가를 주고받지 않을 때 우리는 그것을 외부효과라고 부른다. 그러므로 일반적인 시장거래에서는 외부효과라는 게 생기지 않는다. 아니 더 정확하게 말하면 이런 효과를 지니는 행동은 시장에서 아예 거래대상조차 되지 않는다. 주류경제학에서 외부효과를 주된 시장실패 요인으로 꼽는 것은 이 때문이다. 시장은 외부효과 문제를 해결하지 못한다고 보는 것이다. 따라서 주류경제학자에게는 외부효과를 일으키는 행위에 대해서는 정부가 개입해야만 한다고 본다.

외부효과는, 경제학적으로 표현하면, 사적인 비용(이득)과 사회적인 비용(이득)의 괴리이다. 외부효과에는 두 가지 유형이 있다. 하나는 사적인 비용이 사회적 비용보다 작은(PC<SC) 경우로서 이것을 외부불경제(external

diseconomies)라고 부른다. 다른 하나는 이와 반대로 사적인 이득이 사회적 이득보다 작은(PB⟨SB) 경우로서 이것을 외부경제(external economies)라고 부른다.

먼저 외부불경제의 전형이 환경오염이다. 누구도 공해를 일으키기 위해 공장을 운영하지는 않는다. (만일 그렇다면 범죄자이다.) 공해는 말 그대로 사회적으로 의미 있는 생산활동에 부수하여 생겨나는, 의도하지 않은 효과로서 누군가가 그 피해를 안아야 한다. 그런데 공해를 유발하는 이런 생산활동의 결과인 제품의 생산원가에 공해로 인한 사회적 피해가 포함되지 않는다면 이 제품의 가격은 사회적으로 바람직한 수준보다 낮은 선에서 책정되고 따라서 더 많이 소비되고 그 결과 더 많이 생산되며, 그 결과 공해는 더 많아지게 된다.

외부경제의 경우는 이와 반대이다. 우선 외부경제의 대표적인 예로서는 교육과 기술혁신을 들 수 있다. 교육을 받음으로 인해 개인이 얻는 이익(그의 소득)은 대체로 사회적 이득(+ 그의 사회적 기여)보다 적다. 따라서 교육은 사회적으로 바람직한 수준보다 낮게 이루어진다. 마찬가지로 기술혁신도 해당 개인이나 기업이 얻는 사적 이득보다 큰 이득을 사회에 가져다준다. 그 기술의 혁신으로 인해 다른 분야의 기술개발과 혁신이 촉진될 수 있기 때문이다. 이처럼 어떤 생산활동(교육, 기술혁신 등)의 결과로 생겨나는 의도되지 않은 사회적 이득을 그러한 생산활동을 하는 사람이나 기업이 충분히 흡수하도록 하지 못한다면 그런 활동은 사회적으로 바람직한 수준으로 이루어지지 않는다. 더구나 혁신의 결과를 남이 쉽게 모방할 수 있다면 상황은 더욱 나빠진다. 달리 표현하면 개인이나 개인기업의 입장에서 교육비나 기술개발 비용은 높아서 사회적으로 바람직한 수준보다 교육을 덜 받고, 기술개발 노력을 덜 하게 된다.

그러면 이 문제, 즉 외부효과의 존재로 인해 생기는 자원배분의 왜곡과 비효율성의 문제를 어떻게 풀 것인가? 신고전경제학(더 정확히는 후생경제학)의 입장과 신제도경제학의 입장이 크게 갈린다. 우선 후생경제학에서 외부효과는 정부가 개입하여 시정해야 할 가장 중요하고 명백한 필요와 이유가 있는 시장실패 요인이다. 외부불경제든 외부경제든 외부효과를 일으키는 행동을 취하는 개인의 사적인 계산에는 타인에게 미치는, 의도하지 않고 대가의 교환도 없는 이득이나 비용이 들어가지 않으나 사회적 영향은 분명 존재하므로 양자의 차이를 해소해야 그런 행동이 사회적으로 바람직한 수준으로 일어날 수 있다고 보는 것이다. 즉 환경오염이나 교통체증과 같이 부정적인 외부효과를 일으키는 행위는 세금을 부과하거나 금지 또는 규제하고, 교육과 같이 긍정적인 외부효과를 일으키는 행위는 어떤 방식으로든 지원해서 장려하는 것이 올바른 대처방법이라고 본다.

신제도경제학자들의 시각은 완전히 다르다. 제3장에서 본 코우즈의 관점을 전적으로 받아들인다. 즉 외부효과 문제는 어느 일방이 다른 일방에게 이득을 주거나 피해를 주는 문제로 볼 것이 아니라, 쌍방적 성격을 가진 문제로 보아야 맞으며, 누가 누구에게 피해나 이득을 주고 있는지를 일방적으로 규정하고 정부개입을 당연시하는 것은 옳지 않다고 주장한다. 대신에 이해당사자가 협상을 통해 자율적으로 외부효과 문제를 해결하도록 하거나 이를 촉진하는 제도의 보완을 고려하는 것이 옳은 대책이라고 본다.

서로가 더불어 살아가지 않고는 살 수 없는 것이 인간사회이므로 외부효과는 부지기수로 많다. 사실 우리 주변에서 일어나는 시비와 분쟁이 거의 모두 이 외부효과와 관련이 있다고 보아도 무방할 정도이다. 대표적인 예로 환경오염과 교통혼잡을 드는 것이 상례이지만, 술 취한 사람의 고성방가, 교실에 가까운 테니스장에서 나는 소음, 아파트 층간소음, 지하철에서 서로 밀치거나 발을 밟는 행위, 옆 사람 입에서 나는 구취나 코를 고는 소리, 불법 주차로 인해 제3자가 겪게 되는 불편과 피해 등등 우리 주변에서 일어나는 거의 모든 마찰이나 시빗거리가 다 이에 속한다. 이런 예들에서 우리는 어떤 경우에는 정부의 개입이 불가피하다고, 반면에 그런 경우에까지 정부가 개입하는 건 지나치다는 생각을 가질 수 있다. 이것은 외부효과 문제에 대해 단 하나의 접근방법만이 존재하는 게 아니라는 사실을 말해 준다. 이에 대해서는 제3장에서 비교적 상세하게 논의하였으므로 여기서는 생략한다.

2.6 정보의 불완전성

완전경쟁시장 이론이 가정하고 있듯이 정보가 완전하다면 세상의 문제들은 거의 다 사라질지도 모른다. 예컨대 시장정보가 완전하고 충분하다면 불량식품, 불량 가전제품이 시장에 나돌 수 없게 될 것이다. 실속 없는 각종 건강식품, 운동기구, 자가치료기구 등이 버젓이 활개를 칠 수도 없을 것이다. 불량의 내용을 알고 있다면 허위 과장 광고에 넘어가 이런 제품을 구매할 까닭이 없다. 소비자가 그런 사정을 속속들이 알고 있는데 생산자나 공급자가 이런 불량제품을 생산하거나 공급하려 하지 않을 것이다. 질이 떨어지는 제품의 가격은 질 좋은 제품보다 가격이 당연히 낮아야 하지만 그렇지 않은 경우가 비일비재한 것도 마찬가지다. 이런 문제들 모두가 정보가 불완전해서 생기는 현상들이다. 정보가 완전하다면 광고 활동도 대부분 사라지게 될 것이다. 섣부른 광고에 넘어갈 소비자는 없을 것이기 때문이다. 어떤 이유로든 정보가 부족하면 사회적으로 바람직하지 않은 생산이나 소비 활동은 만연하고, 그에 따라 아까운 자원이 낭비되거나 잘못 사용되는 일들이 발생하기 마련이다.

정보의 불완전성 문제가 해당 없는 영역은 없다. 생각해 보시라. 몰라서 생기는 문제가 한둘이 아니지 않은가? 예컨대 고용시장의 경우 개인의 능력과 자질을 정확하게 평가하기는 불가능하다. 그 결과 유능한 사람이 직장을 구하지 못하거나 능력을 발휘할 수 없는 직장이나 부서에서 일하는가 하면, 능력이 부족한 사람이 자기 능력을 넘어선 자리를 차지하기도 한다. 그런가 하면 알기는 알되 잘못 알아서 생기는 문제들도 부지기수다. 미래에 일어날 일들을 정확히 안다면 실수할 이유가 없고 잘못된 선택을 할리가 만무하다. 그런데 이런 문제는 인생살이에서 차고 넘친다. 이 모든 경우가 정보의 불완전성 혹은 불확실성에서 유래하는 문제들이고, 이 모든 경우에 자원의 배분은 매우 비효율적으로 일어날 수밖에 없다.

정보의 불완전성이 생기는 이유는 다양하다. 성격상 정보 자체가 충분히 공급될 수 없는 경우들이 있는가 하면, 정보가 충분하게 공급되고 있으나 인간 능력의 한계로 정보를 올바로 해석하거나 처리하지 못하는 경우들도 있다. 먼저 정보가 충분히 공급되지 않는 경우로서, 예를 들면 독점기업이 혹은 과점산업들이 담합을 통해 자기들에게 불리한 정보의 제공을 회피할 수 있다. 담배회사들이 니코틴이나 타르의 위험성을 의도적으로 숨기거나 낮추어 공개하는 것과 같다. 다음으로 정보는 제공되나 인간 인지 능력의 한계 때문에 제대로 활용하지 못하는 경우가 있다. 예컨대 담배의 위험성에 대한 경고에도 불구하고 그것이 오히려 청소년들에게 담배의 유혹을 키우는 것과 같다. 혹은 자동차를 구매하려고 할 경우, 꼭 알아야 할 정보, 중시해야 할 정보가 무엇인지 소비자는 잘 모를 수 있다. 자동차의 연비(fuel efficiency)는 좋으나 안전성이 다소 떨어지는 경우와 같이 상충하는 가치 중에 무엇을 우선해야 할지 잘 알지 못할 수 있다.

정보 불완전성의 전형이 정보의 비대칭(asymmetry of information)이다.[23] 정보의 비대칭은 재화나 서비스의 특정에 대하여 생산자(판매자)와 소비자, 혹은 거래 상대방 각각이 가진 혹은 가질 수 있는 정보의 양과 질에 차이가 있거나 있을 수 있음을 지칭한다. 이런 경우에 정보가 적은 측이 거래에서 손해를 볼 수 있어서 문제가 된다. 정보 비대칭은 상품과 서비스의 특성에 따라 차이가 있다. 상품과 서비스에 관한 정보의 내용과 유용성을 기준으로 분류해 본다면 탐색상품, 경험상품 그리고 신용상품의 세 종류

---

23. 바이머와 바이닝(Weimer and Vining, 2010:107)은 정보의 불완전성을 시장실패 요인으로 보던 입장에서 벗어나 정보의 비대칭만을 시장실패 요인으로 다루고 있다. 이유인즉 정보는 공공재적 성격을 갖고 있기 때문에, 정보의 공공재적 측면 외에 정보와 관련한 시장실패 요인이라면 정보 비대칭을 꼽을 수 있기 때문이라고 설명하고 있다.

가 있다.(최병선, 1992)

맨 먼저 탐색상품(search goods)은 과일, 야채, 고기, 의류, 구두 등 누구
나 그것의 신선도, 스타일, 품질 수준과 가격을 비교적 쉽게 판별할 수 있
는 상품을 말한다. 이런 상품들의 경우 판매자와 소비자간 정보 비대칭은
큰 문제가 되지 않는다. 다음으로 경험상품(experience goods)이 있다. 이것
은 맥주, 가공식품, 세탁제, 자동차, 가전제품 등과 같은 것들로서 이런 상
품의 품질이나 성능에 관한 정보는 소비자가 실제로 그것들을 사용해 본
후가 아니면 갖기가 어렵고, 따라서 정보 비대칭 문제가 발생할 소지가 크
다. 마지막으로 신용상품(credence goods)은 의약품, 화장품, 의료기구, 영양
제, 건강식품 등과 같이 그것의 품질이나 효능 자체에 대해 논란이 많고 그
것을 사용해 본 후에도 정확한 판단을 내리기 어려운 상품이다. 예컨대 영
양제를 복용하자 건강해지게 되었다고 할 때 그것이 과연 영양제 복용 때
문인지 아닌지를 쉽게 판별해 낼 수 없는 것과 같다.

이처럼 정보 비대칭 측면에서 상품마다 특성이 다르고, 그에 따라 소비
자문제 해결을 위한 적절한 대책도 달라진다. 예컨대 탐색상품의 경우에는
소비자들이 상품을 쉽게 비교하도록 돕기 위한 가격표시나 제품 표준화
(product standardization) 등이 유효한 데 비하여, 경험상품의 경우는 과장
광고나 허위광고의 규제 필요성이 검토될 수 있다. 반면에 신용상품의 경
우는 시험분석 결과의 공표 등 정보공개(information disclosure)가 바람직한
접근방법이 될 수 있다.

여기서 알 수 있듯이 정보 비대칭 현상으로 인해 심각한 문제가 발생할
수 있는 경우는 정보를 제공해 주어야 하고 줄 수 있는 공급자(판매자) 측
이 정보의 제공을 회피하거나 꺼리는 경우라고 할 수 있다. 공급자가 정보
의 제공을 꺼리거나 회피하는 이유는 무엇인가? 단순히 부도덕해서 그렇
다고 보면 곤란하다. 물론 그런 공급자들도 없지는 않다. 그러나 일반적으
로는 정보제공에 따른 이득을 자신이 전부 흡수할 수 없는 현상, 즉 정보
의 비귀속성(inappropriability) 때문이다. 예를 들면 판매자가 소비자에게 상

품의 특성을 친절하게 또 자세하게 설명할 경우 소비자는 그 상품을 사지 않기로 마음먹을 수도 있고, 다른 상점으로 가거나 다른 상표 제품을 사야겠다고 마음먹을 수도 있다. 이를 아는 정보제공자는 효과가 불확실한, 혹은 자신에게 불리한 영향을 미칠지도 모를 정보의 제공을 꺼린다.

또 다른 예로서 취업 희망자가 고용주에게 자신의 능력과 성품 등을 솔직하게 말할 가능성은 적다. 진실을 고백해 득을 볼 가능성보다는 손해를 볼 공산이 높다고 판단해서다. 마찬가지로 피보험자가 생명보험사를 상대로 자기의 유전적 질환을 스스로 밝힐 가능성도 적다. 음주운전 습관이 강한 운전자가 보험사에 이런 사실을 고백할 리 없다. 그래 봐야 거절당할 것이 빤하기 때문이다.

정보를 제공해 줄 수 있는 측이 필요한 정보를 충분히 제공하지 않는 경우 소비자들은 정보가 충분하게 공급되도록 할 필요성을 느끼지만 달리 대처할 방법이 없는 경우가 많다. 공급자들이 정보를 제공하도록 강제하려면 소비자들이 단결하여 정보제공을 강력하게 요구할 수 있어야 할 것이나, 정보는 일반적으로 공공재의 속성, 즉 비배타성과 비경합성을 강하게 지니고 있다. 따라서 무임승차자의 문제를 안고 있으며, 소비자들이 집단적 노력을 통해 공동이익을 도모하지 못하는 현상, 소위 집단행동의 딜레마(collective action dilemma) 함정에 빠지게 된다.

이상의 모든 경우에 정보의 불완전성은 효율적인 자원 배분을 방해한다. 다시 말하면 사회적으로 바람직한 방향으로 자원이 사용되지 않고 결과적으로 헛된 일, 헛된 곳에 자원이 낭비되도록 만든다. 정보가 불충분하고 불완전할 때 소비자들의 진정한 선호(preferences)가 기업의 의사결정 과정에 정확하게 반영될 수 없다. 그 결과 소비자로부터 환영받지 못하는 제품 또는 해로운 제품이 과잉생산되거나, 정말 필요한 제품 또는 소비자에게 유익한 제품은 아예 생산되지 않거나 과소생산되는 현상이 나타난다. 더 나아가 제품시장에서의 이런 자원 배분의 왜곡은 필연적으로 노동, 토지, 자본 등 생산요소시장에서 자원 배분의 왜곡으로 이어진다. 즉 어떤 제품의 생산이 사회적으로 바람직한 수준보다 많이 생산되고 있다면 노동, 자본, 토지 역시 사회적으로 바람직한 수준보다 과잉 투입되어 사회 전체의 생산성을 낮추고 산업구조도 왜곡시키게 된다. 더 나아가 정보의 불완전성은, 소비자 문제에 국한되지 않는다. 근로자의 안전문제, 산업재해 등 다양한 사회문제들의 근본 원인인 경우가 많다.

바로 여기에 정보의 불완전성으로 인한 각종 경제적, 사회적 문제의 해결을 위한 정부개입의 필요성이 제기된다. 여기에는 몇 가지 접근방법이 있다. 대책의 핵심은 두말할 것도 없이 정보의 부족을 호소하는 소비자들의 정보비용을 낮추어 주는 것이다. 정보의 공공재적 속성에 비추어 볼 때 이런 경우 정부개입은 정당화가 쉽다. 첫째, 정부는 소비자들을 위험에 빠뜨릴지 모를 각종의 위해 요인(hazards)에 대한 정보를 생산하여 시장에 공급해 줄 수 있다. 각종의 시험검사 정보의 유통, 혹은 최신 과학정보의 전파 등이 좋은 예이다. 둘째, 대개 정보제공자인 기업을 상대로 정보의 공급이나 공개를 의무화하는 규제를 시행하는 것이다.

이상이 주류경제학이 추천하는 문제해결 방법들이다. 이에 비해 신제도경제학자들은 정보의 불완전성 문제를 상반된 두 측면에서 파악하고 접근한다. 한편으로 신고전경제학자들처럼 현실적으로 정보 부족이 시장실패를 일으키는 중요한 원인임을 인정하기도 하지만, 다른 한편으로 하이에크가 말하는, 시장의 지식 창출 기능에 주목하여 정보의 불완전성 문제는, 정부의 개입 없이도, 시장에서 비교적 빠른 속도로 극복되는 것이 보통이라고 주장한다. 시장에는 정보 비대칭과 같은 문제가 있지만, 시장은 스스로 그 문제를 해결하는 방향으로 작동하기 때문에 성급하게 개입할 필요성이 크지 않다고 보는 것이다.

예를 든다면 소비자가 품질이나 진실성을 판단하기 위해 상당한 정보비용(즉 거래비용)을 들여야 하는 경험상품과 서비스의 경우, 공급자는 소비자의 정보비용을 낮추어 주기 위해 브랜드 광고를 하기도 하고, 대리점 등 자체 유통 체인을 운영하기도 한다. 소비자도 그런 노력을 일상적으로 하기는 마찬가지다. 같은 물건이라도 가격이 높은 백화점에서 물건을 사는 소비자는 일반적으로 평판을 중시하는 백화점이 품질이 나쁜 상품을 팔리가 없다고 판단하기 때문이다. 이 소비자는 백화점에서 살 때의 정보비용(즉 거래비용)이 다른 시장에서 살 때보다 낮기 때문이다. 달리 표현한다면 이 경우 소비자의 정보비용이 상품가격으로 전이된 것으로 볼 수 있다.(Kasper and Streit, 1998:230-45)

시장경쟁이 치열하면 치열할수록, 시장이 스스로 시장의 문제를 해결해 나가는 힘은 커진다. 생산자는 생산자대로, 소비자는 소비자대로 새로운 교환기회를 찾거나 만들어내고 이를 방해하는 (자신의 혹은 상대방의) 요소인 거래비용을 줄이기 위해 쌍방이 다 노력하게 된다. 이런 면에서 시장은 다양한 실험이 끝없이 이뤄지고, 모험을 무릅쓴 투자가 계속 일어나는 공간이다. 새 시장의 발견, 새로운 거래(교환) 조건과 방식의 창안 및 시도, 신상품과 서비스의 등장, 가격책정 등 다각적인 측면에서의 경쟁전략의 변경 등은 시장의 불확실성에 대한 시장참여자들의 갖가지 적응 노력 또 그 적응과정이 만들어내는 지적 산물들이다. 이 과정에서 성공한 실험은 널리 유포되어 모방되며, 실패한 실험은 또 다른 실험을 촉발한다. 이것이 하이에크가 강조해 마지않는, 시장의 지식 창출 및 확산 기능이다.

시장에서 정보의 불완전성 문제를 이렇게 양면적으로 파악하는 신제도경제학이 정보의 불완전성을 이유로 한 각종 규제의 효율성과 타당성에 대하여 의문을 품는 것은 당연하다. 어떤 상품이나 서비스의 가격과 품질, 거래 조건과 방식이 소비자의 이익을 해치고 있다는 이유로 규제를 가한다면 시장의 이런 지식 창출 및 확산기능은 제약된다. 그 결과로 인한 규제가 과연 소비자의 이익에 부합될까? 그럴 가능성은 생각보다 낮다. 이런 규제가 성공적이려면 규제자가 시장보다 더 많이 알고 있어야 한다. 그가 가진 정보와 지식이 시장보다 더 크고 많아야 한다. 이런 가정은 성립될 수 없다. 규제자의 사적 이익추구도 문제지만 엄청난 양의 정보와 지식, 그것도 시시각각으로 변화해 가는 시장에 대한 정보와 지식을 다룰 수 있는 자원과 능력을 갖춘

규제자가 있을 수 있다고 보는 것은 어리석다.(Demsetz, 1989:226-29)[24]

정보의 불완전성을 이유로 한 규제의 이론적 논거가 완전경쟁시장 모델에 있음은 위에서 보았거니와, 이런 견지에서 신제도경제학자들은 이 시각에서 정보의 불완전성 문제를 보고 규제로 치닫는다면 그 규제는 오히려 완전경쟁의 실현을 방해하는 결과를 빚어내고야 말 것이라고 말한다. 지식 창출 및 확산이라는 시장 본연의 기능에 불필요하게 간섭함으로써 급기야 사회적으로 유익하고 생산적인 교환기회의 발견 가능성을 사전적에 차단하고, 자원이 더 가치 있는 용도에 사용되지 못하도록 가로막아 경제적 비효율성을 증가시키고 소비자 후생은 감소시킬 개연성이 높다고 본다.

3. 유사한 결론들

이상에서 시장실패론을 비판적으로 검토하였다. 시장실패 요인들 가운데는 시장의 구조적 문제가 아니라 제도적 독점과 같이 정부가 원인을 제공한 경우가 태반인가 하면, 시장실패를 이유로 한 정부의 시장개입이 오히려 시장이 제 기능을 하지 못하도록 가로막으며 문제를 악화시키거나 심화시키고야 말 가능성이 크다는 사실을 지적하였다. 이런 면에서 시장실패

---

24. 신제도경제학이 거래비용의 존재와 시장의 지식 창출 기능을 무시하는 신고전경제학을 비판하는 것은 바로 여기에 이유가 있다. 예를 들면 페조비치(Pejovich, 1990:14-15)는 1980년대 말에 이르기까지 헤일브로너(Heilbroner), 써로우(Thurow), 갈브레이쓰(Galbraith) 등 쟁쟁한 경제학자들이 소련 경제의 성공을 찬양한 것은 이들이 사유재산권을 인정하지 않는 혹은 거래비용이 매우 높은 공산주의 경제에 신고전경제학의 분석개념을 그대로 적용한 결과라고 비판한다. 또 그는 "미국 증권거래위원회(SEC), 공정거래위원회(FTC) 등 많은 규제기관이 생겨나고 이들이 끼워팔기, 재판매가격유지 행위, 기업의 수직적 통합 등을 규제하고 있는 것은 현실 시장에서 완전경쟁 결과(competitive outcomes)를 실현해 낼 수 있을 것처럼 착각한 데서 비롯된 것이며 이는 신고전경제학이 만들어낸 의도하지 않은 결과"라는 뎀셋츠(Demsetz, 1982:11)의 말에 적극 동의한다.

론이 말하는 시장실패는 실재하지도 않고, 심히 과장되어 있으며, 상상의 세계에 갇혀 있다는 것이 저자의 관점이다. 이런 주장을 펼치기 위해 저자가 주로 동원한 이론은 신제도경제학 이론들이다.

신고전경제학은 허수아비 같은 완전경쟁시장의 조건들이라는 것을 세워놓고서는 그 조건들을 충족시키지 못한다는 이유로 시장실패로 단정하고, 기다렸다는 듯이 정부개입이 필요하다는 주장으로 달려간다. 이런 주장이 설득력을 얻으려면 정부개입의 결과가 시장에 맡겨둘 때보다 낫다는 증거를 제시해야만 한다. 그런데 이들은 이 질문을 외면한다. 왜 그럴까? 서두에서도 지적하였지만, 시장실패론은, 한마디로 말해, 정부개입의 논거를 제공하기 위한 규범적 이론이기 때문이다.

신제도경제학자 스티븐 정은 "정부개입의 구실을 만들려는 욕심에 [신고전]경제학자들은, 면밀한 조사의 도움을 받지 않은 채, '시장실패'를 주장하는 경향이 강하다. … 실제 세계의 상황을 주의 깊게 검토하지 않고 완전한 상상으로부터 정책 함의에 도달하려고 한다. [그러므로] 경제학자들의 연구가 실제 경제 시스템의 작동을 이해하는 데 별로 도움이 되지 못하고 있는 것은 당연한 결과"라고 지적하면서 시장실패론을 비아냥댄다.(Cheung, 1973:32-33)

신제도경제학은 일반적으로 인간의 선택과 행동에 대한 좀 더 현실적인 설명을 지향하는 실증적 이론이다. 신제도경제학자들의 인식론적 배경은 신고전경제학자들의 그것과 큰 차이가 있다. 간단히 말한다면 이들은 인간 지식의 한계, 인식능력의 한계를 명시적으로 고려한다. 시장을 하나의 제도(institution)로 파악한다. 이들의 관점에서 보면 인간은 기본적으로 혼자서는 살 수 없고 오로지 분업체계 속에서 상호작용하고 협동하며 살아갈 수밖에 없는 존재이고, 인간의 주된 협동 방식이 교환/거래/계약이며, 이것들에 수반되는 불확실성을 낮추기 위한 (즉 거래비용을 감소시키기 위한) 상호작용 구조를 제공해 주는 게 시장이라는 제도이다.(North, 1990:3,

6, 34)[25]

현실 속의 모든 제도는, 그 어떤 것도 완전한 것이라고는 없다. 그러므로 인간에게 주어진 현실적인 선택지는 완전하고 도덕적인 사회 대 불완전한 제도와 시스템이 아니라, 오로지 불완전한 제도, 불완전한 시스템 사이에서의 선택뿐이다. 실제로 신제도경제학자들은 현실 제도와 시스템을 긍정적인 눈으로 바라본다. 이들의 관점에서 보면 인간사회의 제도와 시스템은 오로지 시행착오와 학습, 이를 통한 지식의 증가에 따라 점진적으로, 진화적으로 발전할 수 있을 뿐이다.[26] 신제도경제학자들이 현존하는 모든 제도와 시스템을 다 긍정적으로 본다는 말은 물론 아니다. 현존하는 제도와 시스템들이 아무리 불합리하게 보이고 불합리하게 생각될지라도 그것들이 지금 있는 그대로의 형태와 내용으로 존재하고 있는 데는 그럴 만한 충분한 이유가 있다고 본다. 그런데도 사람들은 이런 진리를 무시하고, 그것들을 무조건 불합리하다고 보아 막무가내로 뜯어고치겠다며 덤빈다. 왜 그럴까? 인간의 이성과 인식의 한계를 인정하지 않기 때문이다. 불완전하기는 하지만 인류가 발전시켜온 제도와 시스템 속에 숨겨져 있는 세상의 원리나 실제를 정확하게 보거나 깊이 이해하지 못하고 있기 때문이다.

오늘날 사회가 매우 복잡해지면서 대다수 국민이 각종 사회문제에 대해 신경질적인 반응을 보이며 정부의 책임만 추궁하는 경향이 날로 강해지고 있다. 사건 사고 뉴스를 보며, "정부는 뭣하고 있는 거야? 도대체! 감독 하나도 제대로 안하고!" 하는 식으로 불평불만하고 한탄하는 사람들이 많다. 그러나 정부는 만능 해결사가 아니다. 정부는 이런 사람들이 생각하

---

25. 사실 "세상의 모든 제도는 교환, 거래, 계약의 형태로 나타나는 인간의 상호작용에 대한 지배구조(governance structure)이고, 이 구조에서 핵심적인 변수가 거래비용이다."(Spiller, 2011)

26. 이런 관점은 사이몬(Simon)의 제한적 합리성 이론(a theory of bounded rationality)과 유사하다. 신제도경제학에 관해 비평하면서 사이몬 스스로 이 점을 인정하고 있다.(Simon, 1978:6)

는 것처럼 선하지만도 않다. 더 큰 문제는 '큰 정부'는 이런 불평불만, 한탄, 탄식을 먹으며 자란다는 사실이다. 평소엔 정부 공무원들의 복지부동, 무사안일, 비효율을 탓하다가, 사건 사고만 보면 "정부는 도대체 뭘 하고 있느냐?"라고 질타하는 이중적 사고는 이제 멈춰야만 한다.

시장은 부익부 빈익빈, 약육강식, 착취, 협잡, 무질서, 혼잡, 혼란, 냉혹, 비열, 비윤리, 부도덕, 비인간, 부조리 등등 온통 부정적인 이미지 속에 처박아 두고, 어린아이처럼 순진하고 천진난만하게도, 정부는 자애롭고 유능한 존재라는 터무니없는 가정 아래 막연한 기대를 거는 게 얼마나 순진한지를 깨달아야 한다. 이 오해와 착각을 내버리지 않으면 우리는 영원히 '큰 정부'의 함정에서 벗어나기 힘들다. 왜? 대다수 국민이 이런 오해와 착각에 빠져 시장은 무조건 불신하면서 정부에 대해서는 막연한 기대를 걸고 있을 때 정부는, 효과적인 문제해결책이 없다는 사실을 빤히 알면서도, 뭔가를 하는 척이라도 하지 않을 수 없다. 냄비처럼 들끓는 언론 보도와 여론은 '큰 정부'의 산모요 보모(保母)이다. 효과적인 문제해결책이 없다는 사실을 빤히 알면서도, 뭔가를 하는 척하는 것이 과연 책임을 질 줄 아는 정부의 태도일까? 우리는 이 책의 마지막 장에서 이 질문에 대해 다시 생각해 보게 될 것이다.

이 장을 끝마치면서 이 책의 제목과 유사한 책의 저자들이 내놓은 시장실패와 (시장실패를 교정하기 위한) 정부개입의 성과에 대한 비교 논평을 들어보자. 먼저 미국 항공산업 등에 대한 대규모 규제완화 조치의 미시경제적 효과 연구로 유명한 윈스턴(Clifford Winston)은 《정부실패 대 시장실패》에서 이렇게 결론짓는다.

정책입안자들이 언필칭 시장실패를 교정하려고 할 때 왜 정부실패의 만연(prevalence of government failure) 현상이 나타나는가? 어떤 상황들에서는 정부개입 자체가 불필요했기 때문에, 즉 시장이 그 문제들에 충분히 잘 대처할 수 있었는데 [성급하게] 개입하였기 때문에, 정부실패가 일어난다.

정부개입은 ① 시장실패에 대처하는 정책들 자체에 결함이 있거나 정책들이 형편없이 실행되어서, ② 정책입안자들이, 그들의 본의와는 상관없이, 정치세력에 휘둘린 나머지 어떤 이익집단이 다른 이익집단의 희생으로 이득을 보도록 만들어 반생산적(counter-productive)이 된다. 다른 경우에는 정부개입이 요구되나 정부기관의 고유한 결함(agency shortcomings)[즉 단견, 융통성 부족, 이해관계자들의 이해관계 상충과 갈등]으로 인해 혹은 정치적 힘의 작용으로 인해 적절하게 개입하지 못하기 때문이다. 밑바탕에 놓여 있는 근본 문제는, 울프(Wolf, 1976)가 잘 주장했듯이,[27] 정책입안자들에게는 정부개입의 비용 및 편익을 사회적 비용 및 편익과 일치시키려는 유인이 없기 때문이다. 이들과 비교해 볼 때 시장참여자들이 스스로 시장실패를 교정하려고 하는 유인이 훨씬 더 강하다. 나는 이 점을 적어도 여러 사례에서 확인할 수 있었다.(Winston, 2006:75-76)

《정부는 왜 하는 일마다 실패하는가》의 저자, 피터 셕(Schuck)의 결론도 유사하다.

정책입안자들은 소비자나 기업 혹은 양자의 행태에, 또는 자원 배분에 영향을 미치기 위해 고안된 정책들을 갖고서 시장실패를 교정하려고 시도한다. 이런 정책들은 심각한 시장실패가 존재하지 않는 상황에서 미국 경제에 큰 비용을 떠안기는가 하면, 시장실패가 존재하는 상황에서 비효율적으로 시행되어 자원 배분의 개선을 도모하지 못했다.(Schuck, 2014:23)

다음은 《정부 대 시장》의 저자, 비토 탄지(Vito Tanzi)의 시장실패론에 대한 비판이다.

---

27. 울프(Charles Wolf)의 〈정부실패 이론〉이란 제목의 논문 내용은 《정부규제론》(최병선, 1992), 제5장, pp. 164-85에 자세히 설명되어 있다.

경제학 교과서와 경제학 저널에 실린 논문들을 보면 '시장실패'가 시장경제에 대한 정부개입을 정당화해 줄 원리라고 주장하는 걸 볼 수 있다. 시장이 실패하거나 실패할 것으로 판단되는 경우에 국가가 개입해야 한다는 것이다. 이 원리가 지난 세기 특히 지난 60년간 정부개입을 지도해 왔고, 정부지출의 엄청난 성장에 이바지했다. 왜냐면 새로운 시장실패, 가상의 시장실패는 언제나 찾아질 수 있었기 때문이다. 그러나 시장실패가 분명히 유용한 원리이기는 하지만 몇 가지 근본적인 면에서 실패하고 있다. 첫째, 시장실패론은 지금의 정부 간섭이 장래 시장의 발전에 미칠 악영향을 무시하고 있다. 둘째, 시장실패론은 시장실패를, 정부에 의해 촉진될 변화를 포함해, 동태적인 변화들로부터 생겨나는 결과(dynamic outcome)가 아니라 정태적인 결과(static outcome)로 보는 경향이 있다. 셋째, 많은 시민에게 시장실패는 넓은 의미로 해석되는 데 비해, 시장실패론은 시장실패를 순전히 기술적으로(in a purely technical manner)만 정의한다. 끝으로, 첫 번째와 관련이 있는데, 시장실패론은 일단 정부가 시장에 개입하면 시장을 대치하는 경향이 있고, 그 부문에서 또는 개입하는 행위에서 자기 스스로 독점(its own monopoly)을 만들어내는 경우가 흔하다. 이것이 장래의 시장, 민간부문, 경제의 발전을 가로막거나 최소한 어렵게 만드는 원인이다.(Tanzi, 2011, preface, p. x)

한마디로 말한다면 시장실패가 문제일 수 있지만, 이에 못지않게 시장실패 문제를 해결하겠다고 덤벼드는 정부의 실패에도 유의하지 않으면 안된다는 말이다.

밀턴 프리드먼도 같은 의견이다.

시장실패를 교정하려 할 때 우리가 사용하는 한 수단이 정부이다. … 불행히도 시장실패를 만들어내는 요인이 만족할 만한 해법의 성취를 가로막는다. 일반적으로 시장참여자들도 누가 손해를 보고 이익을 얻는지 또 그게 얼마인지를 파악하기 어려워하는데 정부라고 이 일이 쉬울 리 없다. 시장실패를 교정하기 위해 정부를 이용하려는 시도들은 흔히 시장실패를 정부실패로 대치할 뿐이다.(Friedman. 1980:214) …

시장이 불완전하게 작동한다는 영역들에서의 시장 메커니즘의 성과에 대해서는 다시 들여다볼 점이 있다. 불완전한 정부보다 불완전한 시장이 결국은 더 좋거나 최소한 같은 결과를 만들어낸다.(p. 218)

제5장 규제의 개념과 본질

이 책의 부제가 "시장을 알아야 규제가 보인다"이다. 시장을 깊이, 올바로 이해해야 시장을 더 잘 활용할 수 있을뿐더러, 규제 문제에도 올바로 접근할 수 있다는 뜻이다. 시장을 깊이, 올바로 이해하기 위해 제1장에서부터 제3장에 걸쳐 우리는 아담 스미스, 하이에크, 코우즈, 밀턴 프리드먼 등의 눈을 통해 시장을 다시 보았다. 시장이 무엇인지, 시장에서는 어떤 일들이 벌어지는지, 왜 그런지, 그것들을 통해서 본 시장의 기능은 무엇인지를 다양한 각도에서 고루 살펴보았다. 이어서 제4장에서는 시장의 불완전성을 이유로 정부개입을 옹호하는 시장실패론을 비판적으로 검토하였다. 여기서 제기된 핵심 질문은 두 가지였다. (1)'시장실패'는 정부의 개입을 당연히 필요로 할 만큼 충분히 큰가? (2) 정부개입(규제)의 결과는 시장에 문제해결을 맡겨둘 때의 결과보다 나은가?

이 두 질문에 답하는 과정에서 우리는 ① 비록 시장실패 문제가 있다고 해도 그것이 정부개입을 당연히 필요로 하는 건 아니라는 점, ② 시장에는 시장실패 현상이라고 불리는 문제들이 있기도 하지만 시장참여자(행위자)들은 시장실패 요인의 극복을 위해 온갖 노력을 다한다는 점, ③ 따라서 성급하게 정부가 개입하기보다 시장에 맡겨두고 지켜볼 필요가 크다는 점, ④ 정부개입이 필요한 경우라도 시장의 기능과 원리의 활용 가능성을 끝까지 검토할 필요가 있다는 점, ⑤ 정부는 완벽하지 않으며, 정부 나름의 많은 실패 요인을 갖고 있는데, 정부실패는 시장실패보다 더 고치기 힘들다는 점 등을 차례로 확인하였다.

이렇게 밝아진 눈으로 이제 제5장에서부터 11장에 걸쳐 규제의 다방면을 검토해 나갈 차례이다. 이 부분은, 저자가 창립을 주도한 한국규제학회의 활동을 통해, 또 규제개혁 실무에 비교적 깊이 관여하면서 경험하고 깨달은 것들을 숙고하고 기존의 규제 이론들에 수정을 가한 결과물임을 특기하고 싶다. 먼저 본 장에서는 규제의 개념과 본질을 살펴본다. 제6장에서는 규제의 공익성 대 사익성 논란을 단계별로, 주제별로 살펴보면서 규제의 정치경제적 속성에 대해 공부한다. 제7장은 저자가 개발한, 규제수단과 방식의 분류체계를 제시하고 설명하는 장이다. 이어서 제8장과 9장에서는 규제가 실패하기 쉬운 이유를 두 가지로 나누어 고찰한다. 제10장과 11장은 핵심적인 두 개의 규제목표, 즉 위험 대처와 소비자의 이익(즉 공익) 증진 측면에서 시장과 규제, 어느 쪽이 더 효과적이고 유력한 수단인지를 비교한다.

1. 규제의 개념: 재정의

1992년에 쓴 《정부규제론》 책에서, 저자는 "바람직한 경제사회질서의 구현을 위해 정부가 시장에 개입하여 기업과 개인의 행위를 제약하는 것"이 규제라고 정의하였다.[1] 이 개념 정의에서 "정부가 시장에 개입하여 기업

---

1. 규제의 주체는 정부이고, 객체는 개인이나 기업이다. 따라서 중앙정부가 지방자치단체에 내리는 지시나 명령은 규제가 아니다. 마찬가지로 대통령이 각부 장관에게 내리는 명령이나 지시 역시 규제가 아니다. 규제의 주체가 정부라 할 때 그것은 규제를 발하는 행정기관(줄여서 규제기관이라 한다)을 의미한다. 일반적으로 규제기관은 여러 조직 형태를 취하는데, 미국과 같이 독립규제위원회 형태를 많이 활용하는 국가가 있는가 하면, 우리나라와 같이 지원업무 등

과 개인의 행위를 제약하는 것"이란 부분은 사실상 사전적 정의 이상도 이하도 아니다. 이 개념 정의에서 유의할 부분은 "바람직한 경제사회질서의 구현을 위해"라고 표현된 부분이다. 이 표현을 쓰면서 저자가 중요하게 여긴 사항은 규제는 분명히 "바람직한 경제사회질서의 구현"이라는 정부의 의도를 반영하는 것들이고, 정부의 그런 의도는, 옳든 그르든, 인위적 질서로 기능한다는 점이었다. 요컨대 "바람직한 경제사회 질서(desirable socio-economic order)의 구현"이 규제의 목적이라고 본 것이다. 그런데 문제는 정부가 바람직하다고 보아 규제를 통해 만들어내려고 하는 질서가 과연 '누가 보아도 바람직스러운 질서인가?'하는 것이다. 이 질문에 대한 대답은 간단치 않다. 이 질서가 공익의 증진에 이바지할지 의문이거나 미지수인 경우가 많다. 이것은 무엇보다도 규제 목적의 모호성 때문이다. 일반적으로 규제의 목적은 하나가 아니고 복수이고, 애매하고 모호하며, 심지어 서로 상충하기도 한다.(Pressman and Wildavsky, 1984:168-69)[2]

전형적으로 사업의 인허가는 일정한 기준과 자격을 갖춘 자만이 특정 사업을 영위할 수 있게 만들려고 하는 규제인데, 그것이 소비자를 보호하기 위한 목적의 규제인지, 시장경쟁을 적절한(?) 수준으로 통제하려는 목적의 규제인지, 아니면 단순히 행정통계의 확보를 위한 것인지 분명하지 않은 때가 많다. 또 다른 예로서 독과점 및 불공정거래 규제는 시장경쟁을 창달하고 그 결과 소비자를 보호하기 위한 목적의 규제인지, 아니면 대기업으로부터 중소기업을 보호하기 위한 목적의 규제인지 헷갈리게 만드는 때가 많다. 이런 예들은 규제의 목적이 하나가 아니라 여럿일 수 있고, 그 중

다른 업무와 함께 규제업무를 담당하는 국가—그러므로 거의 모든 행정부처 조직, 하부조직, 행정부처 산하 외청 등이 규제기관에 해당한다—가 있다.

2. 목적이 이렇게 복수이고, 애매하거나 모호하며, 서로 상충하기도 하는 현상은 정부의 규제만이 아니라 집단적 의사결정(collective decision-making) 방식으로 이루어지는 국가정책, 의회가 제정하는 법률이나 의결사항, 정당의 정강과 정책, 공기업의 사업이나 프로그램 등은 물론이고, 정도 차이는 있지만, 사기업과 조직, 심지어 개인의 목표의 경우에도 공통으로 나타난다.

어느 것이 더 우선하는지 뚜렷하지 않으며, 선언된 목적들이 서로 부딪치거나 모순될 수 있음을 보여준다.

규제를 둘러싼 이해관계의 대립과 갈등은 목적(목표)의 이 세 가지 속성으로 인해 비롯되는 경우가 많다. 규제를 통해 이익을 누리게 되거나 피해를 보게 될 집단들은 무수한데 이들이 규제의 목적을 아전인수로 해석하는 것은 흔히 볼 수 있는 일이고, 어떻게 해서든지 정부에 영향을 미쳐 자기들에게 유리한 방향으로 규제 의사결정이 이루어지게끔 온갖 노력을 기울이고 정치적 요구와 압력을 가할 것은 자명한 일이다. 저자의 《정부규제론: 규제와 규제완화의 정치경제》는 규제의 이런 정치경제학적 속성을 부각하려고 하였고, 그런 뜻에서 이 정의는 이 책의 제목에 가장 잘 부합하는 개념 정의라고 말할 수 있다.

그러나 오랫동안 규제개혁 실무에 종사하면서 저자의 생각은 달라지기 시작하였다. 시장과 더 잘 대비가 되도록, 또 규제의 목적이나 효과에 대하여 근본적인 문제의식을 갖도록 규제의 개념을 재정의할 필요를 느끼게 되었다.[3] 이 책에서 저자가 제시하는 개념 정의는 이렇다. 규제는 "정부의 강제력으로 '사회' 문제들을 바로잡거나 해결할 목적으로 제안된 행동들"이다.[4] 기존의 개념 정의와 비교한다면 부정적 함의가 상당히 강해졌다. 이

---

3. 개념은 고정되어 있고, 불변이라고 또 그래야 한다고 생각하는 사람들이 많다. 그렇지 않다. 개념은 연구자의 연구 목적과 의도에 따라 얼마든지 다르게 정의될 수 있다. 다만 연구자가 설정한 개념의 객관적 타당성과 유용성 판단은 해당 분야의 다른 연구자들의 몫이다. 간단히 말해 검증의 대상이다. 20세기 최고의 과학철학자 칼 포퍼(Karl Popper)는, 개념이 중요하므로 더 정확한 개념 정의를 위해 개념의 정교화를 위한 노력을 계속하는 접근방법과 관점을 본질주의(essentialism)라고 부른다. 철학이 대표적이다. 본질주의에 반기를 든 학자가 바로 포퍼이다. 아무리 정교하게 다듬어 보아도 개념은 자의적이고, 무의미하며, 외려 질문을 유도할 뿐(arbitrary, pointless, and question-begging)이라는 한계를 벗어날 수 없다고 주장한다. 쉽게 말하면 포퍼는 개념은 가설과 같다고, 즉 임의적으로 설정할 수 있되, 대신 검증되어야 할 대상이라고 본다.(Popper, 1992:13-15)

4. 영어로 표현한다면 actions proposed to correct and solve 'social' problems by the use of coercive power of the government이다.

점은 "바람직한 경제사회질서의 구현"이라는 표현이 사라진 데서 가장 잘 나타난다. 이 표현이 규제를 긍정적으로 보게 만들고, 오해하게 만드는 측면이 있다고 생각해서다. 대신에 새 개념 정의에는 "'사회' 문제들을 바로잡거나 해결할 목적으로 제안된"이라는 표현이 들어갔다. '사회' 문제들을 바로잡거나 해결할 수 있다고 기대해 규제를 만들고 시행하는 것이겠지만, 그 규제가 과연 기대한 효과를 일으킬지 아닐지는 검증해 보아야만 할 대상이라는 사실을 부각하고자 하였다.[5]

그냥 사회 문제들이라고 하면 될 것을 '사회' 문제들이라고 따옴표로 표현하고 있는 부분도 마찬가지다. 세상에는 무수한 문제가 있지만, 그 문제들이 당연히 사회적 문제여서라기보다는 정부가 바로잡거나 해결해야 할 문제로 선택했기에 '사회' 문제로 규정된 것이라는 의미를 표현하기 위함이다. 자유민주주의 국가, 자본주의 사회에서 정부가 개인과 기업의 자유와 권리를 제약할 때 정당한 명분을 갖기 위해서는 해당 문제가 사회의 문제, 즉 개인 차원에서 그치는 문제가 아니라 다른 사람에게 피해를 일으키는 문제이고, 따라서 사회적으로 다룰 필요가 있고 가치가 있는 중대한 문제라는 판단이 전제되지 않으면 안 된다. 그런데 어떤가? 정부가 관여하는 문제 중에는 진정으로 사회문제인 것도 있고 아닌 것도 있다. 이런 뜻에서 '사회'에 따옴표를 붙인 것이다.

여기서 궁금한 점은, '그러면 정부는 어떤 문제에 끼어들어 간섭하고, 어

---

5. 이런 의미에서 규제의 이론적 지위는 가설(假說)에 해당하며, 그것의 진위는 규제의 집행 결과에 대한 조사분석을 통해 검증된다고 말할 수 있다.(Browne and Wildavsky, 1984a:254) 예컨대 아파트 분양가 규제는 '아파트의 분양원가를 규제하면 아파트 가격을 안정시킬 수 있을 것'이라는 기대 아래 이루어진다. 그런데 이 가설은 과연 맞았는가? 그렇지 않다. 이 규제로 인해 신규 아파트 공급이 더 위축되면서 아파트 가격은 상승하였다. 요컨대 이 기대, 이 가설은 검증에 실패하였다. 또 다른 예로서 중대재해를 일으킨 사업주를 엄벌하면 중대재해가 감소할 것이라는 기대 아래 업계의 강력한 반대에도 불구하고 중대재해처벌법을 제정하고 강행했지만 시행 1년의 성과는 실망스럽다. 이 법의 적용대상인 50인 이상 사업장에서 사망자가 오히려 8명(248명에서 256명으로) 늘었다.(《조선일보》, 2023년 1월 27일자)

떤 문제는 방관하는 것일까?'이다. 여기에는 어떤 객관적 기준이 있어야 할 것이지만, 과연 이런 기준이 존재하는지조차 의심되는 경우가 많다. 그저 사건 사고가 터지거나 언론에서 무슨 논란이 벌어지기만 하면 정부는 기다렸다는 듯이 해당 사안에 개입하는 게 관행이고 통례이다. 제8-9장에서 자세하게 다루겠지만, 현실적으로 타당성이 매우 낮고 불합리한 규제들 대다수가 이런 이유로 성급하게 도입되거나 강화되는 규제들이다.

끝으로 '정부의 행동'이라는 표현 속에는 규제가 매우 다양한 형태와 방식으로 이루어진다는 점을 부각하려는 의도가 내포되어 있다. 규제는 보통 ① 국가의 강제력에 의존해 기업과 개인이 정부의 요구에 응하지 않을 때 불이익을 주고 처벌하는 등의 소극적 유인과 ② 보상을 부여하는 방법으로 이루어진다. 먼저 제약성이 가장 강한 형태의 규제는 금지이다. 예컨대 총포, 화약, 도검, 마약 등의 소지나 거래 등과 관련한 규제, 경자유전 원칙에 입각한 농지거래 규제 등이 이에 속한다.[6] 이보다 더 일반적인 유형은 인가, 허가, 면허, 승인, 등록, 신고 등인데, 이와 유사한 용어, 즉 지정, 협의, 확인, 검정, 검인, 검사, 조사, 감독 등등 무려 30개가 넘는 용어가 현행 법령에 사용되고 있다.

이것들은 규제로서 성격이 뚜렷하여 논란의 대상이 되지 않지만, 그 성격이 애매해 논란거리인 것들이 있다. 첫째, 정책이라는 이름으로 불리는 규제들이다. 부동산 정책, 교육 정책, 노동 정책, 산업안전 정책, 소비자보호 정책, 물가안정 정책 등의 이름으로 불리는 무수한 정책 프로그램들이 그것인데, 이것들의 핵심내용은 규제이다. 그런가 하면 제도라는 이름으로 불리는 규제도 많다. 최저임금 제도, 남녀 고용 평등 제도, 장애자 고용 확대 제도, 토지 제도, 교육 제도, 금융 제도 등등이 좋은 예이다. 이것들 역

---

6. 참고로 금지되는 행위라고 하면 살인, 강도, 절도, 강간, 폭행 등을 상기하게 되지만, '살인 규제,' '강간규제' 등의 말은 사용하지 않는다. 이런 행위들은 제한될 대상이 아니고 아예 없으면 좋을 범죄 행위들로서 형법의 적용을 받는다.

시 내용과 실질 면에서 규제인데, 여러 관련되는 규제가 덩어리를 이루고 있다 보니 정책이니 제도라고 불리고 있을 뿐이다. 그래서 이것들은 '덩어리 규제'라고 부르기도 한다.

둘째, 이보다 더 논란이 큰 규제 유형은 적극적 유인과 보상(positive incentives and rewards)을 부여하는 방법으로 이루어지는 규제들이다. 대표적인 예가 민간의 각종 사업에 대한 (재정)지원 정책이다. 주로 보조금 형식으로 이뤄지는 재정지원 정책은 규제 정책과 더불어 정부의 두 가지 핵심적인 정책수단이지만, 양자의 차이는 생각만큼 크지 않다. 물론 소극적 유인과 처벌이 아니라, 적극적 유인과 보상을 부여함으로써 정부가 바라는 방향으로 어떤 행위를 유도해 내려는 목적의 정부 행동을 과연 규제라고 볼 것인지에 대해서는 상당한 논란이 있다.(이혁우, 2009) 그러나 정부규제를 "민간의 행위에 영향을 미치기 위한 노력(attempt to change the behavior of private sector)"이라고 광의로 정의한다면(Meier, 1985:1-2), 이것들을 규제로 보는 게 그리 이상하지 않다.

예컨대 농작물의 생산과잉을 막기 위해 농지를 경작하지 않도록 하되 보상금을 주는 휴경보상 제도는 경작행위를 제한한다는 면에서 당연히 규제로 볼 수 있다. 다만 이 규제는 해당 농민에게 보상을 제공하는 방법으로 이루어진다는 점이 다를 뿐이다. 코로나 방역지침에 따라 영업에 제한을 받는 자영업자 등에게 재난지원금을 제공하는 것도 이와 비슷하다. 이들이 지원을 받는다고 해서 영업제한 규제의 성격이 달라지지 않는다. 여기서 알 수 있듯이, 적극적 유인과 보상을 주는 방법으로 민간의 행위를 변화시키려는 시도들을 모두 규제로 보는 건 무리한 면이 없지 않다. 하지만 적극적 유인과 보상의 제공을 정책수단으로 사용하되, 그 목적이 특정 행위를 금지하거나 제한하려는 의도가 명백한 경우 해당 정부 행동은 규제로 보는 게 맞다.

이유는 분명하다. 민간에 대한 재정지원에는 항시 지원조건이라는 것이 따라 다닌다. 이 지원조건의 존재로 인해 개인, 단체, 기업은 정부가 바라는 방향으로 일정한 행위를 해야만 지원을 받을 자격이 생기고 유지된다. 지원을 통해 정부가 원하는 내용의 행위를 유도할 뿐이므로 이것은 규제가 아니라고 주장하기도 하지만, 말로는 유도한다고 하나 실은 강제와 하등의 차이가 없다. 예컨대 학과를 통폐합하고 학생수를 감원하면 재정 지원하는 대학교육 지원제도는 언뜻 보면 지원제도이고 정책인 거 같지만, 실제로 이에 따르지 않는 사립대학은 거의 없다. 재정난에 허덕이는 판에 이런 지원이라도 받아야 하니, 정부의 요구에 따르는 것이다. 물론 이런 제도에 따르지 않는다고 해서 처벌이 뒤따르지는 않는다. 그러나 정부—이 경우 교육부—의 요구와 압력은 처벌 못지않게 무섭다.(이혁우, 2011)

정부의 지원방식은 ① 보조금을 직접 지급하는 일반적인 방식이 있는가 하면, ② 특허 등 지적재산권(intellectual property)을 법적으로 인정하고 불법적인 모방이나 도용을 막아 줌으로써 간접적으로 특허기업에 지원이 돌아가도록 만드는 방식, ③ 수입규제와 같이 수입을 제한적으로 허용함으로써 수입물품이나 서비스의 가격을 높게 만들어 수입자가 간접적으로 지원을 받도록 하는 방식 등이 있다.

셋째, 규제의 전형적인 형태는 정부가 강제력에 의존해 기업과 개인이 정부의 요구에 응하지 않을 때 불이익을 주고 처벌하는 방법이지만, 국가의 강제력에 의존한다기보다 정부의 권위를 앞세워 혹은 도덕적 설득(moral suasion)을 통해 민간에게 특정 행위를 유도하는 방법으로 규제가 이루어지기도 한다. 행정지도(administrative guidance)가 대표적이다. 이런 방식의 권력 행사는 관료주의적이고 권위주의적인 문화가 뿌리 깊은 우리나라나 일본과 같은 나라에서 아직도 꽤 흔히 볼 수 있다. 예컨대 사기업 및 공기업 부문의 임금상승률을 제시하여 지도한다든가, 예금이자나 대출이자 등을 제시하고 지도하는 등이 이에 속한다. 행정지도라고 하지만 사실은 정부가 지닌 강제력에 근거해 직간접적인 압박을 가하는 것이기 때문에, 그것도 법령에 명문 규정 없이 이루어지는 경우가 많아 자의적으로 사용될 가능성이 크다는 점에서 민주적이고 합법적인 규제방식이라고 보기도 힘들다.

2. 규제의 본질

2.1 정치경제학의 관점

규제는 단순히 개인과 기업이 어떤 행위를 할 수 있고 없고 차원에 그치는 문제가 아니다. 규제는 크든 작든 "국민의 권리, 소득과 부의 사회적 배분(allocation of rights, income, and wealth in a society)"을 변화시킨다.(Morrison and Noll, 1980:7) 다시 말하면 규제로 인해 국민의 권리-의무 관계, 소득과 부가 각양각색으로 영향을 받게 된다. 예컨대 최저임금 제도는 저임금 근로자들에게 최저 생계유지 또는 인간다운 삶에 대한 권리를 인정하는 규제인데, 이 제도로 인해 기업주와 근로자의 권리 의무 관계, 소득과 부만이 아니라 사회구성원 전체의 권리 의무 관계, 소득과 부가 변화한다. 즉 기업주는 이제 최저임금 이하의 임금으로 근로자를 고용할 수 없고, 소비자들은 이 제도로 인한 물가의 상승을 기정사실로 받아들이지 않을 수 없다. 직접 이 제도의 적용을 받는 모든 산업과 사업체만이 아니라 이 제도의 적용을 받지 않는 다른 모든 산업과 사업체가 이 제도의 영향에서 벗어날 수 없다.

이렇게 규제는 국민의 권리와 의무, 소득과 부에 심대한 파급효과를 일으킨다. 물론 각각에 미치는 영향과 효과는 차등적이다. 경쟁이 심해 이윤율이 낮은 업종의 영세사업주들은 사업을 포기해야 하는 상황으로 몰릴 수 있는가 하면, 시장에서 독과점적 지위를 누리는 사업체는 이 제도로 인한 비용을 모두 소비자에게 전가할 수 있는 것과 같다. 근로자들도 마찬가지다. 매우 역설적이지만 이 제도의 수혜자가 되어야 할 미숙련 근로자는 이 제도로 인해 일자리에서 쫓겨날 수도 있고, 과거보다 일자리가 줄어들어 일자리 구하기가 더욱 어려워질 수도 있다. 반면에 최저임금선 이상의 임금 근로자들은 이 제도로 인해 약간씩이라도 임금이 올라가는 연쇄효과를 볼 수 있다.

규제가 일으키는 이런 효과는 모든 규제에 공통이다. 규제의 유형이나 종류와 상관이 없다. 예컨대 사회규제에 속하는 수질규제를 강화하면 강의 상류 지역에서 경제활동을 하는 모든 사람—기업체, 농민, 축산농가, 어민 등등—에게는 오염수를 방류하거나 오염시킬 위험이 있는 행위를 해서는 안 되는 의무가 생겨 경제활동에 막대한 지장을 받게 된다. 반면에 하류 지역에 사는 사람들이나 강물을 끌어다 쓰는 도시지역의 시민들은 전보다 깨끗해진 물을 이용할 수 있게 된다.

그러므로 규제를 도입하거나 기존 규제를 강화 또는 폐지하거나 완화하려 할 때 이를 둘러싸고 논란과 갈등이 생기는 것은 너무나 당연하다. 규제가 생기거나 강화되면 새로이 권리를 인정 받는 측이 있는가 하면 기득권을 상실하는 측이 있고, 새롭게 의무를 부담하는 측이 생기는가 하면 이로 인해 직간접적으로 이익을 보는 측이 있다. 규제는 이처럼 승자와 패자(winners and losers)를 만들어낸다. 규제의 정치경제학(political economy of regulation)이 주목하는 부분이 바로 이것이다. 규제의 정치경제학은 규제의 경제적 효과와 귀착에 대한 분석에서 시작해, 규제가 만들어지거나 강화되는 원인에 이르기까지의 모든 정치적 과정을 역추적 방식으로 분석하여 규제의 정치경제적 속성을 규명하는 일에 관심을 둔다.

2.2 신제도경제학의 관점

한편 신제도경제학의 관점에서 보면 규제는 사유재산권에 대한 제약이다. 사유재산권의 보장, 계약자유(contractual freedom)의 보장은 자본주의-시장경제 체제의 핵심 지주이다. 이 자유와 권리를 인정하지 않는 체제는 한마디로 말해 시장경제 체제가 아니다. 그만큼 중요하고 따라서 함부로 침해하면 안 되는 이 권리와 자유를 제약하려면 그로 인한 악영향과 악효과를 충분히 상쇄하고도 남을 정도의 공익이 확인되어야 한다. 제3-4장에서 이미 공부한 바와 같이 신제도경제학이 말하는 재산권은 재산에 딸린 각종의 권리 꾸러미이다. 근대 이후의 사회에서 인간(과 조직)은 누구나 어떤 자산을 소유하고 있으며, 그것을 다른 사람의 권리를 침해하지 않는 범위 안에서, 자기 마음대로 이용하고 그 결실을 취할 자율적 권리(autonomous rights)를 갖고 있다. 개인으로 말한다면 이런 자산에는 개인의 재산은 물론이고 자신의 신체, 노동력, 재주와 기능, 자기가 가진 지식과 정보 등이 모두 다 포함된다. 재산권은 이런 자원들을 자기 뜻대로, 자율적으로 활용할 각종의 권리를 총칭하는 표현이다.

재산권은 소유권과 개념이 다르다. 소유권은 누구의 소유가 정당하다는 법적 확인이다. 정태적 개념이다. 이에 비해 재산권은 소유권을 갖고 있느냐 아니냐와는 상관없이 어떤 자산을 활용할 권리가 누구에게 주어져 있느냐를 말해 주는 동태적 개념이다. 즉 어떤 자산을 묶거나 쪼개고 양도할 권리, 이익을 낼 목적으로 개발하고 활용할 권리, 그로 인해 발생하는 이익을 취득할 권리 등이 재산권이다. 어떤 자산 또는 재산의 소유자가 이런 권리를 행사할 수 있는 것은 물론이다. 하지만 이를 효율적으로 효과적으로 활용할 능력과 재주를 가진 소유자는 드물다. 따라서 그런 능력과 재주를 가진 사람이 계약을 통해서 해당 자산에 대한 재산권을 갖고 행사하도록 하는 게 양 당사자는 물론이고 사회적으로 이득이다. 시장경제 체제/자본주의 체제에서 자산의 소유자와 사용자는 계약을 통해 재산권을 양도 양수하기도 하고, 사용자가 일정한 비용을 내고 재산권의 위임이나 사용승낙을 받아 자산을 자기 목적에 활용하는 등의 일이 일상적으로 일어난다. 이 체제에서 혁신이 일어나고 부의 축적이 가장 빠르게 일어나는 것은 재산권이 가장 효율적으로 배분되기 때문이다.

다시 정리하면 개인과 조직은 자신이 소유(임차, 양수)한 자산(재산)을 향유할 권리, 이런 자산을 자신의 지식과 경험에 비추어 최고의 가치를 발현하도록 이용할 권리, 여기서 발생하는 수입을 취할 권리, 자기 재산을 처분하고 다른 사람에게 양도하거나 거래할 권리 등을 갖고 있다.(Alchian and Demsetz, 1973)[7] 이 재산권에는 재산을 어떻게 사용할 것인지에 대한 선택과 결정이 그야말로 결정으로서 효과를 발휘하리라는 기대가 포함된다.(Alchian and Allen, 1977:114) 이 기대가 사회관습으로든, 권리침해자에 대한 정부의 처벌에 의해서든 그대로 충족될 가능성이 클수록, 즉 재산권이 배타적 권리(exclusive rights)로 인정되고 존중되는 폭이 클수록, 개인의 재산권은 강력하게 보장되고 있다고 말할 수 있다. 재산의 사용에서 발생하는 이득을 자신이 취할 수 있다는 확신이 있을 때, 즉 재산권이 배타적 권리로 완벽하게 인정되고 법적으로 보호될 때, 재산권자는 자기 재산의 새로운 용도를 발견하고 추구하려는 동기를 갖는다.(Kasper and Streit, 1998:175) 반대로 재산에 대한 보호제도가 부실하거나 자신의 재산을 자기 뜻대로 활용할 수 있는 권리가 제약되어 있으면 재산의 가치는 떨어진다.

간단히 말해 자본주의 사회에서 재산권은 사회발전의 원동력을 제공한다. 이 사회에서 일어나는 일들은 개인과 조직이 자기에게 속한 재산을 이용하여 이득(금전적 수입과 부, 명예, 지위, 권력)을 얻으려는 자연스러운 욕구에서 비롯된다. 더 나아가 이런 욕구와 유인이야말로 이 사회에서 끊임없이 혁신이 일어나고, 새로운 아이디어가 실험되고, 모험을 수반하는 행동들이 유발되어 사회가 발전하고 성장해 가도록 만드는 기폭제이다. 이런 면에서 재산권이 얼마나 강하고 확실하게 보호 또는 보장되고 있느냐는 매우 중요하다.

자본주의 사회의 풍요는 순전히 이런 사유재산권이 보장되고 따라서 경

---

7. 재산권이 재산의 소유자가 오로지 이득만 얻도록 해 주는 것은 아니다. 재산의 소유가 수반하는 비용을 감당해야 한다. 예를 들면 건물을 임차하여 사업을 하는 개인은 사업에서 이윤을 얻게 되겠지만, 임차료를 내야 한다. 이런 의미에서 재산권자에게는 이득을 얻을 권리와 자격(titles)과 함께 재산의 사용에 대한 책임과 의무도 동시에 주어진다.(Kasper and Streit, 1998:176)

제적 자유가 주어져 있는 덕이다.[8] 사유재산권을 부정하는 공산주의 사회나 사유재산권을 심대하게 제약하는 사회주의 사회가 정체나 퇴보를 면치 못하는 건 다른 데 이유가 있지 않다. 사유재산권의 박탈과 제약으로 인해 개인과 조직이 발전적인 노력을 기울일 동기나 유인이 없거나 미약해서다.

정리한다면 신제도경제학의 관점에서 규제는 재산권에 대한 제약이다. 자본주의/시장경제 체제에서 재산권자의 경제하려는 동기, 혁신적인 노력의 동기를 빼앗기도 하고 약화시키는 것이 규제이다. 자율적인 재산권의 행사에 제약을 가하면 재산(활용) 가치의 극대화를 꾀하려는 행동유인은 사라지거나 줄어들게 된다. 재산권 가치의 극대화를 위해 거래비용을 줄이려는 다각적이고 창의적인 노력도 자취를 감추게 된다. 현상에 안주하거나 모험을 회피하려고 한다. 인류가 발견한 가장 효율적인 경제 시스템인 자본주의/시장경제 체제의 장점은 사라지거나 형편없이 쪼그라들고 만다. 이때 사회 총소득의 감소, 생활 수준의 후퇴는 불가피해진다. 규제가 불가결한 경우도 많다. 그러나 재산권을 제약한다는 규제의 속성을 잊으면 안 된다. 재산권의 제약이 불가피한 경우, 규제의 불합리성, 비현실성을 최소화하기 위해 끝까지 노력해야 할 필요성이 여기에 있다.

3. 규제 = 숨겨진 세금

몽테스키외는 《법의 정신》에서 "세금은 자유의 대가로 국가에 내는 것"이라고 말했다. 그런데 우리가 국가에 내는 건 세금만이 아니다. 국가는 세금으로 군대를 유지하고 공무원을 고용해 일한다. 그 덕으로 국민은 평화

---

8. 자본주의 사회에서 풍요는 물질적 풍요일 뿐이라고 믿는 사람들이 많다. 그러나 자본주의 사회는 정신적 풍요 면에서도 사회주의, 공산주의 사회를 압도한다. 생각해 보시라. 이 두 사회 중 어느 사회가 문화, 예술, 종교 등 정신 면에서, 다양성과 창의성 면에서 앞서가고 있는가?

와 안전, 복지를 누리며 살아간다. 하지만 국가는 자유의 대가로 세금을 거두어갈 뿐 아니라, 자유를 제한하고 구속하는 방식으로 '세금'을 물리기도 한다. 그 수단이 규제이다. 이 세금은 국고에 들어가지는 않는다. 예외가 있다면 교통법칙금, 부동산 관련 규제에 따른 세금(토지초과이득세 등) 정도가 고작이다. 규제를 이행하는 데는 당연히 비용이 들고 부담이 생긴다. 이것이 규제로 인한 세금이다. 다만 이 세금은 '숨겨진 세금(hidden tax)'이다.[9]

밀턴 프리드먼의 말처럼 세상에 "공짜 점심이란 건 없다(There's no free lunch)." 대체로 가볍게 먹는 게 점심이지만 점심조차 공짜는 아니니 세상에 공짜는 정말로 없다는 말이다. 이런 말이 사람들의 입에 오르내리는 이유는 정말 공짜 점심이 있는 듯이 착각하는 사람들이 있기 때문이다. 정부가 마치 "하늘에서 별을 따다가 국민에게 온정을 베푸는" 시혜적 존재인 양 오해하는 사람들이 아주 많다.[10] 천만의 말씀이다. '깨진 유리창(broken window)' 이론을 비롯해 경제와 법에 관한 수많은 궤변 아닌 궤변(sophism)을 지어낸 것으로 유명한 19세기 프랑스 경제학자 바스띠야는 "정부는 다른 편 사람들에게 짐을 지우지 않고서는 한편을 만족시킬 수 없다. … 정부는 [이 사실을 숨기고 부정하는] 엄청난 허구(great fiction)로서, 사람들

---

9. 참고로 준조세라는 게 있다. 기업이 부담하는 공해유발부담금, 교통유발부담금 등 각종의 부담금은 물론이고, 재해 성금 등 자선 성금, 지자체나 사회단체 등의 행사지원 성금 등을 통틀어 준조세라고 부르는 듯하다. 그러나 이것과는 비교도 안 되게 큰 준조세가 규제로 인해 기업이 내야 하는 '보이지 않는 세금'이다. 이 세금은 일단 기업이 부담하지만, 궁극적으로 불특정 다수의 소비자 즉 국민의 부담으로 돌아온다. 이런 면에서 규제로 인한 비용을 준조세라고 표현하는 것은 적절치 않다.

10. 사회복지 시책이 늘다 보니 그런 오해가 자꾸 생기는 것 같기도 하다. 그렇게 생각하는 사람들에게 묻고 싶다. 정부는 무엇을 갖고서 시혜하는가? 국민의 세금이다. 대통령으로부터 총리, 장관, 도지사, 시장, 군수 그 어떤 공무원도 자기 돈을 써서 시혜하는 일은 없다. 그들의 월급도 국민 세금이요, 그들의 관사 운영비, 특수활동비, 업무출장비, 업무시간 중 식사비도 국민 세금이다. 고위직 공무원을 지낸 사람들이 이렇게 말하는 걸 들어보셨으리라. "아, 저 건물 말이야. 내가 ○○장관 하고 있을 때 지었어," 혹은 "그 프로그램은 내가 ○○ 자리에 있을 때 만들었지." 비록 그가 기획은 했는지 몰라도, 자기 돈을 쓴 건 아니다. 왜 그런데 자기 돈이라도 쓴 것처럼 말하는 것일까?

은 누구나 [이 허구에 빠져] 다른 사람들의 희생 위에 살아가려고 갖은 애를 쓴다."(Bastiat, 2007:99)라는 기막힌 말을 남겼다.[11]

규제도 공짜가 아니다. 무언가 편익이 있으니 규제하는 것일 텐데 규제의 편익은 공짜로 얻어지지 않는다. 정부가 규제 법령을 제정하면 그뿐인 게 아니다. 규제를 이행하는 데는 비용이 들고 누군가 이 비용을 부담해야 한다. 규제는 '숨겨진 세금'이라는 말은 이 비용의 부담자는 결국은 국민이라는 말이다. 왜 그런가? 이 이치를 이해하기 위해서는 더 일반적으로 정부가 일하는 방식에 대해 생각해 볼 필요가 있다.

3.1 정부가 일하는 두 가지 방식: 돈으로 하기 대 말로 하기

정부는 두 가지 방식으로 일한다. 정부가 하는 일, 정부가 추구하는 정책과 행정의 목표는 무수하고 다양하지만, 정부가 일하는 방식은 기본적으로 두 가지뿐이다. 하나는 돈이고, 다른 하나는 말이다. 우선 정부는 돈으로 많은 일을 한다. 그 돈은 두말할 것도 없이 국민에게서 거두어들인 세금이다. 이 세금으로 조성된 국가재정으로 정부는 국방과 치안을 하고, 도로를 건설하고, 교육을 지원하며, 환경을 보호하고, 사회복지를 챙긴다.

정부가 일하는 두 번째 방식은 말로써 하는 것이다. 정부의 말이란 때로는 법률의 제정과 개정으로, 때로는 제도개혁이란 이름으로 표현되고, 정부의 정책이나 시책의 형태를 취한다. 이름과 형태가 어떠하든 이 모든 일은 정부가 말로써 하는 일들이다. 정부의 말은 그냥 말이 아니다. 권위가 실려 있고, 법적 강제력이 담보된 말이다. 다시 말하면 정부의 말을 따르지

---

11. 영어 표현은 다음과 같다. It is proved that Government cannot satisfy one party without adding to the labor of the others. … Government is that great fiction, through which everybody endeavors to live at the expense of everybody else. 국민에게 국가라는 존재가 과연 무엇인지를 이보다 더 역설적으로, 더 신랄하게 표현하기는 힘들 듯하다.

않으면 법적인 제재와 처벌이 따르게 되어 있다. 정부는 이렇게 강제력이 실린 말, 즉 법제도, 제도개혁, 정책과 시책 등을 통해 각종 목적을 추구한다. 태풍이 다가오고 있으므로 선박을 운항하면 안 된다고 하고, 부동산투기를 하지 말라고 하고, 불량식품을 판매하거나 유통하는 사람, 성매매자를 단속하고 처벌한다. 이것들이 모두 다 규제다.

예를 들어보자. 정부가 산림을 잘 가꾸기 위해 해야 할 일, 할 수 있는 일은 무엇인가? 크게 두 종류의 일이 있을 뿐이다. 묘목을 사고 인부를 사서 식수를 하고, 비료를 주고, 병충해 방제를 하고, 간벌을 해주는 등의 일은 돈으로 한다. 이것만으로 산림을 잘 가꿀 수는 없다. 산림을 함부로 파헤치거나 마음대로 벌목하도록 내버려 둬서는 안 된다. 산불이 나서도 안된다. 그러므로 정부는 산림 훼손과 벌목을 함부로 못 하도록 하고, 인화물질의 반입과 사용을 금지 또는 제한하고, 수년마다 입산 통제를 해서 산림이 휴식할 수 있도록 해 주어야 한다. 이런 일들은 정부가 말로써 하는 일들인데, 이 모두가 규제이다. 이것은 정부가 하는 어떤 일이든 다 마찬가지다. 정부가 일하려고 할 때 정부가 의존할 방법 혹은 힘은 돈과 말, 즉 세금과 규제뿐이다. 궁극적으로 이 두 가지뿐이다.[12]

더 일반적인 예로서 부동산투기를 억제하기 위해 토지거래허가지역 지정, 아파트분양가 상한제 등 직접적인 규제는 물론이고, 금융기관을 통한 부동산 구입자금, 전세 지원 목적의 융자금 상한제 등을 통한 간접적 규제도 동원할 수 있지만, 부동산투기나 과다(?)소유 부동산에 대한 중과세도 거의 같은 효과를 거둘 수 있다. 외국 상품과 서비스의 수입을 제한하기 위한 목적에서 쿼타(quota) 등을 책정하여 수량적으로 수입을 규제할 수도 있

---

12. 예컨대 정부는 각종 계획을 세운다. 그런데 그 모든 계획의 핵심은 조세와 재정, 규제 관련 사항으로 귀결된다. 이런 일에 얼마만큼의 재정을 쓰고, 재원은 어떻게 마련하며, 국민이 어떤 행동을 하도록 요구(규제)할지, 그것의 효과성을 어떻게 확보할지에 관한 내용을 담고 있는 게 계획이다.

지만, 높은 관세를 부과하여 수입을 조절할 수도 있다. 사업 인허가로 어떤 산업에 대한 진입을 1-2개 업체로 제한하는 방법으로 해당 산업을 지원할 수도 있지만, 정부가 정한 기준에 부합하는 기업에 대하여 보조금을 지급하는 방법도 있다.

정부가 일하는 방식은 왜 이 두 가지뿐일까? 답은 간단하다. 정부가 가진 것이라곤 강제력밖에 없기 때문이다. 세금을 거두는 일이나 규제하는 일이나 국가의 강제력이 뒷받침되지 않으면 되지 않는다. 정부는 이같이 기본적으로 돈과 말, 즉 세금(재정)과 규제로 일을 한다.

한 걸음 더 나아가 보면, 정부가 일하는 두 가지 방식은 상호대체적인 관계에 있다. 예컨대 장애인고용 확대 정책을 보자. 정부가 할 수 있는 일, 해야 할 일은 무엇인가? 우선 정부기관과 공기업 등이 장애인을 많이 고용하도록 하는 방법이 있다. 이것은 돈으로 하는 방법이다. 정부가 장애인 1인당 일정액의 보조금을 지급하는 방법으로 민간기업들이 장애인을 많이 고용하도록 유도할 수도 있다. 이 역시 돈으로 하는 일이다. 이밖에 다른 방법은 없는가? 있다. 이보다 더 흔히 쓰이는 방법이 있다. 기업들이 전체 근로자 중 일정 비율까지 장애인을 의무적으로 고용하도록 규제하는 방법이다. 이것이 현행 장애인고용촉진법의 요체이다.

장애인고용촉진법을 제정하면 그것으로 끝인가? 정책목표가 저절로 달성되는가? 나와는 아무 상관이 없는가? 그렇지 않다. 장애인고용에는 상당한 추가비용이 따른다. 장애인이 불편 없이 근무할 수 있는 여건을 갖추어 주어야 하기 때문이다. 계단 외에 램프 시설을 해야 하고, 책상과 의자를 교체해야 한다. 화장실도 개조해야 한다. 이 모든 일에 돈이 들어간다. 그러면 이 돈은 누가 내는가? 우선은 기업이 낸다. 그러나 기업주가 개인적으로 이 비용을 부담하는 게 아니다. 그 비용은 결국 기업들이 생산하는 제품이나 서비스의 생산원가에 들어갈 수밖에 없고, 그러면 제품과 서비스의 가격이 올라서 소비자 부담이 늘어난다. 불특정 다수 소비자는 곧 국민이다.

이제 우리는 어떻게 돈과 말로 하는 일이 상호대체적인 관계에 있다고 말하는지에 대한 힌트를 얻게 되었다. 장애인 의무고용 규제의 시행에 따른 비용은 정부도 아니고 기업도 아니며 궁극적으로 불특정 다수의 소비자 즉 국민의 부담으로 전가(轉嫁)된다면, 아예 정부가 장애인고용 확대를 목적으로 세금을 더 거두고, 장애인 고용기업에 보조금을 주면 되지 않을까? 그렇다. 이 방법이 더 나은 방법이다.

3.2 세금과 규제의 상호대체적 관계

이런 비교 결과는 앞에서 든 모든 예에서 공통이다. 돈으로 일하는 방식이 말로 일하는 방식보다 우월하다. 그러면 정부는 왜 경제학적으로 월등한 방법, 즉 세금을 거두어 보조금을 지급하는 방식보다 규제방식을 선호하는가?

첫째, 세금을 부과하고 이를 통해 재정을 확보해 정책 목적을 추구하기보다 규제를 이용하는 편이 정치적으로 쉽고 편리하기 때문이다. 일반적으로 국민은 세금의 증가에 대해서는 민감하게 반응하고 저항한다. 하지만 규제도 세금임이 분명한데도 사람들은 이 점을 이해하지 못해, 규제는 규제를 받는 사람이나 기업에 부담을 줄 뿐 자기들에게는 아무 영향을 미치지 않는다고 잘못 생각한다. '공짜 점심'이 가능하다는 착각에 빠져 있다. 규제로 인한 부담이 결국은 모든 국민에게 되돌아온다는 점에서 규제가 세금과 같다는 사실을 잘 알고 있다면, 국민이 중세(重稅)에 저항하듯이는 아니어도 규제의 남발에 반대하기도 하고 저항하기도 할 것은 분명하다. 자신의 호주머니에서 돈을 빼가는 게 규제이기 때문이다. 그러면 정부는 물론이고 국회의원들도 규제 입법에 신중해지게 될 것이다. 그런데 일반인은 물론이고 정부 관료나 국회의원 중에 이 사실을 잘 알고 있는 사람이 과연 몇이나 될까?[13]

규제의 비용이 결국은 국민부담이 되어 돌아온다는 점에서 규제는 세금과 같지만, 세금처럼 명백히 드러나지 않는다. 왜냐면 이 비용은 상품과 서비스의 가격에 포함되어 있기 때문이다. 특별소비세가 붙는 상품이나 서비스가 비싼 이유는 특별소비세라는 높은 세금이 붙어서라는 점은 잘 알면서, 규제로 인해 상품과 서비스의 가격이 올라간 사실은 까마득히 모르고 있다. 비록 이 사실을 안다고 할지라도 결론은 달라지지 않는다. 왜냐면 상품과 서비스 가격에 포함된 규제비용 총액을 인구수로 나누면 미미한 금액이 되고 말기 때문이다.[14] 이밖에도 국민이 규제로 인해 생기는 자신의 부담을 잘 인식하지 못하는 이유는 그것이 한참 시간이 지난 다음에 인식되거나 간접적으로 영향을 받기 때문이다.[15]

국민이 규제를 세금의 일종으로 인식하지 못하는 한 정부가 국민을 속

---

13. 우리나라의 의원입법 증가추세는 가히 폭발적이다. 국회 의안정보 시스템 자료에 의하면, 제18대 국회(2008.5~2012.5)의 의원 발의 법률안은 13,913건으로 정부 제출 법률안 1,694건의 약 7배에 달했다. 제19대 국회(2012.5~2016.5)의 의원 발의 법률안은 17,822건으로 정부 제출 법률안 1,093건의 15.3배로 급증하였고, 20대 국회(2016.5~2020.5)의 의원 발의 법률안은 23,047건으로서 정부 제출 법률안 1,094건의 21배에 달했다. 21대 국회는 2022년 6월까지 의원 발의 법률안이 15,573건으로 정부 제출 법률안 493건의 32배에 달하고 있다. 가히 폭발적인 증가추세가 아닐 수 없다. 의원입법 발의안의 태반이 규제 관련이다. 이들 규제법안의 상당수가 엄격한 규제심사를 피하려는 의도에서 의원입법의 형태로 발의되고 있는 것이 숨길 수 없는 현실이고 보면 행정부(규제개혁위원회)의 규제심사에 준하는 규제심사가 의원입법에 대해서도 이루어질 수 있도록 하는 제도적 장치의 마련이 시급하다.

14. 예컨대 밀턴 프리드먼은《선택할 자유》에서 미국의 상선 지원보조금과 근해 운송을 국산 선박으로 제한하는 규제의 비용은 $6억인데 이를 인구 2억 명으로 나누면 1인당 부담액은 $3에 지나지 않는데, 어떤 국민이 이에 불만을 제기하며 이 제도를 지지하는 후보자에게 반대표를 던지겠느냐고 묻는다.(p. 367)

15. 이와 관련해 다이시는 이렇게 말한다. "국가에 의한 간섭, 특히 입법이라는 형태를 통한 간섭—이것이 규제이다—이 가져오는 좋은 효과는 직접적이고 즉각 효과를 나타내는 것이고 말하자면 쉽게 눈에 띄는 데 비해, 나쁜 효과는 시일이 걸려서 발생하고, 간접적이며, 사람들의 눈에 잘 띄지 않는다. 따라서 대다수 사람은 필연적으로 정부 간섭의 좋은 면을 과대평가한다."(Dicey, 1914:257-58; 민병균 등, 2003, p. 373에서 재인용) 다이시는 이것을 자연적 편견(natural bias)이라고 부른다.

이기(?)는 쉽다. 이 사실에 관해 경제학자들이 입을 다물고 있는 마당에 정부가 이실직고할 이유는 없다. 그러니 무엇 때문에 정부가 말도 많고 탈도 많은 세금을 거두고, 감시의 눈길이 번뜩이는 재정에 의존하려 하겠는가? 정부가 그저 사건 사고의 원인이라고 판단하는 행위를 사회악으로 치부하고 규제의 필요성을 강조하면 국민은 손뼉을 치니 말이다. 정부가 규제를 선호하는 데는 국민의 무지를 이용한 정치적 계산과 교활함이 숨어 있다.

둘째, 규제를 선호하는 것은 정치인들만이 아니다. 국민의 저항이 따르는 세금을 거두고 국회의 복잡한 예산과정을 거치기보다는 민간 위에 군림하면서, 세간의 말처럼, 목에 힘(?)도 줄 수 있는 규제에 의존해 정책 목적을 달성하는 방법이 행정관료들에게 더 매력적일 것은 두말할 필요가 없다. 그런데 고맙게도(?) 일반 국민은 규제가 더 직접적이고 따라서 강력하고 즉각적인 효과를 거둘 수 있는 해법이라고 잘못 생각하는 경향이 강하고, 규제에 의존해 사회문제를 해결하는 방식을 취할 때 국민의 더 높은 지지를 받을 수 있으니 이거야말로 일석이조(一石二鳥)인 셈이다.[16]

셋째, 세금과 재정에 의존해 정책 목적을 달성하려고 하면 일반 국민의 소득수준, 거주지, 주택 소유 여부 및 그것의 변동상황 등을 일일이 추적하고 파악해야만 정책의 정당성과 합리성을 유지할 수 있다. 이 경우 초래될 행정사무의 복잡성이나 행정비용의 증가는 이루 말로 다 표현할 수 없을 정도다. 반면에 규제에 의존해 정책 및 행정 목적을 달성하려고 하면 행정사무가 매우 간단해진다. 물론 이 경우에도 행정비용이 초래되기는 하겠지만 이것은 전자와 비교할 바 아니다.

이런 이유로 정부는 규제를 선호하는 경향이 매우 강하다. 같은 값이면

---

16. 참고로 미국 국민은 자신들을 지칭할 때 국민이라는 말 대신에 납세자(taxpayers)라는 말을 더 애용한다. 우리도 그래야 하지 않을까? 왜냐면 정부가 하는 모든 일의 비용이 결국은 내 주머니에서 나가는 세금으로 충당되기 때문이기도 하지만, 이 말을 자꾸 써야 정치인이나 관료들이 국민이 주인이라는 생각을 조금이라도 더 할 것이기 때문이다.

세금을 거두고 재정에 의존해 사회문제를 해결하기보다는 규제에 의존해 더 쉽게 대처해 나가려고 하는 유인과 동기가 정부에게는 충분하다. 그러나 과연 양자는 같은 값인가? 아니다. 세금과 재정에 의존하는 방법보다 규제에 의존하는 것이 정치적으로는 편리한 면이 있지만, 규제에 의존하는 방법은 세금과 재정에 의존하는 방법보다 경제적 합리성과 효율성 면에서 매우 열등하다. 문제가 많다. 이에 관해서는 제7장에서 깊이 고찰할 것이다. 다만 여기서 덧붙이고 싶은 사항은, 일반적으로 선진국은 세금이 많고, 규제가 적은 편이며, 후진국은 그 반대로 보인다는 점이다. 이유가 무엇일까? 답은 간단하다.[17] 선진국은 세금을 많이 거두고 재정이 넉넉하므로 국가가 많은 일을 책임지는 경향이 있다. 후진국은 세금을 많이 거두기 어려운데 선진국과 비슷하게 해야 할 일은 많다. 어째야 하는가? 세금을 더 거둘 수 없으니 더 많은 일을 규제로 풀어나갈 수밖에 없다. 물론 이 규제로 인한 비용은 보이지 않는 세금의 형태로 고스란히 국민의 몫으로 돌아가는데도 말이다.

3.3 규제영향분석의 필요성

논의가 비약하는 감이 있지만, 규제가 한 사회에 미치게 될 영향과 효과를 광범위하게 평가해 보아야만 할 필요성이 바로 여기에 있다. 일반적으로 사람들은 규제로 인해 얻게 될 효과는 과대평가하는 반면에 규제로 인해 야기되는 비용에 대해서는 잘 모를 뿐 아니라, 아예 눈감아버리는 경향

---

17. 아직껏 저자는 이런 관점에서 국가별 소득 수준과 세금 수준 그리고 규제 수준(규제의 양과 질) 간의 상관성을 고찰한 연구는 보지 못하였다. 그러나 저자는 양자 간에 분명히 부(-)의 상관관계가 있을 것이라고 믿고 있다. 물론 양자 간의 상관성에 영향을 미치는 요인도 있다. 예를 들면 나라마다 정치 행정 문화가 다르고, 행정의 합리성 수준이나 행정 능력에도 차이가 있고, 이것이 영향을 미칠 것이다. 그러나 이보다는 각국의 담세 수준이나 정부의 재정 능력이 가장 강력한 영향을 미치는 요인이라고 생각한다.

이 있다. 규제영향분석(regulatory impact analysis: RIA) 혹은 규제의 비용편
익분석(regulatory cost-benefit analysis)은 바로 이런 경향에 쐐기를 박을 수
있는 도구이다.[18] 규제로 인한 편익과 규제에 따른 비용을 견주어 봄으로써
규제의 경제적 타당성을 검토하고, 규제가 과연 필요한지, 현행 규제가 최
선인지에 대한 의문을 품고 규제의 합리화와 품질 제고를 위해 다시 생각
하게 만들기 때문이다.

규제의 비용편익분석에는 난점이 많은 게 사실이다. 금전적으로 계산하
기 어려운 사항들이 많기 때문이다. 그러나 이런 다소간의 한계에도 불구
하고 규제의 비용편익분석 혹은 규제영향분석은 규제의 비용과 편익을 비
교해 봄으로써 한쪽에 치우치지 않고 균형 잡힌 사고를 하도록 유도한다.
어떤 규제로 인한 편익이 비용보다 작다면 그런 규제는 해서는 안 될 규제
이다. 규제가 불가피하다면 당연히 다른 규제방법을 찾을 일이다. 바로 이
런 이유로 오늘날 OECD 국가 모두가 규제영향분석 제도를 도입해 운영하
고 있고, 우리나라도 예외가 아니다. 다만 제도의 시행방법과 효과 면에서
는 많은 차이가 있다.

우선 이 제도를 선도하고 있는 미국은 모든 행정기관이 규제를 신설하
거나 강화하려고 할 때 자체적으로 자기 소관 부처의 규제에 대하여 규제
영향분석을 실시하도록 하고, 이들의 자체 분석을 대통령 직속의 예산관
리처(OMB) 산하 정보규제관리국(OIRA)이 심사하도록 하고 있다. 또 각 부
처의 규제로 인한 비용과 편익을 계산하여 의회에 해마다 보고하도록 하
고 있다. 규제기관들이 규제의 비용에 관심을 갖도록 유도할 뿐만 아니라
규제 관련 이익집단과 단체들이 정부 부처의 규제 비용편익분석에 이의를
제기할 수 있도록 하고, 그래서 무분별한 규제의 증가를 막고 규제의 품질
을 개선하기 위함이다.

---

18. 규제비용편익분석에 관한 자세한 논의는 저자의 《정부규제론》(1992)을 참고.

이런 제도의 시행에 따라 미국에서는 해마다 규제로 인한 국민경제 비용이 어느 정도인지가 계산되고 있다. 이에 따르면 미국의 경우 규제로 인한 국민경제 비용은 최근에도 미국 GDP의 약 10% 선으로 나타나고 있다. 미국의 GDP가 2020년 약 $20조이므로 불합리한 규제로 인해 미국국민이 해마다 부담하는 규제비용은 $2조, 우리 돈으로 2,400조 원 정도가 된다. 우리나라는 어떨까? 아직 이런 수치가 계산되어 제시된 바는 없으나, 우리나라에 규제가 많고 규제의 불합리성이 미국보다 훨씬 높다는 점을 고려할 때 우리나라 GDP의 약 15% 선은 될 것으로 추정한다. 2020년말 우리나라 GDP는 $1.63조이므로 이것의 15%를 잡으면 $0.25조, 우리 돈으로 300조 원이 불합리한 규제로 인해 해마다 소실되고 있는 셈이다. 이 수치를 우리나라 전체 인구로 나누면 국민 1인당 부담은 약 588만 원 정도가 된다. 참고로 2020년말 우리나라 국민 1인당 조세 부담액은 1,019만 원이었다.

이처럼 불합리한 규제로 인한 국민경제 비용은 어마어마하다. 그런데도 우리나라에서 규제영향분석 제도는 1998년에 도입된 이래 여전히 형식에 그치고 있다. 그 결과 규제에 대한 정확한 이해나 경각심을 갖도록 만드는 효과를 거두지 못하고 있다. 여러 정부의 규제개혁 약속과 나름의 성과에도 불구하고 나날이 규제 의존도는 늘어만 가고 있으나 놀라운 일은 아니다.

3.4 참고: 미국의 규제예산 제도

규제로 인한 부담은 규제를 받는 개인이나 기업(피규제자)만 지는 것이라는 생각, 즉 '공짜 점심'이 가능하다는 착각은 일반 국민만 하는 게 아니다. 행정기관(규제기관)들도 마찬가지다. 규제의 행정비용, 즉 집행비용에 대해서는 약간의 관심을 보이지만 정작 그것과는 비교가 안 될 정도로 큰 민간의 규제 순응 비용에 대해서는 대체로 무감각하거나 일부러 무시해 버리는 경향이 있다. 이런 일방적이고 편향된 사고가 불합리하고 비현실적인 규제를 양산하게 만드는 중요한 요인임은 두말할 필요가 없다. 이런 문제의 해결을 위한 혁신적 제도가 규제예산 제도(regulatory budget system)이다. 이 제도 아래서 규제기관은 예산요구서를 제출할 때 각 규제의 집행에 필요한 행정비용 외에 민간의 규제 순응 비용을 계산하여 나란히 예산요구서에 기재하도록 하고, 의회는 이 두 수치를 동시에 고려해 예산을 심의한다.

이 제도의 정책적 시사점은 매우 크다. 우선 규제예산 제도는 '규제도 세금'이라는 사고를 명백히 표현해 주고 있다. 다음으로 이 제도는 규제기관의 편향된 시각을 근본적으로 시정할 강력한 유인체계를 내장하고 있다. 이 제도 아래서 규제기관은 과거에는 민간의 규제 순응 비용이 턱없이 커도 사회의 강력한 요구가 있고 규제기관이 정당하다고 생각하면 얼마든지 규제를 채택하고 시행할 수 있었으나, 이 제도가 본격적으로 시행됨에 따라 규제기관은 재고하지 않을 수 없는 처지가 되었다. 왜냐면 의회가 각 규제의 행정비용과 더불어 민간의 규제 순응 비용을 합산한 금액을 놓고 예산을 심의하기 때문이다. 어떤 규제기관이 비록 행정비용은 적을지라도 민간의 규제 순응 비용은 아주 큰 규제를 시행하려면 그 기관의 다른 규제 프로그램과 사업은 포기하거나 축소하지 않을 수 없게 되었다. 따라서 규제기관은 별로 효과가 없거나 효과가 낮으면서도 민간의 규제 순응 비용은 매우 높게 유발하는 악성 규제를 우선 폐지하거나 완화하는 방향으로 움직이고 있다.

미국의 규제예산 제도는 미 의회의 규제개혁 노력이 집중되었던 1998년경부터 OMB를 중심으로 줄기차게 제기되고 시범적으로 시행되어 오다가,[19] 2017년 도널드 트럼프 대통령의 행정명령으로 시행에 들어갔다. 여기

---

19. 이 제도는 몇 가지 문제점에 봉착해 왔다. 우선 계량화의 한계가 있다. 민간의 규제 순응 비용을 추정하는 일이 만만치 않기 때문이다. 이보다 더 중요한 장애물은 이념적인 반대이다. 이 제도는 규제의 비용 측면을 우선 고려하는 것이기 때문에 규제의 비용은 고하간에 규제의 편익을 내세우면서 규제의 강화를 요구하는 사람들과 시민단체들로서는 결코 받아들일 수 없는 제도로서의 성격을 지니고 있어서다.

서 사용된 방식은 이상의 설명과 약간 다른 면이 있다. 이 제도는 규제기관(행정기관)들이 민간의 규제 순응 비용 총규모를 산정한 다음, 이 총규모를 상한(regulatory cap)으로 삼고, 규제기관이 규제를 신설하거나 강화할 때에는 이 상한선을 지키도록 하되, 계산이 어려운 경우는 기존 규제 2개를 완화하거나 폐지하지 않으면 새 규제를 도입하지 못하도록 하는 방식을 채택하고 있다. 비록 아직도 여러 실험단계에 있다고 보아야겠지만, 이 제도는 조만간 미국의 공식적인 예산제도의 하나로 채택될 것이다.

제6장   규제의 원인과 효과: 공익성 대 사익성 논란

규제는 왜 하는가? 답이 빤한 질문 같지만, 그렇지 않다. 규제는 시장실
패를 보완하고 시장경제 체제의 결함을 극복하기 위해 사용하는 수단이라
는 공익적 규제 관념이 일반인의 상식으로 강하게 자리 잡고 있다. 하지만,
제4장에서 살펴보았듯이, (1) '시장실패는 언제나 정부의 개입을 당연히 필
요로 할 만큼 충분히 큰가?' (2) '정부개입의 결과는 시장에 문제해결을 맡
겨둘 때의 결과보다 나은가?'라는 질문에 '그렇다'라고 단언하기 힘들다.
여기서 연속적으로 제기될 수 있는 질문이 (3)그러면 '규제는 왜 하는가?'
이다. 질문 (1)과 (2)에 대한 대답은 경제학의 몫이다. 하지만 질문 (3)은 규
제의 정치경제학적 속성을 묻는 질문인데, 이 장에서 검토하려고 하는 것
이 바로 정치경제학적 규제 이론들이다.[1]

규제의 정치경제학적 이론은, 놀랍게도, 규제의 사익성을 부각시키는 이
론들이 대다수다. 규제는 공익을 위해 하는 거라고 규범적으로만 믿는 사
람들에게는 충격이겠지만, 정치경제학적 이론들이 늘 그렇듯이, 규제의 효

---

1. 이 장의 내용은 많은 독자에게 어려울 수 있다. 규제의 성격이 궁금한 독자, 규제에 대해
   문제의식이 강한 독자가 읽는다면 도움이 되겠지만 그런 경우가 아니라면 너무 어렵게만 느
   껴질 수 있다. 그러므로 이 장은 건너뛰어도 좋다. 하지만 나중에 읽으시기를 강력하게 추천
   하고 싶다.

과로부터 거꾸로 거슬러 올라가 규제의 원인을 역추적해 내는 규제의 정치경제학적 이론들은 규제의 사익성을 부각한다. 이런 주장은 대부분 경제규제에 집중되어 있다.

1. 규제의 경제이론: 공익성 대 사익성 논란 (I)

1.1 스티글러의 경제규제 이론

규제와 무관한 국가정책은 없다고 말할 수 있을 만큼 규제는 무수하고 다종다양하다. 이렇게 다종다양한 규제가 과연 공익적인지 아니면 사익성이 있는지에 대해 일반론을 펴기가 쉬울 리 없다. 하지만 적어도 경제규제에 관해서는 이런 문제제기는 필요하고 정당하다. 다음 장에서 살펴보겠지만, 경제규제는 시장기능의 제약이나 대치가 핵심적 속성이므로 규제할 때와 (규제하지 않고) 시장에 맡겨둘 때의 정치경제학적 효과의 비교와 평가가 필요하기 때문이다.

경제규제의 공익성 대 사익성 논란은 1971년 스티글러(Stigler)의 경제규제 이론 논문이 발표되면서 점화되었다.[2] 1960년대 초까지만 해도 시장실패가 확인되는 한, 규제는 불가피한 선택으로 여겨졌다. 즉 시장에서 발생하는 문제들—그것이 경제의 비효율성이든 불공평성이든 간에—은 바로잡아야 하고, 이를 위해서는 규제보다 효과적인 문제해결책이 없다고 보는, 소위 규제의 공익이론(the public interest theory of regulation)이 지배하고 있었다.(Posner, 1974:336)[3] 규제의 공익성 대 사익성 논란에 불을 지핀 것이 스

---

2. 스티글러는 밀턴 프리드먼과 더불어 소위 시카고학파의 핵심 멤버로서, 미국경제학회장을 역임하고 1982년 노벨경제학상을 수상하였다.

3. 이런 규범적 관점에 '공익이론'이란 이름을 붙여준 학자가 포스너(Posner, 1974)이다. 자

티글러와 프리들랜드(Stigler and Friedland, 1962)의 논문이다. 이 논문에서 연구자들은 소비자를 돕는다는 명목으로 전력시장 규제가 시작되었으나 정작 전기요금은 하락하지 않았다는 사실을 밝혀냈다. 이후 1970년대 초반 내내 규제의 효과성에 의문을 제기하는 실증연구들이 잇따랐고, 규제가 소비자 이익 등 공익보다는 생산자집단의 사익에 봉사하고 있다는 충격적인 내용의 연구들이 속속 등장하였다.(Jordan, 1972; Wilson, 1979)[4] 이 와중에 발표된 게 스티글러(1971)의 〈경제규제 이론〉으로, 이 논문은 이런 연구들의 결정판이라고 해도 과언이 아니다.[5]

국가(기구와 권력)는 각종 산업에 대한 잠재적 자원이자 위협이다. 금지하거나 강제할 힘, 돈을 빼앗거나 줄 힘, 즉 강제력(coercive power)을 이용해 국가는 특정 산업을 선택적으로 돕거나 해칠 수 있고, 실제로 그렇게 하고 있다.

이런 말로 시작되는 이 논문에서 스티글러는 높은 수익성을 누리기 원하는 산업(이익집단)과 재선을 노리는 정치인 간의 거래(exchange)에서 파생되는 것이 규제라고 주장하였다. 즉 이익집단(규제의 수요자)과 정치인(규제의 공급자)의 사적 이해가 맞아떨어진 결과가 규제라는 것이다. 이 점을

스코우와 놀(Joskow and Noll, 1981), 펠츠만(Peltzman, 1989) 등은 이것을 NPT(normative analysis as a positive theory)로 약칭하고 있다. 이 약칭에는 탁상공론에 지나지 않는 수준의 규범적 분석이 마치 실증이론이기라도 한 양 과분한 대접을 받고 있다는 비아냥이 담겨 있다.

4. 소비자의 이익은 공익이고, 생산자의 이익은 사익인가라는 반문이 있을 수 있다. 공익과 사익의 규정은 참으로 까다롭고 복잡한 문제이다. 저자의 논문, 〈중상주의(신중상주의) 정책의 지대추구 측면에 관한 연구〉(2002)는 이 문제에 관해 깊이 탐구한 논문이다. 저자 스스로 꽤 독창성이 있다고 자부하는 이 논문을 참고해 주시기 바란다.

5. 스티글러의 논문 제목이 〈경제규제 이론〉이다. 그런데 그의 이론을 포함해 규제의 원인을 경제학적으로 설명하는 모든 이론을 규제의 경제이론이라고 부른다. 이 둘을 착각하지 마시기 바란다.

부각하기 위해 실증연구 대상으로 삼은 산업과 직종은 시장실패의 존재가 의심스럽고, 따라서 규제의 필요성을 인정하기 힘든, 트럭 운송 산업과 의사, 약사, 변호사 등 면허직종으로서 이들은 자유경쟁시장에서는 누릴 수 없는 높은 수익성을 누리고 있었다고 분석하였다.

스티글러의 규제경제 이론은, 규제기관이 피규제산업을 통제하기는커녕 그들의 포로(captive)가 되어 그들의 이익을 보살피는 존재가 되고 만다는 점을 부각하고 있어서, 포획이론(capture theory)이라고 불리기도 한다.(최병선, 1992; 사공영호, 2001) 그는 이렇게 말한다.

> 규제는 한 산업에 의해 적극적으로 추구되기도 하고, 강요되기도 한다. 이 논문의 핵심논지인즉 규제는, 예외 없이, 그 산업에 의해 획득되고, 그 산업의 이익을 위해 설계되고 운영된다는 것이다. 산업에 미치는 순효과가 반론의 여지 없이 그저 번거롭고 성가시기만 한 규제도 있다. 좋은 예가 위스키에 대한 중과세다. 그러나 이런 규제는 예외적이고, 이것들조차 이로운 규제(우리가 여기서 획득된 규제라고 부르는)를 설명해 주는 똑같은 이론으로 설명될 수 있다.(Stigler, 1971:3)

짧게 인용했지만, 이 말처럼 국가권력을 이용한 지대추구 활동(rent-seeking activities)의 보편성을 잘 보여주는 말은 없다. 지대추구 활동은 공공선택 이론(public choice theory)이 사용하는 핵심 용어 중 하나다. 경제규제, 특히 진입규제는 시장경쟁을 제한하므로 경제지대(economic rent)를 만들어낸다. 경제지대는, 쉽게 말하면, 규제가 없었더라면 생겨나지 않았을 추가 소득이다. 경제규제가 이렇게 추가 소득을 만들어주므로 정치의 장에서 이런 이득을 얻겠다고 서로 경쟁하는 것은 자연스럽다. 문제는 무슨 수로 시장경쟁을 제한할 수 있느냐인데, 국가권력만이 이런 힘, 즉 강제력을 갖고 있다. 맥코믹과 톨리슨(McCormick and Tollison, 1981:8)이 스티글러의 논문에 대하여 "독점적 지위의 생산자집단만이 아니라 사회의 모든 집단이 사익을 위해 국가의 강제력을 사용하려고 하고, 또 할 수 있다는 공공선택 이론가들의 주장에 비추어 본다면 이는 그리 놀랄 만한 일이 아니다."라고 평가한 것은 이런 맥락에서다.

이상이 스티글러의 경제규제 이론의 요지라 할 수 있는데, 그의 이론에는 독특한 점이 또 하나 있다. 그것은 기존의 포획이론에 대한 기여이다. 스티글러는 규제의 사익성을 밝히는 데 그치지 않았다. 어떤 산업이나 집단이든 자기에게 유익한 규제를 얻어내려고 경쟁하는데, 왜 어떤 산업과 집단은 성공하고 어떤 산업과 집단은 성공하지 못하는지를 밝히는 데까지 나간 것이다. 그의 논문의 가치는 바로 이 점에서 더 높게 평가되었다. 왜냐면 민주국가에서 이익집단에 의한 국가정책 과정의 포획 현상에 대한 설명은 이미 벤틀리(Bentley, 1908), 트루만(Truman, 1953) 등 정치학자의 문헌에 등장하였으나, 이 질문에 답하지는 못하고 있었기 때문이다. 독립규제위원회의 의사결정 행태를 연구한 번쉬타인(Bernstein, 1955)도 규제기관이 점차 규제대상 산업의 포로가 되어가는 현상을 발견하였지만, 규제기관이 왜 소비자집단이 아니고 생산자집단에 포획되는지, 서로 이해가 상충하는 여러 이익집단 중 왜 어떤 집단만 우대하는 것인지 등의 질문에 답하지 못하기는 마찬가지였다.(Posner, 1974:341-43)

스티글러는 이 오래된 숙제를 푼 것이다. 요점을 정리하면 ① 규제의 수요인인 이익집단 쪽에서 보면 특정 규제의 영향을 파악하는 비용, 즉 정보비용과 이익집단 자체의 조직비용 양면에서 소집단(생산자 혹은 특정 산업)이 대집단(소비자 혹은 특정 산업)보다 유리하고, ② 규제의 공급자인 정치인 쪽에서도 협상비용(거래비용) 면에서 잘 조직된 이익집단(생산자집단 혹은 산업)을 상대하는 게 유리하다는 것이다.

여기서 우리는 정보비용과 조직비용 등 거래비용이 핵심적인 분석개념으로 사용되고 있음을 본다. 우리가 제3장에서 배웠지만, 간단히 정리하면, 거래비용은 주로 정보의 문제로 인해 발생한다. 인간은 다른 사람들과 부단히 교환, 거래, 계약관계를 맺고 상호작용하면서 이 세상을 살아가는

데, 이 교환, 거래, 계약은 완벽할 수 없다. 각자가 가진 정보가 불완전할 뿐만 아니라, 이 점을 기화로 한 기회주의적 행동이 언제라도 끼어들 수 있다. 따라서 자신의 이익이 부당하게 침해되거나 희생되지 않도록, 혹은 상대방의 기회주의적 행동으로 인해 발생할지 모르는 자신의 손해를 최소화하기 위해서는 많은 정보를 얻어야 하고, 정확하게 처리해야 한다. 그러나 인간은 한정적인 정보와 정보처리 능력밖에 갖고 있지 않다. 따라서 더 많고 적절한 정보를 얻고, 이를 정확하게 처리하기 위해서는 많은 시간, 노력, 비용을 들여야 한다. 이것이 거래비용(정보비용)이다. 스티글러는 바로 이 거래비용 개념에 기초해 규제의 정치적 역학관계를 설명해 내었고, 이후 거래비용 개념은 규제의 정치경제 연구의 핵심 분석개념이 되었다.(McChesney, 1991:82)

1.2 포스너의 이론

스티글러의 이론에 대한 반론의 대표주자가 포스너(Posner)였다. 그는 스티글러의 이론이 잘 들어맞을 수 있는 사례가 자동차산업이고, 자동차산업은 소수의 업체로 구성되므로 협상비용이 낮고, 노동자의 숫자는 막대하므로 투표의 힘이 강해 유리하다는 주장인데, 실제로 보니 자동차산업은 원하는 규제를 얻어내지도 못하고, 안전규제 등을 피해 나가지도 못하고 있더라면서 스티글러의 이론에 의문을 제기하였다. 포스너는 오히려 농업, 일부 직종, 소매업, 섬유산업 등 군소업체나 자영업자들이 주류인 산업들이 보호적 규제의 수혜자가 되는 예가 더 흔하다면서, ① 이런 사업들은 산업특성상 카르텔을 형성하는 방법으로 시장에서 문제를 해결하기가 매우 어려우므로 규제 의존도는 더 높고, ② 규제의 구체적 내용과 형태—진입 제한, 현금보조, 관세 등—에 민감하므로 정치과정에 대한 참여 욕구가 높아 무임승차 문제의 극복이 다소 쉬워지며, ③ 집단의 규모가 매우 크므로 투표의 힘이 크기 때문이라는 가설을 제시하였다.(Posner, 1974:347-48)

이보다 먼저 발표된 〈규제를 통한 조세 이론(taxation by regulation)〉이란 제목의 1971년 논문에서도 포스너는 공익서비스 사업이나 철도 및 항공 운송 사업 등에 대한 규제에서 매우 흔히 발견되는 내부보조(internal subsidization) 또는 교차보조(cross subsidization)는 정치적 힘이 강한 소비자 집단 및 고객 집단(customer groups)에 대한 정치적 고려에서 비롯되고 있는데, 이런 면에서 규제는 조세(와 재정지원)에 준하는 소득재분배 기능을 수행하는 정책수단의 성격을 갖고 있다고 보았다.

내부보조 혹은 교차보조는 예를 통해 이해하면 쉽다. 예컨대 철도의 경우 KTX와 새마을호가 있다. 운행원가에 기초하여 철도이용 요금을 책정하는 방식을 따르기로 하면 새마을호 요금은 현재보다 더 비싸고, KTX는 싸져야 한다. 그러나 실제는 이와 반대다. 이것은 비교적 소득수준이 낮은 새마을호 이용자를 돕기 위한 목적에서다. 그런데 이들을 도와주는 방법은 이것만 있는 게 아니다. 정부가 예산으로 새마을호의 운영비용 일부를 지원해 주어도 된다. 그런데 그렇게 하지 않는다. 대신에 정부는 현재와 같은 철도이용 요금 체계를 이 목적을 위해 활용하고 있다. 이 요금 체계 아래서 새마을호 이용자와 KTX 이용자 간에 내부보조가 이루어지고, 그로 인해 KTX 이용자로부터 새마을호 이용자에게로 소득이 이전되는 효과가 나타난다. 이것이 정부가 돈 한푼 들이지 않고 규제로 소득재분배 목표를 달성하는 방법이다. 규제를 통한 소득재분배 기능은 이밖에도 전화 및 전기요금 등 공익서비스 산업에 대한 요금 규제, 석유(경유)류 가격 규제 등 수요자를 몇 개 그룹으로 나누고 이 각각에 대하여 서로 다른 요금(가격) 체계를 적용하는 거의 모든 경우에서 똑같다.

1.3 펠츠만의 일반이론

스티글러의 논문을 분수령으로, 규제는 시장실패를 교정하기 위한 목적을 갖고 있다는 규제의 공익이론은 치명적인 타격을 입었지만, 포스너의 반박에서 보듯이, 그것으로 규제의 공익성 이론이 완패당했다고 말할 수는 없다. 경제규제 원인의 태반이 사익이라는 점이 밝혀지긴 했지만, 그렇다고 해서 규제에 공익적인 요소가 전혀 없음을 입증한 것은 아니기 때문이다. 펠츠만(Peltzman, 1976)의 기여가 여기에 있다. 그는 스티글러의 이론이 규제 수혜집단은 단 하나여야만 한다는 듯이 전제함으로써 결과적으로 규제 수혜집단의 조직적 특성을 밝히는 정도로 그 의미가 축소되고 말았다면서, ① 규제 수혜집단이 한 집단으로 국한되어야 할 이유가 없고, ② 득표의 극대화를 추구하는 정치인(규제자)으로서는 여러 집단을 승자 연합(winning coalition)에 포함시킬 충분한 이유가 있음을 이론적으로 입증하였다.

쉽게 말하면 정치인의 관점에서는 어떤 한 집단(예컨대 생산자집단)에 규제의 이익을 몰아주기보다는, 반대하는 집단들(예컨대 소비자집단)에게 이익의 한 부분을 할애해 줌으로써 반대를 무마할 수 있다면 그게 정치적으로 더 우월한 전략이라고 볼 수 있는데, 실제로 정치인들이 이 전략을 따르고 있다는 이론을 펠츠만이 제시한 것이다. 즉 생산자 이익을 다소 희생시키면 소비자집단으로부터도 다소의 지지표와 정치자금 지원을 확보할 수 있고, 생산자집단도 약간의 이익 상실을 이유로 정치인에 대한 지지를 철회하지 않을 것이므로, 규제 패키지를 이렇게 구성한다는 말이다. 이런 취지의 펠츠만 이론은 당시 큰 반향을 불러일으켰다. 스티글러의 이론으로 촉발된 규제의 공익성 대 사익성 논란이 계속되는 가운데 스티글러의 이론에 대한 반론조차 포용할 수 있다는 의미에서 소위 일반이론의 구축을 지향하였기 때문이다.[6]

---

6. 스티글러의 이론 발표 이전에도 논란이 없었던 것은 아니다. 그러나 그전에는 규제 자체는 공익을 지향하고 있는 것이 분명하지만 규제기관이 무능력하다거나, 규제기관이 산업에 포획된 나머지 공익을 실현해 내지 못하고 있다는 등의 주장 정도가 있을 뿐이었고, 이는 이론의 수준으로 평가하기 어려웠다.

대표적인 예로서 펠츠만은 그의 이론에 포스너의 이론을 반영하고 자신의 이론이 포스너가 정의한 규제의 교차보조 기능을 포용하고 있음을 과시하였다. 즉 공익서비스 사업 등에 대한 규제에서 정치인이 더 많은 소비자(투표자)의 지지표를 얻어내고자 한다면 저비용 고객 집단에게는 고가로, 고비용 고객 집단에게는 저가로 가격을 매기는 가격 차별화가 좋은 전략이 된다는 사실을 밝혀낸 것이다. 한 걸음 더 나아가 펠츠만은 이런 공익사업들에서 흔히 발견되는 진입규제는 이 사업들이 자연독점산업이어서라기보다는 더 근본적으로 교차보조에 필요한 경제지대의 창출을 노린 결과로 보아야 한다고까지 주장하였다.

이 외에도 펠츠만은 자신의 이론이 함축하고 있는 몇 가지 시사점들을 가설의 형태로 제시하였다. ① 경제 상황에 따라 규제의 방향이 달라지는데, 불황기에는 생산자집단에 유리한 쪽으로, 호황기에는 소비자집단에 유리한 쪽으로 규제가 이루어지는 경향이 있다는 것이다. 이것은 어떤 입법이나 정책의 의도가 일관성을 지니지 못하는 흔한 현실을 이해하는 데 도움을 준다. 예를 들면 정부가 친기업 정책 노선을 취한다면서도 경기가 호황일 때는 소비자집단에게 유리한 규제를 강화하다가 불황이 되면 다시 생산자집단에 유리한 규제를 도입하는 것과 같다.

다음으로 ② 어떤 산업의 수요가 증가할수록, 특히 소득이 증가할수록 소비자 보호 규제가 늘어나고 강화되는 경향이 있는데, 성장산업의 경우 처음에는 생산자집단에 유리했던 규제가 점차 소비자집단에 유리한 방향으로 변화해 가는 경향을 보이는 것은 이 때문이라는 것이다. ③ 포획이론의 시각에서 보면 규제자는 독점사업자의 고이윤 보장을 위해 시장균형 수준보다 높게 가격을 규제하리라고 생각하기 쉽지만, 사실은 그와 반대, 즉 정치인(규제의 공급자)으로서는 고이윤-저가격(higher profits-lower prices) 조합이 최적 조합이 된다는 것이다. 끝으로 ④ 수요가 탄력적이고 규모경제 효과가 있는 산업의 경우 소비자집단에 유리한 방향으로 규제가 흘러가게 되는데, 이런 수요 및 비용 조건 아래서는 가격 인하로 인한 생산자잉여(producers' surplus)의 상실은 작아지는 반면 소비자잉여(consumers' surplus)는 큰 폭으로 증가하기 때문이라고 보았다.

요컨대 규제의 공익성 대 사익성 논란의 관점에서 볼 때 펠츠만과 포스너는 규제의 수혜자 집단이 단일 이익집단이나 산업이 아니라 매우 큰 숫자의 개인이나 기업으로 구성된 집단들인 경우가 상당히 많은데, 해당 규제가 사익성이 있다고 보아야만 할지에 대하여 강한 의문을 제기한 셈이다. 두 학자 모두 이 점을 명시적으로 표현하고 있지는 않다.[7] 정확한 이유는 알 길이 없지만, 아마도 이들은 규제 수혜자 연합이 제법 포괄적이라 할지라도 이들이 취하는 이익은 이 연합에 속해 있지 않은 다른 집단, 특히 조직화되어 있지 않은 불특정 다수의 희생으로부터 나온 것이므로 이 점을 무시한 채 규제는 공익적이라고 단언할 수는 없어서가 아닐까 추측한다.

1.4 베커의 이론

규제의 공익성 대 사익성 논란과 관련하여 주목해 볼 또 다른 시카고학파의 학자가, 미시경제학을 인간행동과 상호작용의 이해에 광범위하게 적용한 공로로 1992년 노벨경제학상을 받은 게리 베커(Gary Becker)이다. 그는 모든 이익집단이 자기의 이익증진을 위해 정책과정에 압력을 행사할 때 이들의 정치적 한계 압력(marginal pressure)의 균형점에서 규제정책이 결정될 것인데, 이들의 경쟁 과정에서 필연적으로 승자집단과 패자집단, 그 어느 편에게도 돌아가지 않고 소실되는 소위 자중손실(deadweight loss)이 증가하는데, 자중손실의 존재가 규제의 비효율성이 무한히 커지는 것을 방

7.　펠츠만 이론이 규제의 공익적 측면을 잘 설명해 주고 있다고 보고 경험적 검증을 시도한 길버트 베커(Becker, 1986)는 이 점과 관련해 긍정적 결론을 내리고 있다. 다만 규제에 이런 공익적 측면이 있는 이유는 정치인의 호의나 공익정신의 발로가 아니라, 그의 사익에서 나온 것임을 잊어서는 안 된다고 말한다.

지하는 역할을 한다는 이론을 제시하였다.(Becker, 1983) 즉 상호대립적인 이익집단들의 정치적 압력이 부딪히고 경쟁하는 속에서 규제의 경제적 효율성은 상당 수준으로 보장될 수 있다고 보는 것이다.

베커의 이 주장은 의미가 매우 크다. 왜냐면 규제의 사익이론 또는 포획이론은 규제로 인한 자중손실이 무한히 증가할 수 있다고 보는 데 비해, 베커는 이 가능성을 부정하고 있기 때문이다. 다만 여기서 한 가지 분명히 해둘 점은 베커 이론의 기본가정, 즉 이익집단의 압력이 경쟁적이라는 가정이 현실적으로 타당한 가정이 되기 위해서는 민주정치의 발전수준이 상당히 높아야만 할 것이라는 점이다. 다시 말해 미국처럼 이익집단이 고루 발달되고 이들 간의 정치적 힘의 균형이 비교적 잘 확보된 다원주의 사회에서는 이 가정이 무리가 없고, 따라서 터무니없이 비효율적이고 불공평한 규제가 도입되는 일은 드물 것이라는 예측에 쉽게 수긍이 가지만, 우리나라처럼 민주정치가 아직 덜 성숙한 국가에서도 이런 결론이 타당할지는 의문이라는 것이다.

요컨대 규제의 공익성 대 사익성 논란에서 펠츠만과 베커는, 스티글러가 주장하듯이, 전적으로 하나의 이익집단에 의해 규제포획이 일어날 가능성에 대하여 부정적이다. 그렇다고 곧바로 이들이 규제의 공익이론을 옹호하고 있다고 보는 것은 지나친 확대해석이다. 사실 이런 해석의 여지가 없다고 말하기 어려운 모호한 부분이 있고, 그리 오해되는 경우도 적지 않다. 이런 면에서 시카고학파의 리더들인 이들이 공익의 견지에서 규제를 옹호하고 있다면 스스로 모순에 빠져 있는 꼴이다. 이런 점을 동시에 고려할 때 세상의 모든 일이 그렇듯이, 규제 역시 사적 이익의 극대화를 추구하는 합리적 인간의 행동 및 정치적 상호작용의 산물로 보아야 한다는 관점과 시각이 이런 이론들에서도 견지되고 있다고 보는 게 온당한 해석일 것이다.

2. 규제완화와 규제경제 이론: 공익성 대 사익성 논란 (II)

이상에서 고찰한 규제의 경제이론들이 주목을 받는 가운데 1970년대 말에서 80년대 초에 걸쳐 미국의 항공, 철도, 통신산업을 비롯해 여러 분야에서 충격적인 수준의 규제완화가 성공적으로 추진되었다. 규제의 경제이론에 따르면 철옹성인 줄만 알았던 규제들이 일거에 사라지고 심지어는 민간항공청(CAB) 등 해당 규제기관이 해산된 것이다. 이를 두고 키일러(Keeler, 1984:104)는 "규제 및 규제완화 이론 분야에서 최대의 수수께끼는 역시 [시카고학파의 실증적] 규제이론이 학계에 받아들여지기 시작한 바로 그 시기에 그것과 모순되는 방향으로 규제개혁이 일어났다는 사실이다." 고 표현하였다. 이 수수께끼를 설명하기 위해 먼저 시험대에 오른 것은 소위 '규제완화의 공익이론'이라고 부를 수 있는 이론이었다. 시장실패 요인의 존재로 인해 규제가 필요했으나, 무슨 연유에서든 시장실패 요인이 사라져 규제완화가 이루어지게 되었다는 설명이다. 규제의 공익이론이 규범적 분석에 불과하듯이, 이렇게 설명된 '규제완화의 공익이론' 역시 규범적 분석에 지나지 않아 이론이랄 수 없었다.(최병선, 1998) 수요의 증가, 기술변화 등 외생변수의 등장만으로 자동적으로 규제가 완화되는 것은 아니라는 이유에서다.

규제가 완화되면 시장경쟁이 회복되면서 기업의 생산성과 효율성이 증가한다. 가격이 떨어지고, 소비자의 선택 가능성이 커진다.(Bailey, 1986) 다양성과 창의성이 나래를 편다. 경제 전체로는 인플레이션이 완화되고 생산성이 올라간다. 이 모든 게 사실이다.[8] 그러나 규제완화가 이처럼 공익을 증

---

8. 단적인 예로서 1978년에 단행된 미국 항공산업의 규제완화 효과를 요약해 본다면 다음과 같다. 경쟁 항공사가 대폭 증가하고, 항공노선이 다양한 유형으로 엄청나게 확대되었을 뿐만 아니라, 탑승객 숫자도 폭발적으로 증가하여 1978-2005년 사이에 총 승객 마일리지는 1,880억 마일에서 5,840억 마일로 3배 이상 증가하였다. 각종 행정규제의 철폐에 따라 항공요금은 1980-2005년간에 물가 상승분을 감안할 때 약 40% 하락하였다.(Eisner, 2010:513)

진하지만, 그렇다고 해서 규제완화 요구가 언제나 강하게 일어나고 피할 수 없는 대세가 되지는 않는다. 공익의 실현을 주창하는 정치인(과 규제관료)이 규제개혁을 선도하거나 주도하는 일도 매우 드물다.[9] 그러면 무엇이 규제개혁을 추동하고 가능하게 만드는가? 규제완화는 누구에게 유익한가?

2.1 펠츠만 이론의 확대적용

〈규제의 일반이론〉 발표 후 10여 년이 지난 1989년의 논문에서 펠츠만은 스티글러의 이론, 또 자신의 이론이 규제개혁의 경우에도 그대로 적용될 수 있는지를 검토하고 있다.[10] 답은 반반이다. 1970년대 말 미국의 규제완화 사례에 적용해 볼 때 결론을 내리기 쉽지 않다는 것이다.[11] 그의 논지는 다음과 같다. 규제개혁에 유리한 경제변화는 두 가지로서, ① 규제 아래서의 시장균형(regulated equilibrium)과 규제완화 후의 시장균형 간에 별 차이가 없는 경우,[12] 그리고 ② (교차보조 등) 정치적 재분배 목적으로 활용할 수 있는 부, 즉 지대가 크게 줄어든 경우이다.(Peltzman, 1989: 20-21) 경험적

---

9. 1970년대 말 미국에서 알프레드 칸(Alfred E. Kahn) 박사가 민간항공국(CAB)의 의장으로서, 또 다리우스 가스킨스(Darius Gaskins)가 주제상업위원회(ICC)의 위원장으로서 각기 항공산업과 철도운수산업의 대대적인 규제완화를 주도한 사례 정도가 고작이다.

10. 로저 놀(Noll, 1989a)은 펠츠만(1989)에 대한 비평 글에서, 하나의 이론으로 규제완화와 개혁의 동인과 과정을 설명해 내려고 하는 것은 무리라고 비판하면서, 개혁적인 정치인의 역할에 주목할 필요성을 제기하였다.

11. 이 점에서는 놀(Noll, 1989a:55)도 의문을 제기한다. 미국의 철도산업은 20여 년간 적자에도 불구하고 규제가 유지되다가 1970년대 말에 이르러서야 규제완화가 이루어졌고, 규제완화 당시 통신사업체 AT&T는 막대한 흑자를 기록하고 있었다고 지적하였다.

12. 펠츠만(Peltzman, 1989:20)도 지적하고 있듯이, 이는 규제개혁의 공익이론에 의한 설명이기도 하다. 다시 말하면 수요변화, 기술변화로 인해 시장실패 요인이 제거되었기 때문에 두 균형 간에 차이가 없게 되면 규제완화가 이루어진다고 보는 것이 이 이론이기 때문이다. 한편 경제규제 이론은 규제 아래서 이용 가능한 지대의 최적 배분 상태와 규제가 없는 상황에서의 그것이 별 차이가 없다고 판단되면 규제완화가 이루어진다고 설명하는 점에서 차이가 있다.

으로 볼 때 더 중요한 것은 ②이다. 이것을 보통 정치적 지대의 소산(消散, dissipation of political rents)이라고 부른다. 예컨대 투입요소 가격의 상승으로 규제산업의 생산원가가 올라가면 생산자잉여가 감소하는 한편, 공급가격 상승으로 인해 소비자잉여가 감소하게 되는데, 전자는 생산자집단의 능력을 위축시키고, 후자는 소비자의 반대압력을 증가시킨다. 이처럼 정치적 분배에 쓸 수 있는 지대가 다 사라지고 마는 경우, 특히 베커(1983)의 지적대로, 규제로 인해 누구에게도 이로울 것이 없는 자중손실이 커지는 상태가 되면 규제완화를 원하는 정치연합이 힘을 얻게 된다는 설명이다.

여기서 흥미로운 점은 일단의 생산자들이 종래의 규제 연합에서 이탈할 것이라고 보는 부분이다. 이들은 생산자집단 중 경쟁력이 있는 대기업들일 가능성이 크다. 왜냐면 시간이 지나면서 더 많은 집단이 규제 연합에 참여하는 등 크게 변화된 시장 상황에서 규제를 통해 얻는 이득은 감소할 것이고, 따라서 대기업들이 가치의 감소를 상대적으로 더 크게 느낄 것이므로 규제완화에 찬성하는 쪽으로 돌아설 가능성이 클 것이기 때문이다. 놀(Noll, 1989:1268)의 분석은 이 가능성에 무게를 더해 준다. 그는 이런 현상을 규제정책 과정의 내부적 파괴(internal destruction)라고 부르는데, 이런 상황이 도래하면 규제정책 결정자들이 더는 규제를 유지할 이유도, 필요도 없다는 판단에 이를 수 있다고 본다.

규제정책 과정이 균형을 유지하는 이유로서 제도의 중요성을 강조하는 와인개스트(Weingast, 1981)도 이런 견해를 보강해 주고 있다. 그는 정치사회 구조 변화의 영향으로 전통적인 이익집단(생산자 단체, 노조 등)보다는 소위 공익집단들이 크게 성장하게 되었고, 그에 따라 규제정책에 결정적 영향을 미치는 의회의 위원회 구조와 권한의 역학관계가 변화함에 따라 투표에 더 강한 영향력을 행사하게 된 후자의 압력이 강하게 작용하는 방향으로 규제정책 과정의 균형추가 이동하게 된다고 본다.

실제로 키일러(Keeler, 1984)는 펠츠만의 일반이론 모형을 변형하여 규제의 공익이론과 사익이론(포획이론) 중 어느 게 규제완화 추진의 이유를 설명하는 이론으로서 더 적절한지 보기 위해 미국의 철도, 항공, 통신산업을 대상으로 실증분석하였는데, 어느 이론도 다양한 규제원인을 완벽하게 설명하지 못한다고 결론지었다. 다만 규제의 도입과정은 사익이론에 의거할 때 더 쉽게 설명이 되고, 규제완화와 개혁은 공익이론에 입각할 때 가장 쉽게 설명되는 것처럼 보인다고 덧붙인다.(pp. 119-20)[13] 여기서 주목되는 부분은 ① 규모경제 효과의 소산, ② 규제를 통한 교차보조 필요성의 상실, ③ (교차보조를 가능하게 하는) 초과지대(excess rents)의 소산, ④ 신기술의 등장으로 인한 매몰비용(sunk costs)의 감소와 이로 인한 진입과 퇴출의 용이성 증가, ⑤ 과도한 규제로 인한 비용에 대한 일반 국민의 반발 등 구조적 변화가 일어날 때 공익적 차원에서 규제개혁의 계기가 만들어진다는 주장이다.(p. 121)

더 나아가 키일러는 규제로 인한 경제사회비용(편익)이 극적인 증가(감소)세를 보일 때, 또는 그런 사실이 발견되었을 때 규제완화가 이루어진다는 주장을 편다.(p. 135) 매우 상식적인 주장이지만, 이런 사실이 발견된 경우, 즉 ① 매우 중요한 구조적 변화가 일어난 경우, ② 전에는 그런 사실을 모르고 있던 집단이 규제로 인한 경제사회비용이나 편익의 변화에 관한 정보를 비로소 얻게 된 경우에 규제개혁이 가능해진다고 보고 있어서 흥미롭다. 쉽게 말하면 적어도 규제완화만큼은 분명하게 공익적 견지에서 추진된다는 것이다. 이 점은 우리나라에서 규제완화와 개혁의 추진이 마치 특정 집단이나 대기업을 위한 것인 듯 주장하는 사람들이 많다는 점에서 주목해 볼 부분이다.

---

13. 동시에 키일러는 공익이론에 의한 설명과 사익이론에 의한 설명이 완전히 상호배타적인 것은 아니라고 부언한다.(p. 120) 예컨대 철도, 항공, 통신산업의 경우 당초에 규제를 도입한 이유는 자연독점성, 보편 서비스로 교차보조의 필요성 등이 영향을 미친 것으로 보이는데, 이런 점에서 공익이론에 의한 설명도 어느 정도 가능하다고 말하고 있다.

2.2 규제완화에 대한 관심도와 규제완화 퇴조 현상

규제완화가 성공적으로 이루어지려면 다음 조건, 즉 기존의 규제체제 아래서 피규제산업이나 집단이 누리고 있던 이익을 초과하는 수준의 이익이 보장되어야 한다는 조건이 충족되어야 한다. 뒤집어 말하면 이 산업이나 집단이 부담하는 규제비용이 규제철폐에 드는 거래비용(개혁안의 고안에 드는 비용, 협상비용, 로비 비용 등)과 잔존 시장실패에서 야기되는 비용의 합을 초과해야 한다는 것이다.(Noll, 1989:1260) 이는 논리적으로 명백하다. 이런 조건을 충족시킬 수 있는 요인으로는 수요의 증가와 기술변화를 들 수 있다. 이런 변화가 일어나는 상황에서는 기존 규제의 수혜자와 소비자 집단 모두가 규제완화를 원한다.

다만 여기서 우리가 주목해야 할 점은 규제완화 후의 상황은 다소간의 불확실성을 내포한다는 사실이다. 다시 말해 규제완화의 효과는 경제 전체적으로 또 평균적인 소비자에게는 긍정적이지만, 개별 기업이나 소비자로 분석단위를 낮추어 보면 결론을 내리기가 쉽지 않다는 말이다.(Vogel, 1996:13-14) 따라서 규제완화를 선호하는 기업이 있는가 하면, 기존의 규제체제에 안주하려는 기업이 있다. 규제체제 아래서 고임금을 누릴 수 있었던 노동자들은 규제완화에 반대할 공산이 매우 크다. 소비자 중에서도 규제완화를 바라는 소비자가 있는가 하면, 규제체제의 지속을 바라는 소비자가 있다. 이런 상황에서 정치인은 어떤 선택을 할 것인가?

이 상황을 이해하는 데는 허쉬만(Hirschman, 1970)의 이론이 도움이 된다. 상품(과 서비스)에 대한 소비자의 반응은 대안의 존재와 기존 상품(과 서비스)의 품질에 대한 불만도(만족도)에 따라 다르게 나타난다. 다른 대안이 없는 경우엔 누구나 목소리(voice)로 불만을 표시하고 정치, 행정적으로 문제해결을 추구하는 길밖에 없다. 하지만 대안이 생겨나면 기존 상품(과 서비스)의 품질에 불만이 컸던 소비자들부터 새로운 상품(과 서비스)의 소비자가 되어 빠져나가고(exit), 별 불만이 없는 소비자들만 남게 된다. 이를 경제규제 완화에 적용해 본다면 이러하다. 우선 소비능력이 큼에도 불구하고 기존 규제 아래서 선택 대안이 제한되어 불만이 컸던 소비자는 규제완화를 환영할 것이다. 한편 이들보다 못한 입장의 보통의 소비자들은 규제가 완화되면서 가격이 저렴해짐과 동시에 동일 가격대에 선택 대안이 늘어난다면 환영할 것이다. 하지만 단기적으로 선택 대안이 늘어나기 어렵고, 비록 선호하는 대안이 생겨날지라도 가격이 비싸다고 느낀다면 규제완화를 환영하지 않을 가능성이 크다.

따라서 기존 규제체제 아래서 불만이 많았던 소비자층보다 규제완화로 인해 덕 볼 것이 없다고 생각하는 소비자층이 더 두텁다면 정치인들이 해당 규제의 완화에 적극적으로 나서지 않을 거라는 결론이 나온다. 오히려 이들은 불만 집단의 불만 해결을 요구하면서 규제완화에 반대할 가능성이 크다.[14] 아무리 규제완화로 인한 사회후생 증진 효과를 강조해도 개별 정치인에게 별 영향을 주지 못하는 이유가 바로 여기에 있다. 정치적 이득 면에서 특별히 얻을 것이 없기 때문이다.

이제 눈을 돌려 개별 기업의 시각에서 규제완화를 본다면 어떤가? 규제완화는 투자, 고용과 성장률 증가 등 거시경제 면에서 바람직한 효과를 일으키지만(Alesina et al., 2005; Blanchard and Giavazzi, 2003; Commendatore and Kubin, 2009),[15] 개별 기업이나 노동자에게는 큰 관심 사항이 못 된다.(Herman,

---

14. 여기서 주목할 점은 실질적으로 규제개혁의 혜택을 누릴지라도 단지 상대적 박탈감을 느끼는 나머지 규제완화를 반대할 개인과 집단도 있을 수 있다는 사실이다. 이런 경우 해당 규제개혁에 대한 가치 판단은 매우 어렵게 되지만 규제개혁 자체는 공익적이라고 평가해야 할 것이다.

15. 대표적으로 알레시나 등(Alesina et al., 2005)은 21개 OECD 국가를 대상으로 1975-98년간에 상품시장 규제가 투자에 미치는 영향을 비교 분석한 결과 항공, 도로운송과 철도, 통신, 우편서비스, 전력, 가스 등의 산업 중 운수, 통신, 공익서비스 산업에 대한 규제완화, 특히 이들 산업에서의 진입규제의 완화가 투자를 부추기는 효과가 매우 크고 현저했다고 한다. 최진욱·박진아(2016)도 규제개혁이 경제성장과 고용 창출에 미치는 영향을 OECD 회원국을 대상으로 패널 분석한 결과 긍정적인 영향을 확인할 수 있었다고 밝히고 있다.(최병선, 2020)

1976) 이보다는 자기 기업의 사활이나 경영환경에 미치게 될 영향이 첨예의 관심사다. 규제완화가 경쟁력 있는 잠재적 사업자의 시장진입을 의미하는 이상 기존의 개별 기업은 일단 부정적인 반응을 보일 가능성이 크다. 기업의 절대다수를 점하는 중소기업이 이런 경향을 보인다. 한편 직접적 이해관계가 없는 기업(과 근로자)은 규제완화를 특별히 환영하거나 반대할 이유가 없다. 이들은 또한 조직화가 어려운 집단이므로 정치적 힘을 행사하지도 못한다. 이런 개별 기업의 전략적 입장을 종합적으로 고려해 볼 때 정치인이 분명한 정치적 보상을 노려 규제완화를 주창할 가능성은 매우 적다. 예외적인 경우가 있다면, 정치적 기업가의 존재인데 이들의 역할에 대해서는 후술하기로 한다.

참고로 말한다면 정치인들은 환경규제와 안전규제 등 사회규제의 완화에 소극적일 가능성이 매우 크다. 우선 사회규제의 완화에 대해서 일반 개인은 소비자로서의 개인과 국민으로서의 개인의 입장이 충돌한다. 사회규제가 완화되면 일반 개인으로서는 값이 싸지는 혜택을 기대할 수 있다. 그러나 일반 국민으로서는 이런 혜택과 환경 및 안전의 가치를 교환하기가 쉽지 않다. 종합적으로 말한다면 개인이 사회규제의 완화를 환영할 이유가 별로 없다. 종종 경제 활성화를 이유로 사회규제의 완화가 추진되지만 이런 경우조차 마찬가지다. 물론 장기적으로는 이런 태도의 변화 소지가 없지 않다. 한편 기업으로서는 비용이 감소하므로 환영 일색이다. 다만 이 경우 비용의 감소는 각자의 처지와 입장에 따라 다르므로 전략적으로 판단할 것이다.

요컨대 평균적인 기업으로서는 사회규제의 완화는 거의 언제나 환영할 대상이지만, 경제규제 완화는 그리 환영할 만한 일이 아니다. 그러면 대기업 입장에서 규제완화를 본다면 어떤가? 물론 상황에 따라 다를 것이다. 먼저 경제규제의 완화가 경제 활성화 차원에서 정부에 의해 주도될 경우 대기업이 받게 될 영향은 다면적이다. 우선 규제완화로 인해 새로운 시장이 열리고 사업기회가 확대될 것이므로 대기업이 상대적으로 유리한 입장에 설 가능성이 크다. 기존의 규제체제 아래서 투자기회의 제약성을 가장 크게 느꼈을 기업이 바로 대기업이기 때문이다. 반면에 사회규제의 완화나 합리화로 기업부담이 경감될 경우 수혜의 정도는 대기업이 중소기업보다 반드시 크다고 말할 수 없다. 왜냐면 환경이나 소비자안전 등 사회규제 영역에서 규제 순응 비용은 대기업보다 중소기업이 상대적으로 더 크기 때문이다.

이와는 대조적으로 대기업이 규제완화를 요구한 경우 대기업이 우선적인 수혜자일 것은 자명하다.(Dempsey, 1989) 사업의 새로운 기회는 처음부터 누구나 아는 그런 것들이 아니고, 시간이 흐르다 보면 우연히, 혹은 적극적으로 새로운 사업기회를 탐색하는 과정에서 발견된다. 따라서 새로운 기회, 그 기회를 가로막고 있는 제도적 장벽을 가장 먼저 발견하는 것은 대기업일 가능성이 크다. 이 이치는 경제성장, 국제경쟁력 강화, 고용증대 등 공익적 견지에서 규제완화의 필요성을 강조한다 해도 마찬가지다. 규제완화에 따른 이익을 대기업이 먼저 누릴 가능성이 큰 이상, 규제완화는 대기업을 우대하는 조치라는 오해와 비판을 피하기는 어렵다. 물론 대기업이 먼저 활발히 돌아가야 중소기업도 그 덕으로 활발하게 돌아가는 경제의 선순환 효과가 일어날 가능성이 매우 크지만, 이보다는 규제완화로 인해 대기업과 중소기업 간의 격차가 더 벌어질 거라는 우려를 잠재우기는 쉽지 않다.

종종 규제개혁 과정의 반전, 즉 규제가 완화되었던 시장에서 규제가 부활되거나 강화되는 현상이 나타나는 것은 이 때문인 경우가 많다. 예컨대 대기업집단에 대한 출자총액 제한을 완화했다가 다시 강화하는 것과 같다. 규제완화에 대한 관심의 퇴조(disinterest in deregulation) 현상, 즉 규제완화에 매진하다가 갑자기 주춤하는 현상이 나타나는 것도 이와 관련이 있다. 이 현상은 국내외적으로 꽤 흔히 발견되는 현상이다. 맥코믹, 슈가르트, 톨리슨(McCormick, Shughart, and Tollison, 1984)은 이와 관련해 흥미로운 가설을 제시하였다. 즉 규제의 사회비용은 ① 누구에게도 귀속되지 않는 자중손실, ② 지대추구 활동으로 인한 자원 비용(resource costs)의 합으로 구성되는데,[16] 전자는 크기가 작고, 후자는 매몰비용의 성격을 지녀 복구하기 불가능한 비용이므로, 후자의 비중이 매우 큰 규제의 완화에 대한 관심도는 그만큼 더 떨어질 수밖에 없다는 것이다.

이 가설은 상대적으로 높은 지대추구 활동을 일으키고 그 결과 높은 수준의 자원비용을 유발하는 성격의 규제는 처음부터 도입을 강력하게 가로막는 것이 사회적으로 가장 바람직함을 시사한다. 이 면에서 주목해야 할 것이 폭증 추세를 보이는 우리나라의 의원입법 현실이다.(제5장 주13 참고) 한편 어떤 규제가, 마치 시계추(pendulum)처럼, 철폐 또는 완화되었다가 재도입 및 강화되는 상황이 반복된다면 규제완화의 수혜집단으로서는 기득권을 지키기 위한 방어비용(rent-defending costs)을 부담하지 않을 수 없다는 시사점을 갖고 있기도 하다.(Wenders, 1987) 이는 주기적으로 논란이 재발하는 규제의 사회비용이 매우 크다는 사실을 보여주는 것으로서, 대기업집단에 대한 각종 규제가 완화와 부활을 반복하는 현상이 대표적인 예라 할 수 있다.

3. 규제정치 이론: 공익성 대 사익성 논란 (III)

이상에서 고찰해 온 바와 같이 규제를 이익집단과 정치인 간의 정치적 거래(political exchange)의 대상물로 보는 스티글러의 관점, 또 규제를 정치적 재분배(political redistribution)의 도구로 보는 펠츠만의 관점이 등장하면

---

16. 이것이 지대추구 비용이다. 규제를 이용해 지대를 얻어내는 과정에서의 각종 활동, 즉 지대추구 활동에 소모되는 자원(예를 들면 변호사나 로비스트의 고용, 로비 과정에 들어간 관계자 모두의 시간과 노력 등) 비용을 지대추구 비용이라고 한다. 이 자원은 사회적으로 유용한 다른 목적 및 용도에 사용되었을 수도 있는 자원들이 기껏해야 기존의 부를 소비자로부터 생산자에게로 이전해 주는 데 쓰인 셈이어서 사회적으로 커다란 손실이다.(Tullock, 1967:224; Posner, 1975)

서 규제의 원인에 관한 연구 방향은 획기적으로 변화되고 기존의 공공선택 이론, 지대추구 이론 등의 연구 흐름과 자연스레 합류되기에 이르렀다.(McChesney, 1997:9-10) 그러면서 규제의 수요자인 이익집단보다는 규제의 공급자인 정치인의 능동적 역할과 정치행태에 초점을 맞추는 연구 경향도 한층 짙어졌다. 이런 연구 경향의 이론들을 통틀어 규제정치(regulatory politics) 이론이라 부른다. 이 이론들의 검토에 앞서 스티글러 이래 규제연구에서 핵심적인 분석개념으로 자리 잡은 거래비용의 개념을 재정리해 보기로 한다.

3.1 거래비용의 관점과 유용성

앞에서 보았듯이 스티글러는 소비자집단보다 생산자집단이, 그리고 여러 산업 중에는 잘 조직된 산업이 규제의 수혜집단이 되고 승자가 되는 이유는 이들이 정보비용과 조직비용 등 거래비용 면에서 유리하기 때문이라고 설명하였다. 규제정치 이론은 이 점에서 대조적이다. 이 이론에서는 승자집단과 아울러 패자집단이 자기들에게 손해를 안기는 혹은 자기들이 그 비용을 부담해야 하는 (혹은 자신에게 불리한 부의 이전을 초래하는) 규제에 강력하게 반대하지 못하는 이유를 설명하는 데 거래비용 개념을 적절하게 사용한다. 예컨대 위와 같은 상황에서 규제의 도입으로 인해 손해를 볼 집단이 소비자집단인데 그들이 이 사실 그리고 손해의 크기를 잘 알고 효과적으로 대응할 수 있었더라면 이를 수수방관하지만은 않았을 것이라는 게 규제정치 이론의 설명방식이다. 여기서 알 수 있듯이, 이들의 기본 가정은 "거래비용이 존재하지 않는다면 (즉 거래비용이 0이라면)… 어느 개인도 자진해서 자신의 부를 포기하지 않는다."는 것이다.(MacCormick and Tollison, 1981:16)[17]

---

17. 좀 어려운 얘기지만, 이들이 인정하는 한 가지 예외가 있다. 그것은 부의 이전(transfer of wealth)이 성격상 자신에게 손해를 끼치지 않으면서 다른 사람에게 이익을 주는 파레토 우월

부연해 설명한다면 이런 종류의 의사결정 사안에 대하여 개인이 처하게 되는 상황은 다음 3가지 중 하나다.(MacCormick and Tollison, 1981:17) 해당 사안과 관련해 ① 누가 승자가 되고 패자가 되는지, 그 각각이 누구인지를 구체적으로 아는 경우, ② 승자와 패자 양쪽이 모두 쉽게 판단이 되지 않는 경우, ③ 승자는 분명하게 나타나지만 패자는 그렇지 않은 경우, 혹은 그 반대의 경우다. 이 세 가지 상황 중 정치인이 부의 이전을 활발하게 모색할 것으로 판단되는 상황이 ③이고, 이때 규제가 도입될 가능성이 가장 크다고 말할 수 있다.

간단한 예로서 신규사업자에 대한 진입규제 여부를 결정한다고 상정해 보자. 먼저 이 규제로 득을 보게 될 사람은 기존의 사업자와 근로자(와 그 가족 등)이다. 왜냐면 시장경쟁이 제한되기 때문이다. 이들은 일반적으로 전문성이 높을 뿐만 아니라 평소 잘 조직되어 있으며, 규모경제 등 산업정책의 논리를 동원해 자기들의 입장을 잘 변호한다. 한편 진입규제가 시행되면 가격은 높아지고 품질은 떨어지며 선택의 폭도 좁혀지므로 소비자들은 손해를 보게 된다.(김재홍, 2002) 그러나 소비자들은 이 사실을 잘 알지 못한다. 신규사업자의 시장진입이 허용될 때 어떤 이익을 기대할 수 있을지 잘 알지 못할뿐더러, 비록 안다고 할지라도 이를 위해 자신의 시간과 돈을 쓰면서 규제에 반대하는 일도 없다.

왜 그럴까? 소비자가 잃어버릴 것은 기회편익(opportunity benefit)이기 때문이다. 다시 말하면 소비자들은 이미 누려온 이익을 상실하는 게 아니라, 규제가 도입되지 않고 그래서 시장경쟁이 가열되면 기대할 수 있었던 편익, 즉 기회편익을 잃게 되는 것뿐이라는 말이다. 그러므로 소비자들은 진입규

적인(Pareto-superior) 경우로서, 이 경우에는 굳이 반대해야 할 이유도 없다. 거래비용이 0이라면 모든 균형상태는 파레토 최적(Pareto-optimal)이고, 이런 가상의 세상에서 만일 정치인이 사익 목적으로 부의 이전을 꾀한다면 그것은 파레토 우월적인 부의 이전이어야만 한다는 것이다.

제에 강력하게 반대하지 않는다. 소비자마다 부와 소득, 정치적 참여도 등 여러 면에서 차이가 있어서 조직화가 힘들고, 집단적 의사를 결집하고 행동으로 옮겨야 할 소비자단체 등의 힘이 약한 것도 중요한 원인이다. 더 일반적으로 규제완화에 대한 대중의 관심이 약한 중요한 이유도 같은 이치로 설명할 수 있다. 즉 규제완화로 인해 얻게 될 이익에 대하여 잘 모르고, 그러다 보니 이 이익을 얻지 못하게 될 때 그것이 손해라는 생각도 하지 못한다는 말이다. 이같이 소비자들이 합리적 무지(rational ignorance) 상태에 있고, 무임승차 경향에서 벗어나기 힘든 한, 정치인들은 소비자의 눈치를 거의 보지 않고 진입규제를 도입할 수 있게 된다는 것이 이 이론의 설명이다.[18]

로저 놀(Noll, 1989a:56-58), 크리스토퍼 후드(Hood, 1994:29-33) 등 여러 학자가 규제완화 과정에서 정치적 기업가(political entrepreneurs)의 역할에 주목하는 것도 거래비용과 관계가 있다.[19] 정치적 기업가가 소비자집단처럼 매우 이질적이고 널리 분산된 특성을 보이는 집단(diffused interests)의 수호자로 나설 동기와 유인은 충분하다. 우선 정보비용 측면에서 이들은 관련 정보에 쉽게 접근하고, 값싸게 획득할 수 있다. 또 이들이 목소리 큰 대변인을 자청하는 이상 그렇지 않았다면 막대했을 거래비용, 특히 이런 널리 분산된 집단의 조직비용을 대폭 절약할 수 있다. 한편 이런 정치적 기업가가 얻을 수 있는 정치적 보상은 크다. 규제완화로 인한 소비자 후생의 증가, 생산성과 효율성의 향상, 인플레이션 완화와 경제성장 촉진 등 경제사회 전체적으로 긍정적인 효과가 발생한다면 이들은 공익의 수호자로서

---

18. 합리적 무지는 앤소니 다운스(Downs, 1967)와 맨슈어 올슨(Olson, 1965)에 의해 개발된 개념으로서, 일반 투표자 개개인은 선거에서 자신의 투표가 선거결과에 영향을 미칠 수 없다는 사실을 잘 알고 있어서 후보자(또는 그가 내놓는 정책)의 시비나 우열을 정확히 가리기 위해 특별히 시간과 노력을 들일 동기나 유인이 없음을 가리키는 말이다.

19. 교과서적인 예가 미국 항공산업의 규제완화 과정에서 주도적인 역할을 한 에드워드 케네디(Edward Kennedy) 상원의원의 경우다. 그는 항공규제의 폐해, 특히 소비자 피해를 일반 대중에게 널리 알림으로써 이들의 대대적인 지지를 성공적으로 끌어낼 수 있었다. 한편 그는 같은 시기에 제약산업의 규제완화도 주도하였는데 성공하지 못했다.

높은 평판과 신망을 얻고 정치적으로 광범위한 지지층을 형성해 나갈 수 있기 때문이다.[20]

3.2 지대창출 모델

규제정치 이론의 첫 번째 유형인 지대창출(rent creation) 모델은 사실상 스티글러의 포획이론과 큰 차이가 없다.[21] 특히 법률이 인정하는 독점이나 카르텔 방식으로 지대가 창출되는 경우는 두말할 필요가 없다. 이런 뜻에서 여기서는 스티글러의 이론에서는 언급되지 않은 지대창출 방식, 즉 같은 규제 아래서도 기업마다 규제의 영향은 다르게 나타난다는 사실에 착안한 간접적인 부의 이전 방식에 관한 논의에 그치려 한다.

예컨대 모든 산업에서 최저임금 제도가 시행되면 생산이 감소하고 가격은 상승하게 되지만, 같은 산업 내 기업이라 할지라도 자본집약적 기업은 노동집약적 기업보다 비용이 상대적으로 덜 상승하게 될 것이므로, 이 규제는 후자에서 전자로 부의 이전이라는 효과를 일으키는 셈이다.(Ginsberg, 1999:1772; McChesney, 1997:14)[22] 이처럼 규제를 통해 어떤 기업들의 비용을 다른 기업들의 비용보다 더 높이는 방식으로 부의 이전을 꾀하는 방식을

---

20. 참고로 지광석·김태윤(2010)의 연구도 이 면에서 주목해 볼 가치가 충분하다. 이 연구는 신제도경제학의 관점에서 우리나라 규제개혁위원회의 '중요규제' 판정 기준을 분석해 본 결과, 규제의 주된 논거를 시장실패 요인보다는 거래비용의 경감 측면에서 찾는 경향이 강했다고 분석한다. 간단히 말하면 규제의 필요성과 정당성의 판단기준으로서 시장거래에 수반되는 거래비용의 경감 가능성을 중시하는 경우가 많았다는 것이다.

21. 이 글에서도 관례를 좇아 지대창출 모델이라는 용어를 사용하고 있지만, 이 이름은 잘못 붙여진 이름이라고 할 수 있다.(McChesny, 1997:134) 왜냐면 국가의 강제력에 의해 발생하는 지대는 말 그대로 무에서 유로 창조되는 게 아니라, 이 집단에서 저 집단으로의 부의 이전에 지나지 않기 때문이다.(McCormick and Tollison, 1981:15-16) 예컨대 소비자잉여가 생산자잉여로, 혹은 생산자잉여가 소비자잉여로 이전되는 것과 같다.

22. 이런 유형의 지대창출 행위로 발생하는 지대는 카르텔의 경우와 구분하여 리카도 지대 (Ricardian rents)라고 부른다.(McChesney, 1987:103-04)

일컬어 '경쟁자 비용 높이기(raising rivals' costs)' 모델 또는 '비용약탈(cost predation)' 모델이라고 한다.(McChesney, 1997:16) 예를 들면 환경규제 기준 가운데 하나인 생산시설의 최소 적정규모(minimum optimal size)의 상향조정은 비용 면에서 대기업이 중소기업보다 유리한 입장에 서게 만든다. 규제에도 규모경제 효과가 있을 수 있기 때문이다. 다시 말해 큰 기업일수록 유리하다는 것이다. 따라서 중소기업이 이런 규제에 강하게 반발하는 것은 당연하다.(Pashigian, 1984) 다른 예로서 환경규제 기준을 초과하는 수준의 오염을 배출하는 기업에 대하여 조업을 중지하거나 단축하는 것은 해당 기업에 손해인 것처럼 보이기 쉽지만, 조업 단축으로 인해 생산량이 감소하고 가격이 상승하면 이 기업은 더 높은 이윤을 얻을 수 있는 것과 같다.(Maloney and MacCormick, 1982)

더 흥미로운 예도 있다. 바르텔과 토머스(Bartel and Thomas, 1985)는 일반적으로 규제의 효과가 아주 낮다고 알려져 있음에도 근로자안전 규제가 계속 강화되는 이유를 분석하였다. 그들에 따르면 이것은 대기업들이 관련 규제기관을 정치적으로 지지하기 때문인데 이것은 노조 가입률이 높아 근무조건의 개선을 강력하게 요구 받는 대기업들이 이 규제가 강화될수록 중소기업보다 상대적으로 유리한 위치에 설 수 있기 때문이라고 한다. 반대로 말하면 중소기업들은 노조 가입률이 낮으므로 이런 규제 압력을 덜받고 따라서 이런 규제의 완화가 도움이 되지만 이들의 영향력은 대기업에 미치지 못한다는 것이다.

어떤 집단에 속한 기업은 이익을 보고 다른 집단에 속한 기업은 손해를 보게 되는 이런 성격의 규제의 도입(혹은 규제완화)을 둘러싸고서 동일 산업의 하위집단(subgroups) 간에 쟁투(rivalry)가 벌어질 것은 빤한 일이다. 특히 규제의 도입(혹은 규제완화)으로 손해를 보게 될 하위집단은 이 규제(혹은 규제완화)의 저지를 위해 정치적 로비를 펼칠 것이다. 이런 상황에서 정치인은 어떤 선택을 할 것인가?

사익 추구적인 정치인은 필경 자신에게 더 나은 정치적 보상이 약속되는 하위집단의 편을 들 가능성이 크다. 대표적인 예가 우리나라의 대기업집단의 출자총액제한 제도이다. 이 제도는 일종의 '경쟁자 비용 높이기' 방식의 지대창출 행위로 볼 수 있다. 동 규제가 완화된 이후 시장에서 고전하는 중소기업(과 근로자)들은 경쟁력이 우세한 대기업집단에 대한 피해의식이 강하고, 이 규제의 부활이나 강화가 자기의 처지를 개선해 줄지도 모른다고 막연히 기대할 수 있다. 또 자기에게는 불리할 게 없다고 판단해 이 제도의 부활을 주창하는 정치인과 정당에 호의적인 태도를 보이거나 적극 지지하게 될 가능성이 크다. 이를 잘 알고 있는 정치인, 또 대기업집단으로부터 중소기업에게로 부의 이전을 노리는 정치인이라면 이 규제의 부활과 강화를 꾀할 충분한 이유가 있다.

3.3 지대추출 모델

규제정치 이론의 또 다른 유형이 바로 지대추출(rent extraction) 모델이다. 이 모델은 지대창출 모델과 달리 정치인의 사익추구 방식에는 어떤 집단에게 이익을 제공하는 방식만이 아니라, 다른 집단에 손실을 안겨주는 방식도 있음을 강조한다. 사익을 추구하는 정치인은 어떤 집단이 시장에서든 아니면 규제를 통해서든 기왕에 얻어서 누리고 있는 지대를 박탈하는 내용의 법률을 제정할 듯이 위협한 다음 실제로는 그런 행동을 자제(forbear)하는 방식으로 지대의 일부를 탈취할 수 있다는 것이다. 정치인의 이런 행위는 어떤 의미에서 정치적 강탈에 해당한다. 지대창출 모델에서 정치인(과 규제관료)이 노리는 것은 반대급부 또는 대가이므로 그의 행동은 뇌물을 노린 부패행위로 볼 측면도 없지 않으나,[23] 지대추출은 혹시 빼

---

23. 정치인의 지대추출 행위와 부정부패는 구분해야 할 필요가 있다. 양자가 모두 사익을 추구하는 것은 같지만, 이미 시사되었듯이, 지대추출은 공익을 빙자해서 공개적으로 그리고 합법적으로 이루어지는 게 일반적이다. 반면에 부정부패를 통한 뇌물의 공여는 은밀하게, 불법적으

앗길 수도 있었던 이익을 지키게 된 데 따른 반대급부의 성격이므로 이익집단의 시각에서 볼 때 양자는 성격이 다르다.(McChesney, 1997:31)

정치인에게 국가의 강제력을 행사할 권한이 주어져 있는 이상 사익 추구적인 정치인이 지대추출 행위의 유혹에 빠질 가능성은 언제나 열려 있다. 사실 인류역사가 보여주듯이 국가에 의한 강탈은 국가가 생긴 이래 변함이 없는 현상이다. 오늘날의 민주국가에서도 이런 일이 가능하냐고 반문한다면 이는 순진한 생각이라고 말할 수밖에 없다. 왜냐면 오늘날에도 무엇을 공익이라고 보고, 공익을 어떻게 정의하느냐에 따라, 혹은 여론을 어떻게 형성하고 또 해석하느냐에 따라 정치인은 국가의 강제력을 사익 목적을 위해 얼마든지 합법적으로 행사할 수 있기 때문이다. 이것이야말로 노골적인 뇌물 요구와는 대비되는, 국가에 의한 고도로 지능적인 강탈이라고 불러야만 할 것이다.

더 나아가 강탈적인 지대추출 행위는 민주국가의 정책의 불확정성으로 인해 더욱 일상적으로 일어날 수 있다. 예를 들면 규제를 받는 산업에 대하여 정치인이 어떤 이유를 내걸어서든 그 규제를 철폐하거나 완화하겠다는 방침을 선언하고, 여론의 지지를 모을 수 있다면, 그 규제를 통해 직간접적으로 얻고 있던 이익은 일순간에 상실될 위험에 처하게 된다. 이때 이 기업은 수익성의 감소와 주식가격의 하락을 경험하게 될 것이고, 주주들은 손해를 모면하려고 정치인이 원하거나 요구하는 것을 제공하는 조건으로 입법의 추진을 중단하는 선에서 정치적으로 타협하려 할 것이다. 이익집단들이 평상시에 정치자금을 제공하는 데는 이런 위협을 사전에 방지하려는 의도가 담긴 것으로 볼 수 있다.[24] 또 지대를 제공한 법률의 제정 및 개정

로 이루어진다. 그러나 실제에서는 양자의 구분이 그리 명확하지 않은 경우들이 있을 것이다.

24. 지대추출 행위는 이처럼 정치자금과 밀접한 관련이 있다. 실증연구가 별로 없어 안타깝지만, 강화된 정치자금법 시행 이후 대기업집단을 상대로 한 지대추출 행위가 증가하였을 것으로 추측된다. 정당하게 써야 할 필요가 분명한 정치자금을 불온하게만 볼 일은 아니다.(임성학, 2010) 이보다는 현실을 현실 그대로 인정하는, 그래서 겉과 속이 다르지 않은 명실상부한 정치자금법이 정치인의 무리한 시장개입을 막는 첩경이고, 사회적으로 현명한 대처방법이 될

시 반대급부를 받은 정치인이 그 자리에 머물러 있지 않고 다른 정치인이 그 자리를 차지하는 이상 정치자금의 공여는 계속되지 않을 수 없다.

요컨대 민주정치 과정에서 무슨 일이 일어날지 알 수 없다는 말은 정치의 장에서는 어떤 것도 보장된 것이라곤 없다는 의미이다. 시장에서든 정치적으로든, 또는 그 어떤 형태로든, 사적 지대(private rents)는 이를 누리고 있는 이익집단의 입장에서는 끊임없는 위협의 원천이지만, 정치인에게는 사익을 위한 지대추출의 원천인 셈이다.[25] 전형적인 지대추출의 유형들을 고찰해 본다면 다음과 같다.

먼저 시장에서 형성된 수준 이하로 가격을 끌어내리겠다고 위협하고 이를 자제하는 방법으로 지대추출 행위가 이루어지는 경우가 있다. (최고)가격을 규제하게 되면 그만큼 생산이 줄어들고 생산자잉여가 감소한다. 직접적인 가격통제가 대표적이다. 음성적이지만 전형적인 지대추출 방법 가운데 하나가 국가의 허가(승인, 면허 등) 권한을 이용하는 것인데(Epstein, 1993), 예컨대 면허의 조건을 갖추고 있음에도 불구하고 불허 처분을 하겠다고, 혹은 기발급된 면허를 취소하겠다고 위협을 가할 때 해당 사업자는 이런 위협을 제거하기 위해 정치인(과 관료)에게 지대의 일부를 양보하지 않을 수 없게 된다.

더 간접적으로 이루어지는 지대추출의 예로서는 기업이 자체적으로 품질향상 및 정보의 진실성 보장을 위해 상당한 투자를 한 결과 시장에서 높은 브랜드 이미지와 기업평판에 힘입어 경제지대를 누리고 있는 상황을 들 수 있다. 이런 상황에서 정부가 돌연 최저품질 기준을 높이거나 정보공개를 요구하는 규제를 도입하려는 경우를 들 수 있다.(McChesney, 1997:27-28)

수 있다는 인식이 필요하다.

25. 지대추출 모델의 선구자인 맥체스니는 이런 행위가 편만해 있다는 증거로서, 미국의 주의회 수준에서 의원들이 최종적으로 통과시킬 뜻은 없고 단지 기업을 위협하여 사익을 얻으려는 의도로 제출된 법안을 지칭하는 말로서 '우유 짜내기 법안(milker bills),' '현찰 법안(cash cows),' '주스 짜내기 법안(juice bills),' '쥐어짜기 법안(fetcher bills)' 등의 은어를 사용하고 있다고 지적한다.(McChesney), 1997:29-32)

이런 규제가 시행되면 경제지대의 손실이 불가피해지므로,[26] 이런 규제의 도입을 막거나 누그러뜨리기 위해서 해당 기업은 정치인(또는 관료)과 타협함으로써 지대의 일부라도 유지하려는 유인이 생겨난다는 것이다.

지대추출 이론의 시사점은 우울하기만 하다. 첫째, 규제를 통한 지대추출 위협은 기업가들의 투자유인을 감소시킨다. 특히 기업의 창의적인 노력의 결과로 시장에서 초과이윤을 얻기 시작한 상황에서 이 기업의 수익을 낮추고야 말 규제위협을 가한다면 기업가의 투자 의욕은 크게 꺾일 수밖에 없다. 투자할지라도 창의적이고 생산적인 투자보다는 그저 남의 이목과 관심을 덜 끌 분야에 투자할 가능성이 높아진다.(Shavell, 1993:179-80) 둘째, 정치인의 지대추출 행위 역시 지대추구 활동이므로 여기에 투입되는 많은 자원의 낭비를 피하기 어렵다. 통과되지도 않을 법안을 만드는 과정에 투입되는 정치인, 보좌관, 그 밖의 수많은 전문가의 시간과 노력, 이들의 위협에 대항하고 방어하기 위해 기업들이 써야 하는 시간과 자원 비용, 또 정치인과 관련 기업들이 벌이는 협상 과정에 투입되는 자원과 비용이 모두 사회적으로 가치가 없는, 불필요한 일에 사용된다. 셋째, 지대추출 행위가 심하면 자본의 해외 도피, 즉 자본가들이 눈을 해외로 돌려 국내보다는 외국에 투자하려는 유인이 생겨난다.

일반적으로 시장경제가 성숙단계에 이르고, 그 결과 투명성이 높아지면 높아질수록 지대 창출 기회는 그만큼 적어지지만, 반대로 지대추출 행위의 기회는 늘어날 가능성이 있다. 이런 시장에서 지대 창출은 정치적 벽에 부딪히기도 쉽다. 우선 지대 창출은 가격상승으로 발현되기 때문에 소비자들이 이를 묵과할 리가 없다. 형평성 차원에서 여타의 산업, 집단, 계층도 마냥 특혜의 대열에서 소외되려 하지는 않을 것이다. 그렇다고 모두에

---

26. 이런 규제로 인해 이 기업이 손실을 보게 되는 이유는 다른 기업들이 스스로 부담해야 할 품질 모니터링 비용을 국가가 대신 부담해 주는 셈이 되고, 기왕에 자발적으로 투자를 했던 기업으로서는 결과적으로 불필요한 투자를 한 셈이 되기 때문이다.

게 이익을 나누어 줄 수도 없는 일이고 보면, 이제 지대추출이 대안으로 떠오르기 쉽고, 그 표적은 대기업이 될 가능성이 매우 크다. 더구나 대기업의 공시 의무에 따른 막대한 수익과 이윤의 대대적인 발표는 이런 유혹을 부채질하는 경향이 있다. 경제 자유보다 형평성을 앞세우는 경향이 강한 국민의 눈에 정치인들이 대기업의 탐욕(?)을 징계하겠다고 나서는 일은 흔히 보는 일 가운데 하나다.

저자는 우리나라에서 이것이 규제를 확산시키는 중요한 근저 요인 중 하나라고 생각할 때가 많다. '경제민주화' 등 경제 자유보다 형평성과 정의를 내세워 규제를 강화하면 정치인으로서는 잃을 게 없다. 경제 자유를 우선하는 아주 특별한 정치인을 제외하면 보통의 정치인들에게 이런 행동은 일거양득이 될 수 있다. 경제위기 속에서 상대적으로 열세에 있는 중소기업의 편을 들어 대기업을 공격하면서 뭔가 반대급부를 얻어내는 방편으로 이 지대추출 행위가 만연할 가능성이 있다. 지대추출 형태의 규제는 정치적 가시성을 높이기 위해서 특히 성장산업, 높은 수익을 내는 산업과 기업, 평판도가 아주 높거나 이와 반대로 대중적 이미지가 매우 나쁜 기업을 대상으로 행해질 가능성이 크다.

대표적인 예가 대형마트와 기업형 슈퍼마켓(SSM) 영업시간 및 의무 휴일 규제이다. 2012년 유통산업발전법 개정으로 도입된 이 규제는 재래 및 중소 영세상인의 보호를 목적으로 삼았고, 그래서 당시에는 그런대로 국민의 지지를 받았다. 그러면 이 규제로 전통시장과 중소 영세상인은 도움을 받았을까? 별로 받지 못했다. 연 매출액 100억 원 이하인 기업형 중소마트는 다소간 도움을 받았다고 하지만, 대형마트 등에 납품하는 중소기업들은 매출 감소로 심각한 타격을 받았다. 한편 가장 큰 이득은 온라인 유통업체, 외국계 유통업체, 그리고 배송업체들에게 돌아가고 있다. 이 규제는 말하자면 대형마트 대 전통시장의 대결 프레임을 온라인 대 오프라인으로 형태를 바꿔놓았다. 이 규제가 시작된 2012년 대형마트와 온라인 유통업체의 시장점유율은 54:46에서 2021년 15:85로 역전되었다. 의도하지도 않고 예상하지도 못한 결과가 나타났다. 최근 대한상공회의소가 실시한 소비자 인식조사에 따르면 이 규제가 전통시장, 골목상권을 활성화하는 효과가 있다는 응답은 34%에 불과하였고 응답자의 68%가 규제완화가 필요하다고 답하였다. 이런 상황변화에 따라 대형마트 협회는 소송을 제기하였으며, 법원은 이들의 손을 들어 주었다. 하지만 지자체들은 골목상권 보호라는 명분을 무시할 수 없는지라 요리조리 법망을 피하며 규제를 계속하고 있다. 이것이 불합리하고 비현실적인 규제의 실상이다.

무릇 모든 위협이 그러하듯이 규제의 위협도 위협의 실천보다는 위협 그 자체에 있는 경우가 많다. 따라서 이런 위협에 가장 민감하게 반응할 수밖에 없는 계층, 집단, 기업이 좋은 표적이 되고, 그에 따라 경제사회에 미치는 악영향이 클 수밖에 없다. 대기업은 잘 조직되어 있다는 특성도 대기업을 지대추출 행위에 취약하게 만드는 요인 중 하나다. 사익을 추구하는 정치인은 잘 조직된 집단과 조직을 표적으로 삼아 지대추출 행위를 추구할 가능성이 매우 높다.(McChesney, 1991a:82-85)[27]

4. 정치경제학적 시각의 중요성

이상에서 스티글러의 이론이 나온 이후 약 20년간에 걸쳐 등장한 다양한 규제경제 및 정치이론을 공익성 대 사익성 논란의 맥락에서 차례로 정리해 보았다. 이 이론들의 공통된 주장은 규제는 국가의 강제력에서 파생되는 결과물이며 공익적으로도 사익적으로도 사용될 수 있다는 것이다.

---

27. 이와 관련하여 그는 소비자의 무임승차 경향이 소비자 이익에 반드시 불리한 건 아니라고 보아 흥미롭다. 조직화는 거래 상대방인 정치인의 시각에서 보면 거래비용이 낮아졌음을 의미하므로, 소비자가 조직화될수록 정치인이 이 조직을 상대하는 거래비용은 낮아진다는 것이다. 요컨대 소비자단체의 부재가 소비자들의 협상력을 높이는 역설적인 결과를 부른다고 보고 있다.

놀랍게도 이 점은 까맣게 잊어먹은 채 무조건 규제는 공익을 위한 것으로 간주하고 마는 경향이 강하다. 규제의 공익성을 전적으로 부정할 수만은 없다. 어느 정도 공익성을 인정할 수 있어 보이는 경우라 할지라도 공익성 판단의 이론적 근거 및 타당성과 관련한 또 다른 논란은 피할 수 없다.

규제의 공익성을 당연한 듯이 전제하는 한 규제의 남발을 막기 어렵다. 규제에 관한 논의에서 흔히 지적되는 사항이 규제가 무력하여 효과가 없다거나 부작용과 역효과를 만들어낸다는 것이고, 흔히 그 이유로 제시되는 게 "의도는 좋은데 설계가 틀렸다."는 말이다. 그러나, 제4장에서 보았듯이, 이는 시장실패의 치료를 위해 필요하고 정당한 수단이 규제라고 보는 후생경제학에서 나온 단순하기 짝이 없는 분석이고 평가일 뿐이다. 이 장에서 검토한 여러 이론은 이런 단순한 사고를 배격한다. 내용은 서로 다르지만, 규제의 원인 및 과정을 철저하게 정치의 본질로부터 파악해 보고자 하는 관점에 서 있다.(Noll, 1989:1254) 정치의 본질은 부의 재분배이고, 이 부의 재분배 기능을 위해 국가의 강제력이 사용되며, 그것이 구체적으로 표현된 형태가 규제이고, 따라서 규제에서 사익성을 배제할 수가 없다는 것이다. 이것은 규제의 수혜자, 정치인, 규제자 모두 규제가 파생시킬 경제사회 효과는 관심 밖일 수 있음을 말해 준다.(McChesney, 1997:13) 이들의 의도를 지나치게 불순하게만 본다고 비판할지 모르나, 이런 눈으로 보지 않는 한 정말로 불순한 의도에서 비롯되는 규제의 남발조차 막기 힘들지 모른다.

한편 규제의 사익성을 무시할 수 있는 경우는 거의 없다는 말은 규제완화와 개혁은 공익적이라는 말과 거의 같다. 규제는 이익집단의 요구와 압력, 그리고 이에 편승한 정치인과 관료의 정치행정적 고려의 산물인 데 비해, 규제완화와 개혁은 일반적으로 공익을 증진하는 목적이 분명하고, 그 효과는 경제 전체에 일률적으로 영향을 미친다. 그런데 오히려 규제완화와 개혁이 사익을 추구하는 것인 양 비난하면서 규제의 존속을 옹호하는 주장이 꽤 흔하다. 이는 규제에 대한 관점, 규제 현실에 대한 평가의 기준과 출발점이 달라 비롯되는 오해인 경우가 대부분이다. 이런 관점을 가진 사람은 우선 시장경제에 대한 오해와 불신이 깊고, 따라서 규제는 공익적이라고 보면서 규제완화는 사익적이라고 정반대로 해석하는 경향을 보인다. 그러나 규제완화와 개혁은 그것의 본질과 속성상 특정 경제사회집단이나 세력에게 유리하게 이루어지기 어렵다.[28]

규제는 힘 있는 기업과 집단의 이익을 위해 사용될 수도 있고, 힘이 없는 (혹은 그렇게 주장하는) 기업과 집단의 이익을 위해서 사용될 수도 있다. 흔히 후자는 공익에 해당하고, 전자는 사익에 해당한다고 보는 편이지만 이렇게 볼 논리적 근거는 분명치 않다. 무엇이 공익이고 사익인지는 해당 규제의 단기적이고 단편적인 측면만을 보고 판단할 수 있는 성격의 문제가 아니다. 무엇보다도 국부(국익)의 개념이 바로잡혀 있어야 하고, 그 관점에 서만 올바른 판단을 내릴 수 있다.(최병선, 2002) 강조하건대 규제에 대한 무한신뢰는 매우 위험하다. 의도가 선하다고 해서 결과조차 좋으리란 기대는 망상에 불과하다. 자본주의, 시장경제 체제에서 시장을 뜯어고쳐 부를 재분배해 보려는 시도보다 더 위험천만한 것은 없다. 그 시도가 옳기도 어렵지만 그대로 된다고 해서 세상이 나아지기는 더 어렵다. 이 점은 아무리 강조해도 지나치지 않는다. 240여 년 전에 쓰인 아담 스미스의 《국부론》에 나오는 아래 인용문에 저자는 무엇 하나 보태거나 뺄 말을 찾지 못한다.

어떤 상업 규제도 국가 자본이 유지할 수 있는 수준 이상으로 사회의 산출량을 증가시킬 수는 없다. 그것은 자본 일부를, 그렇지 않았으면 가지 않았을 방향으로 전환할 뿐이다. 이런 인위적 자원 배분이 자발적인 자원

---

28. 다만 규제는, 특히 오래된 규제는 일반적으로 '덩어리 규제'의 형태를 띠게 되므로 규제완화와 개혁은 전체적이고 급진적으로 이루어지기보다는 부분적으로 또는 순차적으로 또는 점진적으로 이루어지는 경우가 대부분이므로 이 과정에서 정치적 고려가 개입될 수 있는 여지가 없다고 말하기는 어렵다. 저자가 규제개혁위원회의 전직 및 현직 규제위원들과 인터뷰한 결과에 따르면 규제개혁 과정에서 개혁가들이 가장 크게 의식하고 주의를 기울이는 사항은, 일부의 비판과는 정반대로, 대기업 편향성을 최대한 배제하는 일이라고 말하고 있다.

배분보다 사회에 유익을 줄 것인지는 전혀 분명하지 않다. 모든 개인은 자기가 처분할 수 있는 자본에 대한 가장 이로운 용처를 찾기 위해 끊임없이 모든 노력을 기울인다. 그가 염두에 두고 있는 것은 자신의 이익이지 사회적 이익이 아니다. 그러나 자기 이익의 탐색은 자연적으로 또는 오히려 필연적으로 그가 사회에 가장 유익한 용처에 자본을 사용하도록 유도한다.(Smith, 1952[1776]:193)

[그러므로] 특별한 유인책을 써서, 그렇지 않은 경우보다, 더 많은 사회의 자본이 어떤 종류의 산업에 가도록 만들려고 애쓰거나, 아니면 특별한 제약을 가해 어떤 특정 산업으로부터, 이런 제약이 없었다면 그 산업에 고용되었을 자본 일부분을 다른 산업으로 돌리려고 애쓰는 모든 [정치경제] 체제는 그것이 달성하고자 하는 위대한 목적을 해치고 만다. 이것은 참된 부와 위대함을 향한 사회의 진보를 가속이 아니라 지체시키며, 토지와 노동의 연간생산물의 실제 가치[즉 국부]를 증가가 아니라 감소시킨다.

따라서 특혜의 체제든 제약의 체제든, 이런 모든 [인위적] 체제가 완전히 뿌리 뽑히게 되면, 분명하고 단순한 자연적 자유의 체제(system of natural liberty)가 저절로 세워지게 된다. 이 체제에서 모든 개인은, 정의의 법(law of justice)을 위반하지 않는 한, 전적으로 자유롭게 되어 자기 이익을 자신의 방식대로 추구하고, 자신의 사업과 자본을 가지고 다른 모든 사람 또는 다른 모든 계층 사람과 경쟁에 들어가게 된다. 이때 국왕(sovereign)은 아래와 같은 의무로부터 완전히 벗어나게 된다. 개인의 사업을 지도 감독하고, 그것이 사회의 이익에 가장 적합하도록 만들려는 의무. 이 의무를 다하기 위해 노력하는 과정에서 항상 수없이 헷갈리게 마련이다. 그 의무를 제대로 지기 위해서는 어떤 인간의 지혜나 지식도 충분하지 못한 그런 의무로부터 말이다.(p. 300)

제7장 규제수단과 방식의 유형: 재분류 시도

일반적으로 규제 연구자들은 규제를 크게 경제규제(economic regulation)와 사회규제(social regulation)로 구분한다.(최병선, 1992)[1] 규제의 원인과 효과, 규제를 둘러싼 이익집단·정치인·관료 간의 상호작용 패턴, 역사적 변천 과정, 시장경제 체제에 미치는 영향과 함의 등의 여러 차원과 측면에서 이 두 규제유형의 차이가 현저하다고 보아서다. 이 장은 먼저 규제를 경제규제와 사회규제로 나누는 기존 분류방식의 논거를 살펴보고 평가한 다음, 기존 분류방식을 대신할 새로운 분류체계를 제시하는 데 목적이 있다.

---

1. 《정부규제론》에서 저자는 경제규제와 사회규제라는 용어 대신에 경제적 규제와 사회적 규제라는 용어를 사용하였다. 아무 생각 없이 외국 교과서에서 쓰는 economic regulation, social regulation을 그대로 경제적 규제, 사회적 규제라고 번역해 쓴 것이다. 그런데 우리말에서 '적'을 붙여 명사를 관형사로 바꿔 쓰는 예가 아주 흔하지만, 미적 감각, 심미적 요인 등과 같이 '적'이 빠지면 말이 안 되는 경우를 제외하고는 '적'을 빼는 것이 더 우리말답다고 생각하게 되었다. 더불어 '경제적' 규제, '사회적' 규제라고 쓰면, 전자는 경제와 관련되는 규제이고, 후자는 사회와 관련되는 규제라고 이해하는 경향이 강해져 바람직하지 않다는 생각도 작용하였다. 《정부규제론》에서도 설명하였듯이, 이런 용어는 역사적으로 그렇게 나누어 부르고 써왔다는 이유 말고는 특별한 이유가 없다.

1. 기존 분류방식의 논거와 평가

1.1 규제 필요성에 대한 이론적 근거의 차이

사회규제는 환경규제, 소비자 안전규제, 작업장 안전규제, 사회적 차별 규제로 대표된다. 이런 규제들의 이론적 논거는 비교적 분명하다. 환경오염, 소비자 위험, 사회적 차별 등은 시장실패 현상으로 볼 수 있기 때문이다. 예컨대 환경문제는 외부효과 문제이고, 소비자 안전 문제는 주로 정보의 불완전성과 관련된 문제이다. 그런가 하면 작업장 안전 및 보건 문제는 외부효과와 정보의 불완전성이라는 시장실패 요인이 관련되어 있다. 사회적 차별 문제는 역사적 관습과 사회적 편견에서 비롯되는 시장 밖의 문제라고 보기 쉽지만, 이 역시 정보의 불완전성과 관련되어 있다. 그러나, 제4장에서 강조하였듯이, 시장실패가 있다고 해서 정부의 개입이 정당화되는 것은 아니다. 시장에서는 시장실패라고 불리는 문제들이 생겨나는 게 사실이지만, 시장은 이런 문제들을 스스로 해결해 나가는 힘이 있다.[2] 이런 점들을 고려하고 보면 사회규제는 분명히 시장실패와 관련이 있기는 하지만, 그렇다고 자체로 정부의 직접적인 개입이 정당화된다고 보아서는 안 된다. 규제가 필요할지라도 전적으로 시장을 배척하거나 시장의 힘과 원리의 사용을 배격해야 할 이유는 없다. 오늘날 규제수단의 혁신은 주로 사회규제 영역에서 일어나고, 혁신의 방향과 전략은 시장원리와 시장의 힘을 최대한 활

---

2. 환경오염 문제, 소비자 위험 문제, 사회적 차별 문제가 어떻게 시장에서 해결될 수 있느냐고 강하게 반론할 수 있겠지만, 시장을 통한 문제해결이라는 말을 좁게 해석했을 가능성이 크다. 예컨대 오늘날 기업들은 ESG(환경, 사회, 지배구조) 경영에 박차를 가하고 있다. 금융시장에서 투자자들이 투자대상 기업을 선택할 때 과거와 달리 기업이 환경문제를 대하는 방법과 태도, 기업문화(예컨대 고용 관행, 평등한 기회 제공 등), 지배구조(회사의 정관, 각종 규칙, 의사결정 방식 등) 등을 그 기업의 장래성과 수익성의 판단지표로 삼기 시작했기 때문이다. 이런 최근의 변화는 시장의 힘이라는 것이 얼마나 다양한 방식으로 작동하는지를 잘 보여준다.

용하는 쪽으로 가고 있다.

한편 경제규제는, 적어도 경제이론에 의하면, 규제의 필요성과 정당성을 인정하기 어려운 것들이 대부분이다. 물론 예외가 없는 건 아니다. 예컨대 경제규제 가운데 전력, 가스, 철도, 지하철 등 소위 공익서비스 산업이라고 불리는 자연독점산업(natural monopoly industries)에 대한 규제는, 이런 산업들이 초기 투자비용이 막대한 전형적인 비용체감 산업이라는 점에서 전형적인 시장실패 현상의 하나인 독점과 연결된다. 그러나 대다수의 경제규제는 시장실패와 연결 짓기가 쉽지 않다. 경제규제는 대체로 시장경쟁이나 결과의 공평성에 대한 시비와 불신에서 비롯되는 경우가 아주 많다. 물론, 소수이기는 하지만, 분배의 불공평을 시장실패의 한 유형으로 보는 학자들도 없지 않고(Wolf, 1988), 항상 아전인수식으로 해석되기 마련인 시장경쟁 상태의 공평성을 문제 삼는 것도 어느 정도 이해할 수 있는 일이지만, 제2장과 4장에서 논의했듯이, 시장경쟁의 결과에 대하여 공평성 시비를 벌이는 것은, 시장경쟁을 옳게 이해하고 보면, 그리 타당하지 않다.

여기서 '시장경쟁을 옳게 이해하고 보면'이라는 말은 우리가 보통 그러하듯이, '시장에는 강자가 있고 약자가 있다고 생각하지 않으면'이라는 말과 뜻이 같다. 이 생각을 물리치기는 쉽지 않으나, 시장에서는 영원한 강자도, 영원한 약자도 없다. 시장에서의 지위는 늘 바뀐다. 재벌이 망하기도 하는가 하면, 벤처기업이 대기업으로 성장하는 게 시장이다. 시장경쟁의 불공평은 시장의 고유한 특성이 아니다. 제6장에서 보았듯이, 만일 시장경쟁이 불공평하게 이루어지고 있다면, 그것은 잘못된 정부 개입의 결과인 경우가 더 많다. 또 하나 여기서 강조해야 할 점은 시장의 불공평성을 바로잡기 위해 정부가 어떤 식으로든 시장에 개입하면 공평성 문제는 해소되기보다 더 커지고 더 넓게 확산될 위험성이 크다는 사실도 잊어서는 안 된다.(제2장 참고)

이런 학문적 논의와 비판과는 무관하게, 시장경쟁의 불공평성 시비는 정치적으로 폭발력이 있다. 그래서인지, 우리는 제6장의 논의를 통해, 규제의 경제이론이나 규제정치이론을 막론하고, 소득과 부의 재분배가 민주국가에서 경제규제의 가장 중요한 원인임을 확인하고 또 확인하였다. 요컨대 경제규제의 가장 강력한 논거는 시장경쟁에 대한 불공평성 시비이지 시장의 효율성에 대한 시비가 아니라는 말이다.

이렇게 보면, 규제의 필요성 측면에서 볼 때 사회규제는 정치적인 고려보다 경제학적 고려가, 경제규제는 경제학적인 고려보다 정치적 고려가 더 중요하게 작용한다고 말할 수 있겠다. 그러나 이것을 양자를 구별하는 기준으로 삼을 수는 없다. 비록 기준으로 볼 수는 있을지라도 그것으로부터 규제 논거의 유의미한 차이를 캐낼 수 있는 것도 아니다. 요컨대 규제의 필요성에 관한 논거 면에서 경제규제와 사회규제의 구별성은 교과서에서 말하는 것처럼 그렇게 뚜렷하지는 않다고 말할 수 있겠다.

1.2 규제대상의 차이

경제규제는 기업의 본원적인 경제활동, 즉 진입, 가격, 생산량, 거래대상과 방법 등 소위 '경제적' 변수를 규제대상으로 삼는다. 경제규제라는 용어도 이런 이유로 생겨났을 것이다. 이런 변수들은 시장의 구조, 경쟁의 양상과 강도 등 시장경쟁과 관련되어 있다. 따라서 이런 변수들과 관련되는 경제규제는 개별 산업, 또는 개별 직종을 대상으로 삼는 게 보통이다. 다시 말하면 산업이나 직종 특정적이다. 예컨대 진입은 해당 산업이나 직종별로 이루어질 수밖에 없다. 가격, 생산량, 거래대상과 방법도 마찬가지다.

한편 사회규제는 기업활동의 본원적 요소라기보다는 기업활동에서 발생하는 사회적인 문제들, 즉 환경오염, 작업장의 위험, 소비자 위험, 근로자의 고용과 관련한 차별 등 기업의 사회적 책임을 강제하려는 차원에서 규제대상에 제한이 없다고 해도 과언이 아니다. 다시 말하면 이런 규제들은 개별 산업별로 적용되는 게 아니라 전 산업에 걸쳐 이루어진다고 보아야 할 정도로 범위가 넓다. 예컨대 환경오염은 그것이 무슨 산업에서 야기되든 오염임에는 차이가 없다.

규제대상 면에서의 이런 차이는 규제의 범위의 차이로 이어질 뿐만 아니라, 규제기관의 차이를 가져오기도 한다. 미국의 경우 경제규제는 연방통신위원회, 철도와 트럭 운송을 주관하는 주제통상위원회, 연방항공위원회(1985년 해체), 증권거래위원회 등 산업별로 준입법, 사법, 행정기능을 수행하는 독립규제위원회(independent regulatory commission(IRC))가 19개에 달한다.[3] 이에 비해 사회규제는 환경청, 식품의약안전청 등의 경우처럼 일반적인 행정기관 형태가 주류를 이룬다. 우리나라는 산업집단별로 정부 부처가 편성되어 있다고 볼 수 있어서, 사회규제를 담당하는 환경부 등 극히 예외적인 사례를 제외하면, 대부분 각 산업을 관장하는 부처가 해당 산업의 규제기관이라고 보아도 무리가 없다. 이런 규제기관의 조직 특성은 관련 이익집단의 형성과 로비 패턴, 규제기관의 포획 현상의 강약 등 여러 측면에서 중요한 차이를 만들어내기 때문에 규제의 정치경제학적 분석 측면에서는 큰 의미가 있다.(최병선, 1992) 요컨대 규제대상의 차이 면에서 경제규제와 사회규제의 구분은 충분히 인정된다고 말할 수 있겠다. 그러나 규제수단과 방식 면에서 경제규제와 사회규제 구분의 의미는 특별히 없다.

1.3 규제의 목적 및 가치의 차이

경제규제는, 규제의 목적이나 가치 측면에서 어떤 일반적 특성을 잡아내기가 매우 어렵다. 대표적인 예가 대기업과 중소기업 간 경쟁의 형평성 확보, 소비자의 경제적 이익 보호, 경제사회 약자의 보호 등을 목표로 내세우는 규제, 물가안정정책 차원에서 혹은 산업정책이나 산업발전 계획 등 전략적 고려를 내세우는 규제 등인데, 어떤 공통점을 찾아내기는 쉽지 않

---

3. 이것들을 포함해 미국 정부에는 소위 독립기관(independent agencies)이라고 불리는 기관이 37개나 있다.(Skrzycki, 2003:36)

다. 하지만 경제규제의 속성 및 효과에 착안해 보면 공통점이 발견된다. 그것은, 제5-6장에서 보았듯이, 시장경쟁의 제한이다. 물가안정 정책이나 산업정책 고려에서 이루어지는 규제들은 규제라기보다는 정책—더 정확히는 정책 프로그램—으로 보아야 한다는 주장이 없지 않지만, 시장경쟁의 조절이 이런 규제의 핵심내용이다. 경제규제가 흔히 시장에서 승자와 패자를 만들어내는 것은 이 때문이다.

이에 비해 사회규제는 인간의 보건과 생명, 환경, 삶의 질, 기본권 등 중요한 사회적 가치의 보호라는 분명한 목적을 가진 규제들이다. 또 이런 규제가 추구하는 가치는 국민소득과 생활 수준의 향상에 따라 삶의 질에 대한 욕구가 강해지고, 민주화의 진전에 따라 기본권에 대한 인식이 높아지면서 계속 강화되지 않을 수 없는 특성이 있다. 요컨대 규제의 목적과 가치 측면에서 보면 경제규제와 사회규제의 목적 간에 다소간 차이가 있는 점을 부인할 수 없지만, 무엇을 경제적 목적이라고 보고 무엇을 사회적 목적이라고 뚜렷이 나누어 부를 수는 없는 일이고 보면, 규제의 목적을 기준으로 경제규제와 사회규제를 분류하기가 어렵다는 사실은 분명하다.

1.4 규제개혁 추진 방향과 전략의 차이

규제를 경제규제와 사회규제로 나누는 기존의 분류방식은 규제개혁 추진 방향과 전략의 차원에서 보면 상당한 의미가 있다. 간단히 말한다면, 경제규제는 이론적 논거가 약하고 규제 효과에 못지않은 부작용과 역효과를 수반하는 규제가 대부분이므로, 우선적으로 철폐하거나 완화해야 할 대상이다. 반면에 사회규제는 규제의 이론적 근거가 비교적 분명하고 시대가 변천하면서 규제의 필요성과 정당성이 더 강해지는 특성이 있지만, 그렇다고 무턱대고 강화 일변도로 나가는 건 가능하지도 바람직하지도 않으므로 개혁의 초점을 합리화에 맞추어 나가는 게 바람직하다.

바로 이 점에서 저자는 규제를 경제규제와 사회규제로 나누어 접근할 필요성을 역설하였다. 여기에는,《정부규제론》의 집필 당시, 각종 규제개혁 관련 토론회나 신문기사 등에서 "모든 규제를 같다고 보고 무조건 개혁대상으로 삼으면 안 됩니다."라거나 "규제 중에는 환경규제, 안전규제와 같이 꼭 필요한 규제들이 있습니다."라거나, "환경규제, 안전규제야말로 규제개혁의 주된 대상입니다."라는 등의 다양한 의견들이 두서없이 제시되는 상황이 큰 영향을 미쳤다. 그래서 철폐하거나 완화해야 할 규제는 경제규제이고, 사회규제는 합리화 대상이라고 규제개혁 필요성 면에서의 차이를 나름 학문적으로 정리해 주고, 각 규제유형에 따른 개혁 방향과 전략을 차별적으로 제시하는 것이 의미가 있겠다고 생각하였다.

1.5 종합적 평가

이상에서 살펴본 것처럼 규제를 경제규제와 사회규제로 크게 나누어 보는 것은 일면 타당한 면이 있기도 하지만, 깊이 파고들수록 혼란스러운 면이 많아지는 것도 사실이다. 경제규제와 사회규제 구분의 가장 큰 의의는 규제개혁의 필요성 면에서 양자 간에 차이가 크다는 점이었는데, 상당한 실무경험과 숙고의 과정을 거치면서 저자는 규제개혁 현장에서 이 구분의 의의가 별로 크지 않고, 기대한 효과나 영향력을 발휘하지도 못한다는 사실을 깨달았다. 경제규제는 대체로 시장원리에 반한다는 점에서 이론적 논거가 매우 약한 게 사실이지만, 정치적 지지가 강한지라, 경제규제는 폐지 및 완화의 대상이고, 사회규제는 합리화 대상이라는 교과서적 처방이 별로 먹혀드는 것 같지 않다는 결론에 이르게 되었다. 김태윤(2012)도 같은 의견이다.

대표적인 예가 제5공화국 초기에 도입된 중소기업 고유업종 지정제도이다. 이 규제는 효과가 거의 없고 부작용만 크다는 지적에 따라 2006년에 폐지되었다가 2011년 대기업과 중소기업의 '동반성장'이라는 정치적 기치가 등장하면서 중소기업 적합업종 제도라는 새 이름으로 부활하였다. 대기업집단(재벌)에 대한 규제도 이와 비슷하게 진보적인 정부와 보수적인 정부가 교체되면서 냉탕과 온탕을 오가는 전형적인 예이다. 이런 예는 부동산정책 분야나 교육 분야 규제에서도 매우 흔히 발견된다.

이같이 정권의 변동이나 시대상의 변화에 따라 규제가 마치 시계추처럼 좌에서 우로, 우에서 좌로 움직이며 약화와 강화를 반복하는, 소위 규제의 시계추(regulatory pendulum) 현상은 경제규제 개혁논의의 중심이 규제 자체의 필요성과 정당성 여부를 따지는 규범적 논의에 머물러 있는 반면에, 규제의 획일성과 경직성으로 인한 폐해나 부작용, 역효과의 최소화에 초점을 맞추는 규제방식이나 수단의 개발 노력이 매우 부족하였음을 시사한다. 다시 말하면 정치적 지지가 강한 점을 고려해 볼 때 경제규제 영역에서도, 사회규제의 영역에서와 마찬가지로, 규제의 '합리화' 노력이 절실해졌다는 것이다.

한편 사회규제 영역에서는 시장을 대치하는 명령과 지시 형태의 규제보다 시장 친화적인 규제방식과 수단이 속속 개발되고 활용됨에 따라 기존의 사회규제 분류방식의 적절성과 타당성을 재검토해 볼 필요성이 제기되었다. 다시 말하면 명령지시형 사회규제의 경직성과 획일성을 완화하려는 노력의 결과로 시장유인과 시장기능을 활용하는 규제방식과 수단들의 비중이 점점 더 커짐에 따라 기존의 분류방식을 더 세분화하고 체계화할 필요성이 생겨났다.

이런 문제 인식에서 저자는 이 책에서 그동안 사회규제 영역에서만 사용해 왔던 규제수단과 방식의 유형을 사회규제와 경제규제의 양 영역에 공통적용이 가능한 형태로 수정해 제시하고, 이를 통한 규제개혁 전략의 일대 전환을 제안하고자 한다. 다시 말하면 그동안에는 주로 기존의 경제규제와 사회규제의 구분에 기초해 개혁 방향과 전략을 모색해 왔지만, 이제 경제규제와 사회규제의 구분보다는 모든 규제의 효과성을 높이는 한편 규제의 폐해, 부작용, 역효과를 최소화하는 방향, 즉 규제를 합리화하고 품질

을 개선해 나가는 방향으로 개혁의 방향과 전략을 전환할 것을 제안하고
자 한다.

2. 규제의 수단과 방식: 규제유형의 재분류

2.1 규제방식과 수단의 분류 기준

규제는 일반적으로 규칙의 형태를 취한다.[4] 규칙의 형태는 너무나도 다
양하지만, 내용을 중심으로 실체적 규칙(substantive rules)과 절차적 규칙
(procedural rules)으로 나뉜다.(Kerwin, 2003:1-7; Mitnick, 1982:396-99) 실체
적 규칙은 다시 크게 ① 규제기준을 규정하는 부분과, ② 규제의 강제력 확
보를 위하여 규제 위반자나 위반사항에 대한 벌칙(영업정지와 취소 처분, 벌
금이나 과태료의 부과 등)을 규정하는 부분으로 구성된다. 한편 절차적 규
칙은 공청회 개최, 이해관계인에 대한 의견진술 기회 부여, 기준의 변경절
차 등 규제기관의 의사결정절차 또는 입법절차, 그리고 벌칙의 부과절차에
관한 사항 등으로 채워진다. 이 같은 규칙 구성요소의 핵심은 역시 의무를
부과하는 부분이다. 이를 기준으로 삼는다면 기본적으로 다음 4가지로 규
제수단을 유형화해 볼 수 있다. 처음 2가지 유형은 기준(standards)에 의한
규제방식으로서, 투입요소기준 규제와 성과기준 규제방식이 있다. 각 규제
프로그램을 투입-전환-산출로 구성되는 하나의 시스템으로 볼 때, 이 시

---

4. 규제는 국민에게 의무를 부과하거나 권리를 제한하는 것이므로 법률에 규정됨이 원칙이
    다. 그러나 법률에 복잡하고 전문기술적인 사항을 모두 담기가 어려우므로 세부사항은 하위법
    령에 위임하는 게 보통이다. 보통 하위법령 수준에서의 규제법의 제정 및 개정과정을 규칙제정
    (rule-making) 과정이라고 부른다. 이 용어는 행정입법을 인정하지 않는 미국에서 입법과 구
    분하기 위해 사용하는 용어이나, 법률·시행령·시행규칙·고시 및 지침의 제정과정을 널리 포
    괄하여 규칙제정이라고 표현해도 무방할 것이다.

스템에 투입되는 요소에 대한 기준을 이용하는 방식이 전자라고 한다면, 이 시스템에서 나오는 결과에 대한 기준을 이용하는 방식이 후자이다.[5] 다음 2가지 유형은 기준의 형태를 취하지 않는 규제방식들로서 경제유인 규제방식과 시장기반 규제방식이 있다. 이밖에 다소 차원이 다르긴 하나 자율규제 방식과 넛지(nudge)도 기준의 형태를 취하지 않는 규제방식에 포함시킬 수 있다.

2.2 기준에 의한 규제방식

2.2.1 투입요소기준 규제방식

투입요소기준 규제방식은 규제목표의 달성을 위해 반드시 갖추어져야 할 요건이나 이행해야 할 행동 등에 대한 기준(즉 투입요소기준)을 설정하고, 피규제자가 이 기준에 부합되는 조치나 행동을 취하고 있는지를 확인 감시하는 방식으로 이루어진다. 투입요소기준은 규제목표 달성을 위한 구체적 수단이라는 의미에서 수단 기준(means standards or means-based standards)이라 부르기도 하고, 문제의 원인에 대한 처방의 성격을 갖고 있다고 해서 처방적 기준(prescriptive standards)이라고 부르는가 하면, 피규제

---

5. 종종 전자를 사전(적)규제, 후자를 사후(적)규제라고 부르기도 한다. 학문적인 용어로 정립되어 있지는 않다. 각기 투입요소기준 규제 그리고 성과기준 규제와 비슷해 보이는 면이 없지 않으나, 구분의 기준이 서로 다르다는 점에서 분명한 차이가 있다. 이 용어 사용자들의 관례에 비추어 추측해 본다면 사전과 사후를 구분하는 기준은 사건, 사고, 사회적 물의 등이 터지기 전과 후를 지칭하는 게 아닌가 생각된다. 즉 사건, 사고, 사회적 물의의 발생을 전제로 이를 예방할 방법을 제시하고 이행을 강제하는 것을 사전(적)규제, 그리고 사건, 사고, 사회적 물의가 발생한 경우 이를 처벌하는 데 초점을 맞추는 것을 사후(적)규제라고 부르는 게 아닌가 생각된다. 이것은 '원칙불허-예외적 허용'을 기본구조로 하는 적극적 시스템 규제(positive system regulation)와 '원칙 허용-예외적 불허'를 기본구조로하는 소극적 시스템 규제(negative system regulation)의 구분과 상응하는 측면이 없지 않으나 구분기준이 역시 일치하지 않는다. 어떻게 이해하든 사전적 규제, 사후적 규제라는 용어의 사용은 그리 적절해 보이지 않는다. 이에 관해서는 제10장에서 위험에 대한 대응전략과 관련해 다시 검토하고 있다.

자가 이행해야 할 사항들을 구체적으로 명령하고 지시하는 방식이기 때문에 명령지시형 규제(command and control regulation)라고 부르기도 한다.[6] 또 투입요소의 기술적 요소나 관계구조를 특정하는 형태의 규제라 해서 기술기준(technology-based standards) 혹은 설계기준(design standards)이라 부르기도 한다.

예컨대 자동차 배기가스 규제를 위해 흔히 사용되는 방법은 자동차 정기검사, 연료의 종류와 품질, 엔진의 성능과 규격 등의 지정, 특정 정화장치 부착 명령, 자동차의 사용 연한 설정 등이다. 식품안전 규제의 경우 사용이 금지되거나 제한되는 원료나 성분, 유통 및 보관과정에서 사업자가 준수해야 할 사항들이 열거되어 있다. 작업장의 보건안전 규제에서는 작업장의 근무조건, 위험시설의 설치 및 관리방법, 작업자의 배치방법, 교대근무방법 등 안전사고나 직업병을 일으킬 소지가 있는 모든 요인을 적절히 통제하기 위한 고려에서 나온 무수한 기준들이 사용된다. 건축 규제에서는 입지의 지구지정으로부터 시작하여 건폐율과 용적률, 이웃 건물과의 거리, 건축물의 안전 확보를 위한 각종 기준이 사용되고 있다.

투입요소기준 규제방식은 가장 널리 사용되는 규제방식이다. 이것이 보편적으로 사용되는 이유는 무엇일까? 가장 상식적인 규제방식이기 때문이다. 어떤 사고나 재난 혹은 사회적 물의 등이 야기되면 그것의 원인을 직관적으로 추정하고, 각각의 원인을 사전에 제거하거나 배제하면 된다고 생각하는 것이다. 대체로 이 원인이라는 것들은 사고와 재난, 사회적 물의가 빚어진 이후 경찰과 검찰의 수사기관, 소방서 등 조사기관이 조사 발표하고, 규제기관들은 이 조사결과를 바탕으로 규제기준을 추가한다. 이것이 이런 투입요소기준 규제가 만들어지는 일반적인 방식이고 절차이다. 예컨대 사

---

6. 참고로 최병선(1992)은 투입요소기준 규제와 성과기준 규제를 명령지시적 규제의 두 유형으로 제시하고 있는 데 비해, 여기서는 전자만을 명령지시 규제로 분류하고 있는 점에 유의해 주기 바란다.

람들이 올라가서는 안 되는 환풍구에 올라서 있다가 떨어져 사고가 나면 환풍구 시설에 사용하는 철근의 두께와 강도를 높이고, 텐트에서 불이 나서 사람이 죽으면 텐트의 소재를 반드시 불연재로 바꾸도록 하는 등이다.

투입요소기준 규제방식은 이처럼 아주 간단한 인과관계의 추론 위에서 이루어지는 규제방식이기 때문에 일반인에게 매우 친숙한 동시에 직관적 호소력을 갖는다.[7] 하지만 상식과 직관에 부합하고 기술적 합리성도 있어 보이는 투입요소기준 규제방식은 어떤 다른 규제방식보다 (1) 불필요하게 높은 비용을 부담시키고, (2) 피규제자의 기회주의적 행동을 유발할 가능성이 크며, (3) 효과성이 낮고, (4) 혁신을 가로막으며, (5) 형평성 측면에서도 열등하다. 상식에 가장 잘 부합해 가장 보편적으로 사용되는 이 방식은 왜 이렇게도 문제가 많을까? 아주 흥미로운 질문이 아닐 수 없다.[8]

(1) 투입요소기준 규제방식은 다른 규제방식에 비해 규제기관의 집행비용은 낮지만,[9] 피규제자의 순응 비용을 불필요하게 높게 만드는 경향이 있다. 규제기관의 집행비용부터 본다면, 현장검사, 감독과 단속 등에 들어가는 인적, 물적 비용 등인데, 이것은 피규제자의 규제순응비용에 비한다면 거의 무시할 수 있을 정도로 작다. 뒤에서 논의하겠지만 이것조차 예산 확

---

7. 해당 분야에 상당한 식견을 갖고 있다는 전문가나 과학기술자들이라고 예외가 아니다. 사실은 이들이야말로 투입요소기준 규제방식의 주창자요 전도사들이라고 말해도 과언이 아니다. 기술적 합리성을 신봉하는 이들은 일반인이 알지 못하는 더 많은 기준을 생각해 내고 만들어낸다.

8. 이 질문이 아주 흥미로운 질문임을 저자가 강조하는 이유가 있다. 무릇 학문에서는 '옳은 질문'을 던지는 것이 무엇보다 중요하다. 이것이 좋은 분석으로 가는 지름길이고 요체이다. 좋은 질문이 이어질 때 좋은 분석이 나온다. 이 질문은 독자가 규제 행정의 내면, 규제기관과 관료의 의식과 행태, 행정이 이루어지는 과정과 절차 등등에 관하여 무수한 시사점과 통찰력을 얻게 해주는 좋은 질문의 예이다. '옳은 질문'의 중요성에 관해서는 최병선(2015) 참고.

9. 물론 규제기준을 고안하고 설계하기 위해 들어가는 연구조사 비용, 소정의 입법절차를 거치는 과정에서 드는 비용, 예컨대 공청회 비용, 이해관계자의 협상비용 등도 포함되어야 할 것이지만 이것이 전체 비용에서 차지하는 비중은 비교적 낮다.

보가 충분하지 못해 현장검사 등은 생략하고 서류 제출과 보고로 가름하는 게 일반적이다. 다음으로 이 규제방식 아래서 피규제자의 규제순응비용은 매우 크다. 이것은, 무엇보다도 중요하게, 투입요소기준의 획일성과 불합리성에 기인한다.

앞에서 든 환풍구 규제 강화 사례나 텐트 화재방지 규제의 경우에서 보듯이, 이런 규제는 인과관계 면에서만 보면 가장 적합하고 타당해 보일 수 있다. 하지만 여기서 우리가 던져야 할 질문이 있다. 왜 환풍구는 처음에 그렇게 강하게 설계되지 않았던 것인지, 왜 텐트 제작에 불연재 소재를 쓰지 않았는지 말이다. 두말할 것도 없이 비용을 줄이기 위해서다. 이 기준에 부합하는 제품을 만들거나 시설을 할 능력이 없어서가 아니라 그렇게 하면 제품이나 시설비용이 턱없이 커지고 그러면 소비가 줄기 때문이다.

단순히 기술공학적 측면에서만 본다면 투입요소기준 규제는 합리성이 있어 보인다. 하지만, 이때의 합리성은 오로지 같은 사고나 사건의 재발 방지 및 예방에 초점을 맞추고 있다는 점에 주목할 필요가 있다. 제10장에서 깊이 검토하고 있지만, 예방에 초점을 맞추는 위험전략은 그리 합리적이지도 않다. 이 같은 예들에서 똑같은 사고나 사건이 발생할 확률은 얼마나 될까를 생각해 본다면 말이다. 아마도 그 확률은 대단히 낮을 것이다. 무엇보다도 그런 사고와 사건의 소식을 보고 들은 사람들은 더 조심하고 유의할 것이다. 그렇다고 한다면 재발 위험이 매우 낮은 사고와 사건을 두고 그렇게까지 강하게 규제할 필요가 있겠는가? 그런데 사태는 보통 이같이 돌아가지 않는다. 왜냐면 사고와 사건을 보도하는 언론이 이런 위험성을 과장하는 경향이 있고, 이 경향성은 사고와 사건의 끔찍함을 연상하는 일반 국민의 지지에 힘입어 규제 결정과정에 매우 강한 영향력을 미치기 때문이다.

규제기관의 입장도 마찬가지다. 사건과 사고가 나면 규제기관은 '도대체 무엇을 하고 있었느냐?' 하는 추궁을 면하지 못한다. 그런데 생각해 보시라. 환풍구에 올라서서 공연을 관람한다는 게 말이 되는가? 텐트에서 촛불을 켜두고 잠을 잔다는 게 말이 되는가? 그러나 이런 반문이 설 자리는 없다. 그런데도 이렇게 추궁을 당하지 않을 수 없으니 규제기관과 관료가 할 수 있는 일은 결국 사건과 사고의 원인이라고 보이는 모든 요인을 찾아내 빈틈없이 틀어막는 식으로 법 규정을 세밀하게 만드는 일밖에는 달리 할 수 있는 일이 없다고 생각하기 쉽다.

(2) 투입요소기준 규제방식이 광범위한 규제 회피 행동을 불러오는 것은 바로 이 때문이다. 피규제자들은 이런 규제들이 현실에 맞지 않고 불합리하다고 생각하기 마련이다. 따라서 이들은 제도의 허점과 맹점을 파고들어 합법적으로 규제를 회피하려고 들거나, 뇌물 등을 제공하고 불법적으로 단속을 피해 가려고 하는 기회주의적 행태를 보이기 쉽다.[10] 이런 규제 회피 행동들은 결코 칭찬할 일은 아니지만, 그렇다고 비난만 할 수도 없다.

무엇보다도 투입요소기준은 규제대상의 다양성과 이질성을 반영하기가 매우 어렵고, 따라서 피규제자의 눈에 매우 비현실적이고 불합리하게 보일 가능성이 크다. 예컨대 식품안전 규제의 경우 무수하게 다양한 식품 각각에 대하여, 그것도 각기 다른 모든 공정을 대상으로 무수하게 많고 다양한 내용의 시설기준을 정할 수는 없는 일이다. 그저 몇 가지 식품 종류를 크게 나누고 각 그룹에 공통되는 시설기준을 규정하는 것이 고작이다. 그러므로 개별업체의 눈에는 이 기준이 현실적으로 적합하고 타당한 경우보다 그렇지 않은 경우가 훨씬 더 많아 보일 것은 정한 이치다. 그 결과 법령에 지정된 시설보다 기술적으로 우수하고 비용 면에서 저렴한 다른 시설이 있을지라도 울며 겨자 먹기로 기준을 따르지 않을 수 없는 형편이니 기회주의적 행동의 유혹을 느끼지 않을 도리가 없다. 제9장에서 더 자세히 검토

---

10. 우스운 얘기인데, 저자는 중국 여행 중에 가이드로부터 중국에는 "정책이 있으면, 대책도 있다."는 말을 들었다. 정부가 정책을 펴면, 국민은 국민대로 대책을 세운다는 것이다. 불합리한 정책에 대한 기회주의적 반응과 행태를 빗대는 말로서, 정책이 겉도는 이유는 어느 나라나 다 같다는 생각을 하였다.

하겠지만, 이것이 규제기준의 획일성이 만들어내는 문제이다. 각기 사정이 다른데도 불구하고 규제기준은 거의 언제나 하나이고 획일적이기 때문에, 개개 피규제자의 시각에서 보면 규제의 비현실성, 불합리성은 더 크게 보일 수밖에 없고, 규제 회피 행동은 더 만연할 수밖에 없다. 이것이 인간의 행태, 즉 규제자와 피규제자의 반응, 동기와 유인 등을 충분히 고려하지 않은 채 기술적 합리성만을 강조할 때 생겨날 일들이다.

이런 상황에서 규제기관은 어떻게 대응하는가? 우선 피규제자의 광범위한 규제 회피 행동을 목격하게 된 규제기관은 이런 회피 행동으로 인한 사고의 재발 위험을 염두에 두지 않을 수 없다. 따라서 이들은 장차의 행정 책임을 모면하기 위해서라도 대책을 마련하지 않을 수 없다는 생각에 새 기준을 추가하거나 기존의 기준을 더 세부화하고, 처벌의 강도를 높이는 방식으로 대응한다. 자연히 규제 회피 행동이 더욱 극성을 부리게 된다. 왜냐면 기준이 세부화되면 될수록 기준의 획일성은 커지고 현실 적합성은 떨어지기 때문이다. 규제기준의 획일성에 따르는 이런 문제들에 대한 합리적 대응방법은 규제집행 과정에서 규제집행의 경직성을 완화하는 것이다. 즉 현장에서 정상을 참작하여 규제기준을 융통성 있게 적용할 수 있도록 관료의 재량권을 확대하는 것이다. 하지만, 이 경우 규제집행의 자의성이 증가하고, 부정부패의 소지가 커진다는 등의 비난을 피하기 어렵다.[11]

규제의 악순환은 이렇게 시작된다. 규제기관은 어떻게든지 규제의 효과성을 높여 보려는 뜻에서 '꼬치꼬치,' '이 잡듯이,' '빈틈없이,' '촘촘히' 규제의 그물망을 짜고 조여보지만, 피규제자들은 편법을 더 열심히 찾기 마련이다. 속된 말로, "뛰는 놈 위에 나는 놈" 식의 숨바꼭질 과정이 반복되

---

11. 최근 규제이론가들은 규제기관과 관료의 재량권을 광범위하게 허용하는 쪽으로 가는 것이 규제의 합리성과 효과성을 높이는 길이라는 주장을 전개하고 있다. 대표적으로 바닥흐와 카간(Bardach and Kagan, 2002), 호킨스와 토마스(Hawkins and Thomas, 1984), 스패로우(Sparrow, 2000) 등이 있다. 이에 관해서는 제8-9장에서 깊이 다루고 있다.

면서 중복규제는 늘어나기 마련이다. 실지확인 및 검사 능력이 부족한 규제기관이 이를 대신할 목적으로 제출서류를 추가하거나 보고주기를 단축하는 등으로 대처하는 것도 이와 관련이 있다. 이런 일련의 과정에서 규제의 중복이 심해지고 민간의 규제순응비용이 증가할 것은 필지의 사실이다.

물론 모든 피규제자가 기회주의적 행태를 보인다고 말하는 것은 무리이다. 하지만 피규제자 중에는 ① 사익추구 동기에서 의도적으로 규제를 회피하려고 하는 피규제자, ② 자신을 잠재적 범법자로 취급하는 데 대한 반감으로 순응을 거부하는 경향이 있는 피규제자, ③ 무지하거나 태만해서혹은 무능력해서 규제를 올바로 준수하기 어려운 피규제자가 있기 마련이어서, 이들의 행동을 효과적으로 통제하지 못하는 경우가 많다.[12] 이런 각종 유형의 피규제자들의 존재를 충분히 감안하지 않은 채, 다시 말해 인간의 의식과 행태적 특성을 충분히 고려하지 않은 채, 기술공학적 합리성에과도하게 매달릴 때 투입요소기준 규제방식의 맹점은 커진다.

(3) 투입요소기준 규제방식의 효과성은 낮다. 이 사실은 언뜻 이해하기어려울 수 있다. 왜냐면 이 규제방식에서는 피규제자의 준수사항과 의무가매우 구체적으로 주어지기 때문에 규제내용을 파악하기 쉽고, 규제자는기준의 이행 여부를 간단하게 식별해 처벌할 수 있다는 점에서 매우 효과적이리라고 추정하기 쉽기 때문이다. 하지만 현실은 이와 다르다. 효과성이매우 낮다. 왜 그럴까? 제8장에서 깊이 검토하겠지만, 무엇보다도 규제자원이 심히 부족하기 때문이다. 특히 규제를 철저히 집행하는 데 필요한 인적, 물적 자원이 매우 부족하기 때문이다. 규제가 최소한의 기술적 합리성을 갖추고 있다고 한다면 그 규제를 강력하게 집행할 때, 업계의 반발이 강

---

12. 카간과 숄츠(Kagan and Scholz, 1984)는 피규제자의 범죄학(criminology)을 논하면서 피규제자 집단을 이같이 3종류로 나누어 각각의 경우에 적절한 규제방식과 전략에 대하여 논하고 있다.

력하기는 하겠지만, 규제의 효과가 낮게 나타나지는 않을 것이다. 그러므로 규제 효과가 낮게 나타나고 있다면 그것은 규제의 집행이 철저하지 못하다는 증거로 보지 않을 수 없다.

예컨대 특정 오염물질의 배출을 억제할 목적으로 정화 및 처리시설의 설치를 의무화한다고 하자. 이때 피규제자들은 시설을 설치하기는 했지만, 비용을 아끼려고 시설의 가동을 회피할 수도 있고, 시설이 잘못 설치되어 있거나 고장이 나서 정상적으로 가동되지 않을 수도 있다. 따라서 규제기관은 규제의무의 이행과 기준의 준수 여부를 철저하게 감시하고 규제 위반자를 상시 적발하여 엄벌하지 않으면 안 된다. 다시 말하면 규제를 효과적으로 집행해야만 한다. 그러나 이는 결코 쉽게 달성될 수 있는 일이 아니다.

우선 규제기관이 그에 필요한 행정 능력을 충분히 갖추기 어렵다. 무엇보다도 인적, 물적 자원이 부족한 경우가 대부분이다. 개별 규제를 놓고 생각한다면 규제를 효과적으로 집행하지 못할 이유가 없다고 생각할 수 있지만, 정부의 규제는 한둘이 아니다. 중앙부처 소관 등록규제만 해도 1만 건을 훌쩍 뛰어넘는다.[13] 따라서 제한된 행정인력과 예산 등 규제자원으로 모든 규제를 대상으로 효과적인 감시활동을 펴기는 매우 어렵다. 그래서 흔히 일제 점검이나 일제 단속 등의 방법을 쓰기도 하지만, 이 자체가 모순이다. 왜냐면 한 차례의 확인만으로 규제 효과를 거두는 예도 없지는 않겠지만 오히려 일상적인 감시가 필요한 경우가 대부분이고, 따라서 일제 단속기간에만 규제에 순응하는 척하는 피규제자의 기회주의적 행태를 효과적

---

13. 종래 '행정규제기본법'에 따라 모든 규제를 등록하게 하고, 등록규제 숫자를 공표해 왔으나, 2015년 규제개혁위원회의 규제정보포털 운영 개시와 함께 공표가 중지되었다. 규제등록 방법상 파급효과가 큰 규제도 1건, 소소한 규제도 1건으로 취급되므로 등록규제의 숫자나 숫자의 변동에 큰 의미를 부여하기 어렵다는 이유에서다. 그런 점이 없지 않지만, 미국의 경우 관보(public register)에 실린 규제 관련 (제정 및 개정) 법안의 페이지 숫자를 규제의 증감 실태파악을 위한 기초자료로 삼고 있는 실정이고 보면 구차한 변명 같기도 하다. 어쨌든 우리나라의 규제 총수는 규제등록 초년도인 1998년 말에는 10,717건, 2014년 말에는 14,928건이었다(규제개혁위원회,《규제개혁백서》, 각 연도).

으로 통제하기 어렵기 때문이다. 한편 제한된 규제자원을 고려하여 표본조사 방식으로 감시활동을 벌일 수 있지만, 이 역시 표본조사방법 자체에 대한 논란, 조사대상자 선별의 공평성 시비 등을 피하기 어렵다.

시설기준과 같이 규제의무의 이행 여부가 눈으로 식별 가능한 경우는 그래도 나은 편이다. 예컨대 소위 전문업종에서 전문기술인력(전공 분야의 학력이나 자격증 소지자)의 고용을 의무화하고 더 나아가 주기적인 교육 이수를 의무화하는 규제를 생각해 보자. 먼저 생각해 볼 질문이 이것이다. 왜 전문업종 업체라면서 전문기술인력을 고용하지 않을까? 그 업체가 사기를 칠 목적의 업체가 아니라면 그렇게 하지 않을 리가 없다. 그런데 실제로는 그렇게 하지 않는 업체가 많다면 이것은 규제기준이 과도하기 때문이다. 규제기준보다 낮은 수준의 자격자를 고용해도 충분히 감당할 수 있다고 판단해서일 것이다. 그런데도 그보다 높은 규제기준이 생긴 건 필시 해당 업종에서 사고가 나서 사회문제가 되자 규제기관이 기준의 강화라는 손쉬운 대책으로 대응했기 때문일 것이다.

그러나 그런 사고는 기준보다 낮은 수준의 전문인력을 고용한 모든 업체에서 당연히 발생하는 게 아니다. 따라서 필요 이상으로 높은 수준의 전문인력을 고용하는 데 따른 비용부담을 줄이기 위해서 해당 업계는 편법으로 대처하려고 할 것이 분명하다. 그것이 여러 업계에서 흔히 보는 자격증의 불법 대여 현상이다. 규제기관에서 점검을 나오면 출장을 갔다고 속일 수 있다. 보수교육 의무도 마찬가지다. 자격증 소지자에게 교육 이수 의무를 부과할 때 이들이 과연 얼마나 열심히 교육에 임할 것인가? 교육 효과가 과연 있을까? 이런 질문에 대한 답은 거의 모두 부정적이다. 피규제자의 입장에서 어떤 대응책을 모색할지를 충분히 고려하지 않은 채 규제기준만 강화한다고 규제가 효과를 내지 못한다는 사실을 잘 보여주는 사례가 아닐 수 없다.

앞에서 거론한 요인들, 특히 규제가 피규제자에 대한 불신 속에서 만들어진다는 사실, 그로 인하여 규제기관과 피규제자 간에 원만한 의사소통이 배제된 채 일방적으로 명령 지시된다는 사실에 더하여 규제집행자원이 절대적으로 부족하다는 사실을 고려해 볼 때 투입요소기준 규제가 효과적이기를 바란다면 이는 연목구어와 마찬가지다.

(4) 투입요소기준 규제방식은 혁신을 저해한다. 정해진 기준보다 기술적인 면에서 더 우수하거나, 기준과는 다르지만 같거나 그 이상의 효과를 낼 수 있는 대체수단이 있을 수 있음에도 불구하고 이런 대체수단의 채택이 허용되지 않으니 피규제자가 기술혁신이나 경영혁신을 할 이유가 그만큼 적어진다. 이런 현상은 규제가 세밀해지면 세밀해질수록 더욱 심할 수밖에 없다. 더 나아가 규제기준이 현시점에서 이용 가능한 최선의 기술이 아니라면 이 기준은 신기술을 가진 잠재적 경쟁자에게는 불리하게 작용하게 되므로 신규진입은 미약해지고 혁신은 저해되며 그 결과 산업의 발전이 더디어지는 불합리한 결과를 낳을 수도 있다. 투입요소기준 규제 자체가 진입을 제한하기 위한 숨겨진 목적을 위해 사용되는 경우에 이런 폐단은 심해진다.[14]

(5) 투입요소기준 규제방식은 형평성 측면에서도 문제가 많다. 투입요소기준 규제는 이종업종 간은 물론 같은 업종 내 사업자 간에도 경제적 부담의 불공평성을 야기한다. 예를 들면 오염방지시설은 기술적인 면에서의 타당성을 고려해 결정되고 동종업종인 한 대기업과 중소기업, 또는 오래된 기업이나 신생기업 등 기업의 속성을 가리지 않고 같은 기준이 적용된다면 이들 간에 경제적, 기술적 부담의 불공평성이 생기는 것은 불가피하다. 더 나아가 본래의 의도와는 상관없이 양자의 경쟁 지위에 차별적인 영향을 미칠 수도 있고, 규제기준을 자기에게 유리하게 만들려는 시도도 불러올 수 있다.(Mitnick, 1982: 381) 미국에서 서부보다 유황이 더 함유된 석탄

---

14. 예를 들면 각종 영업허가 기준에는 공장이나 사무실의 최소 면적, 최소 근로자 숫자, 최소 보유 자동차 대수 등이 있는데 이 기준이 과도하게 높게 설정되면 실제로 사업 능력이 있는 잠재적 사업자의 진입이 제한된다.

광산을 보유한 동부의 석탄생산업자들이 발전소가 사용하는 석탄의 규제기준 제정과정에서 자기들에게 유리한 높은 수준의 유황함유 기준이 채택되도록 로비한 것이 대표적인 예이다.(Ackerman and Hassler, 1981)

이상에서 고찰한 바와 같이 투입요소기준 규제방식은 피규제자에게 과도한 순응 비용을 부담시킴으로써 기회주의적인 행태를 조장한다. 그런데 이런 기회주의적 행태가 만연하는 반면에 이를 감시하고 적발해야 할 규제기관은 규제자원의 부족으로 집행을 철저히 하지 못해 규제의 효과성이 낮고, 혁신을 저해하는 등 문제가 많다. 여기서 당연히 제기되어야 할 더 중요한 질문이, 도대체 이런 많은 문제점과 모순에도 불구하고 '규제기관이 투입요소기준 규제방식에 크게 의존하는 이유가 무엇인가?'이다.

첫째, 피규제자에 대한 불신이다. 규제기관은 피규제자들이 문제를 일으키는 것은 이들이 부도덕하고 이윤추구 동기에 사로잡혀 있기 때문이라고 본다. 이런 시각을 가지고 있는 한 이들이 피규제자들이 준수해야 할 의무와 행동기준을 세세하게 규정하고 이를 강제하는 방법 외에는 없다고 보는 것은 별로 이상한 일이 아니다. 물론 세상에는 부도덕하고 사익만 좇는 악덕 사업자들이 없지 않다. 그러나 모두가 그렇다고 보는 것은 무리다.(Kagan and Scholz, 1984)

불량제품이 생산 유통되고, 환경오염을 유발하면서 생산활동을 하는 건 사업자들이 부도덕하거나 기술 수준이 낙후되어서가 아니다. 이보다는 우수한 제품을 만들려고 하면 가격이 상승할 수밖에 없고, 경쟁이 치열한 시장에서 소비가 위축되어 결국은 생존하기 어렵다고 생각해서다.(Shleifer, 2004) 사실 규제가 있든 없든 사업자들은 나름대로 소비자의 불만을 최소화하고 환경오염을 줄이기 위한 노력을 하고 있다고 보아야 할 것이다. 왜냐면 그런 노력을 하지 않는 사업자는 경쟁적인 시장에서 소비자로부터 외면당하고 결국은 도태될 수밖에 없다는 점을 누구보다도 잘 알고 있기 때문이다.

한편 이런 업계의 사정을 규제기관이 전혀 모르는 것도 아니다. 그러나 규제기관과 관료들로서는 피규제자의 힘든 입장만 고려할 수는 없다. 소비자단체, 환경단체 등 시민단체 그리고 언론이 감시의 눈을 번득이는 속에서, 또한 사업자의 부도덕성에 기인한 반기업 정서가 강한 사회에서 규제기관이 산업계의 애로를 감안해 규제를 하지 않거나 주춤거린다면 그 규제기관은 업계에 포획되어서, 또는 업계와 밀착되어 있거나 부정한 거래가 있어서 공익을 수호해야 할 본연의 역할을 다하지 않는 것이라는 의혹, 비판, 공격을 막아낼 도리가 없다.(최종원, 1999)

다음으로 규제기관과 관료들이 투입요소기준 규제방식에 매달리는 또 다른 이유는 환경단체, 소비자단체, 언론, 국민 할 것 없이 이런 방식의 규제를 선호하기 때문이다. 앞에서 설명한 바와 같이 이들이 이 방식을 선호하는 이유는 이 방식이 이들의 상식에 가장 부합되기 때문이다. 따라서 규제기관이 다른 방식의 규제로 접근하려면 이들의 의심이나 비판, 회의적인 시각을 의식하지 않을 수 없다. 즉 규제기관이 공익을 생각하기보다 기업의 편에 서는 게 아니냐는 비난을 이겨내야 한다. 행정 책임의 모면을 우선하는 모험회피 성향이 강한 규제기관과 관료들로서는 굳이 이런 힘든 길로 갈 이유가 별로 없다. 투입요소기준 규제방식 아래서는 사고와 사건의 예방에 필요하다고 생각되는 모든 요인에 그저 기준을 정해 두고 있다가 만약 어떤 사고와 사건이 발생하면, 사고의 원인은 규제의무를 준수하지 않은 피규제자에게 있다고 책임을 전가할 수 있기 때문이다.

규제기관과 관료들이 투입요소기준 규제방식에 크게 의존하는 또 다른 중요한 이유는, 위에서 언급했듯이, 규제자원의 절대 부족 때문이다. 규제에 필요한 인적, 물적 자원의 한계가 명확한지라 규제기관으로서는 규제자원이 덜 들어가는 방식을 선호할 수밖에 없다. 규제 효과는 작지만, 대외적으로 뭔가 일을 하는 듯이 보이게끔 만드는 데 효과가 있는 방식이 바로 투입요소기준 규제방식이다. 권위주의적 사고로서 하루속히 타파해야 할 대상이지만 규제 권한을 자의적으로 행사하는 데 익숙한 관료라면 이 방식을 선호하지 않을 이유가 별로 없다.

더 나아가 규제기관과 관료들은 정치경제적, 기술적 상황의 변화에 따라 규제기준을 신축적으로 조정할 필요가 있다. 이런 규제기관과 관료들의 권위주의에 더하여 행정편의를 우선하는 관료적 타성도 여기서 한몫을 한다. 사건, 사고, 재난의 발생 등 위기 상황에 신속하게 대응하는 모습을 보이는 데는 투입요소기준 규제방식만큼 효과적인 방식이 없다.(Mitnick, 1982: 401-03) 뿐만 아니라 행정부 수준에서 입법 과정이 완료되는 시행령이나 시행규칙, 또는 지침이나 고시 등을 개정하고 여기에 새로운 기준을 추가하거나 벌칙을 강화하면 그만이라는 점도 이 방식에 대한 선호도를 높이는 요인이다. 실제로 투입요소기준 규제들은 의회가 만들거나 의회의 권한에 속하는 법률에 직접 규정되기보다는 행정부가 거의 독단할 수 있는 시행령과 시행규칙, 심지어는 행정부처의 재량에 속하는 고시, 지침, 예규 등의 형태로 규정되는 경우가 더 많고 일반적이다.

2.2.2 성과기준 규제방식

기준에 의한 규제방식으로서 투입요소기준 규제방식이 규제목표의 달성을 위해 필요하다고 생각하는 구체적인 수단과 방법을 특정하고 피규제자가 이를 준수하거나 이행하도록 강제하는 방식인 데 비해, 성과기준 규제방식은 피규제자가 달성해야 할 최소 목표치만 설정하고 이 기준치에 도달(부합)하기 위한 수단과 방법은 전적으로 피규제자의 자율적인 선택에 맡기는 방식이다. 예컨대 자동차 배출 CO_2 규제에서 30g/km 이하, 수질오염 규제에서 BOD 50ppm 이하, 에너지 절약을 위한 자동차 연비 규제에서 휘발유 20km/ℓ 이상, 아파트 층간 소음 60dB 이하, 전구의 수명 30,000시간 이상, 휴대폰의 방출저주파(VLF) 50펄스(pulse) 이하 등의 기준을 목표치로 설정하고 이 목표의 달성을 의무화하는 방식이다.

이처럼 성과기준은 측량이나 계산이 가능한 수치로 표현되는 것이 일반적이다. 예컨대 지구지정 규제에서 "상업지역 내의 업소는 일정한 수준

이상의 진동, 소음, 악취, 매연, 유해가스, 먼지, 방사선을 배출하면 안 된다."고 규정한다면 이는 성과기준에 해당한다. 또 다른 예로서 "규제기관이 지정한 시험검사기관의 검사에 합격할 것"이라는 기준은 투입요소기준 같아 보이지만 시험검사기관은 결국 기준수치에 비추어 합격 여부를 가릴 것이므로 사실상 성과기준에 속한다. "자동차사고를 낸 운전자는 피해자에게 '합당한 수준의 보호조치'를 취한 경우 뺑소니 차량으로 보지 아니한다."고 규정한다면 이것도 성과기준의 일종으로 볼 수 있다.[15]

(1) 경제적 효율성 면에서 성과기준 규제방식은 투입요소기준 규제방식보다 월등하다. 투입요소기준 규제방식이 규제목표 달성을 위한 구체적인 수단과 방법을 획일적으로 지정하고 무조건 이행을 강제하는 타율적인 규제방식인 데 비해, 성과기준 규제방식은 피규제자가 가장 비용효과적인 수단과 방법을 선택하도록 자율성과 신축성을 부여한다. 따라서 동일 수준의 규제목표를 달성하기 위해 드는 비용과 부담은 성과기준 규제방식 아래서 크게 낮아진다. 이것은 지극히 당연한 결과이다.

(2) 성과기준 규제방식은 혁신을 유도한다. 투입요소기준 규제방식 아래서는 피규제자가 이행하거나 준수해야 할 사항들이 일일이 나열되고 획일적으로 제시되므로 혁신적인 문제해결책을 모색할 아무런 유인과 동기를 부여 받지 못한다. 이에 비해 성과기준 규제방식 아래서 피규제자는 혁신을 추진할 강력한 동기와 유인을 가진다. 주어진 규제목표를 달성하는 데 들어가는 비용과 부담을 줄이면 줄일수록 자기에게 이득이기 때문이다.

15.　이처럼 언어로 표현된 성과기준은 많은 해석의 여지, 따라서 재량적 판단의 여지를 남긴다는 점에서 한계가 있다. 이런 예에서 알 수 있듯이, 성과기준은 기준이 엄밀한지 느슨한지, 법규와 규제목표 간의 거리가 먼지 가까운지, 기준의 기초를 이상에 두는지 실현 가능성에 두는지, 개개인(개별업체)에 부과되는 기준인지 집합적으로 부과되는 기준인지, 입증책임을 규제자에게 묻는지 피규제자에게 묻는지 등 여러 차원에서 차별화가 가능하다.(Coglianese, 2003:8)

따라서 이 방식 아래서는 다양한 창의적인 노력이 기울여지고 기술혁신과 경영혁신이 일어나게 된다. 또 한 기업에서 일어난 혁신은 다른 기업으로 쉽게 파급된다.

(3) 성과기준 규제방식은 투입요소기준 규제에서 발생하는 규제의 불공평성 문제를 완화할 수 있다. 투입요소기준 규제방식 아래서는 획일적인 규제기준과 경직적인 규제집행으로 인한 불공평성 문제를 해소할 합리적인 방법을 찾기가 쉽지 않다. 이에 비해 성과기준 규제방식 아래서는 피규제자의 규제순응비용과 부담의 크기를 반영해 성과기준을 차등화하기가 비교적 용이하다.[16] 예컨대 기업규모(중소기업 대 대기업)나 입지지역 등 정책적 고려의 필요성에 따라 성과기준을 적절하게 차등화하면 그것으로 충분한 경우가 많다.[17] 더 나아가 처음에 차등화된 기준은 이후 부담능력의 신장에 맞추어 점진적으로 일치시켜 나가기도 쉽다.

이상에서 검토한 바와 같이 성과기준 규제방식은 여러 측면에서 투입요소기준 규제방식보다 우수하다. 피규제자의 자율성과 창의성을 존중하는 성과기준 규제방식이 피규제자에 대한 불신 위에서 그들이 취해야 할 행동을 일방적으로 일일이 지시하고 간섭하려 드는 투입요소기준 규제방식보다 우월한 것은 당연한 이치이다. 이런 이유로 OECD(1996, 1997, 1999, 2000, 2007)는 규제개혁 제1의 원리로서 '투입요소기준 규제를 성과기준 규제로

---

16. 물론 이 경우 성과기준 차등화의 기준은 과학적 근거에 기초하기보다는 정치적 힘에 따라 좌우될 가능성이 없지 않다. 그러나 규제목표의 달성에 있어서 같은 수준의 규제를 부과하고 부담능력이 약한 중소기업 등에 대해서는 규제를 엄격하게 집행하지 못해 엉거주춤한 상태에 있기 쉬운 투입요소기준 규제보다는 결과적으로 효과성이 높을 것이다.

17. 바로 이런 정신을 잘 살리고 있는 예가 미국의 규제신축성법(Regulatory Flexibility Act)이다. 이 법은 중소기업청이 중소기업에 대한 규제영향을 분석 평가하여 차등화의 기준을 제시하도록 하고 있다.(Verkuil, 1982)

고칠 것'을 강력히 주창하고 있다. 한편 이런 장점에도 불구하고 성과기준 규제의 채택과 활용에는 몇 가지 난점이 있는 것도 사실이다.

(1) 이미 언급하였듯이 성과기준은 측정과 계산이 가능한 수치로 표현되는 것이 보통인데, 그러기 어려운 경우가 많다. 예컨대 작업장 안전규제에서 '제철공장의 연평균 산업재해율은 0.008% 이하여야 한다.'라는 기준을 정한다면 이는 성과기준이다. 하지만 이런 형태의 성과기준 또는 규제목표는 비인간적 비윤리적이라는 이유로 용납되기 어려울 것이다. 왜냐면 이런 성과기준 규제방식의 접근이 더 현실적이고 합리적이라는 사실은 의심의 여지가 없지만, 인체의 생명과 건강에 관계되는 산업재해는 완전히 없애야 할 대상이라는 명분을 거스르기가 매우 어려울뿐더러 아무리 큰 비용이 들더라도 재해에 대해서는 예방—보통의 경우 투입요소기준 규제의 강화—이 최선이라는 편견이 강하기 때문이다(제10장 참고).

(2) 성과기준의 채택과 활용을 위해서는 과학적 연구조사가 뒷받침되어야 한다. 특히 인체나 동식물의 안전, 보건, 위생과 관련된 분야에서 성과기준을 사용하기 위해서는 기준 책정의 과학적 근거가 명확하고 충분해야 한다. 막연하게 국제표준을 들먹이는 것 정도로는 설득력이 약하다. 2008년 광우병 사태에서 경험하였듯이, 상당한 과학적 증거가 있음에도 불구하고 많은 국민이 미국산 쇠고기의 안전성을 수긍하지 않았다. 이는 위험의 인식 수준은 과학지식에 근거해서 결정되는 것이 아니고 사회적, 문화적으로 구성된다는 사실을 보여 준다.(Wildavsky, 1987) 더 나아가 과학적으로 합리적인 선에서 성과기준을 설정하기도 쉬운 일이 아니거늘,[18] 경제

---

18. 예를 들면 발암물질에 대한 성과기준을 설정할 경우 일반인을 기준으로 삼을 경우와 어린이나 임산부 등을 기준으로 삼을 경우 안전기준이 다를 수밖에 없다. 예컨대 광우병 사태 때 학교급식을 먹는 초중고 학생과 학부모들이, 또한 베이비파우더 석면 사태의 경우 영유아의 엄

적으로 합리적인 선에서, 즉 규제의 비용이 편익을 초과하지 않는 선에서, 성과기준을 설정하는 데는 정치적 장벽이 높다. 인간의 생명과 안전의 가치는 돈으로 따질 수 없다는 생각이 보편적이기 때문이다.

그런데도 성과기준 규제방식은 보건안전 분야에서 가장 널리 사용되고 있다는 사실은 상당히 역설적이다. 이것은 아마도 위험도를 평가할 수 있는 기법들이 가장 먼저 또 빠르게 발전한 분야가 바로 보건안전 분야라는 사실과 관계가 있을 것이다. 다만 이 분야에서 성과기준은 늘 논란의 대상이 된다. 사고와 재난이 발생할 때마다 현재의 기준이 적절한지에 대한 논란이 재발된다. 구체적으로는 선진국의 기준이라고 우리나라에 그대로 적용하는 것이 적절하고 타당한지, 10년 전에 만들어진 기준, 혹은 5년 전에 채택된 기준이 지금도 적절하고 타당한지, 연령대에 따른 구분을 더 세분화해야 하는 것 아닌지, 유아나 임산부에 대한 기준이 너무 낮지 않은지, 노년층에 대한 기준은 불필요하게 높지 아니한지 등등 논란은 끝이 없이 제기된다. 이럴 때마다 기준에 대한 재검토가 이루어지게 되지만, 이때는 소비자단체와 보건환경단체 그리고 식품, 제약, 화장품 등 관련업계 간에 공방이 치열하게 전개되면서 논란이 더 커지게 된다.(제11장 참고)[19]

(3) 성과기준 규제의 성공적 활용을 위한 중요한 전제조건이 기준 충족 여부에 대한 정확한 측정의 가능성이다. 다시 말하면 검사와 계측이 정확하고 효율적으로 이루어질 수 있어야 한다. 그래야만 규제목표의 효과적 달성이 가능하고, 규제집행의 효율성을 높일 수 있기 때문이다. 이런 이유로 성과기준 규제방식에서는 검사기법의 혁신이 강조되고 있다. 좋은 예가 '우수의약품 제조 및 품질관리기준(Good Manufacturing Practices: GMP)'에

마들이 사태의 심각성을 더 강하게 제기한 것과 같다.

19. 이런 문제는 결국 '얼마나 안전하면 충분히 안전한가?(How safe is safe enough?)'라는 논란으로 귀착된다. 이에 관해서는 윌다브스키(Wildavsky, 1988; 1995) 참고.

의거한 GMP 인증제도이다. 매우 복잡한 공정을 거쳐야 하는 의약품의 품질관리와 안전성 확보를 위해서는 투입요소기준 규제방식이 복잡하기만 할 뿐 효과적이지 않으므로, 이런 기준들의 패키지 형태인 GMP를 제정하고, 기업이 이를 수용하여 충실히 이행한 사실을, 식품의약안전청이 지정한 검사기관(한국산업기술원 등)이 실사(實査)하고 적합판정을 받으면 식약청이 GMP 인증서를 발급해주고, 이로써 의무를 준수한 것으로 보는 새로운 규제방식이다.

GMP는 '권장지침(good practices)'의 일종이다.[20] 일정 수준의 성과기준 달성을 위해 요구되는 투입요소기준 가운데 권장할 만한 사항들을 간추린, 비구속성 투입요소기준이라고 할 수 있다. 이 제도 아래서 피규제자는 지침의 권장사항 하나하나에 대하여 지침의 내용을 그대로 따르든지, 아니면 부분적으로 더 나은 방법으로 대응하든지 간에 다소간 선택의 여지를 가질 수 있어 합리적이다.[21]

실제로 GMP는 상당히 성공적인 것으로 평가되고 있다. 우선 규제기관은 해당 사업자가 전반적으로 권장지침을 준수하고 있는지를 심사하면 되기 때문에 기왕의 검사방식에서보다 규제집행비용을 대폭 줄일 수 있다. 한편 피규제자로서는 GMP 적용업체라는 사실 자체가 자기제품의 품질에 대한 최고의 보증이 되기 때문에 이 제도의 활용에 적극적이다. GMP 인증의 유효기간 3년이 너무 짧고, 검사기관들의 실사 비용이 과다하다는 등의 불평이 나오고 있다지만(《헬스포커스》, 2016. 2. 16), 이 제도는 중소기업에게도 상대적으로 유리한 점이 많다. 이런 이점들로 인해 GMP와 유사한

---

20. 약간의 의미의 차이가 있기는 하지만 good practices는 code of practice 또는, 더 단순하게, 지침서(guidance)라고 불리기도 한다.

21. 종래에는 피규제자에게 규제목표 달성을 위한 방법, 즉 '어떻게 할 것인가(how to do)'를 특정하고 지시하는 방식으로 접근했다고 한다면, 이제는 피규제자가 관심을 집중시켜 확실하게 관리해야 할 사항, 즉 '무엇을 챙길 것인가(what to do)'를 특정하는 방식으로 접근하는 것이라고도 말할 수 있다.

규제방식이 여러 분야로 파급되고 있는데, 식품안전 분야에서 활용되고 있는 '식품위해요소 중점관리기준(Hazard Analysis Critical Control Point: HACCP)'이 대표적이다.

(4) 성과기준 규제의 효과적 활용을 위한 또 하나의 중요한 전제조건이 규제기관의 전문성 수준이다. 이런 측면에서 최근 규제기관의 인력과 전문성을 보완하기 위해 제3자기관, 특히 준공공 및 민간전문기관에 규제사무를 부분적으로 위임하는 방식이 각광을 받고 있다.(May, 2002; Salamon, 2002) 규제기관이 해당 업무의 수행능력이 있는 시험연구기관 등을 지정하고, 피규제자가 이 기관에서 성과기준의 충족 여부 검사 및 확인을 받도록 하는 방식이다. 이 방식은 규제사무의 폭증 및 복잡성의 증가에 따라 확대 일로에 있지만, 다른 한편으로 규제절차의 복잡성을 심화시킨다는 문제점을 안고 있다. 특히 규제사무가 2단계 시스템으로 이루어지는 것이 보통인데, 이는 이런 전문기관의 기회주의적 행태로 인한 대리인 비용(agency costs)을 고려하지 않을 수 없는 규제기관이 이들의 업무능력과 자세를 평가하고 실적이 불량한 전문기관을 가려내어 등록취소 등의 제재를 가하지 않을 수 없는 구조이기 때문이다.[22] 이 시스템 아래서 규제사무 처리비용은 증가하는 반면 행정 책임의 귀속은 다소 불분명해지는 측면이 있다. 이는 더 나아가 이런 제도에 대한 민간의 참여도나 만족도를 떨어뜨리는 요인이 되기도 한다.

2.3 기준의 형태를 취하지 않는 규제방식

이상에서 고찰한 두 규제방식이 모든 피규제자에 대하여 동일 기준의

---

22. 대리인 비용은 대리인의 목표가 주인의 목표와 일치하지 않을 수 있고, 따라서 대리인의 행동에 대한 감시와 감독이 필요한데 이런 이유로 발생하는 비용을 총칭하는 개념이다.

이행을 강제하거나 동일 수준 성과의 달성을 강제하는 방식이라면, 이제부터 고찰하는 두 규제방식, 즉 경제유인 규제방식(regulation by economic incentives)과 시장기반 규제방식(market-based regulation) 아래서는 기준 자체가 필요하지도 않고 존재하지도 않는다.[23] 이 두 방식 아래서는 기준이 명시적으로 제시되지 않는다. 대신에 피규제자가 자기의 경제적 이익을 위해 요구된 행동을 적극적으로 취하도록 유도하고 그 간접적 결과로서 규제기관이 상정하는 바람직한 규제 수준이 달성되게 된다.

여기서 착오하면 안 되는 사항이 있는데, 그것은 규제목표의 달성을 위해 노력하고 이바지하는 정도는 피규제자마다 각기 다르다는 점이다. 뒤집어 말하면 피규제자는 각자가 판단하는 경제적 유인의 크기에 따라 자기 노력의 정도를 결정하게 되므로 각자의 노력의 정도, 기여 정도는 그가 판단한 경제적 유인의 크기에 따라 달리 결정된다는 말이다. 기준의 형태를 취하지 않는 규제방식은 기준 자체가 필요하지도 않고 존재하지도 않는 규제방식이라는 말의 뜻이 이것이다. 이런 규제방식이 매우 선진적인 규제방식임은 두말할 필요가 없다.

2.3.1 경제유인 규제방식

경제유인 규제방식은 유인기반 규제방식(incentive-based regulation)이라고도 불리는데, 경제적 유인을 부여함으로써 피규제자가 사회적 규제목표의 달성에 이바지하도록 유도하는 방식이다. 여기서 규제목표의 달성을 위한 피규제자의 노력은 법적 강제를 통해서가 아니라 경제적 유인의 제공을 통해서 자발적으로 이루어진다. 이 규제방식은 오늘날 다양한 분야에서 널리 사용되고 있는데, 일반 국민에게 아주 친숙한 제도인 쓰레기 종량

---

23. 참고로 《정부규제론》(최병선, 1992)에서는 여기서 설명하는 경제유인 규제와 시장기반 규제를 하나로 묶어서 시장유인적 규제수단이라고 유형화하였었다.

제가 대표적이다.[24]

쓰레기 종량제는 내용이 참으로 간단하다. 쓰레기를 배출할 때는 반드시 구청이나 군청에서 판매하는 규격봉투를 사용해야 하고, 이를 위반하면 과태료 100만 원을 물어야 한다는 게 전부다. 쓰레기를 감량하도록 강제하는 어떤 투입요소기준도 없고, 가구당 혹은 업소당 배출허용량을 정하는 방식의 성과기준도 없다. 규격봉투의 값도 그리 비싸다고 말할 수 없는 수준이다.[25] 그런데 놀랍게도 이 제도의 시행 이후 쓰레기 배출량이 20% 이상 감소되었다. 이렇게 쓰레기를 줄이자면 이 제도에 대한 국민의 불평이나 불만의 목소리가 높을 법도 한데 그런 일도 일어나지 않고 있다. 참으로 놀라운 일이 아닐 수 없다. 어떻게 이런 놀라운 결과가 나오는 것일까?

쓰레기 종량제 아래서 규격봉투 구입비를 절약하려면 쓰레기 배출량을 줄이는 수밖에는 없다. 그런데 쓰레기를 많이 줄이면 많이 줄이는 만큼, 적게 줄이면 적게 줄이는 만큼 경제적으로 이득이다. 따라서 사람들은 쓰레기 배출량 감소를 위해 모든 노력을 기울인다. 모든 아이디어를 다 짜내고, 다른 사람들의 지혜를 빌려 쓰려고 한다. 재활용이 가능한 물건들은 따로 빼내 재활용 수거함에 넣고, 종전에 함부로 쓰고 버리던 것들을 더 아껴 쓰려고 노력한다. 쓰레기로 버리게 될 포장지, 박스 등은 아예 집으로 가져가지 않으려고 처음부터 내용물만 빼서 사가기도 한다. 이런 사소해 보이는 온갖 노력이 언제 어디서나 기울여진다. 각 가정과 모든 종류의 업소 그리고 직장에서의 이런 노력이 모이고 모여서 쓰레기 20% 감량이라는 놀라

---

24. 유사한 예로서는 남산 1, 3호 터널의 통행료 징수 제도, 맥주병 등의 반환금 제도, 폐기물 예치금 제도, 장애인 고용부담금 제도, 교통영향 부담금 제도 등 다양하다.

25. 규격봉투 가격은 생산원가를 고려해 정해지는 가격이 아니라, 각 규격봉투에 담길 쓰레기가 일으킬 사회적 비용을 금전으로 환산해 정해지는 가격이다. 규격봉투의 판매수입은 시청이나 군청에서 환경사업 기금으로 활용한다. 기준에 의한 규제방식 아래서는 이런 수입은 전혀 발생하지 않는다. 경제유인 규제 가운데는 이처럼 국가나 지자체의 수입을 발생시키는 규제들이 많다.

운 결과가 나타나고 있는 것이다.

쓰레기 종량제의 장점을 파악하기 위해서는 대안적인 규제방법과 비교해 보면 쉽다. 예컨대 한 가정당 쓰레기 배출허용량이 5ℓ/일로 정해져 있다고 가정해 보자. 이런 성과기준을 갖고서 규제하게 되면 사람들은 가정마다 가족의 숫자가 다르고, 연령 구성이 다르고, 지역이 다른데도 불구하고 모든 가정의 쓰레기 배출허용량을 획일적으로 규정하는 것에 대하여 강한 불만을 표출할 것이다. 허용량 이상의 쓰레기를 불법적으로 투척하는 일도 빈발할 것이다. 한편 쓰레기 배출량이 5ℓ/일 미만인 가정은 이 한도까지 배출량을 증가시킬 것이다. 더 큰 문제가 생긴 것은 규제기관이다. 각 가정이나 업소가 5ℓ/일 이상을 배출하지 못하도록 계속 감시하지 않으면 안 되는데 도대체 무슨 수로 이 업무를 감당할 수 있을 것인가? 쓰레기 종량제는 이런 모든 문제를 일거에 해결하고 있다.

(1) 우선 불공평성 문제는 아예 제기되지 않는다. 왜냐면 쓰레기 배출량은 각자의 선택과 결정에 맡겨져 있기 때문이다.[26] 쓰레기를 줄이기 위해 많은 시간과 노력을 들이는 것이 너무 아까운 가정은 쓰레기의 양이 얼마이든 간에 그대로 내버리되 규격봉투에 넣어 버리기만 하면 된다. 물론 규격봉투는 필요한 만큼 더 많이 사 써야 할 것이다. 한편 쓰레기 배출량을 줄이는 일이 아무 일도 아니라고 생각하는 가정은 쓰레기를 더 많이 줄일 것이고, 줄이는 만큼 규격봉투를 덜 사용하게 되니 그만큼 경제적으로 이득이다.

---

26. 이런 상태는 공평하지 않다고 생각될 수 있다. 그러나 잠시만 생각을 돌려 본다면 세상일은 이렇게 돌아가는 경우가 아주 흔하다. 예컨대 두 사람이 같이 자취를 한다고 가정해 보자. 하루는 A가 청소를 하고 B는 요리를 하며, 다음날은 B가 청소를 A가 요리를 하기로 정하는 법은 별로 없다. 대체로 각자가 잘하고 또 하기 좋아하는 일을 맡는 방식으로 분업을 한다. 이 때 두 사람의 비용과 부담의 합계가 최소화된다. 다른 예로서 축구선수단에서 누구에게나 한 골씩 넣으라고 의무를 주는 법은 없다. 골인시킬 수 있는 확률이 높은 스트라이커에게 볼을 몰아준다.

(2) 쓰레기 종량제는 경제적 효율성이 높다. 쉽게 말해 사회 전체적으로 같은 양의 쓰레기를 가장 적은 비용으로 줄일 수 있게 해준다. 왜냐면 쓰레기를 줄이는 비용이 낮은 가정(사람)이 쓰레기를 많이 줄이는 대열에 서고, 이 비용이 높은 가정(사람)은 이 대열에서 배제되기 때문이다.[27] 물론 쓰레기를 줄이는 대열에 끼지 않는 가정(사람)은 대신에 규격봉투를 많이 사서 써야 하고, 그것이 쓰레기로 인한 사회적 비용 중 그가 부담할 몫이다. 그러므로 쓰레기 감소비용이 상대적으로 높은 사람, 낮은 사람을 가리지 않고 모두가 같은 양의 쓰레기를 줄이도록 강제하는 성과기준 규제방식과 비교할 때 이 제도 아래서의 쓰레기 감소비용이 사회 전체적으로 볼 때 크게 낮아질 것은 당연하다.(최병선, 1992; Nichols, 1984) 더 나아가 이 제도 아래서는 행정비용도 많이 들어가지 않는다. 각 가정과 업소가 얼마큼의 쓰레기를 배출하고 있는지 감시해야 할 필요가 없다. 상습적인 쓰레기 불법 투척 장소에 CCTV를 설치하면 감시인력 소요를 대폭 줄일 수 있기 때문이다. 사실 배출허용량 자체가 없으므로 쓰레기 종량제 아래서는 남몰래 쓰레기를 투척할 장소를 찾아 이리저리 다닐 필요나 이유도 별로 없다. 물론 그렇게 하는 덜떨어진 인간들도 없지는 않지만.

(3) 경제유인 규제는 혁신을 유인하는 힘이 강하다. 이 규제방식 아래서는 규제목표를 더 효과적으로 그것도 더 적은 비용으로 달성할 수 있는 혁신적인 방법과 수단을 찾아낸 사람에게 모든 이득이 귀속되기 때문이다. 이 점에서는 성과기준 규제방식과 마찬가지지만, 혁신을 조장하는 정도 면

---

27. 여기서 규제기관은 쓰레기 감소비용이 누구에게 높고 낮은지를 알지 못하고, 따라서 누구에게 얼마만큼씩의 쓰레기를 줄이도록 할당하는 것이 최선인지를 알아야 할 이유가 없다는 사실에 주목할 필요가 있다. 이것은 시장에서 저절로 찾아지고 결정될 일이기 때문이다. 바로 이것이 시장과 기획의 차이다. 이런 면에서 쓰레기 종량제와 같은 경제유인 규제는 뒤에서 설명하고 있는 시장기반 규제와 더불어 시장기능을 이용한다는 면에서 맥을 같이하는 규제방식이라고 말할 수 있다.

에서 경제유인 규제방식의 효과는 훨씬 더 강하다. 왜냐면 성과기준 규제방식에서는 기준 이상으로 규제의무를 이행해 본들 아무런 이득이 생기지 않지만, 경제유인 규제방식 아래서는 자기의 노력의 정도에 비례해 자기에게 돌아오는 경제적 보상이 커지기 때문이다.

경제유인 규제방식이 성과기준 규제방식보다 더 윤리적이라고 평가되는 것도 같은 이유에서다. 성과기준 규제방식 아래서는 배출허용량 이하의 쓰레기 배출에 대해 사회적 책임을 느껴야 할 아무런 이유가 없지만, 쓰레기 종량제 아래서는 자기가 배출하는 모든 쓰레기에 대해서 사회적 비용을 철저하게 부담하게끔 제도가 설계되어 있기 때문이다. 예를 들어 설명한다면, 성과기준 규제방식 아래서 가정당 쓰레기 배출량이 5ℓ/일이라고 할 때 4.9ℓ/일까지는 아무런 제재를 받지 않는 데 비해, 경제유인 규제방식 아래서는 피규제자가 0ℓ/일까지 배출 쓰레기의 양을 줄인다면 그만큼 규격봉투 값도 더 줄일 수 있으므로 그렇게 행동하려는 유인이 있고, 그래서 끝까지 책임을 지도록 한다는 의미에서 윤리적이라는 것이다.

이상에서 쓰레기 종량제를 사례로 삼아 경제유인 규제방식의 장점을 고찰해 보았거니와 난점도 없지는 않다. 우선 쓰레기 종량제가 놀라운 성과를 거두게끔 만든 것은 규격봉투의 가격이다. 규격봉투의 가격이 높아질수록 배출되는 쓰레기의 양은 감소하고, 가격이 낮아지면 배출 쓰레기의 양은 증가한다. 따라서 사회적으로 가장 바람직한 수준만큼 쓰레기의 감량이 이루어지도록 규격봉투의 가격을 적정선에 설정하는 일이 중요한 과제가 된다. 이것을 경제학적으로 표현하기는 쉽다. 쓰레기 한 단위를 더 줄이는 데 드는 한계비용과 그로써 사회가 얻게 되는 한계편익이 같아지는 수준으로 규격봉투 가격을 결정하면 된다. 경제이론상으로는 이처럼 단순하고 명쾌하지만, 한계비용(곡선)이나 사회적 한계편익(곡선)을 우리는 알고 있지 못하다.[28] 따라서 쓰레기 규격봉투의 가격은 부득이 시행착오의 과정을 거치면서 찾아 나가는 방법밖에는 없다. 규격봉투의 가격이 너무 낮게 책정되면 쓰레기 배출량이 사회적으로 바람직한 수준보다 커질 것이고, 가격이 너무 높으면 배출량이 이 수준보다 크게 낮아지겠지만 강한 불만과 불평이 제기될 것이다. 그러므로 이 중간 어느 수준이 규격봉투 가격의 적정수준이 되겠지만, 어느 수준을 선택할지는 정치(행정)적 결정사항이 될 수밖에 없다.

2.3.2 시장기반 규제방식

시장기반 규제방식은 시장기능을 이용해 규제문제를 해결해 보려는 매우 선진적인 규제방식이다. 일반적으로 시장과 규제는 서로에 대하여 상극이고 대척점에 있다고만 생각하는 경향이 강하지만, 양자의 장점을 교묘하게 결합한 게 시장기반 규제방식이라고 말할 수 있다. 그러므로 시장실패로 인해 생겨나는 문제가 규제문제이고, 규제문제의 해결을 위해서는 시장적 접근방법은 배격되어야 한다는 고식적이고 도식적인 인식에 사로잡혀 있는 한 생각해 내기 어려운 규제방식이 바로 시장기반 규제방식이다. 이 방식은 자유경제 체제의 시장에서 모든 행위자는 자신의 재산권의 가치를 극대화하려고 하며, 이를 위해 새로운 시도, 혁신, 실험을 계속하려는 강력한 동기와 유인을 가진다는 생각, 이런 동기와 유인은 시장경쟁이 강하면 강할수록 더 강화되며, 이 과정에서 최신지식과 기술이 발견된다는 생각에 기초하고 있다. 요컨대 시장경쟁은 지식의 발견절차이고(Hayek, 1978:179), 경쟁 과정은 지식의 창출과정이라는 사실(Pejovich, 1998:97,107)

---

28. 경제학자들은 흔히 칠판에 수요곡선과 공급곡선, 한계비용 곡선과 한계편익 곡선을 그려 놓고서 두 곡선이 만나는 지점이 최적점이 된다고 쉽게 설명하지만, 이는 어디까지나 설명의 편의를 위해서 그렇게 하는 것일 뿐 이 곡선들의 실제 모습은 아무도 모른다. 이것이 제3장에서 로널드 코우즈가 맹렬히 비판한 '칠판경제학'이란 것이다.

을 잘 알고, 이런 시장의 놀라운 기능을 이용해 규제문제들을 더 효과적으로, 효율적으로 해결해 보려고 하는 노력의 표현이 시장기반 규제방식이라는 말이다.

규제문제의 효과적, 효율적 접근과 해결을 위해서는 시장에 다시 눈을 돌려야 할 필요와 이유는 분명하다. 규제문제를 효율적으로 해결하기 위해서는 규제의 획일성과 경직성을 완화하는 것이 절대적으로 필요하다. 이를 위해서는 규제문제 해결에 필요한 지식과 기술을 발견하고 활용하려는 강력한 동기와 유인을 피규제자들이 갖도록 만드는 일이 최우선 과제이다. 규제문제에 대한 최선의 해결책을 찾을 수 있는 적임자는 바로 피규제자들 자신이다. 이 일은 다른 사람이 대신하기 어렵다. 그러므로 이들이 규제문제 해결에 솔선하여 최선의 노력을 기울이도록 유도할 유인 및 보상체계의 설계에 관심을 집중할 필요가 있다. 이것은 어려운 일이 아니다. 그냥 각자의 자율성을 보장하고 시장기능이 작동하도록 하면 된다. 이것이 시장을 통한 문제해결 방법이다.[29]

아래에서는 시장기반 규제방식을 (1) 재산권을 획정해 전에 없던 시장을 창출하는 다양한 방식을, 그리고 (2) 시장실패를 치유함으로써 시장이 본연의 기능을 원활하게 수행할 수 있도록 돕는 방식의 예로서 소비자보호규제 분야에서 널리 사용되고 있는 정보공개 제도를 통해 고찰해 본다.

2.3.2.1 배출권 거래 제도 (및 총량규제)

배출권 거래(emission trading) 제도는 특정 오염물질을 제거하는 데 어떤 오염업체가 실제 오염을 제거하는 일을 맡고, 어떤 업체가 (직접 오염을 제

---

29. 제4장에서 우리는, 시장은 사적인 문제해결의 부산물로서 사회문제의 해결이 이루어지게끔 만드는 메커니즘이라는 린드블롬(Lindblom, 1977: 257-58)의 독특한 시각을 살펴보았다. 이 부분에 대한 이해가 부족한 독자는 제4장으로 돌아가 그의 시각을 잘 이해하시기 바란다.

거하는 대신에) 오염제거 비용을 부담하도록 할 것인지를 시장이 결정하도록 하는 규제방식이다. 이를 위해서는 일종의 재산권인 (특정 오염물질의) 배출권이란 이름의 재산권 설정이 필요하고, 이 같은 배출권이 시장에서 거래될 수 있도록 제도를 설계해야 한다. 그렇게 되면 어떤 업체는 자기가 직접 오염물질을 제거하기보다는 오염제거 비용을 부담하는 편이 낫겠다고 생각하고, 어떤 업체는 자기가 직접 오염물질을 제거하는 편이 낫겠다고 생각할 것이다. 어떤 업체가 전자가 되고 어떤 업체가 후자에 속할까? 자기가 직접 오염물질을 제거할 때 드는 한 단위당 비용이 시장에서 형성되는 배출권의 가격보다 높은 업체라면 전자의 길을 택하고, 그 비용이 배출권의 가격보다 낮다고 판단하는 업체는 후자의 길을 택할 것이다. 여기서 전자의 길을 택하는 업체와 후자의 길을 택하는 업체가 따로 있다거나 사전에 정해져 있다고 생각하면 안 된다. 마치 증권시장에서 증권 가격의 변동을 보면서 사는 사람이 있고 파는 사람이 있듯이, 오염업체들은 시시각각 변동하는 배출권의 가격을 보고 직접 오염을 제거할지 아니면 배출권을 매수할지 또 얼마만큼의 오염을 제거할지 아니면 얼마만큼의 배출권을 시장에 내다 팔지를 결정하게 된다. 어떤 때는 배출권의 매수자가 되고 어떤 때는 매도자가 되는 것이다. 이 규제방식을 시장기반 규제방식이라고 부르는 이유는 이처럼 모든 결정이 업체의 자율적 판단에 일임되어 있어서다. 즉 시장에 맡겨져 있기 때문이다.

배출권이란 재산권은 그러면 어떤 형태를 지니는 재산권인가? 마치 주식이나 채권 증서처럼 배출권도 증서의 형태를 띠는데, 이 증서 한 장을 소지하고 있으면 예컨대 (오염물질인) 납 1Kg을 처리하지 않아도 되는 권리가 생겨난다. 이 권리가 배출권이라는 재산권이다. 배출권이라 불리기 때문에 마치 오염물질을 배출할 권리를 허용하는 것처럼 생각할 수 있으나, 배출을 허용한다기보다는 일정한 비용을 내고 오염물질의 처리를 면제 받는다고 생각하면 좋다. 모든 재산(권)에 가격이 있듯이, 배출권에도 가격이 붙는다. 배출권의 가격은 시장에서 거래를 통해 시시각각 결정되는데, 이 가격은 다른 관점에서 보면 각 시점에서 해당 오염물질 한 단위가 일으키는 사회비용이라고 볼 수 있다. 요컨대 배출권 거래제도는 어떤 업체는 오염을 제거하는 대신 배출권을 삼으로써 그 오염으로 인한 사회비용을 부담하게끔, 또 다른 업체는 직접 오염을 제거함으로써 만들어낸 사회편익(social benefit)을 재산권으로 얻도록 설계된 제도이다.

이제 이 제도의 전형인 총량규제(cap-and-trade) 방식을 예로 들어서 설명해 본다면 다음과 같다. 먼저 규제기관은 사회적으로 용인할 수 있는 특정 오염물질의 총량을 정해야 한다. 그런 다음, 이를 산업별, 기업별 감소목표치로 배정한다.(Starvins, 2007; Colby, 2000) 이렇게 의무적으로 줄여야 할 오염제거량(cap)을 배정 받은 업체들은 2가지 선택지를 갖는다. 하나는 스스로 오염을 제거하는 것이고, 다른 하나는 (다른 업체들로부터) 배출권을 사들이는 것이다. 그러면 자기 노력에 의한 오염제거비용이 시장에서 형성된 배출권 가격보다 높은 기업은 배출권을 사들이는 방식으로 규제의무를 이행하려고 하는 데 비해, 이와 반대인 입장의 업체는 직접 오염을 제거하고 이로써 획득한 배출권을 시장에 내다 팔아 이득을 얻으려고 한다. 따라서 배출권 거래시장이 형성되고 배출권의 가격이 형성된다. 이때 입장이 서로 다른 업체들이 그때그때의 가격을 보고 때로는 수요자와 공급자, 때로는 공급자와 수요자로 나뉘어 배출권을 거래하게 되는데, 그러면 결과적으로 해당 오염물질의 제거 의무가 사회적으로 가장 효율적인 방법으로 배분되게 된다. 다시 말해 같은 양의 오염물질이 가장 낮은 비용으로 제거된다. 왜 그런가? 오염제거비용이 상대적으로 높은 업체는 배출권을 매수함으로써 그보다 높은 비용을 들이지 않아도 되므로 이득이고, 오염제거비용이 상대적으로 낮은 기업은 상대적으로 적은 비용에 많은 오염을 제거함으로써 자기에게 배정된 배출권을 그보다 높은 가격에 팔게 되어 이득이므로 오염제거비용이 상대적으로 낮은 업체들만이 오염을 제거하게 되기 때문이다.

이 방식이 적용된 대표적인 예를 살펴보자. 미국은 1990년대에 들어 산성비의 주범인 SO_2와 NO_2를 1980년도 수준(각기 1,000만 톤과 200만 톤)으로 통제할 목적으로 이 제도를 도입하였는데, 그 결과 종전보다 오염감소 비용을 연간 10억\$이나 줄일 수 있었다. 특히 SO_2 배출량이 많은 발전소의 경우 1990년 15.7백만 톤에서 2005년에는 10.2백만 톤으로 줄어들었다.(Starvins, 2007) 이 제도는 현재 한 국가 안에서만이 아니라 국제 차원으로 확대되어 시행되는 추세인데, 대표적인 예가 교토 기후변화협약 의정서(Kyoto Protocol)에 따른 CO_2 배출권 거래 제도이다. 이 의정서는 현재 20개국의 의무국가에 대하여 국가별 CO_2 감축 목표를 설정하는 한편, 비의무국가는 자발적으로 감축한 CO_2량을 UN의 해당기구에 등록하도록 하고 있다. 이에 따라 현재 세계 각국의 기업들은 유럽, 미국, 일본 등지에 형성된 CO_2 배출권 시장에 참여하고 있다. 시장기반 규제방식의 가장 보편적인 형태 중 하나인 CO_2 배출권 거래 제도의 장점과 약점을 살펴본다면 다음과 같다.

(1) 배출권 거래 제도의 가장 큰 장점은 경제적 효율성이 매우 높다는 것이다. 같은 양의 오염물질을 최소의 비용으로, 혹은 같은 비용으로 최대한의 오염물질을 줄일 수 있게 되기 때문이다. 다시 설명할 필요가 없겠으나, 이것이 가능한 것은 같은 양의 오염물질을 줄이되 오염제거 비용이 낮은 기업들만이 오염을 줄이게 되어 비용이 최소화되기 때문이다.

(2) 더 나아가 이 제도 아래서 시장의 구조와 형태는 정책목표 여하에 따라 다양하게 정의될 수 있어서 경제적 효율성의 확대 여지는 거의 무한하다고 말할 수 있다. 배출권은 신형의 재산권이다. 따라서 이 재산권을 어떻게 정의하느냐에 따라 시장의 구조와 형태는 얼마든지 달라질 수 있다. 예컨대 교토의정서는 CO_2 감축 실적이 있는 세계의 모든 기업에게 배출권을 부여하고 있다. 이는 모든 기업이 업종에 관계 없이 CO_2 배출권을 보유할 수 있다는 의미이다. 따라서 글로벌 기업들은 미래를 향한 투자전략

차원에서 후진국에 산림을 조성한다든가, 신재생에너지 시설에 투자함으로써 배출권을 축적하고 있다. 이 제도가 이와 같은 정책을 채택한 것은 기후변화의 문제가 지구적인 차원의 문제이므로 세계 어느 곳에서 온실가스의 배출을 줄이든 지구 전체에 미치는 효과는 같다고 보아서다.

(3) 배출권 거래 제도는 경제유인 규제방식의 실행상 난점으로 지적된 적정가격의 산정 문제를 내포하지 않는다. 이 제도 아래서 가격은 시장에서의 거래에 따라 자동적으로 결정된다. 이 가격은 수요·공급량의 변화는 물론이고, 기술혁신의 속도, 정책의 변화 등에 따라 계속 변동하게 되며, 변동되는 가격은 다시 신호로 작용하여 기업의 합리적 선택을 이끌게 된다.

(4) 그럼에도 불구하고 이 제도는 형평성 측면에서 상당한 문제점을 안고 있는 것으로 지적되고 있다. 교토의정서의 경우를 예로 든다면 국가별 CO_2 의무감축량의 할당방법을 둘러싸고 선진국과 후진국 간에 이해관계의 대립과 갈등이 심각하다. 의무감축량의 크기가 각국의 현재의 산업활동 수준과 미래의 산업구조 등에 영향을 미치고 이에 따라 경제성장의 속도와 방향이 결정적으로 좌우될 것이기 때문이다. 후진국들은 현재의 온실가스 문제의 역사적 책임이 대부분 선진국에 있고, 지금도 CO_2 대량 생산국이므로 선진국이 더 큰 책임을 져야 한다고 주장하는 반면, 선진국들은 오늘날 온실가스 문제는 한국은 물론이고 중국, 인도, 브라질 등 신흥공업국(NICs)들에 의해 더 심각해지고 있는 지구적 차원의 문제이므로 예외 없이 의무를 져야 한다고 주장하고 있다. 이 문제는 의무감축량 배분 방식 및 원칙에 관한 국제정치적 협상의 문제이지 이 제도 자체의 문제는 아니라고 보는 게 맞다.

이상에서 시장기반 규제의 전형인 배출권 거래 제도에 관해 설명하였거니와, 이 규제방식과 밀접하게 연결된 메커니즘이 총량규제이다. CO_2 배출권 거래 제도 아래서 배출권 거래 시장이 형성되고 배출권이 시장에서 거래될 수 있는 재산권으로 간주되는 것은 전 세계에서 감축되어야 할 CO_2 총량이 정해진 것이 무엇보다 중요한 이유라고 말할 수 있다. 다시 말하면 CO_2 의무감축 총량(곧 배출권의 총량)이 정해졌기 때문에 배출권에 대한 수요와 공급이 생기고 가격이 형성되면서 CO_2 의무감축 노력(또는 배출권 소유)의 최적 배분이 가능해지게 되었다. 이런 점에서 총량규제는 배출권 거래 제도와 표리의 관계에 있다.

여기서 CO_2 의무감축 총량이 반드시 지구적 차원에서 정해져야 하는 것은 아니다. 예컨대 의무대상국별로 CO_2 감축량을 배정하고 국제적인 거래는 허용하지 않는 방식을 취할 수도 있다. 이 경우에는 해당 국가 안에서 배출권 거래시장이 형성되고 거래가 이루어질 것이다. 그러나 지구적 차원에서 볼 때 이 방식의 효율성은 상대적으로 낮을 수밖에 없다. 여기서 알 수 있는 것은 규제의 적용을 받게 될 시장은 가능한 한 큰 범위로 형성해 줄 필요가 있고, 피규제자(혹은 규제자)의 합리적 계산과 선택이 이루어질 수 있도록 제도를 설계하는 것이 바람직하다는 사실이다.[30]

---

30. 총량규제의 다른 예를 소개한다면 다음과 같다. 수도권의 공장입지 규제에 있어서 지방자치단체의 장이 공장의 신증축 민원을 업종이나 규모 등을 검토하여 개별적으로 허가 여부를 결정할 수 있도록 할 수도 있지만, 정부가 연도별로 공장의 신증축 허용이 가능한 토지의 총량을 정해 주고 이 총량 안에서 어떤 종류, 어떤 규모의 공장에 대하여 신증축을 허가할지는 지자체의 장에게 일임하는 방식으로 접근할 수도 있다. 후자가 바로 총량규제에 해당하는 것으로서, 이 방식 아래서 지자체의 장은 총량의 범위 내에서 경제적 기여도가 높은 순서에 따라 공장의 신증축을 허가하려는 유인을 갖게 될 것이고, 이 경우 경쟁입찰(competitive bidding) 방식으로 공장용지를 배분한다면 제한된 공장용지의 사회적 가치는 극대화될 것이다. 다른 예로서 한강수계 주변 지역은 상수원 수질의 확보를 위해 공장 입지규제가 거미줄처럼 쳐져 있다. 여기서 한강수계 전역을 대상으로 허용가능한 특정 오염물질의 총량을 설정하고 이 수준을 유지하도록 한다면 지금보다 훨씬 합리적인 방법으로 오염을 줄이면서 지역개발을 도모하는 길이 열릴 수 있다. 왜냐면 지역별로 할당된 배출허용량을 유지해야 하는 지자체장은 오염도가 큰 공장의 신축을 막고 이전을 촉진하는 반면 오염도가 낮은 새로운 산업은 조장하는 방향으로 제도를 운영하면 되기 때문이다.

2.3.2.2 비눗방울 개념

위에서 지구적 차원의 배출권 거래 제도에 관해 살펴보았는데 비눗방울 개념(bubble concept)은 공장 차원에서 '시장'을 이용하는 신개념의 규제 방식이다.(Saideman, 1982:137-60) 이 제도는 미국에서 대단위 비철금속제련 산업에서 처음 제안되었다. 비철금속제련 공장에서는 여러 공정 단계에서 각종의 오염된 가스가 배출된다. 투입요소기준 규제방식이나 성과기준 규제방식 아래서는 공장 안의 각종 오염 가스 배출 원천(source)별로 규제기준을 정하여 각기 별개로 규제하므로, 전체 공장 수준에서 낮은 비용으로 더 큰 효과를 낼 수 있는 오염제거 방법을 적용할 수 없는 문제가 있다.

이런 경우 전체 공장이 마치 비눗방울에 둘러싸여 있어 한 개의 구멍에서만 오염 가스가 배출되는 것처럼 상상하여, 각각의 배출 원천에 대해서가 아니라 그 하나의 구멍을 통해 빠져나가는 (최종단계의) 오염 가스에 대해서만 규제하는 방법이 있다. 그러면 업체는 공장에서 발생하는 각종 오염 가스에 대하여 여러 가지 대안을 창의적으로, 능동적으로 사용해 오염제거비용을 최소화할 수 있으므로 부담을 크게 줄일 수 있다. 예컨대 공장에서 발생하는 어떤 오염 가스는 다른 물질과 화학반응을 일으키게 함으로써 덜 유해하거나 무해한 가스로 전환할 수도 있고, 오염제거비용이 많이 드는 오염 가스보다는 오염제거비용이 적게 드는 오염 가스의 제거에 노력을 집중할 수 있게 된다는 말이다. 이런 대처가 가능해지면 업체는 오염제거비용을 낮출 수 있는 혁신적인 기술의 개발에 매진할 것은 두말할 필요가 없다. 이것이 비눗방울 개념 규제방식이다.

이 방식은 '통제된 교환 메커니즘'의 전형적인 예라고 할 수 있다. 이 제도가 이런 이름으로 불리는 이유는 모든 오염 가스를 대상으로 삼지 않고, 마치 두 업체가 제거 대상으로 삼는 오염물질을 교환하듯이, 혹은 한 업체가 제거하는 오염물질과 다른 업체가 제거하는 오염물질을 서로 교환 거래하듯이, 한 공장 안에서 이런 형태의 교환과 거래가 이루어질 수 있도록 일정한 조건 아래서 허용한다는 의미를 지니고 있기 때문이다. 실제로 미국 환경청(EPA)은 이 제안에 대하여 아래와 같은 조건을 붙여서 허용하고 있다. 그 조건은 ① 대안의 개발 등을 위한 규제의무 준수기한의 연장은 불허하고, ② 대안을 이용할 때 오염이 기존 방식보다 더 많이 감소한다는 주장의 과학적 근거 제시, ③ 보건에 미치는 위해도(health hazards)가 매우 높은 오염 가스의 배출이 기존 방식보다 감소해야 한다는 등이다.

이런 비눗방울 개념은 동종산업의 기업들이 집단으로 입주하고 있는 공업단지 등에도 그대로 적용할 수 있다. 즉 공업단지 입주기업 전체에 대하여 일종의 배출권을 발행하여 판매하는 방법이다. 이 제도가 시행된다면, 공단의 기업들은 각자의 공해처리 한계비용의 높낮이에 따라 배출권에 대한 수요가 다를 것인바, 한계비용이 낮은 기업들이 한계비용이 높은 기업들보다 더 많이 오염물질을 제거하도록 함으로써 같은 비용으로 최대의 오염을 제거하는 효과를 거둘 수 있다. 물론 이 경우 배출권의 판매를 통해 얻는 수입의 일정 부분은 오염을 제거한 기업들에 비례적으로 나누어 지원하고 나머지는 잔존 공해처리에 사용할 수 있다.

2.3.2.3 상쇄정책

상쇄정책(offset policy)은 기존 오염 수준의 악화를 방지하기 위해 사용하는 방법인데, 예컨대 어떤 기업이 새로 공장을 건설하려고 할 때 거기에서 발생하게 될 추가적 오염을 기존 시설에서 발생하는 오염의 감소로 상쇄하게끔 강제하는 것을 말한다. 이런 제도가 시행된다면 기업들은 어느쪽에서 어느만큼의 오염이 발생하도록 하는 것이 자기에게 최선인지를 판단하려고 할 것이다. 이것은 피규제자에게 자율성, 융통성과 신축성을 부여함으로써 경제적 효율성을 높이는 방식이라고 할 수 있다. 예컨대 어떤 기업이 오염이 심한 지역에서 기업활동을 하다가 오염이 덜 심한 지역에 추가로 공장을 증설하려고 할 때 어느 쪽 공장의 공정을 개선하는 편이 경제적으로 효율적일지에 대한 판단을 할 수 있도록 허용해 주는 식이다. 이렇게 되면 그 기업은 필경 오염이 심해 환경기준이 높게 설정된 지역에 시설을 증설하되 오염이 덜 심각한 지역에 있는 공장에서 배출되는 오염을 그만큼 더 줄일 수 있게 될 것이다. 이 규제방식은 오염지역의 집중화를 꾀하여 오염이 계속 지역적으로 분산되고 확장되는 현상을 방지하는 데 유용하다.[31]

이상에서 배출권 거래제도에 관해 설명하였다. 오염의 배출에 대한 규제수단으로 배출 부과금을 부과하는 방식, 혹은 그 대신 사용될 수 있는 보조금 지급방식에 대한 설명은 혼란을 피하려고 여기서는 논의에서 제외하였다. 배출 부과금 제도나 보조금 정책은 성격상 경제유인 규제방식에 속한다. 이에 대해서는 최병선(1992:479-95)에서 상세하게 다루고 있으므로 여기서는 간략하게 언급하기로 한다.

먼저 배출 부과금(emission charge, emission tax)은 (배출량 × 단위당 부과금)이다. 배출 부과금은 예컨대 위에서 본 것처럼 납 1Kg당 1,000만 원식으로 표시되며, 쓰레기 종량제에서 규격봉투 가격과 상응하는 개념이다. 이런 방식으로 마치 세금 계산하듯이 계산된 배출 부과금을 부과하면 오염 배출자는 부과금을 줄이기 위해 오염 배출량을 줄이려 하고 이를 위해 오염 처리 기술을 혁신하는 등 최대한 노력하지 않을 수 없다. 이런 노력은 성과 기준이나 투입요소기준 규제방식에서는 기대할 수 없는 긍정적 효과이다.

한편 배출 부과금은 세금과 유사한 방식으로 부과되는 행정벌 형태인데 비해, 보조금 정책은 특별한 피규제자 집단을 대상으로 이들의 규제의무 이행을 촉진하기 위해 사용할 수 있는 대안적인 규제수단이다. 예컨대 영세기업들은 적절한 오염처리시설 등을 설치하기 어려우므로 이들에게 규

---

31. 이때 문제는 오염이 심한 지역에 연고를 가지고 있는 사람들(예: 지역주민, 공장근로자 등)이 과연 이러한 정책을 허용할 것이냐 하는 측면에서 정치적 고려가 필요할 것이다. 하지만 이 지역이 인적이 드물고 어차피 이미 오염이 심각하여 사람들이 거주하기 힘들게 된 지역이라고 한다면 정치적 저항은 상당히 줄어들 수 있을 것이다.

제일변도로 대응한다면 효과를 거두기 어렵다. 따라서 이들에게는 오염처리시설비 등을 지원하는 방법이 대안으로 등장하는 것이다. 다만 이 경우 보조금 액수는 배출보조금에 상응하는 방식으로 책정하는 게 효율적이다. 다시 말하면 (보조금 = 배출량 × 단위당 보조금) 식으로 계산하면 된다. 이 제도의 작동 메커니즘은 배출 부과금의 경우와 반대라고 생각하면 된다.

2.3.2.4 자연자원 보호 목적의 시장기반 규제

이상에서 환경 분야에서 사용되는 시장기반 규제에 대해 고찰하였는데 이와 아주 유사한 논리와 구조를 적용할 수 있는 분야로 자연보호 분야가 있다.

(1) 물 권리

물은 없어서는 안 될 매우 소중한 자원이다. 이게 점점 더 희소자원이 되고 있다. 누구나 물을 이용할 수 있어야 하지만, 동시에 물이 낭비되어서도 안 된다. '물 권리(water rights)'는 미국 서부지역에서 사용되는 물 관리 제도이다. 물이 부족한 이 지역에서는 강이나 하천에서 처음 물을 끌어오기 시작한 사람에게 우선점유권(prior appropriation)을 부여하였다. 그러자 사람들은 실제로 필요하지도 않은 물을 끌어다 낭비하는 일이 빈번하게 일어났다. 계속 물을 끌어와야 우선점유권의 효력이 상실되지 않게끔 되어 있기 때문이었다. 이 문제를 해결하고자 1990년대 들어 서부 주들은 물을 다른 자원과 마찬가지로 보고, 물이 거래될 수 있는 시장을 만들기로 하였다. 예컨대 몬타나 주는 '물 권리' 거래시장을 만들어 물고기가 많은 상류지역 사람들이 '물 권리'를 가진 사람들로부터 '물 권리'를 리스(lease)해 물을 공급할 수 있도록 하였다. 아리조나 주는 남아도는 콜로라도 강물을 캘리포니아 주와 네바다 주에 파는 시장을 형성하였다. 이런 방식으로 이제 워싱턴 주에서 텍사스 주에 이르기까지 미국 서부지역 전체로 '물 권리' 시장이 확대되었다. 이 제도는 완전하지는 않고, 그래서 법정 소송이 빈번하지만, 이 제도의 도입으로 물의 배분이 훨씬 효율적으로 이루어지고 있다.(Butler, 2008:117-18)

(2) 매매가능한 어업권

자연자원 중에는 공유지의 비극(tragedy of commons)이라는 문제를 전형적으로 안고 있는 것이 많다. 물고기의 과도한 포획이 좋은 예이다. 누구도 물고기의 주인이 아니므로 공짜로 마구 남획함으로써 물고기의 씨가 마르고 마는 위기에 처하게 되는 것이다. 스코틀랜드에는 연어가 사는 하천들이 있다. 그런데 연어가 돌아오는 하천들의 부분 부분은 개인소유지이다. 그러다 보니 각자가 자기 영역에서 연어를 남획하여 연어의 재생산이 어려울 정도가 되고 하천이 형편없이 망가져 갔다. 고심하던 스코틀랜드는 낚시권(fishing permits) 제도를 만들었다. 이에 따라 하천의 개인소유자들은 연어 낚시권을 발행해 돈을 벌 수 있게 되자, 자기 소유 하천 지역을 깨끗하게 유지해 연어가 많이 돌아올 수 있도록 하려는 강력한 동기를 갖게 되었다. 연어와 하천의 보호에 성공한 것이다.

세계적으로 주요 바다 어장에서도 남획의 문제가 제기되면서 어업권 시장이 빠르게 확대되고 있다. 1983년 아이슬란드는 아이슬란드 연안에서 잡을 수 있는 생선포획량을 정하고, 앞에서 본 배출권 거래 제도와 유사하게 어선들에게 매매가능한 생선포획 쿼타(tradable quota)를 발행하였다. 그러자 조업 능률이 뛰어난 어선들은 그렇지 않은 어선들로부터 이 쿼타를 사들여 어선의 숫자가 줄어들게 되었다. 또 한 해의 쿼타를 그 해가 아니라 다음 해에 사용할 수 있도록 허용함에 따라 연안의 물고기가 줄어드는 해에는 어선들이 덜 출어하게 되었다. 이에 따라 연안 어족 자원의 보호가 더 효율적으로 이루어지고 있고, 이를 본 다른 나라들이 뒤따르고 있다.(Butler, pp. 190-91) 한편 아프리카의 여러 나라에서는 희귀동물의 밀렵을 막기 위해 사냥권 시장을 만들어 사냥권을 구입한 사람만이 특정 동물을 사냥할 수 있도록 하고 있다. 물론 사냥권의 공급량은 희귀동물의 번식 등을 고려하여 해마다 달리 책정되고 그에 따라 사냥권 가격의 등락이 이뤄지면서 희귀동물의 밀렵 방지와 보호에 큰 효과를 거두고 있다.

2.3.2.5 정보공개

소비자 보호를 목적으로 삼는 규제는 매우 많고 형태도 다양하다. 소비자를 어떻게 정의하느냐에 달렸지만, 거의 모든 규제가 소비자 보호 목적을 갖는다고 볼 수 있을 정도다. 이런 이유로 소비자 보호 목적의 규제에 대해서는 별도의 장을 두어 제11장에서 집중적으로 고찰하고 있다. 따라서 여기서는 소비자 보호 목적의 규제수단 중 정보공개만을 간단히 다룬다. 정보공개는 소비자주권(consumer sovereignty)의 관점에서 소비자에게 충분하고 적절한 정보를 공급해 준다면 소비자가 합리적으로 판단하고 합리적으로 소비 활동을 잘할 것이므로 문제를 가장 효율적으로 해결할 수 있다고 보고 생산자, 공급자 등에게 소비자 정보를 최대한 적절한 방식으로 제공하도록 요구하는 방식으로 규제가 이루어진다. 정보공개 방식이 시장 기반 규제방식에 속하는 이유는 시장실패를 교정함으로써 소비자 문제를 해결하려는 전략을 쓰고 있기 때문이다.

소비자 문제는 여러 가지 원인으로 발생하지만, 다양한 원인 중 공통점은 정보의 부족이다. 시장에서 소비자가 합리적 판단과 선택을 하지 못해 피해를 보는 것은 정보가 부족하거나 적절하지 않기 때문이다. 뒤돌아 생각해 본다면 절대로 그런 실수를 하지 않을 성싶은 실수를 하는 건 합리적 소비 판단에 필요한 적절하고 충분한 정보가 없었거나 잘 활용하지 못했기 때문이다. 물론 천성적으로 지력이 심히 부족하거나 정상적인 사고를 하지 못하는 결함을 가진 극소수의 사람들이 있지만, 이들에게도 이들 수준에서 잘 이해할 수 있도록 돕는 정보가 적절한 방식으로 제공된다면 상당한 피해를 줄일 수 있을 것이다.

정보공개는 소비자의 적극적 개입을 통해 소비자 문제를 해결하려는 전략적 사고에 기초하고 있다. 다시 말해 소비자를 무조건 보호 대상으로 보고 생산자와 공급자 등에게 각종의 규제의무를 부과하기보다는 그들이 규제의무를 모두 다 이행한다고 할지라도 여전히 발생할 수 있는 각종의 소비자피해를 예상해 볼 때 이런 피해를 원천적으로 제거할 방법이 없으므로 소비자가 현명한 판단을 하도록 도움으로써 소비자피해를 최소화하려는 보완적인 그러나 매우 효과적인 규제방식인 것이다.

정보공개가 각종의 소비자 문제 영역에서 매우 큰 잠재적 효과를 발휘할 수 있는 이유는 다른 데 있지 않다. 그것은 소비자의 무한한 다양성이다. 사실 모든 국민이 소비자라고 말해도 틀리지 않을 정도이어서 소비자는 거의 모든 측면에서 천차만별이다. 성격, 지능, 기호, 선호, 욕구, 기대 어느 면에서도 서로 같지 않다. 흔히 소비자집단이라는 표현을 사용하기도 하지만 소비자집단은 하나의 집단이거나 동질적 집단이 아니다.(최병선, 2008a) 그 결과 예컨대 어떤 제품의 안전성 제고를 위해 규제정책을 펼 때 그것이 과연 모든 소비자의 권익 증진에 실제로 도움이 될지 아닐지 살피기 어렵다. 비교적 높은 소득계층의 소비자 권익을 증진하는 데 도움이 되는 규제가 소득수준이 낮은 소비자에게는 오히려 불편과 부담을 줄 수 있다. 제품의 안전성 제고에 따른 가격의 상승으로 소비기회 자체가 아예 박탈되거나 선택의 폭이 매우 좁아질 수 있기 때문이다. 소비자마다 서로 다른 특성을 지니고 있어서 어떤 소비자층에게 이익이 되는 일이 다른 소비자층에게는 불편을 초래하고 불이익이 되는 경우도 많다. 예를 들면 지체장애자에게는 도로의 높낮이를 없애는 것이 안전한 이동을 돕는 일이 되지만, 시각장애자에게는 안전한 도보에 필요한 기준점을 상실하게 만드는 결과를 초래하는 것과 같다. 어떤 제품의 안전상 취약점을 개선할 때도 어린이를 기준으로 삼은 개선은 어른에게는 불필요할뿐더러 오히려 불편을 초래하는 개악일 수 있다.

따라서 이처럼 복잡다단하기만 한 소비자 문제를 풀어가기 위한 궁극적 해법은 역설적이지만 시장에서 찾을 수밖에 없다. 앞에서 언급한 바 있듯이, 시장만이 이 엄청난 정보의 문제를 효율적으로 해결해 줄 수 있기 때문이다.

다만 이런 시장에서 소비자 문제가 빈발하는 데는 여러 가지 이유가 있다. 그 가장 근본적인 문제는 정보의 부족과 비대칭성 등 정보의 불완전성이라는 시장실패 요인의 존재이다. 이에 관해서는 제4장에서 이미 살펴보았다.

정보공개는 종래 경제규제의 영역에서 주로 사용되었으나, 최근에는 소비자의 안전, 보건위생 등과 직결되는 사회규제 영역으로 빠르게 확산되고 있다. 유전자변형(GMO) 식품, 쇠고기, 수산물 등 위험도에 대한 과학적 증거가 확정적이지 않으나 소비자가 민감하게 관심을 기울이는 품목의 경우 원산지나 특수처리 여부를 표기하도록 하는 레이블링(labeling) 제도 등이 좋은 예이다. 종래에는 투입요소기준 규제방식이나 성과기준 규제방식이 주로 사용되었으나 과학적 증거가 확실하지 않은 이상, 위험이 내포될 수 있는 품목, 혹은 매우 민감하게 반응할 수밖에 없는 소비자들이 있는 품목들에 대해서는 소비자가 스스로 판단하고 선택할 수 있도록 필요한 정보를 제공해 주는 것이 최선의 대응책이라는 인식의 전환이 가져온 결과이다.

2.4 자율규제

이상에서 기준에 의한 규제방식과 기준의 형태를 취하지 않는 규제방식이라는 기본적인 분류체계를 설명하였는데, 예외적으로 전자에 속할 수도 있고 후자에 속할 수도 있는 규제방식으로서 자율규제 방식이 있고, 자율규제 방식의 극단이라고 말할 수 있는 넛지(nudge)가 있다. 먼저 자율규제 방식은 규제기관이 아니라, 업계와 시장의 사정에 정통한 관련 업계의 협회나 단체가 준수할 기준을 자체적으로 만들고 규제기관의 승인을 얻어 시행하는 혼합적 규제방식이다.[32] 이런 이유로 자율규제 방식은 현실적합성이 매우 높다는 강점이 있다.(Levine, 1967; Ogus, 1995; 이민창, 2003, 2004)

---

32. 참고로 자율규제의 수단으로서 비규제 대안의 성격을 지니는 보상(김성배, 2006), 사회마케팅(김성준, 2006) 등을 제안하는 연구들이 있다.(최병선, 2020)

다만 자율규제 기준이 신규사업자의 진입 억제 수단으로 악용되는 일이 없도록 업계의 반경쟁적 행태를 견제해야 할 필요는 있다. 자율규제는《정부규제론》(최병선, 1992:395-410)에서 중점적으로 다루고 있기 때문에 상세한 설명을 생략하기로 한다. 다만 여기서 강조하고 싶은 사항은 이것이다. 자율규제는 경제규제의 영역에서 꽤 많이 사용되나 환경, 보건, 안전 등 인간의 생명과 안전에 주로 관계되는 사회규제 영역에서 기피되는 경향이 있었다. 그렇게 된 배경에는 기업에 대한 불신이 자리하고 있다고 볼 수 있다. 기업은 어떻게든 사회적 책임을 회피하려 한다는 편견 때문이다. 오늘날 ESG(Environment, Social Responsibility, and Governance) 경영이 강조되는 데서 알 수 있듯이, 기업은 사회적 책임을 회피하면서 성장하기 어렵다는 점을 잘 인식하고 있다. 사회적 책임을 다하지 못하면 기업의 존립이 불가능하다는 사실을 잘 인식하고 있다. 따라서 자율규제는 사회규제의 영역에서는 사용하기 어렵다는 선입견을 먼저 버릴 필요가 있다.

사회규제 영역에 자율규제 방식을 적용하는 예를 든다면 다음과 같다. 현재의 작업장 안전과 관련된 규제는 투입요소기준 규제방식을 사용하는 대표적인 경우라 할 만하다. 업종, 지역, 근로자 특성 등 모든 면에서 천차만별이고 천태만상인 작업장에 매우 획일적이고 경직적인 기준들을 공통 적용할 때 규제기준의 현실 적합성이 매우 낮을 것은 불문가지의 일이다. 따라서 작업장 안전과 같은 사회규제 영역에서도 대안적인 규제수단을 모색할 필요성은 매우 높다. 작업장에 투입요소기준 대신에 성과기준을 적용하기로 한다면 반대가 많을 것이다. 인간의 생명과 보건안전에 관련된 영역이므로 경제적 효율성을 논하는 것 자체가 온당치 않다는 이유에서다. 그러나 길은 있다. 예컨대 매년 재해율을 기업별로 평가하되 연간평균 재해율이 0.008% 이하인 작업장에 대해서는 규제기관의 작업장 안전규제를 해당 업체의 자율규제로 전환하되, 산업재해감소 계획서의 제출과 보고 등을 요구할 수 있을 것이다. 이렇게 하면 부족한 행정력을 문제가 많은 작업장의 안전 확보에 집중할 수 있어서 전체적으로 규제 효과를 높일 수 있을 것이다.

2.5 넛지

넛지(nudge)는 '팔꿈치로 남의 옆구리를 슬쩍 친다.'는 뜻이다. 남의 옆구리를 슬쩍 밀쳐 어떤 신호를 보내거나 의미를 전달하는 행동이 넛지이다.[33] 예를 들면 도로의 과속방지 카메라는 운전자들이 속도를 멈추도록 유도하는 넛지이다. 카메라 앞을 과속해 지나가면 벌금을 내야 하지만 벌금을 내도 좋은 사람이라면 그냥 과속하며 지나가도 된다. 이처럼 특정 행동을 강제하는 게 아니라 바람직한 행동을 개인의 판단과 선택에 맡겨 유도해 내는 방식의 개입을 넛지라고 부른다. 특정 행동을 강제하지 않는다는 점에서 과연 넛지를 규제의 한 유형으로 보는 게 맞는지에 대해 의문을 가질 수 있다. 이 의문에 대한 넛지 창안자들의 답은 '그렇다'에 가깝다.[34] 이들은 넛지를 일종의 규제수단으로 보는 것 같다. 물론 넛지 모두가 규제수단이라고는 말하지 않는다. 사실 이들은 넛지를 규제수단으로서보다는 더 많이 단순한 권고, 유도의 수단으로 제안하는 편이다.

넛지의 성격은 그것이 '자유주의적 개입주의(libertarian parternalism)'의 표현이라는 말에서 가장 잘 드러난다.(안진환(역), 2009:19-22)[35] 여기서 '자유주의적'이라는 말은, 일반적으로 사람들이 자유롭게 원하는 바를 행할

---

33. 비근한 예로서 남자 화장실의 파리 문양도 넛지이다. 남자들은 다 아는 얘기이지만 설명한다면, 넛지 책이 나온 다음 파리 문양이 크게 그려진 소변기들이 많이 설치되고 있다. 자기도 모르게 파리를 향해 발사하게 된다. 이처럼 넛지는 이미 우리 생활 속에 많이 침투해 있다.

34. 이 책의 공저자인 리처드 탈러는 행동경제학자이고, 캐스 선스타인은 법학자이자 규제이론가와 행동가로서, 미국 규제개혁의 심장부라고 할 수 있는 예산관리처(OMB) 산하의 정보규제관리국(OIRA)에서 근무하다 오바마 대통령 시절에 국장으로 승진해 규제개혁에 크게 이바지하였다.

35. 참고로 자유주의적 개입주의라는 번역은 타당해 보이지 않는다. 영어 뜻 그대로 자유주의적 가부장주의라는 번역이 낫다. 가부장주의는 원래 부모가 자식의 판단과 선택을 대신 해주고 노파심에서 이래저래 세세히 간섭하는 것을 말한다. 국민을 위한답시고 정부가 국민의 판단과 선택을 대신 해주고 이래저래 세세히 간섭하는 것이 가부장주의적 간섭과 개입이다. 정부의 가부장적인 간섭에 대한 비판은 제11장 참고.

수 있으며 자신이 원하지 않으면 바람직하지 않은 대안은 버릴 수 있어야 함을 뜻한다. 한편 '개입주의'라는 말은 사람들이 더 오래 건강하게 살고 더 나은 삶을 살게 만들기 위해 선택 설계자가 사람들의 행동방식에 영향을 미치려고 노력하는 것을 뜻한다. 따라서 '자유주의적 개입주의'라는 말은 모순된 말이다. 그런데 넛지의 창안자들은 개입하기는 하되 이행 여부는 개인의 자유 선택에 맡긴다는 뜻을 모두 담기 위해서는 이런 모순적 표현의 사용이 어쩔 수 없다고 말한다.

이들은 넛지가 진정한 의미의 제3의 길(the real third way)을 제시해 줄 것으로 기대한다. "자유시장은 정부에 의존하며, 정부는 개인의 재산을 보호하고 계약의 유효성을 보증해야 한다. 환경보호에서부터 노후 계획과 빈곤층 원조에 이르기까지 수많은 영역에 시장이 동원되어야 한다. 사실, 최고의 넛지들 가운데는 시장을 이용하는 것들이 꽤 많다. 적절한 선택 설계를 위해서는 인센티브에 대한 면밀한 주의가 필요하기 때문이다. 그러나 모든 '정부개입'을 그것이 정부개입이라는 이유로 무조건 반대하는 것과, 정부가 개입할 때는 선택의 자유를 촉진하는 방식으로 개입해야 한다는 분별력 있는 주장은 완전히 차원이 다르다."(Thaler and Sunstein, 2008:256)

넛지는 주로 행동경제학의 이론을 활용한다. 인간의 판단이 불완전하고 이런저런 편향이 많다는 점, 가능한 한 현상을 유지하려 하거나 디폴트 옵션(default option: 별도로 지정하지 않으면 자동으로 선택되는 기본 옵션)을 따르려는 성향이 강하다는 점 등을 강조하는 행동경제학 이론과 가정들을 원용해 이들은 사람들이 습관적으로 또는 우선적으로 선택할 대안이 개인적으로나 사회적으로 가장 적절한 선택 대안이 되도록 각종 제도를 설계하라고 권고한다. 좋은 예가 구내식당에서 음식을 배열할 때 사람들의 눈에 잘 띄는 위치에 채소와 과일 등 건강에 좋은 음식들을 차례로 배열해 기름진 음식이나 과식을 피하게 만드는 것이다. 이 방법이 정크푸드의 생산이나 유통의 금지보다 나은 방법인 것은 두말할 필요가 없다.

이같이 넛지는 주로 규제를 포함한 모든 제도의 설계자가 참고하면 좋을 지침들을 제공한다. 사람들에게 명령하거나 지시하지 않고서도 예상 가능한 방향으로 사람들의 행동을 변화시키는 것이 넛지이다. 예를 들면 위험한 도로에서 운전자의 감속을 유도하는 방법으로서 제한속도를 매우 낮게 설정해 과속운전자를 처벌하는 방식을 주로 쓰고 있지만, 사고의 발생을 막는다는 취지라면 위험한 커브가 시작되는 지점의 도로에 감속 경고 표시를 하고 바닥에 하얀 선을 굵게 그려 넣어 운전자들이 볼 때 앞쪽의 선들은 간격이 고르지만 위험한 커브 구간부터는 간격이 더 좁아져 보이게 함으로써 본능적으로 속도를 낮추도록 유도하는 방법을 쓸 수 있다. 이것이 넛지를 이용한 효과적인 선택설계(choice architecture) 방식이다. 이처럼 넛지는 구체적으로 간섭하지 않고서, 또 비용도 크게 들지 않으면서 사람들의 행동 선택에 영향을 미쳐 목적을 달성하는 등 여러 장점이 있다.

규제수단으로서 넛지가 가장 널리 활용될 수 있는 분야가 환경보호, 소비자 보호 분야이다.(*ibid.* pp. 296-304) 예를 들면 담배, 살충제, 사카린 등의 포장에 경고문 등 라벨(label)을 붙이는 것도 좋은 방법이다. 각종 위험에 대한 정보의 공개를 통해 사람들의 피드백 프로세스를 개선하는 것이다. 이러한 전략들은 시장의 작동에 직접 간섭하지 않으면서 지시하거나 명령하는 방법보다 비용도 적게 들고 개입의 폭과 깊이도 대폭 줄일 수 있다. 물론, 환경단체나 소비자단체 사람들은 정보공개는 불충분하다고 주장할 것이다. 하지만 정보공개는 사람들의 주의를 환기하는 데도 효과적일 뿐만 아니라 생산자와 공급자들로 하여금 사람들이 관심을 가지거나 우려하는 상품을 제공하지 않도록 이끄는 강력한 동기부여 기제로 작용한다.

같은 이치로 시장 메커니즘이 아니라 정치 메커니즘을 자극하도록 법규를 만드는 것도 넛지 이용의 좋은 예이다. 가장 좋은 예가 미국에서 1972년에 제정된 국가환경정책법(National Environmental Policy Act)이다. 이 법은 환경에 주요한 영향을 미치는 프로젝트를 진행할 때에는 반드시 그에 앞서 환경 관련 정보를 공개하도록 요구하고 있다. 이 법의 영향을 받아 우리나라에도 환경영향평가, 교통영향평가 등의 제도가 도입되어 있다. 이런 법들은 사업자나 정부가 평가한 환경영향이나 교통영향을 분석한 보고서를 보고 이의를 제기할 수 있게 하고, 유권자들이 정치인들에게 환경에 위험하거나 교통혼잡을 일으킬 사업을 막거나 개선하도록 정치적 압력을 가할 수 있게 해주는 역할을 한다.

넛지의 창안자들은 제도의 설계자—보통의 경우 정부 관료와 정치인들—가 제도를 설계할 때 사람들이 일반적으로 선호하는 방식을 디폴트 옵션으로 주기를 제안한다. 특히 ① 사람들이 선택을 어려워하는 문제들에 대해 또 ② 개인의 기호나 선호의 차이가 크지 않거나, 중요하지 않거나, 쉽게 측정될 수 있을 때, 가장 바람직한 선택지를 디폴트 옵션으로 선택할 수 있도록 제도를 설계한다면 넛지의 잠재력을 가장 잘 활용할 수 있다는 점을 강조한다. 이를 위해서는 넛지를 가하는 사람들이 전문 지식을 갖고 있어야 함은 물론이다.

3. 경제규제 영역에의 적용

이상에서 설명한 규제수단과 방식의 유형 재분류는 주로 사회규제를 대상으로 삼은 분류방식이다. 여기서는 이런 유형 분류가 경제규제의 질적 개선을 위한 대안적인 규제수단의 탐색과 발굴에도 유용할지, 또 이를 위해서는 어떤 발상의 전환이나 고려가 필요한지를 살펴본다. 다만 무수히 다양한 형태로 존재하는 경제규제의 특성상 여기서는 이를 진입규제, 가격규제, 거래행위규제로 크게 나누어 보고 있다.

3.1 진입규제의 경우

인가, 허가, 지정, 승인조건(이하 인허가조건)이나 등록 및 신고요건(이하 등록요건) 등으로 대표되는 데서도 알 수 있듯이 진입규제는 대부분이 투입요소기준 규제방식에 의존한다. 예컨대 사회복지시설, 학교, 병원, 의원, 은행보험증권사, 백화점, 자동차정비소 등 무수한 산업과 업종의 인허가조건이나 등록기준은 시설의 설치기준, 인력의 고용 및 자격 기준, 재정능력 기준 등으로 구성되어 있다. 이런 투입요소기준 규제방식의 문제점과 한계는 앞에서 설명한 바와 같다. 즉 규제 효과가 확실하게 보장되지 않고, 경제적 효율성이 낮으며, 혁신을 유도하지도 못한다. 반면에 이런 기준을 달성하지 못하나 규제목표를 무리 없이 달성할 수 있는 다른 더 적절한 조건들을 갖추고 있는 잠재적 사업자의 시장진입은 제한됨으로써 기존사업자가 과도한 보호를 받는 불합리한 결과를 초래하기 쉽다.

우선 진입규제 영역에서 투입요소기준 규제방식을 대신해 성과기준 규제방식은 얼마나 널리 사용될 수 있을까? 앞에서 설명하였듯이 투입요소기준 규제방식을 통해 달성하려고 하는 규제목표의 계량화나 계측이 가능한 경우라면 무조건 성과기준 규제방식으로 전환하는 것이 바람직할 것이다. 환경의 질, 보건, 안전 등과 관련된 사회규제의 경우에 성과기준 방식의 적용은 거의 무제한적으로 가능해 보이지만, 진입규제의 경우 인허가 등의 행정처분시 사업자가 이행해야 할 사항들에 대한 평가표를 만들어 점수화하고 일정 점수 이상이면 인허가할 수 있도록 하는 방법이 있다. 현재에도 호텔 등의 접객업소, 대학의 설립 인허가 등과 관련해 이런 방식의 평가(심사)결과를 인허가의 기준으로 삼고 있다. 소위 종합편성방송(종편)의 경우도 방송통신위원회가 평가한 점수를 갖고 인허가를 갱신하는 방법을 쓰고 있다. 이런 방식을 다른 업종에 계속 확대 적용하지 못할 이유는 별로 없어 보인다. 다만 이를 위해서는 전문가들로 구성된 평가(심사)위원회 등의 운영이 필요하고, 이들의 평가(심사)가 객관 공정하게 이루어질 수 있도록 보증하는 방법이 강구되어야 한다.

한편 인허가 및 등록의 취소 등 벌칙의 적용과 관련해서는 성과기준 규제방식을 활용할 여지가 매우 크다. 예컨대 우수시험연구기관으로 지정된 기관에서 잘못 내려진 판정의 비율이 일정 수준을 넘으면 지정을 취소하거나 일정 기간 효력을 정지시키는 것과 같다. 특별한 경우이긴 하나 예컨 대 호주 정부는 "우편회사는 매주 5일 이상은 집배한 우편물의 98% 이상 을 배달해야 하고, 2일 이상은 전체의 99.7%를 배달해야 한다."는 성과기 준을 사용하고 있다. 대학의 입학정원을 규제하는 대신 일정 수준 이상이 어야 한다는 졸업성적 기준을 만들어 졸업정원을 규제하되, 대학을 평가 하는 제도를 병행한다면 이것도 진입규제의 수단으로서 성과기준을 사용 하는 예가 될 것이다. 다만 여기서 강조해야 할 사항은 성과기준 규제방식 으로 전환하는 경우 성과기준과 더불어 기존의 투입요소기준을 그대로 놔 두면 안 된다는 점이다. 이렇게 되면 이중규제, 중복규제가 되기 때문이다.

다음으로 진입규제 영역에서 투입요소기준 규제방식 대신에 경제유인 규제방식을 활용할 수 있는 여지는 상당히 큰 편이다. 진입규제는 무엇보 다도 시장경쟁을 제약하는 게 가장 큰 문제이다. 시장경쟁을 제약하면 어 느 경우에나 경제지대가 발생한다.[36] 경쟁입찰 방식은 시장경쟁이 제약되어 경제지대가 발생할 때 사용하면 좋은 방법이다. 대표적인 예가 전파, 항공 및 버스노선, 광물 및 수산자원 등 희소자원을 소수 혹은 제한된 숫자의 사업자에게 배분해야 하는 경우이다.(최병선, 1992:292-301) 이런 희소자원 의 배분은 보통 적격업자를 선정하고 그에게 자원의 이용권이나 개발권 등 을 주는 인허가 방식을 취하는데, 업자를 선정하는 과정에서 경쟁입찰 방 식을 활용하면 좋다는 말이다. 이와 약간 성격이 다르지만, 입지 제한이 진 입규제 수단으로 사용되는 경우에도 경제유인 규제방식의 활용 여지는 넓 다. 환경이나 교통에 미치는 영향 등을 고려해 입지를 금지하거나 규제업

---

36. 경제지대는 토지, 자본 등 생산요소의 소득으로서 어떤 생산요소가 현재의 용도에 사용 되어 얻는 소득과 그보다 차선인 용도에 사용될 때 얻게 될 소득의 차이를 말한다. 예컨대 어 떤 야구선수가 현재 수입이 100억 원이라고 하자. 그런데 만일 그가 야구 다음으로 잘하는 운 동인 축구선수가 되었더라면 20억 원 가량을 벌 수 있다고 하자. 그러면 그의 현재 소득 중 80 억 원은 그가 더 경쟁적인 야구 시장에서 매우 우수한 선수로 활약하는 데 따라 발생하는 경 제지대이다.

종을 정하기보다는 환경영향부담금, 교통영향부담금을 부과하는 방식으로 전환하는 것이 좋은 예이다.(*ibid.* pp. 713-18)

특히 경쟁입찰 방식의 적용과 관련해서는 다음 2가지 점에서 올바른 이해가 시급하다. 첫째 경쟁입찰에 대한 부정적 사고와 편견을 극복해야 한다. 경쟁입찰이라고 하면 재력이 큰 사람(기업)이 무조건 유리하므로 공평한 절차가 아니라는 선입견이 강하다. 하지만 이는 옳지 않다. 국가경제 전체적으로 투자기회가 극히 제한된 예외적인 상황이 아니라면 아무리 재력이 있는 사람이나 기업이라 할지라도 특정 사업에 무리하게 입찰금액을 높게 제시할 이유가 별로 없다.

다음으로 경쟁입찰은 아주 예외적으로 사용되는 자원 배분의 방식이라고 생각하기 쉽지만 사실 시장에서는 모든 게 경쟁입찰 방식 혹은 경매방식을 따른다. 수산물시장이나 그림, 골동품 등 특수한 시장에서만 경매방식이 쓰이는 게 아니다. 예를 들면 대형슈퍼에서 흔히 보는 '떨이'도 경매방식에 속한다. 좋은 물건은 먼저 온 사람이 임자가 된다. 싼 물건은 나중에 온 사람의 차지가 된다. 신상품이 출시되었을 때 그것의 가격은 회사가 일방적으로 정해서 제시하는 것처럼 보이지만 사실은 호기심이 큰 소비자가 사려고 할 만한 가격이 아니면 안 된다. 이후의 가격변동은 수요자들이 얼마나 이 신상품을 갖고자 경쟁을 벌이느냐에 달렸다. 겉으로 보면 가격이 정해져 있는 것처럼 보이지만 내면적으로 보면 가격은 모든 경우에 흥정의 결과이고, 흥정이 계속 진행되면서 시시각각으로 변동한다.

둘째, 희소자원의 개념에 관해서다. 희소자원이라고 꼭 따로 정해져 있는 게 아니다. 예를 들면 같은 땅이지만 서울에서 집을 지을 만한 땅은 희소자원이지만, 강원도의 땅은 아직은 희소자원이 아니다. 하지만 강원도에서도 경치가 좋고 집 지을 만한 땅은 희소자원이어서 가격이 매우 높다. 이렇듯이 희소자원이라는 건 반드시 따로 정해져 있는 게 아니라 상황(시간과 장소)에 따라 또 필요에 따라 달리 정해진다. 이렇게 본다면 모든 자원이 정도는 다르나 희소성이 있다. 그러므로 희소자원에 적용하듯이 거의

모든 자원의 배분과 관련된 인허가 과정에 경쟁입찰 방식의 적용이 가능할 것으로 본다.[37]

한편 자원을 보호하기 위한 목적으로 진입을 제한할 필요가 있을 때 사적 재산권을 설정하거나 인정해 주는 방식도 경제유인을 활용하는 규제방식 중 하나이다. 예를 들면, 위에서 언급하였듯이, 가죽을 얻을 목적으로 동물을 밀렵하는 행위를 방지하기 위해서는 해당 동물의 포획을 금지하거나 인허가를 통해 제한적으로 허가하는 방식보다는 해당 동물이 사는 지역의 땅을 분양하거나 임대하는 등의 방식으로 땅을 사유화시켜 주면 땅 주인들은 자기의 경제적 이익이 계속 보장될 수 있도록 해당 동물의 보호와 증식에 힘을 쓰게 된다는 것이다. 즉 단기적 이익을 위해 씨가 마를 정도로 그 동물을 잡아 죽이는 일은 하지 않게 된다는 말이다. 이것이 소위 공유지의 비극을 극복하는 현명한 방법이다.[38] 연근해의 어족을 관리하고 보호할 목적으로 운영 중인 어촌계도 이런 발상을 이용한 제도이다. 어장을 끼고 있는 어촌의 어부들로 구성된 어촌계에 해당 어장을 독점적으로 이용하고 개발할 수 있는 어장관리 권리를 부분적으로 인정해 주게 되면

---

37. 라이커와 세니드(Riker and Sened, 1991)는 정부가 희소성 문제의 해결을 위해 재산권을 창출(create)해 낸다는 주장을 펼치고 있어서 흥미롭다. 이들은 재산의 보호를 위해 정부를 필요로 한다는 존 록크의 주장과는 반대로, 정치인들이 재산권을 창출함으로써 정치적 지지를 얻으려는 특별한 동기를 갖고 있는데, 여기에서 재산권의 기원을 찾는 것이 옳다는 이론을 제시하였다.

38. '공유지의 비극'이란 하딘(Hardin, 1968:1243-48)의 논문 이름에서 유래한 용어로서 동네의 방목장(the commons)에서 소를 키우다 보면 동네 사람들이 각자의 이익만을 생각해 키우는 소의 숫자를 무제한으로 늘림으로써 목초가 부족한 사태에 이르러 서로 피해를 보게 되는 현상을 지칭한다. 제3장에서 공부했듯이, 이 문제를 외부효과의 문제라고 부른다. 여기서 말하는 사유화는 이런 외부효과를 내부화(internalize)하는 전형적인 방법이다. 뎀셋츠(Demsetz, (1967:347-59)는 17세기에 퀘벡 지역에 사는 인디언들 사회에서 사냥을 위한 토지의 사유화가 시작되었는데 이것은 때마침 가죽매매가 활발해지던 무렵으로 비버(beaver) 등 좋은 가죽을 얻을 수 있는 동물의 밀렵을 방지하기 위한 목적에서였다고, 즉 사유지가 등장하기 시작한 것은 그것이 공유지의 비극을 막고 해로운 외부효과의 피해를 줄이는 효과적이고 효율적인 방법이기 때문이라는 이론을 제시하였다.

이들은 자기들의 경제적 이익을 위해 자연히 어족의 보호에도 힘을 기울이게 된다.(이민창, 2011)

이런 접근방법들은 진입규제의 대안으로서 경제유인 규제방식을 사용하는 것인 동시에 시장기반 규제방식을 응용하는 예이기도 하다. 사실 이처럼 진입규제를 대신해 시장기반 규제방식을 활용할 수 있는 여지도 상당히 넓다. 예컨대 소비자 만족도 등에 기초한 등급제도(grading) 등을 적극적으로 활용할 필요가 있다. 진입규제 중에는 동일산업 사업자 간에 등급을 설정하고 등급별 투입요소기준을 차등화하는 방법이 곧잘 사용된다. 대표적으로 병의원에는 1차(의원급, 보건소), 2차(준종합병원, 종합병원), 3차(상급종합병원) 병원 기준이 있다. 이런 등급제도는 일정 기간마다 심사를 통해 등급을 다시 지정 받는 방식으로 운영되는데 이에 따라 사업자 간에 시장경쟁이 무한대로 활발해지고 소비자들도 사업자의 능력이나 성과를 더 쉽게 판별할 수 있도록 하는 장점이 있다. 한편 이와 유사한 취지가 있어 보이기는 하지만, 건설업에서는 종합건설업과 전문직별 공사업으로 크게 구분하고, 각각에 약 40여 개의 하부건설업으로 세분류하는 방법을 사용하고 있다. 이는 세분화가 지나친 경우로서 등급제도의 취지를 무색하게 만들고 있다.

같은 맥락에서 최근 확대일로에 있는 우수업체(업소) 지정제도도 주목 대상이다. 식품, 의약품 제조업이나 수입업 분야에서 활발하게 도입되고 있는 이 제도는 일반적인 투입요소기준보다 높고 강화된 기준을 우수업체 지정기준으로 설정하고 이 기준에 부합되는 업체에 대해서는 다른 규제의 적용을 일부 배제하거나 완화하는 방식이 주류를 이룬다. 규제기관으로서는 행정인력 등 규제자원을 절약해 문제를 일으킬 소지가 큰 업체들에 대한 규제에 더 집중할 수 있는 반면에, 업체로서는 소비자의 신인을 얻어 시장을 확보할 수 있으므로 쌍방에 유리하고 편리한 면이 있다. 다만 이 방식의 활용과 더불어 규제기관의 행정적 부담을 줄이기 위해, 그리고 일단 우수업체로 지정된 업체의 기회주의적 행태를 예방할 필요성이 있어 제3의 기관을 지정해 관리책임을 넘기는 방식이 사용되고 있다. 우수업체로서는 규제순응비용이 증가할 가능성이 있고, 규제기관으로서는 규제 권한의 일부를 위임한 셈이므로 대리인 문제가 수반될 가능성도 있다. 다시 말하면 대리인인 제3의 기관이 주인인 규제기관보다 더 큰 힘을 행사하고 규제의 성격을 좌지우지하는 사실상의 규제기관으로 변신할 위험성이 있다는 것이다.

결론적으로 투입요소기준 규제방식에 대한 의존도가 매우 높은 진입규제 영역에서 이 방식 대신에 성과기준 규제방식, 경제유인 규제방식, 시장기반 규제방식을 도입해 사용할 여지가 매우 크다는 사실을 확인할 수 있었다. 이것의 의미는 크다. 왜냐면 지금까지 진입규제의 개선책으로서 인허가제도를 등록 및 신고제도로 전환하는 방식이 주류를 이루어 왔으나 이런 접근방식의 한계가 너무나 크기 때문이다. 이 개혁기법은 규제 관료의 재량권 축소를 통한 규제의 투명성 제고에 목적이 있지만, 행정법적으로나 실정법상으로 인허가와 등록 및 신고제도가 분명하게 차별화되지 않은 채 혼용되고 있는 것이 현실이라고 해도 과언이 아니다. 이런 한계점에도 불구하고 이 방식에 머물러 있는 주된 이유는 관료들의 보이지 않는 저항 때문이다.

저자의 경험을 소개하자면 이렇다. 김영삼정부 시절 교통부(현 국토교통부) 항공정책심의위원회 위원을 맡은 적이 있었다. KAL과 아시아나 간 항공노선의 배분이 이 위원회의 주된 업무인데 당시 상당한 규모의 신규노선 배분 문제로 어려움을 겪고 있었다. 이 위원회가 개편되면서 위원으로 참여한 저자는 공익기준에 의한 노선 배분이라는 기존의 방식에서 벗어나 시장유인을 활용하는 배분 방식의 사용을 제안하였다. 즉 KAL과 아시아나 양편의 아전인수격 로비로는 판단이 어려우니 당시 양사의 규모를 기준 삼아 KAL에 1,000개의 칩(chip)을, 아시아나에 600개의 칩을 주고 각사가 선호하는 노선에 우선적으로 칩을 사용하도록 하자는 제안이었다. 이 제안이 받아들여진 결과 노선 배분 문제는 단칼에 해결되었다. 양사 각각이 진실로 원하는 노선들이 어느 것인지 말로는 종잡을 수 없었는데 이 방법을 쓰자 양사의 속마음, 즉 선호가 자명하게 드러난 것이다. 현시선호(revealed preference), 즉 (숨은) 선호가 겉으로 현시된 것이다. 하지만, 안타깝게도, 이 방식은 정권이 바뀌기 무섭게 예전으로 복귀하고 말았다. 물론 저자도 해촉되었다. 왜 그랬을까? 이건 독자들에게 남겨두는 퀴즈이거니와, 모든 이해당사자의 서로 다른 이해관계를 잘 따져보지 않으면 규제개혁은 헛일이 될 수 있다는 교훈을 얻었다.

3.2 가격규제의 경우

가격규제는 가격의 인허가·승인·신고, 최고가격이나 최저가격의 지정, 표준가격 제도 등이 있다. 가격의 인허가는 독과점 품목과 서비스 그리고 공공요금의 경우로 국한되어 있다. 물론 이 가운데 일부는 신고제도가 사용되고 있기도 하다. 가격규제는 거의 모든 경우에 최고가격 규제 혹은 가격 상한제이다. 최저가격 규제는 최저임금 제도, 원유(原乳) 최저가격제 등으로 사례가 많지 않다. 표준가격 제도는 주로 건강보험 제도와 관련해 의약품의 가격이나 의료수가 규제에 사용되고 있는 정도이다.

일반적으로 가격규제에서 기준으로 삼는 것은 생산원가이다. 이것에 적정이윤을 더한 것이 적정가격이 되어야 한다는 전제 아래서다. 이런 전제가 경제이론상 타당하지 않음은 두말할 필요가 없다. 시장에서 가격이 오르고 내리는 것은 수요와 공급이 일치하지 않기 때문이다. 은연중 수요와 공급이 당연히 일치해야 하는 듯이 생각하는 사람들이 의외로 많다. 하지만 수요와 공급이 일치하기는 불가능하다. 수요는 수요대로 공급은 공급대로 시시각각 바뀌는 게 정상이다. 어찌 보면 가격은 시시각각 달라져야 신호의 기능을 더 잘 발휘한다고 말할 수 있다. 마찬가지로 가격은 무조건 안정되어야 하는 것처럼 생각하는 경향이 있다. 이 생각이 그 많은 가격규제를 불러오는 주범이다. 가격의 안정을 요구하는 것은 사실상 경제의 성장과 발전을 포기하는 것과 같다.

제2장에서도 깊이 살펴보았거니와 가격규제는 반드시 실패한다. 역사적으로 가장 오래된 규제 형태가 가격규제이지만 성공한 사례를 찾기 어렵다. 국가의 강제력으로 가격을 가까스로 안정시킬 수 있을지 모르나 그것은 겉으로만 안정된 것처럼 보일 뿐이지 속으로는 많은 부작용과 역효과를 생산해 낼 수밖에 없다. 가격을 규제하면 품질이나 성능이 떨어지는 것은 말할 필요가 없다. 가격규제 아래서 품질이나 성능이 떨어지면 이제 품질이나 성능을 규제해야 하고, 이런 식으로 규제의 숨바꼭질이 시작되면 규제의 숨바꼭질 속에서 규제의 악순환은 피할 길이 없다.[39] 급기야 공급이 심히 부족해지고 암시장이 성행하면 가격을 올리는 수밖에 없다. 가격규제의 기간이 길어지면 길어질수록 부작용과 역효과는 더 커져서 가격을 더 많이 올리지 않으면 안 되는 상황에 몰린다.

가격을 안정시키려면 정부가 시장에 개입하지 않는 게 최선이다. 시간이 지나면 시장은 수요와 공급을 자동조절한다. 수요와 공급은 가격에 따라 계속 변화하고, 가격은 수요와 공급 상황에 따라 계속 변화하는 속에서 시장은 안정된다. 이 관계를 끊을 방법은 없다. 정부의 무지막지한 힘으로도 못 막는다. 이런 엄연한 경제이론과 역사적 사실에도 불구하고 가격규제의 유혹에서 벗어나지 못한다. 강력해 보이기 때문이다. 그러나 그것은 시장을 몰라도 너무나 모르는 소치에서 나오는 엄청난 착각이다.

예외적으로 가격규제가 필요하고 정당하다고 인정되는 경우로는 독(과)점 가격규제가 있다. 제4장에서 고찰한 바와 같이, 독과점 산업이라고 해서 반드시 가격을 규제해야 하는 건 아니다. 공익서비스를 생산 공급하는 공기업을 제외하고, 또 정부가 소수업체 외에 진입을 규제하는 경우를 제외하고, 경쟁적인 시장에서 독점이 생겨나는 일은 거의 없다. 일시적으로 독점 상태가 발생할 수는 있겠지만 이내 경쟁자의 출현으로 오래 가지 못한다.

---

39. 이것이 규제의 피라미드(regulatory pyramid) 현상이다.(최병선, 1992:224-25)

다음으로 독점이라고 하면 보통 공급독점을 떠올리지만 아주 드물게 수요독점이란 것도 있다. 전형적인 예가 건강보험공단이다. 물론 병의원과 약국을 대표하는 협회들과 협상을 하기는 하지만 건강보험공단이 정한 의료수가를 병의원과 약국은 따를 수밖에는 없다. 그러나 이 경우에도 의료수가가 지나치게 낮으면 과잉진료의 문제가, 높으면 의료서비스 과대 이용의 문제가 발생한다. 어떤 경우든 가격규제는 자원 배분을 왜곡시킬 뿐만 아니라 필연적으로 많은 부작용과 역효과를 수반하는데 가격규제의 부작용과 역효과를 다소라도 완화해 줄 수 있는 대안적인 규제수단을 찾기는 매우 어려워 보인다. 이런 면에서 가격규제는 가능한 한 피하는 게 상책이다.

독점에 이어서 가격규제의 필요성을 완전히 부정할 수는 없는 경우가 가격의 상승으로 심각한 타격을 받는 저소득층 소비자를 돕기 위한 목적에서 하는 가격규제이다. 그러나 시작은 이렇게 선한 의도에서 이루어질지 모르나 여기엔 정지선이 없다. 이런 논리를 확대하기로 하면 시장을 포기하고 배급제로 가는 게 최선이라는 극단적인 논리로까지 단숨에 달려갈 수 있다. 그러므로 이런 목적의 가격규제라 할지라도 최소한으로 그쳐야 하며 엄격한 선을 지켜야 한다. 다행히 이런 경우에는 가격규제를 대치할 대안적인 수단이 존재한다. 그것은 보조금 지급방식으로 전환하는 것이다. 예컨대 저소득층의 생활 안정에 목적이 있을 경우 가격규제보다는 해당 소득계층에 대한 보조금 지급이 우월한 접근방법이다. 또 최저임금제의 경우도 해당 근로자를 고용한 사업자에게 보조금을 지급하는 방식이 바람직하다. 더 나아가 특수계층이나 집단의 경제활동에 대한 보조 목적에서 운용되고 있는 철도, 전화, 전기 등의 공공요금 혹은 석유류 가격의 차등화 방식보다는 특별한 취급이 요구되는 계층에 대한 직접보조 방식이 우월하다.

하지만 보조금 지급방식으로의 전환은 결코 쉬운 일이 아니다. 무엇보다도 재정이 확보되어야 하기 때문이다. 사실 경제이론상 보조금 지급방식이 월등히 우수하지만 보조금 대신 규제에 의존하는 가장 큰 이유가 바로 여기에 있다고 해도 과언은 아닐 것이다. 그러나 사실은 어느 방식에 의하든 국민경제적으로 보면 그 영향은 큰 차이가 없다는 점에 유의할 필요가 있다. 예컨대 농업, 수산업 등에 대한 석유류 공급가격은 낮게 규제되고 있다. 이것은 규제를 내부보조 혹은 교차보조의 수단으로 사용하는 것인데, 이 경우 농어민에게 상대적으로 낮은 가격에 석유류를 공급하는 데 따른 비용은 결국 다른 소비자집단의 부담으로 전가되게끔 되어 있다. 흔히 규제는 돈이 들어가지 않는 것처럼 생각하는 경향이 있지만, 이런 심각한 오해와 착각이 있을 수 없다.

제5장에서 다루었듯이, 규제는 공짜가 아니다. 규제는 '보이지 않는 세금(hidden tax)'이다. 국민경제적 관점에서 보면 규제를 하는 것이나 보조금을 주는 것이나 그에 따른 국민의 부담은 같다. 이 점을 정확하게 인식하지 못할 때 당연히 재정으로 감당해야 할 일을 규제로 대처하려는 동기가 유발될 것은 정한 이치이다. 반면에 이 점을 정확하게 이해한다면 부작용 혹은 역효과를 유발하는 가격규제라는 수단에 의존하기보다는 조세와 재정이라는 정통적인 수단을 사용하는 것이 올바른 접근방법이고 정책의 투명성 측면에서도 바람직하다는 사실을 인정하지 않을 수 없을 것이다.

3.3 거래규제의 경우

공정거래 규제로 대표되는 각종의 거래행위 및 영업방법 관련 규제에서 가장 흔하고 널리 사용되는 것이 처방적 기준(투입요소기준)이다.[40] 예컨대 방문판매나 경품제공 행위에 대한 규제에서 거래 강요, 과도한 경품의 지급 금지, 환불 또는 교환의 거부 금지 등을 세세하게 나열하는 것과 같다. 다른 예로서 대기업과 중소기업 간의 하도급 계약과 관련하여 대금의 지

---

40. 처방적 기준은 투입요소기준과 같은 의미의 용어이지만, 거래행위에 관한 규제 논의에서 투입요소기준이라는 용어는 오해를 불러일으키는 면이 있어 처방적 기준이라는 용어를 대신 사용하고 있다.

급방법과 시기, 지급조건 등은 물론이고 심지어 환율변동에 따른 재계약 의무에 이르기까지 상세한 규정을 두고 이행을 강제하는 것도 마찬가지다. 신규 금융상품에 부과하는 각종 의무도 마찬가지의 경우에 속한다. 금융상품의 리스크에 대한 각종 정보를 제공해야 하고, 설명에 대한 본인 확인 의무, 피해변제 목적의 보험 가입 의무 등을 부과하는데 이것들이 처방적 기준의 예라고 할 수 있다.

이런 처방적 기준의 문제점은 어느 경우든 대동소이하다. 즉 그런 의무를 부과한다고 해서 규제 효과가 확실하게 보장되지 않는다. 수많은 규제회피 행동을 낳는다. 거래행위의 상대방, 상황과 처지, 경우 등이 모두 지극히 다양해서 이런 기준이 현실에 부합되는 경우는 의외로 적기 때문이다. 또 이런 규제는 소비자 보호 목적을 위한 것들이 대부분이지만, 소비자에 따라서는 이런 보호 차원의 서비스를 오히려 귀찮게 생각하거나 반대할 수도 있다.(제11장 참고)

이렇듯 거래당사자 쌍방이 거래비용을 줄이기 위해 최선의 노력을 기울이며 이 과정에서 새로운 지식과 기술이 생산 및 파급되는 시장에서 거래의 행태와 방법을 천편일률적으로 규정하고 이를 준수하도록 하는 것은 오히려 여러 가지 문제를 불러들이는 꼴이다. 다종다양하기 마련인 거래방식과 형태에 대해 규제를 하다 보면 규제는 한없이 늘어나지 않을 수 없고, 그렇게 되면 될수록 규제회피 행동이 만연하면서 규제의 악순환을 피할 수 없게 된다. 이런 형편에서 애당초의 규제목적을 달성하기는 불가능하다. 중소기업이나 소비자의 정부 의존도만 높이고 급기야 시장거래의 모든 국면에 규제기관이 관여해야만 하는 모순을 초래하기 쉽다.(최병선, 2008a)

이런 모순에서 탈피하는 방법으로서 자율규제 방식의 적용을 우선적으로 검토해 볼 필요성이 있다. 위에서 언급했듯이, 자율규제 기준 역시 처방적 기준에 속하기는 마찬가지지만, 업계와 시장의 사정에 정통한 관련 업계의 협회나 단체가 스스로 만든 기준이므로 현실 적합성이 매우 높다는 강점이 있다. 다만 자율규제 기준이 신규사업자의 진입 억제 수단으로 악용되는 일이 없도록 업계의 반경쟁적 행태를 견제해야 할 필요는 있다.

이런 면에서 처방적 기준을 최소화함과 동시에 성과기준에 근거해 제재를 강화하는 방식의 접근을 고려해 볼 수 있을 것이다. 다시 말하면 최소한으로 정해진 처방적 기준의 위반 횟수와 그로 인한 소비자피해의 정도, 혹은 고객의 불만족도, 제품 반품 및 환불 요구 등의 관련자료를 확보하여 일정 기준을 넘는 사업자에 대해서는 영업정지나 취소로 대응할 수 있다. 이런 사후규제 방식으로 접근한다면 사업자의 자율성을 과도하게 침범하지 않으면서 규제목적을 더 효과적으로 달성할 수도 있다는 것이다.

한편 거래행위 규제 영역에서 경제유인 규제의 활용 여지는 거의 없는 반면에, 시장기반 규제의 도입 가능성은 상당히 크다고 생각한다. 시장에서 사업자는 자기 이익을 위해 소비자를 포함한 거래상대방이 치러야 할 정보비용의 감소를 위해 최선의 지식과 기술을 동원하려는 동기와 유인을 갖기 마련이다. 그래야 브랜드 이미지와 평판을 유지하고 충분한 이윤을 확보할 수 있기 때문이다. 그럼에도 사업자가 이런 노력을 게을리한다면 거기에는 그럴 만한 이유가 있다고 보아야 할 것이다. 아마도 그 이유는 자신의 노력에 대한 보상이 충분하지 않다고 판단하기 때문일 가능성이 크다. 이런 경우는 합리적인 거래행위의 진작을 위해 필요하다고 생각되는 정보를 선별하여 정보공개를 요구하되, 이런 정보의 이용이 촉진될 수 있도록 소비자에 대한 교육과 홍보를 병행하는 것이 좋은 방법일 수 있다.

4. 종합평가: 대안적 규제수단 탐색의 중요성

이 장에서 저자는 규제를 경제규제와 사회규제로 대별하는 기존의 분류방식에 이의를 제기하였다. 이 분류는 규제개혁의 방향과 전략을 모색할 때 매우 중요한 지침을 제공해 준다는 게 논거의 핵심이었는데, 저자는 규제개혁 실무에 참여하면서, 경제규제는 이론적 논거가 매우 약한 것이 사실이지만, 정치적 요구와 지지가 완고해서 쉽게 완화하거나 폐지할 수 없다는 게 엄연한 현실임을 깊이 자각하지 않을 수 없었다. 규제를 정책수단의 일종으로 보고, 경제규제와 사회규제에 공통 적용할 수 있는 형태로 규제수단과 방식의 분류체계를 통합 재정립하는 일이 시급하다는 결론에 이른 것이다. 이런 맥락에서 최병선(1992)이 사용한 사회규제 영역에서의 규제수단과 방식의 유형을 기초로 삼되, 최근 주로 이 분야에서 이루어지고 있는 각종의 제도적 혁신을 참고하고 응용하여 기존의 분류방식을 수정해 보았다. 또 이것을 경제규제 영역에 그대로 적용할 수 있는지를 테스트해 보았다. 그 결과 다양한 예시가 시사하듯이, 예산 정치(budget politics) 차원에서 볼 때 보조금 제도로의 전환을 기대하기 힘든 가격규제의 경우 말고는 대부분의 경제규제 영역에서 상당한 적실성이 있는 것으로 평가되었다. 이 결론의 의미는 적지 않다. 무엇보다도 지금까지 경제규제 영역의 규제에 관한 한, 거의 모든 논의가 규제의 정당성 논란 차원에 머문 반면에 대안적인 규제수단의 개발에 대한 관심도는 너무나 낮았기 때문이다.

더 나아가 여기서 제시된 규제수단과 방식의 유형들은 규제수단의 선택에 관한 연구의 시발점을 제공해 줄 것으로 기대된다. 규제수단의 선택 연구란 어떤 정치경제적 동기와 제도적 요인에 의해 규제수단의 선택이 좌우되고, 또 어떤 요인에 의해 규제수단의 선택이 변화의 과정을 밟게 되는지에 대한 연구로서, 이런 연구가 활성화되기 위해서는 규제수단의 유형화가 대전제이기 때문이다. 또 이 두 가지 연구 경향은 상호보완적인 관계에 있으므로 향후 규제수단의 선택 연구가 진전된다면 규제수단과 방식의 유형화 작업도 더 충실해질 수 있게 될 것이다.

제8장 규제, 왜 실패하기 쉬운가? (I) 과도한 규제목표와 집행자원의 제약

사람들은 규제목표가 높을수록, 규제수단이 강력할수록 규제는 더 효과적일 것이라고 쉽게 생각하고 넘어간다. 이런 접근이 어떤 문제들을 불러올지에 대해서 생각해 보는 사람은 아주 드물다. 실제로 규제가 잘 집행될지, 효과적인 규제집행을 위한 자원은 제대로 갖추어져 있는지에 대해서는 별 관심이 없다. 그런데 규제집행자원의 제약은 규제의 효과성을 떨어뜨리는 강력한 제약조건(strong resource constraints)이다. 규제가 흔히 처벌 강화 일변도로 치달으면서 여러 가지 부작용을 낳는 가장 큰 이유는 규제의 효과적 집행을 위한 인적, 물적 자원이 부족해서다. 이것이 첫 번째 규제 실패 요인이다. 두 번째 요인은 규제의 획일성과 규제집행의 경직성이다. 이 장에서는 첫 번째 요인에, 다음 장에서는 두 번째 요인에 초점을 맞추어 규제는 왜 실패하기 쉬운가를 설명하려고 한다.

규제, 특히 우리나라 규제들의 목표를 보면 놀라울 정도로 막연하고 애매하며 모호한 것들이 많다.[1] 이런 지적에 많은 사람이 믿을 수 없다는 반응을 보일지 모른다. 하지만 이런 사람들은 무심결에 규제기준(예: 중금속

---

1. 물론 이런 질문들은 규제와 관련해서만 제기되는 것이 아니다. 뚜렷한 목표가 없이는 존재할 이유가 없다고 말할 수 있는 조직의 경우는 물론이고, 개인의 삶에서도 인생의 목표나 개개 행동의 목표가 구체적이고 뚜렷한 경우는 오히려 드문 편이다.

○○ ppm 이하 등)을 규제목표로 오인하고 있을 가능성이 크다. 사실 그렇게 여길 만한 이유가 없지는 않다. 예컨대 법령상 환경기준이나 안전기준이 100% 준수되기만 한다면 규제의 목표는 100% 달성되는 셈이 되므로 규제기준과 목표를 동일시해도 괜찮을 것이다. 하지만 100% 준수는 불가능한 일이고 보면, 규제기준과 목표를 동일시할 수 없다. 규제기준은 단지 규제목표 달성을 위한 수단일 뿐이다. 그렇다면 규제목표는 규제기준과 다른 무엇이란 말인가?

무릇 목표란 이룩하고자 하는 이상적 결과이자 상태이다. 같은 논리로라면 규제목표는 규제를 통해 이룩하고자 하는 이상적인 결과나 상태라고 말할 수 있다. 하지만, 그것을 구체적인 말로 표현해 내기가 쉽지 않다. 예컨대 환경규제의 목표는 깨끗한 환경, 소비자 안전규제의 목표는 소비자가 안심해도 좋은 수준의 안전성 확보라고 말할 수 있겠다. 그런데 도대체 얼마나 깨끗하고 안전하면 해당 규제의 목표가 달성되었다고 볼 수 있을까? 어떤 사람은 현재의 환경 상태나 소비자 안전수준이 참을 만하다고 하고, 어떤 사람은 턱없이 미흡하다고 한다. 사정이 이렇기에 어떤 수준을 규제목표로 삼을지 많은 논의를 해야 마땅하다.

그런데 이상한 일이 있다. 무릇 세상의 모든 일에서 사람들은 이상과 현실은 다소간에 괴리되기 마련이라고 보고, 이 괴리의 폭, 즉 갭(gap)을 줄이는 방법과 전략에 관심을 집중시킨다. 그런데 기이하게도 규제영역에서는 이상과 현실이 절대로 괴리되면 안 된다고 보고 접근한다. 더 기이한 일은 세상의 모든 일에서 이상과 현실의 괴리가 인식되면 이상을 낮추는 방식으로 대응하는 게 보통인데, 무슨 영문인지 규제영역에서는 오히려 이상을 더 높여감으로써 결과적으로 이 갭을 더 크게 벌려놓는 방향으로 대응한다.

비근한 예로 사람들은 더 생산적으로 하루를 살 결심을 하고 아침 기상 시간을 평소보다 2시간 이른 새벽 6시로 정해 보지만, 한두 주 후에는 6시 반, 7시로 늦춘다. 이것이 일반적이고 정상적인 오차수정(error correction) 방법이다. 생활의 리듬을 하루아침에 바꿀 수 있는 일도 아니거니와, 일찍 기상한 하루가 피곤하고 생각만큼 생산적이지 못함을 연거푸 경험한다면 기상 시간을 과거보다는 조금 이르게 잡는 방법 외에 별다른 수가 없기 때문이다.

그러면 왜 규제영역에서는 이런 일반적이고 정상적인 오차수정 방식이 통하지 않는 것일까? 지금의 규제 아래서의 현실이 불만족스럽다면 이 현실을 실질적으로 개선하기 위한 노력—예컨대 규제인력과 장비의 강화, 문제해결을 위한 지식과 기술의 향상 등—은 왜 외면하고 오히려 목표치를 더 높임으로써 결과적으로 이상과 현실 간의 갭만 더 벌려놓는 방식으로 대응하는 것일까? 무엇보다도 규제목표에 대한 이해가 잘못되어 있어서다. 더 직접적으로 말한다면 목표에 대한 집착이 매우 강하기 때문이다. 왜 사람들은 규제목표에 집착하는 것일까?

첫째, 규제 준수율이 100%를 밑도는 게 일반적이고 정상이라면, 규제 아래서의 상태(state under regulation: SUR)는 규제기준이 100% 집행되고 준수된다고 가정할 때의 기대상태(expected state under regulation: ESUR)에 항상 미달할 수밖에 없다. 따라서 실제 결과가 SUR〈ESUR로 나타난다면, 기존규제의 집행 강도를 높이거나 피규제자들이 규제에 순응하기 쉽게 만드는 등의 보완책을 쓰는 게 합리적이다.[2] 그런데 현실은 어떤가? 이와는 반대로 나간다. 전에 없던 기준을 추가하거나 기존의 기준을 강화하고 처벌 수위도 높이는 등의 방법으로 대응한다. 규제기준을 강화하고 처벌을 강화한다고 과연 (터무니없이 높게 설정된) 규제목표가 달성될까? 오히려 편법을 동원해 규제를 회피하려는 의도와 노력을 부추기고, 부정부패의 소지만 키우는 결과를 부르지 않을까?

둘째, 보통 사건과 사고, 재난, 사회적 물의가 발생한 때 규제목표는 강화된다. 사건과 사고, 재난이 관련 규제가 부재하거나 미약해서 발생하는

---

2. 이와 반대로 만일 SUR〉ESUR이 돼도 문제다. 이는 규제목표의 초과 달성을 뜻하며 필요 이상으로 규제가 강하다는 의미이다.

경우들이 없지는 않을 것이다. 생활 수준의 향상이나 안전의식 수준의 상승 등으로 과거에는 문제가 되지 않던 상태가 문제시되는 경우가 이에 속한다. 하지만 이런 경우는 오히려 드문 편이다. 이보다는 시행 중인 규제가 제대로 집행되지 못해서 사고가 나고 재난이 발생하는 예가 훨씬 더 많다. 사정이 이렇다고 한다면 사건과 사고, 재난, 사회적 물의에 대한 올바른 대책은 일차적으로 해당 규제의 집행에 더 많은 자원을 투입해 규제 효과를 높이는 쪽으로 나가는 것이 옳다. 하지만 이런 일은 거의 일어나지 않는다. 효과적인 규제집행을 위한 자원은 보충하지 않은 채, 규제기준과 처벌의 강화 일변도로 대처하는 게 일반적이다.

여기서 우리는 다음과 같은 질문을 던지지 않을 수 없다. 왜 입법자나 규제자는 실제로 달성 가능하다고 판단하는 상태나 결과를 규제목표로 삼지 않고 애당초의 규제목표—즉 규제문제의 100% 해결—를 고집하는 것일까? 이 질문에 답하기 위해서는 목표와 수단, 그리고 자원의 관계에 대한 아주 근본적이고 일반적인 논의가 불가피하다.

1. 목표, 수단, 자원의 관계: 일반적 논의

사람들은 대체로 목표 '중심적인' 사고를 한다. 목표가 먼저 명확히 정해져 있어야만 적절한 수단을 선택할 수 있다고 생각한다. 목표가 수단보다 먼저 결정되어야 한다고 믿는다. 그러나 목표와 수단의 관계는 이처럼 간단하지 않다. 목표보다 먼저 수단이 선택되고, 선택된 수단에 맞추어 목표가 비로소 구체화되거나, 기왕의 목표가 수정되는 경우도 많다. 요컨대 목표와 수단은 쌍방향적인 관계에 있다. 즉 목표에 따라 수단이 결정(선택, 조정)되기도 하지만, 그 반대로 수단에 따라 목표가 결정(선택, 조정)되기도 한다. 같은 논리로 어떤 가치에 맞추어 정책이 수정되기도 하지만, 정책에 맞추어 가치가 수정되기도 한다.(Braybrooke and Lindblom, 1963:93) 목표가 당연히 수단을 지배해야 한다고 생각하는 경향이 강하지만, 사실은 수단이 목표를 지배하는 경우가 더 많다. 특히 당면목표(proximate ends)는 선택된 수단에 지배된다.(*ibid.*)

비근한 예로서, 내가 좋은 옷을 하나 사고 싶다고 해 보자. 이때 내가 마음속에 두고 있는 좋은 옷이 무엇인지는 아직 구체적이지 않다. 시장에 가서 이 옷, 저 옷을 보면서 비로소 내가 바라는 옷의 종류, 형상, 색깔 등이 구체화되기 시작한다. 내가 간 곳이 백화점이냐, 동대문시장이냐에 따라 내 생각은 또 달라질 수 있다. 이번엔 목표가 제법 분명한 경우를 생각해 보자. 예컨대 특정 백화점에서 특정 브랜드, 특정 색깔과 모양의 옷을 사려고 가보니 마음에 든 옷은 없었다고 해 보자. 이때 당신은 그냥 돌아서고 마는가? 아니면 다른 브랜드, 색깔, 모양의 옷을 대신 사는가? 후자가 답이라면 당신의 처음 목표는 정말 분명한 목표였는가? 이 예에서 보듯이, 우리는 가게에서 이 옷 저 옷을 보면서—이게 수단이다—마음에 드는 옷을 고르지, 처음에 머릿속에 그렸던 근사한 옷—이게 목표이다—을 찾아 전국을 헤매지는 않는다.

이제 여러분은 혼란에 빠졌을지 모른다. 그러나 잘 생각해 보시라. 수단에 독립적인 목표의 구상(conception)은 불가능하다. 왜 그런가? 첫째, 목표의 달성을 위한 유력한 수단이 존재하지 않으면, 우리는 아예 그런 목표를 세우지도 않는다. 예컨대 자동차 배기가스 오염을 제로(0)로 만들 수단이 없는 이상, 오염 제로를 정책목표로 삼지 않는다. 물론 방법이 전혀 없는 건 아니다. 예컨대 모든 자동차를 다 없애버린다면 자동차 배기가스도 생겨나지 않는다. 하지만 그러기에는 희생과 비용이 너무나도 크다. 어떤 목표의 달성이 가능하지 않다는 말은 '도저히 감당할 수 없을 정도로 큰 비용이 든다.'는 뜻인 경우가 많다.(*ibid.*)

둘째, 이처럼 목표 달성을 위해 사용 가능한 수단의 종류와 범위에는 명백한 한계가 있다. 따라서 목표는 이 한계에 갇힐 수밖에 없다. 예컨대 환경오염을 줄이려고 하면 경제활동에 대한 제약은 커진다. 이런 상충관계를 반영한 환경수준과 경제성장률 관계의 쌍은 무한하지만, 이 쌍들 하나하나에 대한 자신의 선호에 서열을 매기기는 불가능하다. 그저 상대적으로 관심이 더 가는 몇 개의 쌍으로 선택범위를 좁힌 다음, 어떤 것이 좀 낫다, 못하다는 식으로 자신의 선호를 표현한다. 이것이 우리가 목표(가치)를 구체화할 때 사용하는 일반적인 방식이다. 이는 수단과 분리해 목표(가치)를 생각하기가 불가능하다는 사실을 잘 말해 준다.(*ibid.* p. 97)

이처럼 목표는 수단과 분리해 독립적으로 구상할 수 없을뿐더러, 이용 가능한 수단의 존재 여부에 따라 바뀌고, 또 계속 변화해 갈 수밖에 없다. 이는 목표와 수단의 관계에서 결정적인 요인은 목표가 아니라, 현실적으로 이용 가능한 수단의 성격과 범주임을 의미한다. 그러면 무엇이 현실적으로 이용 가능한 수단의 범주에 가장 큰 영향을 미치는가? 두말할 것도 없이 비용이다. 수단이 아예 존재하지 않는 경우는 물론이고, 있지만 비용이 감당하기 힘든 수준이라면 그 목표는 포기하거나 수정할 수밖에 없다. 기왕의 목표를 포기하지 않는다면, 결국 허용된 비용 범위 안의 수단만으로 검토대상이 한정되기도 하고, 검토대상 수단의 범위가 어떻게 한정되느냐에 따라 목표의 어떤 부분이나 측면을 포기하거나 그것들 간의 우선순위를 변경하지 않으면 안 된다.

예컨대 아파트 투기 규제와 같이 규제의 목표가 복수이고 이들 간에 갈등이 존재하는 경우, 더구나 이 규제에 투입할 수 있는 자원(돈, 인력, 시간 등)이 크게 모자란 경우, 아파트 수급의 장기적 안정이라는 목표를 달성하기 위해서는 아파트 공급의 확대가 최선이다. 하지만 이를 위한 자원이나 시간 여유가 없다고 판단되면, 이런 수단에 관심을 기울이기보다는, 아파트 가격 안정이라는 단기적인 목표의 달성에 주력하지 않을 수 없고, 따라서 기획부동산업자의 집중단속이나 투기자 색출 및 중과세 등의 손쉬운 방편에 매달리게 된다.

목표가 수단보다 우선하고, 목표가 수단을 지배해야 한다는 주장은, 정책결정 이론에서 보통 합리모형(rational model)이라고 부르는 모형의 핵심 주장이다. 이런 주장은 규범적으로는 맞는 주장일 수는 있겠지만, 현실적으로는 맞지 않는 주장이다.[3] 한번 정해진 목표는 어떤 이유로도 변경되어서는 안 되며, 수단은 목표에 종속되어야만 한다는 관점은, 만일 목표가 명확히 규정되어 있고 충분히 실현 가능한 내용으로 구성되어 있다면, 타당할 수도 있다. 그러나 목표는 거의 언제나 추상적이고 애매하고 모호하게 규정된다.(Browne and Wildavsky, 1984:192-93) 목표의 설정 과정은 기본적으로 정치적 과정이기 때문이다. 다시 말하면 목표가 구체성을 띠면 띨수록 갈등이 커지기 때문에 이 갈등을 봉합할 수 있을 수준으로 목표를 추상적으로 또 애매모호한 상태로 남겨둘 수밖에 없다. 따라서 추상적이고 애매모호하게 규정되어 있을 뿐인 정책을 집행하는 단계에서 목표의 재해석이 불가피해지고, 목표를 재해석하는 과정에서 수단이 목표를 끌고 가는 현상이 나타나는 것은 어쩔 수 없다.

이를 두고 합리모형의 주창자들은 수단이 목표를 지배하게 되면 사실상 목표의 대치(displacement)가 일어나는 것이라면서 이를 매우 부정적으로 평가할 것이다. 하지만 이런 평가는 규범적으로는 맞는 평가일지언정 현실타당한 평가일 수 없다. 점진주의자인 윌다브스키는, 수단이 목표를 지배하는 현상은 목표가 추상적이고 막연할수록 더 빈번하게 나타날 수밖에 없고, 이런 상황에 봉착하면 어떤 조직이든 달성하기 힘든 목표를 달성 가능한 목표로 대치하고자 하거나 달성 가능한 목표를 우선하게 된다고 지적한다.(최병선, 2015:56-62) 그러면 여기서 달성 가능한 목표란 무엇이겠는가? 한마디로 말한다면 조직이나 기관이 직접 통제할 수 있는 수단이 존재하고 그 수단으로 달성할 수 있다고 보는 목표일 것이다.

예컨대 사람들의 행태 개선이란, 말이 그렇지 실제로는 쉽게 달성할 수 있는 목표가 절대 아니다. 그러므로 규제기관은 사람들의 행태 개선을 목

---

3. 이 모형과 이 모형의 비판에 관해서는 〈윌다브스키의 정책학〉(최병선, 2015) 논문을 꼭 읽어주시기 바란다. 사실 이 장에서의 주된 논의와 논리는 이것에서 빌려왔다.

표로 삼는 규제의 경우 기관이 직접 통제할 수 있는 것들—예컨대 조직, 인력, 재정, 계획과 예산, 업무의 중점과 우선순위, 주된 관심 사항과 노력의 방향 설정 등 여러 가지 수단—에 변화를 주는 방법으로 대응한다. 구체적인 예로서 마약의 오남용 방지가 규제목표라고 할 때 마약 상습자의 태도를 고칠 수 없는 이상 규제대상 마약의 종류를 확대하거나, 인기연예인처럼 파급효과가 큰 마약 사용자의 적발에 노력을 집중하거나, 마약사용의 단속권을 경찰로 넘기는 것과 같다.

목표의 대치라고 보든 목표로부터의 후퇴(retreat from objectives)라고 보든 기왕의 목표가 매우 추상적이고 또 지나치게 이상적으로 설정된 나머지 도저히 달성할 수 없는 목표라면, 또는 기왕의 목표를 달성하려고 보니 엄청난 정치적, 경제적, 사회적 비용이 초래되는 경우라면, 목표의 대치나 목표로부터의 후퇴가 항상 반드시 나쁘다고는 말할 수 없다. 만일 규제기관이 애초에 A라는 문제를 해결하려고 했으나, 경험을 통해 더 중요하다고 판단되는 B라는 새로운 문제를 발견하게 되었고, 그래서 B의 해결에 역점을 두는 등으로 대응하는 것은 한편 불가피하기도 하지만 한편 바람직한 대응이라고 평가할 수 있다는 말이다.[4] 이런 목표의 대치 혹은 전환은 기왕의 목표를 추구하면서 규제기관이 거듭된 실패에 봉착하지 않았더라면 대두하지 않았을 가능성이 크고, 경험을 통해 얻은 귀중한 교훈을 살리는 거라고 볼 때 이를 비난하기는 쉽지 않다. 오히려 무리한 목표에 맹목적으로 또 무비판적으로 집착하지 않고 그간의 경험을 거울 삼아 현실적으로 달성 가능한 목표를 찾아내려고 노력한 결과이므로 긍정적으로 평가할 만한 측면이 분명히 있다.

---

4. 참고로 이런 경우의 예로서 윌다브스키(Wildavsky, 1979:56)는 ① 수감과 격리 위주의 죄수감호 정책에서 처음에는 관심이 낮았던 죄수의 재활(rehabilitation)에 더 큰 관심을 갖게 된 것, ② 교육의 질을 향상시키기 위해 목표관리에 주력하던 방식에서 학생과 학부모에게 선택권을 제공하는 교육 바우처(voucher) 방식으로 전환한 것, ③ 의료비의 절감을 위한 비용통제 위주의 접근에서 건강습관의 증진에 초점을 두게 된 것 등을 들고 있다.

목적론적 사고에 익숙하고 수단보다 목표가 중요하다고 믿는 사람들에게 이런 점진주의적 관점과 시각은 논리적으로는 맞을지 몰라도 뭔가 잘못되었다는 생각을 떨치기 어려울 것이다. 목적론적 사고방식은 이런 면에서 사람들이 그 사고 틀에서 벗어나지 못하게 만드는 감옥과도 같은 면이 있다. 목표가 높다고 결과가 좋은 건 아니고, 동기가 선하다고 결과가 선한 게 아님에도 불구하고 이런 사고방식의 소유자들은 목표에 대한 집착에서 벗어나지 못한다. 목표에 대한 강한 집착이야말로 소위 '합리성 패러다임'의 가장 현저한 표징(hallmark)이기 때문이다.(Wildavsky, 1993:23) 그러므로 이 사고방식에서 벗어나지 못하는 한, 이런 점진주의적인 관점과 사고에 동의하기는 거의 불가능하다. 이들은 정해진 목표를 떠나서는 합리성 여부를 논하고 말고 할 필요나 이유가 없다고 말하겠지만, 목표와 동시에 수단을 고려하지 않고서는 합리성 자체를 거론할 수조차 없다.

이제 목적론적 사고, 목표 중심적 접근에서 벗어나 점진주의적 관점과 시각에서 규제가 실패하기 쉬운 이유에 관하여 더 직접적으로 또 구체적으로 논의할 준비가 어느 정도 되었으므로 이 장과 다음 장에 걸쳐 이를 본격적으로 고찰해 보려고 한다. 먼저 이 장에서는 규제목표, 수단, 자원의 상호관계 측면에서 규제의 실패 원인을 규명하고, 다음 장에서는 규제의 본질적 속성인 획일성과 경직성에 초점을 맞추어 규제의 실패 원인을 규명하고 있다.

2. 규제목표, 수단, 자원의 상호작용 관계

2.1 과도한 규제목표 설정의 원인

정치인은 규제목표를 높게 설정하려는 유인이 매우 강하다. 사회적으로 바람직하지 않은 일, 또는 사회악(social ills)의 제거에 규제의 목적이 있으므로, 규제는 강할수록 좋다고 단순하게 생각하는 편이다. 일반 국민의 생각이 그러함을 알기에 더더욱 공익의 '수호천사'인 양 행동하려 한다.[5] 사건, 사고, 재난 등 위기가 발생한 경우 특히 그러하다. 사건, 사고는 간혹 일어날 수가 있는 일이건만, 이들의 눈에는 결코 일어나서는 안 될 일이 일어난 것이고, 그 원인은 두말할 것도 없이 기업의 이기적이고 무책임한 행동에 있다고만 생각한다. 이어서 이런 행동을 사전에 관리 감독하지 못한 규제기관의 책임을 추궁하면서 확실한 재발방지책을 촉구한다. 언론은 이에 맞장구를 치고, 궁지에 빠진 규제기관은 서둘러 재발방지책이란 것을 만들어 발표한다.

모험회피나 책임회피는 규제기관과 관료의 전유물은 아니다. 그러나 이들의 모험회피 및 책임회피 성향이 매우 강하다는 사실은 부정하기 힘들다. 밀턴 프리드먼은 이 점을 이렇게 설득력 있게 설명한다.

　　여러분들이 신약 허가 또는 불허 책임이 있는 FDA(미국식품의약품안전청)의 간부 자리에 있다고 하자. 여러분은 ① 수많은 사람을 사망하게 하거나 아니면 심각한 피해를 주는 부작용 있는 의약품의 생산과 판매를 허가하는 것과, ② 수많은 생명을 구하고 극심한 고통을 덜어줄 수 있으며 부작용이 전혀 없는 의약품의 생산과 판매를 허가하지 않는 것, 이 두 가지 과오(error) 중 어떤 과오를 피하려고 할 것인가? 망설임이 있는가? ①의 과오를 범한다면 여러분의 이름이 매일같이 신문에 오르내릴 것이며

---

5. 피규제자가 법을 위반하는 이유는 반드시 그가 부도덕하거나 반사회적이어서인 것만은 아니다. 사회적으로 유익한 경제활동을 하고 있지만, 규제순응비용이 지나치게 높아서 이행하지 못하는 경우가 대부분이다. 일반적으로 규제위반자에 대한 처벌이 다소 약한 듯이 보이는 경우가 많은데, 이렇게 처벌이 약한 수준으로 설정된 것은 경제학적으로 보면 합리적인 측면이 있다. 왜냐면 규제위반행위가 사회에 미치는 해악(손해)이 (비현실적으로) 높은 규제를 회피하거나 우회하는 데 드는 비용보다 작다면 규제를 강제하는 것보다는 그 행위가 부분적으로 허용되는 것이 사회적으로 이익이다.(Veljanovski, 1984:173) 이에 관해서는 아래에서 심도 있게 고찰하게 될 것이다.

크게 망신당할 것이다. 그러나 ②의 과오를 범한다면 누가 이를 알기나 할까? 불만에 가득 찬 화학자와 의사들만이 정부의 과오를 부분적으로나마 알 뿐이다. 신약으로 생명을 구했을는지 모르는 사람들은 이미 이 세상을 떠나 항의도 못하고 희생자 가족들은 면식도 없는 정부 관리의 '신중함'으로 사랑하는 가족이 목숨을 잃었다는 사실은 알 리가 없다.(민병균 등, pp. 267-68. 저자 내용 약간 변경)[6]

다음으로 이 대책의 주요 부분을 차지하는 것은 무엇일까? 거의 예외 없이 새로운 규제의 추가와 처벌 강화이다.[7] 하지만 이런 대책으로 결과가 어떻게 달라질지는 의문이다. 왜 그런가? 첫째, 이런 규제들은 사고원인과 결과 간의 정확한 인과관계 추정에 기초하고 있다고 볼 수 없다. 해당 규제가 없거나 미약해서 사고가 난 것이라는 확실한 증거가 없다. 이 원인분석이 맞다면 사고가 난 문제의 기업 외에 다른 기업들에서는 왜 사고가 발생하지 않았는지를 충분히 납득할 수 있게 설명할 수 있어야 한다. 둘째, 하나 혹은 소수의 기업에서만 사고가 났다면, 사고의 책임은 관련법과 규제의 미비에 있다고 보기 이전에 그 기업이 구체적으로 어떤 규제를 위반하였고, 규제기관은 왜 그 사실을 알지도 못하였고, 그래서 적절한 사전예방조치를 강구하지 못했는지를 꼼꼼히 따져보는 게 올바른 순서다. 이런 분석이 맞다면 사고 후 대책의 초점은 규제집행의 효과성과 효율성을 높이는 데 우선적으로 두어야 맞다. 다짜고짜 새로운 규제를 도입해 규제체계를 누더기로 만들고 처벌을 강화할 일이 아니다.

---

6. 같은 취지의 주장은 최종원(1999); 바닥흐(Bardach, 1980:42-43) 참고.

7. 제5장에서 설명하였듯이, 정부가 일하는 기본방식 혹은 정책수단은 크게 보아 돈(조세와 재정)과 말(규제)이다. 사고대책에 포함될 내용도 당연히 돈과 말 두 종류로 구성될 수밖에 없는데, 예산은 즉시로 변통하기가 어렵고 상당한 시간을 요하는 반면에, 규제는 거의 즉각적으로 활용할 수 있고 빠르게 효과를 거둘 수 있다고 보기 때문에 사고대책의 대부분은 규제로 채워진다.

예컨대 A기업에서 사고가 났는데 살펴보니 X(라는 행동)를 하지 않은 것이 사고원인으로 보인다면, 이것이 A기업만의 일인지, B, C 등 다른 기업도 마찬가지인지를 먼저 살펴보아야 맞다. 만약 다른 기업들도 대동소이하다면, X를 강제할 규제가 필요하다고 볼 수 있다. 그러나 이게 아니라면 아무 죄도 없는 B, C 등 다른 기업에 추가적인 규제 부담을 안길 이유가 없다. 그런데도 새로운 규제를 도입한다면, 더 나아가 그 보장책으로서 예방조치 Y와 Z를 의무화하고, 더불어 X, Y, Z에 대한 이행실태를 보고하도록 의무화한다면 이는 과잉규제에 해당한다. 문제기업의 사고원인이 다른 기업들에도 잠복해 있을 가능성이 전혀 없다고는 말하기 어렵겠지만, 그런다고 싸잡아 규제를 가중한다면 어느 기업이 이를 납득할 수 있겠는가?[8]

이치가 이러함에도 소수 기업의 규제위반이나 불이행 문제는 해당 업계 모든 기업의 문제로 비화하면서, 사고 기업에 대한 처벌은 오히려 관심 밖으로 밀리고, 모든 기업을 잠재적 범죄자로 보아 마구잡이로 규제와 처벌을 강화하려고 덤비는 걸 흔히 볼 수 있다. 예컨대 수년 전 새우깡에서 생쥐의 흔적이 발견되고 식료품 캔에서 금속 부스러기가 나와 대서특필되면서 문제기업만이 아니라 해당 업계 전체가 급격한 매출 감소로 치명타를 맞은 일이 있다. 기업들이 자발적으로 대책을 강구하고 있는 마당에, 당시 보건복지부(식약청)는 모든 식품업체에 대하여 불순물의 혼입 방지시설 설치 의무화를 내용으로 하는 식품위생법 개정을 추진하다가 규제개혁위원회에서 저지된 바 있다.

이런 예에서 알 수 있듯이 마구잡이식 규제와 처벌강화는 합리적인 대응방식으로 볼 수 없다. 사과에도 성한 사과와 벌레 먹은 사과가 있듯이, 세상에는 나쁜 기업(bad apples)과 좋은 기업(good apples)이 있기 마련이

---

8. 제10장에서 보게 되겠지만, 규제와 사고 발생 간의 관계는 그리 간단하지 않다. 관련법과 규제를 모두 다 지킨다고 사고가 나지 않는 것도 아니고, 이것을 모두 다 지키지 않는다고 반드시 사고가 나는 것도 아니다.

다.[9] 문제에도 중대한 문제가 있는가 하면 사소한 문제가 있으며, 시스템 중 잘 작동하지 않는 부분도 있지만 잘 작동하고 있는 부분도 있다. 그런데도 옥석을 구분하지 않고 마구잡이로, 무차별적으로 취급하려고 하는 이유는 도대체 무엇일까? 바닥흐와 카간(Bardach and Kagan, 2002:62-66)은 다음 두 가지 이유를 제시하고 있다.

첫째, 규제를 잘 준수하는 좋은 기업은 제외하고, 규제를 회피하거나 위반하는 나쁜 기업만을 대상으로 규제를 강화해야 이치에 맞지만, 법 앞의 평등(equality before law) 원리는 이를 허용하지 않는다는 것이다. 또 규제기준을 이런저런 이유로 차별화하다 보면 자의적이기 쉽고 객관성과 불편부당성을 보장할 수 없게 된다는 비판, 그리고 소송을 당하면 패소할 것이 거의 분명하다는 사실을 규제기관은 의식하지 않을 수 없다는 것이다. 마구잡이식 규제가 이루어지게 되는 두 번째 이유는 사회적 위해(social hazards)의 원인은 지극히 다양하고 인과관계의 확인은 쉽지 않은 속에서 규제자는 사고 재발시 책임을 모면할 의도로 사고원인이 될 법한 모든 요인의 차단을 시도한다는 것이다.

이런 원인분석은 타당하지만 충분해 보이지는 않는다. 극소수의 기업이 말썽일 뿐인데 상관도 없는 기업까지 규제를 가하는 방식으로, 호미로 막을 일을 가래로 막는 격으로, 규제기관이 마구잡이로 접근하는 데는 규제 집행자원의 제약에서 파생되는 다른 두 가지 이유가 있다. 첫째, 현행 규제

---

9. 바닥흐와 카간(Bardach and Kagan, 2002:66)은 규제 분야나 지역 등에 따라 다소간 차이가 있으나, 미국의 경우 좋은 기업(good apples) 대 나쁜 기업(bad apples)의 비율이 80:20 정도이고, 전체의 약 10%에 불과한 나쁜 기업이 전체 규제위반 건수의 90% 정도를 차지한다고 보고 있다. 우리나라에는 이런 연구결과가 없으나, 그 비율은 이와 근사할 것으로 판단된다. 이 비율에 근거해 말한다면 약 20%의 나쁜 기업을 대상으로 하는 규제는 나머지 80%의 좋은 기업에게는 합리성과 정당성을 인정 받기 어려운 규제가 될 수밖에 없다는 말이다. 이처럼 매우 불합리한 규제, 따라서 불필요하게 높은 규제준수 비용과 부담을 지우는 규제가 시행될 때 기업은 이를 준수하려 하기보다는 회피하거나 우회해 보려는 유혹에 빠지기 쉽다. 이런 경우 규제 회피나 위반의 책임을 일방적으로 기업에 돌린다면 과연 타당하고 공정한 일인가?

체계 아래서도 집행이 충분히 강화될 수 있으면 새로운 규제를 도입하거나 기존규제를 강화하지 않아도 되겠지만, 규제집행자원이 크게 제약되어 있을 때 규제기관은 이 길밖에는 다른 방도가 없다고 생각하기 쉽다. 말하자면 사건 사고가 날 때마다 새롭게 등장한 원인에 관심을 집중하는 것이 강한 자원의 제약조건 아래서 자원의 활용을 효율화할 수 있는 최선의 방도라고 본다는 것이다. 둘째, 규제기관과 관료들은 문제의 원인을 종합적으로 파악해 사고의 재발 방지를 위한 근본대책을 세운다는 총합주의적 사고로 접근하지만, 이것은 겉으로 보기에 그럴 뿐 사실은 최근의 사건 사고에서 불거진 원인과 직접적인 관계가 있어 보이는—혹은 일반 국민이나 언론이 그렇게 인정해 줄 것으로 생각하는—규제의 처방에 관심을 집중한다. 이렇게 마련된 사고대책을 놓고 전문가들이나 언론이—이들이야말로 총합주의자들이다—지난번 대책의 재탕, 삼탕이라고 혹평하기 일쑤지만 점증주의적 관점에서 보면 이는 시리즈 분석 및 평가(serial analysis and evaluation)의 전형으로서, 합리적인 면이 있는 게 사실이다.(Diver, 1980) 이토록 규제집행자원의 제약은 규제수단의 선택에 영향을 크게 미친다.

2.2 규제집행자원이 제약된 상태에서 규제수단 선택의 불합리성

앞에서 검토하였듯이, 목표는 수단에 종속되며, 수단의 선택은 이용 가능한 자원과 비용의 지배를 받는다. 사고나 재난이 발생하고 그에 따라 규제가 강화되어야 한다면 그 규제의 집행에 필요한 인적, 물적 자원도 따라서 증가해야 규제 강화의 효과가 나타날 것인데, 규제의 강화와 더불어 규제자원이 따라서 증가하는 예는 거의 찾아보기 힘들다. 단적인 예로 2008년 봄 미국산 쇠고기 수입확대와 광우병에 대한 우려로 촉발된 촛불사태 때 나온 주요대책 중의 하나가 쇠고기 원산지 표시규제이다. 전국에 70-80만 개의 음식점이 있으니 이 규제를 효과적으로 집행하려면 상당한 인력과 예산의 추가적 투입이 당연하지만 그런 보완조치는 소홀히 취급되었다.

그 결과 원산지 표시규제가 겉돌고 있다는 보도들이 끊이지 않건만 기껏해야 일제 단속 정도로 대응하는 게 고작이다.

이 사례를 거꾸로 해석한다면 규제집행자원의 제약 아래서 규제기관이 취할 수 있는 대책은 새 규제기준을 추가하고 처벌을 강화하는 것 외에 별다른 방법이 없음을 보여 주는 것이다.(Jones, 1989; Polinsky and Shavell, 2000) 사건 사고를 일으킨 기업인지 아닌지를 불문에 부친 채, 또 새로 도입하거나 강화한 규제의 효과성에 대한 과학적 근거가 태부족한 상태에서 모든 기업을 대상으로 한 마구잡이식 규제 강화가 규제목표의 달성에 별로 효과적이지 못할 것은 자명한 이치이다.[10] 왜 그런가?

먼저 처벌의 강화가 어떤 결과를 불러오는지부터 고찰해 보자. 처벌의 강화에는 두 가지 방법이 있다. 하나는 규제위반 행위의 적발을 강화하는 것이고, 다른 하나는 처벌 수위를 높이는 것이다.[11] 규제집행비용만을 고려한다면 벌금(과태료 포함; 이하 동일)을 높이는 방법이 가장 효율적이다.(Veljanovski, 1984; Penn and Veljanoski, 1988) 규제 이행상태의 점검확인 혹은 규제위반 행위의 적발을 강화하려면 추가로 인력, 장비, 예산이 투입되어야 하지만, 벌금 높이기는 적발된 규제위반자에게 강화된 벌금을 부과하기만 하면 되므로 추가적인 행정비용이 발생하지 않기 때문이다.[12] 그러나

---

10. 비스쿠시와 잭하우저(Viscusi and Zeckhauser, 1979)는 자원의 제약 아래서는 비교적 느슨한 규제기준을 적용하는 것이 바람직하다고 주장한다.

11. 처벌에는 신체에 가하는 형벌(criminal punishment)과 경제벌(economic punishment), 두 종류가 있다. 신체벌의 경우는 행정벌이 아니라 형벌로 다루어지고, 그래서 반드시 법원의 판결이 요구되는 차이가 있으므로, 여기서는 편의상 행정벌 성격의 후자에 국한해 논의하고 있다.

12. 규제의 집행방식은 기본적으로 처벌 방식(penalty model)과 순응 유도 방식(compliance model) 등 두 유형이 있다. 일반적으로 말한다면 후자는 규제자와 피규제자가 협력하여 더 건설적인 문제해결책을 강구하는 방식이므로 시간과 노력이 훨씬 더 든다. 자세한 논의는 벨자브노스키(Veljavnoski, 1984) 참고. 여기서는 복잡한 논의를 피하기 위해 전자의 방식 중 규제위반 사실의 적발과 확인에 대해서만 언급하고 있다.

벌금 높이기가 규제목표 달성에 효과적일지에 대해서는 강한 의문이 있다.

규제위반 행위 적발의 강도가 같다고 가정하면—이것이 실제적이다—벌금 높이기는 처벌강화의 총효과를 어느 정도 높여 줄 것으로 기대할 만하다. 벌금이 커졌기 때문에 모험회피적인 기업들, 특히 평판에 민감한 기업들은 규제를 위반하지 않으려고 한층 더 주의를 기울일 가능성이 있다. 그러나 여기에는 함정이 있다. 거의 모든 규제집행 연구자들이 한 목소리로 지적하고 있듯이, 규제집행 현장에서 관료들이 벌칙의 적용이나 부과에 부담을 느낄 가능성이 크다.(McKean, 1980:286-87; Diver, 1980:280-91; Hawkins and Thomas, 1984:4-7; Veljanovski, 1984:176-78) 규제위반 행위임이 분명해도 미미한 규제위반 사항을 두고 그토록 엄한 처벌을 가하는 것은 불공정할 뿐더러, 무턱대고 벌금만 높이는 것은 근본적인 문제해결에 도움이 되지 않는다고 생각하는 경향을 보인다는 것이다.[13] 또 벌금이 커지면 그만큼 반발도 강해지므로 더 면밀하게 규제위반 행위인지 아닌지를 조사해야 하고, 법 적용이 합당한지 사전에 신중하게 법률적으로 검토해야만 하는데 이에 따른 부담도 이런 생각을 부추긴다는 것이다.[14]

이런 문제점들을 감안한다면 규제집행 관료들이 좀 지나치다 싶은 정도의 벌칙을 예외 없이 적용하고 부과하도록 유도하려면 더 많은 자원을 투입해 이들의 수고와 염려를 덜어주어야 하지만, 이는 헛된 주문일 가능성이 크다. 왜냐면 벌금 높이기 전략은 사실 위반행위를 엄격하게 적발하고 규정대로 벌칙을 부과할 능력과 자원이 부족한 현실에서 이루어진 불가피

---

13. 바로 이런 생각이 위반행위를 눈감아 주고 뇌물을 받는 등의 부정부패 행위가 끼어들 소지를 제공할 수 있는 것도 사실이다. 그러나 여기서 말하고자 하는 바는 이것이 아니다. 공명정대한 규제관료라 할지라도 동정심이 일고 정상참작의 필요성을 강하게 느끼지 않을 수 없을 정도의 사정이 규제현장에서는 얼마든지 있을 수 있다는 점을 말하고 싶은 것이다.

14. 김금수·장영재(2007)의 연구도 환경규제에서 처벌 강도의 강화가 지자체의 단속 빈도를 낮추게 하였다고 주장하고 있다.

한 선택이라고 해도 과언이 아니기 때문이다.[15]

최근 큰 논란거리인 유해화학물질관리법(소위 화관법)은 규제집행자원의 제약 아래서 흔히 나타나는 벌금 높이기의 극단적인 사례가 아닐 수 없다.[16] 2012년 구미의 불산가스 유출사고 이후 유사 사고가 잇따르자 화관법이 국회에서 발의되어 초당적 지지를 받으며 통과되었는데, 사고를 일으켜 사람이나 환경에 해를 끼친 업체에 대하여 최악의 경우 해당 사업장 매출액의 5%를 과징금으로 부과할 수 있도록 하는 내용이 핵심이다. 국회 환경노동위원회에서는 해당 업체 매출액의 10%까지 과징금을 부과하는 것으로 결정되었으나, 법제사법위원회에서 그나마 이 수준으로 낮춘 것이다. 국내 석유화학업종 기업의 평균 영업이익률이 3.3% 수준이라고 하니 사고 발생시 최고의 과징금 처벌을 받는다면 중소기업의 경우 도산에 이르고 말 정도다.

이처럼 무시무시한 수준의 벌금을 부과하기로 한 이유는 사고피해가 엄청나다는 사실에 근거하고 있지만, 사고가 주로 유해화학물질 취급자나 운반자 등의 부주의에서 기인하는바 이런 성격의 사고를 예방할 다른 뾰족한 방법이 없다는 판단에서 착상이 이루어진 것임은 의심의 여지가 거의 없다. 그러면 이처럼 벌칙을 강화하면 사고가 예방될 것인가? 이런 사고는 일단 발생하면 가시성이 높고 국민의 공분을 살 것이기 때문에 엄한 처벌이 불가피해진다는 점에서, 위에서 살핀 경우들과는 달리, 규제 관료가 합리적 재량을 행사할 수 있는 여지가 크게 줄어든다고 보는 게 타당할 것이다. 결국 처벌 강도가 지나치게 높은 결과를 초래할 수밖에 없는

---

15. 비근한 예로 음식점에서의 흡연 금지, 버스정류장 등 주요 도로에서의 흡연 금지 등의 규제가 만들어지면서 10만 원의 벌금을 부과하게끔 되어 있지만, 실제로 집행되는 일은 거의 없다.

16. 유해화학물질에 관한 규제법이 없었던 것이 아니다. 이미 1990년에 제정되어 시행 중인 유해물질관리법이 있음에도 불구하고 국회는 화관법과 함께 화학물질의 등록 및 평가 등에 관한 법률(소위 화평법)을 제정하였다. 후자는 모든 사업체가 사용하는 화학물질과 그 유해성에 관한 자료를 등록하고 평가를 받도록 하는 내용이 핵심이다. 이 법들은 2015년 발효되었다.

데, 그렇다고 해서 대형사고가 터지지 말라는 법은 없다. 실제로 구미 사고의 경우 2012년 대형사고가 나기 이전에 작은 사고들이 여러 번 있었다고 한다. 그러므로 이런 작은 사고가 대형사고로 이어지기 전에 이를 발견하고 적절한 대책을 강구하는 것이 사고 예방을 위한 적절한 대응책이었다고 할 수 있다. 사정이 이러한데도 큰 사고가 터지자 갑자기 벌금만 턱없이 높이는 방식으로 접근한 것은 규제집행자원의 제약이라는 근본적 요인을 빼고는 다른 타당한 이유를 발견하기 어렵다. 더구나 이렇게 지나친 처벌 위주로 접근하기 시작하면 작은 사고의 은폐를 조장할 위험성도 커진다.

업계의 무수하고 강력한 반대에도 불구하고 2022년 1월부터 시행에 들어간 중대재해처벌에 관한 법률(중대재해처벌법)은 이런 문제점들의 총집합소가 될 전망이다. 이 법에서 중대재해는 중대산업재해(① 사망자 1명 이상 발생 또는 ② 6개월 이상 치료를 요하는 부상자 2명 이상 발생 또는 ③ 1년 이내 직업병 발생자 3명 이상)와 중대시민재해(① 사망자 1명 이상 발생 또는 ② 2개월 이상 치료를 요하는 부상자 10명 이상 또는 ③ 3개월 이상 치료를 요하는 질병자 10명 이상 발생)를 말하는데, 이런 재해를 일으킨 개인 사업주나 상시 고용 5인 이상 기업의 경영책임자(사장)에게는 1년 이하의 징역 또는 10억 원 이하의 벌금에 처하고 양자를 병과(竝科)할 수도 있도록 하고 있다. 물론 이런 처벌이 적용되는 경우는 이들이 법 제4조와 5조의 안전 및 보건 의무를 제대로 이행하지 않은 책임이 확인될 경우이다. 더 나아가 이들의 책임은 이들이 도급한 하청업체에까지 미치도록 하고 있다. 이에 더하여, 중대산업재해와 중대시민재해 ②,③항 재해를 발생하게 한 사업주와 경영책임자는 7년 이하의 징역 또는 1억 원 이하의 벌금에 처하도록 하고 있다. 그야말로 처벌 위주 접근방식의 전형이 아닐 수 없다.

사건과 사고가 발생하고 나면 마치 공식이기라고 하다는 듯 들고 나오고야 마는 규제와 처벌 강화 일변도의 접근방식은 이밖에도 다른 이유로 규제의 불합리성을 더욱 심화시키는 경향이 있다.[17] 아래에서는 먼저 규제 대상 기업의 입장과 이들의 자발적 순응을 유도하려는 의도가 약하고 비현실적이고 비합리적인 규제의 준수만을 강요하는 비협력적인 규제집행의 문제점을 살펴보고, 이어서 왜 규제자들이 여러 규제유형 중 특히 문제점이 많다고 지적되어 온 명령지시형 규제에 집착하는지, 그것은 또 어떤 측면에서 규제의 불합리성을 더 키우고야 마는지 살펴보자.

2.3 비협력적인 규제집행 방식의 만연

사건 사고 후 대책의 전형인 추가적 규제와 처벌 강화 일변도 접근의 대전제는 무엇인가? 기존의 규제기준이나 처벌 강도가 너무 미약해서 피규제자들이 규제를 우습게 알고 가볍게 보기에 사건이 나고 사고가 발생한다는 것이다. 이는 너무나 단순하고 비현실적인 가정이 아닐 수 없다. 물론 법에 규정된 벌금액 등 처벌의 수준만을 고려한다면 그런 예도 없지는 않을 것이다. 그러나 피규제자들이 더 염두에 두는 건 단순히 처벌의 수위가 아니라, 사건이나 사고를 일으켜 사회에 피해를 준 반사회적 기업이라는 딱지가 붙게 될 때 해당 기업이 입게 될 손실이다. 우선 환경단체나 소비자단체 등이 비난을 쏟아내고, 소비자들의 외면을 받아 매출이 급감하는 등 커다란 타격을 피할 수 없다. 감독관청의 감독이 더 심해질 것은 빤한 일이다. 언론이나 정치인들도 이 기업을 외면하게 된다. 또 해당 기업은 해당 규제와 무관한 행정기관과의 관계에서도 호의적인 대우를 기대할 수 없게 된다. 은행이나 기관투자가들에게도 나쁜 인상을 주게 되므로 좋을 게 없다

---

17. 임재진(2018)은 규제자원의 제약에 처한 규제기관은 ① 지연전술을 쓰기도 하고, ② 새로운 의무를 부과하는 등의 방법으로 피규제집단에 의존하는 방법을 쓰기도 하며, ③ 집중단속, ④ 처벌 강도의 강화, ⑤ 규제권한의 위임, ⑥ 민간위탁 등의 방법을 쓰는데, 어느 경우든 규제실패의 가능성이 크다고 지적한다.(최병선, 2020)

고 생각한다.

물론 규제위반에 수반될 이런 수많은 피해와 위험을 회피하려는 성향은 기업마다 차이가 있다. 이 성향이 비교적 강한 기업들은 비록 규제 순응에 따를 비용이 과다하다고 느껴질지라도 규제위반으로 인해 초래될 손해와 비교한다면, 규제의 합리성 여부를 떠나, 일단 규제를 준수하고 보는 것이 현명한 일이라고 판단한다. 이런 모험회피 성향은 일반적으로 대중의 인지도가 높은 대기업일수록, 기업 이미지에 신경을 쓰는 기업일수록 더 강하다고 볼 수 있다. 기업의 사회적 책임에 대한 사회의 인식 수준이 높으면 높을수록 좋은 평판에 따른 직간접적 이익, 혹은 나쁜 평판에 따른 직간접적 손실은 더 커지기 때문이다.

모험회피 성향이 아주 높은 이런 우수기업들은 어떤 규제든 일단 순응할 자세가 되어 있다고 보는 게 타당하다. 사회적 책임의식 이전에 장기적 사익의 관점에서 사태를 바라보기 때문이다. 물론 이들도 비용이 불필요하게 유발되는 상황이 반가울 리가 없겠으나,[18] 비용이 터무니없이 과도한 수준이 아니라면 순응하는 쪽으로 쉽게 타협하고 저항하지 않는다. 이런 저항 자체가 평판에 악영향을 줄 것을 염려하기 때문이다. 물론 이런 기업이라고 반드시 규제를 완벽하게 준수하리라고 보기는 어렵다. 규제를 준수하려는 의지나 자세를 갖추고 있어도 관리능력이 모자라거나 적절치 않은 경우, 또는 경영자나 근로자의 실수로 규제를 위반하는 일도 있을 수 있다. 따라서 아주 모범적인 기업은 어떤 실수도 예방하기 위한 강력한 내부 통제시스템을 갖추기도 한다.

이런 우수기업에 미치지 못하는 보통의 기업도 모험회피 성향을 보이기는 마찬가지다. 규제위반 사항을 스스로 인지하거나 위반 사실을 지적 받

---

18. 경우에 따라서는 이를 환영할 수도 있다. 각각의 기업의 처지가 다른 이상 규제로 인한 부담이 동종 업계의 다른 기업에 비해 적은 기업은 그 규제로 인해 경쟁력 우위를 점할 수 있기 때문이다.(최병선, 2012)

으면 그것을 기꺼이 수정하려는 태도를 보이는 것이 좋은 증거다. 다만 위의 우수기업에 비해 무조건 규제에 순응하고 보는 편은 아니라는 점에서 차이가 있다. 그렇다고 해서 이들이 규제순응비용과 규제위반시 제재의 경중을 냉철하게 계산하고 비교판단해서 행동노선을 택한다고 볼 수도 없다. 그저 규제는 웬만하면 준수하는 게 속이 편하고 현명한 일이라는 과거의 경험을 믿고 따르는 편이다.

이런 보통의 기업군 아래에 위치하는 것이 반사회적 기업군이라 불러 마땅한 악덕기업들이다. 이들은 극히 단기적인 안목을 갖고 있고, 주로 금전적 고려에 따라 행동한다. 상습적으로 규제를 위반하면서도 가책 같은 것을 느끼지 않는다. 물론 이들 가운데는 기업 사정이 워낙 나빠서 장기적 고려나 폭넓은 사고를 할 만한 여유가 전혀 없는 기업도 있다. 하지만 말 그대로 반사회적 범죄에 해당하는 범법을 예사로 알 만큼 도덕적, 윤리적 불감증이 심한 기업도 있다. 규제기관이 규제위반 사항을 바로잡을 기회와 시간을 줘도 약속을 어기기 일쑤고, 언감생심 생트집을 잡기도 하며, 규제집행을 방해할 속셈으로 소송을 악용하기도 한다. 이런 악덕기업이 규제를 준수하거나 준수하지 않는 것은 규제의 합리성이나 불합리성과 거의 무관하다. 왜냐면 이들은 처음부터 규제를 준수할 생각이 없는 존재들이기 때문이다. 그러므로 '뛰는 놈 위에 나는 놈' 격으로 요리조리 법망을 피해 가는 이들을 모조리 가려내 뿌리를 뽑겠다고 덤빈다면 참으로 무모한 일이 아닐 수 없고, 더 나아가 선량한 기업들에게 불필요한 부담과 비용을 안겨주는 불공정하고 부당한 결과를 피하기 어렵게 된다.

이렇게 본다면 사건과 사고 이후 기존규제의 적절성이나 합리성 여부, 집행의 수준과 정도가 충분했는지에 대한 판단과 재검토 없이 무조건 규제기준을 강화하고 처벌의 수위를 높이는 접근방법은 모험회피적인 기업들의 규제준수율을 다소 높일 수는 있을지 모르나(Viscusi and Zeckhauser,

1979),[19] 사회 전체적으로는 규제의 불합리성을 오히려 더 크게 만드는 결과를 낳기 쉽다. 이런 규제와 처벌의 강화는 어떤 기업들에게는 전혀 불필요한 노력과 비용을 무조건 출혈하게끔 강제하고, 더러는 기어코 문을 닫아야 할 지경으로 기업을 몰아붙여 실업자를 발생시키고 지역경제에 악영향을 미치는 등의 결과가 나타날 것이기 때문이다. 이런 면에서 사건과 사고가 발생한 경우 기존규제가 그런 사건이나 사고의 예방에 충분하게 효과를 발휘하지 못한 원인부터 정확히 밝혀내는 일, 그리고 기존규제부터 더 충실하게 집행하는 일을 우선하는 아주 기본적이고 원칙적인 접근방법의 중요성은 아무리 강조해도 지나치지 않다.

규제와 처벌의 강화가 규제의 불합리성을 증가시키는 두 번째 가능성은 벌칙의 법적, 행정적 이행과 관련이 있다. 처벌은 법적 제재(legal sanction)이다. 따라서 법적 제재가 공정하다는 평가를 받기 위해서는 법적, 행정적 절차의 이행이 쉽고 무엇보다도 근거가 명백해서 강행력(enforceability)이 높아야 한다. 각종 시설이나 장비의 기술적 요건과 같이 규제기관이 쉽게 확인하고 식별해 곧바로 규제위반의 증거로 삼을 수 있는 성격의 규제들이 주로 처벌강화의 대상이 되는 이유가 바로 여기에 있다. 이런 위반행위는 가시성이 높고, 규제위반 증거의 확보가 쉽기 때문이다. 하지만 더 직접적인 사건 사고의 원인은 시설이나 장비의 기술적 요건보다는 다른 요인에서 찾아야 할 경우가 적지 않다. 예컨대 시설과 장비를 운전하고 사용하는 근로자의 부주의나 실수가 사건과 사고의 직접적인 원인인 경우가 많다. 그

---

19. 고길곤(2006)의 연구는, 비록 미국 직업안전청의 자료를 사용하고 있기는 하나, 규제순응도에 관한 매우 훌륭한 실증분석 연구이다. 그는 동일 작업장에 대한 반복적인 검사가 위반행위를 얼마나 줄이는지를 분석한 결과 기여도는 40~51% 정도로 비교적 낮게 나타났다고 분석하였다. 민감도 분석에서도 정도의 차이에도 불구하고 작업장 검사가 규제순응도를 높이지만 그 효과는 가벼운 위반행위의 감소에 집중된 반면, 대형 위반행위의 경우는 기여도가 낮았다. 특히 2차 검사를 받는 경우 위반행위가 급격히 감소하나 추가 검사는 별다른 효과를 보이지 않는다고 밝혀 흥미롭다.

러나 이런 원인은 잘 드러나지 않거나 은폐될 가능성이 크고, 증거가 남지도 않아 규제기관이나 경찰이 쉽게 탐지하기 어렵다. 그런데도 이런 특징을 강하게 지닌 규제일수록 인과성이 낮은 규제기준과 처벌의 강화 일변도로 대응하는 것은 매우 불합리하다.[20] 사실이 이러함에도 불구하고 사건 사고가 터지면 기존규제 집행의 불충분성이나 기존규제와 사건 및 사고의 인과관계에 대한 치밀한 검토는 연목구어가 되고 만다. 그저 규제를 위반하여 사건과 사고를 일으킨 기업과 업자에 대한 비난의 소리, 사건과 사고는 규제기준이 미약하고 처벌이 가벼운 결과라는 추정이 판을 치기 때문이다.

한편 대부분의 불합리한 규제가 사건 사고 후에 마구잡이식으로 급조되기도 하지만, 마구잡이식 규제가 사건 사고를 불러오는 경우도 많다. 세탁소의 유증기(油蒸機) 회수기 설치 규제 사례가 대표적이다. 2005년 공중위생보건법에서 세탁소의 드라이클리닝 작업 등에서 발생하는 휘발성 유기화합물의 배출을 억제하려는 목적으로 유증기 회수기의 설치를 의무화한 이후 매년 10건 이상의 폭발사고가 발생하고 있다. 따라서 세탁소들은 처벌을 면하려고 울며 겨자 먹기로 상당한 비용의 회수기를 설치는 하되 실제로는 거의 사용하지 않는 것으로 알려져 있다.

2.4 명령지시형 규제에 대한 과도한 의존성향

앞장에서 보았듯이, 규제수단과 방식 면에서 보면, 우리나라의 규제는 명령지시형 규제(혹은 투입요소기준 규제)가 압도적으로 많다. 사건 사고 후

---

20. 심지어 이런 규제요건이나 사항들은 사고를 오히려 조장하기도 한다. 예컨대 구체적인 작업공정에 대한 타율적 규정은 자발적으로 품질관리 시스템을 잘 정비해 효율적으로 운영하는 기업에게는 불필요한 간섭이 될 뿐만 아니라, 품질관리 시스템의 일관성과 체계성을 해칠 가능성이 크다.

에 추가되는 규제들은 거의 다 이에 속한다. 명령지시형 규제는 규제목표의 달성을 위해 반드시 갖추어져야 할 요건이나 이행해야 할 행동 등을 구체적으로 규정하고, 피규제자가 이 기준에 부합되는 조치나 행동을 취하고 있는지를 확인, 감시하는 가장 단순하고 상식적인 규제방식이다. 이 규제방식은 성과기준 규제방식, 경제유인 규제방식, 시장기반 규제방식 등 다른 어느 규제방식과 비교해 보아도 ① 효과성이 낮고, ② 불필요하게 높은 비용을 초래하며, ③ 혁신을 가로막고, ④ 형평성 측면에서도 열등하다.(제7장 참고)

이처럼 효율성, 효과성, 형평성 어느 측면에서 보든 가장 열등한 규제방식인 명령지시형 규제방식이 우리나라 규제의 대종을 이루고 있는 이유는 이 방식이 가장 상식적이라는 이유와 더불어 규제집행비용이 낮다는 점에 있다.(Malik, 1992) 피규제자가 준수해야 할 사항을 '이 잡듯이,' 낱낱이, 꼬치꼬치, 시시콜콜, 빈틈없이 규정하고 무조건 이행을 명령하는 형태로 이루어지는 것이 명령지시형 규제인지라, 피규제자의 자발성, 창의성과 다양성, 혁신적인 노력 등이 발휘되고 활용될 소지를 제거하고 축소한다는 면에서 치명적인 약점을 갖고 있지만, 규제기관으로서는 이처럼 편리하고 이용하기 좋은 게 없다. 구체적으로 지시한 사항의 이행 여부를 언제라도 쉽게 확인할 수 있어 좋고, 규정에 따라 벌칙을 부과하기만 하면 할 일을 다 하는 것처럼 보일 수 있기 때문이다.

명령지시형 규제는 규제의 집행비용만이 아니라 규제의 고안과 설계에 드는 노력이나 행정비용도 적다. 왜냐면 피하고자 하는 결과를 초래하는 원인이라고 생각되는 것들을 모조리 찾아내 제거하려고 하는, 가장 단순한 형태의 규제설계 방식이기 때문이다. 이 방식은 상식적이기는 하지만 많은 맹점과 문제점을 내포한다. 첫째, 이 방식 아래서는 인과관계의 추정이 상식의 수준에서 매우 쉽고 빠르게 진행된다. 각각의 원인이 결과에 어느 정도나 강력하게 연결되고 영향을 미치는지에 대한 구체적이고 과학적인 근거나 증거들은 제시되지 않는다. 둘째, 이 방식 아래서 규제는 계속 늘어나고 처벌은 강화되는 방향으로 나갈 수밖에 없다. 사건과 사고가 발생하는 것은 기존의 규제들이 충분치 않거나 맹점이 있어서라고 보고, 그 맹점을 틀어막기 위한 일련의 규제를 새로이 추가하거나, 피규제자가 규제를 위반, 회피, 우회하지 못하도록 단속과 처벌을 강화하는 단순한 방식이기 때문이다.

셋째, 이 방식 아래서 규제자(규제기관)는 규제의 합리성이나 실효성 여부에 대하여 일차적 책임을 쉽게 회피할 수 있다. 특히, 반기업 정서가 매우 강한 우리나라와 같은 나라에서는 사건과 사고의 책임을 피규제자, 특히 기업에게 묻는 성향이 강하기 때문에, 규제기관은 단속이나 감독의 소홀함에 대한 책임은 피할 수 없을지언정, 사건과 사고의 책임으로부터는 거의 자유롭다고 해도 과언이 아니다. 예컨대 국민의 건강과 생명에 직결되는 안전규제의 경우 규제의 합리성이나 실질적 효과의 높고 낮음에 상관없이 무조건 규제를 강력하게 만들고 처벌을 강화하면 쉽게 국민의 박수를 받는다. 이렇게 강력하게 규제를 시행하고 있음에도 불구하고 사고가 나고 사건이 발생한 것은 규제를 이행하지 않은 이기적이고 부도덕한 기업 탓이라는 지적에 대다수가 쉽게 동의하고 만다. 규제를 너무나 불합리하고 비현실적으로 만든 나머지 사업자들이 어쩔 수 없이 규제를 위반하거나 편법으로 대응하게 만든 규제기관의 책임은 좀체 따지는 법이 없다. 안전규제에 유독 불합리하고 비현실적인 명령지시형 규제가 많은 것은 우연이 아니다.

2.5 과도한 규제목표 집착과 강압적인 규제수단의 귀결

이상에서 살펴본 바와 같이, 명령지시형 규제로 대표되는 공식규칙(formal rules)은 규제대상 기업의 순응 여부를 규제자가 정확하게 보고 평가할 수 있을 때만 의미가 있다. 또 공식규칙은 처벌의 직접적 근거가 되므로 규제 위반 여부의 판단이 쉽게 이루어지고 증거의 확보가 쉬운 것을 그 적용대상으로 삼는 경향이 있다. 공식규칙의 대개가 명령지시형 규제의 형태를 취하는 이유도 바로 여기에 있다.

하지만 이처럼 가시성이 높고 관찰 가능한 것을 규제의 주된 대상으로 삼는 방식은 여러 측면에서 문제가 있다. 우선 문제를 일으킬 소지가 있는 요소(투입요소기준)의 가시성이 높으면 그만큼 피규제자가 알고 있을 가능성이 크고, 따라서 스스로 문제를 교정할 가능성도 크다고 보아야 할 것인데, 굳이 이런 요소들에 대하여 '이 잡듯이,' 꼬치꼬치, 낱낱이, 시시콜콜, 빈틈없이 세밀하게 규제하려고 하는 이유가 무엇이겠는가? 이런 규제들이 목표로 삼는 것은 사실은 그런 요소들에 대한 예방적 조치의 시행 그 자체라기보다는 피규제자나 기업의 의식과 행태의 변화인 경우가 대부분이다. 그런데 의식과 행태는 가시성이 낮다.

예컨대 요양원이 시설수용자에게 애정과 동정심을 갖고 따뜻하게 배려하고 돕게끔 만드는 것이 규제의 궁극적인 목표라고 할 수 있다. 요양원 원장이나 직원들이 이런 마음 씀씀이로 수용자를 정성껏 돌보기를 아무리 촉구하고 강력하게 요구해 본들, 그들이 이 요구를 따르도록 강제할 다른 뾰족한 방법은 없다. 규제기관으로서는 이런 요소 하나하나에 대하여 '이 잡듯이,' 꼬치꼬치, 낱낱이, 시시콜콜, 빈틈없이 세밀하게 규제하는 수밖에는 없다. 이런 노력에도 불구하고 궁극적인 규제목표인 이들의 의식과 행태 개선을 유도해 내기는커녕 규제가 사실의 은폐나 눈속임을 조장하고야 말 가능성이 오히려 크다고 보는 게 더 맞을 것이다.[21]

공식규칙은 본질적으로 성과나 품질의 확보에 필요한 최소한의 조건들을 특정할 수 있는 경우가 아니면 효과적으로 집행할 수 없다. 공식규칙만으로는 규제를 받는 사람이나 기업이 이 최소한의 조건을 달성하는 수준

---

21. 이런 접근방법은 앞에서 고찰한 목표의 대치 행동의 전형으로 볼 수 있긴 하다.(Diver, 1980) 보통의 경우 목표의 대치는 목표의 달성을 위한 불가피한 차선책으로서 긍정적으로 평가하지 않을 수 없는 특성을 보인다. 반면에 이 경우는 자율적으로 해야 할 일을 타율적으로 또 일방적으로 강제하는 것이므로 불가피한 차선책이라고 보아야 할지 의문이다.

이상으로 노력하도록 만들 길이 없다. 이것이 공식규칙의 근본적 한계이다. 그러므로 피규제자가 요리조리 빠져나갈 구멍이나 빈틈이 많은 규제라면 그의 자발적인 순응을 유도해 내는 길을 찾는 게 최선이다. 그런데도 규제 자가 공식규칙을 통한 규제목표의 달성에 맹목적으로 집착한다면 그것은 오히려 피규제자로 하여금 규제의 불합리성과 비현실성에 대한 문제의식 만을 키우고 그 결과 일방적이고 타율적인 규제에 반발하고 저항할 명분 을 주는 것이나 마찬가지다.

더 나아가 공식규칙은 기술변화나 그에 따른 상호작용 패턴의 변화 등 에 따른 다양한 상황 전개에 부응할 수 있을 정도로 세부적으로 규정될 수 는 없다. 비록 원리적으로 이 모든 상황을 커버할 수 있게 규정이 만들어 질 수 있다고 해도, 자발적인 노력이 뒷받침되지 않는다면 순응을 기대하 는 것은 무리다. 예컨대 각종 안전사고의 87-95%가 물리적, 기계적 결함 때문이 아니라 기계장치나 시설을 다루는 사람들의 부주의와 무사안일에 서 발생한다고 보고되고 있는데(Bardach and Kagan, 2002:101), 이것은 공식 규칙보다 기업의 태도 변화, 그리고 관리 차원의 문제 해결이 더 중요함을 보여 준다.[22]

규제자보다는 현장에서 일하는 사람들이 문제를 더 잘 알고, 이들의 의 식과 태도가 변할 때 규제 효과가 높아진다는 것은 당연한 사실이건만 이 진리는 규제정책 과정에서 곧잘 무시되고 만다. 규제자는 규제의 궁극적 목적과 의도 측면에서 본다면 중요한 사항—피규제자는 이것을 알고 있 다—은 도외시하거나 간과한 채, 위에서 지적한 바와 같은 이유로 가시적 이고 관찰 가능한, 그러나 덜 중요하고 사소한 사항(예: 기록 유지)의 위반행 위 적발에 주안점을 두는 우를 범하곤 한다. 공식규칙에 입각한 처벌 위주

---

22. 참고로 규제기관이나 관료들은 이런 측면에 대하여 비교적 무관심한 편이지만 위험 관련 보험회사들은 기업의 이런 관리적 측면과 요소에 대하여 깊은 관심을 보이고, 보험료율 책정 등에서 차별화를 꾀한다는 사실은 매우 흥미롭고 참고할 만하다.

의 규제집행 방식은 이처럼 규제자와 피규제기업 쌍방의 노력을 엉뚱한 방향으로 오도하거나 전환해 버리고 마는 경우가 흔하다.

요컨대 공식규칙에 의존하는 처벌 위주의 규제집행 방식은 매우 형식적이다. 규제기관의 이런 형식주의적 태도와 접근은 피규제기업들로 하여금 규제자의 무지, 무관심, 까다로움에 대한 냉소적인 태도를 조장함과 동시에 규제에 협력하기보다는 반발하고 저항하도록 만드는 중요요인이다. 규제의 불합리성 그 자체에 대해서보다 규제기관과 관료가 취하는 조치나 행동의 자의성은 이들의 더 큰 분노를 자아낸다. 어떻게든 규제를 준수해 보려는 자신들의 진지한 태도와 책임성, 건설적인 문제해결의 동기, 선의의 판단과 합리적이고 현실적인 문제해결 이니셔티브 등은 무시하거나 불신하면서 오로지 위반사항 적발에만 관심이 있는 듯이 보이기 때문이다. 예컨대 규제 수준 이상으로 더 잘해 보려고 했는데 칭찬은커녕 규제위반으로 몰리기에 이르러서는 법률, 규제기관, 그리고 그런 법률을 만든 정치과정의 참여자 모두에 대한 불신밖에는 남을 게 없다.

이런 적대적인 관계가 지속되어 규제기관과 피규제기업 간의 협력관계가 단절되면 서로의 건설적인 논의와 협상을 통한 비용효과적인 대안의 발굴 등 규제의 합리적 설계와 집행의 가능성은 사라지게 된다.(Scholz, 1991; Hawkins and Kagan, 1984; Veljanoski, 1984)[23] 더욱 심각한 문제는 한번 생긴 불신은 좀처럼 사라지지 않는다는 것이다. 규제기관의 규제행태가 불합리하고 자의적이라는 악평을 한번 얻게 되면, 이후 규제기관이 아무리 노력해도 별 소용이 없다.

---

23. 미국의 경우 정보공개법에 따라 규제 관료와 피규제기업인 간의 대화를 기록하게 하고, 그 기록을 일반인이 볼 수 있도록 한 결과 양자 간의 비공식적이고 자발적인 정보교환, 그리고 상호협력이 가로막히게 되었다는 보고도 있다.(Bardach and Kagan, 2002: 110-11) 피규제기업의 기업정보가 경쟁기업에 노출될 것에 대한 두려움은 협력을 더욱 저해하고, 사소하지만 기업에 불리한 정보에 기초해 규제기관이 벌칙을 부과하고 규제 강화 제도를 만들 것을 우려하게 되면 저항은 더욱 커진다.

이런 결과로 생겨나는 문제 중 하나가 법적 분쟁의 증가이다. 규제 사안이 복잡해지면서 분쟁이 증가할 수도 있는 일이지만, 불필요하고 쓸모없는 법적 분쟁의 증가는 규제목적의 달성에 역행한다는 점에서 심각한 문제가 아닐 수 없다. 법적으로 다투려고 마음먹은 기업은 적법절차, 공식적인 법적 증거, 벌칙부과의 엄격성을 요구하는 등 규정된 절차에 조금이라도 위배되는 사항을 발견하면 그런 맹점을 이용해 합법적인 규제집행을 방해하거나 회피할 수 있기 때문이다. 이렇게 되면 규제기관은 이런 제도상 미비점과 맹점을 틀어막기 위해, 그리고 법적 분쟁 발생시 소송에서 지지 않기 위해 규제를 더욱 까다롭고 세밀하게 만들려고 한다. 규제를 둘러싸고 규제자와 피규제자가 쫓고 쫓기는 숨바꼭질을 하게 되면 규제의 악순환은 더욱 심해지며, 결국은 모두가 패자가 된다.

2.6 규제집행 현장 공무원의 인식 조사결과

이상과 같은 규제집행의 여러 측면을 이론적으로 고찰해 볼 때 과연 규제집행 현장 공무원들은 어떤 문제 인식과 태도를 보이는지 자못 궁금하다. 김순양(2018)의 연구는 이런 면에서 매우 흥미로운 연구결과를 제공하고 있다. 그의 연구는 규제 일선 공무원, 그리고 그들의 재량행위에 대한 영향요인과 재량 행사방식에 초점을 맞춘 면접 조사 방식으로 수행되었다. 그는 먼저 규제관료의 재량행위의 순기능으로서 ① 상황에 따른 융통성 있는 대응으로 행정의 적기성, 적실성 제고, ② 법규의 불완전성 보완, ③ 의사결정의 효율성과 행정비용 절감을 통한 행정 능률성 향상, ④ 협상과 타협을 통한 갈등의 완화, ⑤ 무사안일 행정의 방지 등을 드는 한편 역기능으로서 ① 규제 권한의 남용과 부정부패 유발, ② 행정의 공정성 침해, ③ 정책목표와 내용의 변질을 통한 행정의 신뢰성 저하, ④ 행정의 책임성, 안정성 훼손 등을 들고 있다.(p. 105)

그의 연구결과를 요약하면 다음과 같다. 첫째, 업무환경과 관련해, 이론적으로는 과다업무 및 자원 부족이 재량행위를 증가시킨다고 하나, 면접 조사 결과 오히려 재량행위의 여지를 줄인다는 응답이 많았다고 한다. 이는 "시간과 인력이 부족하면 깊이 생각하면서 업무를 수행할 여력이 없기 때문에 법규대로, 기계적으로 규제를 집행할 수밖에 없음을 의미"한다는 것이다. 둘째, 이론적으로는 "법규의 내용이 모호하고 추상적이거나 임의 조항들이 많으면 규제공무원은 이를 현실에 맞게 구체화해 적용해야 하므로 재량행위를 하게 된다."고 보나, 현실에서는 이와 반대로, "단독으로 재량행위를 하기보다는 상급자나 중앙부처 등에 문의를 한 이후에 재량행위 여부를 결정"하는 경향을 보이는데, 이런 경우의 문의는 "질책을 피하거나 책임회피를 위한 수단"인 경우가 많다고 말한다. 특히 감사를 의식해서 재량행위를 피하는 경우가 많다는 것이다. 또 규제공무원의 문의에 대해 "상급관청이나 중앙부처 역시 명확한 기준을 제시하지 못하는" 경우가 대부분인데 이는 "현장 상황을 잘 모르기 때문이기도 하지만, 그들 역시 책임을 피하려 하기 때문"이라고 분석한다.

규제공무원의 재량행위에 대한 영향요인으로서 세 번째는 업무특성인데, 규제공무원은 구체적인 상황 속에서 주관적인 판단을 해야 하는 규제 업무의 특성상 재량행위의 소지가 크다는 것이 이론적 주장이지만, 현장 공무원들은 "적극적인 재량행위의 필요성은 인정하지만 그렇게 하지 않으려 한다."는 사실을 밝혀내고 있다. "인허가 업무의 특성상 엄밀한 기준을 적용하지 않을 때 각종 민원 및 행정소송 등이 발생할 수 있기 때문"이라는 것이다. 끝으로 김순양은 과거에는 주로 규제공무원의 재량행위 오남용을 우려하였으나, 오늘날 규제공무원들은 "감사에서 지적을 받게 될 때의 불이익, 단체장이나 상급자의 질책, 시민단체나 언론의 감시, 규제대상자의 저항 및 민원제기, 규제공무원 자체의 책임회피와 무사안일주의 성향, 인사관리 상의 문제 등 복합적 요인들로 인해 재량행위에 소극적이거나 회피하려는 성향이 강해지고 있다."고 지적하면서 "규제공무원의 재량권을 적절한 수준에서 보장하는 것은 지역발전을 모색하는 데서 규제완화나 규제철폐 못지않게 중요한 과제"이므로 더 적극적으로 재량권을 행사하도록 유도할 필요가 있다고 주장한다.(p. 134) 규제행정 관점에서 매우 의미 있는 연구가 아닐 수 없다.[24]

3. 규제자원 제약 아래서의 실용적인 규제목표 설정 방식

이상에서 실질적인 규제집행자원의 제약이라는 강한 제약조건 아래서 규제기관과 관료가 어떤 문제의식과 행태를 보이는지, 규제수단의 선택이나 규제의 재설계에서 어떤 요인들을 중요하게 고려하는지, 이로 인해 왜 그리고 어떻게 규제의 불합리성이 더 커질 수밖에 없는지를 논리적으로 살펴보았다. 이런 논거와 증거들은 규제집행자원의 보강과 확충이 매우 시급하고 중요한 과제임을 역설하고 있지만, 거듭되는 사건과 사고에도 불구하고 규제집행자원이 눈에 띄게 증가하는 일이란 거의 없다. 이런 면에서 규제집행자원의 대대적 보강은 물론이고 주어진 자원의 효율적 배분과 활용은 성공적인 규제개혁을 위해서 반드시 풀어야 할 최우선 과제임을 강조하지 않을 수 없다.

예를 들면 최근 제시되고 있는 무수한 규제개혁 방안들 가운데 혁신적인 제도로서 규제총량제와 규제비용총량제 등이 있는데, 이런 제도가 실효성을 지니려면 규제집행자원의 보강이 선행되어야 한다.우선 규제총량제는 규제 하나를 신설하려면 기존의 규제 하나를 반드시 줄이도록 규제의 총수를 통제하는 방식이다. 이 제도는 규제의 총량이 현 수준을 넘어설 이유가 별로 없다는 판단이 전제되지 않고서는 시행하기 어렵다. 이 장에서 누차 지적한 바와 같이, 사건 사고가 나면 필경 새로운 규제가 만들어

---

24. 규제연구자의 시각에서 본다면 김순양의 연구는 규제법규와 시스템을 positive system에서 negative system으로 전환해야 한다는 주장에 강력한 논거를 제공하는 연구로 볼 수 있다.

지곤 하는 상황이 반복될 수밖에 없는 정치사회적 여건 아래서는 과연 이런 제도가 도입되거나 정착될 수 있을 것인지 의문이긴 하다. 바로 이런 규제확장 추세에 족쇄를 채우겠다는 발상이긴 하지만 규제총량제는 다른 면에서도 맹점이 있다.

우선 규제의 문제는 양의 문제만 있는 게 아니라 질적인 문제도 있다. 규제총량제는 양적인 접근이기 때문에 별 의미도 없는 기존규제 하나가 줄어들면서 대신에 품질이 불량한 규제가 사건 사고를 기화로 규제체계에 지속적으로 편입되는, 원하지 않는 사태를 막을 수가 없다. 또 사건 사고 직후에는 규제와 처벌을 강화하라는 사회의 요청이 강력하여서 해당 규제기관이 이 제도의 시행을 거부할 명분이 주어지기 쉽지 않고, 따라서 이 제도의 강행력 확보가 말처럼 쉽지 않다. 따라서 이 제도의 강력한 시행을 원한다면 규제기관들이 이 제도를 '신뢰할 만한 공약(credible commitment)'으로 받아들이도록 만들 유인과 보상체계가 전제되지 않으면 안 된다.[25] 더 중요하게는 이런 충분히 예상되는 사태들을 고려해 볼 때 이 장에서 누차 강조해 온 규제집행자원의 제약성이라는 강력한 제약조건이 더 강하게 작용할 가능성이 크다. 왜냐면 이런 제도의 시행을 위해서는 규제기관들이 상당한 비용이 드는 규제비용편익분석을 실시하지 않으면 안되기 때문이다.[26] 이런 고비용 구조에 대한 과학적인 접근방법이 전제되지 않는 한 이

---

25. '신뢰할 만한 공약'이란 모든 약속이 다 약속한 바대로 실현되지는 않는 게 엄연한 현실이라는 점을 인정하고, 약속(이나 계약)의 쌍방이 어떤 약속이 충분히 신뢰할 만한 요소를 갖추고 있고 따라서 강행력이 확보되었다고 볼 수 있는 그런 약속을 의미한다. 여기서는 이 제도를 위반한 기관에 대해서 확실한 강행력이 확보된 보상(처벌)체계가 이 제도에 수반되고 있는지가 관건이다.

26. 예컨대 일몰제(sunset review)가 걸려 있는 규제들의 폐지율은 3%에 불과한 수준이다. 일몰 시점으로부터 최소한 6개월 전에는 해당 규제의 시행 효과를 분석 평가해 존치 여부를 결정해야 하는데 이를 위한 예산이 책정되지 않고, 전문인력도 부족하니 그저 목청 높은 편, 기득권 세력의 주장에 일방적으로 끌려갈 수밖에 없는 탓이다. 제5장에서 보았듯이, 비현실적이고 불합리한 규제로 인해 해마다 300조 원이 소실되고 있는 나라에서 가장 강력한 개혁 수단들인 규제영향(비용편익)분석 제도, 일몰제도 등의 시행을 위한 예산은 기껏해야 수십억 원 수

제도의 궁극적 목적인 규제자의 합리적인 의사결정 관행의 유도는 연목구어에 가깝다.

영국의 규제비용총량제(One In, One Out System: OIOO)는 이런 모순점의 극복을 위해 나온 것이긴 하나, 대동소이한 문제점을 안고 있다. 이 제도는 규제의 신설시 그 규제와 동등한 비용과 부담을 유발하고 있는 기존규제의 개선을 의무화하는 제도이다. 이 제도 아래서 강력한 규제를 신설하고자 하는 규제기관은 그럴수록 더 기존규제 중에서 불합리성이 높은 규제를 우선적으로 찾아내 제거하려는 유인을 갖게 된다는 점에서는 일반적인 규제총량제보다 분명히 우월한 점이 있다.(이혁우, 2013) 그러나 이 제도 역시 규제총량제가 극복해야만 하는 장애물인 신뢰할 만한 공약성의 확보 측면에서 보면 별달리 강력한 무기로 무장된 것은 아니다.

이렇게 볼 때 이런 혁신적인 규제개혁 제도 도입의 대전제는 역시 이런 접근방법에 대한 국민의 합의와 지지라고 아니할 수 없고, 영국과 같은 나라가 아니면 이런 제도의 도입이나 성공적 운영은 기대하기 어려운 면이 있다.[27] 영국은 과잉규제(over-regulation)에 대한 사회적 공감대가 있고, 얼마간이든 신사의 풍모가 남아 있는 나라가 아닌가! 이런 관점에서 본다면 이 제도를 우리나라가 도입하기에는 시기상조인 면이 있다. 다만 한 가지 희망적인 메시지가 있다면, 그것은 이 제도가 규제의 비용편익분석 체계 속에서 정교하게 움직이도록 설계되고 있지만, 모든 규제의 비용과 편익이 다 계산되어 있어야 하는 것은 아니고, 그때그때 신설규제와 폐지규제의 비용만 계산하면 된다는 장점을 갖고 있다는 점이다.

이런 사정을 모두 감안해 본다면 당장 우리나라에서 도입을 검토해 볼

준에 불과한 형편이니 이런 제도들이 겉돌지 않을 수 있겠는가? 그저 한심하다는 말밖에는 더할 말이 없다.

27. 영국은 이 제도의 도입으로 2011-13년간에 약 931만 파운드의 규제비용을 절감했다고 한다.(이혁우, 2013)

만한 대안으로서는 다음과 같은 것이 있을 수 있겠다. 즉 규제총량제를 실시하되, 각 규제기관이 금년을 기준연도로 삼고, 각 규제 분야에서 이룩된 (규제 하의) 현재 상태(예컨대 현재의 환경수준, 안전수준 등)의 몇 % 개선을 내년에 달성할 규제목표로 삼을지를 계획하고 보고하도록 하는 방법이다. 이런 접근방식의 장점은 여럿이다. 첫째, 이 방식에 따른 규제목표의 설정에 대하여 비교적 쉽게 국민의 동의와 지지를 얻어낼 가능성이 있다. 둘째, 이 제도가 시행된다면 각 분야의 규제기관이 제약된 규제집행자원을 놓고 서로 경쟁하지 않을 수 없게 된다. 지금까지 우리나라에서는 이런 일이 한 차례도 시도된 바 없다는 점에서 규제집행자원의 효율적 배분을 위한 합리적인 논의의 출발점을 제공해 줄 수 있다. 이것만 해도 큰 성과일 수 있다. 셋째, 이 방식이 도입되면 규제개혁위원회가 규제기관에 따라 One In, One Out이 아니라, Two In, Two Out 혹은 Three In, Three Out 하는 식으로 규제개혁의 목표치를 부과할 수 있는 합리적 근거가 마련될 수 있다.

4. 규제집행 단계에 주목해야

제5장에서 규제의 개념을 재정의하면서 저자는 규제의 이론적 지위는 가설(假說)에 해당하며, 따라서 규제집행 결과에 대한 조사분석과 평가를 통해 그 진위를 검증받아야 할 대상임을 강조하였다. '규제집행 단계는 가설검증(hypothesis-testing)의 단계'(Browne and Wildavsky, 1984a:254)라는 말의 뜻이 바로 이것이다. 규제의 설계에 내포된 오차(error)를 정확히 발견하고 그 오차를 적절히 수정해야 하는 게 바로 이 단계라는 말이다.(최병선, 2015:28) 그런데 놀랍게도 우리나라에서는 이런 이론적 관점, 즉 규제는 가설이고 따라서 검증이 필요하다는 관점에서의 접근을 찾아보기 힘들다. 정책 오차의 발견과 수정을 위한 심층 조사분석은 건너뛴 채 기왕의 규제기준이나 처벌은 너무 약했다는 또 다른 가설, 즉 규제기준과 처벌을 더 강화해야 한다는

근거 없는 가설로 도피하고 만다.

그러나 이처럼 근거가 없거나 확인되지 않은 가설에 기초해 규제목표를 비현실적으로 높게 설정하면 할수록 규제의 실패 가능성은 더 커질 뿐이다. 특히 사건과 사고를 기화로 규제가 강화되는 경우가 그렇다. 사건과 사고가 나면 규제와 처벌을 강화하라는 대중의 요구와 압력이 비등한다. 규제와 처벌의 강화 이전에 기존규제의 어떤 부분이 미흡하거나 부족해서 그런 사고와 사건을 일으키게 되었는지에 대한 세밀한 조사와 분석이 선행되어야 할 것이나, 규제기관은 이런 일에는 별 관심이 없다. 이것은 규제기관의 직무유기에 해당한다. 사건과 사고가 일어나서 직무유기가 아니라, 사건과 사고가 일어나지 않도록 해야 할 책임을 지고 있는 규제기관이 당연히 수행해야 할 조사와 분석, 평가 업무에 소홀하니 직무유기와 태만이 아니고 무엇인가? 그런데도 우리나라에서는 이에 대한 문제의식이 심히 박약하다. 왜 그럴까?

첫째, 우리나라의 규제체계는 피규제자에 대한 불신에 기초하고 있다. 사건과 사고가 일어나는 것은 사회적 책임을 망각하기 일쑤인 피규제자 때문이라고 무조건 전제하고 보는 경향이 강하다. 그러므로 규제기관에 책임을 물을 때도 규제기관이 정말 합리적이고 현실적인 규제체계의 운영을 위해 얼마나 노력하고 있는지를 따지기보다는 사회적 책임을 몰각하기 일쑤라고만 생각하고 마는 경향이 강한, 피규제자에 대한 단속과 처벌을 제대로 하지 못한 이유를 먼저 따지고 든다. 규제기준이 미비할뿐더러 처벌이 미약하다고 비난한다. 그러면 규제기관은 기다렸다는 듯이 규제기준을 강화하고 처벌을 강화하는 방향으로 대응한다. 이 과정에서 규제집행자원의 부족이 핵심적인 문제점으로 지적되거나 등장하는 일은 없다.

하지만 규제집행자원의 부족은 움직일 수 없는 제약조건이 아니다. 규제기관이 제 할 일을 다 하도록 하려면 가장 먼저 해결되어야 할 필수요건이다. 모든 국가정책의 경우가 그러하듯이, 규제집행 과정과 단계의 중요성에 대한 이해나 관심은 언제나 부족하고, 규제정책 결정 과정의 사각지대로 밀려나 있다. 규제집행 과정과 단계의 중요성은 규제목표 → 수단 → 자원의 순서로 위에서 아래로 내려다보는 하향식(top-down) 접근이 아니라, 거꾸로 자원 → 수단 → 목표의 순서로 아래에서 위로 올려다보는 상향식(bottom-up) 접근시각을 취하지 않으면 정확하게 이해할 수 없다. 특히 규제집행 단계에서 규제기관과 관료가 어떤 의사결정 패턴과 행태를 보이는지에 대한 깊은 이해가 필요하다.

둘째, 누차 지적하였듯이, 사건 사고 후에 도입되거나 강화되는 규제의 목표가 턱없이 높게 설정되는 이유는 위기상황이라는 특수성 때문만이 아니다. 항시적인 규제집행자원의 제약 아래서 다른 선택의 여지가 없기에 부득이 규제와 처벌의 강화에 의존하게 되는 것이며, 규제집행자원의 제약 속에서 규제와 처벌을 강화하여 기왕에 높게 설정된 규제목표를 더 높여 본들 그것이 무슨 의미가 있을 것인가?[28]

셋째, 현실적으로 달성하기 어려운 규제목표를 정해 놓고서는 정작 그 목표를 달성하는 데 필요한 규제집행자원에 대하여 고려하지 않는 건 모순이다. 다시 강조하지만, 사건 사고를 100% 예방하거나 방지할 방법은 없다.(제10장 참고) 그렇다고 한다면 우리가 진정으로 달성하기 바라는 목표치는 어느 수준일지에 대하여 진지하게 논의할 필요가 있다. 저자가 사건 사고가 발생할 때마다 규제집행자원을 보충하지 않은 채 무조건 규제목표를 고수하거나 사실상 더 높게 잡으려 할 일이 아니라, '현재 상태의 ○% 개선' 하는 방식으로 규제목표를 현실에 맞게 조정하도록 제안한 것은 이

---

28.   예컨대 이른바 '윤창호법'은 2018년 9월 부산에서 만취운전자 차량에 희생된 군인 윤창호씨 사건을 계기로 제정(사실은 도로교통법 개정)되었는데 2회 이상 음주운전으로 적발된 운전자에 대해서는 2년 이상 5년 이하의 징역 또는 1천만 원 이상 2천만 원 이하의 벌금형에 처하도록 규정하였다. 그러면 이 법 제정으로 음주운전은 줄어들었을까? 아니다. 경찰청에 따르면 2020년 음주운전 적발자 중 2회 이상 적발된 사람의 비중이 45%에 달한다. 참고로 헌법재판소는 2021년 11월, 2회 이상이라는 막연한 기준에 의한 가중처벌은 위헌이라고 결정하였다. 이는 입법지상주의 및 처벌만능주의에 제동을 건 결정이라고 볼 수 있겠다.

런 현실적인 문제 인식의 결과라고 할 수 있다.

몇 퍼센트의 국민이 현재 상태의 규제 수준, 혹은 그것으로 이룩된 삶의 질이나 경제상태에 대하여 만족할지는 알 수 없는 일이다. 하지만 우리의 국민소득 수준에 비한다면 우리 국민이 누리고 있는 삶의 질 수준이나 경제상태가 그리 형편없는 수준이라고 말할 수는 없다. 이를 전제한다면 이제 우리도 영국처럼 국민에게 이 질문을 던질 만한 시점에 이르렀다고 생각한다. 현재의 규제체제 아래서 경제사회 상태(SUR)가 그럭저럭 견딜 만한 수준이라고 한다면 현재 상태를 기준으로 삼아 내년, 내후년의 규제목표를 세우는 방식으로 점진적으로 접근해 보자는 것이 이 주장의 핵심이다.

넷째, 이런 근본적인 정책문제에 관하여 어떤 국민적 합의도 없이, 그때그때의 정치사회 분위기에 밀려 이리저리 표류해서는 규제의 거대한 틀(regulatory juggernaut)에서 벗어나기 힘들다. 정치인들은 무사고 천국을 만들 수 있기라도 한 양 큰소리를 치지만 이는 허풍이고 무책임의 극치를 보여 줄 뿐이다. 우리 국민의 정책 선호(policy preferences)가 무엇인지, 즉 우리가 진정으로 원하는 바가 무엇인지를 정확히 아는 것이야말로 불합리한 규제의 합리화를 위한 첫걸음이다. 일반적으로 정책선호는 막연하고 이상적이다. 윌다브스키(Wildavsky, 1973:56)의 기막힌 표현을 빌린다면, 이렇게 막연하고 이상적이기만 하던 정책선호를 구체적이고 현실성이 있어 달성 가능한 정책선호로 바꾸지 않는다면 규제체제의 합리화는 구두선(口頭禪)에 그칠 가능성이 크다.

올해의 상태보다 내년의 상태가 전반적으로 몇 % 정도 향상된다면 그런대로 만족할 만하다고 생각하는지를 묻는 여론조사를 해 본다면 현재의 자원배분 상태가 효율적인지 아닌지를 개략적으로 판단할 수 있게 해 줄 것이다. 최소한 수많은 규제 분야 중에 어디에 제한된 자원을 우선적으로 또 집중적으로 사용하는 것이 현명한 일일지를 가늠할 수 있을 것이다. 만일 일반 국민을 상대로 한 여론조사가 믿을 만하거나 실용적이지 않다고 판단된다면, 그 대안으로 각 규제 분야의 전문가를 대상으로 델파이 조사를 해 보는 것도 방법이다. 이것도 불만이라면 세계은행의 규제조사연구 보고서인 *Doing Business*에 나오는 규제 분야별 국가순위를 참고해, 우리나라의 경제력이나 국민소득 수준에 비추어 현재 우리나라의 규제 아래서의 상태(SUR)가 선진국보다 현저하게 뒤떨어져 있는 분야의 규제목표를 우선적으로 높이고 규제집행자원이 우선적으로 배분되도록 하면 좋을 것이다.

다시 강조하거니와 규제목표는 높을수록 좋은 게 아니다. 규제목표의 높고 낮음이 규제의 성패를 좌우하지도 않는다. 실현이 가능하지도 않은 수준으로 목표를 높게 잡으면 잡을수록 규제의 불합리성은 커진다. 그러므로 성공적인 규제의 첫걸음은 얼마나 효과적이고 효율적으로 규제를 집행할 수 있는지에 대한 검토를 요구한다. 규제집행자원이 부족하고 능력이 모자라면 규제는 겉돌고 큰 폐단과 부작용을 만들어내기 때문이다. 특히 문제가 되는 것이, 집행이 제대로 되지 않는 규제의 피해자는 약자들이라는 사실이다. 규제가 강화되면 될수록 규제의 불합리성으로 인해 큰 피해를 보는 쪽은 늘 중소기업이나 자영업자 등이다. 대기업은 불합리한 규제에 대항할 힘과 자원이 있다. 따라서 이런 식의 접근은 규제 정의(regulatory justice) 차원에서도 심각한 문제를 일으킨다는 사실을 강조하지 않을 수 없다.(Kagan, 1978; Yeager, 1987)

제9장 규제, 왜 실패하기 쉬운가? (II)
규제의 획일성과 경직성

앞장에서는 규제목표는 무조건 높게 잡는 게 옳고 좋다고 단순하게 생각하고, 규제와 처벌의 강화 일변도로 나갈 때 발생하는 복잡한 문제들에 대하여 고찰하였다. 특히 사건과 사고 후에 이런 방식으로 규제문제에 접근하면 규제의 불합리성과 비현실성이 더욱 높아져 전혀 기대하지 않은 결과에 봉착하지 않을 수 없다는 점을 강조하고, 이것은 규제기관, 나아가 정부가 진정으로 책임을 지는 모습이 아니라 '책임을 가장한 무책임성'을 드러내는 것임을 지적하였다. 더불어 규제와 처벌강화 일변도의 대책이 이런 결과에 귀착할 수밖에 없는 이유는 규제집행자원의 부족임을 강조하였다. 또 규제집행자원의 부족이라는 현실은 외면한 채 관련법규정만 강화해 규제 효과를 높이려는 시도는 결국엔 규제의 불합리성과 비현실성을 키우고 오히려 역설적으로 규제집행의 약화를 초래하고야 마는 다양한 이유를 차례로 설명하였다.

규제자원의 제약은 규제가 실패하게 만드는 중요요인이다. 하지만 규제가 실패하게 만드는 더 근본적인 원인은 규제기준의 획일성과 규제집행의 경직성에서 찾아야 마땅하다. 아래에서 자세히 설명하겠지만 규제는 기준이 획일적이고 집행이 경직적일 수밖에 없다는 속성이 있다. 어떤 규제든이 '규제의 원죄'를 피해 갈 수 없다. 규제자원이 제약되어 있다고 할지라도 규제가 획일적이고 경직적이지 않다면 규제자원의 효율적 배분을 기대할 수 있다. 그러나 규제의 본질적 획일성과 경직성을 고려해 보면 규제자원의 제약과 비효율적 사용은 필연적이라고 해도 과언이 아니다.

규제가 근본적으로 시장보다 열등한 정책수단일 수밖에 없는 이유와 원인은 규제의 본질적 속성에 있다. 시장이 하는 일은 무한히 다양하고 유연하다. 이에 비해 규제는 다양성이나 유연성과는 거리가 멀고도 멀다. 더구나 규제의 다양성과 유연성은 환영 받을 대상이 아니라 부정과 비리로 오해 받기 쉽다. 그러므로 규제기관은 다양성과 유연성을 회피하려고 한다. 그 결과 규제는 거칠고 무딜 수밖에 없다. 이 장에서는 먼저 규제의 이런 본질적 속성이 어디에서, 무엇에서 유래하는지, 왜 그런 속성의 극복은 거의 불가능한지, 그런 속성의 극복을 위해서는 어떤 발상의 전환이 필요한지 등의 질문에 답해 보려 한다.

1. 규제의 원죄 (1): 규제의 획일성

규제는 본질상 서툴고 무딘 도구(clumsy and blunt instrument)이다. 각자가 자기 이익을 추구하는 과정에서 자연스럽게 또 무한히, 시시각각으로 상호조정이 이루어지는 시장과 비교한다면 지극히 열등하다. 법령에 근거해야 하는 규제는 인위적이고, 타율적이며, 경직적일 수밖에 없다. 시시각각 변하는 현장의 상황에 즉각적으로, 또 신축성 융통성 있게 대응할 수 없다. 규제가 늘 현실에 맞지 않고 합리적이지 못하다는 비판을 피할 수 없는 이유가 바로 여기에 있다.

1.1 규제기준이 획일적일 수밖에 없는 이유

규제는 일반적으로 법률규정의 형식, 즉 규칙의 형태를 취한다. 또 규제는 규제대상인 피규제자(개인이나 기업) 모두에게 똑같이 적용되어야 한다.

그러므로 규제는 아주 일반적으로 또 추상적으로 표현된다. '…해서는 안 된다.'거나 '무슨 조치를 취해야 한다.' 혹은 '…을 하려고 하는 자는 …에 대하여 ○○부 장관의 허가(인가, 승인, 지정 등등)를 받아야 한다.'는 식이다. 여기서 우리가 주목해야 할 것은 규제를 통해 해결(통제)하려고 하는 문제와 문제 상황에 대한 기본가정이다. 즉 규제를 통해 통제하려고 하는 행동이나 행위는 단 한 가지이고, 어느 경우에나 같다고 보는 것이다. 두말할 필요도 없이 규제문제와 문제 상황에 대한 일률성(uniformity) 가정은 규제문제와 문제 상황을 지나치게 단순화하는 것이다.

모든 법적 규정이 그러하듯이, 규제를 담은 법적 규정은 일반성과 추상성을 지녀야 한다. 그래야 규정이 적용될 다양한 사안과 상황을 다 포괄할 수 있기 때문이다. 하지만 여기서 근본적인 모순이 생겨난다. 규제의 대상인 세상의 일들과 상황은 지극히 다양하고, 변화무쌍하기 때문이다. 물론 지극히 다양하고 변화무쌍한 일들과 상황 각각에 대하여 따로따로 법적 규정을 만들면 될 일이 아니냐고 반문할 수도 있겠다. 하지만 그것은 현실적으로 불가능할뿐더러 지극히 다양하고 변화무쌍한 일들과 상황 각각에 대하여 별도의 법적 규정을 만든다면 그 각각의 법적 규정은 일반성과 추상성을 지녀야 한다는 원칙을 위배하게 된다. 이 경우엔 이렇게 법령을 적용하고, 저 경우엔 저렇게 법령을 적용한다면 합리적일 것 같지만, 사실은 법령이 자의적으로 적용되는 경우와 구별이 불가능해지고 만다.

예를 들면 어떤 제품의 안전성 확보를 위한 규제의 경우, 그 제품을 생산하고 유통하는 기업은 수백, 수천 개에 이른다. 이들은 각기 기업의 규모나 공장 및 유통시설의 노후도, 기업이 채택하고 있는 공법과 기술 수준, 기업의 안전관리 시스템, 경영자와 종업원의 안전의식 수준, 기업의 나이, 사고의 경험 등등 모든 면에서 서로 다르다. 같은 제품이라고 하지만 그것에 내포된 위험의 수준은 설계방식의 차이, 원재료나 작업자의 질적 수준, 사용자에 대한 적절한 사용방법의 안내, 사용자의 안전의식 수준과 판단력, 제품의 나이, 제품이 의도된 목적에 사용되고 있는지 아닌지, 제품이 어떤 방식으로 관리되고 있는지 등등에 따라 천차만별일 수밖에 없다. 설계가 신식이고 최신공법을 따를지라도 재료가 나쁘거나 종업원의 의식 수준이 낮다면 위험이 커지지만, 비록 설계는 구식이지만 재료가 좋고, 제품의 사용자에게 충분한 정보를 제공하여 주의를 기울이도록 유도하면 위험도는 낮아진다.

요컨대 사고의 원인이 될 수 있는 요인들의 무수한 조합을 상정해 각각의 경우에 적합한 법률규정을 만드는 일은 이론상으로는 가능할지 몰라도 사실상 불가능하다. 그러므로 규제기관은 표준적인 해법을 들고 나올 수밖에 없다. 즉 안전사고의 원인이 될 만한 요소들을 망라하여 각기 표준적인 기준을 정하고 이 기준의 준수를 강제하는 방법밖에는 다른 방법이 없다. 그러다 보면 중복적이거나 불필요한 기준이 생겨날 수밖에 없다. 또 사고가 일어나는 모든 상황을 규제기관이 완벽하게 예견할 능력이 있을 수 없는지라 단순한 인과관계적 추론에 기초해 규제기준을 만들 수밖에 없고, 따라서 피규제자들은 이런 방식의 접근에 대해 불만을 품지 않을 수 없다. 각 기업의 눈으로 보면 대다수 기준이 비합리적으로 보일 수밖에 없는 것이다. 쓸데없이 귀찮게만 하는 규제, 공연히 비용만 쓰게 만드는 규제라는 생각이 들지 않을 수 없다는 말이다. 이런 규제에 피규제자가 자발적으로 순응하려 할 것인가?

사실 모든 규제실패의 원인은 바로 이런 단순한 규제문제의 원인분석에서 비롯된다고 해도 지나친 말이 아니다. 특히 사고나 피해로 사회적 물의가 야기되고 비난 여론이 빗발치는 가운데 급속하게 만들어지는 규제일수록 이런 문제점은 더욱 심각해진다. 충분한 원인분석 없이 말 그대로 졸속으로 만들어진 규제가 합리적이고 현실적이기를 기대한다면 그것은 연목구어나 다름없다. 이런 규제가 기대한 바대로 소기의 목적을 달성한다면 그것이 오히려 이상한 일이다. 만일 이런 졸속규제가 효과가 있었다고 한다면, 그것은 사회의 빗발치는 여론을 의식한 규제기관이 그 규제를 강력하게 집행한 덕이고, 그런 사회적 비난 여론을 의식하지 않을 수 없는 피규제자들이 강력하게 저항하거나 반대하지 못했기 때문이다. 이런 규제의 효과가 오래 계속될 리 만무하다. 사태가 어느 정도 가라앉고 국민의 관심이 줄어들면 그런 규제의 집행력은 크게 떨어지고 평상시 상태로 되돌아가는 것은 불문가지다.

규제실패는 과학적이고 기술적인 차원의 원인분석이 불충분해서 생기기도 하지만, 이보다 더 크고 근본적인 원인은 피규제자(기업)들의 규제 순응 및 불응의 동기와 원인에 대한 분석이 소홀한 데서 찾아야 할 경우가 많다. 규제를 준수하려고 하는 동기나 능력 면에서 피규제자들은 각기 다르다. 그런데도 모든 피규제자가 사익을 추구하는 나머지, 규제의 목적을 하찮게—비록 적대시하지는 않을지라도—여긴다고 가정한다면 비현실적이다. 물론 어떻게든 규제를 회피하려 하거나 규제를 위반하고도 아무 거리낌이 없는 그런 악덕기업이 없는 것은 아니다. 신문과 TV 뉴스에 나오는 기업이 그런 기업들이다. 예컨대 양식어류에 발암성 물질을 먹이고 있다느니, 어린이들의 학교급식에 저질 재료를 사용하고 있다느니, 사회복지시설이란 가면 속에서 철면피 사업자들이 인권을 유린하고 폭력을 행사한다느니 하는 등의 고발 보도와 기사 말이다. 그러나 이런 악덕기업은 생각만큼 흔하지 않다.

앞장에서도 언급하였듯이, 바닥흐와 카간의 연구에 따르면, 미국의 경우 이런 악덕기업주에 의해 저질러지는 규제위반 사례가 전체의 80%를 차지하며, 상위 10%의 악덕기업주가 90%를 차지한다고 한다.(Bardach and Kagan, 2002:66) 그럼 우리나라는 어떨까? 이런 조사결과는 없지만 이에 근사한 수치일 것으로 추정한다. 그렇다고 한다면 대다수 피규제자는 선량하다고 보는 게 온당할 것이다. 규제가 합리적이든 아니든, 현실적이든 아니든, 대다수 피규제자는 일단 자발적으로 규제를 이행하려고 한다. 아마도 이것이 현실에 가깝다고 본다. 하지만 기업은 기회만 있으면 규제를 위반하려고 한다는 게 일반인이나 매스컴의 보편적 인식이다. 근거가 없는, 상당히 과장된 인식이 아닐까?

실제로 악덕기업은 약 20% 정도에 불과하다면 우량기업과 불량기업을 구분하여 불량기업만을 주된 규제대상으로 삼고 그들을 대상으로 한 규칙을 만들어 시행하는 게 순리이다. 그런데 이런 식의 접근은 원천적으로 가로막혀 있다. 다음과 같은 문제점들 때문이다. 첫째, 악덕기업주가 사전에 정해져 있는 건 아니라는 문제점이 있다. 물론 동일한 규제의 경우엔 과거의 실적을 통해 어느 정도 추정할 수도 있겠지만, 새 규제와 관련해 과거 실적을 적용할 수는 없는 일이다. 둘째, 피규제자의 규제 순응의 동기와 능력을 객관적으로 측정하고 검증할 방법이 마땅치 않다. 셋째, 더 근본적으로, 피규제자를 사전에 특정해서 규제하는 것은 법 앞의 평등 원리에 부합되지 않는다.

바로 여기서 규제기준의 획일성은 규제의 본질임을 알 수 있다. 피규제자의 특성을 가리지 않고 획일적인 규제기준이 적용되므로 그 기준이 모든 피규제자에 대하여 합리적이고 현실적인 기준일 수 없다. 규제 당국이 이 점을 모르고 있는 것은 아니다. 사실 규제기관은 가능한 한 규제기준의 획일성 문제를 최소화해 보려는 노력을 기울인다고 봄이 옳다. 그러나 피규제자(집단)의 극도의 이질성, 다양성, 가변성을 감안해 차별적으로 규칙을 만들 수는 없다. 기껏해야 몇 개의 그룹으로 묶어서 약간의 차별성을 두는 정도인데, 그런다고 해서 규제대상의 이질성과 다양성의 문제가 크게 줄어들지 않는다. 오히려 규제체계의 복잡성이 증가하면서 모호성은 더욱 커지는 아이러니가 발생하는 경우가 많다. '예외 없는 규칙은 없다.'고 하면서 예외를 인정하기 시작하면, 예외적인 경우의 해석을 둘러싼 논란이 심해지고, 그 결과 모호성은 더욱 커질 수도 있다.

예를 들면 '초중등 학생에 대한 개인 교습(과외) 금지'라는 규제가 있다고 하자. 이 규제의 취지는 입시경쟁의 과열을 막는 데 있다. 따라서 학습부진아에 대한 개인 교습은 예외를 인정하지 않을 수 없다. 막무가내로 예외를 일체 불허한다고 하면 모르되, 예외를 인정하기 시작하면 온갖 문제들이 뒤따라 등장한다. 어느 정도 학습이 부진하면 학습부진아인가? 학습

부진아만 예외 취급을 받아야 하나? 질병으로 한동안 입원해 있던 학생, 전학 온 지가 얼마 되지 않아 적응을 잘하지 못하는 학생, 예능에 소질이 있어서 특별 교육을 받아야 하는 학생 등등 누구에게 예외를 인정해야 할지 그 경계선을 긋다 보면 더 근원적인 문제가 제기된다. 예컨대 개인 교습이란 무엇을 말하는가? 금지대상은 학교 교사의 개인 교습만을 말하는 것인가? 학부모나 형제(자매)가 도와주는 것은 금지대상인가 아닌가? 학부모나 형제도 가정마다 학력의 차이가 있으니 이들의 개인 교습을 허용한다면 그 역시 차별을 조장하는 꼴 아닌가? 이 규제는 방학 중에도 적용되는가? 방학 중에는 독학이 아니면 공부를 하지 말란 말인가? 이런 질문과 의문점들은 꼬리에 꼬리를 물고 이어지지 않을 수 없다.

이것이 규제의 실상이다. 규제해야 할 대상 행동은 처음엔 간단해 보이지만 개념 정의를 해야만 하고 개념을 정의하려다 보면 어디에 선을 그어야 할지 애매해지고 만다. 어딘가에 경계선을 긋다 보면 경계선 안과 밖의 차별성은 급격히 커지게 된다. 이것은 되고 저것은 안 된다고 하는데 그것이 꼭 그래야 하는 정당한 이유를 찾기 어려운 지경에 이르기도 한다. 바로 여기에 규제의 합리성과 공평성 시비가 끊이지 않는 이유가 있다. 경계선 바로 위 혹은 바로 아래 위치한 피규제자의 눈에는 더 불공평하게 보일 수밖에 없다. 누구나 현실을 자기의 눈으로, 자기의 처지에서 파악하기 마련이므로 획일적으로 만들어진 규제기준이 합리적이고 공평하게 느껴질 리가 만무하다. 이렇게 서로 다른 각자의 처지와 구체적 입장이 고려되지 않은 가운데 규제가 만들어지고 무차별적으로 특정 행동을 강제할 때 그런 규제에 자발적으로 순응하려는 동기가 유발될 리도 없다.

이런 태도는 우량기업들일수록 더 강하다. 웬만하면 자발적으로 순응하려는 뜻이 있지만, 자기의 구체적 처지와 입장이 전혀 고려되지 않은 듯이 보이는 규제에 반감이 생길 것은 당연하다. 급기야는 그런 규제를 강행하는 것은 정의롭지 않다고 생각하게 된다. 더 나아가 그런 규제를 만들어내고 밀어붙이는 규제기관, 더 넓게, 정부에 대한 이들의 존경심이나 신뢰는 무너지게 된다. 문제는 여기서 그치지 않는다. 규제기관과 관료에 대한 이들의 신뢰의 약화는 규제문제의 생산적, 효율적 해결방안의 탐색과 활용 가능성을 없애버린다. 규제를 통해 해결하려고 하는 문제(위험의 소재, 발생원인 등)를 정확하게 찾아내고 효율적인 해결방법을 모색해 나가기 위해서는 규제자와 피규제자 간의 원활한 의사소통과 협력이 긴요하다는 점을 고려해 보면 규제의 획일성 문제의 심각성은 간단히 보아 넘길 수 없다.

규제기준의 획일성 문제를 심화시키는 또 다른 중요한 요인은 규제의 예방적 성격과 관계가 깊다. 일반적으로 규제는 어떤 행동이나 행위가 일으킬 가능성이 있는 위험과 피해, 사건과 사고, 재난, 사회적 물의 등 각종의 사회악을 예방하려는 데 목적이 있다.(제10장 참고) 그런데 위험과 피해, 사건과 사고, 재난, 사회적 물의를 일으킬 가능성이 있는 행동이나 행위 모두를 정확히 예측하기는 불가능하다. 더구나 이런 가능성이 있는 행동이나 행위의 구체적 형태는 너무나 다양하고 위험성의 정도도 천차만별이다. 같은 행동이나 행위라도 그것이 일으킬 위험의 수준이나 정도는 상황에 따라 또 달라진다. 사고의 원인을 정확히 알지라도 그 문제에 대한 완벽한 해법이 늘 이용 가능한 것도 아니다. 그러므로 일반적이고 추상적인 공식규칙을 갖고서 기술변화나 그에 따른 인간의 상호작용 패턴의 변화들로 인한 다양한 위험들을 모두 커버하기는 처음부터 불가능하다. 그럴 수 있을 정도로 공식규칙이 세부적으로 규정될 수는 없다. 비록 원리적으로 이 모든 상황을 커버할 법조문의 규정이 가능하다 할지라도, 피규제자의 자발적인 협력이 뒷받침되지 않는다면 순응을 기대하는 것은 무리다.

일반적으로 규제에 광범위한 회피 행동이 따르는 이유도 규제와 규칙의 획일성 때문이다. 규제와 규칙이 자기들이 처한 구체적 현실에 맞고, 각자의 사정을 헤아려 적용될 수 있을 만큼 충분히 신축적이라면 규제를 회피하려는 동기는 약할 것이다. 그런데 규제가 각자의 사정을 고려하지 않은 채 일방적으로 정해지고 강행되면 규제가 반발을 불러일으키는 것은 당연하다. 악덕기업이야 처음부터 순응할 의도가 없다고 보아야 하겠지만, 그렇지 않았으면 자발적으로 순응하였을 80%의 우량기업을 범법 기업으로 내몰고 말 가능성도 크다. 왜냐면 그런 규제와 규칙을 곧이곧대로 준수하는 데 드는 비용이 자신의 의지로 감당할 수 있는 합리적 비용보다 크다면 다른 방법을 찾는 게 낫다고 생각하기 때문이다. 이래서 생겨나는 것이 소위 규제회피 행동들이다.[1] 규제와 규칙이 현실에 맞지 않고 불합리할 때 규제를 회피하거나 우회할 목적에서 우량기업들(혹은 적어도 악독한 기업이라고는 말할 수 없는 기업들)이 취하는 행동의 예는 부지기수다.

먼저 각종 건축규제의 경우를 보자. 건축 분야의 규제기준은 예컨대 공장이면 공장, 학교면 학교, 병원이면 병원, 주택이면 주택의 건축기준이 따로 정해져 있다. 하지만 개별 공장, 학교, 병원, 주택마다 지리적 위치와 조건, 이용자(근로자)의 숫자와 구성, 그 안에서 이루어지는 일의 종류, 형태와 특성, 안전문제의 발생 가능성 등등이 각기 다를 것은 빤한 일이다. 그렇기 때문에 예컨대 공장을 산업별로 아무리 세분하더라도, 학교를 몇 종류로 분류하더라도, 병원을 몇 가지 종류와 유형으로 구분하더라도 획일성의 문제는 다소간 줄어들지언정 사라지지는 않는다. 따라서 건축주는 자기에게 적용되는 건축기준 중 무언가가 현실에 맞지 않고 불합리하다고 생각할 것이고, 따라서 무언가 더 현실에 부합되는 행동을 취할 가능성이 크다. 실제로 우리나라에 법정 건축기준에 완전히 부합되는 건물이 도대체 몇 %나 될까?

현실적으로 달성할 수도 없는 높은 수준의 규제목표를 설정하고, 그런 규제의 순응 비용을 감안하지 않은 채 규제를 강행할 때 나타나는 결과는

---

1. 이민호 등(2022)은 〈규제만족도와 규제준수 인식 간의 영향관계 분석〉이란 실증연구 논문에서 양자의 관계는 응답자가 객관적으로 응답하는지 주관적으로 응답하는지에 따라 결과가 다르게 나타났다고 한다. 타인의 시각에서는 규제만족도가 규제준수의 중요한 변수라고 보나, 정작 본인의 규제준수 인식에는 그렇지 않은 듯이 답한 응답자가 많았다는 것이다. 이것은 꽤 이상하고도 흥미로운 결과인데, 연구자들은 형식적인 규제준수가 만연하고 있을 가능성을 의심한다.

광범위한 규제 회피 행동, 즉 편법의 동원과 눈속임의 만연이다. 비상구와 비상계단의 설치기준이 비현실적으로 엄격할 때 사업자는 비상구 비슷한 것을 만들어 놓고서는 눈속임을 한다. 검사를 받을 때는 기준에 맞게 잘 설치된 것처럼 보이게 하고 평시에는 작업장으로 사용한다. 비상계단의 출입문에 자물쇠가 채워져 있는 경우가 많은 것은 이 때문이다. 이런 예는 무수히 많다. 음식점 등 공중 접객업소는 각종 위생시설을 갖추어 놓도록 하고 있다. 그러나 위생시설 기준이 현실에 맞지 않아 모양만 갖추어 놓은 경우가 대부분이고, 손님이 많을 때일수록 바쁘다는 핑계로 사용이 안 되는 경우가 다반사이다.

얼음과자의 가격을 너무 올렸다고 규제하면 사업자는 얼음과자의 양을 줄인다. 양이 줄었다고 규제하면 이번에는 양은 맞추되 질을 낮춘다. 손해 볼 수는 없기 때문이다. 짜장면 가격을 규제하면 간짜장, 삼선짜장이 나온다. 가격규제를 피하기 위해서다. 최저임금 제도를 실시하면 저임금 근로자의 임금이 당연히 올라가는 게 아니다. 사업주는 최저임금 적용대상이 되는 근로자, 바로 이 규제를 통해 보호하려고 한 근로자를 해고하지 않을 수 없는 처지로 몰리게 된다. 신규채용을 기피할 것은 물론이다. 규제에 순응하여 최저임금을 줄지라도 근로자의 노동강도가 정상 이상으로 올라갈 가능성도 크다. 정규직 고용자의 권리를 강화하면 할수록 사용자는 비정규직 근로자를 선호한다. 비정규직 근로자의 권리를 강화하려고 하면, 이번에는 비정규직의 일자리 자체가 줄어든다.

품질의 고급화를 목적으로 하는 각종의 규제들도 마찬가지다. 앞에서도 지적한 바와 같이 낮은 가격은 낮은 안전도, 환경 위해에 대한 대가이고, 높은 가격은 높은 안전도, 친환경 등에 대한 대가이다. 따라서 이 점을 이해하지 못한 채 이루어지는 규제는 실패하기 마련이다. 물론 규제로 인해 제품의 질이 향상되므로 고품질의 제품을 사용하는 계층에서는 소비가 증가할 수 있다. 그러나 대다수 소비자에게는 단기적으로 부담이 증가한다. 한편 생산자(공급자)로서는 시장 불확실성에 노출되기를 꺼린다. 이런 상황에서 시장의 균형은 결국 장기균형으로 회귀한다.[2] 이런 가운데 피규제기업 중 대기업은 시장 우위를 확보하는 반면, 중소기업은 더욱 불리한 처지에 서게 되는 전혀 예기치 않은 상황도 발생할 수 있다.

물론 이상에서 든 예들에서 규제를 회피하려고 드는 기업의 입장을 옹호하려는 뜻은 없다. 법을 위반한 것이 사실이기 때문이다. 그러나 구체적 상황을 접하고 보면, 과연 이런 기업들에 대한 획일적인 규제기준의 적용이 정당화될 수 있을지에 대하여 강한 의문을 갖지 않을 수 없다. 문제는 웬만하면 자신의 이익을 위해서도 규제에 순응하려는 동기와 유인이 상당한 우량기업들이 이런 규제를 어기거나 눈가림을 일상적으로 하고 있다는 사실이다. 이들의 속셈은 무엇이겠는가?

하나는 불행하게도 규제위반 사실이 적발되면 그때 해결하겠다는 것이다. 물론 그 방법은 권력자를 동원하는 것일 수도 있고, 뇌물로 적당히 넘어가는 것일 수도 있다. 다른 하나는 규제기관이 그 정도의 위반사항은 묵인해 줄 것이라는 낙관적 기대다. 이것은 터무니없어 보이지만 사실은 그리 간단하지 않다. 우리나라 규제기관의 규제 집행 강도는 그리 높다고 보기 어렵다. 인력이나 조직과 장비가 충분히 뒷받침되고 있지 않다. 따라서 위법성 여부에 논란의 소지가 있는 경우에는 사업자가 규제관료를 궁지로 몰 소지가 없지 않다. 또 정부는 경제가 어려울 때면 규제관료가 사업장에 아예 출입조차 하지 못하도록 명령하기도 한다. 일관성이 없는 규제의 집행 관행이야말로 이런 눈가림식의 반응을 조장하는 경향이 있다. '뛰는 놈 위에 나는 놈' 격의 악순환은 이래서 계속된다.

---

2. 사실 품질향상을 목표로 한 규제가 실제로 제품의 품질향상으로 이어지게 만드는 강력한 요인은 장기적 소득수준의 향상이라고 볼 수 있다. 선진국으로 갈수록 불량품이 적게 생산, 유통되는 이유는 선진국의 품질규제가 강해서라기보다는 소비자가 품질규제로 인한 가격상승분을 부담할 능력이 크기 때문이라고 보아야 옳을 것이다.

1.2 규제의 획일성을 강요하는 원칙들

피규제기업의 복잡다단한 사정에 적절하고 민감하게 대응할 수 없도록 만드는 획일적 규칙의 불합리성에도 불구하고 규제를 제정하고 집행하는 규제기관이 이 획일성의 한계를 극복하기는 거의 불가능하다. 여기서는 그 원인을 이루는 원칙들에 대하여 살펴본다.

1.2.1 규제강화를 강요하는 정치적 상황

재난, 사고, 사회적 물의는 대개는 기존규제의 이행을 회피한 소수의 기업에 책임이 있다. 그런데도 이 경우 소수 기업에 책임을 묻는 것으로 그치는 법은 없다. 거의 언제나 언론은 관련법, 규제와 규칙의 미비점이나 불충분성을 지적하고, 수세에 몰린 규제기관은 재발 방지를 위해 제도를 개선하고 강화하는 데 관심을 집중하게 된다. 언뜻 보면 합리적인 대응인 거 같지만 사실이 그런지는 의문이다. 왜냐면 무수히 많은 피규제기업 중 어느 한 곳이나 두어 곳에서 문제가 발생한 것인데 마치 업계 전체가 그 같은 사고를 일으킬 소지나 위험성을 안고 있었고, 사고가 나지 않은 건 단순히 운이 좋아서였다는 듯이 실제보다 잠재적 위험성을 극도로 과장하기 때문이다. 이처럼 다수의 우량기업과 소수의 악덕기업, 중대한 문제와 사소한 문제, 시스템 중 잘 작동하지 않는 부분과 잘 작동하고 있는 부분 등 옥석을 가리지 않고 싸잡아서 마구잡이로 대하는 것은 대단히 불합리하다.

그런데도 소수의 규제 불이행이라는 단순한 문제가, 마치 전 사회가 나서서 해결해야 하는 복잡한 사회문제인 양 여겨지면서 순식간에 입법화 과정을 밟아가는 건 이제 거스르기 힘든 대세이자 관행이 되고 말았다. 이런 문화적 특성은 우리나라와 다른 나라를 비교해 보면 꽤 분명하게 드러난다. 예컨대 미국에서 총기 난동 사태는 하루가 멀다 싶게 자주 터진다. 그런데도 매번 제기되는 총기규제 강화 입법 논의는 흐지부지되기 일쑤다. 이걸 지켜보는 사람마다 생각이 다르겠지만, 이것은 규제문화(regulatory

culture)의 차이를 보여주는 좋은 사례가 아닐 수 없다.(최병선, 2003; 최병선·
이혜영, 2000) 우리나라처럼 일반적으로 기업에 대한 반감과 불신이 높은
사회에서는, 하나를 보면 열을 알 수 있다는 식의 전체주의적 사고방식이
자연스럽다. 하지만 미국과 같은 고도의 개인주의 사회에서는 총기 난동
사태와 같은 엄청난 사회문제에 대해서도 그것은 사이코패스나 소시오패
스 등 비사회적 개인이 일으킨 예외적인 문제로 치부하는 경향이 강하다.

재난과 사고에 직면하여 경각심을 고취하고 대책을 강화하는 것은 당연
하고 자연스럽다. 피할 수 있기만 하다면 모든 수단을 동원하고 어떤 비용
을 들여서라도 피할 방도를 찾아야 하는 게 재난과 사고이기 때문이다. 하
지만 거기에도 원칙은 있어야 한다. 이미 앞장에서 충분히 논의했지만 아
무리 규제목표를 높이 잡아도, 이를 위해서 규제기준과 처벌 수위를 높여
도 규제 효과는 크게 달라지지 않는다. 오히려 부작용을 일으키고 역효과
가 나는 경우가 더 흔하다. 그렇다고 한다면 사고의 예방을 위한 규제 강화
는 무조건적으로 옳은 대책이라고 말할 수 없다. 이 주장의 논거는 다음 장
(제10장)에서 깊이 있게 고찰할 것이지만, 이런 주장은 학자로서 할 수 있
는 주장일지언정 정치의 장에서는 통하기 힘든 주장인 것이 사실이다. 어
떤 정치인이 이런 주장을 할 수 있겠는지, 하물며 어떤 규제기관이 이런 주
장을 할 수 있을지를 생각해 보면 분명하다. 그러나 학문적 지식에 귀 기울
여야 할 때는 바로 이런 때가 아니겠는가.

1.2.2 '법 앞의 평등,' 불편부당성, 객관성에 대한 신봉

사고만 나면 늘어나고야 마는 규제, 옥석을 가리지 않는 마구잡이식 규
제방식의 함정에 규제기관이 속절없이 빠지게끔 만드는 요인 중 하나가 '법
앞의 평등,' 불편부당성, 객관성에 대한 신봉이다. 국민은 누구나 법 앞에
평등해야 하고, 정부의 간섭과 규제가 불편부당해야 하고, 정부가 하는 일
에는 객관성이 있어야 한다는 것이다. 그런데 여기에 참으로 역설적인 문
제가 있다. 좋은 기업과 형편없는 기업에 대하여 차별적인 규제기준을 부

과하면 자의적이라고 공격을 받는다. 예를 들면 사회복지시설에서 사회문제가 발생했을 때를 생각해 보자. 물리적 시설이 우수하고 친절성과 서비스의 질 면에서 평판이 좋은 복지시설과 그렇지 못한 시설을 구분하여 별도의 규제기준을 정하는 것이 합리적일 것이다. 그런데 실제로 이렇게 접근하면 도대체 어떤 기준으로 차별성을 부여했는지가 논란이 된다. 규제기준의 차별화가 시설의 등급화를 불러올 것이기 때문이다. 업체로서는 사활이 걸린 문제이므로 예민하게 대응할 수밖에 없겠으나, 여론도 의심의 눈길을 보낸다. 혹시라도 비리의 소지가 없을까 해서다. 과거의 실적이 과연 미래의 행동을 담보하느냐, 그것이 충분한 근거가 되느냐는 게 논란의 핵심사항이다. 이 논란에 당당히 맞서서 자기주장을 펴고 방어할 태세를 갖춘 규제기관은 거의 없다. 이런 때 규제기관이 비난이나 의혹을 피해갈 수 있는 방법이 하나 있다. 획일적인 기준을 정하는 것이다. 물론 이 기준의 희생자는 우수기업과 보통기업들이다. 보통의 경우라면 상을 받아야 할 기업들이 벌을 받는 꼴이다.

1.2.3 각종 위험과 인과관계 규명의 복잡성

'싸잡이' 식 또는 '마구잡이' 식 규제가 이루어지는 또 다른 이유는 사회적 위험을 일으키는 요인의 다양성이다. 규제기관은 해당 분야의 문제들에 대하여 상당한 전문적 식견과 경험이 있다. 그러나 이런 규제기관도 어떤 원인이 어떤 결과를 일으켰는지를 인과적으로 정확하게 집어낼 수 없는 경우가 없지 않다. 이럴 때 규제기관은 흔히 보수적인 전략을 쓴다. 즉 사고의 유발 가능성 모두를 차단하려고 나선다. 이것이 규제기관이 비난을 피해 갈 수 있는 안전한 길이기 때문이다.

예를 들면 어떤 사고가 A기업이 X(조치나 행동)를 하지 않음으로써 발생한 경우, 규제기관은 같은 일이 다른 기업에도 일어날 것으로 가정하고 모든 기업이 X를 하도록 함과 동시에, 그들이 X를 하고 있다는 것을 확실히 하기 위해 예방조치 Y와 Z를 취하도록 만들고, XYZ를 다 잘 이행하고 있는지 보고하도록 만드는 것이다. 이런 규제와 규칙에 대하여 피규제기업들이 '효과도 없이 부담만 가중시킨다.'는 불만을 제기해 보지만 기업에 대한 불신이 큰 사회에서 아무 소용이 없다. 물론 이 경우에도 규제강화의 희생자는 우수기업과 보통기업들이다.

한 가지 특기할 점은 이런 문제는 우리나라와 같이 지방자치의 수준이 낮아 중앙정부가 규제제정의 전권을 행사하는 경우 더욱 심해진다는 사실이다. 특정 지역에서 적합한 규제가 반드시 다른 지역에도 적합할 수는 없는 일이므로 규제의 불합리성이 더 커질 것은 자명한 이치다. 그러므로 지역에 따라서 규제기준이 다른 것은 자연스러울 수 있는 일임에도 불구하고 이런 차이는 허용되지 않는 게 우리나라의 지방자치의 현실이다. 지방자치가 본격화된다면 지자체마다 규제기준의 합리화 경쟁에 나설 것이지만, 유감스럽게도 아직은 그런 기대를 하기는 무리다.

1.2.4 정보문제의 심각성

사고 등 사회문제가 발생한 경우 진지하게 사실을 규명하고 인과관계를 확인하는 일은 생각보다 큰 시간과 비용을 요구한다. 그러므로 규제기관은 어쩔 수 없이 복잡한 현상을 단순화하고 그것을 규제로 뭉뚱그리는 일에 익숙하다. 사실 이런 종류의 정보문제는 생각보다 심각하다. 예컨대 물류창고에서 화재가 발생한 경우, 화재의 원인을 쉽게 탐지하거나 측정할 수 있는 흔적이나 증거를 찾기가 쉽지 않다. 더구나 작업자의 순간적인 부주의로 화재가 발생한 경우, 특히 그 작업자가 현장에서 사망한 경우를 생각해 보시라. 이처럼 사고 등 문제의 원인을 정확히 알지 못한다면 문제의 원인을 정확히 알 때까지 규제 강화를 유보하는 것이 정상이다. 그런데 현실은 이와 반대라고 해도 과언이 아니다. 문제의 정확한 조사와 진단에는 많은 시간과 비용이 들기 마련이지만 언론도 여론도 이를 용인하려 들지 않는다. 각자의 마음속에 이미 판정이 나 있기 때문이리라.

그 결과 문제를 일으킨 원인과 인과관계에 대한 자세한 조사와 진단이 이루어지기도 전에 결론이 먼저 난다. 조금이라도 관계가 있을 성싶은 모든 원인행위를 닥치는 대로 규제대상에 포함시키는 것이다. 말하자면 정보의 문제가 규제의 그물망을 오히려 더 넓게 치도록 만드는 것이다. 이것이 과도한 범위와 수준의 보호규제(protective regulations)가 등장하게끔 만드는 주범이다. 쇠고기 등 육류의 안전성을 확보하기 위해 도살장의 설치 및 위생 기준, 도살된 육류의 포장이나 처리와 관련된 시설과 장비 등의 기준 등을 정해 규제하는 것은 물론이고, 이 모든 과정에 대한 기록을 유지하도록 한다. 병원에서 사용하는 주사기로 인한 전염을 막기 위해 보관시설, 소독시설, 사용한 주사기의 폐기방법 등에 관한 규칙을 세세하게 규정하고 기록을 유지하도록 한다. 개인정보의 보호를 명분으로 은행이나 증권회사들이 소비자에게 무수한 동의서를 요구하도록 규제한다. 이런 규제강화의 예들은 이루 다 헤아릴 수조차 없다. 과연 그런 규제들이 어느 정도나 규제목적 달성에 기여하는지는 아무도 모른다.

규제가 합리적이고 효율적이려면 먼저 정확한 원인분석이 이루어져야 한다. 그리고 밝혀진 문제의 원인을 정확히 배제하기 위해 정밀하게 설계된 규제가 시행되어야 한다. 하지만 이런 정보는 늘 부족하다. 따라서 규제기관은 규제목적과 다소간이라도 인과관계가 있을 것으로 생각되는 모든 원인행위를 망라하여 포괄적으로 그리고 무차별적으로 규제하려는 성향을 보인다. 이 과정에서 발생하는 문제들은 많다.

첫째, 불필요한 규제순응비용이 계속 늘어나게 된다. 둘째는 규제기관의 편의가 소비자나 피규제기업의 편의보다 우선하게 된다는 사실이다. 다시 말하면 소비자는 그것이 자신들의 이익을 보호한다는 착각 속에서 규제강화를 묵인하고, 피규제기업들은 자신들의 반대가 소비자를 위하지 않는다는 오해를 불러일으킬까 두려운 나머지 규제 강화에 반대하고 나서지 못한다. 그런 가운데 규제기관은 아무런 제재 없이 자기들의 편의와 편리를 추구할 수 있게 된다는 것이다. 인과관계가 강해서라기보다는 간단히 눈으로 확인할 수 있거나 측정할 수 있어서 법 집행이 쉬운 요인들을 골라 규제의 대상으로 삼는 것 등이 좋은 예이다.[3] 이 경우 규제자의 집행비용은 낮으나 피규제자의 규제순응비용은 높은 게 일반적이다.

1.2.5 시민단체의 개입

정보의 부족 문제는 사태에 대한 즉각적인 대책 마련을 요구하는 여론의 조급성으로 인해 더욱 악화된다. 이해관계자의 의견을 광범위하게 청취하고, 심도 있는 연구를 수행하는 등 시간을 두고 면밀하게 문제의 원인을 분석하면 좋겠지만, 이것은 원칙론일 뿐이다. 사고가 터지고 나면 정치적 압력 때문에 이런 여유는 좀처럼 허락되지 않는다. 특히 생태학적 재앙이나 인간 생명을 위협하는 사고의 발생은 국민을 격앙시키고 규제기관과 관료들은 즉각적으로 대응하지 않으면 안 된다는 절박감에 사로잡혀 조바심 치게 된다.

예를 들면 어떤 화학물질이나 식품 첨가제가 발암성이 있다는 정보가 공개될 때, 규제기관이 즉각적인 결정을 내리지 못하고 주저하는 모습을 보이면 국민의 원망과 두려움은 증폭된다. 환경단체, 소비자단체 등 시민단체와 언론이 잠재적 위험성을 계속해서 선전하고, 생산자는 소비자를 안심시켜 달라고 규제기관에 압력을 가하는 상황이 되면 정치권은 무조건 빨리 대책을 내놓으라고 야단이다. 이런 혼란 속에서일수록 명백한 과학적 근거의 필요성은 더 커지지만, 규제기관과 관료는 잘 알려진 사실을 존중하기보다는, 잘 모르는 사실에 대한 두려움 때문에 아직 충분히 검증되지 않은 강력한 규제기준을 즉각적으로 시행하게 되는 경우가 많다.

정보의 부족과 왜곡 현상을 심화시키는 요인은 조급성만이 아니다. 규

---

3. 이런 요인들을 대리변수(proxies)라고 부른다. 예컨대 폐기물 관리대장을 만들고 기록을 유지하게 하는 것, 사업허가 요건으로 사무실 면적이나 주차 가능 자동차 대수 등을 정하는 것, 자격 유지 조건으로 보수교육을 몇 시간 이상씩 받도록 하기 등등의 규제는 보통 이런 대리변수들을 이용한다.

제문제의 복잡성은 때로 의도적으로 무시되기도 한다. 규제의 옹호자는 위기를 조성함으로써 규제 입법을 밀어붙이려는 의도를 가질 수 있다. 이들은 문제의 심각성을 과장하고 제안된 규제방안의 문제점이나 그것이 초래할 비용을 저평가하는 경향을 보인다. 일반적으로 정치인들도 규제의 비용편익분석 등을 무시하려는 경향을 보인다. 이들로서는 규제가 강력하면 할수록 자신의 소임을 다한 듯한 인상을 줄 수 있기 때문이다.

이런 규제강화 압력을 적절히 제어해야 할 책임은 규제기관이 져야 할 몫이지만, 이들은 이들대로 난처하기는 마찬가지다. 규제의 획일성을 감소시켜 현실성과 합리성을 높이기 위해서는 피규제산업의 의견을 청취하고 이들과 협의를 하는 것이 바람직하지만, 이들이 규칙제정 과정에 부당한 영향을 미쳐서는 안 된다는 비판을 피하기 힘들다. 따라서 규제기관은 주로 공청회 등을 개최하기도 하지만, 자극적이고 도덕적인 주장이 난무하고 그런 주장일수록 더 강력한 호소력을 지니는 공청회에서 객관적으로 사실을 규명하고 올바른 대안을 모색하는 일은 연목구어와 같다.

2. 규제의 원죄 (2): 집행의 경직성

피규제자나 집단의 다양성을 무시하고 단순화해서 만들어지는 획일적인 규제는 피규제자가 자신의 행동을 고치도록 유도하는 적절한 유인구조를 제공해 주지 못한다. 규제가 합리적이고 현실적이라고 보이지 않기 때문이다. 그러므로 획일적인 규제는 광범위한 규제 회피 행동을 유발하고, 급기야 규제실패를 불러온다는 사실을 강조하였다. 이런 면에서 규제기준의 획일성은 규제실패의 제1원죄, 제1주범이라고 규정하였다. 그런데 어쩔 수 없이 획일적으로 규정될 수밖에 없을지라도 규제가 신축적으로 융통성 있게 적용된다면 다소나마 규제의 불합리성을 줄일 수 있다. 그러나 여기에 더 복잡한 문제, 또 다른 암초가 숨어 있다. 규제기관이 규제를 신축적으로 집행하면 규제의 부작용과 역효과는 줄일 수 있지만 규제기관은 이를 꺼린다. 규제의 집행이 자의적이고 차별적이라는 비난과 부조리가 개입되었을 가능성에 대한 의혹을 의식하기 때문이다. 그래서 규제의 집행은 늘 '이러지도 못하고 저러지도 못하는' 엉거주춤한 모습을 띠기 일쑤다.

2.1 신뢰할 만한 약속의 중요성

규제가 성공적이려면 그것이 지속적으로 강화되고 규제의 집행도 강화될 것이라는 점이 피규제기업에 분명하게 전달될 수 있어야 한다. 기업이 정부의 약속을 말 그대로 신뢰할 만한 약속으로 받아들일 수 있을 정도로 강력하고 확실해야 할 필요가 있다. 예컨대 경제 상황에 따라 규제의 수준과 강도를 높였다 낮췄다 하는 비일관성을 보인다거나, 평소에는 규제의 집행을 소홀히 하다가 갑자기 일제 단속의 형태로 규제를 몰아치는 등의 관행은 이런 면에서 매우 큰 문제다. 사고나 사회적 물의가 일어난 직후에 규제를 급조하고 규제의 집행을 일시적으로 강화하는 등의 대처는 규제집행이 일과성으로 끝날 것이라는 잘못된 기대를 낳고 따라서 규제문제의 해결을 위한 자발적인 노력을 크게 저해한다. 더 나아가 정부의 규제제도나 정책 및 수단의 변화가 단기적이고 일회적으로 끝나는 사례가 잦아지면 이것이 규제실패를 만들어내는 중요한 요인이 된다.

2.2 자의적인 집행은 규제실패를 자초

일반적으로 피규제자는 불합리한 규제 명령보다 규제기관이 취하는 행동의 자의성에 더 큰 분노를 느낀다. 비록 규제내용, 규제기준의 획일성과 경직성에 의문이 있을지라도, 우량기업이라면 규제 의도를 나름대로 이해하고, 자신이 가진 가용자원의 한계 내에서 규제목적의 달성에 부응하려고 노력한다. 자신들의 진지한 태도와 책임성, 건설적인 문제해결의 동기,

선의의 판단과 합리적이고 현실적인 문제해결 이니셔티브 등에도 불구하고 규제기관이 규제위반 사항의 적발과 처벌에만 관심을 기울인다고 인식되면 피규제기업은 규제의 집행이 지나치게 일방적이고 자의적이라고 판단하게 된다.

말하자면 피규제자들은 심리적 불협화(dissonance)와 분노를 경험하게 되는 것이다. 이런 경험은 규제법률, 규제기관, 그리고 그런 법률을 만든 정치과정 모두를 싸잡아 비방하게 만든다. 문제는 여기서 그치지 않는다. 궁극적인 문제의 해결보다는 처벌에만 관심을 기울이는 듯이 보이는 규제기관의 처벌 위주의 접근은 피규제기업들이 방어적으로 행동하게 만든다. 이들이 이렇게 방어적으로 반응하게 되면, 도전을 받았다고 생각하는 규제관료는 더 큰 불신과 관료적 형식주의(legalism)로 대응한다. 그러면 다시 피규제기업은 더 크게 분노하면서 여러 형태의 비협조와 저항으로 보복한다. 이것이 관료적이고 법우선(rule-minded)적인 규제의 시행, 처벌 위주의 접근이 만들어내는 악순환 현상이다.

이런 악순환의 고리 속에서 피규제기업은 우량기업들조차 이제 규제기관의 규칙이 요구하는 것보다 더 책임 있게 행동할 필요가 없다고 생각하고 최소한의 순응(minimal compliance)에 그치려는 태도를 보이게 된다. 이런 태도에 대하여 규제 관료들은 최소한의 태도(minimalist attitude)로 임하려 한다. 다시 말하면 규제 관료들이 피규제기업과 비협조적인 관계에 서게 됨에 따라 기술적으로는 불법이 아니나 규제목적과 관련해 보면 피규제기업이 범하고 있는 더 심각한 문제 상황을 간과하거나, 피규제기업과 협력적인 관계에서 문제해결 위주의 접근을 하게 될 때 발견할 수 있는 더 효과적인 대응 행동의 기회를 놓치게 된다는 것이다. 이처럼 관료적이고 법 우선적인 규제의 시행은 규제기관과 피규제기업 간의 협력을 단절시킨다. 여기서 발생하는 더 심각한 문제는 규제기관의 규제행태가 불합리하고 자의적이라는 악평을 한번 얻게 되면, 규제기관이 아무리 합리적인 태도를 취하려고 노력해도 소용이 없다는 것이다.

요컨대 처벌 위주의 접근에 기초한 규제의 집행은 규제를 엄격하게 다룬다는 점에서 일리가 있고, 소수에 불과한 악덕기업을 다루는 데는 적절하고, 사실 불가피한 측면이 있는 것이 사실이지만, 이런 접근은 자기패퇴적(self-defeating)이다. 피규제기업의 원망을 사고 저항을 유발하며, 상호협력과 건설적인 문제해결에 요긴한 정보를 공유하려는 태도와 관행을 붕괴시킨다. 이런 관계가 심해지면 규제자와 피규제자 양편의 에너지가 쓸모없는 법적 다툼과 갈등에 소모되는 결과를 초래한다.

법적 분쟁의 증가가 초래하는 더 큰 문제는 그것이 규제목적의 달성과 역행한다는 점이다. 법적으로 다투려고 마음먹은 기업은 적법절차, 공식적인 법적 증거 요구, 벌칙부과의 엄격성 등의 규정을 이용해 규제를 회피하거나 문제가 없는 규제집행에 대하여 문제를 제기할 수 있는 맹점을 얼마든지 찾아낼 수 있기 때문이다. 이렇게 되면 규제기관은 이런 모든 가능한 맹점을 틀어막기 위해 또 법적 분쟁 발생시 소송에서 이기기 위해 규제를 더욱 까다롭게 세밀하게 규정하려고 한다. 이래서 악순환은 계속되고 모두가 패자가 되고 만다.

2.3 규제 관료의 유인체계

규제가 어떻게 집행되느냐는 무엇보다도 규제 관료의 유인체계 및 보상체계와 관련이 크다. 규제를 어떻게든지 합리적으로 제정하고 집행하고자 하는 유인이 강하다면 좋겠지만 관료의 신분인 이들은 자기에게 돌아오는 보상보다 문책을 피하는 게 우선이다. 책임을 피하는 데는 정해진 규칙대로 집행하는 것, 규칙을 그대로 따르는 것('going by the book')만한 게 없다.(Bardach and Kagan, 2002) 합리적으로 규제를 다루기 위해서는 규제 관료에게 주어진 재량권(regulatory discretion)을 합리적으로 행사하면 좋지만, 이 재량권 행사에는 책임과 위험이 따르므로 굳이 이런 책임과 위험을 지려 하지 않는다는 말이다. 예컨대 정상을 참작해 처벌을 감면해 주는 경우 이 재량행위가 과연 합법적인 재량행위로 인정을 받을지에 대한 확신이 서지 않는다면, 특히 여기에 뭔가 불법적인 요소가 개입되어 있기라도 한 것처럼 의심의 눈으로 보는 것이 조직환경이고 일반인의 의식이라면 규제 관료는 굳이 이런 위험을 감수할 필요가 없다고 생각하게 된다는 것이다.

물론 이는 규제 관료가 개인의 책임(responsibility)만을 고려할 뿐 국가의 공복으로서 국민에 대한 공적 책임(accountability)은 내팽개치는 거나 다름없다. 하지만 관료의 재량행위에 대한 일반인의 인식과 태도가 기준에 미치지 못한다면, 규제 관료의 이기심을 탓할 수만은 없다. 사실 일반인의 인식과 태도는 이중적인 경우가 많다. 자기에게는 무한정 유리한 방향으로 재량을 행사해 주기를 바라면서, 타인에 대해서는 재량의 행사를 엄격하게 제한해야 한다고 생각한다. 재량을 행사했다면 서로 아는 사이거나 뇌물을 받았기 때문이리라고 의심한다. 이를 잘 아는 규제 관료가 그런 의심이나 문책을 피하려 하는 것이 어찌 그들만을 탓할 일이겠는가. 규제자가 능력 면에서 우수할뿐더러 고도의 프로정신을 갖추고 있다면 이런 의심도 각오할 수 있겠지만, 이런 정도의 프로정신을 가진 관료는 과연 몇 %나 될까?

한 가지 특기할 사항은 반기업 정서가 유독 강한 우리나라에서는 신축성 있고 융통성 있게 규제를 적용해야 한다는 일반론에는 찬성하면서, 속으로는 규제를 엄격하게 집행하기를 바라는 경향이 매우 강하다는 사실이다. 기업, 특히 대기업에 대해 신축성 있고 융통성 있게 규제를 적용하면 대체로 규제 지향성이 강한 일반인 특히 시민단체들의 집중 공격을 피할 길이 없다. 업계 내부적으로 규제의 신축적, 재량적 집행에 반대하기도 한다. 왜냐면 엄격한 집행으로 상대적 이익을 보는 기업도 있기 때문이다. 여기서 우리는 반기업 정서가 불합리하고 비현실적인 규제들을 온존하게 만드는 중요한 요인임을 확인할 수 있다.

반면에 규칙대로 하기, 규칙에 매달리기는 규제자에게 이런 비판으로부터 자유로울 수 있는 안전한 대피처와 같다. 규칙대로 하는 걸 별로 부끄러워하지도 않는다. 왜냐면 이것이 경쟁관계에 있는 기업들을 공평하게 다루는 것이라고 주장할 수 있기 때문이다. 이렇듯이 공평성은 전가의 보도처럼 쓸 수 있는 아주 강력한 법적, 정치적 규범이다. 독자의 흥미를 끌 만한 보도 기삿거리를 노리는 언론의 표적이 되는 것을 피할 수 있는 좋은 길도 법대로, 규칙대로 하는 것이다. 신축적인 집행, 융통성 있는 집행은 이런 언론에게 빌미를 줄 공산이 크다. 규제를 잘 지키는 기업과 안 지키는 기업의 비율과 분포 등의 자료를 제시하면서 해당 기업이 마치 로비를 잘해서 특혜를 입고 있는 것처럼, 따라서 부정부패의 냄새가 나는 스캔들이 있는 것처럼 보도하면 규제기관으로서는 여간 곤혹스럽지 않을 수 없다. 혹시라도 신축적인 규제의 집행 이후 대형사고라도 발생하였다면 이것이 규제기관과 관료에 미치는 잔존 효과(covering your ass: CYA)는 매우 크다. 그러므로 규제기관과 관료들이 규칙대로 하기는 그들이 도덕적 책임을 회피하는 것은 물론이고 오히려 도덕적 우위를 차지하고 정당성을 유지하는 바탕이 되기도 한다.

다시 강조하거니와 규제기관과 관료로서는 규정대로 하기의 이익이 신축적으로 하기의 이익보다 거의 언제나 크다. 규제자로서는 재량권을 행사하기보다는 법 규정대로 따르는 게 더 쉽고 돈도 덜 든다. 신축적 규제집행은 우수하고 헌신적인 규제자, 판단력이 정확한 규제자를 필요로 한다. 대화하고 협상하는 데 따라 시간이 더 걸리고, 소송에 대비한 서류준비 부담도 더 커진다. 업적 평가에서도 불리해진다. 업적 평가는 적발 건수, 벌금 액수 등을 기준으로 삼기 마련이라서 더욱 그렇다. 그 대가는 무엇인가? 피규제기업이 규제기관과 관료에 대해 갖게 될 좋은 인상과 선의(goodwill)뿐이다. 그러므로 규칙대로 집행하고, 너무 경직적이라는 비판만 잘 방어할 수 있다면 그편이 백번 낫다. '나는 법대로 집행할 뿐이다.'라는 항변을 공격하기가 쉽지 않다. 법을 먼저 고치지 않는 이상 방법이 없다든가, 규칙의 적용에 불만이 있다면 항변의 기회가 주어져 있으니 항변하라고 하지만 이들에게 항변하는 일도 쉽지는 않다. 왜냐면 이들과 관계가 틀어지면 복잡해지는 일이 한둘이 아니기 때문이다. 그래서 이처럼 법을 앞세우는 이들에게 피규제기업은 속수무책인 경우가 많다. 규칙대로 하는 게 과연 법치다운 법치에 해당하는지 의문이 강하게 드는 부분이 아닐 수 없다.

3. 규제의 악순환 현상

규제의 악순환이 일어나면, 즉 규제를 둘러싸고 한쪽은 쫓고 다른 쪽은 쫓기는 규제 회피와 규제강화의 악순환이 일어나면, 기존 규제에 더하여 규제가 계속 추가되어야 애초에 기대한 효과를 거둘 수 있다는 생각으로 인해 규제는 날로 늘어갈 수밖에 없을뿐더러, 한번 도달한 선에서 뒤로 물러서는 일이란 생각하기 어렵다. 이런 면에서 규제는 위로만 조여지는 톱니바퀴와 같다 해서 이것을 규제의 톱니바퀴 효과(ratchet effect)라고 부른다. (Bardach and Kagan, 2002:184-88) 예를 들면 같은 목적의 달성을 위해 새로이 규제가 도입될 때엔 과거의 낡고, 덜 효과적이고 불합리한 규제는 대체되어야 마땅하다. 그러나 기존 규제가 사라지는 법은 좀체 없다. 왜 그런가? 여기에는 다음과 같은 네 가지 이유가 있다.

3.1 규모경제

규제기관은 개별 규제의 개선(폐지, 수정)을 위해 법개정 작업을 추진하지 않는다. 새로운 규제(보통 다른 목적의)의 신설 작업이 불가피해질 때까지 기다렸다가 모아서 한꺼번에 처리하려고 한다. 따라서 몇 년 만에 한 차례 이루어질까 말까. 법개정 작업의 지체로 인한 비용이 발생하지 않을 수 없다. 복잡한 공식절차에 따른 법개정 작업과 이로 인한 비용은 규제의 개선 기회를 더욱 제약한다.

3.2 규제의 개선은 신나는 일이 아니다

규제정치의 현장에서 새로운 것에 대한 검토는 언제나 낡은 것에 대한 검토를 압도한다. 사회의 위험을 예방해야 한다는 규제기관의 사명을 감안해 볼 때 새로운 규제의 필요성은 명백하다. 아무리 규제가 엄해도 나쁜 기업은 맹점을 노리고, 그래서 사건은 계속 터지며, 법 규정은 시대의 흐름을 따르지 못한다는 비난을 피할 수 없다. 이것이 규제기관의 고위관료에게 무언의 압력으로 작용하고, 그는 새로 발견된 위험에 대처하고자 법안을 초안하는 일에 착수하게 된다.

3.3 민간의 규제비용과 부담은 '외부효과'

민간에 대한 과도한 규제 부담과 비용은 규제기관이 만들어내는 '외부효과'에 불과하다. 규제기관은 규제로 인해 발생하는 비용을 자기가 책임져야 할 부분으로 생각하지 않는다는 말이다. 규제기관의 임무는 위험을 막는 것이지 피규제자의 규제순응비용을 낮추는 것이라고 여기지 않는다. 그러므로 규제가 효과를 발휘하지 못하면 그것은 그들의 문제가 되지만, 규제의 불합리성은 그들의 문제라기보다는 규제의 효과성을 높이려다 보니 발생하는 불가피한 부산물일 뿐이므로 이에 대해서는 무관심하거나 관심이 소홀한 편이다. 규제기관으로서는 위험을 예방할 수 있으면 그뿐, 규제로 인한 비용이나 부담은 기업이 당연히 져야 할 사회적 책임의 일부이고, 만일 이에 대하여 불평한다면 이는 이기심의 발로에 지나지 않는다고 보는 것이다. 이런 관점은 시민단체들도 마찬가지다. 규제기관이 이 문제에 대해 우려를 표명하면 이는 규제기관이 업계에 호의적이기 때문이라고 의심하기까지 한다.

제5장에서 살펴보았듯이, 규제로 인해 발생하는 비용과 편익의 분석, 즉 규제의 비용편익분석 또는 규제영향분석의 필요성은 바로 여기에 있다. 이

런 분석이 없이는 규제의 검토 단계나 평가 단계에서 민간이 부담하는 규제순응비용에 대한 정책적 고려가 이루어지기 어렵다. 미국에서 부분적으로 시행하는 규제예산 제도는 규제기관의 규제행정비용보다 민간의 규제순응비용이 더 크게 고려되도록 강제하기 위한 목적의 제도이다. 규제기관이 규제의 불합리성, 특히 과도한 규제순응비용을 유발하는 규제의 도입에 신중하도록 유도하는 제도로서 주목해 볼 가치가 있다.

3.4 위협적인 정치환경

인간의 생명과 건강에 대한 위협요인에 대한 비판은 규제순응비용을 낮추라거나 서류작성 부담을 낮추라는 등의 청원보다 언제나 도덕적 우위를 점하고 이것은 규제기관에 절대적 영향력을 가진다. 관련 정치 엘리트나 일반 대중의 정서에 심대한 변화가 일어나지 않는 한 이 점은 영원불변이다. 환경단체나 소비자단체 등 시민단체의 목소리는 언제나 크다. 이들은 기업의 입장을 두둔하는 듯한 양보의 선례를 만드는 것(도미노 효과)을 아주 싫어한다. 여기에 중앙정부–지방정부 간 경쟁, 법원의 독립적 입장이 가세한다. 이렇듯 친규제세력은 막강한데, 이에 대항하는 세력, 즉 반규제세력은 미미하다. 기업들은 이해관계가 같아서 똘똘 뭉쳐 있다고 생각하기 쉽지만 규제와 관련해서 기업의 이해관계가 상반되는 경우가 적지 않다.

4. 규제는 시장에 미치지 못한다

규제는 본질적으로 획일적이고 경직적이다. 저자가 규제기준의 획일성과 규제집행의 경직성을 규제의 원죄라고 부르는 이유가 바로 여기에 있다. 규제의 이런 본질은 시장과 비교할 때 매우 두드러지게 나타나고, 왜 규제가 근본적으로 시장보다 열등한 정책수단일 수밖에 없는지를 잘 설명해 준다. 시장에서 이루어지는 일들은 하나도 같은 것이 없다. 무한히 다양하다. 그 속에서 이루어지는 일들은 유연하고 섬세하다. 이에 비해 규제는 다양성이나 유연성과는 거리가 멀고도 멀다. 만일 규제가 피규제자나 피규제 상황의 다양성을 포용할 수 있을 정도로 유연하다면 칭찬은커녕 부정과 비리의 소지가 된다는 이유로 비난을 받기 쉽다. 그러므로 규제기관은, 규제는 거칠고 무디다는 비판을 아무리 받아도 다양성과 유연성을 키우려고 노력할 이유가 없다.

규제기준의 획일성과 규제집행의 경직성 문제는 정치권과 규제기관 차원에서는 해결하기 어려운 문제임을 말해 준다. 일반 국민, 정치인, 규제기관을 막론하고 규제에 대한 막연한 기대를 접고, 시장을 바라볼 때 문제해결의 방향과 열쇠를 옳게 찾을 수 있다. 한마디로 말해, 규제는 시장에 미치지 못한다. 이 점을 부각하기 위해 마련된 게 다음 2개의 장이다. 먼저 제10장에서는 위험을 예방하겠다는 생각은 규제의 양산을 불러올 뿐, 실제로 위험을 줄이는 데 별로 효과적이지 않다는 사실을 지적한다. 예방보다는 위험을 잘 다룰 수 있는 능력을 키우는 게 더 중요하고 이런 면에서 시장의 기능을 새롭게 이해하는 것이 중요하다. 소비자 보호와 관계가 없는 규제는 없다고 말할 수 있을 정도인데, 11장에서는 이런 규제들이 과연 소비자 이익에 이바지하는지는 의문이라며, 진정한 의미에서 소비자의 이익은 시장이 더 잘 돌본다고 주장한다. 언뜻 보기엔 규제가 문제해결의 첩경인 듯이 보일 수 있지만 많은 맹점이 있는 반면에, 엉뚱해 보일 수 있는 시장이 진정한 문제해결책—비록 시간이 걸릴 수는 있지만—이 될 수 있다는 사실을 부각하고자 함이다.

제10장 비교적 관점에서 본 시장과 규제 (I) 위험문제를 보는 시각

많은 규제가 위험을 다룬다. 각종의 안전사고를 경험하면서, 너무나도 어처구니없는 사고의 발생을 보면서 경악하지 않는 국민은 없다. 하지만 사고가 발생한 당시에 잠시 사고의 원인이나 책임소재를 가리는 일에 관심을 둘 뿐, 안전문제가 산업사회·기술사회에서 피할 수 없는 구조적 문제들이며, 이러한 문제의 해결을 위해서는 보다 체계적이고 전략적인 사고와 대응 노력이 필요하다는 사실을 잘 인식하지 못한다. 거의 모든 사람이 각종의 위험과 사고는 극히 이례적으로 발생하는 일이고, 예방이 가능하다고 생각한다. 위험과 사고의 방지를 위한 지식과 기술이 있음에도 불구하고 정부가 충분하고 적절한 예방 노력을 기울이지 않아 사고가 발생한다고 단순하게 생각하는 경향이 있다. 바로 이런 생각에서 규제가 최선의 대안으로 떠오른다.

1. 위험에 대한 일반적 오해: 불확실성과 기회편익 개념

위험에 대한 오해 가운데 가장 큰 것이 우리가 위험을 정확히 알고 있거나 예측할 수 있다는 오해이다. '그것은 예고된 사고였다.'라는 말의 뜻이 바로 이것이다. 사고의 발생원인이 존재하고 있었고, 전문가는 물론 보통의 상식을 가진 사람이라면 누구나 그것을 쉽게 감지할 수 있었다는 의미이다. 하지만 사고의 구체적 발생 시기나 발생확률을 미리 아는 사람은 없다. '그것은 인재(人災)였다.'는 말도 마찬가지다. 이 말은 천재(天災)는 예측하기 어렵지만, 인재는 '우리가 예측할 수 있고' 더 나아가 인간의 노력으로 예방할 수도 있었을 것이라는 의미이다. 하지만 이것도 오해이다. 아직도 한계는 있으나 기상학, 지질학, 관측기술, 정보통신기술 등의 급속한 발달로 인하여 또한 역사적 경험과 자료의 축적과 분석을 통하여 오늘날 선진국의 과학기술자들은 지진, 태풍, 홍수, 가뭄 등 천재 혹은 자연재해(natural catastrophe)를 상당히 정확하게 예측할 수 있는 능력을 갖추고 있다. 오늘날의 고도산업기술사회에서 예측하기 힘든 재해는 자연재해라기보다는 오히려 극히 다양하고 복잡하며 이질적인 기술위험(technological risks)이다.

위험의 가장 주된 내재적 속성은 불확실성이다. 불확실성이란 어떤 행동이 어떤 종류의 상황(결과)을 초래할 것인지는 알지만 실제로 그러한 상황이 일어날 확률은 알지 못하는 상태를 말한다. 예를 들면 특정 화학물질이 암을 유발한다는 사실은 알지만, 그 확률은 정확히 알지 못하는 것과 같다. 불확실성은 인간의 예측능력의 한계를 지칭한다. 어떤 종류의 불확실성을 다소 감소시킬 수 있지만, 신이 아닌 인간이 모든 것—특히 미래에 일어날 일—을 다 알 수는 없다. 자신의 행동이 만들어낼 수많은 결과에 대해서도 잘 알지 못한다. 이런 뜻에서 불확실성은 영원히 제거 불가능한 (irreducible) 그 무엇이다.(Boulding, 1982)

위험은 항상 불확실성을 내포한다. 우리는 어떤 위험요인이 어떤 위험 또는 사고를 유발하게 될지는 알 수 있지만 그게 언제 어떤 규모와 강도로 어떻게 발생할 것인지는 알 수 없다. 이같이 위험이 불확실성을 그것의 본질적 속성으로 하는 한 위험관리의 문제는 불확실성의 문제에서 벗어날 수 없다. 다시 말하면 위험관리에서 중요시되어야 할 요소들인 위험의 실제적 발생확률, 발생 시기, 발생위험의 규모와 피해의 범위, 위험의 심각성의 정도 등은 불확실성의 영역에 속하는 문제들이라는 것이다.

위험에 대한 또 하나의 중대한 오해는 위험은 당사자에게 불필요한 피해와 고통을 안겨줄 뿐이라는 오해이다. 이것을 부인할 수 없다. 그러나 위험은 일방적으로 부정적인 측면만 있는 게 아니다. 소위 위험의 기회 편익이란 것이 존재한다. 위험의 기회 편익이란 위험하다고 여겨지는 새로운 물질이나 기술의 개발 혹은 도입을 지체시키거나 거부함으로써 생겨나는 기존위험을 줄일 기회의 상실을 말한다.(Wildavsky, 1988:35-36) 예를 들면 미생물과 관련된 생명공학기술의 개발 또는 활용이 위험하다는 이유로 이를 금지하면 그 기술을 통해 특정 유해 화학물질의 분해능력을 가진 새로운 미생물을 만들어냄으로써 환경오염에 좀 더 효과적으로 대응할 기회는 상실하게 되는 것과 같다.

사실 기회 편익의 개념은 위험과 관련된 논의에서 거의 언제나 무시되어 왔다. 이것은 위험이란 어떠한 경우든, 어떠한 비용을 들이더라도 당연히 회피해야 할 성질의 것이기 때문에, 어떤 물질이나 기술이 위험을 내포하고 있다면 그것의 사용은 당연히 금지 또는 제한되어야 한다고 단순하게 생각해 왔기 때문이다. 또 많은 경우에 기회 편익에 대한 고려는 윤리적으로 옳지 못하다고 여겨지기도 하고, 기회 편익에 대한 고려는 지나친 모험 선택(risk-taking)을 조장할 우려가 있다는 비판도 있었다.

그러나 기회 편익 개념은 위험의 또 다른 속성, 즉 위험과 안전은 동전의 양면처럼 항상 긴밀하게 상호연결되어 있다는 자명한 사실로부터 자연스럽게 도출되는 개념이다. 예를 들면 병을 고치기 위해 입원하였다가 오히려 다른 병을 얻게 된다거나, 건강의 증진을 위해 운동을 하다가 상처를 입게 된다거나, 건강에 좋다는 차를 마셨는데 그것이 알고 보니 발암물질을 함유하고 있었다는 등과 같다. 바로 이러한 사례들에서 어쩌다가 생겨날 수 있는 부작용이나 위험을 이유로 입원이나, 운동이나, 차를 마시는 일을 그만두기는 어려울 것이다. 다시 말하면 우리는 모든 행동에 있어서 위험과 동시에 기회 편익을 고려한다는 것이다. 이 세상에서는 안전을 꾀하는 일이 결과적으로 위험을 증가시키는 소위 안전위험(safety risks)이란 게 있는가 하면, 위험을 받아들이는 것이 결과적으로 오히려 안전을 증진하는 소위 위험안전(risk safety)이란 게 있다.

달리 표현한다면 모험 회피적인(risk-averse) 행동이 위험을 키우는 경우가 있는가 하면, 모험 선택적인 행동이 안전을 증진하는 경우도 많다는 것이다. 기회 편익은 바로 전자와 같이 지나치게 모험 회피적인 행동으로 인하여 나타나는 안전을 증진할 기회의 상실을 의미한다. 예를 들면 심장이 약한 사람에게 조깅은 심장마비를 일으킬 수 있는 위험한 운동임이 분명한 것도 사실이지만, 일상적으로 조깅을 하는 사람은 심장마비의 위험을 현저하게 낮출 수 있다고 한다.

위험에 관한 의사결정에 있어서 기회 편익이란 신개념을 제시한 대표적 학자인 윌다브스키는 잠재적인 위험 물질과 기술이 계속 등장하고 있음에도 불구하고 오늘날 인류사회가 과거보다 더 안전해져 가고 있는 자명한 역사적 사실은 무엇을 의미하는가라고 묻고, 이 질문에 대한 답은 신기술과 신물질의 도입으로 인한 안전의 향상이 그것들에 부수된 위험을 능가하였기 때문이라는 대답밖에는 없다고 주장한다. 다시 말하면 오늘날의 사회가 과거보다 안전해지게 된 것은(또는 선진국 국민이 개도국이나 후진국 국민보다 안전한 삶을 영위할 수 있는 것은) 위험이 잠재해 있다는 이유로 신기술의 도입을 지체시키거나 거부하기보다는 이를 과감하게 도입하고 활용함으로써 기존의 위험을 좀 더 잘 극복할 수 있었기 때문이라는 것이다.

이러한 기회 편익 개념의 존재는 위험에 대한 의사결정에 있어서 궁극적 판단기준은 어떤 행동이나 물질 또는 기술의 절대적 안전성 또는 무해성(no harm)이 아니라, 그것의 사회적 순편익(net benefit)이 되어야 함을 말해 준다. 이런 관점을 취하면 모험 선택적인 의사결정이나 행동이 오히려 합리적이고 정당한 것일 수 있다. 1994년의 뇌염백신 그리고 COVID-19 백신이 좋은 예이다. 이런 백신이 개발된 다음 문제가 된 것은 어린이에 대한 예방접종이다. 전자의 경우엔 변질된 백신의 접종으로, 후자의 경우엔 알려지지 않은 이유로 소수의 어린이가 사망하는 비극적인 사태가 발생하였다. 이에 따라 많은 부모가 고심하지 않을 수 없었다. 이러한 상황에서 정부는 한편으로 안전한 백신의 공급을 약속하면서 예방접종을 받을 것을 계속 권고하였다. 만일 일부 백신의 불안전성을 염려해 예방접종 기피가 이어졌다면 어찌 되었을까? 알 수 없는 일이로되 이런 사례들은 새로운 위험을 감수하지 않고서 기존위험을 감소시킬 수는 없다는 사실, 또 기회 편익을 무시하는 것은 결과적으로 위험을 증가시킬 수 있다는 사실을 잘 깨닫게 해 준다.

위험에 대한 이런 관점은 사람들의 이분법적 사고를 수정하는 면에서 필요하고 중요하다. 사람들은 보통 위험한 물건, 행동, 일이 따로 있다고 생각하는 경향이 있다. 이것은 안전하고 저것은 위험한 것이라고 이분법적으로 생각한다는 말이다. 그러나 위험은 언제 어느 곳에서나 존재한다. 위험은 그만큼 일상적이다. 위험하지 않은 것은 아무것도 없다고 할 만큼 위험의 종류도 거의 무한하다. 종별로 본다면 자동차, 선박, 비행기 등 교통수단의 이용에 따르는 위험, 환경오염으로 인한 위험, 원자력 위험, 산업재해, 화학물질로 인한 위험, 건축물 등 구조물의 붕괴 및 파손 위험, 화재 등이 있다. 더 구체적으로 본다면 이 각각의 위험 속에는 헤아릴 수 없는 위험요소들이 존재한다. 인간이 즐거움이나 쾌락을 추구하는 행동 속에도 위험이 내포되어 있다. 예를 들면 스키가 그렇고 등반이 그러하며 다이빙이나 수영이 그러하다. 그런 의미에서 인간 생활은 온통 위험으로 점철되어 있다고 해도 과언이 아니다.

이에 비해 위험에 효과적으로 대처할 수 있는 인간의 지적 능력이나 기술적 지식, 위험관리를 위해 투입할 수 있는 사회 또는 국가의 인적, 물적 자원에는 엄연한 한계가 있다. 예를 들면 현재 지구상에는 약 6만 종의 화학물질이 있는데, 이 가운데 수천 가지의 화학물질이 발암물질로 밝혀지고 있을 뿐 나머지 대부분은 아직도 유해성 연구가 충분히 이루어지지 못한 채로 남아 있다. 이에 반하여 원자력발전에 따르는 위험 등은 추가적인 안전조치의 강구가 오히려 위험을 증가시킬 것이 우려될 정도로 지나치게 많은 자원이 투입된 것으로 평가되고 있다. 이것은 위험관리에 있어서 한 정된 자원을 어떻게 사용하는 게 사회의 위험을 최소화하는 최선의 길인 지, 우선순위를 어떻게 책정하는 것이 최선인지가 매우 중요한 정책결정 이 슈임을 말해 준다. 하지만 이런 문제는 과학적으로 합리적으로 다루어지 기보다는 정치행정적 필요와 편의에 따라 매우 불합리하게 이루어지고 있 다고 말할 수 있다.

2. 위험대응전략의 유형과 비교

이상에서 위험은 우리의 일반적 상식이나 직관과는 다른 역설적인 측 면들을 많이 갖고 있음을 보았다. 이것은 우리의 상식에 입각한 또는 우리 의 직관적 사고에 따른 위험대응전략이 합리적이지 못할 수 있음을 시사 한다. 만일 우리가 위험은 어떠한 비용을 치르고서라도 막아야만 하고, 인 간의 이성으로 위험을 예측하고 효과적으로 대처할 수 있는 적절한 대응 책이 있다고 전제한다면 그때의 위험대응전략은 당연히 그 위험을 정확하 게 예측하고 효과적인 대비책을 강구하는 예방전략이어야 할 것이다. 그러 나 만일 우리가 위험의 기회 편익을 생각하고, 우리의 예측능력의 명백한 한계와 함께 위험대응책 그 자체가 안고 있는 또 다른 위험을 인정하며, 위 험에 대한 인지가 사람마다 다르고, 위험에 대처하기 위한 자원의 활용에 심각한 제약이 존재한다는 등의 사실을 정확히 인식한다면 예방전략이 적 절한 대응전략이 될 수 없다는 사실을 이해하기 어렵지 않을 것이다. 이 경 우에는 오히려 미처 예견하지 못한 위험이 발생할 경우를 대비해 이에 효 과적으로 대처할 수 있는 일반적인 능력의 확보, 즉 다양한 위험대처 경험 과 학습의 증진, 다양하고 이질적인 위험에 신축적으로 대응할 수 있는 지 식과 자원의 확대전략이 더 바람직한 전략이라고 말할 수 있을 것이다. 이

것이 소위 복원전략이다.[1]

2.1 예방전략

2.1.1 예방전략의 상식성과 보편성

위험대응전략으로서 예방전략(anticipation)이란 잠재적 또는 가상적 위험을 예상하고 미리 예방 노력을 기울이는 것을 말한다. 예를 들면 부작용이 있는 의약품의 판매를 금지함으로써 가상적 위험(hypothesized hazards)을 회피하려는 것과 같다. 예방전략은 우리가 ① 어떤 물건이나 시설 또는 기술에 내포된 잠재적 위험 또는 가상적 위험을 미리 정확하게 예견할 수 있고, ② 효과적인 예방 방법이 있고 또 그것을 알고 있으며, ③ 그 위험을 예방하는 것이 사회적으로 득이라는 전제 아래서는 가장 바람직한 대응전략이라고 할 수 있다. 무엇 때문에 미리 알고 있는 위험을 방치해 피해를 자초할 것인가?

바로 이러한 이유로 예방전략은 상식적이어서 압도적으로 지배적인 전략으로 자리 잡고 있다. 특히 위험으로 인한 피해의 정도나 심각성이 클수록 예방전략에 대한 의존성은 강화되는 경향이 있다. 물론 위험의 심각성이 클수록 위험을 예방하는 데서 얻게 될 이득도 클 것이기 때문에 예방전략이 강조되는 것은 이해할 수 있다. 그러나 대단히 심각한 피해를 일으키는 위험 가운데는 발생확률이 지극히 낮은 것들이 많다. 이런 저확률-고피해(low probability-high damage) 위험에 대해서도 똑같이 예방전략이 적용되어야 할까? 물론 심각한 피해를 일으킬 가능성이 있는 위험일수록 인간

---

1. 예방전략과 대비되는 위험대응전략에 적당한 명칭을 붙이기는 대단히 어렵다. 영어로는 resilience인데 이것의 적당한 번역이 쉽지 않기 때문이다. 이 말의 직역은 '탄력성 있는 물체가 보여주는 것과 같은 원상 회복력'이라고 할 수 있다. 비유한다면 고무공이나 플라스틱과 같이 탄성을 지닌 물체가 외부의 충격에 반작용하여 튀어 오르는 현상을 일컫는다. 위험에 대응할 수 있는 사회적 능력이라고 이해하면 좋을 듯하다.

의 상상력을 자극하여 최악의 사태 또는 시나리오(worst case or scenarios)를 지어내도록 만들고 예방에 힘쓰도록 요구하는 것은 이해할 수는 있는 일이다. 하지만 이것이 합리적일까?

전형적인 예가 원자력발전의 안전문제이다. 원자폭탄으로부터 유추된 방사능에 대한 극도의 공포심으로 인하여 끝없는 가상적 시나리오 속에서 경제적으로 또는 기술적으로 도저히 합리화할 수 없는 선까지 생각할 수 있는 최대한의 안전보장조치가 집요하게 요구되고 있다. 그런가 하면 오존층 파괴나 지구온난화와 같은 지구적 위기에 대해서는 아직도 최악의 시나리오가 커다란 설득력을 얻지 못하고 있고 그 결과 예방 노력은 아직도 미미한 상태에 있어 대조적이다.

사람들이 대체로 예방전략을 선호하는 배경에는 후회의 두려움(fear of regret)이 자리 잡고 있다. 위험에 관한 한 시행착오는 안 된다고 생각하는 것이다.[2] 다시 말하면 위험에 관한 한 무착오시행(trial without error) 또는 위험에 대한 사전적 보장이 없는 시행(trials without prior guarantee against error)은 허용해서는 안 된다고 생각하는 것이다. 하지만 후회에 대한 두려움은 생략의 오류(error of omission)를 합리화한다. 다시 말하면 잠재적 위험이 있는 물건이나 시설이나 기술은 아예 있어서는 안 된다는 생각을 합리화한다는 것이다. 즉 아무리 사소한 위험일지라도 위험 가능성의 배제가 위험의 기회 편익의 상실보다 낫다고 생각하도록 만든다는 것이다. 과연 모든 위험 가능성을 가능한 한 회피하는 것이 최대한의 안전을 확보하는 가장 현명한 길인가?

이 질문이 아주 중요한 이유는 위험 및 안전 관련 규제에서 모든 규제기관이 이런 예방전략을 따르고 있기 때문이다. 예를 들면 의약품 안전을 담당하는 규제기관은 안전성이 완전하게 확증되지 않은 새로운 의약품의 개

---

2. 여기서 시행착오(trial and error)라고 할 때 착오(error)는 인체에 대한 위해 또는 피해를 의미하고, 시행(trial)은 새로운 물질이나 시설 또는 기술의 개발이나 도입이나 활용을 의미한다.

발이나 판매를 승인하였다가 그것이 예상 밖의 문제를 일으킴으로써 동 의 약품의 승인과정의 정당성에 대한 의문이 제기되고 이로 인하여 조사를 받는 경우는 비일비재하지만, 규제기관이 안전성이 확증되지 않았다는 이 유로 새로운 의약품의 개발이나 판매를 지연시키거나 거부하였다고 해서 조사를 받거나 비판을 받는 일은 거의 없다. 여기서 우리는 시행착오를 부 정하는 예방전략적 사고는 긍정적이기보다는 부정적인 규제 행동(negative regulatory action)을 조장한다는 사실을 확인할 수 있다. 규제기준이나 규제 강도의 획일성 역시 예방전략적 사고와 무관하지 않다. 예를 들면 환경기 준은 지역적 특성에 따라 서로 달리 정하는 것이 합리적이다. 그런데도 어 떤 지역에 환경재난이 발생하여 소란이 일어나도 규제기관은 환경기준 설 정의 지역별 차별화를 추진하기 어렵다.

규제기관은 보통 물건·시설·기술의 개발자 또는 생산자 등 관련자에게 그들이 개발하거나 생산하는 제품이나 시설이나 기술의 잠재적 위험에 대 한 예방조치를 강구하도록 한다. 그런데 문제는 이 예방조치들이 일반적으 로 제7장에서 공부한 투입요소기준 규제방식으로 '미주알고주알,' '꼬치 꼬치,' 마구잡이식으로 부과되는 경향이 커서 규제의 불합리성과 부작용 이 매우 심할 수 있다. 또 실제로 위험이 발생한 경우에는 이들에게 사후적 으로 보상책임을 부과하는 방법에 의존하는데, 오늘날 보편화된 제조물 책임제도(product liability system)가 전형적이다. 이것은 예방전략 아래서의 집권적 위험관리 방식의 한계를 극복하기 위한 노력의 표현이라고 볼 수 있다.

2.1.2 예방전략의 문제점과 한계

예방전략에서 중요한 문제는 '누가 그러한 잠재적 또는 가상적 위험을 정확하게 예측하여 필요한 예방 노력을 기울일 것인가?,' '만일 사고가 발 생한 경우에는 누구에게 책임을 물을 것인가?'라고 할 수 있다. 예방전략 아래서는 위험이 사회의 문제로 인식되는 경향이 강하고 그 결과 이 전략의 주체는 정부나 공공기관이 되는 게 일반적이다. 그러나 세상에는 무수히 다양하고 복잡한 종류의 위험이 있다. 사고가 발생하는 상황 역시 매우 다양하고 불확실하다. 따라서 이런 모든 위험을 정부나 공공기관이 담당하고 집권적으로 관리하기는 사실상 불가능하고 바람직하지도 않다. 특히 위험의 불확실성을 감안해 볼 때 정부나 공공기관에 의한 집단적 판단(collective judgment)은 크게 빗나갈 수 있다.(Coates, 1982)

다음으로 예측된 잠재적 위험을 효과적으로 다룰 방법이나 기술이 존재하는가 하는 문제는 위험관리를 위한 자원의 효율적 활용과 관련하여 중요한 문제를 제기한다. 다시 말하면 예방전략 아래서는 최악의 시나리오가 상정되고 따라서 위험의 심각성에 관한 차등화가 원칙적으로 허용되지 않아 효과적인 대응방법을 모색하는 과정에서 자원 배분이 심히 왜곡될 수 있다. 실제로 미국의 경우 각종의 위험을 예방하기 위한 규제의 위험편익분석 또는 비용효과성 분석(cost-effectiveness analysis) 결과를 보면 한 사람의 생명을 구하기 위해 들어가는 자원(비용)은 몇 십만($)에서 몇 천만($)에 이르기까지 대단히 큰 편차를 보여주고 있다.(Morone and Woodhouse, 1986)

예방전략의 문제점은 이것만이 아니다. 예방전략은 예측된 위험은 사전에 배제하는 것을 목적으로 삼고 있으므로 적어도 그렇게 예측된 위험의 예방에는 효과적일 수 있다. 그러나 저확률-고피해 위험의 경우 예방전략에 치중하였으나 예측이 빗나갈 때 문제는 심각해진다. ① 예측된 위험이 발생하지 않거나, ② 예측과는 다른 방식이나 경로 또는 양태로 위험이 발생하고,[3] ③ 전혀 예상하지 못했던 위험이 발생한 경우 등이 아주 많기 때

---

3. 전형적인 예가 화재 훈련, 민방위 훈련 등 위급한 사태에 대비하기 위한 예방전략 차원의 훈련(drill)이다.(Wildavsky, 1988) 그런데 이런 일상화된 훈련의 효과성이 대단히 낮다. 왜냐면 훈련은 말 그대로 예측된, 따라서 미리 알려진 위험이나 사태가 발생한 경우 이에 대비하기 위한 표준화된 대응(standard response)을 연습해 보는 것이다. 따라서 예측하지 못한 또는 미리 알려지지 않은 사태에 직면할 때 통상적으로 이루어진 훈련의 가치는 크게 줄어들 수밖에 없다.

문이다. 이러한 경험적 사실은 두 가지 의미를 내포하고 있다. 첫째, 예방전략은 ②와 ③과 같이 우리가 정말 잘 다루어야 할 필요가 있는 위험에 무방비한 상태에 있을 뿐만 아니라, 그러한 경우에 사용해야 할 자원의 신축적 사용에 제약을 가한다. 둘째, 보다 일반적으로 예방전략은 위험에 대한 경험과 학습, 그리고 이를 통한 지식의 축적을 저해함으로써 장차 인간이 위험에 더 효과적으로 접근할 수 있는 길을 가로막는다는 것이다. 시행착오를 허용하지 않는다는 예방전략 아래서 잠재적 위험을 발견할 기회는 상대적으로 제약될 수밖에 없기 때문이다. 이것이야말로 예방전략의 필연적인 약점이다.

2.2 복원전략

2.2.1 복원전략의 취지와 목표

위험에 대한 대응전략으로서 복원전략(resilience)은 미리 예견하지 못한 그러나 실제로 발생한 위험을 사후적으로 더 효과적으로 다룰 수 있는 능력의 신장에 중점을 두는 전략이다. 잠재적 또는 가상적 위험을 대상으로 하고 이 위험의 사전적 제거와 예방에 중점을 두는 예방전략과는 대조적으로, 복원전략은 ① 가상적 위험이 아니라 실제화된 위험을 대상으로 삼으며, ② 예견하지 못한 또는 예견할 수 없는 위험에 대한 시행착오적 접근을 강조하고, ③ 실제로 나타난 위험에 사후적으로 대처하는 과정에서 얻는 경험과 학습을 통하여 위험에 대한 대응능력을 전반적으로 증강하는 데 관심을 기울인다.

위험은 무슨 수단을 동원해서든 또 아무리 큰 비용이 들더라도 예방이 최선이라는 예방전략의 관점과 비교해 본다면 복원전략은 전략 축에 끼기 어려운 전략 아닌 전략처럼 보일 수 있다. 그러나 잠재적 위험을 정확히 예측할 수 있고, 그 위험에 효과적으로 대응하여 위험을 예방할 방법이 존재하는 상황과 여건, 즉 예방전략이 유효성을 가질 수 있는 특수한 상황과 여건은 오히려 예외적이라는 사실을 올바로 인식한다면 복원전략의 보편적 유용성과 유효성을 인정하지 않을 수 없다.

복원전략은 한마디로 말해 시행착오적 접근에 기초하고 있다. 다시 말해 시행착오를 통한 실제적이고 장기적인 위험대응 능력의 향상을 목표로 삼는 전략이 복원전략이다. 복원전략은 위험의 가장 중요한 속성인 불확실성에 대한 보다 깊이 있는 이해에서 출발한다. 즉 위험은 인간 생활의 떼어낼 수 없는 일부분으로 존재하지만, 위험은 언제 어디에서 어떠한 모습으로 닥치게 될지 아무도 확실하게 알 수 없고, 인간은 정확한 위험예측능력을 지니고 있지 않다는 사실의 인식이 중요하다. 이런 명백한 한계점들을 고려한다면 복원전략의 합리성을 이해하고 인정할 수 있게 될 것이다.

그런데, 유감스럽게도, 복원전략에 대한 반론은 매우 강하다. 어떤 학자들은 위험에 대하여 시행착오적 접근 혹은 복원전략이 허용될 수 있는 경우는 ① 위험의 결과가 재앙적이지 않으며, ② 위험정보가 신속하게 환류될 수 있는 경우에 국한되어야 한다고 주장한다. 다시 말하면 ① 위험의 존재로부터 예상되는 결과가 재앙적이거나, ② 위험정보의 환류가 대단히 더디게 이루어지는 경우라면 예방전략이 우선되어야 한다는 것이다.(Marone and Woodhouse, 1986) 다른 학자는 어떤 새로운 물질이나 기술이 도입될 수 있으려면 그에 앞서서 그 물질이나 기술이 만들어내게 될 새로운 문제의 해결방안이 미리 또는 적어도 동시에 마련되어야 한다는 주장을 펴면서 예방전략을 옹호한다.(Pearce, 1980) 또 다른 학자는 원자력발전의 경우를 예로 들면서 시행착오적 접근, 즉 복원전략이 적용될 수 있으려면 ① 착오가 미미한 것이라고 믿을 수 있어야 하고, ② 즉각적으로 인지되고 교정될 수 있는 착오여야 한다고 주장하여 역설적으로 예방전략의 불가피성을 강조하기도 한다.(Goodin, 1980)

그러나 예방전략의 절대적 지지자들은 모두가 공통적인 인식상 오류를 범하고 있다. 즉 이들은 복원전략의 한계를 말하면서(또는 예방전략 사용의 불가피성을 주장하면서) 마치 착오의 종류와 그에 따라 발생한 결과의 규모와 심각성이 예견될 수 있는 것처럼 가정하고 있다. 하지만 이러한 가정 그 자체에 문제가 있다. 다시 말하면 이들은 누구도 예견하지 못한 의외의 사태, 바로 그것이 위험이고 사고라는 자명한 사실을 망각하고 있다.

물론 이들의 주장과 같이 대단히 심각한 결과가 예상되고, 적절하고 안전한 예방대책이 존재하여 위험을 현저하게 완화할 수 있다고 한다면 위험에 대한 보수적인 접근과 예방전략의 전면적 채택에 반대할 이유가 없다. 예컨대 안전한 백신이 개발되어 있다면 예방접종을 실시하는 것이 최선의 예방전략이다. 그러나 인간 생활에서 이러한 사례는 원칙보다는 예외에 속한다. 인간이 직면하는 위험은 대단히 불확실하다. 더구나 예측능력의 부족과 불일치로 인해 과연 어떤 재앙이 꼭 닥치게 될 것인지, 만일 그렇다면 그것이 언제가 될지 알지 못한다. 또 위험에 대한 대비책이 오히려 다른 위험을 잉태하지 않으리라는 법도 없다. 예를 들면 설탕이 당뇨의 원인을 이루지만, 설탕을 대체하는 사카린은 발암성이 있는 것과 같다. 또는 작은 위험을 교정하는 과정에서 더 큰 위험이 야기된다거나, 안전성을 검사하는 과정에서 사고가 발생한다던가(예: 체르노빌 원전사고), 안전장치(safety devices) 그 자체가 위험의 원인요소가 되는 경우도 적지 않다.(예: 지하철의 이중문)

예방전략이 위험에 대한 시행착오적 접근을 부정하고, 착오에 대한 사전적 보장이 없이는 어떠한 시행도 허용해서는 안 된다는 보수주의에 기초하고 있다고 한다면, 복원전략은 모험의 자발적 선택과 시행착오에 대한 적극적인 사고에 기초하고 있다. 위험은 어떻게든 피하는 것이 바람직하다는 것은 하나의 명제이다. 그러나 이러한 명제에 대한 많은 역설적 사실이 존재한다. 단기적으로 위험을 부담하지 않는 한 장기적으로 안전해지기를 기대하기는 어렵다. 위험에 대한 시행착오 없이는 위험에 대한 중요한 지식을 얻기 어렵다. 위험에 대한 지식과 경험의 축적이 없는 한 우리는 보다 안전해지기 어렵다.

위험에 대한 보수주의적 접근은 종종 위험평가와 위험관리를 혼동시키는 경향이 있다는 점도 문제이다.(Nichols and Zeckhauser, 1986; Starr and Whipple, 1982) 위험 수준과 확률을 측정하는 위험평가(risk assessment)는 기존지식의 범위 내에서 최대한 정확하게 이루어져야 할 필요가 있다. 그러나 위험관리(risk management)는 어느 정도 수준의 위험을 선택할 것인가에 대한 정책적 판단의 문제이고 여기에서는 보수주의적 접근이 필요할 수 있다. 만일 위험평가 과정에 보수주의가 작용한다면 세상에 위험하지 않은 것이라곤 없게 될 것이며, 이것은 위험관리 자원의 효율적 배분을 왜곡시키고 결과적으로 사회의 안전을 증진하지 못하게 만들 가능성도 크다. 이에 반해 시행착오적 위험관리 전략 아래서는 시장원리와 유사한 원리에 따라 다양한 위험탐색 과정이 분산적으로 또한 분권적으로 이루어짐으로써 위험관리를 위한 자원의 배분이 효율화될 뿐만 아니라, 끊임없이 전혀 예상하지 못했던 위험들을 발견해 넘으로써 사회를 보다 안전하게 만들어 갈 수 있다.

위험에 대한 시행착오적 접근이 강조하는 것은 경험을 통한 학습(learning by doing)과 위험관리에 필요한 지식 축적의 중요성이다. 시행착오(즉 새로운 물질, 시설, 기술의 개발이나 도입)가 없이는 새로운 위험 또는 새로운 피해도 나타나지 않을지 모른다. 그러나 이와 동시에 기회 편익은 사라진다. 더 중요하게 위험에 대한 새로운 학습은 불가능해진다. '경험이야말로 가장 훌륭한 선생'이라는 말이 시사하는 바처럼 시행착오 과정에서 발견된 착오를 교정하는 일이야말로 장기적으로 안전성을 높일 지름길이다.

위험에 대한 시행착오적 접근은 큰 위험을 회피하거나 감소시키기 위하여 작은 위험을 계속 시험해 보는 방법으로 진행된다. 특히 발생확률은 높으나 위험성(역으로 위험의 배제로 인한 이득)은 적은 위험(high probability-low benefit)에 대한 시행착오적 접근은 저확률-고피해 사건에 대한 예방전략과 비교해 볼 때 사소해 보일지 모르나 지속적으로 이루어진다면 인간의 건강과 안전의 증진에 크게 이바지할 수 있다. 역사적으로 보면 이러한 작은 위험의 시행착오를 통한 극복과 이를 통해 발견한 새로운 지식의 축적과 응용이 물건과 기술의 신뢰도와 효율성은 물론이고 궁극적으로 인간의 평균수명을 연장하고 인류사회를 보다 안전하게 만드는 데 기여해 왔다.

2.2.2 위험관리의 분권화: 필요성과 중요성

실제로 닥친 위험에 대처하는 과정에서 경험과 학습을 통하여 얻는 기술적 지식의 증가와 대처능력의 향상에 주안점을 두는 복원전략의 효과성은 위험에 대한 경험과 학습의 양과 다양성에 달려 있다. 따라서 복원전략에서는 시행착오를 통한 위험의 발견절차와 안전의 탐색 과정을 중시한다. 위험문제에 대한 의사결정과 위험관리를 분권화하고 분산시키는 방법이 위험에 대한 경험과 학습의 양 그리고 다양성을 최대한 확보할 방법이다. 다시 말하면 다양한 경험과 행동을 통한 학습으로 지식의 축적과 진보가 가능해지려면 다양한 사람들이 다양한 상황 속에서 다양한 방법으로 위험을 실험해 볼 수 있어야 하고, 각기 다른 위험 상황 속에서 자율적으로 그리고 분권적으로 대응할 기회를 부여하는 것이 필요하다는 것이다. 이런 의미에서 위험관리의 권한과 책임이 분산되고 분권화되어 있으면 있을수록 위험에 대한 학습과 경험, 그리고 위험에 대한 지식은 더 내실 있고 빠르게 증가할 수 있게 될 것이다.(Wynne, 1980)

위험에 대한 지식과 학습은 소비자를 통해서도 이루어질 수 있다. 다시 말하면 사용을 통한 학습(learning by using)도 위험문제를 파악하는 중요한 방법이다. 어떤 면에서는 소비자야말로 극히 다양한 처지와 입장에서 서로 다른 목적으로 새로운 물건이나 시설이나 기술을 이용하기 때문에 새로운 위험을 더 잘 발견해 낼 수 있는 존재라고 할 수 있다. 사용을 통한 학습 과정을 거쳐 새롭고 다양한 위험요인이 발견되고 기술적 해결책이 모색될 때 그것의 신뢰성과 안전성이 함께 증진될 것임은 물론이다.

3. 예방전략과 복원전략의 비교

불확실성을 본질로 하는 위험에 대한 적절한 대응전략의 선택기준으로서 가장 중요한 요소는 ① 위험에 대하여 해야 할 일에 대한 지식의 양과, ② 그 위험이 구체적으로 어디에서 어떤 원인으로 야기될 것인지에 대한 예측 가능성이라고 볼 수 있다.(Wildavsky, 1988) 아래 〈표1〉은 이 두 가지 요인을 고려한 위험대응전략 선택의 매트릭스를 보여주고 있다.

〈표1〉 위험 상황과 대응전략

		무엇을 해야 할지에 대한 지식의 양	
		적음	큼
변화의 예측 가능성	높음	복원전략 중점 최소한의 예방전략 (4)	예방전략 (1)
	낮음	복원전략 (3)	복원전략 중점 최소한의 예방전략 (2)

출처: Wildavsky (1988:122).

우선 표에서 (1)의 경우는 어떤 위험에 대응하는 효과적인 대응방법에 대한 지식이 충분하게 확보되어 있고, 구체적으로 어떤 위험이 실제화할 것인가에 대한 예측이 비교적 정확하게 이루어질 수 있는 경우로서 예방전략이 월등한 전략임을 보여주고 있다. 이와는 대조적으로 (3)의 경우는 위험에 처하여 무엇을 해야 할지 잘 모르고, 어떤 위험이 실제화할 것인지에 대한 예측도 불가능한 경우로서 단연코 복원전략이 우월함을 보여주고 있다. 더 나아가서 이 두 극단의 중간에 해당하는 (2)와 (4)는 모두 예방전략보다는 복원전략에 더 많이 의존하는 것이 바람직함을 보여준다. 이 표가 잘 보여주고 있듯이 예방전략과 복원전략은 상호배타적인 전략이 아니다. 세상의 온갖 종류의 위험에 대응하는 데 있어서 어느 전략만이 타당하고 다른 전략은 전혀 그릇된 것이라 말하기도 어렵다. 요컨대 우리에게 필요한 것은 다양한 위험에 대처하는 과정에서 두 가지 전략 가운데 한 가지를 적절하게 선택하거나 두 가지 전략을 균형 있게 배합하는 일이다. 이 두 가지 전략은 위험문제에 대한 서로 다른 시각과 인식을 반영하고 있고, 서로 다른 장단점을 갖고 있다. 대체적으로 말한다면 시간이 갈수록 복원전략의 중요성에 대한 인식이 좀 더 커지고 있다고 말할 수 있다. 이것은 우리가 살아가고 있는 사회의 복잡성과 불확실성이 급속히 증가하는 데 따른 당연한 귀결인지도 모른다.

4. 규제정책과 제도에 대한 시사점

위험과 안전문제에 대한 규제정책에서 흔히 발견되는 몇 가지 편향성이 있다.(Bollier and Claybrook, 1986; Viscusi, 1983) 첫째, 소위 신제품(기술)에 대한 편향성(new-source bias)이라고 불리는 현상이다. 예를 들면 규제기관은 기존 제품이나 물질이 이미 정해져 있는 안전기준에 저촉되지 않는 한 그 제품과 물질은 안전한 것으로 추정한다. 다시 말하면 기존 제품이나 물질이 내포하고 있을지도 모르는, 그러나 예측되지 못한 위험요인에 대해서는 아무런 책임을 묻지 않는다. 이와 대조적으로 새로 개발되는 제품과 물질에 대해서는 사전심사과정(screening procedure)을 통하여 개발자나 생산자가 그것이 유해하지 않다는 사전적 보장을 제공하지 않는 한 그것이 개발되거나 판매될 수 없도록 강력하게 규제한다. 다시 말하면 새로운 제품이나 물질에 내포되어 있을지 모를 모든 위험 가능성과 최악의 사태에 미리 대비해야 한다고 생각하는 것이다.

이와 같이 기존 제품이나 물질과 새로 개발되어 나오는 제품이나 물질에 대한 위험 및 안전규제에 서로 다른 이중적인 기준(double standard)이 적용될 때 나타나는 결과는 당연히 기술혁신의 저해이다. 이러한 현상은 환경오염의 방지를 위한 시설기준의 제정 또는 개정의 경우에도 같다. 예를 들면 규제기관이 환경오염의 악화를 방지하기 위하여 시설기준을 강화하게 될 때 새 기준은 모든 시설에 소급 적용되는 것이 아니라 새롭게 건설되는 시설에 적용되는 것이므로 노후시설의 대체를 오히려 지체시키는 불합리한 비의도적 결과를 초래한다.(Huber, 1983) 이중적 기준 적용의 불합리성에도 불구하고 이러한 규제 관행이 계속되고 있는 것은 정치가나 규제자가 이미 많은 사람이 익숙하게 사용하고 있는 물건이나 직업에서 얻는 편익이 새로운 물건이나 직업을 아예 제공하지 않는 데 따른 기회 편익의 상실보다 훨씬 커서 일률적인 시설기준의 강화는 바람직하지 않다고 판단하기 때문이다.

더 나아가서 규제기관의 규제지향적 또는 규제만능적 성향도 위험에 대한 예방전략적 사고와 관련이 깊다. 사실 위험을 두고서 시행착오를 허용한다고 하면 이것은 대단히 무책임하고 비윤리적이며 비인도적인 생각과 행동으로 보이기 쉽다. 그래서 예방전략의 직관적 호소력은 대단히 강하고 따라서 그것에 대한 의존 유혹에서 벗어나기도 상당히 어렵다. 인간의 예측능력의 명확한 한계를 인정하면서도 여전히 예방전략의 중요성을 강조하는 주장들이 계속 나오고 있는 것도 이 때문이라고 할 수 있을 것이다. 그러나 이로 인한 규제의 폐해와 부작용도 동시에 중요하게 고려하지 않으면 안 된다. 가상적 위험은 끝이 없다. 이 모든 위험을 예측하고 예방해야 한다는 사고방식에 입각한 예방전략 아래서는 한 사회의 한정된 자원이 위험의 발생확률의 차이와 무관하게 모든 위험의 예방목적에 투입될 것이다. 예방대상으로 삼고 있는 위험 가운데에는 실제로 발현되지 않을 위험도 당연히 포함되어 있을 것이므로 자원의 상당 부분이 결과적으로 비효율적으로 사용되거나 낭비되고 말 가능성이 크다. 왜냐면 확률이 지극히 낮아 무시된 위험이 발생하는가 하면, 발생 가능성이 상당히 높게 점쳐졌으나 실제로 발생하지 않은 위험도 많을 것이기 때문이다. 우리가 무비판적으로 예방전략을 선호하는 이유 가운데 하나는 위험의 불확실성과 예측의 불완전성에 따른 자원의 비효율적 사용이란 문제점을 충분하게 고려하지 않기 때문일 가능성도 크다.

이에 비해 미리 예견하지 못하였으나 실제화한 위험에 대처하는 데 중점을 두는 복원전략 아래서는 모든 자원이 다용도의 일반자원(general resources)의 형태로 확보되어 있으므로 의외의 위험 상황의 발생에 신축적으로 대응할 수 있다. 다시 말하면 복원전략 아래서 우리는 자원의 효율성을 높일 수 있다는 것이다. 이것은 복원전략 아래서 축적된 위험관리에 대한 다양한 지식이 의외의 위험에 대한 대응능력을 증진하는 것과 같은 이치이다.

요컨대 복원전략은 어떤 위험이 나타날 때까지 아무런 조치도 취하지 않은 채 기다리는 소극적인 전략이 아니다. 오히려 복원전략은 언제 우리에게 새롭고 놀랍게 그러나 불가피하게 다가올지 모를 위험에 대한 우리의 대응능력을 전반적으로 향상하는 보다 적극적인 전략이다. 복원전략이 위험에 대한 지식, 기술진보, 경제성장을 통한 자원의 증가 등 언뜻 보기에 위험관리와는 직접 관련이 없어 보이는 요소의 중요성을 강조하는 것도 바로 이런 이유에서다.

이상에서 예방전략과 복원전략을 비교해 보았거니와, 여러 가지 정치행정적 이유와 제약요인들을 감안해 볼 때, 위험문제를 다루는 규제기관들이 예방전략 중심에서 복원전략 중심으로 일대 전환하기를 기대하기 어렵고, 그렇게 하라고 주문하기도 쉽지 않다. 하지만 예방전략의 명백한 한계에 대한 인식과 함께 복원전략의 보완적 활용은 필수적이다. 복원전략은 시장에서 위험이 실제로 어떻게 다루어지고 있는지에 대한 깊은 이해와 통찰에서 나온 매우 사실적이고 실천적인 전략이다. 위에서 여러 차례 언급하였듯이 시장은 장기적으로 위험을 줄이는 방향으로 작동해 왔다. 소득수준과 생활수준이 높아지고 인간(및 동식물)의 수명이 길어지면서 안전에 대한 욕구가 높아져 가고만 있는데, 어찌 시장이 그 반대 방향으로 갈 것인가? 시장은 잠재적 위험이 내포된 물건이나 기술을 사용하고 이용하는 과정에서 축적된 위험에 대한 지식과 경험의 증가에 따라 위험을 줄여나가는 점진적 방법으로—즉 복원전략 방식으로—위험에 대응해 온 것이 분명하다. 그렇다고 위험의 관리를 시장에 완전히 내맡겨둘 수도 없는 일이다. 하지만 정부(규제기관)가 시장(기업과 소비자)이 이렇게 대응해 온 것 이상으로, 혹은 그 수준 이상으로 위험에 더 잘 대응하기는 쉽지 않다는 사실은 늘 염두에 둘 필요가 있다.[4]

---

4. 참고로 본 장에서 논의한 위험에 대한 대응전략 논리는 국가정책에 대한 논의에도 거의 똑같이 적용할 수 있다는 점을 꼭 말해 주고 싶다. 누구나 정책이 완벽하기를 바란다. 그래서 최대한 합리적으로 접근하려고 한다. 그러나 정책의 기본 속성은 불확실성이다. 이리저리하면 이런저런 결과가 나올 것이라는 가설(假說)이 정책이다. 그런지라 정책 결과는 항시 예측과 다르게 나타난다. 예기하거나 의도하지 않은 결과가 나온다. 쉽게 말해 정책 오차(policy error)를 피하기 힘들다. 그러면 무엇이 최선의 접근방법인가? 점진적 접근방법이다. 완벽한 정책을 만들려는 데 온갖 노력을 기울이기보다는, 어차피 불완전한 정책이니 시행해 보면서 점진적으로 오차를 줄여나가는 방법이 현명하다. 이에 관한 자세한 논의는, 최병선(2015), 김영평·최병선(1993) 참고.

제11장 비교적 관점에서 본 시장과 규제 (II) 규제는 항상 소비자에게 유익한가?

정부의 정책은 모두 다 공익적 의도에서 비롯되며, 정책이 아니고는 공익의 실현이 불가능하다고 철석같이 믿는 사람들이 있다. 이런 사람들에게 정치는 정책을 망치는 요소로서 극력 배제되어야 할 대상일 뿐이다. 그러나 정책은 모름지기 인간의 순수한 합리적 이성의 표현이어야 한다는 규범적 생각을 갖고서는 정책의 실상을 올바로 파악하기 어렵다.[1] 정책이 순수한 합리적 이성의 표현이어야만 한다면 아마도 국가마다 정책이 각양각색일 이유도 없을 것이고, 시대 변화에 따라 정책이 달라져야 할 이유도 없을 것이다. 제6장에서 잘 드러났듯이, 국가정책은 정치경제학적인 분석 렌즈를 통하지 않고서는 진면목을 들여다볼 수 없다.

소비자 권익의 보호 측면에서 규제와 시장을 비교해 보려는 이 장에서, 특히 정치경제학적 관점의 필요성과 중요성을 강조하고자 하는 이유가 있다. 소비자 보호와 관련되지 않는 규제는 없다고 말할 수 있을 정도로 거의 모든 규제가 소비자와 관계가 있다.[2] 소비자는 약자인 경우가 많고, 따라서

---

1. 어쩐 이유에선지 알기 어려우나, 유감스럽게도 국내의 기존 정책학(행정학) 교과서들은 대체로 이런 규범적 관점을 취하고 있다. 아마도 효율성을 최고의 가치로 여기는 기술-합리적 (technocratic-rational) 사고에 길든 탓일 것이다.

2. 소비자로 통칭하나 이 속에는 상품과 서비스의 소비자만이 아니라, 손님, 고객, 회원, 이용

보호되어야 할 필요가 있음은 물론이다.

밀턴 프리드먼은 미국에서 소비자를 보호한다는 명목으로 등장한 규제기관들과 이들이 만들어낸 규제들이 소비자를 보호하고 소비자 권익을 증진하기는커녕 소비자에게 피해를 주거나 선택할 자유와 권리를 침해하였다는 사실을 다양한 사례를 들어 생생하게 잘 묘사하고 있다. 《선택할 자유》제7장(소비자는 누가 보호하는가?)에서 간추려 본 내용은 이러하다.

조잡한 제품은 정부 또는 정부의 규제를 받는 업종에서 나오고 있다. 뛰어난 제품은 모두 정부의 규제가 별로 없거나 없는 민간기업에서 생산되고 있다.(p. 249) … [소비자보호운동의 대부 랄프 네이더가 "어떤 속도에서도 안전하지 않다."는 문구를 사용해 자동차 안전규제를 주창하고 나섰던 자동차] 콜베어(Corvair)는 검사해 보니 같은 시대의 다른 차종보다 좋은 성능을 갖고 있었다. 현재는 미국 전역에 '콜베어 애호가 모임'이 있으며 수집광들의 좋은 수집대상물이 되었다.(p. 249) … [주제상업위원회(ICC)의] 장거리 자동차운송에 대한 규제는 소비자가 아니라 철도회사를 보호하기 위한 것이었다.(p. 255) … 만약 ICC가 설립되지 않고 시장의 힘이 제대로 작동할 수 있었다면 미국은 지금보다 만족스러운 교통체계를 갖게 되었을 것이다.(p. 260) … 제약업자들은 정부의 보호[식품의약품안전청(FDA)의 의약품 규제]가 그들에게도 유익하다는 점을 인식하였다.(p. 263) … FDA의 규제는 역생산적이며, 유해하고 효험이 없는 약품 판매를 방지함으로써 사회에 기여한 것보다는 오히려 귀중한 약품의 생산과 판매를 지연시킴으로써 사회에 더 큰 해를 끼쳤다는 증거자료가 상당히 축적되어 있다.(p. 265) … [소비재안전위원회(CPSC)의 규제] 결과는 기존 제조업자들의 경쟁적 지위, 즉 독점력을 강화시켜 줄 것이며, 신상품의 개발

자, 사용자, 탑승객, 건축주, 임차인, 환자, 학생, 예금주, 대출자, 피보험인 등 업종과 직종에 따라 여러 다른 이름으로 부르는 각종의 사람들이 망라되어 있다. 따라서 소비자는 사실상 모든 국민을 지칭한다고 해도 과언이 아니다.

과 기술혁신을 더욱 곤란하게 만들 것이다.(p. 272) … [환경청은] 타협의 분위기가 아니라 범죄와 처벌만이 있는 분위기를 창출하고 있으며, 공해 수준을 어느 정도까지 허용해야 하는가를 다루지 않고 어느 것이 옳고 그른 것인가만 가려내는 분위기를 조성하고 있다.(p. 278) … 이 세상은 완전하지 못하다. 언제나 허울뿐인 가짜 상품, 사기꾼, 그리고 야바위꾼이 있기 마련이다. 그러나 전체적으로 볼 때 시장경쟁은, 그것이 작동하도록 허용될 때, 시장에 덮어 씌워진 어떤 정부 조치들보다 소비자를 더 잘 보호해 왔다.(p. 286)[저자 수정] … 큰 실수를 저지른 민간기업은 망하지만, 정부가 실책을 저질렀을 때는 국민이 부담하는 예산만 늘어난다.(p. 287) … 소비자는 상품을 선택할 여러 가지 방도를 갖고 있다. 하나가 중간상인이고, 다음이 소비재 감정 기구 역할을 하는 소매상이며, 이밖에도 민간 검사시험 조직과 소비자보고서도 있다. … 기업은 평판을 중히 여기고 무섭게 여긴다.(pp. 287-88)[저자 축약] … 우리가 먹는 음식이나 의약품 또는 우리가 종사하는 활동들에 어떤 장단점이 있는지에 대한 정보—이런 정보는 소비자에게 잘 주어지지 않는다—를 정부가 갖고 있다면 소비자들에게 그 정보를 주어라. 그러나 선택할 권리는 소비자에게 주라.(pp. 292-93) [저자 수정]

소비자보호규제의 목표는 소비자 권익의 보호임이 분명하다. 하지만 각각의 규제에서 소비자의 권익이 구체적으로 지칭하는 바가 무엇인지는 의외로 불분명하거나 불분명해지고 마는 경우가 허다하다. 그 이유는 하나다. 소비자집단은 하나의 집단, 동질적 집단이 아니라는 엄연한 사실이다. 소비자마다 취향이 다르고 욕구가 다르고 원하는 바가 모두 다르다. 따라서 예컨대 어떤 제품의 안전성 제고를 위해 규제한다고 할 때 그것이 과연 모든 소비자의 권익 증진에 실제로 도움을 주는지 아닌지 올바로 판단하기 어렵다. 왜냐면 비교적 높은 소득계층의 소비자 권익의 증진에 도움이 되는 규제가 소득수준이 낮은 소비자에게는 오히려 불편과 부담을 줄 수 있는가 하면, (안전성 제고에 따른) 가격 상승으로 소비기회 자체가 아예 박탈되거나 선택의 폭이 매우 좁아지고 마는 소비자가 있기 때문이다. 어떤 소비자층에게 이익이 되는 일이 다른 소비자층에게는 불편을 초래하고 불이익이 되는 경우가 많다. 예를 들면 지체장애자를 위해서는 도로의 높낮이를 없애는 것이 안전한 이동을 돕는 일이 되지만, 시각장애자에게는 안전한 도보에 필요한 기준점을 상실하게 만드는 결과를 초래하는 것과 같다. 어떤 제품의 안전상 취약점을 개선할 때도 어린이를 기준으로 삼은 개선은 어른에게는 불필요할뿐더러 오히려 불편을 초래하는 개악일 수 있다.

이런 빤한 이치는 소비자보호규제에서 흔히 잊히고 만다. 소비자라고 말하는 순간 소비자집단은 동질적인 집단이고 약한 집단이라는 인식이 지배하고, 소비자를 보호하고 돕는 일은 무조건 공익에 부합한다고 추정된다.

이런 인식의 조장에 앞장서는 게 소비자단체들이다. 그런데 여기서 한번은 짚고 넘어가야 할 질문이 있다. 소비자단체는 과연 누구의 권익을 대변 옹호하는가? 이들이 주창하는 공익은 과연 공익인가?[3] 소비자단체 등 소위 공익단체의 정치사회적 역할과 그것의 공과를 연구한 학자들은 공익단체 역시 특수이익집단의 범주에서 벗어날 수 없음을 지적한다.(Vogel, 1996:158) 우선 소비자단체 등 공익단체의 지도자와 핵심구성원들은 대부분 중상층 출신이다.(*ibid.* p. 154) 이들은 기업 활동의 사회적 영향에 관심을 기울이고, 주로 언론매체에 의존하여 정치사회적 영향력을 행사한다. 이들이 주장하고 요구하는 것은 한마디로 말해 참여의 보장이다. 자신의 일상생활과 행복에 부정적 영향을 미치는 기업의 행태나 의사결정 과정, 정부의 정책결정 과정에 그것의 영향을 받을 수밖에 없는 모든 사람과 집단이 균등하게 참여해야 마땅하다고 주장한다. 그것이 사회정의라고 외친

---

3. 이 질문은 소비자단체에 대해 매우 공격적으로 들릴 수 있어 염려가 없지 않다. 그러나 소비자보호 정책과 규제에 주도적인 역할을 하고 영향력을 행사하는 이들 단체의 성격에 대하여 검토해 보아야 할 필요가 있다. 왜냐면 개개인 소비자의 이익과 단체로서 소비자집단의 이익은 반드시 일치하는 것은 아니기 때문이다.

다. 그러나 이들이 참여하고, 이들이 주도적인 영향을 미치는 가운데, 이들이 믿는 '공익'의 실현을 위해 만들어지는 각종 소비자보호규제 및 정책은 전반적으로 소비자 이익의 증진에 이바지하기는 하겠지만, 의도하거나 예기치 않은 결과를 만들어내기도 한다는 사실을 부정할 수 없다.

의도하지 않은 결과, 예기치 못한 결과는 언제 어디서나 생겨난다. 이것은 지식과 경험이 한정적일 수밖에 없는 인간이 피할 수 없는 숙명과도 같은 문제이다. 소비자단체를 비롯해 공익단체의 주도적 참여와 영향력 아래 만들어지는 규제와 정책이 소비자의 이익과 반드시 일치하지 않는 모순된 결과를 낳기도 하는 이유가 바로 이와 관련이 있다. 공익단체는 말 그대로 자기들만이 '공익'의 수호자, 옹호자라고 주장하고, 공익단체의 주장과 요구는 거의 절대적인 도덕적 정당성을 쉽게 부여 받는 경향이 있다.(*ibid.* p. 156) 그래서일까? 이들의 규범적 주장과 요구는 거의 그대로 정책 프로그램화되곤 한다. 물론 그렇지 않은 경우들도 있다. 하지만 이런 경우에서조차 이들은 현실정치와 행정이, 정부와 기업 관계가 근본적으로 부도덕해서 자기들의 공익적 주장과 요구가 받아들여지지 않은 것이라고 주장하고 반격함으로써, 그렇지 않은 때보다 더 강한 정치적 호소력을 얻고 그 부산물로 재정적으로도 풍부해지는 경우가 많다.

공익단체의 영향력이 커질수록 '공익'을 앞세운 정부개입이 무한정 확산하며, 정부 규모가 팽창하는 경향이 있다.(*ibid.* pp. 155-60)[4] 정부개입의 확대로 소비자 문제가 효과적으로 해결된다고 한다면 이를 문제 삼을 이유가 없다. 그러나 앞에서 언급한 소비자 문제의 특수성, 즉 소비자는 하나의 집단, 동질적 집단이 아니라는 아주 단순한 사실을 간과하거나 무시함

---

4. 이런 결과가 과연 소비자단체 등 공익단체가 원하는 결과인지 여부는 정확히 판단하기 어렵다. 일반적으로 말한다면 무릇 공익단체는 기업을 불신할 뿐만 아니라 기업을 비호하는 정부 역시 불신하기 때문에 시장에 대한 정부개입의 확산을 반기지 않는 게 맞다. 보겔은 정부보다는 공익단체 스스로가 정치적 힘을 키우고 그 힘을 자율적으로 행사함으로써 공익을 실현할 수 있게 되기를 바라는 편이라고까지 말한다.(*ibid.* pp. 142-55)

으로써 소비자보호규제는 어떤 소비자집단의 문제는 해결할지언정 다른 소비자집단에게는 오히려 새로운 문제를 안기는 경우가 오히려 더 많다. 소비자의 자율적 판단, 소비자 선택의 자유와 권리의 보장을 중시하는 관점에서 보면 의문이 생기는 규제들이 의외로 많다. 소비자보호규제야말로, 제7장에서 강조했던, 규제의 획일성과 경직성의 폐단이 가장 크게 나타나는 영역이다.

이런 관점에서 볼 때 소비자는 약자라고 무조건적으로 가정하는 가부장주의적 사고방식에 입각해 소비자 문제에 접근하는 것은 재고할 필요가 있다. 대신에 시장기능과 시장유인(market incentives)의 중요성을 잘 인식하고 활용하는 시장 중심적인 접근(market-centered approach) 위주로 정책의 패러다임을 수정할 필요가 있다. 천차만별인 개개 소비자의 욕구와 필요를 시장보다 더 잘 충족시켜 줄 수 있는 존재는 세상에 없기 때문이다.

보겔이 강조하고 있듯이, 오늘날 소비자보호규제는 크게 변모하고 있다. 소비자들은 이제 정부의 가부장주의적 간섭과 개입에 반대하며 더 넓은 선택의 권리와 자유의 보장을 요구하기 시작하였다. 이런 새로운 상황의 전개는 무엇보다도 소비자 문제 자체에 대한 새로운 이해를 요구하고 있다. 소비자 문제는 불량한 제품이나 서비스 그 자체에 있기보다는 그런 제품이 활개를 치게 만드는 시장조건에서 찾는 것이 더 논리적이라는 사실을 잘 이해해야 할 필요가 있다. 요컨대 이제 시장이 잘 작동할수록 소비자보호는 더 잘 이루어진다는 사실을 직시할 때가 되었다.

1. 보겔의 연구: 의의와 시사점

보겔은, 일반적으로 소비자집단이 규제에 대하여 동질적인 선호와 이해관계를 갖는 집단이라고 가정하는 경향이 있는데 이 가정은 문제가 크다고 주장한다. 특히 소비자보호규제에 대한 반대가 규제로 인해 편익을 누리고 따라서 규제를 환영해야 마땅한 소비자집단 내부에서 제기되는 경우들이 많다는 사실을 강조한다. 아래의 사례들이 이를 말해 준다.(Vogel, 1996:214-34)

1.1 사례의 고찰

1.1.1 안전벨트 사례

1967년 미국의 고속도로교통안전청(NHTSA, 이하 안전청)은 모든 신규 차량에 안전벨트의 장착을 의무화하였다. 그런데도 안전벨트 착용에 대한 호응도가 낮은 데 불만을 가진 안전청은 운전자가 운전석에 앉으면 안전벨트가 자동으로 착용되도록 하는 시스템(passive-restraint system)의 장착을 검토하기 시작하였고, 1971년에는 1973년 이후 모든 신차에 에어백 장착을 의무화하겠다고 발표하였다. 자동차업계가 준비시간의 부족을 이유로 반발한 것은 물론이다. 이에 안전청은 임시조치로서 1974년부터 모든 신차에 안전벨트가 착용되지 않으면 시동이 걸리지 않도록 하는 안전벨트 시스템(interlock system)을 제안하였다. 의견이 갈렸지만 자동차업계는 대체로 에어백의 의무화보다는 이 방법이 낫다고 보았다. 유명한 소비자운동가인 랄프 네이더(Ralph Nader)의 자동차안전센터는 이런 임시규칙에 반대하였다. 에어백 장착 의무화보다 열등한 방법이라고 본 것이다. 그러나 대부분의 소비자단체는 임시규칙의 시행이 사고의 감소에 이바지할 것이라면서 찬성하였다.

1974년 임시규칙의 적용을 받아 생산된 신차가 시장에 출시되자 소비자들은 반발하였다. 딜러들도 소비자들의 거부반응이 심하다고 보고하였다. 신차의 구매자들 가운데 3분의 1 이상이 차 구입과 동시에 이 시스템이 작동되지 않도록 만들거나 제거해 버렸다. 임시규칙은 생산자나 딜러에게 적용되므로 이런 행동이 불법은 아니었다. 이 무렵 미의회 의원들은 신규제에 화가 난 수많은 소비자의 항의서한을 받게 되었다. 한 조사에 의하면 조사대상 운전자의 76%가 신규제에 반대하는 것으로 나타났다. 이런 분위기 속에서 미하원의 자동차 안전 소관 소위원회(IFCC)는 자동차 생산자들이 경고시스템을 부착하되 안전벨트를 착용하지 않아도 시동은 걸리도록 하는 대안을 마련하였다. 그러나 이것만으로는 부족하였다. 하원 전체위원회에서는 경고시스템을 달거나, 안전벨트를 해야 시동이 걸리도록 하는 방안 중 하나를 선택할 수 있게 하되, 교통부가 그 어떤 대안을 법적으로 의무화하는 것은 금지하는 수정안을 채택하였다. 상원에서도 유사한 법안이 통과되었다. 포드 대통령은 결국 고속도로교통안전청이 안전벨트 착용 여부 결정에 간섭하지 못하도록 하는 내용의 법안에 서명하였다.

1.1.2 오토바이 헬멧 사례

이 역시 미국의 고속도로교통안전청의 규제사례로서, 동 안전청은 1967년 오토바이 운전자와 동승자에게 안전 헬멧과 눈 보호대의 착용을 의무화하는 규제를 시행하였다. 동시에 이 규제를 시행하지 않는 주에 대해서는 연방고속도로 보조금을 삭감하기로 하였다. 이에 따라 1975년까지 3개 주를 제외한 모든 주가 이 규제에 따랐다. 이 과정에서 반대자들이 소송을 제기하자 법원은 '헬멧을 쓰지 않고 오토바이를 탈 권리를 시민의 자유로 인정할 수 없다.'고 판결하였다. 그러나 이 규제는 오토바이 운전자들에게 인기가 없었다. 이들은 대도시에서 항의시위를 벌이곤 하였다. 그러나 보조금 삭감을 우려해 단지 2개의 주 정부만이 이 규제법을 폐지하였다. 반대자들은 연방정부를 상대로 반대 행동을 개시하였다. 이들은 단체를 조직하고 의회를 상대로 규제폐지 운동을 전개하였다. 1975년 9월 헬름즈 의원은 이 규제의 폐지법안을 상정하면서 "단지 개인의 안전이 걸려 있을 뿐인 이 사안에서 개인에게 이래라저래라 명령하는 것은 정부가 할 일이 아니다."라고 주장하였다. 11월에는 성난 일단의 오토바이 운전자들이 수도 워싱턴 거리를 질주하면서 이 규제의 폐지를 촉구하였다.

반면에 다수의 보험회사가 이 규제를 옹호하였고, 대다수 운전자가 이 규제에 찬성한다는 조사결과에도 불구하고, 이 규제를 지지하는 적극적인 로비활동은 없었다. 이런 가운데 1976년 5월 포드 대통령은 이 규제를 시행하지 않는 주에 대한 보조금 삭감규정을 폐지하는 법안에 서명하였다. 1977년과 1980년 사이에 오토바이 운전자들은 여러 주 정부의 수도에서 이 규제법 폐지를 촉구하는 항의시위를 계속하였다. 이런 가운데서도 1980년까지 21개 주가 헬멧 착용 규제를 존속시키고 있었다. 한 조사에 의하면 이 규제를 시행하는 주에서는 95% 이상의 운전자가 헬멧을 착용하고 있었던 반면에 그렇지 않은 주에서는 55-60%의 운전자가 헬멧을 착용하고 있었다. 이 규제 시행 이후 오토바이 사고로 인한 사망자 수는 40% 정도 감소했지만, 1976-79년간에 사고율은 46%나 증가하였다. 또 오토바이 운전자들이 보험을 들지 않는 경향이 있어서 이들의 사고율 증가로 인한 의료비의 상승, 납세자의 부담 증가도 매우 컸다.

1.1.3 사카린 사례

1977년 미국의 식품의약품안전청(FDA)은 미국 내에서 판매되는 모든 식품, 음료수, 화장품에 사카린 사용을 금지하는 규제안을 발표하였다. 이 규제안은 식의약화장품법의 수정법안인 소위 델라니 조항(Delaney clause), 즉 사람이나 동물이 섭취하였을 때 암을 유발할 가능성이 있는 식품첨가물은 안전한 것으로 보지 않는다는 규정에 근거를 두고 있었다. 20세기에 들어선 이후 미국에서 사카린은 설탕의 값싼 대용품으로서 널리 사용되고 있었지만 47개 주가 사카린 사용을 규제하는 중이었다. 설탕을 사용해 음료수나 가공식품을 제조하는 생산자들이 압력을 가한 결과였다. 그러나 1960년대에 다이어트 음료 및 가공식품이 인기를 끌면서 사카린의 사용은 연간 25% 수준의 급속한 증가추세를 보였다.

이런 가운데 사카린 사용증가에 경종을 울리는 연구조사 결과들이 발표되었다. 그러나 1974년에 FDA의 의뢰로 연구결과를 종합한 국립과학원 (National Academy of Sciences)의 결론은 과학적 증거가 불확정적이라는 것이었다. 한편 1977년 캐나다의 식의약품안전규제기관은 생쥐 실험을 통해 사카린의 과다사용은 방광암 유발 가능성을 높인다는 결과를 확인하면서 사카린의 사용을 금지하였다. 이에 고무된 FDA도 사카린의 사용을 금지하였다. 사실 FDA는 1969에 인공감미료인 사이클라메이트(cyclamates)의 사용을 금지한 바 있었는데, 여기에 사카린을 추가한 것이다. 이에 다이어트 식품 생산자들은 이제 어떤 인공감미료도 사용할 수 없게 되었다.[5]

이런 속에서 비만이나 당뇨병 등으로 고생하는 소비자의 불만이 미의회에 쇄도하였다. FDA 역시 하루에 1,500통 이상의 항의서한을 받았다. 이 규제의 폐지를 청구하는 소송도 제기되었다. 당뇨병협회, 청소년당뇨병협회도 강력한 반대를 선언하였다. 많은 의사가 이 대열에 동참하였다. 소프트 음료 업계는 이 규제안이 과학적 증거를 무시하고 소비자의 필요를 고려하지 않은 과도한 규제(over-regulation)의 표본이라고 맹공격을 퍼부으면서 언론을 이용한 반대 운동도 대대적으로 전개하였다. 80여 년간 사람들이 사카린을 사용해 왔지만 부작용에 관한 보고는 한 건도 없었다고 주장하였다. FDA가 동 규제안을 발표한 지 일주일도 지나지 않아 10여 개의 법안이 의회에 상정되었다. 델라니 조항의 폐지를 주장하기도 하고, 델라니 조항의 예외로서 사카린의 사용을 허용하자는 내용이 주를 이루었다. 상하원은 결국 FDA의 사카린 사용금지를 정지시키는 법안을 통과시켰다. 이후에도 의회는 이 입장을 견지하고 있다.

1.1.4 의약품 승인과 AIDS 사례

1962년 식의약화장품법의 수정법안(Kefauver amendment) 통과 이후 신규 처방약의 승인절차가 대폭 강화됨에 따라 신규 약품의 개발비용은 1960년 평균 130만 달러에서 1979년 5천만 달러로 급증하였고 승인 기간도 4

---

5. 캐나다는 사이클라메이트 사용을 금지한 바 없었기 때문에 이런 문제가 발생하지 않았다. 그리고 이후의 연구결과 사이틀라메이트의 안전성은 확인되어 있었다.

배나 길어져 평균 10년이 소요되었다. 이처럼 미국의 의약품 승인절차는 영국, 독일, 스위스 등 경쟁국보다 매우 엄격하였다. 그 결과 신규 의약품 승인 건수 면에서 영국은 미국의 4배에 달하였고, 미국에서 승인절차를 밟고 있는 신규 의약품 14개 가운데 유럽에서 이미 시판되고 있는 것이 13개에 달할 정도로 시판승인에 이르기까지 걸리는 기간이 길었다.

이에 따라 소비자 불만이 높아져 가자 미의회는 청문회를 개최해 FDA의 승인절차가 불필요하게 길고 복잡해 신규 의약품의 도움을 기다리는 많은 환자의 희생을 초래하고 있다고 비판하였다. 그러나 FDA는 요지부동이었다. FDA로서는 안전하지 못하거나 효과가 없는 것으로 판명될 신약을 승인하는 데 따른 정치적 비용이 안전성을 확인하기 위해 신약의 승인을 지체시키는 데 따른 정치적 비용보다 더 크다고 판단했기 때문이었다. 미국의 신약 승인절차의 지체로 고통을 받을 사람들은 정치적으로 조직화되어 있지도 않았다. 실은 그런 사실을 알고 있는 환자 수는 적고 예외에 속했다.

그런데 1980년 대중반에 이런 정치적 상황이 극적으로 바뀌는 사건이 일어났다. AIDS 확산이었다. 신약 승인절차의 장기화는 거의 모든 환자에게 고통스러운 일이었지만 AIDS 환자에게는 특히 치명적이었다. AIDS는 새로운 병이어서 치료 약이 전혀 없었다. AIDS 환자들의 정치적 입장은 분명했다. 이들은 자신이 어떤 무서운 병을 지니고 있는지 알고 있을 뿐만 아니라 게이(gay) 단체와 지지자라는 정치적으로 조직된 집단의 일부분으로서 정치적 힘을 발휘할 수 있었다. 이들의 강력한 요구에 직면하여 FDA는 AIDS 치료 약 중 하나에 대하여 기존의 신약 승인절차를 수정하기로 하였다. 그 결과 1987년 AZT라는 신약이 역사상 최단기간인 18개월 만에 승인되었다. 그러나 AIDS 단체는 이것으로 만족하지 않았다. FDA가 AIDS 환자의 생명을 빼앗아가고 있다고 비판하였다. 비인간적이라고 비난하였다. "FDA가 우리를 죽이고 있다."는 피켓을 들고 거리에서 항의시위를 계속하였다.

1987년 6월 FDA는 중병환자에 대한 실험 약 제공을 신속하게 하기 위한 목적의 새로운 규칙을 시행하였다. 기존의 제도 아래서는 중환자에게 실험 약을 제공할 경우 무료로 제공하도록 의무화하였으나, 신규칙에서는 신약이 효과적이고 또 그로 인하여 환자가 중대한 위험에 처하는 일은 없을 것이라고 믿을 만한 합리적 기초만 있으면 제약회사가 실험 약품을 사용할 수 있도록 하고, FDA의 승인을 받아 동 제품을 판매할 수 있도록 한 것이다. 7월에는 AIDS 환자가 미국에서 아직 시판허가를 받지 못한 외국의 약품도 수입해 사용할 수 있도록 허용하였다. 이 무렵 생명에 위협이 가해지고 있는 환자에게 신속하게 신약이 공급될 수 있도록 관련 절차를 대폭 간소화하라는 규제완화 관련 대통령 특별작업단(Presidential Task Force on Regulatory Relief)의 강력한 권고에 따라 신약승인 단계를 간소화하였다. FDA 사상 처음으로 위험편익분석(risk-benefit analysis) 개념을 도입 사용한 결과였다.[6]

1.2 사례의 의미와 시사점

보겔은, 위 4개의 사례는 소비자들이 소비자보호규제에 반대했던 더 많은 사례의 일단에 지나지 않는다고 말한다.(*ibid.* p. 226) 이 사례들의 공통점은 무엇인가? 첫째, 보통의 소비자보호규제의 경우 규제로 인한 부담이 가벼운 데 비해,[7] 이런 규제들은 특정 소비자집단에게 매우 큰 부담으로 작용하였다. 예컨대 안전벨트나 안전 헬멧 착용 규제는 운전자의 행태를 교정하려고 드는 것이고, 사카린 규제는 당뇨병 환자나 다이어트를 원하는 사람들에게는 건강에 위협을 가하는 규제였으며, 신약의 시판규제는 AIDS

---

6. 위험편익분석은 어떤 의약품도 위험이 없을 수는 없는 일이고 보면 의약품이 치료하고자 하는 병이 무엇인지에 따라 안전성 평가는 달라져야 한다는 인식에 기초하고 있다. 참고로 당시 FDA 청장이었던 영(Young) 박사는 이런 분석기법 도입의 주창자였다고 한다.

7. 예를 들면 다른 규제들은 소비자의 선택범위를 좁힌다든가, 공개된 제품정보를 읽고 구매 여부를 판단하게 한다거나, 위험한 제품의 용기를 열기 어렵게 만드는 정도에 불과하다.

환자에게는 생사가 걸린 문제였다.

둘째, 이런 규제는 소비자선택의 자유를 제약하는 정도가 매우 심했다. 규제로 인해 경제적 부담이 증가하는 선이 아니라, 소비자가 원하는 행동을 할 수 없게 만드는 수준으로서 다른 문제해결 방법이 없는 소비자로서는 강력하게 항의하는 수밖에 없는 성격의 규제들이었다. 무엇이 진정으로 자신에게 이익이 되는지를 더 잘 알 수 있는 사람은 정부 관료가 아니라 소비자가 아닌가. 예컨대 안전벨트나 헬멧을 착용하는 데 따른 불편을 감수함으로써 사고 발생시 사망위험을 줄이는 게 나은지 아니면 모험에 수반된 쾌락을 누리는 편이 더 나은지는 정부가 규정할 일인가? 아니면 각자 소비자의 가치판단에 맡겨두어야 할 사항인가? 독자의 판단이 궁금한 부분이다.

셋째, 이런 사례들은 국민(소비자)을 충격에 빠뜨리는 규제의 제정은 일단 피하려고 하는 정책담당자의 일반적 속성을 드러내 보여주고 있다는 점이다. 예컨대 보건 및 환경규제에서 정책담당자들은 국민의 생활방식에 간섭하거나 소비자선택의 자유와 권리에 직접 간섭하기를 꺼리는 한편, 생산자나 공급자에게 대부분의 규제 부담을 지우려는 성향을 드러내 보였다. 다시 말하면 소비자선택의 자유와 권리의 보호를 우선하였다는 것이다. 물론 생산자나 공급자에게 규제 부담을 지울 때 그 부담은 결국 소비자에게 귀착되지만, 제5장에서 공부했듯이, 소비자들은 가격 인상분이 규제로 인해 추가된 비용, 즉 숨겨진 세금이라는 사실을 인식조차 하지 못하거나 인식할지라도 크게 문제 삼지 않는 경향이 있어서 크게 걱정할 사항이 아니라고 보았다는 것이다.[8]

이상을 다시 정리하자면, 소비자들은 일반적으로 보호 규제에 대하여 호의적이고, 특히 규제기관이 규제의 비용을 생산자나 공급자에게 전적으로 부담시키는 것으로 보이는 규제에 대하여 찬성하며, 그런 규제로 인한

---

8. 물론 생산자나 공급자 규제로 인한, 제품이나 서비스 가격의 인상 효과가 매우 큰 경우에는 소비자들이 해당 규제에 반대할 수도 있기는 하다.

가격상승은 쉽게 받아들이는 경향이 있지만, 사람들의 행태를 바꾸도록 요구하고 강제하는 규제에 대해서는 일반적으로 반대한다는 것이다. 또 규제기관은 이런 사실에 유의하는 편인 반면에 소비자단체는 고집불통이라는 것이다. 이것이 소비자보호규제에서 나타나는 규제정치의 속성이다. 앞에서 보았듯이, 안전벨트와 헬멧 착용 규제 사례에서 일단의 소비자들은 운전자 선택의 자유에 대한 간섭을 문제시하면서 강력히 저항하였고, 사카린 사례나 AIDS 치료 약 승인 사례에서는 소비자단체와 일부 소비자집단의 선호가 서로 매우 다르게 나타났다.

한편 미의회 의원들은 소비자단체의 요구와 압력에 따라 도입한 규제를 일부 소비자들의 불평을 받아들여 폐지하거나 제한하는 방향으로 대응하였다. 이것은 해당 규제의 폐지나 완화가 다른 소비자집단의 보건이나 안전을 해치지 않는다고 보았기 때문이다. 실제로 규제반대자들은 단지 자기들에게 직접 영향을 미치는 규제의 폐지나 수정을 요구할 뿐이었기 때문에, 이들의 요구를 들어주더라도 다른 소비자집단에게 불리한 영향을 미치는 것이 아니라고 보았다는 말이다. 소비자단체도 결국은 규제반대자에 강력하게 맞서 규제를 존속시키려고 시도하거나 그같은 노력을 기울이지 않았다. 해당 규제에 직접 반대하지 않는 제3의 소비자들이 해당 규제의 폐지나 완화로 인하여 추가적 위험에 처하게 될지도 모른다는 사실이나 증거를 제시하지도 못하였다.(*ibid.* p. 232)

여기서 참고로 부연할 사항이 있다. 소비자보호규제는 윌슨(Wilson, 1980)의 규제정치 모형에서 규제정치 상황의 4가지 유형 중 기업가적 정치(entrepreneurial politics) 유형에 속하는 전형적인 사례로 다루어져 왔다.(최병선, 1992) 그런데 위 사례들을 정리해 볼 때, 이제 소비자를 하나의 집단, 동질적 집단으로 다루기 힘든 세상이 되고 있어서 이런 유형 분류의 타당성은 재검토가 필요해 보인다.

이 사례들에서 미의회 의원들은 어떤 집단의 처지를 악화시키지 않으면서도 다른 집단에게 이익이 되는 행동을 취할 수 있었다. 모우(Moe, 1989:278)

의 표현을 빌린다면, 일반적으로 의원들은 특정 사안에서 특정 고객의 이익을 보호하거나 증진하는 데 신속하게, 낮은 비용으로, 그리고 특별한 방법으로 개입할 수 있기를 원하는데, 바로 이 사례들에서 의원들은 그런 접근을 할 수 있었다는 것이다. 이런 정치적 상황은 규제정치에서는 잘 나타나지 않는 게 일반적이다. 왜냐하면 규제(혹은 규제완화)에 따르는 비용과 편익은 소비자집단 대 생산자집단 등 서로 다른 집단에 귀속되는 게 일반적이기 때문이다. 이것이 윌슨 모형의 기본전제이기도 하다. 보겔이 소비자보호규제는 윌슨 모형으로는 이해할 수 없다고 말하는 이유가 바로 여기에 있다.(*ibid.* p. 232)

실제로 위 사례들은 규제로 인한 비용과 편익, 그리고 규제의 폐지(완화)로 인한 비용과 편익이 동일집단, 즉 소비자집단에게 귀속되는 특수한 경우를 보여주고 있다. 물론 규제로 인한 비용 부담의 회피 혹은 규제로 인한 편익을 누릴 권리와 자유의 포기는 궁극적으로 개개소비자 각자의 가치판단에 맡겨둘 수밖에 없는 일이지만 말이다. 이것은 소비자보호규제의 매우 큰 특성을 보여주는 매우 중요한 측면이 아닐 수 없다. 다시 말하면 이 점에서 소비자보호규제는 환경규제, 근로자안전규제, 사회적 차별 규제 등 다른 사회규제의 경우와 크게 대비된다는 말이다.

예컨대 환경규제의 경우 주민의 선택에 따라 어떤 주민은 환경규제에 따르는 편익을 누리게 하고, 다른 주민에게는 편익의 수혜를 거부할 수 있도록 규제를 집행하기는 불가능하다. 근로자안전규제의 경우도 이와 비슷하다. 다만 근로자안전규제가 작업장이 아니라 예를 들면 안전모 착용과 같이 근로자의 행태변화를 유도하는 규제의 성격을 지닐 경우 규제에 대한 순응 여부를 근로자의 자유 선택에 맡길 수 있는 여지가 있기는 하다. 그러나 현실성은 거의 없다. 왜냐면 안전모 착용을 거부한 근로자가 사고를 당하면 사업자는 여전히 법적 책임을 면할 수 없으므로 근로자에게 이런 선택의 자유를 부여하는 데 부정적일 것이기 때문이다. 또 일반적인 근로자안전규제의 경우 더 모험 회피적인 근로자에게 위험을 증가시키지 않으면서 어떤 근로자들은 더 큰 위험에 노출되도록 만들 수는 없다.[9] 이 점은 또 다른 유형의 사회규제인 사회적 차별에 대한 규제의 경우에 더 명확하게 드러난다. 사회적 차별 규제에 반대하는 소수가 있을 수 있고, 이들에게 규제가 적용되지 않도록 규제를 집행하는 것이 불가능하지는 않다. 그러나 이를 허용한다면 차별의 철폐를 요구하는 집단이나 계층의 권익 보호 자체가 어렵게 되고 규제목적 자체가 크게 손상되는 결과를 초래한다.

요컨대 소비자보호규제는 환경규제나 근로자보호규제, 그리고 사회적 차별에 대한 규제에서 보게 되는 규제로 인한 편익의 불가분성(indivisibility)이 약하고, 규제로 인한 편익의 차별적 수혜도 타인에게 부정적 외부효과를 일으키지 않는 특성이 있다. 이것은 소비자 보호를 위해 획일적으로 또 무조건적으로 규제에 의존하려 하기보다는 소비자에게 선택의 자유를 최대한 제공하는 게 더 바람직한 경우가 꽤 많이 있을 수 있음을 시사한다. 그렇다고 한다면 '소비자보호규제는 과연 필요한가?'라는 근본적인 질문에 봉착하지 않을 수 없다. 이제 이 질문에 답해 보기로 한다.

2. 소비자보호정책의 초점 이동: 소비자 보호에서 소비자 선택의 보장으로

일반적으로 소비자보호규제의 목적은 소비자 제품(이나 서비스)의 안전, 보건, 위생의 확보이다. 이 점을 부인할 사람은 없다.[10] 그러나 반대로 '소비자의 안전, 보건, 위생의 확보를 위해 규제가 꼭 필요한가?'라고 묻는다면 의견은 갈린다. 소비자 보호를 위해서는 규제가 필수적이라고 보는 사람이

---

9. 이것은 오늘날 공중장소에서 흡연을 금지하는 논리와 유사하다. 언제 어디서든 흡연할 수 있는 개인의 자유를 제약하는 것의 정당성은 간접흡연이 비흡연자에게 피해를 준다는 데 있다.

10. 여기서는 예컨대 표면적으로는 소비자 보호 목적을 내세우고 있지만 실은 생산자 간의 경쟁력 지위에 변화를 꾀하는 것이 규제를 도입하고 시행하는 더 주된 목적인 경우 등은 논외로 삼기로 한다.

있는가 하면, 규제보다는 시장경쟁을 창달하고 소비자에게 더 넓은 선택권을 부여하는 게 소비자 이익을 증진하는 길이라고 보는 사람이 있다. 전자를 가부장주의적(소비자보호적) 관점이라고 부른다면, 후자는 시장주의적(소비자주권적) 관점이라고 부를 수 있다. 아래에서는 라이히(Reich, 1979)의 논문을 주로 참고하면서 두 관점을 비교하고, 오늘의 세계에서 후자의 논리적 우월성과 정책적 유효성이 점점 더 커지고 있음을 보여주고자 한다.[11]

2.1 가부장주의적(소비자보호적) 관점과 접근: 가정과 결과

가부장주의란 마치 부모가 아직 판단력이 부족한 어린 자식의 모든 일에 간섭하고 어린 자식을 대신해서 판단과 선택을 하듯이 정부가 약자인 소비자(국민)의 보호자를 자임하고 나서서 생산자나 판매자의 기만적인 행위로 인해 소비자가 피해를 보지 않도록 필요한 모든 예방적 조치를 모색해야 한다는 주장이다. 소비자 보호주의는 바로 이런 가부장주의의 관점 위에 서 있다. 소비자 보호적 규제가 대전제로 삼는 것은 한마디로 말해 시장의 불완전성이다. 무엇보다도 현실시장은 합리적인 구매 의사결정을 내릴 때 필요한 정보의 공급이 부족하고 공급된 정보도 그릇된 경우가 대부분이어서 소비자가 합리적인 구매 의사결정을 내리기가 매우 어렵다고 본다. 예컨대 소비자가 자신의 필요에 정확하게 부합하는 제품과 서비스가 있는지를 알기 어렵고, 그런 제품과 서비스가 있다 할지라도 찾아내기 어려우며, 그런 제품과 서비스를 찾았을지라도 가격을 비롯해 모든 거

---

11. 라이히 논문은, 보젤이 다룬 사례의 일부를 포함해, 미국에서 1960년대에 융성했던 소비자 보호 입법이 퇴조하던 시기에 발표되었다. 그는 이런 현상의 이면에는 당시의 경제침체와 업계의 고등전술도 크게 한몫을 하였지만, 무엇보다도 그간에 가부장주의에 입각해 우후죽순으로 늘어난 소비자 보호 입법과 규제에 대한 소비자의 실망과 반발, 정부에 대한 불신, 이에 자극을 받은 미의회 의원들의 적극적인 정치적 대응이 크게 작용하고 있다고 분석하고 있다.(Reich, 1979:1-5)

래조건이 적정한지를 정확하게 판단하기가 힘들다고 본다. 또는 시장구조가 독과점적이어서 다양한 소비자 욕구를 충족시킬 수 있는 제품과 서비스가 아예 시장에 없을 수도 있다고 본다. 예컨대 어떤 소비자는 매우 위험 회피적(risk-averse)이어서 가격은 고하간에 매우 안전한 자동차를 사고 싶어하지만 그가 만족할 만한 수준의 안전성을 보장하는 자동차 자체가 시장에 존재하지 않을 수 있다는 것이다. 또 허위광고, 과장광고 등 기만적인 광고에 속아 소비자들이 비합리적인 판단이나 구매 결정을 하는 일이 많다고 본다.

이 가운데 어떤 이유에서든 시장이 불완전하다고 결론을 내리게 되면 정부의 개입은 불가피한 요청이 되고 만다. 소비자 정보가 부족하니 정부가 나서서 충분하고 적절한 소비자 정보가 시장에 제공되도록 하고, 제품의 최저 안전기준을 설정하며, 허위, 과장 광고를 규제해야 한다고 보는 것이다. 이런 사고방식의 기원은 두말할 것도 없이 소비자의 생명과 보건, 안전에 관련된 사고의 발생, 소비자피해의 만연 등이다. 소비자피해나 사고가 발생하면 쉽게 생산자와 판매자의 비인도적, 비윤리적 상행위에 대한 사회적 비난으로 이어지고 정부가 시장에 개입하지 않으면 안 될 이유를 제공한다.

물론 이것은 당연한 요청이고 당연한 귀결이라고 볼 수 있다. 문제는 이런 사고방식이 지배하게 되면 제품과 서비스의 생산 및 판매과정 전반에 걸친 정부의 광범위한 시장 규제는 너무나 쉽게 정당화되고 만다는 데 있다.

그러나 여기서 우리가 다시 생각해 볼 점이 있다. 시장의 불완전성, 정보의 불완전성으로 인해 소비자는 합리적인 선택이나 구매 의사결정을 하기가 매우 어렵다는 가정, 또 생산자와 판매자는 소비자의 무지를 이용하는 비인도적이고 비윤리적인 상행위에 골몰한다는 가정은 과연 옳고 정당한가? 다음과 같은 측면에서 심각한 문제가 있다.

첫째, 정부가 이런 관점에서 소비자 문제를 보고 시장에 개입하기 시작하면 정부 간섭과 규제는 무한히 증가할 수밖에 없다. 왜 그런가? 소비자

보호주의가 전제하는 시장의 불완전성에 대한 반박 논리는, 제1-4장에서 자세히 다루고 주장하였지만, 차고도 넘친다. 그 긴긴 논의를 반복할 수는 없다. 대신에 여기서는 소비자보호규제의 일반적인 특성을 놓고 논리적으로 비판하는 데 주력하려고 한다.

시장에서 발생하는 온갖 소비자 문제를 해결하기 위해 정부가 시장에 개입할 때 정부가 상정하는 소비자는 평균적인 소비자이다. 즉 소득수준, 교육수준 등 소비자특성을 좌우하는 여러 가지 측면에서 평균적인 소비자를 상정한다. 그리고 이 평균적인 소비자를 기준으로 삼아, 이들이 부당한 피해를 보지 않을 수준으로 규제기준과 규제방법을 정한다. 그러면 소비자피해는 다 막을 수 있는가? 그렇지 않다. 이렇게 할지라도 각종의 예기치 못한 소비자 사고와 피해는 여전히 발생한다. 그러면 정부는 어떻게 대처하는가? 정부는 이런 사고와 피해조차 예방할 수 있는 수준으로 계속해서 규제기준을 강화해 나갈 수밖에 없다. 제8-9장에서 강조하였듯이, 이런 과정은 소비자피해가 사라지지 않는 한 계속 이어지게 된다.

이런 대처방식이 합리적이지 않다는 사실은 금방 확인할 수 있다. 무엇보다도 먼저 우리가 쉽게 확인할 수 있는 점은 정부가 설정한 최초의 평균적인 소비자의 기준이 계속적인 규제의 강화에 따라 계속 낮아진다는 사실이다. 달리 표현한다면 정부가 처음 상정한 평균적인 소비자의 수준에서 보면 불필요할 규제를 계속 늘려가는 꼴이라는 말이다. 혹자는 생산자와 공급자의 비도덕적이고 비윤리적인 행태가 계속되는 한 이는 불가피하지 않느냐라고 항변할지 모른다. 물론 제7-9장에서 강조한 바 있듯이, 규제에는 반드시 규제 회피행동이 따르기 마련이고, 세상에 악덕기업은 수없이 많으니 이들의 횡포를 막기 위해 규제가 계속 강화되는 것은 어쩔 수 없지 않느냐는 항변은 일리가 있고 그런 가능성을 일축할 수는 없다.

그러나, 같은 장들에서, 이런 악덕기업을 정부의 힘으로 뿌리 뽑을 수는 없다는 사실도 아울러 강조하였다. "뛰는 놈 위에 나는 놈"이 반드시 있기 마련이라고 말했다. 이들을 뿌리 뽑겠다고 덤빈다면 이는 "벼룩을 잡으려고 초가삼간을 다 태우는 격"이 될 뿐이다. 이들을 발본색원하겠다고 덤비는 것은 필경 '어떤 경우, 어떤 상황에서도 안전'을 보장할 수 있는 수준으로 상품과 서비스의 규제기준을 높여야만 하는 상황에 도달하게 만들고야 만다. 이것은 명백히 비합리적이다. 우선, 제10장에서 주장하였듯이, 100% 안전이란 목표는 실현 불가능하다. 만일 이 목표를 추구한다면 이것은 소비자마다 지식과 경험이 다르고 판단능력이 다른데도 불구하고 지식과 경험, 판단능력이 전혀 없는 소비자를 기준으로 삼아 소비자보호규제를 시행하는 꼴이 되고 만다. 여기서 이들보다 높은 지식과 경험, 판단능력이 있는 소비자까지를 정부가 보호해 주는 게 무슨 문제냐고 항변할지도 모른다. 그러나 이런 수준으로까지 규제의 강도를 높이게 되면 그것으로 끝나는가? 생산자와 공급자야 불만이겠지만 소비자들에겐 이익이 되지 않느냐라고 반문할지 모른다.

절대 아니다. 결국은 소비자가 집단으로 피해를 보게 된다. 이는 다음과 같은 이치 때문이다. 무엇보다도 먼저 규제 상품과 서비스의 가격(생산원가)은 불가피하게 상승할 수밖에 없다. 생각해 보시라. 엉터리 질문 같겠지만, 시장에 소비자피해를 일으킬 가능성이 있는 상품과 서비스가 제공되고 있는 이유는 무엇인가? 생산자나 판매자가 비도덕적이고 비윤리적이어서? 돈에 눈이 멀어서? 아니다. 생산자와 판매자는 '어떤 경우, 상황에서도 안전'한 제품과 서비스를 생산하고 판매할 수 있다. 하지만 그렇게 하자면 비용이 턱없이 커지고, 그러면 터무니없이 가격이 높아진 제품이나 서비스를 사줄 소비자는 거의 없거나 매우 적어서 도대체 채산을 맞출 수 없기 때문이라고 보는 게 옳다.

다시 말하면 생산자나 판매자가 품질이 우수한 원료를 사용할 줄 모르거나 우수한 제품이나 서비스를 생산하고 판매할 수 있는 기술이나 방법을 몰라서가 아니라, 그런 기술이나 방법을 사용할 경우 비용의 상승이 불가피하고 그러면 판매가 줄고 수입이 줄어들 것이기 때문이라고 보아야 한다는 것이다.[12] 좋은 예가 중국산 김치 파동이었다. 이 파동은 식당 주인들의 돈 욕심 때문이라고 보기보다는, 식당 간의 경쟁이 워낙 치열하다 보니 품질이 의심스럽긴 하나 저렴한 중국산 김치를 수입해 씀으로써 가까스로 채산을 맞추어보려는 과정에서 생긴 문제였다고 봄이 타당할 것이다. 이런 파동을 겪고 나서도, 또 안전에 신경을 쓰는 소비자가 그렇게도 많건만, 친환경 쌀이나 채소가 잘 팔리지 않는 이유가 무엇이겠는가? 가격이 비싼 친환경 쌀이나 채소 쪽에 여러분의 손이 먼저 가던가?

시장은 정부의 뜻에 따라서가 아니라 시장의 작동원리에 따라 움직일 뿐이다. 가격을 올리지 않고서 소비자의 안전을 높일 신출귀몰한 묘책은 없다. 이치가 이러하고 보면 가격의 상승을 감수하더라도 안전을 추구할 것인지, 아니면 소비자가 더 주의를 기울이되 가격의 상승은 피할 것인지, 두 가지 사이의 선택지만이 있을 뿐이다. 이 선택은 누구의 몫이 되어야 하겠는가? 정부인가? 당연히 소비자 개개인에게 맡겨야 옳다.

가부장주의 관점에 입각한 소비자보호규제가 증가하면 증가할수록 규제의 불합리성은 높아진다.(Bardach and Kagan, 2002) 우선 소비자 중에는 과도한 규제가 오히려 불편을 주거나 불필요한 가격상승을 초래해 경제적 부담만 늘어나는 소비자들이 있다. 이들은 위험한 제품의 사용에 있어서 평균적 소비자보다 능숙하거나 더 주의를 기울이는 소비자, 혹은 규제로 인한 제품가격의 인상분보다 낮은 비용으로 제품의 결함을 고칠 수 있는 소비자, 혹은 신체적, 경제적 피해에 덜 민감한 소비자들이다. 이들이 보기에 이런 규제의 필요성은 매우 낮을 것이다. 어떤 경우에는 과도한 규제가 불공평하다고 생각할 수도 있다. 왜냐면 지나칠 정도로 위험 회피적인 소비자들은 강력한 규제의 필요성을 인정하고 환영하겠지만, 위험 선택적인

---

12. 쉴라이퍼(Shleifer, 2004)는 흔히 기업의 무리한 욕심 때문이라고 비난을 받는 행위들, 즉 어린이 고용, 임원들의 지나친 보수, 재무제표의 조작, 부패 등은 욕심 때문이라기보다는 치열한 시장경쟁 속에서 나타나는 불가피한 현상으로 보아야 할 경우가 많다고 주장한다.

소비자들에게는 과도하게 위험 회피적인 소비자 보호 비용을 자신들이 강제로 부담하는 꼴이 되기 때문이다. 안전벨트를 착용해야만 시동이 걸리도록 하는 규제 사례, AIDS 치료 약 규제 사례 등에서 볼 수 있었던 강력한 저항 사례가 좋은 예이다

소비자 제품의 안전성 규제기준과 방법의 결정과정에 규제로 인한 편익과 동시에 비용을 고려하도록 해 보는 것은 바로 이런 문제점을 인식해서다. 하지만 이것으로 과도한 규제 강화라는 문제점이 해소되지는 않는다. 규제로 인한 편익의 계산자는 개개 소비자 본인이 아니라 규제 관료 또는 정책담당자로서, 이들은 행정 책임의 회피를 위해 자기들에게 가장 유리한 기준, 즉 판단능력이 매우 낮고 취약한 소비자가 오판해서 사고가 나거나 피해가 발생할 경우를 고려에 넣고 편익을 계산하기 마련이다. 독자는 그렇게 하시지 않겠는가?

가부장주의에 입각한 소비자보호규제의 두 번째 문제점은 위와 관련이 있기도 하지만 어떤 면에서 더 근본적이다. 가부장주의에 입각한 소비자 보호규제의 본질은 단지 소비자의 합리적 구매 의사결정을 방해하는 시장의 불완전성, 정보의 불완전성을 교정하는 선에서 그치지 않고, 결국은 소비자의 몫이 되어야 할 선택을 규제 관료나 정책담당자의 선택, 즉 정부 규정(government edicts)으로 대체하는 것이다.[13] 이는 명백히 자신의 필요를 가장 잘 알고 정확하게 판단하는 사람은 바로 자신(Each person is the best judge of his or her own needs.)이라는 자유시장 경제의 기본가정에 배치된다.(Reich, 1979:14) 소비자의 선택사항이어야 할 것을 관료와 정책담당자의 선택사항으로 대체한다는 것은 소비자가 스스로 자기 이익을 챙기지 못하는 존재, 비록 무능하지는 않을지라도 기업의 엄청난 힘 앞에서 상대적으

---

13. 라이히는 가부장주의적 관점에서의 소비자 보호를 위한 접근을, 정부가 구매대리인의 지위에서 제품과 서비스의 결합을 극복하려 한다는 의미에서 '구매대리인 모형('purchasing agent' model)'이라고 명명한다.

로 무력한 존재라는 함의를 내포한다. 과연 소비자는 자신의 판단과 선택권을 포기하고 그 권리를 규제 관료에게 내맡겨야만 할 정도로 그렇게도 무력한 존재인가?

2.2 시장주의 관점과 접근

시장주의 관점은 가부장주의 관점을 배격한다. 시장에서 소비자는 막강한 힘을 발휘하는 존재라고 본다. 이 관점에서는 제품의 불량이나 소비자 판단의 비합리성 그 자체를 문제로 보고 대책을 세우려고 하기보다는, 왜 불량한 제품이 시장에 등장하고 무엇이 소비자의 합리적 판단과 선택을 오도하고 있는지 그 원인을 찾아 대책을 모색하는 접근방식을 취한다. 다시 말해 시장에서 판매자는 이윤 극대화를 위해 소비자가 원하는 가격에 질적으로 양호하고 다양한 상품과 서비스를 공급하려고 모든 노력을 기울이기 마련인데, 실제 시장이 이처럼 작동하지 않고 있다면 이는 시장 메커니즘 어딘가에 어떤 결함이 있기 때문이라고 보고 적절한 대응책을 마련하는 게 시장주의 관점이라는 말이다.

그러므로 시장주의 관점에서는 우선 소비자를 합리적이라고 보고,[14] ① 판매자가 소비자의 합리적인 선택을 도우려는 유인을 갖지 않거나 갖지 못하는 이유가 무엇인가, ② 그들이 이런 유인과 동기를 갖도록 유도하거나 만들기 위한 시장조건은 무엇인가에 주목한다.(*ibid.* p. 20) 요컨대 시장주의 관점은 소비자 보호를 위해 불량품을 시장에서 배제하는 일이 정부가 해야 할 일이라고 보지 않는다. 불량품의 질을 높이도록 강제하는 일도 정부의 일이라고 보지 않는다. 소비자 보호를 위해 정부가 할 일은 소비자가

---

14. '합리적인 소비자' 개념은 물론 하나의 픽션이다. 누구도 소비자가 실제로 가상적 개인처럼 합리적이라고 주장하지 않는다. 그런데도 이 개념은 인간행동의 일반적 패턴을 예측하는 데 유익하다.

오판하거나 또는 오산하여 뜻하지 않은 피해를 보지 않도록 소비자의 판단과 선택을 도와줄 책임과 의무를 판매자에게 부과하는 일이다.(*ibid.* pp. 20, 24-26)

그러면 소비자가 오판 또는 오산하여 뜻하지 않은 피해를 보게 만드는 원인은 무엇인가? 그것은 한마디로 말해 정보의 부족과 정보의 부정확한 처리이다. 일반적으로 소비자는 지금 제시된 가격이 너무 높은 것은 아닌지, 가격 대비 성능과 품질은 어떤지, 해당 제품이 바로 내가 찾는 그런 성능과 효과를 지닌 제품이 맞는지, 안전하다고 되어 있지만 실제로 제품을 사용하다가 신체적 피해를 보지나 않을지, 유지비용은 얼마나 들지, 고장이 나면 수리비용은 얼마나 들고 또 쉽게 수리를 받을 수 있을지, 반품이나 환불은 과연 약속대로 잘 될지 등 최종 결정을 내리기까지 이런 의문에 답하기 위해 충분하고 적절한 정보가 필요하다. 또 주어진 정보를 냉정하고 정확하게 처리해 올바른 판단에 도달할 수 있어야 한다. 그러기 위해서는 많은 시간, 노력, 비용을 들이지 않으면 안 된다. 이 시간, 노력, 비용이 바로, 우리가 제3장에서 공부한, 거래비용이다.

거기서 공부한 바대로 경쟁적인 시장이라면 생산자와 판매자는 소비자의 거래비용을 줄여주기 위해 갖가지 방법을 동원하고 소비자의 환심을 사려고 무던히 노력한다. 꾸준히 광고하는 것이나, 제품의 용기나 상자 등에 다양한 정보를 담으려고 애쓰는 것이나, SNS를 통해 소비자의 평가를 공유하도록 하는 등이 그것이다. 이것이 우리가 보통의 시장에서 일상적으로 보는 현상들이다. 그런데도 여전히 소비자 문제가 발생한다면 그것은 정보가 불충분하게 공급되고 있을 뿐만 아니라, 공급된 정보조차 정확하지 않거나 정확하게 해석되지 못하는 경우들이 있기 때문이다. 예컨대 어떤 소비자는 허위, 과장 광고를 과신하는가 하면, 어떤 정보를 더 얻어야 하고 어떤 측면에 더 주의를 기울여야 할지 몰라 망설이다가 불합리한 결정을 내리기도 한다. 충동적으로 의사결정을 하기도 한다. 그러나 한 가지 분명한 사실은 개개 소비자가 겪는 정보의 문제를 해결하기 위해 생산자와 판매자는 최선을 다한다는 사실이다.

그런데 여기서 우리가 주목해야 할 중요한 사실이 있다. 소비자의 합리적 판단을 제약하는 요인들은 모든 소비자의 경우가 같지 않다는 것이다. 예컨대 비위생적이고 안전하지 않은 상품, 성능이 낮은 제품, 질적 수준이 매우 떨어지는 서비스 등은 소비자가 원하는 바가 아니지만 원하지 않는 수준과 정도는 각기 다르다. 왜냐면 매우 위생적이고 안전한 상품, 성능이 좋은 제품, 질적 수준이 높은 서비스의 가격은 비싸기 때문이다. 시장에서 개개 소비자는 자기의 구매 욕구와 의사에 가장 가까운 가격-품질-정보의 조합을 선택하는 것이지 모든 소비자가 무조건 위생적이고 안전하며 성능이 좋고 질적 수준이 높은 제품과 서비스만을 찾지는 않는다. 이 점을 아주 잘 아는 생산자와 판매자는 따라서 다양한 소비자의 다양한 욕구를 충족시키기 위해 다양한 가격-품질-정보의 조합을 만들어 시장에 제공한다.

예를 들면 소득수준이 낮은 소비자에게는 품질이 다소 떨어지는 제품과 다소 불충분한 제품정보를 제시하고 가격은 싸게 한다. 한편 소득수준과 교육수준이 높은 소비자에게는 품질이 좋은 제품과 충분한 제품정보를 제공하나 가격은 비싸게 매긴다. 또 고급품을 찾는 소비자에게는 높은 가격을 매겨 최고, 최신의 제품을 소개하고 자세한 정보를 주면서 만족도를 높여준다. 그저 최소한의 기능을 하는 제품을 찾는 소비자에게는 재고품을 파는 대신에 가격을 대폭 할인해 팔기도 한다. 이것이 시장에서 일상적으로 일어나는 일들이다. 따라서 보통의 소비자라면 가격이 싸면 품질은 떨어질 것을, 품질이 좋고 제품정보가 잘 제공되고 있다면 가격은 비쌀 수밖에 없음을 안다. 아니 꼭 알아야만 한다. "싼 게 비지떡"이라는 말이 있지 않은가. 그런데 "값이 싸면서도 품질은 좋다."는 선동에 넘어가는 사람들이 꽤 많다.[15] 이들은 가부장주의 관점에서는 보호해 주어야 할 소비자

---

15. 흔히 불황기에 빚에 떠밀린 상인들이 '떨이 판매'를 한다. 이 경우는 "값도 싸고 품질도 좋다."는 말이 맞을 수도 있다. 그런데 이런 경우에도 저자는 사고서 후회한 적이 더 많다. '밑지

인지 모르지만, 적어도 시장주의 관점에서는 아니다. 어쩔 수 없는 일이다.

이렇게 보면 시장에서 발생하는 소비자 문제는 개개 소비자의 문제이지 집단으로서 소비자 문제는 아니다. 소비자마다 또 제품과 서비스마다 개개 소비자의 가격-품질-정보의 조합이 다르고 가격과 품질과 정보의 대체율 (substitution ratios)이 다르다는 사실을 잘 이해하고 인정한다면, 소비자 보호를 위한 정부의 개입이 반드시 모든 소비자에게 유익하지 않을 수 있다는 사실을 이해하기 어렵지 않다. 그러므로 시장주의 관점에서 보면 정부가 더 큰 관심을 기울여야 할 사항은 시장이, 여기서 저자가 묘사하고 있듯이, 작동하도록 만드는 일이다. 이것은 무엇보다도 중요하게 시장이 얼마나 경쟁적이냐에 달려 있다. 정부가 우선적으로 경쟁정책(competition policy)에 주력해야 할 이유가 바로 여기에 있다. 독과점이나 카르텔 행위와 같은 반경쟁적인 시장구조나 행태를 개선함으로써 생산자와 판매자가 오로지 경쟁을 통해서만 이윤을 획득할 수 있는 경쟁적인 시장에서만 소비자는 왕의 대접을 받을 수 있기 때문이다.[16]

2.3 정부개입의 적정성 판단기준

이상에서 고찰한 바와 같이 시장주의 관점의 핵심은 정부개입의 필요성 여부를 제품의 내재적 위험(intrinsic risks)이 아니라 소비자의 무지 (ignorance of consumers)에서 찾는 것이다.(*ibid.* p. 25) 소비자들이 '불량'제품을 사지 않도록 아예 '불량'제품의 생산과 유통 자체를 금지하고 차단하려

는 장사'를 하는 상인은 없다던가.

16. 여기서 알 수 있듯이 소비자보호규제와 경쟁정책은 논리적으로 연계되어 있다. 이 점을 이해하지 못하고 가부장주의 관점에서 소비자보호규제를 고집한다면 결과적으로 소비자에게 이로운 기업(영업)활동을 금지 또는 규제하는 모순을 범할 수 있다. 대표적인 예가 시장분리협정(market division agreements), 끼워팔기(tying arrangement), 전문직종에 대한 규제 (occupational restrictions), 상표권보호(trademark protection) 등이다.(*ibid.* pp. 15-19)

고 하는 게 아니라,[17] 소비자들이 무지해서 제품의 위험이나 숨겨진 비용 (hidden costs)을 오판할 가능성을 최소화해 주는 것이 소비자 보호 정책의 목표가 되어야 한다고 본다. 여기서 '숨겨진 비용'은, 예를 들면 무선 청소기의 경우 청소기의 가격은 저렴한 편이나 축전지의 수명이 매우 짧아서 부대비용 또는 유지비용이 높아 생긴다. 이런 비용은 대개의 경우 감추어져 있다. 해외 단체관광 광고를 보면 무척 싸다는 느낌이 든다. 그런데 정작 가보아야 할 곳은 옵션으로 되어 있어 추가비용을 내야만 가볼 수 있는 것과 같이 말이다.

이런 관점에서 접근하면, '시장에서 소비자가 오판할 가능성을 최소화해 줄 책임은 누가 져야 하는가?'가 핵심 질문이 된다. 이론적으로 말한다면, 제3장에서 공부했듯이, 만일 거래비용이 0이라고 한다면 이 책임 배분의 문제는 전적으로 시장 자율에 맡겨두는 것이 최선이다. 이런 시장에서는 판매자와 소비자 중 소비자의 오판 가능성을 더 쉽게 줄여 줄 수 있는 측이 책임을 지도록 하는 방식이 채택될 것이다. 그것이 서로에게 최선이기 때문이다. 실제로 대규모 거래의 경우 거래 당사자 간에 책임의 배분과 귀속에 관한 구체적 사항을 계약에 명시하는 것이 일반적이다. 쌍방이 높은 수준의 전문성이 있고 따라서 거래비용이 낮기 때문이다.

그러나 실제 시장에서 대부분의 거래는 이런 방식으로 이루어지지 않는다. 거래비용이 상당히 크기 때문이다. 일반적 원칙은 소비자의 무지와 그로 인한 오판 가능성과 피해를 최소화할 책임을 판매자(혹은 제조자)에게 부담시키는 것이다. 하지만 이 책임은 언제 어느 경우에나 당연히 판매자에게 부과해야 하는 것은 아니다. 판매자(와 제조자)가 소비자보다 이 가

---

17. '불량'제품이라는 용어 중 '불량'에 따옴표를 붙인 까닭은 그 자체로 불량인 제품이나 서비스가 없다고는 볼 수 없지만, 사용방법을 잘 몰라서 또는 보통의 주의조차 기울이지 않아서 사고가 발생하거나 피해를 보는 경우가 적지 않다는 뜻을 암시하기 위해서다.

능성을 줄이는 데 더 유리하고 쉬울 때로 국한해야 한다. 다시 말해 소비자가 약간의 관심과 주의를 기울인다면 능히 커버할 수 있는 경우까지 그래야 하는 것이 아니다. 제조자나 판매자가 소비자의 거래비용을 더 줄이기 위한 특별한 조치를 하도록 하면 제품의 가격은 불필요하게 올라가고 소비자부담은 그만큼 늘어나게 되기 때문이다. 제10장에서도 보았듯이, '완전 보호,' '100% 보호'라는 말은 허구임에도 불구하고 이런 허구적 이상에 매달리다 보면 소비자는 과신이나 부주의로 인해 더 큰 위험을 자초할 수도 있다.

바로 이 점에서 시장주의 관점은 가부장주의 관점과 극적인 대조를 이룬다. 가부장주의 관점에서는 정부가 제품의 비용이 편익보다 크다고 판단될 때면 언제나 개입하게 되지만, 시장주의 관점에서는 판매자가 자발적으로 소비자의 오판을 예방하려는 노력을 기울이리라고 추정할 수 없는 경우에만 정부개입은 적절한 것으로 인정된다.(*ibid.* pp. 25-26) 일반적으로 판매자가 평판과 신용(goodwill)의 유지에 관심이 크고, 소비자가 상품구매 후 숨겨진 비용을 쉽게 발견할 수 있기만 하다면, 또 소비자의 오판을 막을 책임의 배분이 시장에서 자동적으로 이루어질 가능성이 크다면, 정부개입은 그리 필요치 않다. 이런 시장조건이 갖추어지지 않는다면, 다시 말해 판매자가 소비자를 오도하려고 하고, 숨은 비용의 공개를 꺼리는 한편, 소비자는 속수무책의 처지에 있을 수밖에 없다면, 정부개입이 불가피하다. 이런 경우로는 대개 다음 네 가지가 있다.

(1) 소비자가 숨겨진 비용의 존재를 알지 못할 때이다. 예를 들면 주택의 방한설비의 설치 불량으로 소비자의 에너지비용 부담이 증가하는 경우, 자동차 점검시 교체나 수리가 필요한 부품에 대해 소비자가 알지 못하고 정비공에게 전적으로 의존해야 하는 등 소비자가 꼼짝없이 우롱당할 가능성이 큰 경우다.

(2) 소비자가 '숨겨진 비용'의 존재는 알고 있으나, 누구에게 책임을 물어야 할지 알기 어려운 경우다. 예컨대 식품첨가물, 의약품, 화장품의 발암성은 사용 후 몇 년이 지나서도 확인하기 어렵다. 암 발병 후에도 그동안 사용했던 제품 중 어떤 제품이 원인이 되었는지 지목하기 어렵다. 그러므로 이런 경우 평판과 신용에 신경을 쓰는 제조자나 판매자라 할지라도 제품의 발암성을 검사할 유인이 없다. 실은 제조자도 더 안전한 제품을 만들 유인이 적을 수 있다. 높은 R&D 비용을 들여서 발암성이 낮은 제품을 개발하고 광고할지라도 소비자들이 이를 전폭적으로 신뢰해 줄 것으로 기대하지는 않을 것이다. 따라서 이런 경우 소비자의 무지 극복을 위한 정부개입의 필요성이 높다.

소비자들이 숨겨진 비용의 존재를 알지 못하거나, 책임의 소재를 규명할 수 없는 경우 소비자들은 불만이 있지만, 이 불만을 어떻게 해결해야 할지 알지 못한다. 불만의 해결방법을 모르기 때문에 자신, 가족, 이웃의 기왕의 구매행태를 바꿀 수 없고, 따라서 판매자의 신용도 위협에 처하지 않으므로 문제를 해결할 유인이 없다. 여기에서 아이러니가 나타나게 되는데, 그것은 소비자가 '숨겨진 비용'에 대해 잘 알고 불만을 제기하는 사안에는 굳이 정부가 개입할 필요성이 없다는 것이다. 소비자 불만 자체가 소비자가 불만의 원인을 발견할 수 있는 능력이 있음을 의미하는 것이고, 시장이 먼저 반응할 것이기 때문이다.(*ibid.* p. 28)

(3) 판매자가 반복구매(repeat sales), 기타 입소문에 의한 평판을 무시하는 경우이다. 야반도주(flight-by-night) 판매자, 이동판매자, 우편판매, 전화판매, 방문판매 등은 반복적인 거래 관계에 있지 않으므로 판매자가 평판이나 신용을 무시하기 쉽다. 대신에 가격을 대폭 할인해 주거나 판매원에게 높은 수당을 약속해 공격적으로 세일즈할 것이므로 소비자피해 가능성이 크다. 따라서 이런 유형의 판매형태에 대해서는 정부개입의 필요성이 인정된다.

(4) 시장구조로 인해 시장경쟁의 수준이 낮은 경우이다. 판매자가 느끼는 평판과 신용의 가치는 시장구조와 밀접한 연관이 있다. 만일 평판과 신용도를 높게 유지하고 높이려는 노력을 기울인 결과 얻게 된 수입이 소비자에게 위험을 알리고 피해를 최소화할 수 있도록 하는 데 드는 비용보다 작다면 이런 노력을 기울일 판매자는 없다. 특히 동종 제품 판매자의 제품이 유사한 결함을 지니고 있다면 개별 판매자가 이런 노력을 기울이려 하지 않을 것이다. 또 단기적으로 이런 노력의 가치를 인정할지라도 장기적으로 과점적 시장에서 경쟁을 가열시키고 신규사업자의 진입이나 기존사업자의 확장을 불러올 것으로 염려되는 경우에도 이런 노력을 기울이려 하지 않을 것이다. 더 근본적으로 판매자 간에 묵시적, 명시적 담합이 있는 경우에도 평판과 신용은 가치가 떨어진다. 이런 상황에서 판매자는 소비자 이익을 돌볼 동기가 약하다.

이상에서 적시한 네 가지의 경우, 혹은 이것들이 상호작용하거나 조합된 경우, 소비자 보호를 위해 정부가 시장에 개입할 필요성이 있다. 그러나 이런 경우에서조차 정부개입의 비용과 편익을 견주어 보아야 한다는 점이 중요하다. 요컨대 시장에서 판매자와 소비자 간에 책임 배분이 자동적으로 일어나도록 유도하는 것이 최선이다. 위의 시장조건이 존재하지 않거나 그런 성향이 강하지 않다고 해서 불쑥 정부개입을 앞세울 일이 아니다. 시장에서 판매자와 소비자 간에 책임 배분이 비교적 효율적으로 이루어지고 있거나, 이루어질 것으로 보아 정부개입을 최대한 삼가는 것이 바람직하다.(*ibid.* p. 31)

결론적으로 시장이 소비자 욕구에 민감하게 대응하도록, 다시 말해 판매자가 무엇보다도 소비자의 평판과 신용을 중시하게끔 만드는 게 시장주의 관점에서 본 정부개입의 요체이다. 이런 차원의 정부개입은 소비자 문제에 대한 최적의 현실적 대응책일 뿐만 아니라 규제비용을 최소화한다는 면에서도 강점이 있다.

더 깊이 설명한다면 규제비용은 행정기관의 규제집행비용과 판매자의 규제순응비용으로 구성된다. 우선 제품품질에 대한 규제, 판매자 행태(seller conduct)에 대한 직접통제(규제)는 높은 집행비용을 유발한다. 또 신제품, 신모델, 신광고가 홍수를 이루는 오늘날의 시장을 정부가 일일이 감시하는 것은 사실상 불가능하다. 이런 면에서 보면 판매자의 평판과 신용도 제고에 초점을 맞추는 전략은 기본적으로 시장기능에 의존하기 때문에 행정비용을 크게 줄이고 장기적 효과도 높일 수 있는 장점이 있다.

다음으로 민간의 규제순응비용 측면에서도 평판과 신용도 제고에 초점을 맞추는 전략은 장점이 있다. 먼저 판매자의 규제순응비용은 결국 소비자에게 전가된다는 사실을 잊어서는 안 된다.(최병선, 2007) 이런 면에서 제품의 품질이나 판매자 행태를 직접 통제(규제)하려는 접근방법은 시장유인을 활용하는 방법보다 높은 규제순응비용을 유발한다. 더구나 이 방식의 규제는 제품의 품질을 높이기는 하겠지만 소비자가 낼 용의가 있는 수준 이상으로 가격을 높일 가능성이 크다. 반면에 시장주의 관점에서 새로운 접근방법을 취한다면 판매자는 소비자가 돈을 더 낼 의사가 있는 한도 내에서만 자신의 평판과 신용도 향상을 위해 투자할 것이므로, 규제순응비용이 낮아진다.[18]

3. 불완전한 것들 가운데서의 선택

이상에서 고찰한 보겔이나 라이히 논문의 요지는 제4장에서 집중적으로 고찰한 신제도경제학의 관점이나 접근과 크게 다르지 않다. 거기서도

---

18. 위험한 의약품, 위험한 어린이 장난감 등 소비자의 판단과 시장의 자율기능에만 맡겨둘 수 없는 것들도 있다. 이에 대해서는 당연히 생산 및 판매금지 조치를 하는 게 옳을 것이다. 그러나 반드시 금지조치를 내려야만 할 경우는 매우 드물다고 보는 게 타당하다.(*ibid.* p. 32)

강조하였지만, 기존 규제이론의 기초는 신고전경제학의 완전경쟁시장 및 시장실패 이론이다. 여기서 규제의 논거는 시장실패이고, 시장실패를 교정할 목적으로 행해지는 것이 규제라고 본다. 그러나 시장실패 요인이 존재한다고 해서 그것이 곧바로 그리고 당연히 시장에 대한 정부개입을 정당화시켜 주는 것은 아니라는 게 제4장의 결론이었다. 많은 경우에 시장은 스스로 시장실패를 극복할 힘, 또는 문제를 스스로 해결해 나갈 수 있는 자기치유능력을 갖고 있음에도 불구하고 많은 경제학자와 정책담당자들이 시장실패를 이유로 시장개입과 규제를 앞세운다는 코우즈의 비판을 상기할 필요가 있다.(Coase, 1994)

더 나아가 규제가 요구하는 일, 규제에 수반되는 업무 규모(scale of task)는 엄청나다. 규제의 비용과 편익을 추정해 규제가 사회적으로 유익한 결과를 낳도록, 다시 말하면 시장의 불완전성을 교정하여 더 높은 효율성을 달성할 수 있도록 규제를 시행하기는 매우 어렵고 또 엄청난 비용이 든다. 여기에 더하여 규제로 나타나게 될 정치경제적 효과를 정확히 계산하고 가치판단을 내리는 일은 더욱 어렵다. 이것이 피할 수 없는 현실이라고 한다면 시장에 대한 규제는 신중에 신중을 기해야 한다. 기존의 시장이 불완전하다는 이유로 규제를 앞세울 일이 아니다.

규제된 시장의 성과가 규제 이전의 시장성과보다 나은지, 국민 후생의 증가가 이루어지고 있는지는 정확히 알기 어렵다. 바로 여기에 우리가 현실의 시장, 시장경쟁의 불완전성에 대하여 좀 더 높은 수준의 관용(tolerance)을 보일 필요성이 등장한다. 우리가 명확히 인식해야 할 사실은 세상은 어차피 불완전하다는 것이다. 우리의 선택이, 제도의 선택이 불완전한 것들 가운데서의 선택이라고 한다면, 그리고 인간의 이성적 능력이 무한하지 않다고 한다면, 다짜고짜 현실을 부정하면서 뜯어고치려고 덤비는 것은 현명하지 못하다. 위험하다. 현실의 시장이 불완전하고 그래서 많은 문제가 있는 것을 무시하거나 부정하자는 말이 아니다. 시장에서 이루어지고 있는 일들을 너무 간단하게 보고 성급하게 판단해서는 곤란하다는 점을 말하려는 것이다. 우리가 최소한 현실에서 일어나고 있는 일들이 왜 일어나고 있는지, 왜 그런 현실이 지배하고 있는지를 소상히 파악할 수 없다면 신중해야 한다. 이것이 상책이다. 만일 시장에서 나타나는 어떤 현상이 불합리하다고 생각되거나 판단된다면 우선 사람들이 왜 그런 불합리성을 참아내고 있는지를 생각해 보아야 할 필요가 있다. 사람들이 '이런 상황에서 어떤 최선의 대응책을 강구하는지?' 그것이 '문제의 불합리성을 어떻게 극복해 나가고 있는지?'를 살펴보아야 한다는 말이다.

제8-9장에서 보았듯이, 우리는 시장의 불완전성을 교정한다는 규제가 오히려 시장의 작동 방향에 그릇된 영향을 미쳐 더 불완전하게 작동하게 만들고 그 결과 무수한 부작용과 역효과를 낳는 예를 수없이 보고 있다.(민병균 등, 2003; 김영평·최병선·신도철, 2006) 세상의 불완전성을 말하기 이전에 인간의 이성적 사고의 한계, 지식의 한계를 겸손하게 인정해야 한다. 제2장에서 말한 형성적 합리주의에서 벗어나야 한다. 인위적인 규제를 통해서 시장의 불완전성을 규제하려고 하기보다는, 시장의 자기규율 및 자기치유 기능을 존중하고 이용하는 게 현명한 처사이다. 밀턴 프리드먼의 말이다.

정부가 어떤 조치를 채택할 때 어떤 결과가 나올지를 상상하기 힘들다. 이 점이 시장의 힘을 작동시키자는 주장의 주된 논거이다. 한 가지 확실한 사실은 생산자나 공급자가 다른 활동에서 얻을 수 있는 소득보다 더 충분한 소득을 올릴 수 있는 가격에 소비자가 구매해 주지 않으면 어떤 상품과 서비스도 시장에서 살아남을 수 없다는 사실이다. 소비자도 생산자도 이 조건을 충족시키지 못하는 상품과 서비스가 시장에 계속 나오도록 만들 수는 없다.(Friedman, 1980:202)

제12장 시장, 자유, '법의 지배'

'법의 지배(rule of law)'에 관한 인식은 상당히 혼란스럽다. 가장 큰 혼란
은 법치(rule by law)와 '법의 지배'가 같다고 생각하는 것이다. 영어로는 단
어 하나 차이지만 이 차이는 크다. "사람은 사람에게가 아니라 오직 법에
만 복종해야 할 때 자유를 누린다."는 말이 있다.[1] 이를 법치라고 한다면,
이때의 법치는 인치(rule of man)와 대비되는 개념으로서 법치이고, '법의
지배'와 모순되지 않는다. 그러나 법치를 '법대로 하기' 즉 합법성(legality)
을 뜻하는 말로 쓴다면 '법의 지배'와는 거리가 멀다. 이 책의 결론에 해당
하는 본 장은, 주로 하이에크의 관점을 빌려서,[2] 시장원리와 '법의 지배' 원
리는 동전의 양면과 같은 관계에 있다는 사실을 강조하려고 한다. 간단히
말하면 '법대로 하면 그것이 법치'라거나, '합법적이기만 하면 그것이 법

---

1. 이 말은 칸트가 한 말이라고도 하고, 볼테르가 한 말이라고도 하는데, 하이에크가 확인한
바로는 칸트의 저작에서는 이 말을 찾을 수 없으나, 볼테르의 저작에서는 이와 유사한 표현이
있다고 한다.

2. '법의 지배'는 하이에크의 여러 책에서 매우 중요하게 다루어지고 있다. 여기서는 제2장에
서와 마찬가지로, *The Road to Serfdom(RTS)*, *The Constitution of Liberty(COL)*, 그리고 *Law,
Legislation, and Liberty(LLL)*를 참고하였다. 참고로 하이에크를 경제학자로만 아는 사람들은
좀 이상하다고 생각할지 모른다. 하지만 하이에크는 법학자이기도 하다. 그가 받은 첫 번째 박
사학위가 법학이고, 두 번째 학위는 정치학이었다. '법의 지배'와 관련해 하이에크만큼 해박하
고 논리정연한 주장을 펼치고 있는 학자는 없다.

치'라고 '법의 지배' 관념을 잘못 이해해서는 시장이 정부의 간섭과 개입에서 헤어날 수 없고, 시장원리와 시장기능은 심각하게 훼손될 수밖에 없음을 지적하려고 한다.

하이에크는 《노예의 길》에서 "법치의 이상은 다소 흐릿하기는 하지만 로마 때부터 존재해 왔고, 근세의 몇 세기까지 비교적 잘 유지되었으나, 20세기 초반에 이르러 심각하게 훼손되기 시작했다."고 분석한다.(Hayek, RTS:119) 하이에크가 비판하는 오늘날의 법치 관념은 정당한 입법권자는 무엇이든 법으로 제정할 수 있고, 그 법들의 집행은 합법적이라는 관념으로서, 합법성을 '법의 지배'로 착각하는 것이 핵심인데, 이 관념은 국민주권의 시대, 민주 정부 시대의 부산물이라고 본다.

이 점을 잘 보여주는 예로서 히틀러의 독일 사례를 들면서, 하이에크는, '히틀러도 완전히 합헌적인 방법과 절차로 무제한적인 권력을 손에 쥐었고, 그가 하는 일은 무엇이든 합법적인 것으로 인정되지 않았느냐?' '그 당시 독일에서 과연 '법의 지배' 원리가 지켜졌다고 볼 수 있느냐?'고 반문한다. 누군가가 완전히 합법적으로 모든 행동에 대한 권한을 부여 받았다고 한다면, ① 법이 그에게 준 권한이 그가 자의적으로 권한을 행사할 권한까지 주었는가, ② 법이 그의 권한 행사 방법에 대하여 명명백백하게 규정하고 있는가를 명확히 따져보아야 하고, 이 조건들이 충족되지 못한다면, 그의 권한 행사는 합법적일 수는 있을지 몰라도, '법의 지배'와는 거리가 멀다고 지적한다.

이런 의미에서 하이에크는 정부의 행동들은 비록 합법적일 수는 있지만, '법의 지배'에 부합되지 않는 것들이 많다고 지적한다. 그러면서 법에 관한 존 록크(John Locke, 1988)의 다음 주장에 완전히 동의한다고 말한다.

> 법에는 두 종류의 법, 즉 다 같이 법이라고 불리지만 종류가 다른 두 법이 존재한다는 것이다. 한 법은 개인들이 정부의 강제력이 어떻게 사용될지, 또는 다른 사람들이 무슨 행동을 할 수 있는지, 또는 무슨 행동을 하

도록 강제될지를 예상할 수 있도록 해주는, 사전에 정해진 일반원리들(general principles)이자 게임규칙(rules of the game)인 법이다. 다른 법은 정부가 스스로 적당하다고 생각하고 판단한 일을 할 수 있는 권한을 정부에 부여하는 법이다.

이 두 종류의 법 중에서 전자가 '법의 지배' 원리에 부합하는 법이고, 후자가 정부 행동을 합법화하기 위한 목적에서 제정한 입법으로서 이 법을 따른다고 해서 '법의 지배'가 이루어지는 건 아니라는 것이 록크나 하이에크의 시각이다.[3] 여기서 "후자의 법에 따른다고 해서 '법의 지배'가 이루어지는 것은 아니라는 말"은 무슨 뜻인가? 이런 법에 근거한 정부의 행동들이 불법적이라거나, 그때 사회는 어쩔 수 없이 법 없는 사회(lawless society)가 되고 만다는 뜻은 아니다. 그러면 무엇이 문제라는 말인가? 정부의 강제력 사용이 기왕에 확립된 규칙들(pre-established rules)에 의해 제한되거나 결정되지 않는 것이 문제라는 것이다.

일반적으로 정부가 어떤 일을 하려고 하든, 정부가 하는 일은 합법적이어야 한다. 그 합법화 수단이 법률이다. 그러나 여기서 절대로 혼동해서는 안 되는 것이 있다. 정부가 이런저런 일을 할 수 있도록 하는 권한을 의회가 법률을 제정해 정부에 부여하면 정부의 일은 합법적인 게 되지만, 이것이 '법의 지배'가 실현되고 있음을 뜻하지는 않는다는 사실이다. 정부의 권한은 기왕에 확립된 규칙들에 의해 명백하게 제한된 범위 내의 권한이어야

---

3. 이와 관련해 사법과 공법을 연상하는 독자가 계실지 모르겠다. 사실 그런 면이 없지 않다. 하이에크도 진정한 의미에서의 법(true law)이고, 자유 사회와 자생적 질서가 자라게 하고 유지되게 하는 기초인 법이 사법(私法; nomos; private law)이고, 의회가 제정한 법률은 보통 공법(公法; thesis; public law)이라고 분류하는 관행에 대해 논하면서, 이 분류가 익숙하기는 하지만, 오도할 가능성이 크다는 점을 지적하였다.(Hayek, *LLL* II:131-36) 그가 말하는 사법에는, 핵심적으로 민법과 형법이 들어가는데, 형법은 영미법계에서는 사법에 속하지만, 대륙법계에서는 공법에 속한다. 대륙법 계통인 우리나라에서도 형법은 공법으로 분류한다. 이 점만 보아도 이런 분류의 한계가 무엇인지 짐작하기 어렵지 않다.

한다는 뜻이다. 그의 책,《노예의 길》에서 하이에크가, "정부에 무제한적 권력을 부여하면 가장 자의적인 규칙도 합법적인 규칙이 될 수 있다. 이런 식으로 가면 민주주의는 우리가 상상할 수 있는 가장 완전한 독재체제를 만들어낼 수도 있다."고 경고하는 것은 이런 맥락과 이유에서다.(*ibid.*)

1. '법의 지배': 개념과 의의

무엇보다도 중요하게, '법의 지배'는 '모든 입법에 대한 제한(a limitation upon all legislation)'이다.(Hayek, *COL*:205) 또는 입법의 범위에 대한 제한(limitation to the scope of legislation)이다.(Hayek, *RTS*:120) 민주적 절차에 의해 선출되고 정당하게 입법권을 갖고 있다고 해도, 입법부가 제정하는 법률에는 일정한 제한이 있어야 한다는 말이다.

> … '법의 지배'는 [단순히] 법률의 지배(a rule of the law)가 아니라, 법은 어떠해야만 하는지에 관한 규칙이고, 그런 의미에서 법 위의 법 원리 또는 정치적 이상에 관한 규칙(a rule concerning what it ought to be, a meta-legal doctrine or a political ideal)이다. 입법자가 스스로 이 원리에 묶여 있다고 느끼는 한에서만 '법의 지배'는 이룩된다. 민주사회에서 '법의 지배'는 그것이 사회의 도덕적 전통의 일부분으로서, 즉 다수가 의심의 여지 없이 공유하고 받아들이는 공통의 이상으로서 자리 잡고 있지 않으면 이룩되지 않는다.(Hayek, *COL*:206)

'법의 지배'는 법이란 마땅히 어떠해야만 하는지에 관한 규칙이다. 법이 어떠해야만 하는지는 그 사회의 도덕적 전통의 일부분일 뿐만 아니라, 그 사회의 정치적 이상이기도 하다. 민주사회에서 국민 대다수가 동의하는 정의로운 행동규칙(rules of just conduct)에 부합하느냐 아니냐에 따라 법의 정당성이 가능될 때 '법의 지배'는 이룩된다.

예컨대, 속칭 '김영란법'(정식 명칭은 부정청탁 및 금품 등 수수의 금지에 관한 법률)을 두고 논란이 극심하였다. 만시지탄이라는 평가로부터, 비현실적이고 미풍양속을 해친다는 비판까지 무수한 논란 끝에 법률이 제정되었지만, 주요 선물 품목인 농수산물 생산자들의 반발 등으로 인해 법 집행이 슬금슬금 물러지더니만, 이제는 '나쁜 사람' 잡는 용도로만 사용되는 게 아닌가 싶을 정도가 되었다. 이같이 국회가 합법적으로 어떤 법률을 제정했지만, 대다수 국민이 그 법의 정당성에 동의하지 않는다면, 그 법률은 비록 합법적일 수는 있을지언정 법률로서 효력을 제대로 발휘하지 못하는 걸볼 수 있다. 법률에 대한 이런 생각과 판단, 평가가 그 사회의 대다수 사람의 마음속에 살아 있다면, 그 사회는 '법의 지배'가 이루어지는 사회이다. 이것이 위 하이에크 인용문의 뜻이다.

그러면 '법은 어떠어떠해야만 한다.'는 생각에서 핵심은 무엇일까? 남에게 해를 끼치는 일을 하지 못하도록, 또 다른 사람으로부터 자기의 자유와 권리를 침해 받거나 강요 받지 않도록 해주는 게 법이어야 한다는 관념일 것이다.[4] '그 사람은 법 없이도 살 사람이야!'라는 말이나, '세상에 무슨 그런 법이 다 있어!'라고 말할 때, 그 법이 의미하는 바가 바로 이것일 것이다. 그 사람은 법이 없어도 남에게 해를 끼치지 않을 사람이라는 뜻일 것이고, 세상에 어떻게 그처럼 억울하고 분통이 터지게 만드는, 도무지 이치에 맞지 않는, 그런 법이 다 있다는 말이냐는 뜻일 것이다. 아무리 합법적 절차를 거쳐서 제정(개정)된 법률이라도, 그것이 국민의 법 감정과 상식, 혹은 법 관념에 합치되지 않으면, 그것들은 '법의 지배' 관념을 넘어선 법률이

---

4. 해이거(Barry M. Hager)의 책, *The Rule of Law*를 번역한《법치로 가는 길》에서, 좌승희는 "영어 단어 'Law'의 고전적인 표현이 'Right'인데, 'Right' 혹은 대문자로 쓰인 'Law'에는 '옳고 정당하기 때문에 구속력을 갖는 법'이라는 의미가 함축되어 있다.'고 한다. 독일, 프랑스에서도 법치와 '법의 지배'를 나타내는 용어가 다르다고 한다.(좌승희, 2002:33-35)

고, 이런 법률들이 많아지면 그 국가는 '법의 지배'로부터 멀어져 간다.

　'법의 지배'는 널리 '모든 입법에 대한 제한'이지만, 핵심적으로 '정부 행위에 대한 제한'이고, 구체적으로 정부의 강제행위(coercive activities)에 대한 제한이다.[5] '법의 지배'는, 정부의 강제행위는 반드시 사전에 확정되고 선언된 규칙들에 묶일 것을 요구한다. 왜 그럴까? 그래야만 개인의 보호된 자유의 영역(individual domains)을 지킬 수 있을 것이기 때문이다. 예컨대 국민이 어떤 행동이나 사업을 하려고 할 때, ① 정부가 정부 권력을 어떤 상황에서 어떻게 사용할지를 확실하게 예상할 수 없고, ② 그래서 자기가 하고 싶은 일들에 대하여 계획을 세우고 추진할 수 없다면 '법의 지배'가 이루어지고 있는 상태가 아니다.(Hayek, *RTS*:112) 다시 말해 정부가 언제라도 개인의 고유한 자유 영역을 자의적으로 침범할 가능성이 있다면 그 국가는 '법의 지배'가 실현되는 국가라고 말할 수 없다.

　좋은 예가 후진국이다. 일반적으로 후진국의 국민은 일할 의욕이나 동기가 매우 약한 것 같다고 말한다. 이런 관찰이 사실에 가깝다면, 이유가 무엇일까? '법의 지배'가 이루어지고 있지 않아서라고 보아야 할 것이다. 열심히 일해 본들 무엇하겠는가? 정부—대개는 독재 정부 혹은 비민주적 정부이다—가 언제 강제력을 발동해 자신이 성취한 것들을 빼앗아갈지 모른다면 열심히 일할 이유가 없다. 이런 사람들에게 게을러서 일을 안 한다고, 빈둥대기 좋아하는 사람들이라고 말한다면 너무 무심하고 가혹하다.

　정부의 강제적 권한 행사를 제한하는 일반규칙이 있고, 정부가 이 규칙들에 묶여 있을 때 '법의 지배'가 이루어지고 있다고 말할 수 있다. 왜 이런 상태의 실현이 중요한가? 간단히 말한다면, 사회에서 개개인의 행동이 원활하게 상호조정(mutual adjustment)되고 협력이 이루어질 수 있으려면

---

5. 정부의 기능에는 강제행위 기능만이 아니라, 생산기능, 서비스 기능—예컨대 국방, 사회간접자본의 건설과 유지, 복지정책의 시행—도 있다. 이것들은 반드시 '법의 지배' 원리의 적용을 받아야 하는 정부 기능은 아니다.

서로가 서로에 대하여 어떻게 행동할 것인지에 대한 일정한 기대가 형성될 수 있어야 하기 때문이다. 예컨대 교통신호가 나와 다른 사람들의 행동에 대한 기대를 형성하기 때문에, 서로가 상호조정을 통해 사고를 피할 수 있듯이 말이다. 이렇게 개개인이 상대방의 행동에 대하여 일정한 기대를 형성하고 이를 토대로 상호작용할 수 있다면, 개인의 자유 영역은 최대한 넓어지고, 갈등의 소지도 줄어들게 된다.(Kasper and Streit, 1998:165-68) 자유 영역이 넓어질수록 아이디어의 경쟁, 새로운 발상을 통한 실험과 혁신이 활발히 일어나고, 경제가 번영한다. 그런데 거기에 정부가 자의적으로 개입하고 강제적 권한을 행사한다고 해 보라. 얼마나 불확실성이 커지겠는가? '법의 지배'는 이런 불확실성을 줄이고 예측 가능성을 높여주는 구실, 자유를 지키는 방패제 구실을 한다. 계약의 자유, 재산권의 보장, 타인의 피해에 대한 배상 및 보상의무 등이 자유시장에서나 '법의 지배' 관념에서나 핵심인 까닭도 이와 관련이 있다.

이상에서의 논의를 통해 우리는, '법의 지배'는, 그 속에서 개인이 자신의 선택에 따라 자유롭게 행동할 수 있는 개인의 고유영역을 정부가 함부로 침범하지 못하도록 보호하고, 개인의 고유영역에서 개인이 지켜야 할 정의로운 개인행동 규칙(rules of just individual conduct)과 속성이 같다는 하이에크의 말을 이해할 수 있게 되었다.(Hayek, LLL I:135) 정의로운 개인행동 규칙들은, 제2장에서 자세히 고찰한 바 있듯이, 일반성과 추상성을 특징으로 할 뿐만 아니라, 목적 독립적인(ends-independent) 규칙들이다. 이런 규칙들은 불특정 다수와 불특정 상황에 똑같이 적용되고 또 그래야만 하는 규칙들이다. 따라서 사람들이 이 규칙들에 따라 행동할 때 개인적으로나 사회적으로나 어떤 구체적 결과에 도달할지는 아무도 알지 못하고 예견할 수도 없다.(Hayek, 1988:71-72)

여기서 우리는 '법의 지배'와 시장원리의 유사성을 본다. 자유시장에서 어떤 특정한 결과가 나올지를 알 수 없듯이, '법의 지배' 아래서도 어떤 특정한 목적들(particular or specific ends)이 이루어질지는 알 수가 없다. 일반적으로 자유시장과 '법의 지배'는 개개인이 자기의 목적을 추구하고 최선인 결과를 얻을 가능성을 가장 크게 해줄 뿐이다. "시장은 목적으로 연결되지 않고, 수단으로 연결되어 있다."는 하이에크의 말의 뜻이 바로 이것이었다.(Hayek, *LLL* II:270) 시장과 '법의 지배'는 개개인이 각자의 목적을 가장 효율적으로 또 효과적으로 달성할 수단으로 기능할 뿐이지, 특정 목적이나 (존재하지도 않는) 공통 목적들을 달성해 주는 데 존재의의나 목적이 있는 게 아니라는 말이다. 요컨대 자유시장과 '법의 지배'는 이런 일반적 목적 외에 다른 어떤 목적도 갖고 있지 않다.

이와는 대조적으로, 오늘날 의회가 제정하는 법(즉 입법, legislation)의 대부분은 특정 목적들을 추구한다. 예를 들면 경제사회 약자의 보호, 특정 산업의 지원 육성 등등이 여기서 말하는 특정 목적들이다. 자유시장에 맡기거나 자유방임 상태에 그대로 두어서는, 즉 내버려 두어서는 이루어질 수 없다고 생각하는 목적이 특정 목적이다. 그러므로 이런 법률들은 목적 의존적이다. 쉽게 말하면 그런 목적을 추구하기 위해 제정하거나 개정한 것이 이런 법률이라는 말이다.

'정부가 이런 특정 목적들을 추구하는 게 무슨 잘못이라는 말인가?' '민주적 절차에 따르기만 하면 되지 않는가, 왜 이것을 문제 삼는가?'라고 의아심을 갖는 독자가 많을 것이다. 그런데 다시 생각해 보시라. '법의 지배'가 중요한 이유가 무엇인지. '법의 지배'는 모든 국민의 자유와 권리를 보호하는 데 목적이 있다. 이거면 되었지 뭣이 왜 더 필요한가? 그런데도 특정 목적들을 추구하기 위해 입법이 필요하다고 생각했다면 그것은 반드시 누군가의 자유와 권리를 확대해 주거나 누군가의 자유와 권리를 제한할 필요가 있어서일 것이다. 이 말은 특정 목적들을 추구하는 법률들은 그 속에 특권과 차별을 규정하고 있다는 말과 같다.

다시 강조하건대 '법의 지배' 원리는 차별과 특권을 허용하지 않는다. '법의 지배' 원리의 핵심 요소는 '법 앞의 평등'이다. '법 앞의 평등'이야말로 '법의 지배' 원리가 원리답도록 만들어주는 필수 요건이다. '법의 지배'

를 말하면서 법 위에 군림하는 사람이 있거나 성역이 존재한다면, 법 위에 서는 어떤 직종이 있거나 집단이 있다면, '법의 지배' 원리는 깨지고 만다. '법 앞의 평등'의 원리는 법이 누구에게나 동등하게 적용되어야 하는 원리일 뿐 아니라, 법이 누구에게는 유리하고 누구에게는 불리한 내용을 담을 수 없게 만드는 원리이기도 하다. 누구에게나 공통으로, 보편적으로 적용되고 대다수가 수긍하고 납득할 만한 타당한 이유가 있지 않으면 사람들은 자신에게 불리하게 작용할 소지와 위험성을 지니는 법의 제정에 동조하지 않을 것이기 때문이다. 오로지 민주국가에서만 진정한 의미에서 '법의 지배'가 이루어질 가능성도 바로 이 '법 앞의 평등' 원리 속에 내포되어 있다고 말할 수 있다.(김영평·최병선, 2019:46-51)[6]

'법 앞의 평등' 원리는 모든 국민이 특정 조건이나 상황에 자기를 대입해 볼 수 있도록 요구하고, 그 결과 이 원리 하에 제정되는 법률(이나 조항)이 대다수 국민이 동의하는 내용과 수준에서 합리적으로 결정되도록 돕는다. 법률(이나 조항)이 누구에게나 공평하다고 느껴질 때, 즉 '법 앞의 평

---

6. '법 앞의 평등' 원리에는 주의해야 할 사항이 있다. 그것은 '법 앞의 평등'이 반드시 모든 개인과 집단을 언제나 동등하게 취급하거나 대우해야 한다는 의미는 아니라는 점이다. 어떤 집단이나 개인을 특별히 유리하게 혹은 불리하게 대우하는 법률(또는 그 속의 조항)이라고 해서, 그것이 그 자체로 '법 앞의 평등' 원리를 위배했다고 볼 수는 없다. 관건은 그 법률이나 조항이 일반성을 갖고 있느냐 여부이다. 만일 그 법률(이나 조항)이 어떤 집단이나 개인을 특정하고 있다면, '법 앞의 평등' 원리를 위배한 것이다. 하지만 그것이 특별한 대우를 할 수 있는 일반적인 조건이나 자격만을 정하는 내용이라면, 그 법률(이나 조항)은 '법 앞의 평등' 원리에 합치된다고 볼 수 있다. 예를 들어 '65세 이상의 국민'이라거나 '월 소득이 100만 원 이하인 가정' 혹은 '신체장애 3등급 이상의 국민'과 같이 일반적 조건만 규정하고 있다면, 이는 '법 앞의 평등' 원리를 위반한 것이 아니다. 조건을 충족하는 사람은 누구나 이 규정의 적용을 받을 수 있기 때문이다. 이것이 법률(또는 조항)의 일반성이다. 일반적 조건에 의한 예외적 적용은 법률(이나 조항)의 합리성과 정당성 판단이 객관적으로 이루어질 수 있도록 만든다. 각자가 자신이 그 위치에 설 경우를 상정하면서 그 법률(이나 조항)의 합리성과 정당성을 판단하게 되고 또 그런 관점에서 판단을 내릴 수 있기 때문이다. 경제사회적 약자를 보호하는 법률(이나 조항)이나 혹은 그 반대로 강자의 횡포를 견제하는 법률(이나 조항)은 바로 이런 과정을 거쳐 생산되는 것이다.

등' 원리가 일반적으로 적용됨으로써 부당하고 불합리한 특혜도 없고, 부당하고 불합리한 차별도 없다고 느껴질 때, 사람들은 법률(이나 조항)에 정당성을 부여한다. 이런 법률체계 아래서만 사람들은 자기의 최선을 다한다. 이런 법률체계 속에서만 부정부패와 비리가 사라지고, 정직을 최선의 정책으로 생각하게 된다.

한편 '법 앞의 평등' 원리에 대한 예외가 일반성의 원칙에서 벗어나게 되면, '법의 지배'가 제공하는 예측가능성은 크게 감소한다. 법적 안정성도 크게 떨어진다. 예를 들어 특정인에 대한 강력한 처벌을 목적으로 어떤 법률을 제정한다면, 그 법은 '법 앞의 평등' 원리에 위배된다. 이런 경우 보통 특별법의 형태를 취하게 되나, 그렇다고 이 원리의 위반을 피할 수 있는 것은 아니다. 이런 식으로 법률이 남발되면 누구라도 자신의 자유와 권리가 언제 '법'의 이름으로 침해될지 알 수 없는 불확실하고 불확정적인 상태에 빠지게 된다.

역사적 단죄 등을 이유로 하는 소급입법을 금지하는 취지도 여기에 있다. '법 앞의 평등'의 원리를 희생하여 얻는 것도 있겠지만, 손실이 그보다 더 크고 심각하다고 보기 때문이다. 예를 들어 친일파 후손의 재산을 박탈해야 한다는 주장 같은 것이다. 국민감정은 재산의 환수를 요구하지만, 국회가 입법을 추진하지 않는 것은 사유재산권의 보호라는 '법의 지배'의 핵심을 손상하고서 얻을 만한 가치가 있다고 보지 않기 때문일 것이다.

이같이 '법의 지배'는 특권과 차별을 인정하지 않으므로, 정치적 이유로 혹은 어떤 정책 목적을 갖고서 특정 산업이나 집단에게 특권을 주거나 차별을 가하려면 이를 '합법으로' 허용될 수 있도록 만들고, 이를 위해 정부가 강제력을 행사하고, 재정지원을 할 수 있는 새로운 권한을 정부에 부여하는 법률의 제정이 필수적이다. 또 이런 법률일수록 정부가 해당 권한을 행사할 때 어떤 과정과 절차를 거쳐야 합법적일지에 관한 일련의 규정들을 매우 세밀하게 삽입하기 마련이다. 그러나, 제 아무리 '합법성'을 갖추려고 노력해도, 이로써 '법의 지배' 원리가 충족되지 않는다. '법의 지배'

는 사실상 합법성과 거의 무관하기 때문이다.

여기서 우리는 '법의 지배' 사상의 핵심 가치가 법의 목적이 아니라, 위에서 설명하였듯이, 법과 자유의 관계 여하에 두어지고 있다는 사실을 다시금 확인하게 된다. 한마디로 말하면, '법의 지배' 사상의 핵심은 법과 자유는 불가분(inseparable) 관계에 있다고 보는 데 있다.

그러므로 이런 시각에서 보면 자유를 보호하고 보장하기 위한 일반적 목적이 아니라, 특정 목적이나 필요에 따라 만드는 법은 진정한 의미의 법이라고 볼 수 없고, 이런 법들에서 법과 자유는 화해할 수 없는(irreconcilable) 관계, 혹은 길항적인 관계에 서게 된다. 하이에크는 전자, 즉 법은 자유를 지키기 위해 존재한다는 사상과 법은 불가피하게 자유에 대한 침해를 일으킬 수밖에 없다고 보는 후자의 사상은 천양지차가 있다고 말한다.(Hayek, *LLL* I: 51-52)[7]

그래서 그는 오늘날 후자의 사상이 지배적 사상이 되어 법체계에 대한 사람들의 생각을 지배하고, 그 결과 '법의 지배' 원리에서 벗어난 입법들이 법의 대종을 이루면서, '법의 지배'는 심각한 위협을 받고 있다고 경고한다.(Hayek, *COL*:72-93) 여기서 후자의 사상이 법실증주의(legal positivism)

---

7. 하이에크는 이렇게 말한다. "법에는 두 종류의 법이 있는데 각각이 서로 완전히 다른 두 개의 법 관념(conceptions of law)을 만들어냈고, '법'이라는 같은 단어가 완전히 다른 뜻으로 사용되도록 만들고야 말았다. 역사를 통해 보아도 이 점은 확실하게 드러난다. 한편에는 법과 자유가 불가분 관계에 있다고 보는 사상들이 있고, 다른 편에는 법과 자유는 화해할 수 없는 관계라고 보는 사상가들이 있었다. 고대 그리스 철학자들과 로마의 키케로부터 중세를 거쳐 존 록크, 데이비드 흄(David Hume), 임마누엘 칸트(Immanuel Kant), 그리고 스코틀랜드의 철학자 아담 훠거슨(Adam Ferguson), 이어서 19-20세기 미국의 정치가 다니엘 웹스터(Daniel Webster)와 찰스 휴즈(Charles Evans Hughes) 등이 법과 자유는 서로 떨어져 존재할 수 없다고 주장한 사상가들이라면, 토마스 홉스(Thomas Hobbes), 제리미 벤담(Jeremy Bentham), 다수의 프랑스 철학자들과 근대 법실증주의자들(modern legal positivists)은 법은 불가피하게 자유에 대한 침해를 의미한다고 보았다. 이 긴 계열의 위대한 사상가들 간의 명백한 갈등은 그들이 반대의 결론에 이르렀음을 뜻하는 게 아니라, 단지 그들이 '법'이라는 단어를 다른 뜻으로 사용했음을 말해 준다."(*ibid.*)

이고, 오늘날 입법만능주의가 판치게 만든 주범이다. 이제 이것에 대해 고찰해 보자.

2. 법실증주의: 왜 어떻게 자유와 시장을 억압하는가?

2.1 법실증주의와 무제한적 정부(혹은 큰 정부)

하이에크는, 사람들이 법실증주의적 관점에서 법을 보기 때문에 법을 통해 자유로운 사회를 누리는 게 아니라, 오히려 법 때문에 통제된 사회, 그래서 자유롭지 못한 사회에 살 수밖에 없게 되었다고 분석한다.(Hayek, COL:72-93) 법과 자유의 뗄 수 없는 연관성을 무시하고, 법다운 법과 법 아닌 법의 차이에 대해 무지하기에 또 정의에 봉사하는 법에 대한 신념을 상실하고, 특정 이익(또는 정부의 특정 목적)에 봉사하는 법, 진정한 의미에서의 법이 아닌 법을 법으로 받아들였기 때문에 이런 사회에 살 수밖에 없게 되었다고 단언한다.(Hayek, *LLL* II:34)

법실증주의는 '법의 지배'와 무엇이 어떻게 다른가? 법실증주의는, 무엇보다도 중요하게, 정의에 대한 객관적 기준이란 것은 아예 없다고 전제한다. 이 터무니없는 전제로부터 어떤 정의의 객관적 기준도 존재할 수 없다는 거짓 결론을 끌어낸다.(Hayek, *LLL* I:44) 간단히 말하면, 법실증주의자들이 정의의 근거로 찾아낸 것이 법이다. 무엇이 정의로운지를 누구도 확증할(ascertain) 수 없다면 무엇이 법인지를 누군가가 결정해야 한다고 생각한 것이다. 정의 관념에서 출발해서는 무엇이 법인지를 결정할 수 없으므로, 거꾸로 무엇이 정의인지를 결정하는 것은 법이어야 한다고 보는 것이다. 이런 면에서 법실증주의는 정의가 법보다 우선한다고 본, 적어도 법의 어떤 부분은 정의 관념에 따라 제한되어야 한다고 본, 고전적 자유주의 전

통에 대한 정면 도전이다.[8]

입법자가 정의의 창조자가 되어야 한다는 주장이야말로 법실증주의의 가장 특징적인 교의(tenet)이다.(*ibid.* p. 48) 이런 의미에서 법실증주의는 사회주의의 이데올로기, 입법권 만능의 이데올로기다.(p. 53)[9] 이 이데올로기는 사회를 통제하려는 욕구에서, 또 우리가 사회질서를 의도하는 대로 창조할 수 있다는 믿음에서 태어난 이데올로기다. 이 이데올로기는 필연적으로 입법자의 권력이 무한히 확대되도록 만든다. 이런 면에서 하이에크는 법실증주의야말로 "민주주의의 이름으로 입법자가 무제한의 권력을 행사하도록 허용하는 주요한 이데올로기적 지주"라고 본다.'(*ibid.*)[10]

법실증주의는 오로지 의도적으로 만든 법, 즉 입법 또는 실정법만이 참

---

8. 여기서 고전적 자유주의 전통이란, 법은 사적 재산권과 분리해 생각할 수 없고, 불가결한 인간 자유의 조건이라고 하는 그리스-로마 시대의 철학자로부터 그로티우스(Grotius), 록크 (Locke), 흄(Hume), 브루너(Brunner) 등 근대의 학자, 그리고 하이에크 등 현대 학자들에 이르기까지의 정통적인 사고이다. 고전적 자유주의자들이 "역사적으로 정의의 추구과정에서 일반적 규칙(generic rules)의 체계가 발견되었고, 이것이 다시 자생적 질서를 보존하고 발전시키는 기초가 되었다."고 말할 때, 이들은 정의의 이상(ideal of justice)이 정의롭다고 또는 정의롭지 않다고 여길 수 있는 규칙의 특정 내용을 결정해야만 할 필요가 있다고 생각하지 않았다. 정의의 이상을 추구해 가는 데는 단지 소극적 검증(negative test)으로 족하다고 보았다. 즉 우리가 의심의 여지 없이 확실한 근거가 있다고 믿는 규칙체계 안에서 새로운 규칙이 양립 가능한지를 살펴보고, 정의롭지 못한 것으로 판명된 규칙을 제거해 나가면 정의의 이상을 지향하는 데 아무 문제가 없다고 본 것이다. 다만 정의의 추구가 (진리의 이상 추구와 마찬가지로) 무엇이 정의(진리)인지가 알려져 있다고 전제하지 않았을 뿐이다. 정의의 이상만이 사람들이 법의 질서와 자의적 정부를 구분할 때 마음속에 두는 것이고, 이것만이 판사들이 지켜주기를 요구하는 것이라는 게 이들의 입장이다.(Hayek, *LLL* I:55) 이런 관점에서 볼 때 객관적으로 검증된 정의의 관념이 없다는 이유로 법이 정의를 규정해야 한다는 법실증주의의 결론은 착오다.(*ibid.* p. 44)

9. 물론 모든 사회질서는 어떤 이데올로기에 의존하고 있다. 그 질서 안에서 무엇이 법으로 적절한지를 결정할 기준에 대한 언급 역시 이데올로기다. 문제는 법실증주의가 다른 법이론을 이데올로기로 치부하면서 자기들의 법이론은 이데올로기가 아니라고 주장하는 데 있다. 이것을 한스 켈젠(Hans Kelsen)이 이룬 최고의 업적이라고 그의 제자들은 치켜세우지만, 그 역시 하나의 이데올로기를 다른 이데올로기로 대치한 것에 불과하다.

10. 하이에크는 이 이데올로기에 빠진 사람들에게 "개인의 자유는 '구원 너머의' 문제가 되고, 자유는 공동체의 집단적 자유, 즉 민주주의만을 뜻할 뿐"이라고 말한다.

된 법이라고 주장한다. 고전적 자유주의가 말하는 정의로운 개인행동 규칙을 담은 법은 법이 아니라고 말한다. 인간의 이성으로 만든 법이라는 이 법은 상상적, 가공적, 허구적인 법이고, 심지어 판사가 만든 법이라고 비하하며 배격한다.[11] 전형적으로 영국의 보통법(common law)은 법이 아니라고 보는 것이다. 이들의 주장인즉 입법자의 의지가 법의 내용을 결정해야 한다는 것이다. 이런 면에서 법실증주의는, 정의로운 행동규칙만이 자생적 질서를 만들어내고 유지되도록 한다는 18세기 자연법사상을 깡그리 망각하고 무시하는 발상이다. 법실증주의가 정의로운 행동규칙과 조직의 규칙 간의 구분을 지워내 버리려고 한 것도 바로 여기에 이유가 있다.[12] 이들은 모든 법이 같은 성격을 갖고 있으며, 정의의 관념은 무엇이 법이어야 하는지와는 아무 상관이 없다고 주장한다.

법실증주의자들의 법의 정의를 따르자면 모든 상태가 법의 상태(state of law)다. 오늘날 사람들은 "나치 정부 아래의 법도 법이었다. 유감스럽긴 하지만 이를 부인할 수는 없다."라는 법실증주의의 견해에 따라 사는 것 외에 다른 선택이 없게 되었다고 하이에크는 한탄한다.(*ibid*. pp. 55-56)[13]

---

11. 여기서 '판사가 만든 법'이라는 말은 보통법을 뜻한다. 보통법은 (입법부의) 입법을 통해서가 아니라, 개개소송 사건과 관련해 판사가 제시한 해석과 판단의 근거와 논리를 기록한 것, 즉 판례(문)가 법으로서 기능하는 법 시스템(legal system)이다. 그러므로 보통법은 사례법(case law)이라고도 부른다. 이 시스템에서 판사는 현존하는 판례에 근거해 재판하는데, 사건에 따라 다른 논거와 논리가 제시되고 그것이 동료들의 추인을 받게 되면 새로운 판례로 기록된다. 또 보통법은 영미법이라고도 불리는데 영국과 과거 영국의 식민지였던 국가들이, 각기 그 운영 양태가 조금씩 다르기는 하나, 이런 법적 전통을 유지하고 있어 붙여진 이름이다. 인구수 기준으로 보면 보통법 시스템 혹은 보통법과 성문법(civil law)의 혼합형 시스템을 가진 국가의 인구가 전 세계 인구의 약 1/3을 차지하고 있다.(Wikipedia-common law) 발라스, 라 프르타 등(2009:138-62)은 법적 전통의 영향을 비교분석해 본 결과 그것이 각국의 법시스템에 미치는 영향은 줄어들기는커녕 날이 갈수록 커지고 있다고 결론지었다.

12. 박세일(2000:65)은 "법실증주의자들은 공법학자들이고, 질서는 조직으로서의 질서만을 생각하는 사람들이었다."고 갈파하였다.

13. 이런 면에서 하이에크는 공산주의자는 켈젠 같은 사회주의자보다 훨씬 솔직하다고 평가한다. 왜 그렇게 평가하는 것일까? 초기 공산주의 이론가들은 최소한 "사회주의 공동체에서는

법실증주의의 대부로 불리는 한스 켈젠은 "합리적 인식의 관점에서 보면 … 이해관계의 갈등만 있다. 이 갈등의 해소는 다른 사람의 희생 위에 어떤 사람의 이익을 도모하거나, 갈등을 빚는 이해관계 간의 타협을 통해서만 가능하다. 어떤 해결책이 정의로움을 입증하기는 불가능하다."고 말하는데, 그의 주장을 받아들여 설혹 정의에 대한 적극적 기준이 없음을 인정할지라도, 그렇다고 그것이 족쇄 풀린 [다수의] 의지(unfettered will)를 유일한 대안으로 남겨두는 것은 아니라는 게 하이에크의 지론이다. 그는 말한다.

> 법실증주의자들은 정의의 적극적 개념 정의는 있을 수 없으며, 따라서 정의의 모든 문제는 의지의 문제, 이해관계의 문제, 감정의 문제라고 결론 짓는다. 사실 적극적인 의미에서 무엇이 정의인지를 규정하기는 참으로 어렵다. 그러나 그것이 무엇이 정의인지 알 수 없음을 의미하는 것은 아니다. 내가 정의롭기를 바라는 것이 정말 정의로울지 아닐지에 대해, 잘못된 추론으로 나 자신을 확신시킬 수는 있겠지만, 그것이 그런지 아닌지는 의지의 문제가 아니고 이성의 문제임이 분명하다. … 나와 생각이 다른 사람의 견해가 내가 정의롭지 못한 것을 정의롭다고 여기지 못하게 하는 것도, 특정 문제가 내 안에 어떤 강한 느낌을 주어서만이 아니다. 일관성을 갖추고자 하는 우리 이성의 요구가 어떤 행동이 정의롭다고 생각하는 나의 믿음이 과연 내가 믿고 있는 다른 모든 규칙이 정의로운지를 판단하는 바로 그 규칙과 양립 가능한지에 비추어 테스트하도록 나를 몰아간다.(Hayek, *LLL* I:42-43)

하이에크는 정의의 객관적 기준 없이도 우리는 여전히 정의의 이상에

모든 법이 행정으로 전환되고, 모든 고정된 규칙(fixed rules)이 재량과 효율성의 고려로 전환되고 말 것"이기에, 사회주의는 "모든 법에 대한 승리"를 의미할 뿐 아니라 "그러한 법의 점진적 멸절"을 뜻한다는 사실을 솔직히 인정했다는 이유에서다.(Hayek, *COL*:240)

비추어 정의롭지 못한 것을 차례로 제거해 나가는 방법으로 개인 행동규칙을 수정할 수 있다고 말한다. 고전적 자유주의자들이 법원과 판사의 기능을 중시한 것도 바로 이 때문이었다는 것이다. 법실증주의는 바로 이런 논리적 구조를 이해하지 못하고, 입법권에 무제한의 권력을 부여하였으며, 그 결과 고전적 자유주의에 입각한 제한적 정부 관념은 점차 법실증주의에 입각한 무제한적 정부 관념에 자리를 내주게 되어버렸다는 게 하이에크의 분석이다.

2.2 무제한적 정부의 실상: 행정국가, 복지국가

2.2.1 행정국가에서의 의회와 법원의 무력성

법실증주의가 삼권분립의 원리를 흔들고 급기야 행정국가(administrative state)를 등장시킨 것은 당연한 귀결이다. 행정국가는 한마디로 말해 행정부가 입법부(와 사법부)보다 우위에 서 있는 국가다.(Caiden, 1981)[14] 의회가 제정하는 법 모두가 당연히 법이 되고 만다면, 입법부의 존재의의는 매우 작아진다. 왜냐면 입법부의 기본 책무는 행정부의 권력을 제한해 궁극적으로 국민의 자유와 재산을 보호하는 일인데, 당면한 사회문제의 해결, 특정 목적의 달성을 위해 행정부가 하고자 하는 일에 대한 편의(expediency)와 효율을 도모해 주는 게 입법부의 역할이 되고 만다면, 입법부와 행정부

---

14. '법의 지배'의 관념을 엄격히 적용하기로 한다면, 행정부가 입법부나 법원과 대등한 위치의 별개의 권력 주체로 보아야 하는지는 매우 중요하고 심각한 문제가 아닐 수 없다. 물론 삼권분립의 원리 아래서 행정부가 나름 적절하다고 판단하고 자유롭게 행동할 수 있는 영역이 있지만, 시민에 대한 정부의 강제력 행사에까지 이 논리가 적용되어서는 안 된다고 보기 때문이다. 하이에크는 이것은 '법의 지배' 아래서 이루어지는 일이 아니라고 말한다. 삼권분립의 원리가 행정부가 시민(과 시민의 재산)을 상대하는 데 있어서 입법부가 제정하고 독립된 법원이 적용하는 규칙에 항상 제약을 받아야 하는 것은 아니라는 뜻으로 해석되어서는 결코 안 된다고 강조한다. 만일 정부가 이런 권한을 주장한다면 이것이야말로 '법의 지배'에 대한 반테제(antithesis)라는 것이 하이에크의 기본 입장이다.(Hayek, COL:211)

가 사실상 한몸이나 마찬가지이기 때문이다. 이렇듯 어떤 경우나 상황에 서든 반드시 지켜져야 할 원리나 원칙(principles)이 무너질 때 법은 법이 아 니라 정책이 되어버리고 만다. 요컨대 법실증주의 아래서 입법부가 행정부 의 시녀가 되고, 법이 정책의 시녀로 전락해 버리고 마는 것은 필연적이다. 입법부는 행정부가 원하는 모든 강제력의 행사를 합법화해 주는 도구로 전락하고 만다. 이것이 우리가 행정국가에서 보는 '법의 지배' 원리의 실종 이다.

현대 행정국가의 법체계는 일반적으로 헌법 → 일반법과 특별법 → 시 행령, 규칙, 고시 등 → 사적 계약으로 이어지는 상·하위법(규칙)의 위계 (hierarchy)를 이루고 있다.[15] 이 체계 속에서 어떤 모순이 발견되면 각기 상 위법 규정이나 정신이 우선하며, 그에 따라 위법성이나 위헌성을 가리게 된 다. 이 체계는 법적 안정성과 일관성이 당연히 보장되고 있는 듯한 인상을 주기 쉽다. 그러나 이것은 허구에 불과하다. 오늘날 행정국가는 수없이 많 은 재정(rulings), 명령(decrees and edicts), 고시, 예규 등을 생산해 내고, 그로 인해 법체계는 심각한 비일관성, 자의성, 무작위성(randomness)으로 점철되 어 있다. 이런 무원칙하고 복잡한 법체계 하에서 규칙이 규칙으로 이해되 기 어렵고, 따라서 인간행동에 일정한 규범을 부여하지 못할 것은 정한 이 치다. 더 나아가 이런 비체계적인 규칙의 확산은 규칙에 대한 마지못한 동 조를 조장하고, 진실한 생각과 동기를 감추려는 태도를 유발한다.

이런 법체계 아래서 우리가 최소한의 '법의 지배'와 자유민주주의 체제 의 보존을 기대할 수 있는 최후의 보루는 법원의 사법심사다. 그러나 행정 국가에서는 이것도 올바로 기능하지 못한다. 사법심사가 자유민주주의의

---

15. 예를 들면 노동계약은 기본적으로 사적 계약이다. 그러나 노동계약은 노동 관계법의 각 종 규제의 적용을 받게 된다. 예컨대 근로시간에 관한 계약사항은 일정 시간대에 작업을 금지 하는 근로기준법이나 산업안전보건법의 관련 규정에 저촉되어서는 안 된다. 더 나아가 이 법 률들은 헌법의 관련 규정이나 정신에 배치되어도 안 된다.

절차적 보장으로 기능하기 위해서는 실체적 차원에서 '법의 지배'의 원리에 따라 사법심사가 이루어져야 한다. 하지만 행정국가에서 이 '법의 지배'의 원리는 법실증주의로 대치되어 있고, 그 결과 사법심사는 합법성 심사에 그치는 경우가 많다.[16] 정부의 결정이 일반규칙에 따라 이루어지도록 보장하고, 개인 간 또는 개인과 정부 간의 분쟁을 일반규칙에 따라 재정(裁定)해야 할 사법심사가, 정부가 추구하는 특정 목적이나 가치가 바람직한지를 기준으로 삼을 때 사법심사의 의미는 심각하게 훼손되고 만다. 이런 의미에서 절차적 보장만으로 '법의 지배'가 확보되리라고 생각하는 것은 환상이다. 사법적 결정에 대한 본질적 조건, 즉 '법의 지배'에 대한 믿음이 없는 상태에서 사법적 치장(trappings)을 사용하는 것은 규칙을 존중하는 것과는 거리가 멀다.(Hayek, *COL*:219)

2.2.2 법과 정책 간 혼동

위에서 언급했듯이 행정국가에서 법과 정책은 사실상 하나다.[17] 정부 정

---

16. 다만 우리나라와 같이 모든 입법의 위헌성 여부를 심사하는 절차가 있는 국가에서 약간의 의의를 발견할 수 있을 것이다. 홍준형(Hong, 2002)은 우리나라의 헌법재판소의 위헌판결을 매우 긍정적으로 평가하고 있다. 또 사법부의 독립성, 법의 투명성과 접근 가능성, 법의 효율성, 재산권과 계약자유의 보호, 인권 보호, 법개정 절차 등 여러 측면에서 역시 비교적 호의적인 평가를 하면서도, 우리나라의 행정국가적 성격에서 비롯되는 '법의 지배'에 대한 항시적 위협을 경고하고 있다.

17. 2022년 8월말 현재 우리나라에는 1,591개의 현행 법률이 있다. 시행령과 시행규칙을 포함하면 5,227개다. 이 가운데는 본래 의미의 법률에 부합해 법률의 형태로 존재한다고 보기보다는 단순한 정부 정책 혹은 정부 기획이 법의 옷을 빌려 입고 있다고 볼 만한 성격의 법률들이 아주 많다. 대표적인 예로서 건널목개량촉진법, 고령자고용촉진법, 고용정책기본법, 공기업의 경영구조개선 및 민영화에 관한 법률, 과학관육성법, 과학교육진흥법, 교통체계효율화법, 국가지리정보체계의 구축 및 활용에 관한 법률, 국민체육진흥법, 국제회의산업 육성에 관한 법률, 국토건설종합계획법, 근로자의 주거안정과 목돈마련지원에 관한 법률, 금융산업의 구조개선에 관한 법률, 나노기술 개발촉진법, 농어촌 주택개량촉진법, 대체에너지 개발 및 이용·보급 촉진법, 도서관 및 독서진흥법, 무역업무 자동화촉진에 관한 법률, 반도체집적회로의 배치설계에 관한 법률, 벤처기업 육성에 관한 특별조치법, 생명공학육성법, 여성기업지원에 관한 법률, 자전거이용 활성화에 관한 법률, 전력산업구조개편 촉진에 관한 법률, 정보격차해소에 관한 법

책은 속성상 특정 목적을 추구한다. 특정 목적은 끊임없는 정치적 압력과 영향 아래서 항시 변화한다. 심지어 새로운 목적에 의해 기존의 목적이 부정되거나 대치되는 일도 부지기수다. 정부 정책이 사회발전의 기초가 되는 개인의 자유 신장이나 재산권 보호를 통한 일반적 공익의 실현이란 차원을 넘어서, 그때그때 정치적 힘이 있는 집단이 압력을 가하거나 요구하는 특정 상태의 실현을 위해 정책이란 이름을 빙자해 시장에 개입할 때 개인의 자유와 재산권의 침해는 필연적이다. 왜 그런가? 일반적이고 추상적인 본래 의미의 법은 어떤 구체적이고 특정적인 목적도 추구하지 않는다. 정부가 특정 목적의 정책을 추진하기 위해서는 누군가의 자유와 재산권을 제약하는, 또는 누군가에게 특권을 부여하는 내용으로 법의 변경(제정, 개정, 또는 폐지)이 불가피해진다. 이것은 국가 강제력의 정당하고 올바른 사용이 아니다. "강제력은 오로지 그것이 일반법에 부합될 때만 정당하지, 당면정책의 특정 목적을 달성하기 위한 수단으로 사용될 때는 아니다."(Hayek, COL:214)

흔히 우리는 법이 실현하려는 것도 공익이고, 정책이 추구하는 것도 공익이므로, 법이 정책의 실현을 위한 수단으로 동원되는 것을 특별히 문제 삼을 이유가 없다고 생각하기 쉽다. 그러나 이는 엄청난 착각이다. 정책은 항상 공익목적을 앞세우지만, 그것이 공익에 부합되는지 아닌지는 언제나 논란의 대상이다.(최병선, 2002) 이것은 공익개념의 불확정성 때문이다. 공익개념은 선험적으로 존재하지 않는다. 어떤 정책의 실현으로 이득을 기대하는 사람들은 당연히 그 정책이 공익에 부합된다고 주장하지만, 그 정책으로 자신의 자유와 권리, 재산권의 제약을 받게 되는 사람들은 그 정책을 공익으로 인정하지 않는다. 또 누구나 자신의 이익을 정확히 파악할 수 있는 것도 아니다. 처음에는 자신의 이익에 반한다고 본 정책이 후에 자신에게 이득

률, 정부업무 등의 평가에 관한 기본법, 제22회 하계유니버시아드대회 지원법, 중소기업진흥 및 제품구매촉진에 관한 법률, 한국 진돗개 보호육성법, 환경친화적 산업구조로의 전환 촉진에 관한 법률 등이 있다.

이 됨을 뒤늦게 깨닫는 경우가 있는가 하면, 처음에 자신에게 이익이 된다고 본 정책이 자신의 이익에 반함을 뒤늦게 깨닫는 경우도 흔하다.

이같이 공익개념이 불확정적이고 가변적이라는 사실을 잘 이해한다면 불확정적이고 가변적인 '공익'의 실현을 위해 함부로 법을 동원하는 게 얼마나 위험한 일인지를 이해하기는 어렵지 않다. 공익의 증진을 명분으로 가해진 개인의 자유와 재산권에 대한 제약이 오히려 공익을 저해하고야 마는 경우가 얼마든지 많다. 예를 들면 경제발전을 위해 정부가 특별히 지원 육성할 산업을 선정하고 이 산업에 대한 진입을 규제하는 경우, 진입이 허용된 기업으로서는 초과이윤을 얻으며 급속히 성장하겠지만, 사업 활동의 기회가 상실되거나 제약된 기업으로서는 부당한 차별을 받은 셈이다. 따라서 이 진입규제로 인한 국가 경제의 이득이 과연 독과점의 폐해나 불균형 성장으로 인한 손해보다 클지 아닐지는 누구도 단언할 수 없다.

'법의 지배' 원리의 준수가 필요하고 중요한 이유가 바로 여기에 있다. '법의 지배'의 원리는 공공목적을 위해 사적 영역의 침해가 불가피한 경우 공공의 이익은 개인의 정상적인 기대의 실망으로 인해 빚어지는 손해보다 분명히 커야 한다고 요구한다. 공익의 실현을 위해 개인의 자유와 재산권에 대한 침해가 불가피한 경우 완전보상 원칙의 적용을 요구하는 이유도 여기에 있다. 이런 원칙의 적용이 공익의 이름으로 이루어지는 사적 영역의 침해에 대한 제어장치로 기능하기를 기대해서다. 다시 말하면 이것은 정책을 통해 이루려는 공익이 과연 공익이고, 이 '공익'이 개인의 자유와 재산권에 대한 침해라는 예외를 인정할 만한 충분한 논거와 가치가 있는지를 확인하는 수단이라는 말이다.

그러나 우리가 주지하듯이, 정부 행동 또는 정책에 따른 무형의 편익을 계산하기는 매우 어렵고, 특히 전문(행정)가들은 정책이 추구하는 특정 목적 실현의 가치를 과대평가하는 악명 높은 경향이 있다. 이것은 사적 영역이 공익을 빙자한 정부개입으로 언제라도 침해될 수 있음을 잘 말해 준다. 정책이 추구하는 특정 목적 실현의 가치를 과대평가하는 사회에서 개인의 사적 영역을 보호해 주어야 할 '법의 지배'는 설 자리를 잃고 만다. 무엇보다도 법의 이름으로 사적 영역이 짓밟히고 억압되는 일이 없도록 하려는 것이 '법의 지배' 원리인데, 공익을 앞세운 각종 정책의 실현을 위해 법이 무분별하게 이용될 때, 법과 정책이 하나가 될 때, 개인의 자유 영역을 보호하고 이로써 공익을 수호하고 담보하는 데 근본기능이 있는 본래 의미의 법은 계속 뒷전으로 밀려난다. 공익의 실현을 빙자한 개인의 자유와 재산권의 제약을 합리화, 합법화해 주는 것이 법의 주된 기능이 되고 만다.

2.2.3 복잡성과 단순성의 역설

행정국가에서 정부가 각종의 특정 목적을 추구하는 정책을 내걸고 이것의 달성을 위해 개인의 자유와 재산권에 부당한 제약을 가할 때 진정한 공익목적의 실현은 오히려 방해를 받는다. 이런 모순에 빠지는 이유는 무엇인가? 복잡한 사회를 운영하는 원리에 대한 커다란 착각과 오해이다. 현대사회가 복잡해졌기 때문에 정부의 의도적 계획이 없이는 사회를 안정적으로 효율적으로 운영해 나갈 수 없다는 생각, 이 생각이야말로 사회주의적 사고방식이요, 심각한 착각이 아닐 수 없다.[18] 하이에크는 현대사회가 복잡해졌기 때문에 정부의 의도적 계획이 없이는 사회를 안정적으로 효율적으로 운영해 나갈 수 없다는 생각은 복잡성을 다루는 방법에 대한 완전한 오해의 소산이라고 말한다.(Hayek, LLL I:48-52)

현대사회의 극도로 복잡한 질서를 유지하기 위해서는 자생적 질서의 형성에 이로운 규칙을 강제하고 개선해 나가는 간접적 방법에 의존하는 게 현명하다. 사회구성원에 대한 직접적 지시통제로는 안 된다. 어떤 질서가 겨냥하는 목적이 복잡하면 복잡할수록, 특정 상황 속에서 개인행동이 결

---

18. 〈나, 연필〉의 저자, 레너드 리드는 이렇게 말한다. "사회주의적 사고방식의 허점을 능숙하게 파헤치지 않고서는 자유로운 인간들이 만들어내는 경이(wonders)에 관한 자기 견해를 대중에게 설득시킬 수 없다."(Read, 1962)

정되어야만 할 부분은 커진다. 따라서 세부적 명령으로 개인행동을 통제하기는 불가능하다. 고도로 복잡한 사회의 질서는, 역설적이게도, 전적으로 자생적인 성격의 규칙에 의존하지 않으면 안 된다.[19] 자생적 질서만이 사회발전의 요체, 즉 광범위하게 분산된 지식의 활용을 가능하게 해주기 때문이다.(Hayek, 1948)[20]

흔히 규제 등 직접적 지시 명령의 방식으로 자생적 질서에 간섭함으로써 그것을 개선하거나 교정하려고 시도하지만, 하이에크는 이 또한 불가능한 일이라고 강조한다. 한마디로 말해 자생적 질서와 조직의 질서를 혼합하는 것은 결코 합리적일 수 없다는 것이다. 직접적 지시 명령은 자생적 질서를 교란하고, 자생적 질서 속에서 자란 조화를 파괴하며, 개인이 자기의 목적을 위하여 자기의 지식을 활용할 가능성을 박탈한다는 것이다. 이것이 하이에크가 시장질서에 대한 간섭과 시장에 대한 정부개입에 철저하게 반대하는 이유다.(Hayek, *LLL* I:51)

더 현실적으로 법(제도)의 체계가 복잡해지는 데 따른 문제의 심각성도 이만저만이 아니다. 특정 목적을 추구하고 그 목적의 달성을 위해 매우 세부적인 내용의 입법을 끊임없이 생산해 내게 되면, 그것은 행정부의 자의적이고 재량적인 개입을 정당화할 뿐이고, 그 결과는 일반적 규칙의 훼손이다. 법의 일반적 규칙이 손상되면, 다시 말해 '법의 지배'의 원리가 무시된 채 무분별하게 규칙이 확산하면, 효율성의 급락은 불가피하다. 이유는 자명하다. 대단히 복잡한 법체계는 법의 적용을 받아야 할 사람들이 불확정(insecure)

---

19. 사실 고도로 복잡한 사회에서 어떤 질서를 만들어 낸 규칙은 처음에 그러한 결과를 기대하여 고안해 낸 (의도적인) 규칙이 아니라, 우연히 어떤 규칙을 채택한 결과 문명이 발전하고, 그것이 또 다른 문명사회로 전파되면서 그것의 우수성이 입증된, 진화적으로 발전해 온 규칙이다.(Hayek, 1988:71~72)

20. 이 부분이 잘 이해되지 않는 독자는 제2장에서 하이에크가 말하는 자생적 질서를 설명하면서 저자가 든 예, 즉 복잡한 지하철역 구내에서 어떻게 질서가 만들어지는지를 설명한 예를 다시 참고하시기 바란다.

상태에 빠지고, 인간의 인식능력에 과도한 짐을 지우기(overtax) 때문이다. 쉽게 말하면 누구도 특수하고 복잡한 규칙을 모두 잘 알 수는 없는 일이고, 이런 터에 그토록 복잡한 규칙을 제대로 지킬 리는 더더욱 만무하다는 것이다.

셕(Schuck, 1992)에 따르면, 법이 복잡해지면 다음의 네 가지 측면에서 역효과가 난다. 첫째, 법의 내용이 세부적일수록 금지 규칙의 성격을 띠기보다는 처방적 규칙(prescriptive rules)의 성격을 띤다. 둘째, 기술적 성격을 띠게 되어, 일반인은 법의 내용을 이해하기 어렵게 되고, 변호사나 회계사 등의 도움을 받지 않으면 안 된다. 셋째, 법의 중복과 중첩이 나타나게 된다. 넷째, 불확실성이 높아진다. 즉 조건부 규정들이 많아지고, 그래서 어떤 법적 의문도 간단히 답할 수 없게 된다.

시카고 대학의 저명한 법학 교수인 리차드 엡스타인(Richard Epstein, 1995)은 《복잡한 세상을 위한 단순한 규칙(*Simple Rules for a Complex World*)》이라는 이름의 저서에서 단순성의 미덕을 강조하고 있다. 세상이 더 복잡해져 갈수록 의원이나 관료들이 사회에서 일어나는 상호작용을 잘 알 수 없고, 따라서 법과 정책이 더 엉뚱한 방향으로 나가고 더 비효율적일 가능성이 크므로 보통법(common law)의 전통으로 돌아가는 것이 바람직하다고 주장한다. 복잡한 세상을 잘 끌어가기 위해서는 더 복잡한 규칙이 필요한 게 아니라 규칙이 더 단순해져야 한다는 말이다.[21]

엡스타인이 제안하는 단순한 규칙은 다음 여섯 가지다. ① 개인의 자율성, ② 기존 소유권자의 권리 우선 인정(first possession), ③ 자발적 교환, ④ 공격성의 통제, ⑤ 필요성의 원칙을 적용해야 하는 경우 제한적 특혜 부여,

---

21. 그의 논지를 저자는 이렇게 설명한다. 국내 축구경기는 대체로 큰 재미가 없다. 그런데 유럽의 축구리그는 흥미진진하다. 열광하게 만든다. 왜 그럴까? 선수들의 기량이 정상급이기 때문이기도 하지만, 저자는 심판의 역할에 주목하는 편이다. 그들은 호각을 잘 불지 않는다. 선수가 심각하게 부상당할 수준이 아니면 파울을 선언하지 않는다. 경기가 물 흘러가듯이 가도록 만드는 데 힘을 쏟는다. 유럽 축구리그가 신나는 이유는 이처럼 단순한 경기규칙이 적용되기 때문이다.

ⓖ 정당한 보상의 제공이다. 처음 네 가지 규칙은 개인과 개인의 재산에 대한 통제에 관한 기본적 관계 설정을 위한 것들이고, 다음 두 가지 규칙은 개인재산권과 사적 계약을 강하게 보호하는 국가에서 발생할 수 있는 조정 문제를 예방하기 위한 것들이다. 그는 사회문제가 근본적으로 이 두 가지 차원에서 야기된다고 보고 여기서 발생하는 오류의 최소화가 법의 원리가 되어야 한다고 말한다. 이런 원리의 지배를 받는 법체계 아래서는 아무리 큰 권력자나 부자도 다른 사람들이 원하고 필요로 하지 않는 상품이나 서비스를 생산해 공급한다면 그것이 결국 자신에게 손해가 된다는 사실을 발견하게 된다는 것이다.

"단순한 규칙이 복잡한 사회를 더 잘 영위할 수 있도록 해 준다."는 주장은 매우 역설적이다. 세상이 복잡해지면 복잡해질수록 규칙도 그것에 상응해 복잡해질 수밖에 없을 거라는 게 상식적 생각이지만, 이 상식은 맞지 않는다. 사회가 복잡해져 갈수록 단순한 규칙의 지배를 받아야 세상의 복잡한 일들을 더 잘 풀어갈 수 있다. 단순한 법적 규칙만이 어떤 형태의 특혜나 차별(favoritism)도 배제할 수 있게 만든다. 단순한 규칙이야말로 복잡한 세계에서 질서를 잡아가는 특효약이다. 앞에서 든 교통신호 예가 이를 잘 설명해 준다. "법에 대한 맹신(legal absolutism), 그로 인해 복잡하게 얽혀버린 법망(legal tangle)은 사람들을 숨 막히게 만들고, 급기야 상식이 죽어버린 사회로 만들어 버린다." 이것이 변호사 필립 하워드(Howard, 1994)의 베스트 셀러, 《상식의 죽음(The Death of Common Sense)》의 갈파다.

3. 자유시장 경제원리와 '법의 지배' 원리의 상관관계

3.1 경제규제와 시장원리

자유시장 경제에서 핵심은 경제활동의 자유이다. 이 자유는 모든 정부 간섭이나 개입의 배제를 의미하지 않는다. 아담 스미스를 비롯해 많은 시장경제학자가 시장에 대한 정부개입에 원론적으로 반대하는 이유는 그것이 '법의 지배' 원리가 그토록 보호하고 지켜내려고 하는 사적인 영역(private sphere)의 침범을 뜻하기 때문이다. 다시 말해 이들은 경제영역에서 정부가 어떤 일도 해서는 안 된다고 말하는 게 아니라, '법의 지배'의 원리상 정부가 해서는 안 되는 일들이 있다고 보는 것이다.(Hayek, COL:220-21) 이들이 문제 삼은 것은 정부가 추구하는 목적이라기보다는, 그 목적을 추구하는 방법, 그리고 그 방법들—전형적으로 특정 명령과 지시 그리고 금지조치들—의 강제적 성격이다.

중요한 것은 정부 활동의 성격이지, 양이 아니다.(*ibid*. p. 222) 정부의 일정한 활동 또는 지원이 없이는 제대로 작동하는 시장(functioning market)을 상정할 수 없다. 정부의 간섭도, 그것이 작동하는 시장과 양립 가능한 성격의 것인 한, 시장은 견뎌낼 수 있다. 문제는 자유(경제) 체제가 기초해 있는 원리에 반하고, 따라서 그 체제가 작동하기 위해서는 반드시 배제되어야만 할 성격의 간섭이 많이 이루어지고 있는 현실이다. 하이에크는, 경제문제에 폭넓게 개입하나 시장의 자생적 힘을 보조하는 선에서 정부의 힘의 사용을 철저하게 제한하는 정부보다, 비교적 시장에 덜 개입하나 매우 잘못되게 개입하는 정부가 시장경제의 힘을 더 많이 꺾는 결과를 초래한다고 말한다.

그러면 우리는 어떤 정부 조치가 자유(시장경제) 체제와 양립 가능한지 아닌지를 올바로 분별할 수 있을까? 하이에크는 '법의 지배' 원리가 그 판단기준을 제공해 준다고 말한다. 시장과 양립할 수 없는 정부 조치들은, 비록 그것이 바람직한 목적을 달성하기 위한 효과적인 혹은 유일하게 효과적인 수단일지라도, 반드시 배척해야만 한다고 강조한다. 물론 시장과 양립 가능하다고 할지라도 정부 조치—가장 전형적인 조치가 규제다—중에는 바람직하지 못하거나 심지어는 해로운 것들이 있다. 이런 의미에서 하이에크는 '법의 지배' 원리의 준수는 자유경제의 만족할 만한 작동을 위한 필요조건이지만 충분조건은 아님을 인정한다.

여기서 그가 특별히 강조하는 점은, '법의 지배' 원리는 정부의 모든 강제행위가 영구적인 법적 틀(permanent legal framework)에 따라 의심의 여지가 없을 만큼 분명하게 제한되어 있을 때만, 즉 ① 국가의 강제력이 사전에 법에 규정된 경우에 국한해서 사용될 수 있고, 또 ② 강제력이 어떻게 사용될지 충분히 예상될 수 있는 한에서 허용될 때만 구현 가능하다는 것이다. 왜냐면 이런 정도의 예측 가능성이 있을 때 비로소 개인은 그 지식에 근거해 상당한 수준의 신뢰성을 갖고 계획을 세울 수 있고, 불확실성을 최대한 줄일 수 있을 것이기 때문이다. 뒤집어서 말하면 특정인이나 집단을 지원하거나 차별하는 법, 국가의 강제력을 이런 특혜나 차별을 위해 사용할 수 있도록 허용하는 법들은, 비록 법의 형식을 빌리고 있기에 합법성을 주장할 수 있을지라도, '법의 지배' 원리에 반한다는 뜻이다.

그러면 구체적으로 정부의 어떤 조치들이 '법의 지배'에 반하는가? 경제규제—즉 진입규제, 가격규제, 거래조건 규제, 생산량과 판매량 규제 등—가 대표적이다. 제5-6장에서 본 바와 같이, 경제규제는 대부분 사회정의, 공평성, 형평성 등을 명분으로 삼는다. 하지만 이것은 어디까지나 표면으로 내세우는 명분일 뿐, 속까지 그런 것은 아니다. 경제규제의 본질적 특성은 시장경쟁의 제한이다.(최병선, 1992)

정부가 시장경쟁을 제약하면 산업 내 어떤 기업과 집단은 특혜를 받고, 다른 기업과 집단은 피해를 본다. 이것이 과연 정의, 형평, 공평이라는 말로 합리화될 수 있는 일인가? 일반적 규칙은 일반적으로 차별을 배제한다. 그러므로 경제규제를 통해 이루려고 하는 정책 목적은 일반규칙의 집행을 통해서는 이룰 수 없는 특정 목적들이고, 이런 목적들은 정부의 재량적 개입을 불가피하게 만든다.

요컨대 경제규제는 정부가 어떤 사람과 집단에게는 특혜를 주는 한편, 다른 사람과 집단은 그로 인한 손해를 감수하도록 하는 강제행위이다.(Hayek, *COL*:227–28)[22] 대표적인 예가, 제7장에서도 언급한 바 있는 중소기업 적합업종 지정제도이다. 이 제도는 대기업 진출을 막아 중소기업을 보호하고 대기업과 중소기업이 상생하는 환경을 조성한다는 목적으로 2011년에 도입된 규제로, 진입규제의 전형이다. 이 규제의 효과는 어떻게 나타나고 있을까? KDI의 최근 보고서에 따르면 중소기업 적합업종 지정 이후 대기업과 중소기업의 제품 출하액이 모두 감소하였고, 해당 사업 분야에서 중소기업 비중도 7.9%에서 7.6%로 오히려 떨어졌다고 한다. 중소기업 폐업률이 다소 낮아지긴 했으나 중소기업의 경쟁력을 높이는 데는 한계를 보였다는 평가이다. 이 배경에는 중소기업 적합업종으로 지정된 사업 영역—두부, 김치, 막걸리, 조리김, 세탁비누, LED 조명 등—에 대기업이 진출할 수 없도록 막은 결과 그 빈틈을 국내 중소기업이 아니라 외국기업들이 차지한 탓이다. LED 조명의 경우 2012년 중소기업 적합업종에 지정되어 삼성전자와 LG이노텍 등이 사업을 접자 필립스, 오스람 등 외국기업이 국내 시장을 점령하였고, 김치는 중국산 김치가 급식시장의 80% 이상을 차지하게 되었다.(《매경》, 2022년 8월 5일자, A31면) 세탁비누와 막걸리의 경우는 이 산업에서 대기업이 배제되자 중소기업 중 선두기업이 시장을 석권하는 현상이 나타났다. 이에 따라 이 제도를 둘러싼 분란은 날이 갈수록 심해져 2022년에는 중고차 판매업, 방화문 제조업 분야로 계속 번지고 있는 중이다.(《매경》, 2022년 9월 13일자, A4면)

이런 시장의 반응과 결과의 시사점은 무엇인가? 중소기업 적합업종 제도는 비록 상생이라는 이름으로 시행되고 있지만, 실은 대기업과 중소기업

---

22. 미국의 저명한 정치학자 윌슨(James Q. Wilson)은 경제규제를 둘러싼 정치적 과정을 고객정치(client politics)라고 명명하였다. 규제를 요구하는 사람과 집단, 즉 고객이 똘똘 뭉쳐서 정치과정을 좌지우지한다는 뜻에서다. 정치적 과정이 이런 고객의 뜻대로 굴러가는 이유는, 밀턴 프리드먼의 표현을 빌린다면 이렇다. "언제나 그렇듯이 관료적 과정과 절차에서 광범위하게 분산된 이익(diffused interests)은 무시되고 집중된 이익(concentrated interests)이 이를 장악한다."(Friedman, 1980:216) 윌슨 모형에 관해서는 최병선(1992), 제4장 참고.

을 상호적대적인 관계로 보고 설정한 규제임이 분명하다. 대기업과 중소기업이 경쟁하는 영역이라면 그 영역에 어떤 특성이 있을 것이다. 중소기업이 대다수겠지만 대기업도 진출해 볼 만하다고 판단하는 이유가 있을 것이다. 틈새가 있기에 대기업이 넘보는 것일 것이다. 시장에 맡겨 두어야 할 이 일을 정부가 관여하려고 하는 이유는 무엇인가? 정치적 의도 외에 다른 이유를 찾기 힘들다. KDI 조사결과는, 한마디로 말해, 기업생태계에 손을 대는 일이 얼마나 예측하기 어려운 일인지를 웅변한다. 자연생태계에 대한 간섭이 무수한 암초를 만나 좌초하듯이, 기업생태계를 인위적으로 개편해 보려는 시도는 무모하다. 대기업과 중소기업의 관계는 시장에서 자율적으로 결정될 사항이지 정부가 개입할 사항이 아니다. 개입의 목적이 대기업과 중소기업의 상생 조장이라고 하지만, 조장의 방법이 규제이고 보면 조장은 그저 조장이 아니다. 정부의 규제가 없더라도, 대기업과 하청기업 간 관계에서 보듯이 대기업과 중소기업은 서로를 필요로 한다. 긴밀한 협력관계가 절실하다. 그러므로 정부가 굳이 개입하지 않아도 자발적으로 협력방안을 모색하기 마련이다.[23]

(심야) 택시 대란 사태를 일으킨 속칭 '타다 금지법'(정식 명칭은 여객자동차 운수사업법 제34조 개정법)의 경우도 마찬가지다. 2013년, 선진국에서 성업 중인 승차 공유서비스인 우버 택시 영업을 불허한 정부는 연이어 2016년엔 카풀 서비스를 불허하였다. 2018년에는 렌트카를 이용한 기사 대여서비스인 '타다'가 등장하고 택시업계가 강력 반발하자, 전가의 보도인 택시면허의 보호를 명분 삼아 '타다 금지법'을 제정해, 택시면허 없이도 택시사업을 할 수 있는 소위 플랫폼(platform) 운송사업을 특례로 허용하였다. 하지만 허가의 부대조건인 기여금 부담과 총량규제로 운영에 제약을 받게 된 '타다'는 1년 반 정도 지속하던 사업을 포기하였다. 그 결과 이동서비

---

23. 2022년 8월 29일자 《매일경제신문》 특집에 대기업과 중소기업의 자율적인 상생 노력 사례들이 자세히 소개되어 있다.

스, 소위 모빌리티(mobility) 시장에서 일기 시작했던 혁신 노력은 모두 실패로 돌아가고 기존의 택시만이 남게 되었다. 그나마 COVID-19 사태로 승객 수요가 격감하자 2-3만 명에 달하는 택시 운전자들이 배달업으로 대거 전직함에 따라 택시는 있지만, 운전자는 구하기 힘들어 택시 대란이 초래되었다. 혁신이 시급하고 절실한 택시 시장에서 기존 사업자의 정치적 힘과 압력에 밀려 완화했어야 할 진입규제를 오히려 강화한 데 따른 당연한 귀결이다. 일본이나 독일 등은 코로나 팬데믹 기간에 택시업계의 수입 감소를 메꿔주기 위해 택배 등 일부 업무를 허용해 주면서까지 택시 운전자의 이탈을 막았다는데, 우리 정부의 대응은 이와 너무나 대조적이지 않은가?(《매경》, 2022년 8월 25일자, A3면) 산업의 경계가 급속히 무너지고 있는 시대에 언제까지 울타리를 치고 보호하고만 있을 것인가?

이상 두 가지 사례를 통해 문제점을 살펴본 진입규제는 더 말할 것이 없지만, 가격규제, 수량규제 등 여타의 경제규제 영역에서도 정부의 재량적이고 자의적인 강제력 행사에 따른 폐해는 극심하다. 예컨대 가격규제는 가격을 고정하거나 규제가격을 설정하는 방법과 가격의 결정방식을 설정하는 두 가지 방법이 있다. 먼저 가격을 고정할 경우 장기적으로 타당한 가격을 설정하기는 불가능하다. 적절한 가격은 상황에 따라 달라져야 할 것이지만, 상황은 계속 변화하기 때문이다. 그러므로 정부가 설정하는 규제가격은 필연적으로 자의적이고 재량적일 수밖에 없다. 다음으로 가격 결정방식을 설정해 규제하는 방법도, 그것이 미치는 영향은 모든 판매자와 구매자에게 똑같지 않다. 비용구조(cost structure)가 각기 다르기 때문이다. 그러므로 이 경우에도 시장은 올바로 기능하기 힘들다. 따라서 이런 방식의 규제가 효과를 발휘하도록 하기 위해서는 정부가, 누가 사고 누가 팔지를 정해 주지 않으면 안 된다. 이런 식으로 생겨나는 차별이 자의적이고 그때그때의 사정을 고려한 임시방편이 되고 마는 것은 필연적이다. 아파트 분양가 상한제가 대표적인 예이다. 아파트 분양가 상한제의 시행에도 불구하고 아파트 가격이 안정되기는 고사하고, 전혀 엉뚱한 결과가 나오고 있다. 아파트 건설은 특정 건설업자의 몫이 되고, 정부가 정한 기준에 부합하는 사람만이 해당 아파트의 소유자가 될 수 있게 된 것이다.

거래조건에 관한 경제규제의 예를 한 가지만 더 들어보자. 2019년 정부가 대학 강사의 처우개선과 고용 안정을 목표로 제정한 속칭 '강사법'(개정 고등교육법)은 시행 4년째인데, 이 법으로 인해 시간강사들은 궁지로 몰리고 있다. 이 법의 핵심내용은 대학 강사에게 교원의 지위를 부여하고 1년 이상 임용과 3년 이상 재임용을 보장할 것, 방학 중에도 강사료를 지급하고 4대 보험과 퇴직금을 보장하라는 것 등이다. 10여 년 이상 등록금이 동결되어 재정난에 허덕이는 대학들은 강사 채용에 따른 재정부담이 커지게 되자 강사 채용 대신 겸임교수, 초빙교수 등 비전임 교원을 확대하고, 기존 강의과목을 통폐합하는 동시에, 교수들의 강의 부담을 늘리는 방식으로 대응하였다. 그 결과 '강사법' 시행 이전인 2018년 5만 8천 명 수준이던 대학 강사 숫자는 2021년 1학기에 4만8천 명으로 1만 명이나 줄어들었다. 신규 박사들의 취업률은 2018년 59.8%에서 2021년 47.3%로 떨어졌다.(《매경》, 2022년 8월 31일자, A29, 35면) 뒤늦게 이 법의 심각한 부작용과 역효과를 깨달은 교육부는 수백억 원의 예산을 지원하기 시작했지만, 턱없이 부족한 금액이 아닐 수 없다.

이상의 예들을 통해서 우리는 시장이 잘 작동하려면 '법의 지배' 원리가 준수되어야 한다는 사실을 거듭 확인할 수 있다. 폭력과 사기의 예방, 재산권의 보호, 그리고 계약의 실효성 보장, 무엇을 얼마나 생산하고 어떤 가격에 팔지에 대한 모든 사람의 권리 인정 등의 기본조건이 갖추어지기만 하면 시장은 잘 기능한다. 섬세한 시장의 작동에 따라 다양한 수요와 공급이 기막히게 조정된다. 시장이 이런 기능을 수행하려면, '법의 지배' 원리가 지켜져야 한다.(*ibid.* p. 229) 이런 조건들을 갖추지 못한 시장은 제대로 기능하지 못한다. 가격의 신호에 따라 이루어져야 할 개개인의 선택과 결정이 정부의 명령과 지시로 대체되는 상황으로 빠져들어 간다.

개인의 자유, 시장의 자유를 유지하고 보호할 수 있는 확실한 길은 정부의 강제력을 엄격하게 제한하는 것뿐이다. '법의 지배' 원리를 지키면서 그 안에서 개선하고 실험할 여지는 충분하다. 하이에크는, "일반적으로 말한다면, 최소한 원리 면에서, 자유경제 체제와 섞일 수 있는 정부 조치와 규제의 범위, 다양성의 폭은 상당히 넓고, 자유 사회가 제대로 작동할 수 있도록 해주는 '법의 지배'라는 영구적인 법적 틀 안에서 실험과 개선의 여지는 적지 않다. 시장이 완벽하게 기능하도록 만들 완벽한 제도는 없다. 다만 계속 진화하는 중이다."(*ibid.* p. 231)라고 말한다.[24]

그런데도 왜 사람들은, 특히 개혁적인 사람일수록, '법의 지배' 원리를 무너뜨리지 못해 안달인가? '법의 지배' 원리의 파괴나 붕괴는 정부를 무제한적 정부로 만들고야 말 것인데, 왜 사람들은 서슴없이 '법의 지배' 원리에 반하는 일들을 요구하는가? 하이에크는, "불과 지난 몇 세대를 지나오면서 '법의 지배' 원리가 허용하는 한계선 안에서는 달성할 수 없는 새로운 정책목표들이 매우 빠르게 등장했다는 답 말고는 다른 답이 없다."고 말한다.(*ibid.*) 그것이 다름 아닌 사회정의 혹은 분배적 정의를 앞세운 정책들이다.

3.2 사회정의 실현 목표와 정부개입의 악순환

'법의 지배' 관념 아래서 정부는 일반적 규칙의 집행 외에는 강제력을 사용할 수 없고, 사용해서도 안 된다. 그런데 20세기 들어와 등장한 이 새로운 정책목표, 특히 특정인(또는 집단)의 물질적 지위를 향상해 주려는 정책 목적, 즉 분배적 정의 또는 사회정의의 실현은, 그것이 비록 정의라는 옷

---

24. 하이에크는, "전통적으로 표방되어 온 자유방임(laissez-faire) 혹은 불개입주의는 이제 철 지난 공식(old formula)으로서 자유경제 체제에서 허용될 수 있는 것과 없는 것에 대한 충분한 구분 기준을 더는 제공해 주지 못한다."고 평가한다.

을 입고 있기는 하지만,[25] '법의 지배' 아래서 명시적으로 정부의 처분에 맡겨진 수단으로는 달성할 수 없는 목표들로서 차별적이고 재량적인 간섭과 규제에 의존하지 않을 수 없다.

사회정의 실현이라는 정책목표의 실현을 위해서는 정부가 기획(planning)이라는 말보다는 불어 디리지즘(dirigisme)이란 말로 더 적절히 표현될 수 있는 정책을 추구하지 않을 수 없다. 즉 특정의 정책수단을 어떤 특정 목적을 위해 어떻게 사용할지를 세세하게 규정하는 방식의 정책을 추구해 나가지 않을 수 없다. 사회정의 실현이라는 특정 목적의 성격상 사회정의를 추구하는 정치인이나 고위관료는 차별적이고 재량적인 행동을 선호하기 마련이다. 또 분배적 정의는 모든 자원의 중앙집권적 동원과 배분을 요구한다. 어떤 사람이 어떤 일을 무슨 목적으로 해야 할지를 일일이 명령해야만 분배적 정의를 실현할 수 있다. 그러므로 사회정의 혹은 분배적 정의가 성취해야 할 정책목표인 한 개개인이 어떤 일을 할지에 대한 결정은, 일반적 규칙과 시장의 경쟁질서에 맡겨져서가 아니라, 특정 목적에 비추어 또 기획 권한을 가진 사람들과 그들의 지식에 의해 이루어지게 된다. 공동체가 어떤 사람이 무엇을 받아야 할지를 결정해야 한다는 말은 권력자(정부)가 그런 결정을 해야 한다는 말과 같다. 사회정의를 추구하는 사회가 필연적으로 사회주의를 향해 달려갈 수밖에 없는 소이다.

---

25. 제2장에서 우리는 하이에크의 정의 관념과 '사회정의'라는 말에 대한 맹렬한 비판을 깊이 공부하였으므로 여기서는 생략한다. 사람들은 흔히 구체적 사안에서 특정 집단 사이의 이익의 균형을 취하는 것, 또는 '정의로운 것'으로 간주할 만한 특정 상태를 이룩하는 것을 정의라고 생각하는 편이다. 또 특정 결과에 대한 우리의 욕망이나 소망을 달성할 수 있어야 그것이 정의라고 생각하기도 한다. 그러나 하이에크는 이런 우리의 주관적 혹은 직관적 정의 관념은 그릇될 수 있다고 지적한다. 어떤 규칙이 정의롭다는 우리의 생각이나 주관적 감정이 정당화되기 위해서는 그것을 보편적으로 적용할 태세가 갖추어져 있어야 하는데, 사람들이 구체적 상황 속에서 생각을 바꾸어 그 규칙이 적용되지 않기를 바랄 수 있고, 아주 정의롭다고 생각했던 규칙이 사실은 그렇지 않다는 것을 뒤늦게 발견할 수도 있기 때문이다. 이같이 사람들이 각각의 상황이나 경우 등에 따라 수정하려 들지도 모를 규칙은 결코 정의로운 규칙이 될 수 없다.

이같이 자유의 이상을 구현하려는 욕구와 소득분배를 교정해 정의로운 사회를 구현해 보려는 욕구 간에는 필연적 갈등이 있다. 하지만 사람들은 보통 이 갈등을 분명히 인식하지 못한다. 이것이 큰 문제이다. 분배적 정의를 추구하는 사람들은 기존의 법체계와 '법의 지배' 원리를 따라서는 분배적 정의를 실현할 수 없으므로 이 사례만큼은 예외로 취급할 필요가 있다는 논리로 자신의 행동을 합리화한다. 그러나 예외는 예외로 그치는 법이 없다. 아무리 이들이 일반적으로는 '법의 지배'의 원리를 존중하고 있다고 강변할지라도 이렇게 시작된 '법의 지배'의 원리에 대한 침해는 급기야 기존질서의 수정이 아니라, 완전한 포기에 이르도록 만든다. 그 결과 자유시장 경제는 명령통제 경제로 대치되고 만다.

기존의 법체계와 '법의 지배' 원리를 따라서는 분배적 정의를 실현할 수 없다는 말은 시장의 원리에 따르거나 시장에 맡겨 두어서는 분배적 정의를 실현할 수 없다는 말과 같다. 왜냐면 사람들이 자신의 재능과 자신이 가진 수단들을 어디에 어떻게 사용할지를 개개인의 선택과 의사결정에 맡기는 시장에서는 이들의 행동의 결과가 어떻게 나올지 예측 불가능하기 때문이다. 사회정의의 실현은 두말할 것도 없고 어떤 이유에서든 정부가 특정 목적의 실현을 위해 시장에 간섭하고 개입하면 시장기능의 왜곡은 불가피하다. 이게 화근이다. 시장기능의 왜곡은, 아이러니하게도, 정부개입을 정당화한다. 그럴싸한 특정 목적을 앞세운 정부개입으로 인해 시장기능의 왜곡이 생겨날 때 정부는 개입을 멈추거나 되돌리기는커녕 이번에는 시장기능의 왜곡을 핑계 삼아 정부개입을 정당화한다. 시장이 왜곡되었으므로 개입하지 않을 수 없다는 것이다.

그러나 사태는 정부가 바라는 방향대로 흘러가지 않는다. 정부개입으로 빚어진 시장의 왜곡으로 인한 손해(피해)를 최소화하기 위해 시장행위자는 정부가 전혀 예상하지 못한 방식으로 반작용하게 된다. 이런 시장의 반작용(market reactions)으로 당초의 정책 의도가 좌절될 것을 우려하는 정부는 시장의 반작용에 반작용하고, 시장은 다시 정부의 반작용에 반작용하는 과정이 되풀이된다.(Krueger, 1996:210) 이것이 정부개입의 악순환 현상이다. 이런 과정을 거치면서 정부의 정책은 최초의 목적과는 아무런 상관 없이 '그 자체의 생명(life of its own)'을 이어나가면서 매우 복잡한 정책의 체계를 생성해 내며 급기야 시장경제 전반을 정부 간섭과 규제로 얽어매고 만다.(*ibid.* p. 214)[26]

이런 현상은 정부가 끝없는 좌절에도 불구하고 애당초의 정책 목적을 포기하지 않고 시장의 반작용을 억눌러 보려는 무모한 노력을 계속하는 데 따른 불가피한 결과다. 정부개입에 대한 시장의 반작용은 정부의 눈(그리고 정부개입을 옹호하는 사람의 눈)으로 볼 때 정부가 바꾸기를 원했던 개입 이전의 시장상태보다도 더 바람직하지 않게 생각되기 마련이다. 이때 정부가 처음의 개입을 철회하고 더 이상의 개입을 자제하기를 원치 않는 한, 애초의 목적을 달성하기 위해 시장에 더 개입하지 않을 수 없게 된다. 정부의 눈에 그때마다의 정부개입의 결과가 정부가 교정하기를 원했던 전번의 상태보다 더 불만스럽게 보이는 이상, 정부개입의 폭은 점점 더 넓어지고 심도는 깊어지게 되며, 이 과정은 시장요인이 사실상 완전히 제거될 때까지 계속된다.(Mises, 1964:59)[27]

---

26. 윌다브스키(Wildavsky, 1979:62-71)는 이런 현상을 '정책이 정책의 원인(policy as its own cause)'이라는 말로 표현하고 있다.(최병선, 2015) 같은 관점은 하이에크에게서도 두드러지게 발견된다. 그는 "이미 이루어진 정부개입의 결과로 추가적인 정부개입이 불가피해지는 현상을 불가피한 필연(inevitable necessities)"이라고 표현하고 있다.(Hayek, *LLL* I:59)

27. 밀턴 프리드먼도 같은 취지로 말한다. "[최초의 규제] 주창자들─이해당사자, 공익단체 등─은 자기들의 이익을 위해 국가권력을 사용하려고 애쓴다. 이들은 대체로 성공한다. [하지만] 성공은 그 성공으로 인한 문제들을 줄줄이 낳고, 이 문제들은 정부개입의 폭을 넓히도록 만든다. 관료제의 속성상 최초의 이익당사자들도 더는 이익을 보지 못하는 상태가 되고 만다. 결국에 남는 것은 없다. 정부개입의 효과는 개혁론자의 목표와 정반대이고 심지어 이익당사자들의 목표조차 성취되지 않는다. 그런데도 정부개입 활동은 확립되어 있고 수많은 이해집단이 이 규제들과 이해관계가 뒤얽혀 있기 때문에 최초의 입법을 폐기한다는 것은 거의 상상조차 할 수 없는 일이 되고 만다. 그 대신 기존 법률 때문에 생긴 문제들을 해결하기 위한 새로운 입법이 요청되고 이리하여 새로운 사이클(cycle)이 시작된다."(Friedman, 1980:201)

이런 정부개입의 악순환 구조와 그에 따른 막대한 비용과 손실을 이해할 수 있는 사람이라면 무조건 이 악순환의 고리를 끊어야 한다고 생각한다. 그러나 문제는 이들이 정책논의에 참여하기가 매우 어렵다는 사실에 있다. 정부의 개입과 규제의 체계가 이런 악순환 과정을 거치며 매우 복잡해지면 복잡해질수록 투명성은 점점 더 낮아져 비전문가는 관련 정책논의에 끼어들기조차 힘들게 된다. 이제 해당 정책체계의 개선 문제는 완전히 그 정책의 유지와 지속에 깊은 이해관계를 갖는 정책담당자를 비롯해 소위 시민단체, 그리고 해당 분야의 전문가라는 사람들의 독무대가 되고, 이들은 무모한 '정책의 합리화'에 끝없이 매달리게 된다.(Krueger, p. 211)

더 심각한 문제는 이런 과정을 거치면서 정부 주도의 경제사회가 점차 사회주의 체제를 닮아 간다는 데 있다. 물론 어떤 개입주의자나 정부 간섭의 옹호자도, 자기들이 지향하는 사회가 결국 사회주의 경제사회 아니냐는 지적을 받아들이지 않을 것이다. 사유재산제도가 살아 있고, 시장경제의 제도적 미비점과 부작용을 보완하는 차원에서 정부가 최소한으로 개입하고 간섭할 뿐인데 그것이 어찌 사회주의냐고 항변할 것이다. 정부는 그저 공익에 반하는 바람직하지 못한 행동에 간섭하고 있을 뿐이라고 말할 것이다. 하지만 대표적인 자유주의 경제학자 미제스는 이런 논리를 중도적 개입주의(moderate interventionism)라고 이름 짓고, 이런 개입주의는 온건해 보이지만 그만큼 더 교묘하게, 야금야금 시장기능을 파먹어 들어가게 되므로 위험성을 자각하지 못할 가능성이 크고 그래서 더 위험하다고 지적하였다.(Mises, p. 59)

그의 논리인즉, 이런 개입주의 아래서 정부개입을 정당화하는 '공익' 개념을 규정하는 존재는 다름아닌 정부인데, 이들은 자유기업주의를 옹호한다고 말하지만, 그 말은 "정부의 계획과 의도에 정확히 순응하기만 한다면 기업은 자유롭게 행동할 수 있다."는 뜻이며, 따라서 "이런 상태는, 정확히 말한다면, 사회주의 체제 아래서와 크게 다를 게 없다."는 것이다. 그는 자본주의와 사회주의의 중도노선을 걷는 개입주의는 결국은 사회주의로 귀착하고 만다고 지적한다. 중도적 개입주의자들은 자본주의와 사회주의의 절충 또는 두 체제의 장점만의 조합이 가능하다고 생각하지만, 소비자의 절대적 우위(supremacy)를 기초로 하는 시장경제 체제와 정부 주도 경제체제는 결코 하나의 합성물(practicable composite)이 될 수 없다면서, 중도적 개입주의는 결국 '할부 방식에 의한 사회주의(socialism by installment)'에 지나지 않는다고 단언한다.(*ibid.* p. 240)[28]

미제스의 논리를 더 따라가 본다면 이러하다. 시장경제에서 기업가는 무조건적으로 소비자에 의해 지배된다. 기업가의 영업활동이 소비자에 의해 승인을 받지 않고서는 이윤을 얻을 수 없다. 소비자의 맘에 들도록 제품과 서비스를 만들어 제공하지 않으면 손실을 보고, 결국은 도산할 수밖에 없다. 그런데 기업활동의 성패에 대한 궁극적 심판자인 소비자의 의사와 관계없이, 정부가 규제를 도입해 정부의 의사를 관철하려 한다고 해 보자. 정부는 과연 본래의 목적을 달성할 수 있을까? 아니다. 생산자와 소비자는 정부의 의지에 따라서가 아니라 자기들의 이익과 편의를 위해 자기들의 행동을 바꾼다. 정부(또 정부개입의 옹호자)의 눈으로 볼 때 이것은 심히 불만이다. 이전보다 더 바람직하지 않게 되었다고 생각한다. 따라서 정부가 처음의 개입을 철회하고 더 이상의 개입을 자제하기를 원치 않는 한, 시장의 반작용을 거슬러 정부는 시장에 더 깊숙이 개입하지 않을 수 없다. 이것이 정부가 개입하기 시작하면 개입의 폭은 필경 점점 더 넓어지고 깊어지게 되고야 마는 이유다. 이 과정은 시장요인이 사실상 완전히 제거될 때까지 계속되고 그러면 사회주의 사회가 되고 마는 것이다.

사회정의의 실현을 지향하는 복지국가의 역설적인 모순은 한둘이 아니다. 복지 및 특별 지원 프로그램의 수혜자와 비용 부담자 간에 집단의 양

---

28. '할부 방식에 의한 사회주의'라는 말은 할부금을 내고 물건을 자기 소유로 삼듯이, 이런 개입, 저런 개입을 계속 거쳐 가면서 자유경제 사회가 결국은 사회주의 사회가 되고 만다는 뜻이다.

극화(group polarization), 사회적 긴장의 고조, 폭도 행동(mob violence), 정치적 역풍(political backlash)을 부른다.(Sowell, 1990:174) 재분배정책의 전제는 불평등 = 부정의라는 (거짓된) 전제이다.(Flew, 1989) 이런 거짓된 전제에 기초한 복지국가의 정책들은 경제생활을 정치화하고 정서화(politicize and emotionalize)한다.(Kasper and Streit, p. 319)[29] 각자가 최선을 다하고, 여기에 재주와 우연이 작용해 결정되는 시장 결과의 정당성을 부정하면 이제 정의로운 상태가 무엇인지를 규정하고 실현해 내야 할 도저히 감당할 수 없는 책무가 정부에 주어질 수밖에 없다.

그런데 무슨 수로 정부가 어떤 상태가 정의로운 상태인지를 규정할 것인가? 나름의 기준을 정할지라도 누가 이것을 곧이곧대로 믿고 정부를 따르고 정의가 실현되기를 기다리고만 있을 것인가? 정부가 이 집단을 돕게 되면, 저 집단이 나서서 '나는 뭐냐?'고 항의한다. 처음에는 가난하고 불우한 집단에 대한 온정과 시혜(benefit)로 시작하지만 이내 권리(entitlement)로 둔갑해 청구권이 되어버린다. 정부는 일방적으로 수세적 입장으로 몰리고 만다. 이것이 경제생활을 정서화한다는 말이고 정치화한다는 말이다. 과거에는 국민이 자기 힘으로, 머리를 더 짜서, 더 큰 노력을 기울여 해결할 수밖에 없다고 생각했던 문제들이 이제 정치적 입장 취하기(political posturing)와 로비 등에 따라 결과가 좌우된다는 사실을 알게 되면 누가 다소곳이 자기의 최선을 다하려고 하겠는가? 이렇게 자기 책임의 체제로부터 정부 의존 체제로 사회체제의 성격이 바뀌면 사회갈등과 분란은 나날이 커질 수밖에 없고, 사회조화(social harmony)는 점점 깨지게 된다. 복지국가의 자기 패배적 경향성은 이렇게 나타난다.

---

29. 경제생활(economic life)을 정서화한다는 말은 사람들이 이성적이어야 할 경제생활 측면에서 감정적으로 된다는 말이다. 예컨대 가난한 사람들에 대한 복지의 제공은 재분배정책 차원에서 정당화되지만, 지원대상 그룹보다 소득수준이 약간 높은 사람들은 상대적 박탈감을 느낀다. 상대적 박탈감이 복지정책의 확산을 부르는 것은 거의 자동적이다. 이들의 요구를 정치적으로 거부하기 힘들기 때문이다.

여기서 생겨나는 의문이, 그러면 일찍이 복지국가의 실험에 참여했던 유럽의 거의 70년에 걸친 실패경험에도 불구하고 왜 현대의 민주국가들은 복지국가의 수렁(?)에 자발적으로 빠져들려고 하는가 하는 점이다. 한마디로 민주주의의 구조적 결함 때문이다. 선거에 이겨야만 집권할 수 있으므로 유권자의 환심을 살 만한 공약들이, 포퓰리즘(populism)이 난무하는 게 민주국가의 선거판이다. 공약을 이행해야 하니 공무원 등의 연금, 국민연금, 건강보험 재정의 파탄 등 문제가 빤히 보임에도 불구하고 개혁은 자꾸 뒤로 밀려나고 만다. "오늘날의 민주주의는 정부의 일을 무한정 팽창시키는 자기 모순적 유인구조를 내장하고 있다."는 드 자사이의 말이 이것이다.(de Jasay, 1997:58) 절차가 민주적이라는 이유로, 또 그러므로 합법적이라는 이유로 특수이익집단의 정치적 담합과 '서로 밀어주기(log-rolling)'가 성행하고, 여기에 재정적 환상(fiscal illusion), 즉 개개 국민(납세자)의 눈으로 볼 때 특정 공공재의 공급비용은 거의 무시할 정도로 작고 그 편익은 크게 보이는 데서 비롯되는 재정적 환상이 가세하면, 사태는 점점 걷잡기 힘든 상태로 빠지고 만다.

3.3 정부개입의 악순환과 '강한 정부'의 역설

정부개입의 실패와 악순환 현상에도 불구하고 개입주의자나 일반 국민은 이것을 정부의 책임이 아니라 자본주의나 시장경제 체제의 구조적 결함으로 돌리려는 경향이 있다.[30] 인간 이성의 무한성을 믿고, 성공을 자만하

---

30. "대공황에 대한 정부의 책임은 그때나 지금이나 잘 인식되지 않고 있다. 대신에 자유시장 자본주의 체제의 실패라는 해석이 널리 퍼져 있다. 이 신화가 개인과 정부 각각의 책임을 잘못 설정해 가고 있는 지식인들의 견해에 대중이 동조하게끔 만들고 있다. 자신의 운명에 대한 개인 책임의 강조는, 항거불능의 힘에 좌지우지되는 졸(pawn)에 불과한 개인의 강조로 대치되고 말았다. 정부는, 개인이 다른 개인에게 강제력을 행사하지 못하도록 하는 심판자의 역할을 담당해야 한다는 관점은, 정부는 누군가가 다른 사람을 돕도록 강제하는 의무를 진 부모의 역

는 개입주의자들이야 그렇다고 쳐도, 일반 국민은 왜 이들의 주장에 동조하는 것일까? 애초에 정부가 개입하게 된 이유가 시장의 문제들 때문이었다고 믿기 때문이다. 이런 문제들을 바로잡기 위한 정부의 개입은 불가피한데, 정부개입으로 이런 문제들이 해결되지 않는다면, 개입을 더 강화하는 수밖에 더 있느냐라고 간단하게 생각하고 말기 때문일 것이다.

이런 무언의 국민 지지가 있는 한 정부개입의 악순환은 끊어내기가 불가능하다. 문재인 정부가 강행한 임대차 3법(계약갱신 청구권, 전월세 상한제, 전세와 월세 신고제)이 전형적인 예이다. 턱없이 부족한 주택 공급은 뒤로한 채 규제를 통해 주거안정을 꾀해 보겠다고 최강수를 두었지만, 시장의 반응은 영 딴판이다. 이 법들은 전세, 월세 시장을 뒤흔들고 매매가격 상승을 부추겨 무주택자인 임차인에게 더 큰 고통을 안겨주고 말았다. 지금 많은 임차인은 계약갱신 청구권이 종료될 예정인 2022년 8월 이후에 대한 걱정이 태산이다. 대규모 주택 공급이라는 시장적 대책이 아니라 강력한 규제를 통해 시장가격을 안정시켜 보려는 시도는 실패로 끝나가고 있다.

시장에 대한 정부개입이, 주택시장에서 보는 바와 같은, 악순환 현상을 빚어내는 것은 불가피하다. 경제사회는 원래가 매우 복잡다단한 존재이다. 하지만 그 안에는 내적인 질서체계가 있다. 이것을 무시하고 정부가 어떤 정책목표를 세우고 이것의 달성을 위해 기획, 명령, 지시를 통해 시장에 개입하면 시장에 필경 왜곡이 발생한다. 이때 정부는 이 왜곡 현상을 보고 물러서야 하나, 이렇게 하지 않는다. 오히려 애초의 정책목표 달성을 앞세워 개입을 계속 확대한다.

놀라운 사실은 이런 정부개입의 악순환 현상은 '약한 정부'가 아니라 '강

할을 담당해야 한다는 관념으로 대치되었다. … 정부는 점점 더 안정(security)과 평등을 명분으로 누군가로부터 빼앗아 다른 사람에게 주는 것을 과업으로 삼게 되었다. 정부 정책이란 것은 하나부터 열까지, 개인의 자유가 보장되어야 '근면과 개선을 통한 행복의 추구'가 가능하다는 제퍼슨의 격언(dictum)과는 정반대 방향, 즉 개인의 근면과 개선의 추구를 '억제'하는 방향으로 나가고 있다." 밀턴 프리드먼의 말이다.(Friedman, 1980:5)

한 정부'에서 더 심각하게 나타난다는 사실이다. 아이켄베리는 이를 '강한 정부'의 역설(irony of state strength)이라고 불렀다.(Ikenberry, 1986) '강한 정부'는 한마디로 말해 정부가 그 사회의 강력한 경제사회 세력이나 집단의 압력과 관계없이 국가목표를 설정할 수 있는 자율성(autonomy)을 지니고, 이 목표의 실현을 위해 시장에 개입할 수 있는 매우 효과적이고 다양한 정책수단을 보유하고 있는 정부다. 일반적으로 '강한 정부' 아래서 국민은 시장에서 생기는 모든 문제를 정부가 책임지고 해결해야 한다고 생각하고, 정부 역시 이런 국민의 기대에 부응하는 것이 당연한 책무라고 여기는 경향이 있다. 그러나 여기서 역설적 상황이 야기된다.

우선 '강한 정부'는 특정 경제사회 집단의 압력에 굴하지 않고 정부의 자율적 의지에 따라 필요한 정책을 펼 수 있어야 하겠지만, 실제로 정부가 완전히 자율적이기는 어렵다. 왜냐면 '강한 정부'는 필연적으로 과거의 정책 약속(past policy commitments)에 묶이기 때문이다.[31] 겉으로 보기에 '강한 정부'가 속으로는 특수이익집단의 포로가 되어 있거나 이들의 지배를 받는 경우가 허다하다.(Bernstein, 1955) 정부가 효율성이 낮은 공기업들을 쉽게 어쩌지 못하는 것이 좋은 예다. 이런 이유로 기왕에 정부개입의 정도와 폭이 크고 넓은 정부일수록 이후의 정부 행동의 신축성은 떨어지고 정책선택의 폭은 좁아지고 만다.

'강한 정부'의 또 다른 역설은 정부가 스스로 강하다고 생각할수록 힘에 의한 문제해결에 더 집착하게 된다는 것이다. '강한 정부'는 경제사회에서 발생하는 문제들의 해결을 시장에 맡겨 두는 것, 혹은 시장이 결정하도록 하는 것은 상상조차 하지 못한다. 이것을 '약한 정부'의 징표라고 착각

---

31. 이 점은 우리나라에서 경제사회 개혁이 연이어 실패하는 이유를 잘 시사해 준다. 우리 경제사회의 거의 모든 문제의 책임이 상당 부분 역대 정부의 정책실패에서 비롯된 것인 이상, 어떤 정부도 이런 과거의 정책실패와 유산(policy failures and legacies)에 대해 초연할 수 없고, 원하든 원하지 않든 간에, 문제의 해결자로 나서지 않을 수 없게 된다. '정책이 정책의 원인'이라는 말은 바로 이런 뜻에서 하는 말이다.(Wildavsky, 1979:63-85)

한다. 사실은 그 반대다. 잘못된 정부개입을 철회하고 시장을 통해 문제가 해결되도록 시장에 일임하는 정부가 '강한 정부'이다. 정부가 힘을 행사하면 시장의 문제들은 '쉽고 간단하게' 해결된다고 보는 세력의 정치적 압력에 굴복하지 않는 정부야말로 '강한 정부'이다.

'강한 정부의 아이러니'를 설명하기 위해 아이켄베리가 예시로 든 것이 1970년대 석유파동에 대한 정부의 대응이다. 석유 위기에 처하여 대부분의 선진국 정부는 즉각적으로 석유 가격의 인상을 허용하였다. 이에 따라 에너지 이용 패턴에 큰 변화가 생겨났다. 대형자동차 대신 소형자동차에 대한 수요와 공급이 동시에 급증하였다. 정부는 에너지 절약 캠페인을 벌이는 따위의 일은 하지 않았다. 그런데도 시장에서는 에너지 절약형 기술개발이 여기저기서 착수되었다. 저유가 시대에 채산성이 없어 방치되었던 석유와 가스의 시추 및 탐사작업이 개시되고 관련 기술이 개량되는가 하면, 폐광이 다시 활기를 띠고, 석탄의 액화 작업도 속속 진행되었다. 놀랍게도 오늘날 선진국들은 석유 의존도가 석유 위기 이전보다 크게 낮은 상태에 있다.

이에 비해 우리나라 정부는 석유 가격의 급등이 초래할 경제사회적 충격과 여파를 우려해 석유 가격을 통제하였다. 하지만 가격통제가 가수요를 조장하고, 그에 따라 석유의 매점매석과 암거래가 성행하자, 단속에 나섰다. 한편 석유 가격의 급격한 변동의 충격을 최소화한답시고 석유안정기금을 조성해 시장가격보다 낮은 수준에서 석유 가격을 조절하였다. 석유 소비가 줄지 않자 에너지 절약 캠페인을 벌였다. 석유의 장기 안정적 공급이란 목표 아래 석유개발공사를 설립하고 석유탐사와 시추에 나섰다. 대체에너지의 연구개발에 대한 재정지원도 늘렸다. 이런 많은 의도적인 노력에도 불구하고 석유 한 방울 나지 않는 우리나라는 오늘날 에너지 의존도가 가장 높은 나라로 손꼽히고 있다.

무엇이 이런 엄청난 차이를 만들었는가? 선진국에서 이런 놀라운 결과를 만들어 낸 것은 정부의 용의주도한 계획이나 명령이나 지시가 아니었다. 애국심에 호소하는 국민적 설득이나 무언의 압력은 더더구나 아니었

다. 이들은 단지 자본주의 사회의 두 가지 기본 메커니즘, 즉 사유재산제도
의 보장에 따르는 인간행동의 유인 메커니즘, 그리고 가격으로 매개되는
시장의 정보 메커니즘(information mechanism)을 신뢰하고 잘 활용하였을
뿐이다. 석유 가격의 상승이란 새로운 신호와 이 신호에 담긴 다양한 정보
에 모든 시장행위자가 합리적으로 대응하도록 유도하고 허용하였다.

시장기능과 원리를 깊이 이해하지 못하거나 시장을 무조건 불신해 정부
개입을 앞세우는 정부, 그리고 시장기능을 이해하고 정부의 개입을 자제하
는 정부의 차이는 이렇게 크다. 석유 위기 대응 전략 측면에서의 이런 차이
는 정부의 주요 정책 곳곳에서 똑같이 발견된다. 예컨대 기술이 발전하고
소비패턴에 급격한 변화가 일어나거나, 무역장벽의 해소 등으로 인해 한때
잘나가던 산업이 사양산업이 되는 것은 다반사로 보는 일이다. 이때 사양
산업을 마냥 보호해 주려는 정책을 펴는 것과 기업도산의 불가피성을 받
아들이고 그로 인한 후속 문제들을 처리해 나가는 정책 중 어느 정책을 추
진하기가 더 어렵고 힘들겠는가? 지속적인 시장개입을 요구하는 정치적 압
력을 거부할 수 있는 정부, 그런 정책 관행을 단절하려는 결연한 의지와 능
력이 있는 정부가 진정한 의미에서 '강한 정부'다. 이런 정부만이 확실하게
경제사회의 개혁과 구조조정을 이룩해 낼 수 있다. '강한 정부'의 이 역설
을 이해하지 않고서는 경제사회의 구조적 개혁이나, 정부 주도에서 민간 주
도로 전환한다는 공약은 구두선일 뿐이다.[32]

4. 관치경제 대 시장경제

시장경제 체제를 위협하는 것은 '강한 정부'의 착각만이 아니다. 관치경

---

[32]. 저자는 이런 논리로 과거 김영삼 정부나 김대중 정부의 시장개혁이 공전할 수밖에 없는
중요한 이유를 설명한 바 있다.(Choi, 2000)

제의 병폐를 시장경제의 병폐로 오인하는 것도 정부개입이 계속되고 확산하도록 만드는 심각한 요인이다. 이 문제는 우리 국민이 "관치가 없는 시장경제를 경험한 적이 없어서 관치경제에서 불가피하게 일어나는 일들—정경유착, 부정부패, 기득권 옹호—을 시장경제에서 불가피하게 일어나는 일이라고 잘못 인식하고 있어서" 생기는 문제라고 할 수 있다.(유정호, 2004:181) 이에 관해서는 유정호의 말을 그대로 인용하는 것보다 더 잘 표현하기 힘들다.

[이같이 부작용이 많다고 해서] 소득불평등을 계속 방치하는 것은 어리석은 짓이다. 다른 사람의 극심한 생활고와 정신적 고통을 보면 즐기기보다는 남의 일이라도 연민의 정을 가지고 사회의 비정을 한탄하는 것이 사람의 심성이다. 소득격차, 부익부·빈익빈, 부와 빈곤의 세습을 수수방관하는 태도를 옳다고 옹호하려고 하는 사람은 아무도 없을 것이다. 소득불평등과 관련해서 정부의 최소한의 책무는 그것이 체제 존립에 대한 위협이 되지 않도록 해야 한다는 것이다. 그러므로 정부의 개입으로 소득 불균형이 야기하는 체제 위협을 최소화하는 동시에 이로 인해 시장경제의 본질이 훼손될 가능성을 최소화해야 한다. 따라서 소득 불균형 시정을 위한 조치를 마련할 필요가 있고 그를 위한 가장 적당한 수위를 찾아야 하는 문제가 있다. 이는 흔히 '성장이냐 분배냐' 혹은 '효율이냐 형평이냐'의 문제로 표현되는데, 이를 선택의 문제로 보는 것은 엄밀한 의미에서 옳지 않다. 양자 가운데 어느 쪽을 더 중시하느냐는 의미에서 선택의 문제라고 말할 여지가 있는 것은 사실이지만, 택일의 문제는 분명히 아니다. 양자 사이의 균형 혹은 조화를 어느 선에서 구할 것이냐 하는 타협의 문제다.

그럼에도 우리 사회에서는 성장-분배의 문제가 체제 선택 문제로까지 확대되고 변질되는 경향을 보이고 있는데, 그 근본적 이유는 1960년대 이후 성장제일주의 아래 '선성장·후분배'의 논리를 내세웠던 관치경제의 경험에 있다. 관치경제 아래 1960년대와 1970년대에 고속성장이 이뤄졌기 때문에… 고속성장은 관치가 가능하게 했던 것으로 인식되고 있다.[33] 이 때문에 많은 사람들이 성장을 위해서는 관치가 유효하다는 견해를 가지고 있다. 다른 한편 관치는 우리 사회에서 시장경제에 대한 반감이 자라는 데 크게 '공헌'했다.

그러나 관치에 관해 우호적인 견해를 가지고 있든지 혹은 시장경제에 대해 반감을 가지고 있든지 인식할 필요가 있는 것은 관치가 정경유착과 부정부패의 원인이었을 뿐 아니라 우리 사이에 기득권층을 만들어냈다는 사실이다. 서로 친분이 있는 사람들이 정보를 공유하고 서로 돕는 것은 자연스러운 일이다. 하지만 관치에 따른 정경유착이, 이러한 서로 돕는 관계가 정계·관계·업계의 인사들 사이에 생성되는 데 촉매 역할을 했다. 이런 관계를 맺은 사람들은 신분 상승의 기회에 더 쉽게 접근하고 기회를 잘 포착할 수 있기 때문에, 정경유착은 이런 관계를 가진 사람들을 기득권층으로 만드는 경향이 있다. 기득권층의 구성원들은 서로 사돈 관계를 맺음으로써 사회적 지위를 공고히 하거나 기득권층의 이점을 내부화하기도 한다. 따라서 정경유착은 사회 구성원들을 기득권층과 소외계층으로 가르고, 오래 지속될수록 기득권층 안에 지연·학연·혈연의 관계를 점점 더 심화시켜 끝내는 기득권층이 지배계층으로 등장할 가능성마저 생기게 한다.

우리 사회에 많은 사람들이, 기득권을 옹호하는 경향이 있는 이런 관치경제의 특성이 시장경제의 속성이라고 인식하고 있다. 그들은 관치 없는 시장경제를 경험해 본 적이 없기 때문에 관치경제에서 불가피하게 일어나

---

33. 유정호는 그의 책 제3장에서 실증분석을 통해 우리 경제의 고속성장은 관치의 덕이 아니라고 주장하였다. "그러므로 우리 경제의 고속성장은 관치의 덕이라고 할 수 없다. 박정희 정부의 공로 또한 관치에 있지 않다. 관치의 대표적인 사례인 중화학 공업 정책에 관한 박정희 정부의 공로는 그 정책이 경제 성과를 약화시킬 때 그를 고집하지 않고 중단했다는 데 있다. 1980년대 후반까지도 우리 수출의 대종을 이루고 있었던 경공업 부문은 중화학 공업 정책의 종료 이후 1980년대 초부터 다시 세계시장의 점유율을 증대해 나갔다. 만약 중화학 공업 정책이 계속되었더라면 경공업 부문의 경쟁력 상실과 수출 감소가 1980년대에도 지속되어 우리 경제는 고인플레이션과 저성장의 늪을 헤맸을 가능성이 매우 높다. 이에 따라 서민 생활은 실업과 소득 감소로 갈수록 피폐해졌을 것이다. 실제로 1970년대 말 우리 경제는 이미 그런 조짐을 보이고 있었다."(유정호, p. 116)

는 일들을 시장경제에서 불가피하게 일어나는 일이라고 인식하고 있는 것이다. 그러나 제대로 작동하는 시장경제 체제는 다른 어떤 체제보다 기득권층의 형성과 지속이라는 독에 가장 유효한 해독제다. 시장경제에서는 소비자가 원하는 것을 효율적으로 생산하는 자가 승자가 되는데, 이것이 바로 신분 상승의 길이기 때문이다. 이 말은 상업적 의미로 좁게만 해석될 것이 아니다. 사회 구성원 모두가 소비자이고, 일상생활에서 의식주와 관련된 것만 소비하는 것이 아니라, 학문·예술·정치 서비스도 '소비'하고 있으므로, 시장경제는 매우 광범위한 분야에서 사회구성원이 원하는 것을 효율적으로 충족시키는 자에게 신분 상승의 길이 열려 있는 체제다. 또한 이 길이 열려 있어야 제대로 작동하는 시장경제라고 할 수 있다. 그러므로 기득권층과 소외계층을 가르고 소외계층에서 신분 상승의 기회를 빼앗는 것은 시장경제가 아니라 관치경제다.

지난 40여 년간의 관치경제를 시장경제로 인식한다면 기득권층을 없애고 소득 불균형을 시정하기 위해서는 시장경제 체제를 바꿔야 한다는 결론에 도달하게 된다. 빈곤층 구제를 위한 사회보장을 강화함은 물론 중산층까지 수혜 대상에 포함되도록 사회복지 제도를 개편하고, 노사분규에서는 노동자에게 유리한 행정을 펴며, 고용인 해고를 어렵게 만들며, 경영자에 의한 합법적인 직원의 차별대우를 제한하고, 지역간 균형발전을 국가 목표로 삼는 등, 과거 고속 성장의 뒷길에서 소외받던 계층에게 좀 더 혜택이 많이 돌아가도록 체계를 바꾸는 것이다. 그러나 이러한 '개혁'은 관치 체제를 없애지 못한다. 그 의도하는 것이 시장에서 정해질 가격과 경제 활동의 방향, 크기를 정부의 개입으로 바꾸려는 점에 있어서 종래의 관치와 다르지 않기 때문이다. 또한 이는 세금징수를 확대하고 정부 규모를 키우는 결과를 초래할 것이다. 따라서 대중영합주의에 기초하고 있는 이 '개혁'은 또 다른 형태의 관치를 만들어 낼 뿐이다. 단지 관치의 수혜자를 기존의 기득권층에서 소외계층, 소시민으로 바꾸자는 것에 다름 아니다.

이렇게 해서 소득 불균형의 시정을 위한 시책과 조치의 수위 조절 문제가 성장제일주의 아래 정부와 업계가 유착하는 관치경제를 택하느냐 혹

은 대중영합주의 아래 정부와 소외계층, 소시민이 유착하는 관치경제를
택하느냐의 문제로 변질되어 버린 것이다. 이것이 성장-분배 문제, 개혁 일
반에 관해 우리 사회에 진행되고 있는 보수-진보 논란의 내용이다. 우리
가 고민해야 할 것은 어떤 관치경제를 선택할 것인가가 아니라 어떻게 체
제의 약점을 보완해서 시장경제의 장점을 잘 살려 나갈 것인가다. 만약 관
치경제를 시장경제와 동일시함으로써 진정한 민주사회와 양립할 수 있는
유일한 경제체제인 시장경제를 버리고 사회주의를 택하는 일이 생긴다면
그것보다 더 큰 민족의 비극은 없을 것이다.(유정호, 2004:153-57)

5. 공리주의적 사고와 판단의 위험성

정부 행동의 가장 근본적인 구분은 그것이 '자유(경제) 체제와 양립 가
능한지, 아닌지?'이다. '법의 지배'의 원리가 이것의 분별 기준이다. 앞에서
강조한 대로, 시장 자유에 맡길지 아니면 정부가 개입하여 특정 결과를 만
들어낼지 간의 선택 문제를 원칙의 문제가 아니라, 편의(방편)의 문제로 보
는 것은 곤란하다.(Hayek, COL:221) 일반적으로 사람들은 정부개입의 긍정
적 측면만 보고 그것이 장차 초래할 부작용과 역효과는 보지 못한다.

영국의 저명한 법률가이자 헌법학자인 다이시(Dicey)는 "법률 형식을 통
한 국가개입의 선한 효과는 직접적이고 즉각적이며 소위 가시적이다. 한편
그것의 나쁜 효과는 점진적이고 간접적이며 우리 눈에 잘 안 띈다. … 따라
서 인류의 대부분은 필연적으로 정부개입을 긍정적으로 본다. 이런 자연적
편향성(natural bias)은 개인의 자유에 대한 강한 신념이 사회에 굳건히 자
리 잡고 있을 때만 막아낼 수 있다."고 말했다.(Dicey, 527) '깨진 유리창' 이
론으로 유명한 프랑스의 자유주의 경제학자 바스띠야(Bastiat, [1964]2007)
도 《보이는 것과 보이지 않는 것》이란 제목의 수필집에서 양자의 차이가
사람들이 얼마나 세상의 일들을 잘못 보고 그래서 잘못 돌아가도록 만드

는 원인인지를 잘 보여주고 있다.

하이에크가 이 점을 강조한 것은 두말할 필요가 없다. 그는 "자유와 강제[정부개입] 사이의 선택이 원리원칙(principle)의 문제로서가 아니라 편의(expediency)의 문제 차원에서 다루어지게 되면 거의 모든 경우에 개인의 자유는 [명분이 좋고, 보이는 면만 강조되는] 정부개입 앞에서 희생되고 만다. [실용주의에 빠져서] 정부개입으로 인한 특정 유익 때문에 개인의 자유가 희생되어서는 안 된다는 원리가 그 사회에서 가장 중요한 최고의 원리(supreme principle)로서 존중받지 못한다면 개인의 자유는 보장될 수 없다."고 경고하였다.(Hayek, LLL I:56-59)

원리원칙의 존중은 복잡한 사회를 끌어나가는 데 대단히 중요하다. 그러나 이 점의 중요성을 제대로 인식하고 있는 사람들은 드물다. 심지어 정부개입에 반대하는 경제학자들조차 원리원칙과 편의를 혼동하는 예가 많다. 시장에 대한 정부개입의 비용이 편익보다 클 것이라는 등의 공리주의적 혹은 실용주의적 고려에서 정부개입에 반대하는 것으로는 충분하지 않다. 비록 정부개입이 바람직한 목표의 달성에 효과적일지라도, 그리고 그것이 유일한 효과적 수단일지라도, '법의 지배' 원리에 반하는 조치는 단연코 거부해야 한다. '법의 지배' 원리만이 불확실성 속에서 개인이 어느 정도 (다른 사람들이 취할 행동에 대한) 기대를 형성해 자신의 행동을 적절히 계획하고 효과적으로 행동할 수 있게 해 주는 유일한 방법이기 때문이다.(North, 1990)

공리주의는 그것이 누구의 행복의 극대화를 추구하든 관계없이 개인의 자유에 대한 침해를 불러들인다.(Posner, 1983:65) 공리주의는 도구주의(instrumentalism)의 위험을 안고 있다.(p. 56) 개인에게 마음대로 재산권, 결혼권, 직업선택권 등을 허용하는 것이 행복을 극대화하는 것이라면 공리주의자는 이런 권리를 인정해 주자고 한다. 동시에 사람들을 짐승처럼 다루는 것이 행복을 증가시키는 방법이라고 하면 또 그렇게 하자고 한다. 사람들이 민주주의 사회가 아니라 전체주의 사회에서 살 때 더 행복해 보일

리 없지만, 만일 그렇다고 한다면 전체주의 사회를 만들자고 해야 일관성 있는 공리주의자다. 공리주의는 이렇듯 무서운 불확정성(indefiniteness)의 문제를 안고 있다. 공리주의자들이 흔히 개입주의자들인 것은 결코 우연이 아니다. 가장 중요한 이유는 이들이 자신도 모르는 사이에 인간의 완전한 지식(omniscience)을 가정하는 버릇이 있기 때문이다.

6. 정책의 일관성에 대한 오해

'법의 지배'를 단순히 법질서의 확립, 또는 행정과 정책의 일관성을 뜻하는 말로 이해하는 사람들도 많다. 그만큼 사람들은 제도와 정책의 일관성을 매우 중요한 가치로 여긴다. 하지만 다른 한편으로 끊임없이 개혁을 요구하기도 한다. 바람직하다고 생각되는 제도와 정책은 그대로 유지되기를 바라고, 그렇지 않다고 생각되는 제도와 정책은 없애거나 바꾸기를 원한다면 일관성은 객관성 있는 가치 기준이라고 말하기 어렵다. 같은 제도와 정책 아래서 사람마다, 단체마다, 기업마다 그것에 대한 선호가 다르고, 이해관계가 다르기 마련이라는 점을 상기해 본다면, 더욱 그러하다. 도대체 사람들이 말하는 제도와 정책의 일관성은 무엇을 뜻하는가?

우리가 일반적으로 사용하고 있는 일관성 개념, 즉 이때는 이렇게 하고 저때는 저렇게 하면 일관성이 없다고 생각하는 것은 일관성이라는 말을 올바로 사용하는 것이 아니다. 예를 들어 설명한다면 다음과 같다.(Kydland and Prescott, 1977:473-91) 상습 홍수 지역에 주민이 거주하고 있다고 해 보자. 사회적으로 바람직하기는 그곳에 주민이 거주하지 않도록 하는 것이다. 따라서 정부가 이 지역에 주민이 거주하지 못하도록 법률로 금지하였다고 해 보자. 이 경우 어떤 사람들은 이제 정부가 보호조치를 취해 주지 않을 것이라고 믿고, 그곳에 거주하지 않으려 할 것이다. 한편 어떤 사람은 자기가 그곳에 거주하고 있는 한 정부가 홍수 예방조치나 사후 보호조치를 취하지 않을 수 없을 것이라는 판단 아래 그곳에 거주하고 있다고 하자. 이 경우 정부는 홍수 예방조치와 보호조치를 취해야 할까?

정책의 일관성 논리로 따진다면 정부는 이들에게 아무런 보호조치도 취해 주지 말아야 할 것이다. 하지만 이것이 우리가 일관성 확보를 통해 얻으려는 바인가? 어느 정부가 이들을 위험에 방치한 채 정부는 책임이 없다고 팔짱을 끼고 있을 수 있겠는가? 단언컨대 법과 정책의 일관성 확보를 위해 정부가 이곳에서의 거주를 금지한 이상, 이곳 불법 거주자를 보호해 주어서는 절대 안 된다고 말할 사람은 없을 것이다. 애당초 정부가 이 지역에서의 거주를 금지한 뜻은 무엇인가? 주민의 안전을 염려해서가 아니던가? 그렇다고 한다면 법을 어겼든 아니든 위험에 처한 주민의 안전을 도모하는 것이 정부의 일관성 있는 행동이요 자세 아니겠는가? 물론 정부가 그 지역에 주민이 거주하지 않도록 사전에 막지 못하고 감시하지 못한 책임을 면하기는 어렵다. 그러나 실제 주민이 거주하고 있는 가운데 홍수가 밀려오고 있다면 정부의 선택은 이들을 긴급히 대피시키는 등의 보호조치, 한 가지밖에는 없다.

왜 정부는 늘 이런 곤혹스런 처지에 서지 않을 수 없게 되는가? 최근의 사태, 특히 화물연대 파업사태 등과 관련해 정부가 처해 있는 상황이 바로 이러하다. 이 질문에 대한 간단한 답은 정부 스스로 약속을 지켜 오지 못했기 때문이다. 위의 예에서 정부가 한 번이라도 홍수가 나든 말든 위험지역의 주민을 의도적으로 방임하였더라면—이것은 현실적으로 생각할 수 없는 대안이기는 하지만—후자의 사람들이 정부를 상대로 이런 위험한 게임을 벌이지 않았을 것이다. 마찬가지 논리로 불법적인 노조 파업이나 집단행동에 정부가 단호하게 대처해 왔다면, 화물연대 운송업자, 전교조 등이 집단의 힘을 빌려 정부를 압박함으로써 소기의 목적을 달성하려고 덤비는 일은 없거나 훨씬 적었을 것이다.

7. 맺는말

　'법의 지배' 원리만을 앞세워 정부에 안보, 치안, 법질서의 유지, 계약의 자유와 실효성의 보장, 개인의 자유와 재산권의 보호 등 일반적 목적 외에 다른 어떤 목적도 추구하지 말라고 요구하는 것은 무리일지 모른다. 그러나 이런 일반적 목적을 넘어선 다른 그 어떤 목적의 실현을 위해서든 정부 권력의 자의적 사용을 허용하는 것은 판도라의 상자를 여는 것이나 다름없다는 사실을 잊어서는 안 된다. 민주사회에서 정부 권력의 사용을 정당화할 만한 그럴듯한 명분을 찾기로 한다면 끝이 없고, 이때 정부 권력의 자의적 행사에 대한 통제는 원천적으로 불가능해지기 때문이다. 여기에 진정한 민주사회의 실현을 위해서는 무엇보다도 중요하게 정부 권력을 제한해야 할 절대적 필요성이 존재한다. 바로 이런 이유로 제한적 정부, 혹은 진정한 의미에서의 '작은 정부'를 구현하기 위해서는 '정부가 공익을 내세워 추구하려고 하는 특정 목적이 과연 공익적인가?' 더 나아가 특정 목적의 실현을 위해 정부가 선택한 정책수단이나 집행방법이 불필요하게 또는 부당하게 개인의 자유와 재산권을 침해하지 않는가?'라는 질문을 끝없이 제기해야만 한다. 제한적 정부는 그 무엇이든 특정 목적의 실현을 이유로 정부 권력이 자의적으로 사용될 수 없도록 정부 권력을 제한하는 정부이다.

　제한적 정부에서 삼권분립은 '법의 지배'의 핵심 부분이다. 물론 상황의 변화에 따라 일반규칙을 새롭게 제정하는 일과 규칙을 특정 사례에 적용하는 일을 효과적으로 분리하기는 거의 불가능하다. 그러나 규칙이 특정 상황(사례)을 염두에 두고 만들어져서는 안 되고, 일반규칙—물론 이 규칙은 아직 명료하게 정리되어 있지 않고 따라서 발견되어야 할 수도 있지만—외에는 그 무엇에 비추어 결정되어서도 안 된다. 여기에 행정부가 내세우는 어떤 특별목적이나 일시적 목적과 관계없이 법을 제정할 입법부, 그리고 그렇게 법을 적용해야 할 독립적인 사법부가 요구되는 소이가 있다.(Hayek, *COL*:211)

바로 여기서 민주적 지배(democratic governance)와 '법의 지배' 간의 긴장과 갈등 문제가 제기되기도 한다.(Ferejohn and Pasquino, 2003) '국민의 뜻'을 받든다는 의미에서는 국민의 대표기관인 입법부의 의사를 존종해야 하나, '법의 지배'를 위해서는 사법부의 독립이 절대적이라고 말할 수 있는데, 이 둘이 충돌할 때 과연 어느 쪽의 손을 들어주어야 하는지가 문제라는 말이다. 구체적으로 말한다면, 민주국가는 국회의 월권과 입법권의 남용을 제어하기 위해 사법부에 위헌법률심사권을 부여하고 있는데, 사법부의 위헌판단에도 불구하고 입법부는 원한다면 유사한 취지의 법률을 제정할 수 있다. 이와 같이 '입법부와 사법부가 마찰을 빚을 때, 어느 편에 최종결정권을 주어야 하는가?'에 대하여 서로 다른 해석과 입장이 존재하지만, 대다수 국가에서는 입법부의 손을 들어주는 것이 관례인 것처럼 보인다.(김영평·최병선, 2019:53-54) 사법부의 독립성 확보를 위한 제도적 장치들이 강구되어 있지만, 사법부는 국민이 직접 선출한 권력이 아니라는 태생적 약점을 갖고 있기 때문이다. 이 면에서 입법부는 사법부를 압도한다. 하지만 입법부는 성격상 정치적인데다 여론의 지배에서 벗어나기 어렵다. 한 국가의 '법의 지배'의 질적 수준은 그 나라 국민의 민주주의(원리)에 대한 인식 수준, 결국은 국민의 선택에 달려 있다고밖에는 말할 수 없지만, '법의 지배' 원리의 해석과 적용의 정통성을 본질적으로 정치적이고 여론의 지배를 받는 기관에 부여한다면, 이는 위험천만한 일이 아닐 수 없다는 사실 또한 부인할 수 없다.

다시 강조하건대 '법의 지배'를 떠받치고 있는 기본관념은 정치(또는 정부) 권력은 오로지 법에 기초해서, 그리고 그것이 부과한 제약조건 아래서만 정당하게 행사될 수 있다는 것이다. 이때에만 정부 권력의 자의적인 개입으로부터 시민의 자유, 경제적 자유를 보호할 수 있다.(Kasper and Streit, p. 165) 이런 관점에서 '법의 지배' 원리 아래서 행정부가 강제행위를 할 때는 그 강제력을 언제 어디서 행사할 수 있는지뿐만 아니라, 어떤 방식으로 행사해야 하는지를 규정한 규칙에 구속되어야 한다. 제한적 정부 관념이 지배하는 사회에서 모든 정부 행위를 사법심사의 대상으로 삼는 것은 이런 '법의 지배'의 원리를 확실하게 보장하기 위해서다.

우리나라에서 '법의 지배' 원리는 사회에서 또 시장에서 어느 정도나 지켜지고 있는가? '법의 지배'와 관련해서 볼 때 두드러지게 나타나는 특징은 정부의 역할 도치(倒置)이다. 정부의 기본 임무는 국가를 안전하게 지키고, 폭력과 사기와 기만을 배제해 사적 계약의 자유를 보장하며, 그 사회의 구성원이 정의로운 행동규칙으로 인정한 규칙의 위반자를 처벌함으로써 국민 개개인이 누구나 이 규칙에 따라 행동할 것이라는 기대 아래 자신의 지식을 최대한 활용할 수 있도록, 또 이를 통해 무한히 다양한 협력이 일어날 수 있도록 돕는 일이다. 그런데 정부가, 사적 계약의 자유와 권리에 제약을 가하고, 사람들의 협력방식에 간섭하는 일에 주력하는 반면, 폭력과 사기와 탈법에 대해 지나칠 정도로 관용을 베푼다면 이것은 자유 사회가 유지되고 성장할 수 있는 법적, 제도적 기반 자체를 허물어뜨리는 일이다.

이런 면에서 2001년 형사정책연구원이 우리 국민 1,200명을 대상으로 수행한 준법의식 실태에 관한 설문조사 결과는 꽤 충격적이다. 우리 국민의 92.5%가 "법보다 권력과 돈의 위력이 더 크다."고 생각하고 있다. 우리 국민의 91.9%가 "똑같이 나쁜 일을 해도 가난하고 힘없는 사람이 더 심한 처벌을 받는다."고 말한다. "돈과 권력이 있는 사람은 법을 위반해도 처벌받지 않는 경향이 있다."고 생각하는 국민이 무려 95.1%에 달한다. 유용한 분쟁 해결 수단으로 "권력과 돈 그리고 연줄"을 든 국민이 76.3%인 데 비해, "법, 상식, 윤리와 타협"을 꼽은 국민은 23.7%에 불과하다.(《조선일보》, 2001년 6월 14일자) 2021년의 조사결과는 이보다는 다소 개선된 것으로 보이나, "법은 정의롭다."고 생각하는 사람이 조사대상자의 57.2%에 불과하고, "법은 힘 있는 사람의 이익을 대변한다."가 60.7%로 나타나고 있다. 법치주의가 구현되지 않는 이유로서, "사회지도층의 법 준수 미흡"이라고 답한 사람이 조사대상자의 32.8%에 달했다.

그러면 우리나라의 경제자유도는 어떨까? 한국경제연구원이 2022년 8

월 18일 펴낸《경제자유도와 경제성장: 삶의 질 국제 비교 및 시사점》보고서를 보면, 한국의 경제자유도는 75.4점으로 경제협력개발기구(OECD) 38개국 중 22위에 그치는 것으로 나타났다.[34] 이는 한경연이 미국 헤리티지 재단(2022년)과 캐나다 프레이저 연구소(2021년)에서 발표하는 경제자유도를 분석한 결과로, 민간 경제 활동을 제약하는 정부개입이나 규제가 적은 나라가 경제자유도가 높은 나라이다. 동 보고서에 따르면 우리나라의 경제자유도가 OECD 10위인 핀란드 수준으로 개선되면 경제성장률이 0.5% 높아지고, 5위인 덴마크 수준으로 개선되면 0.6% 상승하는 것으로 나타났다. 한국의 삶의 질 지수는 OECD 평균(6.3점)보다도 낮았다.(《매경》, 2022년 8월 18일자)

우리 사회에서 '법은 정의롭다.'고 생각하는 사람이 57%에 달하고, 경제력이 세계 10위권임에도 불구하고 경제자유도는 세계 22위라는 말이 시사하는 바는 무엇인가? 우리나라의 법과 제도는 많이 뒤떨어져 있다는 뜻이다. 우리나라의 법과 제도가 선진국 수준으로 향상된다면 우리 사회는 더 살 만한 사회가 되고 경제는 더 빨리 성장한다는 주장은 무리가 없다.[35] 이런 사실은 또 우리 국민은 법과 제도에 곧이곧대로 따라 살고 있지 않다는 뜻이기도 하다. 다시 말하면 우리 국민이 후진적인 법과 제도를 정직하게, 충실하게 따라 살아왔다면 세계 10위권에 진입하지 못했을 것이다. 우리 사회에 요령과 편법, 부조리가 상당하다는 것은 비밀도 아니다. 자랑거리는 될 수 없지만, 역설적으로 우리 국민의 머리가 뛰어나서 후진 상태의 법과 제도의 굴레를 부분적으로 돌파할 수 있었기에 이룩한 성과가 지금

---

34. 경제자유도가 높은 국가는 스위스(84.5점), 뉴질랜드(83.1점), 아일랜드(82.1점) 등의 순으로 나타났다.

35. 불합리하고 비현실적인 규제는 경제사회의 선진화를 가로막는 중요한 장벽이다. 세계은행 *Doing Business* 분석평가팀의 분석에 따르면 규제 후진국이 규제 선진국 수준으로 규제를 개혁하는 것만으로도 연간 경제성장률을 최소한 1.4%에서 최대 2.2%까지 끌어올릴 수 있다고 한다.(World Bank, 2004)

의 우리나라라는 말도 된다. 우리나라 법과 제도의 선진화보다 더 강력하고 시급한 시대적 요청은 없다.

시장이 필요로 하는 것은 정의로운 행동규칙이지, '정의로운' 결과가 아니다. 시장 결과가 정의로우려면 개개인이 자유롭게 거래, 교환, 계약할 수 있어야 하고, 정의로운 행동규칙이 지켜져야 한다. 이것이 '법의 지배' 원리의 요체이다. 사회정의를 명분으로 한 시장간섭과 규제가 만연하면, 시장은 시장으로 기능하지 못한다. 시장이 시장다우려면, 그래서 자원의 효율적 배분 기능을 충실히 수행할 수 있도록 하려면, 시장이 만들어내는 결과에 대한 성급한 판단을 보류해야 한다. 또 선진국으로 갈수록, 사회가 복잡해지면 복잡해질수록 '법의 지배'와 자생적 질서의 존재를 상기해야 하고, 민주사회가 되어 시장에 대한 불만의 목소리가 커지면 커질수록 시장의 자정(自淨) 기능, 자율적 문제해결 기능과 능력을 믿고 존중해야 한다. 정부의 개입, 특히 규제에 신중해야 한다.

"자유시장에 대한, 대다수 반대론의 밑바탕에는 자유 그 자체에 대한 불신이 자리 잡고 있다."는 밀턴 프리드먼의 말을, 20세기 초 미국의 대법관 브랜다이스(Brandeis)의 아래 말과 함께 곱씹어보시기 바란다.

경험에 비추어 보건대 정부의 의도나 목적이 선해 보일 때가 바로 우리가 가장 경계심을 갖고 자유를 수호해야 할 때이다. 본디 자유롭게 살게끔 태어난 인간은 사악한 지배자들이 자유를 침해하려고 하면 본능적으로 거부한다. 자유에 대한 더 큰 위험은 뜻은 좋으나, 이해력은 없고 열정만 넘치는 사람들이 슬금슬금 저지르는 침해(insidious encroachments)에 숨어 있다.

참고 문헌

고길곤. 2006. 〈작업장 안전 및 보건 규제 순응에 대한 실증연구: 미국의 작업장 검사 사례를 중심으로〉, 《한국행정학보》, 제40권 4호.

규제개혁위원회. 각 연도(1998-). 《규제개혁백서》.

김금수·장영재. 2007. 〈환경기초시설투자와 환경규제〉, 《규제연구》, 제16권 2호.

김민주(역). 2004. 《경제학의 제국을 건설한 사람들》(서울: 미래의 창).

김성배. 2006. 〈정부규제로 인한 손실에 대한 보상의 타당성 분석: 팔당상수원관리구역의 경우를 중심으로〉, 《규제연구》, 제15권 2호.

김성준. 2006. 〈비규제 대안으로서 사회마케팅의 가능성 탐색〉, 《한국정책과학학회보》, 제10권 3호.

김순양. 2018. 〈규제행정 집행과정에서의 재량행위 영향요인 및 행사방식 연구〉, 《한국행정연구》, 제27권 1호.

김영평. 1984. 〈정책연구의 성격과 범위〉, 《한국행정학보》, 제18권 1호.

────·최병선(공편저). 1993. 《행정개혁의 신화와 논리: 점진적 개혁의 지혜》(서울: 나남).

──── · 최병선·신도철. 2006. 《규제의 역설》(서울: 삼성경제연구소).

──── · 최병선(배수호·구민교·이민창·이혁우·김서영). 2019. 《민주주의는 만능인가?》(고양: 가갸날).

김재홍. 2002. 《진입규제의 이론과 실제》(서울: 한국경제연구원), 규제연구시리즈 40.

김태윤. 2012. 〈경제적 규제와 사회적 규제의 비차별성에 대한 연구〉, 《규제연구》, 제21권 1호.

민병균·서재명·한홍순(역). 2003. 《선택할 자유》(서울: 자유기업원).

박세일. 2000. 《법경제학》(서울: 박영사).

사공영호. 2001. 〈사업자단체의 조합주의적 이익대표체제와 그 비용〉, 《한국행정연구》, 제10권 1호.

안진환(역). 2009. 《넛지》(서울: 리더스북).

유정호. 2004. 《관치 청산: 시장경제만이 살 길이다》(서울: 책세상문고).

윤홍근. 2011. 〈시장실패와 사회적 협동의 제도: 뷰캐넌, 윌리암슨, 오스트롬〉(공공선택학회 학술회의 발표논문).

이민창. 2003. 〈자율규제의 성공요인과 한계: 신문판매공정규약사례를 중심으로〉, 《한국사회와 행정연구》, 제14권 3호.

────. 2004. 〈자율규제의 재산권이론적 함의: 김해 대포천 사례를 중심으로〉, 《행정논총》,

제42권 3호.

———. 2011. 〈정책갈등과 제도변화〉, 《한국행정논집》, 제23권 1호.

이민호·서성아·강문선·배정윤. 2022. 〈규제만족도와 규제준수 인식 간의 영향관계 분석〉, 《규제연구》, 제31권 1호(6월).

이준구. 2008. 《미시경제학》(서울: 문우사).

이혁우. 2009. 〈지원정책 프로그램의 규제적 속성에 관한 연구〉(서울대학교 행정대학원 박사학위 논문).

———. 2011. 〈대학재정지원정책, 지원인가? 규제인가?: 누리사업 속의 규제에 대한 분석〉, 《한국거버넌스학회보》, 제18권 2호.

———. 2013. 〈영국의 규제비용총량제가 한국의 규제개혁체계에 주는 시사점〉(서울: 전국경제인연합회).

임성학. 2010. 〈17대 대선을 통해 본 정치자금제도의 문제점과 개선방안〉, 《한국정치외교사 논총》, 제31권 2호.

임재진. 2018. 〈규제자원 제약에 대한 규제기관의 대응행태에 관한 시론적 연구〉, 《규제연구》, 제27권 2호.

전경련. 2011. 〈의원발의 법률안에 대한 규제심사제도 도입방안〉, 《규제개혁시리즈》, 제11권 8호.
좌승희(역). 2002. 《법치로 가는 길》(서울: 21세기북스).

지광석·김태윤. 2010. 〈규제의 정당성에 대한 모색: 시장실패의 치유 vs. 거래비용의 최소화·경감〉, 《한국행정학보》, 제44권 2호.

최병선. 1992. 《정부규제론: 규제와 규제완화의 정치경제》(서울: 법문사).

———. 1995. 〈위험문제의 특성과 전략적 대응〉, 《한국행정연구》, 제4권 1호.

———. 1998. 〈규제완화의 정치: 사상, 이해관계, 제도의 역학〉, 진창수(편), 《규제완화의 정치: 비교연구》(성남: 세종연구소).

———. 1999. 《무역정치경제론》(서울: 박영사).

———. 2000. 〈하이에크의 자유주의 사상과 정치경제학 이론〉, 안청시 외(편), 《현대 정치경제학의 주요 이론가들》(서울: 아카넷).

———. 2000a. 〈경제개혁의 평가와 과제: 제도개혁과 재량적 개입의 상충성을 중심으로〉, 《한국행정연구》, 제9권 2호.

———. 2001. 〈정부주도의 경제사회운영과 행정윤리〉, 《행정논총》, 제39권 4호.

———. 2002. 〈중상주의(신중상주의) 정책의 지대추구 측면에 관한 연구〉, 《국제·지역연구》, 제11권 4호.

———. 2003. 〈규제문화의 연구: 정치문화이론의 적용가능성〉, 《규제연구》, 제12권 1호.

———. 2006. 〈로널드 코오스: 시장의 진실과 세상의 이치〉, 김한원·정진영(편), 《자유주의: 시

장과 정치》(서울: 부키).

──. 2006a. 〈신제도경제학에서 본 규제이론과 정책: 이견과 확장〉, 《행정논총》, 제44권 2호.

──. 2006b. 〈정책사례 연구 다시 보기: 사례연구에 대한 오해와 편견〉, 《한국정책학회보》, 제15권 1호.

──. 2007. 〈규제도 세금이다〉, 최광·곽태원(공편저), 《세금경제학》(서울: 자유기업원).

──. 2007a. 〈정책연구, 얼마나 과학적인가?: 월다브스키의 관점을 중심으로〉, 《정책연구의 관점과 방법》(서울: 법문사).

──. 2007b. 〈경쟁과 규제에 관한 새로운 패러다임의 모색〉(아주대학교 법학연구소 창립기념 세미나 발표논문, 아주대학교 율곡관).

──. 2008. 〈규제개혁〉, 최병선·최종원(공편), 2008, 《국가운영시스템: 과제와 전략》 (서울: 나남).

──. 2008a. 〈소비자정책의 정치경제〉, 여정성·최종원·장승화(공편), 《소비자와 법의 지배》 (서울: 서울대학교 출판부).

──. 2009. 〈규제수단과 방식의 유형 재분류〉, 《행정논총》, 제17권 2호.

──. 2012. 〈규제(및 규제완화)의 원인과 경제사회 효과: 최근의 논쟁에 대한 규제정치 이론의 시사점〉, 《한국정책학회보》, 제21권 3호.

──. 2013. 〈규제의 목표, 수단, 자원의 관계에 대한 연구〉, 《규제연구》, 제22권 2호.

──. 2015. 〈월다브스키의 정책학〉, 《행정논총》, 제53권 4호.

──. 2020. 〈규제행정〉, 《학문연구의 동향과 쟁점: 행정학》, 제10집(서울: 대한민국학술원).

──·이혜영. 2000. 〈한국의 규제정책 분야 실증연구의 경향과 분석〉, 《행정논총》, 제39권3호.

최종원. 1999. 〈불확실성하에서의 정부의 규제정책결정의 한계: '잘못된 긍정'의 오류 최소화 전략의 문제점과 대안적 전략〉, 《한국행정학보》, 제33권 제4호.

최진욱·박진아. 2016. 〈OECD 국가 패널분석을 통한 규제개혁의 경제성장 및 고용창출 효과 분석〉, 《규제연구》, 제25권.

Ackerman, Bruce and William Hassler. 1981. *Clean Coal/Dirty Air* (New Haven: Yale University Press).

Aizenman, Joshua. 2009. "Financial Crisis and the Paradox of Under- and Over-Regulation," *NBER Working Paper*, #15018.

Alchian, Armen and William R. Allen. 1977. *Exchange and Production: Competition, Coordination, and Control* (Belmont, Calif.: Wadsworth).

── and Harold Demsetz. 1973. "The Property Right Paradigm," *Journal of Economic*

History, 33(1).

Alesina, Alberto, Silvia Ardagna, Giuseppe Nicoletti and Fabio Schiantarelli. 2005. "Regulation and Investment," *Journal of the European Economic Association,* 3(4).

Bailey, Elisabeth, E. 1986. *Science,* New Series, 234 (4781).

Balas, Aron, La Porta, Florencio Lopez-de-Silanes and Andrei Shleifer. 2009. "The Divergence of Legal Procedures," *American Economic Journal,* Vol. 1, No. 2 (August).

Balleisen and David A. Moss (eds.). 2010. *Government and Markets: Toward a New Theory of Regulation* (New York: Cambridge University Press).

Bardach, Eugene. 1980. *The Implementation Game: What Happens After a Bill Becomes a Law* (Cambridge, Mass.: The MIT Press, 1980).

—— and Robert A. Kagan. 2002. *Going by the Book: The Problems of Regulatory Unreasonableness* (New Brunswick: Transactions Publishers).

Bartel, Ann P. and Lacy Glenn Thomas. 1985. "Direct and Indirect Effects of Regulation: A New Look at OSHA's Impact," *Journal of Law and Economics,* 28(1).

Bastiat, Claude Frederic. 2007. *The Bastiat Collection* (Auburn: Mises Institute).

Becker, Gary. 1983. "A Theory of Competition among Groups for Political Influence," *Quarterly Journal of Economics,* 98.

—— and George J. Stigler. 1974. "Law Enforcement, Malfeasance, and Compensation of Enforcers," *The Journal of Legal Studies,* 3(1).

Becker, Gilbert. 1986. "The Public Interest Hypothesis Revisited: A New Test of Peltzman's Theory of Regulation," *Public Choice,* 49(3).

Bentley, Arthur F. 1908. *The Process of Government* (Chicago: Chicago University Press).

Bernstein, Marver. 1955. *Regulating Business by Independent Commission* (Princeton: Princeton University Press).

Blanchard, Olivier and Francesco Giavazzi. 2003. "A Macroeconomic Effects of Regulation and Deregulation in Goods and Labor Markets," *The Quarterly Journal of Economics,* 118(3).

Bollier, David & Joan Claybrook. 1986. *Freedom from Harm* (Public Citizen and Democracy Project).

Boulding, Kenneth. 1982. "Irreducible Uncertainties," *Society,* 20(1) (Nov./Dec.).

Braybrook, David and Lindblom, Charles E. 1963. *A Strategy of Decision* (New York: The Free Press).

Browne, Angela and Aaron Wildavsky. 1984. "What Should Evaluation Mean to Implementation?," in Jeffrey L. Pressman & Aaron Wildavsky, *Implementation,*

3rd. ed. (Berkeley: University of California Press).

———. 1984a. "Implementation as Exploration," in Jeffrey L. Pressman & Aaron Wildavsky, *Implementation. op.cit.*

Buchanan, James M. 1975. *The Limits of Liberty* (Chicago: University of Chicago Press).

———. 1989. *Explorations into Constitutional Economics* (Texas: Texas A & M University Press).

Butler, Eamonn. 2008. *The Best Book on The Market: How to Stop Worrying and Love the Free Economy* (Chichester: Capstone Publishing Ltd.).

Caiden, Gerald E. 1981. "The Challenge to the Administrative State," *Policy Studies Journal*, 19(8).

Calabria, Mark A. 2009. "Did Deregulation Cause the Financial Crisis?," *Cato Policy Report*, 31(4).

Cameron, D. R. 1978. "The Expansion of the Public Economy: A Comparative Analysis," *American Political Science Review*, 72(4).

Cheung, Steven N. S. 1973. "The Fable of the Bees: An Economic Investigation," *Journal of Law and Economics*, Vol. 16, No. 1 (Apr.).

Choi, Byung-Sun. 2000. "Global Standards and the Recent Economic Reform in Korea," *Korean Journal of Policy Studies*, 15(1).

Coase, Ronald H. 1937. "The Nature of the Firm," *Economica*, IV(Nov.).

———. 1959. "The Federal Communications Commission," *The Journal of Law and Economics*, Vol. 2.

———. 1960. "The Problem of Social Cost," *Journal of Law and Economics*, III (Oct.).

———. 1977. "The Wealth of Nations," *Economic Inquiry*, Vol. XV(July).

———. 1988. *The Firm, the Market, and the Law* (Chicago: University of Chicago Press).

———. 1988a. "The Lighthouse in Economics," in Coase, *The Firm, the Market, and the Law. op.cit.*

———. 1988b. "Notes on the Problem of Social Cost," in Coase, *The Firm, the Market, and the Law. op.cit.*

———. 1994. "Economists and Public Policy," in Coase, *Essays on Economics and Economists* (Chicago: University of Chicago Press).

———. 1994a. "The Institutional Structure of Production," in R. H. Coase, *Essays on Economics and Economists. op.cit.*

Coates, Joseph F. 1982. "Why Government Must Make a Mess of Technological Risk Management," in Christoph Hohenemser & Jeanne X. Kasperson (eds.), *Risk in the Technological Society* (Boulder: Westview Press).

Coglianese, Cary. 2003. "What is Performance-Based Regulation?," at www.ksg. harvard.edu/cbg/rpp.

Colby, Bonnie G. 2000. "Cap-and-Trade Policy Challenges: A Tale of Three Markets," *Land Economics*, 76(4) (Nov.).

Commendatore, Pasquale and Ingrid Kubin. 2009. "Dynamic Effects of Regulation and Deregulation in Goods and Labour Markets," *Oxford Economic Papers*, New Series, 61(3).

Cowen Tyler and Eric Crampton (eds.). 2002. *Market Failure or Success: The New Debate* (Northhampton, Ma.: Edward Elgar).

Dahlman, Carl J. 1979. "The Problem of Externality," *The Journal of Law and Economics*, 22(1) (April).

De Jasay, A. 2014. *Against Politics: On Government, Anarchy and Order* (London: Routledge).

Dempsey, Paul S. 1989. *The Social and Economic Consequences of Deregulation* (New York: Quoram).

Demsetz, Harold. 1967. "Toward a Theory of Property Rights," *American Economic Review*, 57.

———. 1982. *Economic, Legal and Political Dimensions of Capitalism* (Amsterdam: North Holland).

———. 1989. "Perfect Competition, Regulation, and the Stock Market," in his book, *Efficiency, Competition, and Policy* (Cambridge, Mass.: Blackwell).

Derthick, Martha and Paul J. Quirk. 1985. *The Politics of Deregulation* (Washington, D.C.: Brookings Institution).

Dicey, A. V. 1914. *Lectures on the Relation between Law and Public Opinion during the 19th Century*(London: Routledge).

Diver, Colin S. 1980. "A Theory of Regulatory Enforcement," *Public Policy*, 28(3) (Summer).

Douglas, Mary & Aaron Wildavsky. 1982. *Risk and Culture* (Berkeley: University of California Press).

Downs, Anthony. 1967. *Inside Bureaucracy* (Boston: Little, Brown & Co).

Eisner, Marc Allen. 2010. "Markets in the Shadow of the State: An Appraisal of Deregulation and Implications for Future Research," in Edward J. Balleisen and David A. Moss(eds.), *Government and Markets. op.cit.*

Epstein, Richard A. 1985. *Takings: Private Property and the Power of Eminent Domain* (Cambridge, Mass.: Harvard University Press).

———. 1993. *Bargaining with the State* (Princeton: Princeton University Press).

———. 1995. *Simple Rules for a Complex World* (Cambridge, Mass.: Harvard University

Press).

Ferejohn, John and Pasquale Pasquino. 2003. "Rule of Democracy and Rule of Law," in Jose Maria Maravail and Adam Przeworski (eds.), *Democracy and the Rule of Law* (Cambridge: Cambridge University Press).

Flew, F. 1989. *Equality in Liberty and Justice* (London: Routledge & Kegan Paul).

Friedman, Milton and Rose. 1980. *Free to Choose* (New York: Harcourt Publishing Co.).

———. 2002[1962]. *Capitalism and Freedom* (40th anniversary ed.) (Chicago: Chicago University Press).

Furubotn, Eirik G. and Svetozar Pejovich. 1972. "Property Rights and Economic Theory: A Survey of Recent Literature," *Journal of Economics Literature*, 10(4).

Ginsberg, Douglas. 1999. "A New Economic Theory of Regulation: Rent Extraction Rather than Rent Creation: A Review," *Michigan Law Review*, 97(6).

Goodin, Robert E. 1980. "No Moral Nukes," *Ethics*, 90 (April).

Gormley, William T. 1986. "Regulatory Issue Networks in a Federal System," *Polity*, 18(4) (Summer).

Gould, Leroy C. et al. 1988. *Perceptions of Technological Risks and Benefits* (New York: Russell Sage Foundation).

Hall, Peter A. and Rosemary C. R. Taylor. 1996. "Political Science and the Three New Institutionalism," *Political Studies*, Vol. XLIV.

Hardin, Garrett. 1968. "The Tragedy of the Commons," *Science*, 162.

Hawkins, Keith and Thomas, John M. (eds.). 1984. *Enforcing Regulation* (Boston, Mass.: Kluwer-Nijhoff).

Hayek, Friedrich A. 1948. "The Use of Knowledge in Society," in F. A. Hayek, *Individualism and Economic Order* (Chicago: The University of Chicago Press).
———. 1948. "The Meaning of Competition," in F. A. Hayek, *Individualism and Economic Order. op.cit.*
———. 1949. "The Intellctuals and Socialism," *The University of Chicago Law Review.*
———. 1960. *The Constitution of Liberty* (Chicago: The University of Chicago Press).
———. 1973. *Rules and Order* (London: Routledge & Kegan Paul).
———. 1977. "Competition as a Discovery Procedure," *New Studies in Philosophy, Politics, Economics and the History of Ideas* (Chicago: University of Chicago Press).
———. 1982. *Law, Legislation, and Liberty* (London: Routledge and Kegan Paul), paperback edition.
(I) Volume 1: *Rules and Order*
(II) Volume 2: *The Mirage of Social Justice*

(III) Volume 3: *The Political Order of A Free People*

———. 1988. *The Fatal Conceit: The Errors of Socialism* (Chicago: The University of Chicago Press).

———. 2002[1944]. *The Road to Serfdom* (Chicago: The University of Chicago Press).

Hazlitt, Henry. 1978[1946]. *Economics in one Lesson* (New York: Three Rivers Press).

Herman, William R. 1976. "Deregulation: Now or Never! (Or Maybe Someday?)," *Public Administration Review*, 36(2).

Hirschman, Albert O. 1970. *Exit, Voice, and Loyalty: Responses to Decline in Firms, Organizations, and States* (Cambridge, Mass.: Harvard University Press).

Hong, Joon Hyung. 2002. "Rule of Law in Korea," Paper presented to the Annual Meeting of Mansfield Center for Pacific Affairs, Taipei (May).

Hood, Christopher. 1994. "Regulation, Deregulation, and Reregulation," in Hood, *Explaining Economic Policy Reversals* (Buckingham: Open University Press).

Howard, Philip K. 1994. *The Death of Common Sense: How Law in Suffocating America* (New York: Random House).

Huber, Peter. 1983. "Exorcists vs. Gatekeepers in Risk Regulation," *Regulation* (Nov./ Dec.).

Ikenberry, John. 1986. "The Irony of State Strength: Comparative Responses to the Oil Shocks in the 1970s," *International Organization*, 40(1) (Winter).

Jones, Carol Adaire. 1989. "Standard Setting with Incomplete Enforcement," *Journal of Policy Analysis and Management*, 8(1) (Fall).

Jordan, William. A. 1972. "Producer Protection, Prior Market Structure and the Effects of Government Regulation," *Journal of Law and Economics*, 15(1).

Joskow, Paul L. and Roger G. Noll. 1981. "Regulation in Theory and Practice; An Overview," in Gary Fromm (ed.), *Studies in Public Regulation* (Cambridge, Mass.: MIT Press).

Kagan, Robert A. 1978. *Regulatory Justice* (New York: Rusell Sage Foundation).

——— and John T. Scholz. 1984. "The 'Criminology of the Corporation' and Regulatory Enforcement Strategies," in Hawkins and Thomas (eds.), *Enforcing Regulation. op.cit.*

Kasper, Wolfgang, and Manfred E. Streit. 1998. *Institutional Economics: Social Order and Public Policy* (Northhampton, Mass.: The Locke Institute).

Keeler, Theodore E. 1984. "Theories of Regulation and the Deregulation Movement," *Public Choice*, 44.

Kerwin, Cornelius M. 2003. *Rulemaking: How Government Agencies Write Law and Policy* (Washington, D.C.: CQ Press).

Kimminich, O. 1990. "Institutionen in der Rechtsordnung," in E. Pankoke (ed.), *Institutionene und Technische Zivilisation* (Berlin: Duncker & Humblot).

Knight, Frank H. 1951. "The Role of Principles in Economics and Politics," *American Economic Review* (March).

Krueger, Anne O. 1996. "The Political Economy of Controls: American Sugar," in Lee J. Alston, Thranin Eggertsson, and Douglass C. North (eds.), *Empirical Studies in Institutional Change* (Cambridge: Cambridge University Press).

Kydland, Finn E. and Edward C. Prescott. 1977. "Rules Rather than Discretion: The Inconsistency of Optimal Plans," *Journal of Political Economy*, 85(3).

Leone, Robert A. 1989. *Who Profits?: Winners, Losers, and Government Regulation* (New York: Basic Books).

Leoni, B. 1961. *Freedom and the Law* (Princeton: Van Nostrand).

Levin, Harvey J. 1967. "The Limits of Self-Regulation," *Columbia Law Review*, 67(4) (April).

Lindblom, Charles E. 1977. *Politics and Markets: The World's Political-Economic Systems* (New York: Basic Books).

Locke, John. 1980[1690]. *Second Treatise of Government* (Indianapolis: Hackett Publishing Co., Inc.).

———. 1988. *Two Treatises of Government*, ed. by Peter Laslett (Cambridge: Cambridge University Press).

Lowi, Theodore. 1964. "American Business and Public Policy: The Politics of Foreign Trade," *World Politics*, 16 (July).

Malik, Arun S. 1992. "Enforcement costs and the choice of policy instruments for controlling pollution," *Economic Inquiry*, 30(4).

Maloney, Michael T. and Robert E. MacCormick. 1982. "A Positive Theory of Environmental Quality Regulation," *Journal of Law and Economics*, 25(1).

May. Peter J. 2002. "Social Regulation," in Salamon (ed.), *The Tools of Government: A Guide to the New Governance* (Oxford: Oxford University Press).

McChesney, Fred S. 1987. "Rent Extraction and Rent Creation in the Economic Theory of Regulation," *The Journal of Legal Studies*, 16(1).

———. 1991. "Rent Extraction and Interest-Group Organization in a Coasean Model of Regulation," *The Journal of Legal Studies*, 20(1).

———. 1997. *Money for Nothing: Politicians, Rent Extraction, and Political Extortion* (Cambridge, Mass.: Harvard University Press).

McCormick, Robert E. and Robert D. Tollison. 1981. *Politicians, Legislation, and the Economy* (Boston, Mass.: Martinus Nijhoff Publishing).

————, William F. Shughart II, Robert D. Tollison. 1984. "The Disinterest in Deregulation," *American Economic Review*, 74(3) (Dec.).

————. 1989. "A Review of the Economics of Regulation: The Political Process," in Roger Meiners and Bruce Yandle (eds.), *Regulation and the Reagan Era* (New York: Holmes & Meier).

McKean, Roland N. 1980. "Enforcement Costs in Environmental and Safety Regulation," *Policy Analysis* (Summer).

Medema, Steven G. 1994. *Ronald H. Coase* (New York: St. Martin's Press).

———— (ed.). 1995. *The Legacy of Ronald Coase in Economic Analysis,* Volume I & II.

Meier, Kenneth J. 1985. *Regulation: Politics, Bureaucracy, and Economics* (New York: St. Martin's Press).

Mises, Ludwig. 1949. "The Welfare Principle versus the Market Principle," Chap. XXXV in *Human Action: A Treatise on Economics* (Auburn: Ludwig Von Mises Institute).

————. 1964. *Economic Freedom and Interventionism: An Anthology of Articles and Essays by Ludwig von Mises* (New York: Foundation for Economic Education, Inc.) edited by Bettina Bien Greaves.

————. 1978. *Anti-Capitalistic Mentality* (The Ludwig von Mises Institute).

Mitnick, Barry M. 1982. *The Political Economy of Regulation* (New York: Columbia University Press).

Moe, Terry M. 1989. "The Politics of Bureaucratic Structure," in John E. Chubb & Paul E. Peterson (eds.), *Can the Government Govern?* (Washington, D.C.: Brookings Institution).

Morone, Joseph G. & Edward J. Woodhouse. 1986. *Averting Catastrophe: Strategies for Regulating Risky Technologies* (Berkeley: University of California Press).

Morrison, Alan B. and Roger C. Noll. 1980. *Government and the Regulation of Corporate and Individual Decisions in the Eighties: A Panel Report* (Englewood Cliffs, N.J.: Prentice-Hall Inc.).

Nichols, Albert L. 1984. *Targeting Economic Incentives for Environment Protection* (Cambridge, Mass.: MIT Press).

————. Richard S. Zechhauser. 1986. "The Perils of Prudence," *Regulation* (Nov./Dec.).

Noll, Roger G. 1989. "Economic Perspectives on the Politics of Regulation," in Richard Schmalensee and Robert Willig (eds.) *Handbook of Industrial Organization* (Amsterdam: North Holland), 2.

————. 1989a. "Comment," "The Economic Theory of Regulation after a Decade of Deregulation," in *Brookings Papers on Economic Activity: Microeconomics*.

North, Douglass C. 1990. *Institutions, Institutional Change, and Economic Performance* (Cambridge: Cambridge University Press).

Nye, Joseph S., Phillip D. Selikow, and David C. King. 1997. *Why People Don't Trust Government* (Cambridge, Mass.: Harvard University Press).

O'Connor, James. 1973. *The Fiscal Crisis of the State* (New York: St. Martin's Press).

OECD. 1996. *Approaches to Regulatory Reform in OECD Countries.*

———. 1997. *The OECD Report on Regulatory Reform: Synthesis.*

———. 1999. *Government Capacity to Assure High Quality Regulation in the U.S.*

———. 2000. *Regulatory Reform in Korea: OECD Review of Regulatory Reform.*

———. 2007. *Indicators of Regulatory Management Systems.*

OECD/NEA(Nuclear Energy Agency). 1993. *Achieving Nuclear Safety.*

Ogus, Anthony. 1995. "Rethinking Self-Regulation," *Oxford Journal of Legal Studies,* 15(1) (Spring).

Olson, Mancur. 1965. *The Logic of Collective Action* (Cambridge, Mass.: Harvard University Press).

Pashigian, B. Peter. 1984. "The Effect of Environmental Regulation on Optimal Plant Size and Factor Shares," *Journal of Law and Economics,* 27(1).

Pearce, David W. 1980. "The Preconditions for Achieving Consensus in the Context of Technological Risk," in Meinolf Dierkes, Sam Edwards, & Rob Coppock (eds.), *Technological Risk* (Cambridge, Mass.: Oelgeschlager, Gunn & Hain).

Pejovich, Svetozar. 1990. *The Economics of Property Rights: Toward a Theory of Comparative Systems* (London: Kluwer Academic Publishers).

———. 1998. *Economic Analysis of Institutions and Systems* (London: Kluwer Academic Publishers), revised 2nd edition.

Peltzman, Sam. 1976. "Toward a More General Theory of Regulation," *Journal of Law and Economics,* 19.

——— and Michael E. Levine, Roger G. Noll. 1989. "The Economic Theory of Regulation after a Decade of Deregulation," *in Brookings Papers on Economic Activity: Microeconomics.*

Perrow, Charles. 1984. *Normal Accidents* (New York: Basic Books, Inc.).

Polinsky, A. Mitchell and Steven Shavell. 2000. "The Economic Theory of Public Enforcement of Law," *Journal of Economic Literature,* Vol. XXXVII (March).

Popper, Karl. 1957. *The Poverty of Historicism* (London: Ark Paperbacks).

———. 1959. *The Logic of Scientific Discovery* (London: Harper Torchbooks).

———. 1962. *The Open Society and Its Enemies* (London: Routledge & Kegan Paul).

———. 1992. *Unended Quest: An Intellectual Autobiography* (London: Routledge).

Posner, Richard. 1971. "Taxation by Regulation," *The Bell Journal of Economics and Management Science*, 2(1) (Spring).

———. 1974. "Theories of Economic Regulation," *The Bell Journal of Economics and Management Science*, 5(2).

———. 1975. "The Social Costs of Monopoly and Regulation," *Journal of Political Economy*, 83(4).

———. 1983. The Economics of Justice (Cambridge, Mass.: Harvard University Press).

Pressman, Jeffrey L. & Aaron Wildavsky. 1984. *Implementation*, 3rd ed. (Berkeley: University of California Press).

Read, Leonard. 1958. "I, Pencil," in *Irvington-on-Hudson* (NY: Foundation for Economic Education).

———. 1962. "The More Complex the Society, the More Government Control We Need?," in Lawrence W. Reed (ed.), *Excuse Me, Professor: Challenging the Myths of Progressivism* (Washington, D.C.: Regnery Publishing).

Reed, Lawrence W. 2015. "Government Can Be a Compassionate Alternative to the Harshness of the Marketplace?," in Lawrence W. Reed (ed.), *Excuse Me, Professor. op.cit.*

Reich, Robert B. 1979. "Toward a New Consumer Protection," *University of Pennsylvania Law Review*, 128(1) (Nov.).

Riker, William, H. and Itai Senead. 1991. "A Political Theory of the Origin of Property Rights: Airport Slots," *American Journal of Political Science*, 35(4) (November).

Saideman, Ellen M. 1982. "An Overview of Bubble Concept," *Colombia Journal of Environmental Law*, 8(1).

Salamon, Lester M (ed.). 2002. *The Tools of Government* (New York: Oxford University Press).

Scholz, John T. 1991. "Cooperative Regulatory Enforcement and the Politics of Administrative Effectiveness," *American Political Science Review*, 85(1) (March).

Schuck, Peter. 1992. "Legal Complexity: Some Causes, Consequences, and Cures," *Duke Law Journal*, Vol. 1.

———. 2014. *Why Government Fails So Often (and How It Can Do Better)* (Princeton: Princeton University Press).

Shavell, Steven. 1993. "An Economic Analysis of Threats and Their Illegality: Blackmail, Extortion, and Robbery," *University of Pennsylvania Law Review*, 141(5).

Shepsle Kenneth A. 1985. "Comment," in Roger G. Noll (ed.), *Regulatory Policy and the Social Sciences* (Berkeley: University of California Press).

——— and Barry R. Weingast. 1984. "Political Solutions to Market Problems," *American Political Science Review*, 78(2).

———. 1991. "Discretion, Institutions, and the Problem of Government Commitment," in Pierre Bourdieu and James S. Coleman (eds.), *Social Theory for a Changing Society* (Boulder: Westview Press).

Shleifer, Andrei. 2004. "Does Competition Destroy Ethical Behavior?," *American Economic Review*, 94(2).

Simon, Herbert. 1978. "Rationality as a Process and as a Product of Thought," *American Economic Review*, Vol. 68.

Skrzycki, Cindy. 2003. *Regulators: Anoymous Power Brokers in American Politics* (Lanham: Rowman & Littlefield Publishers).

Slovic et al. 1982. "Rating the Risks: The Structure of Expert and Lay Perceptions," in Christoph Hohenemser & Jeanne X. Kasperson (eds.), *Risk in the Technological Society. op. cit.*

Smith, Adam. 1952[1776]. *An Inquiry into the Nature and Causes of the Wealth of Nations* (London: Encyclopaedia Britannica, Inc.).

Sowell, Thomas. 1990. *Preferential Policies: An International Perspective* (New York: William Morrow).

Sparrow, Malcolm K. 2000. *The Regulatory Craft: Controlling Risks, Solving Problems, and Managing Compliance* (Washington, D.C.: Brookings Institution).

Spiller, Pablo T. 2011. "Transaction Cost Regulation," *NBER Working Paper*, #16735.

Starr, Chauncey & Chris Whipple. 1982. "Risks in Risk Decisions," in Christoph Hohenemser & Jeanne X. Kasperson (eds.), *Risk in the Technological Society* (Boulder: Westview Press).

Stavins, Robert N. 2007. "Addressing Climate Change with a Comprehensive U.S. Cap-and-Trade System," at www.ksg.harvard.edu/cbg/rpp.

Stigler, George J. 1971. "The Theory of Economic Regulation," *Bell Journal of Economics and Management Science*, 2 (Spring).

——— and Claire Friedland. 1962. "What Can Regulators Regulate? The Case of Electricity," *Journal of Law and Economics*, 5.

———. 1988. *Memoirs of an Unregulated Economist* (Chicago: University of Chicago Press).

Tanzi, Vito. 2011. *Government versus Markets: The Changing Economic Role of the State* (Cambridge: Cambridge University Press)

Thaler, Richard E. and Cass R. Sunstein. 2008. *Nudge: Improving Decisions about Health, Wealth, and Happiness* (New York: Penguin Books).

Tollison, Robert D. 1982. "Rent Seeking: A Survey," *Kyklos*, 35.

Truman, David B. 1951. *The Governmental Process: Political Interests and Public Opinion* (New York: Knopf).

Tullock, Gordon. 1967. "The Welfare Costs of Tariffs, Monopoly, and Theft," *Western Economic Journal*, 5.

Tversky, Amos & Daniel Kahneman. 1974. "Judgement under Uncertainty: Heuristics and Biases," *Science*, 185 (4157).

Veljanovski, Cento G. 1984. "The Economics of Regulatory Enforcement," in Keith Hawkins and John M. Thomas (eds.), *Enforcing Regulation. op. cit.*

Verkuil, Paul R. 1982. "A Critical Guide to the Regulatory Flexibility Act," *Duke Law Journal*, 2.

Viscusi, W. Kip. 1983. *Risk by Choice* (Cambridge, Mass.: Harvard University Press).

―― and Richard J. Zeckhauser. 1979. "Optimal Standards with Incomplete Enforcement," *Public Policy*, 27(4) (Fall).

Vogel, David. 1984. "A Case Study of Clean Air Legislation, 1967-81," in Betty Bock et al. (eds.), *The Impact of Modern Corporation* (New York: Columbia University Press).

――. 1996. Kindred Strangers: *The Uneasy Relationship between Politics and Business in America* (Princeton: Princeton University Press).

Vogel, Steven K. 1996. *Freer Markets, More Rules: Regulatory Reform in Advances Industrial Countries* (Ithaca: Cornell University Press).

Wallis, John J. and Douglass C. North. 1986. "Measuring the Transaction Sector in the American Economy, 1870-1970," in Steven Medema (ed.), 1995, *The Legacy of Ronald Coase in Economic Analysis*, Volume II.

Weber, Max (Edward A. Shils and Henry A. Finch trans. and ed.). 1997. *The methodology of the social sciences* (1903-17) (New York: Free Press).

Weimer, David and Aidan Vining. 2010. *Policy Analysis: Concepts and Practice* (New York: Routledge).

Weingast, Barry R. 1981. "Regulation, Reregulation, and Deregulation: The Political Foundations of Agency Clientele Relationships," *Law and Contemporary Problems*, 44 (Winter).

―― and Mark Moran. 1983. "Bureaucratic Discretion or Congressional Control?," *Journal of Political Economy*, 91.

――, Kenneth Shepsle, and Christopher Johnsen. 1981. "The Political Economy of Benefits and Costs: A Neoclassical Approach to the Politics of Distribution," *Journal of Political Economy*, 89.

Wenders, John T. 1987. "On Perfect Rent Dissipation," *American Economic Review*,

77(3).

Wildavsky, Aaron. 1978. "Changing Forward versus Changing Back," *The Yale Law Journal*, 88(1).

———. 1987. *Speaking Truth to Power*, 2nd ed. (New Brunswick: Transaction Publishers).

———. 1987. "Choosing Preferences by Constructing Institutions: A Cultural Theory of Preference Formation," *American Political Science Review*, 81(1) (Mar.).

———. 1988. *Searching for Safety* (New Brunswick: Transaction Books).

———. 1993. *Craftways: On the Organization of Scholarly Work*, 2nd enlarged ed. (New Brunswick: Transaction Publishers).

———. 1995. *But Is It True: A Citizen's Guide to Environmental, Health, and Safety Issues* (Cambridege, Mass.: Harvard University Press).

———. 1998. *Culture and Social Theory* (New Brunswick: Transaction Publishers).

Wilson, James Q. 1974. "The Politics of Regulation," in James W. McKie (ed.), *Social Responsibility and the Business Predicament* (Washington, D.C.: Brookings Institution).

———. 1980. *The Politics of Regulation* (New York: Basic Books, Inc.).

———. 1980a. *American Government: Institutions and Politics* (Lexington, Mass.: D.C. Heath and Co.).

———. 1989. *Bureaucracy: What Government Agencies Do and Why They Do It* (New York: Basic Books).

Winston, Clifford Jr. 1979. "A Theory of Non-market Failure: Framework for Implementation Analysis," *The Journal of Law and Economics* (April).

———. 2006. *Government Failure versus Market Failure: Microeconomics Policy Research and Government Performance* (Washington, D.C.: AEI-Brookings Joint Center for Regulatory Studies).

Wolf, Charles. 1988. *Markets or Governments: Choosing between Imperfect Alternatives* (Cambridge, Mass.: MIT Press).

World Bank. 1993. *The East Asian Miracle: Economic Growth and Public Policy*, A World Bank Policy Research Report.

———. 2004. *Doing Business Database*.

Wynne, B. 1980. "Technology, Risk, and Participation," in J. Conrad (ed.), *Society, Technology and Risk Assessment* (London: Academic Press).

Yeager, Peter C. 1987. "Structural Bias in Regulatory Law Enforcement: The Case of the US Environmental Protection Agency," *Social Problems*, 34(4) (October).

색인